陈桥驿先生（1923–2015）

国家出版基金项目
NATIONAL PUBLICATION FOUNDATION

中国国家历史地理

陈桥驿全集

【第七卷】

陈桥驿 著

人民出版社

四十七、國　族

國族是《水經注》各類地名中很重要的一類，但同時也是各類地名中比較複雜的一類。這類地名在數量上較多，包括不同卷次中的若干重複的地名在内，總數約在八百左右。

首先需要説明的是，國名作爲地名收入匯編，這當然是毫無疑問的。但族名，從字面上説並不是地名，把它當作地名收入，是否會不倫不類。爲此需要稍作分析。

在古代，我國周圍的許多部族，都還處於很落後的狀態。它們之中，有的尚未形成國家，有的也只有國家的初步雛型。它們没有國家的稱謂，但是却有相對固定的聚居地區。中國古代的統治者，從大漢族主義出發，習慣上把漢族以外的其他部族稱爲蠻、夷、戎、狄。蠻夷戎狄當然是對外族的一個籠統稱謂，但即使是這樣的稱謂，它們也有固定的方位，這就是人所習知的："東方曰夷、南方曰蠻、西方曰戎、北方曰狄。"①又如卷九，清水經"清水出河内脩武縣之北黑山"注云：

太祖怒曰：種不南走越、北走胡，不汝置也。

像胡、越（驛案，同粵）這樣籠統的外族稱謂，却也是和方位相連的。爲此，我國古籍中記載的漢族以外的其他部族，不管是泛泛而指的蠻、夷、戎、狄，或者是名位確實的如赤翟、文狼等等，實際上是既是部族之名，又是地區之名。因此，把部族名稱收入地

---

① 《禮・王制》。

名匯編，於理並無不合，而且是需要的。

《水經注》記載的以國爲名的地名中，漢朝初年及其以後各代分封的那些王國、侯國等，實際上只是一個國家内部的行政區劃，對於這類國名，後面已有郡國和侯國等類地名另行匯編。此處收入的國名，大體有下列二類。

一類是當時中國以外的國家，包括西域諸國，今印度半島及其以西諸國，朝鮮半島，中南半島甚至某些馬來羣島國家。這些都屬於酈注記載中的外國。另一類在中國之内，即秦一統以前的封建列國[①]以及後漢以後的吴、蜀、魏三國。這一類國雖非外國，但也不同於漢初以來的郡國。它們在内政、外交、軍事等各方面，都自成一個獨立的體系，所以也應收入於這一類地名之中。

《水經注》記載的部族也有幾類。一類是泛泛而指的所謂蠻、夷、戎、狄，一類是名位確實的部族如犬戎、陸渾等等。還有一類既是部族之名，又是國家之名，其界綫是比較難分的。例如匈奴、夜郎之類。

在國族類地名中，古代中國以西諸國族和以南諸國族的名稱最爲複雜，其中有不少名稱，至今猶有爭論。爲此，對這部分國族的名稱，有稍加説明的必要。

第一，在這些地區，酈注記載的某些國族名稱正確與否，未必可靠。當然，酈注不同於《山海經》，它所記載的外國地名，和海外諸經上的那些荒誕不經的名稱迥然有别，絶大部分都是確鑿有據的。但是，由於當時中國和這些地區交通困難，以訛傳訛在所難免，因而造成一些傳聞失實之處。像卷一，河水注的“懸度之國”；[②]卷三十六，温水注的“裸國”等均是其例。懸度，言其行路之艱，但一個國家想來總不至於以此作爲自己的國名。足立喜六氏亦認爲“懸度國之位置，至爲模糊”。[③] 至於裸國，《漢書·地理志》云粤地“文身斷髮”。在古代，南方諸部族中不講服飾的所在多有，但想來亦不會以此自名其國。這類國名顯然是屬於道路傳聞。

在部族名稱中也不乏這樣的例子，卷三十六，温水經“東北入於鬱”注中的“馬流”即是其中之一。注云：

《俞益期牋》[④]曰：馬文淵立兩銅柱於林邑，[⑤]岸北有遺兵十餘家不反，居壽泠

① 見之於《春秋》經、傳的，爲國在一百以上。

② 大典本、項本、張本等均作“懸渡之國”，吴本作“縣渡之國”。

③ 《法顯傳考證》下編。

④ 魯迅《古小説鈎沉》（《魯迅全集》卷八）據《續談助》卷四所輯《小説》云：“俞益期，豫章人，與韓康伯道：“至交州，聞馬援故事云。……”則所謂《俞益期牋》乃是後漢時人俞益期與韓伯康的書信。

⑤ 《嘉靖欽州志》卷七，古蹟，銅柱：“漢伏波將軍馬援既平交趾，立此以表漢界，在州沿東貼浪都古森峝上，與交趾接界，今其地與銅柱没入安南，在新安州界。”據此，則銅柱不在林邑。案銅柱之説歷來紛紜，可參閲《天下郡國利病書》卷一百六，廣西二，《銅柱考》。

岸南而對銅柱,悉姓馬,自婚姻,今有二百户,交州以其流寓,號曰馬流,言語飲食,尚與華同。

接着,注文又引用另一種資料説:

《林邑記》:建武十九年,馬援樹兩銅柱於象林南界,與西屠國分,漢之南疆也。土人以其流寓,號稱馬流,世稱漢子孫也。

假使馬流確實如《俞牋》所云是馬援舊部,或是如《林邑記》所云是漢子孫,則馬流也者,無非是留居國外的漢僑,並非什麼部族之名。但上述二者,其説法畢竟牽强,且兩種説法亦不一致。《初學記》引張勃《吴録》云:"象林海中有小洲,生柔金,自北南行三十里,有西屬國,人自稱漢子孫,有銅柱,漢之疆埸之表。"①據此,則所謂漢子孫,乃是西屬國(即酈注引《林邑記》的西屠國)人的自稱。因爲當時漢族强大,邊疆部族稱漢人以自保,這是很可能的事。如此説來,則丁謙在這方面的考證就較能自圓其説了。丁氏云:

馬留爲南洋黑人種族之名,或作馬來,亦作巫來由,皆音譯之轉,今云馬援所留,實望文生義之談,不足爲據。②

第二,由於古籍的轉輾傳鈔,有些國族的名稱,可能在傳鈔過程中造成了錯訛,我們也必須加以分辨。例如卷一,河水注中的"多摩梨軒國",在大典本、黄本、吴本、注箋本、項本、沈本、張本等均作"多摩梨帝國",而《法顯傳》亦作"多摩梨帝國"。③ 又如同卷的"擔袂國",在黄本、吴本、注箋本、項本、沈本、七校本、注釋本、張本等均作"擔袂國"。而岑仲勉更認爲"擔袂"即是"多摩梨帝"的省譯,指出殿本的改"袂"爲"袂"是没有根據的。④

另外,如河水注中的另一國名"伽那調御",按注疏本熊會貞所疏,實係下文引《扶南傳》中的"伽那調洲",御字乃洲字之誤。諸如此等,均已在各地名下的備註中一一註明,這裏不再贅述。

第三,酈注記載的國名,還存在着不少同國異名的情况。有一些同國異名是衆所周知的,例如卷二河水注中的"鄯善"之與"禪善"(驛案,梵語作 Navapa,或譯納縛波),"龜兹"之與"屈茨"(驛案,梵語作 Kharachar,或作 Kutche)等等。但是另外一些同國異名,至今仍然存在爭論。例如卷一,河水經"屈從其東南流,入渤海"注中的"大秦一名梨軒"。岑仲勉認爲應作"大秦一名梨帝"。岑云:

---

① 《初學記》卷六,海第二,漢柱。
② 《新唐書南蠻列傳考證》(《浙江圖書館叢書》第一集)。
③ 《法顯傳》:"從此東行近五十由延,到多摩梨帝國,即是海口。"
④ 《水經注卷一箋校》。

梨帝,全、趙、戴均改作梨軒。[①] 按《漢書·西域傳》:烏弋山離西與梨軒、條支接,末云即大秦别稱。謂大秦國一號梨靬者始於魏魚豢《魏略》,但'靬'、'帝'發音迥别,是否道安以印度爲大秦而梨帝爲多摩梨帝之略,抑酈氏因涉梨、犂音同而誤引,今道安書已佚,無從知其真狀矣。[②]

至於卷一,河水注的"金陳國"和卷三十六,温水注的"崑崙"之間的同國異名關係,就更需要審慎考證。卷一,河水經"屈從其東南流,入渤海"注云:

竺枝《扶南記》曰:林楊國去金陳國,步道二千里,車馬行,無水道。

卷三十六,温水經"東北入於鬱"注云:

夜於壽泠浦裏相遇,闇中大戰,謙之手射陽邁柁工,船敗縱横,崑崙單舸,接得陽邁。[③]

按《御覽》引《異物志》云:

金隣一名金陳,去扶南可二千餘里,地出銀,人民多,好獵大象,生得乘騎,死則去其牙齒。[④]

這裏,金陳國的别名金隣(或作金潾、金麟[⑤]),和崑崙恰是一音之轉。爲此,學者也有認爲崑崙即是金鄰的。[⑥] 也就是説,崑崙國與金陳國乃是同國異名。

既然已經提及了崑崙,這裏就把崑崙這個名稱附帶説明。這個崑崙,即是前面山岳類地名中提到的所謂南海崑崙。《禹貢》:"織皮、崑崙、析支、渠搜",這裏的崑崙可能指此,即後來所稱的崑崙國,清萬斯同就堅信此説。[⑦] 當然,《禹貢》只是指出崑崙國在荒服之外,還没有説明具體的地理位置。崑崙之在南方,這是以後才清楚的。

伯希和云:"五世紀末年或六世紀初年竺芝撰《扶南記》(《水經注》卷三十六)謂頓遜(在馬來半島)昔號崑崙。"[⑧]

費瑯云:"五二七年,酈道元撰《水經注》卷三十六云,交州刺史以兵討林邑,敗之,

---

① 大典本、黄本、吴本、注箋本、項本、沈本、張本、注疏本等均作梨帝。

② 《水經注卷一箋校》。

③ 吴本、注删本作楊邁。

④ 《御覽》卷七九〇,四夷部一一,金隣國。

⑤ 《水經注》作"金潾"。卷三十六,温水經"東北入於鬱"注云:"晉功臣表所謂,金潾清逕,象渚澄源者也。"明田藝衡《留青日札》卷十,金鄰云:"金鄰一作金潾,夫南國之外二千餘里有金鄰國。……張籍《蠻中詩》:銅柱南邊毒草春,行人幾日到金麟。"

⑥ 岑仲勉《南海崑崙與崑崙山之最初譯名及其附近諸國》(《中外史地考證》上册,第一三三頁):"金鄰之還原,當作 Kumran 或 Kunrun,……崑崙國與 Kamiun 之即金鄰,蓋無致疑之餘地。"

⑦ 《讀禹貢合註二,辨崑崙》(《羣書疑辨》卷十):"孔安國之傳,明以崑崙爲國名矣。"又《禹貢崑崙辨》(《羣書疑辨》卷十):"《禹貢》有崑崙之文,孔安國以爲國,鄭康成以爲山,馬融、王肅皆言在臨羌西,而無所指實。或問孰爲是? 余曰:孔説是。"

⑧ 《交廣印度兩道考》第七十二頁。

追擊至於崑崙。"①

不幸,凡我所過目的各種酈注版本中,上述二氏所引注文均未得見。或是二氏誤引,②或是他們另外還有别本。總之,南海崑崙在今本酈注中除前述"崑崙單舸"一語外,别未再見。這一語寥寥四字,而且含義不清,③但現在看來,作爲一個歷史地名的資料,却彌感珍貴。

《御覽》引《唐書》云:"吐蕃國有臧何(驛案,何當是河之誤)。去邏些三百里,東南流,衆水湊也,南入崑崙國,其中有魚,似鱒而無鱗。"④

釋慧琳云:"崑崙語,上音崑,下音論,時俗語更作骨論,南海州島中夷人也,甚黑,裸形,能馴服猛獸犀象等。"⑤

《舊唐書》云:"自林邑以南,皆拳髮黑身,通號爲崑崙。"⑥

從上列三條可見,崑崙者,既是國名,又是語言名,也是部族名。既然酈注記載"崑崙單舸,接得陽邁",其戰場在林邑,其地似不致去林邑太遠,則《舊唐書》所謂林邑以南云云,或較可靠。關於此,胡三省的看法也是一樣。⑦ 但是像鄭振鐸那樣的推測,當然無法苟同。⑧ 至於注刪本中朱之臣在"崑崙單舸"下批云:"舸名新。"意把崑崙作爲船的名稱,這是文人信口開河的典型,也就不必評論了。

除了上述同國異名以外,異國同名的情況,注文中也有存在,這裏特别應提出對"中國"這個國名的異國同名的例子。卷一河水經"屈從其東南流,入渤海"注云:

> 自河以西,天竺諸國;自是以南,皆爲中國,人民殷富。

這裏的"中國",梵文作 Madhyadêsa,係由梵文 Madhy(意謂中間的)和 desa(意謂國家)二詞合成。乃指古代建於印度中部的國家,⑨絶非指我們中國。我國在梵文中作 Tchina,此詞一般譯作脂那、支那、震旦或真丹等,並不譯作中國。

---

① 《崑崙及南海古代航行考》第三頁。

② 《御覽》卷七八八,四夷部九,頓遜國,引竺芝《扶南記》:"頓遜國屬扶南,國主名崑崙。"此與伯氏"頓遜昔號崑崙"之説近似,則伯氏所引之《扶南記》,是否從《御覽》引來而誤記爲引自《水經注》者。又《扶南記》作者,酈注所引作竺枝,而《御覽》所引則作竺芝,與伯氏合,此又是一證。

③ 注疏本熊會貞疏云:"《御覽》七百八十六引《南州異物志》,扶南國諸屬皆有官長及王之左右大臣,皆號爲崑崙,林邑國皆同。"是則熊氏以崑崙爲林邑國大臣稱號,非爲國族之名也。

④ 《御覽》卷九三七,鱗介部九,鱒魚。

⑤ 《一切經音義》卷八十一。

⑥ 《舊唐書》卷一九七,列傳一四七,《南蠻》。

⑦ 《通鑑》卷一二九,宋紀,孝武帝大明七年,"又寵一崑崙奴",胡註:"崑崙國在林邑南。"

⑧ 《插圖本中國文學史》二。第三八八頁(一九五七年,作家出版社版):"所謂'崑崙奴',據我們的推測,或當是非洲的尼格羅人,以其來自極西,故以'崑崙奴'名之。"

⑨ Emest. J. Eitel. "Handbook of Chinese Buddhism being a Sanskirt – Chinese Dictionary With. vocabularies of Buddhism Terms". Tokyo, Sanshusha. 1904. P. 83:"Madhyadêsa. The middle kingdom、Common term for central India"(艾德爾《中國佛教手册》第八十三頁:"中國。中部的王國。印度中部的一般稱謂。")

國　族

經　　文	地　　名	備　　註
卷一　河水		
去嵩高五萬里,地之中也。	大晉國	
河水。	中國	
屈從其東南流,入渤海。	天竺國	
	安息	
	月氏	注箋本、項本、注釋本、張本、注疏本作月支。
	伽那調御	注云:“康泰曰:安息、月氏、天竺至伽那調御,皆仰此鹽。”注疏本熊會貞云:“下文引《扶南傳》曰:從伽那調洲西南入大灣,即此所指也,御,乃洲之誤。”《水經注卷一箋校》岑仲勉云:“按《南州異物志》,又作奴調洲,《洛陽伽藍記》作奴調國。”
	烏秅	大典本作烏托。
	懸度之國	大典本、何校明鈔本、王校明鈔本、項本、摘鈔本、張本作懸渡之國。吳本作縣渡之國。《漢書西域傳補註》卷上,“西則有縣度”,補註引《水經注》作“縣度之國”。
	北天竺	
	中天竺國	
	烏長國	吳本、注箋本、項本、七校本、注釋本、張本、注疏本作烏萇國。
	毗茶國	
	摩頭羅國	黄本、沈本作頭羅國。
	天竺諸國	
	中國	注云:“自河以西,天竺諸國;自是以南,皆爲中國,人民殷富。中國者,服食與中國同,故名之爲中國也。”
	南天竺國	

經　文	地　名	備　註
	罽賓國	
	犍越國	
	摩訶剌國	大典本、黄本、吴本、注箋本、項本、沈本、張本作摩河剌國。
	拘夷那褐國	吴本、注箋本、項本、張本作拘夷那竭國。七校本、注釋本作拘夷那喝國。《巵林》卷一,《析酈》,引《水經注》作拘夷那竭國。《水經注卷一箋校》岑仲勉云:"按此國梵名爲 Kusin-agara,法顯譯 nagara 爲'那竭',則此處應作'竭'下同。"
	林楊國	
	金陳國	
	維邪離國	
	僧迦施國	
	沙祇國	大典本、黄本、沈本作祇國。
	迦維羅越國	
	羅閲祇國	
	瓶沙國	
	迦維衛國	注箋本、項本、七校本、張本作迦維國,注疏本作伽維國。
	嘾楊國	
	扶南	
	藍莫	注云:"恒水又東逕藍莫塔。"《法顯傳》:"從佛生處東行五由延,有國名藍莫,比國王得佛一分舍利,還歸起塔,即藍莫塔。"
	摩竭國	
	毗舍利	注箋本、項本、張本作毗舍離。《水經注卷一箋校》岑仲勉云:"毗舍離已見前,朱依前作'離',唯趙、戴仍作'利',戴又云:案舍利,原本訛作舍離,窺其意,一若此之舍離,應與佛骨之舍利同義者,可謂誤人不淺!"
	摩竭提國	
	迦尸國	
	波羅奈國	
	瞻婆國	
	波麗國	

經　文	地　名	備　註
	多摩梨軒國	大典本、黄本、吴本、注箋本、何校明鈔本、王校明鈔本、項本、沈本、張本、注疏本作多摩梨帝國。《巵林》卷一,《析酈》引《水經注》作多摩梨帝國。注疏本熊會貞云:"《佛國記》:從瞻婆大國東行近五十由延到多摩梨帝國,則梨帝不誤。"《水經注卷一箋校》岑仲勉云:"按舊本作多摩梨帝,與《法顯傳》同,即梵言之 Tâmalitti。"
	大秦	
	梨軒	大典本、黄本、吴本、注箋本、何校明鈔本、王校明鈔本、項本、沈本、張本作梨帝。《水經注卷一箋校》岑仲勉云:"梨帝,全、趙、戴均改作梨軒,按《漢書・西域傳》:烏弋山離西與梨軒、條支接,末云即大秦别稱。謂大秦國一號梨軒者,始於魏魚豢《魏略》,但'軒'與'帝'發音迥别,是否道安以印度爲大秦而梨帝爲多摩梨帝之略,抑酈氏因涉梨、犁音同而誤引,今道安書已佚,無從知其真狀矣。"
	擔袟國	黄本、吴本、注箋本、何校明鈔本、項本、沈本、七校本、注釋本、小山堂鈔全謝山五校本、張本、注疏本作擔袂國。《水經注卷一箋校》岑仲勉云:"朱、全、趙均作'袂',戴改作袟,按擔袂與多摩、耽摩均一音之轉,乃 Tamalitti 之省譯也。其國位恒河支口 Hooghly 之内,戴氏妄改爲'袟',殊無根據。"
卷二　河水		
又南入蔥嶺山,又從蔥嶺出而東北流。	捐毒之國	黄本、吴本、注箋本、項本、沈本、張本作身毒之國。《乾隆甘肅通志》卷六,山川,直隸肅州,安西衞,黄河,引《水經注》作身毒國。《愈愚録》卷六"水經注之誤"云:"以身毒爲捐毒。"
	休循國	
	難兜國	
	罽賓國	
	中夏	
	匈奴	
	月氏國	
	大宛	

經　文	地　名	備　註
	大月氏	
	小月氏	
	安息國	
	于闐國	
	紇尸羅國	注箋本作竺刹尸羅國。
	揵陀衛國	注箋本、項本、張本作捷陀衛國,注釋本作犍陀衛國,《昆侖釋》引《水經注》作犍陀衛國。
	弗樓沙國	黄本、注箋本、項本、沈本、張本作佛樓沙國。
	大月支國	
	私訶條國	
	梨軒	注箋本、項本、七校本、注釋本作犁軒。
	條支	
	迦舍羅國	注箋本、項本、注釋本、張本、注疏本作伽舍羅國。
	伽舍羅逝國	注云:"東逕迦舍羅國,釋氏《西域記》曰:有國,名伽舍羅逝。"
	無雷國	
	西夜	
	子合	
	依耐國	大典本、黄本、王校明鈔本、沈本作依邮國。
	蒲犂國	大典本、黄本、王校明鈔本、沈本作滿梨國。
	皮山國	
其一源出于闐國南山,北流與蔥嶺所出河合,又東注蒲昌海。	烏帝	注釋本作鴇夷。
	扜彌國	
	精絶國	
	且末國	
	鄯善國	大典本、黄本、何校明鈔本、沈本作鄯鄯國。
	焉耆國	
	龜兹國	
	屈茨國	
	樓蘭國	

經　　文	地　　名	備　　註
	墨山國	黄本、沈本作黑山國。
	車師	
	烏夷	注箋本、項本、注釋本、張本作僞夷。
	禪善	
	疏勒國	
	康居	
	莎車國	
	温宿國	
	烏孫	
	姑墨國	
	烏壘國	
	危須國	
	尉犁國	大典本、黄本、沈本作尉黎國。
	西國	注云:"桑弘羊曰:臣愚以爲連城以西,可遣屯田,以威西國。"
	渠犁國	大典本作渠黎國。
	姜賴之虚	注云:"故姜賴之虚,胡之大國也。"大典本作羌賴之靈,黄本、吴本、沈本作姜賴之靈。
又東入塞,過敦煌、酒泉、張掖郡南。	西羌	
	燒當	
	析支	《通鑑》卷四十八,漢紀四十,和帝永元十三年,"至允州"胡註,引《水經注》作賜支。
	河曲羌	
	迷唐	
	鍾存	
	西戎	
	吐谷渾	
又東過隴西河關縣北,洮水從東南來注之。	東燕	
	野虜	
	乞佛	

經　文	地　名	備　註
又東過金城允吾縣北。	西零	《方輿紀要》卷五十二,陝西一,西海,引《水經注》作西傛。
	湟中羌	
又東北過安定北界麥田山。	先零	
卷三　河水		
又北過北地富平縣西。	赫連	
至河目縣西。	匈奴	
屈東過九原縣南。	南越	
又東過雲中楨陵縣南,又東過沙南縣北,從縣東,屈南過沙陵縣西。	蠻 戎 氐 羌	
又南過赤城東,又南過定襄桐過縣西。	狐奴	
又南離石縣西。	白翟	
卷四　河水		
又南過河東北屈縣西。	鄭 晉 虢	

經　文	地　名	備　註
又南過汾陰縣西。	魏 秦 太姒之國	
又南過蒲坂縣西。	犬戎	
又東過河北縣南。	大荔 芮 荀	
又東過陝縣北。	焦國	
又東過大陽縣南。	衞 虞 皐落氏	
又東過平陰縣北,清水從西北來注之。	赤翟 陰戎	
卷五　河水		
又東北過武德縣東,沁水從西北來注之。	晉 曹 衞 鄭	
又東北過黎陽縣南。	黎 中國 有窮后羿國	 閻若璩《四書釋地又續》"窮石"註,引《水經注》作有窮后國。《尚書地理今釋》"窮"註,引《水經注》作有窮后國。

經文	地名	備註
	陸渾 巢 趙 魏	
又東北過魏縣南，又東北過濮陽縣北，瓠子河出焉。	觀國	
又東北過高唐縣東。	齊 楚 魯	
又東北過利縣北，又東北過甲下邑，濟水從西來注之，又東北入於海。	燕	
卷六　汾水		
東南過晉陽縣東，晉水從縣南，東流注之。	中國	
又南，洞過水從南來注之。	魏	
又南過大陵縣東。	晉國	

經　文	地　名	備　註
又南過平陶縣東,文水從西來注之。	狄	
歷唐城東。	霍國 齊	
又南過平陽縣東。	韓	
又屈從縣西南流。	梁	
又西過長脩縣南。	荀國 冀國 楚 秦	
卷六　澮水		
澮水出河東絳縣東澮交東高山。	晉 韓 魏 翼	
西過其縣南。	齊	
卷六　涑水		
西過周陽邑南。	翟 晉	
又西南過左邑縣南。	翼 秦	

經　　文	地　　名	備　　註
又西南過安邑縣西。	魏 巫咸國	
又西南過解縣東，又西南注於張陽池。	鄭 郇國	
卷六　文水		
文水出大陵縣西山文谷，東到其縣，屈南到平陶縣東北，東入於汾。	離石諸胡	《乾隆汾川府志》卷三，山川上，吕梁山，引《水經注》作離石諸姓。
卷六　原公水		
原公水出茲氏縣西羊頭山，東過其縣北。	秦	
卷六　洞過水		
西過榆次縣南，又西到晉陽縣南。	晉 韓 魏 狄 梁	
卷六　晉水		

經　　文	地　　名	備　　註
晉水出晉陽縣西懸甕山。	唐國	
東過其縣南,又東入於汾水。	韓 魏 晉 狄 趙	
卷六　湛水		
又東南當平縣之東北,南入於河。	鄧	
卷七　濟水		
濟水出河東垣縣東王屋山,爲沇水。	虢 晉 樊 向國 鄭	
又東至温縣西北,爲濟水,又東過其縣北。	周畿内國 狄 温 衞	
屈從縣東南流,過隤城西,又南當鞏縣北,南入於河。	秦 趙 邢 襄國 齊 梁 赤狄	

經文	地名	備註
與河合流,又東過成皋縣北,又東過滎陽縣北,又東至礫溪南,東出過滎澤北。	楚 魏	
又東過封丘縣北。	宋	
又東過冤朐縣南,又東過定陶縣南。	戎 曹國 三鬷國	
卷八　濟水		
又東至乘氏縣西,分爲二。	曹	
其一水東南流,其一水從縣東北流,入鉅野澤。	衞 陳 楚 韓 胙國 南燕姞姓之國 秦 鄭 齊 魯 梁 夏伯豕韋之國	

經　文	地　名	備　註
又東北過壽張縣西界安民亭南,汶水從東北來注之。	須朐國	注箋本、項本、張本作須國。
又東過東緡縣北。	宋	
又東過方與縣北,爲菏水。	任國 詩國	
又東南過徐縣北。	徐國	
卷九　清水		
清水出河内脩武縣之北黑山。	晉 趙 秦 狄 鄭 共和之國 凡伯國	
又東過汲縣北。	西夷	
卷九　沁水		
南過穀遠縣東,又南過陭氏縣東。	韓 趙 魏 晉	

經　文	地　名	備　註
又東過野王縣北。	邘國	吴本作邗闕。《名勝志》河南,卷七,懷慶府河内縣,引《水經注》作邗國。
	衛	
	秦	
又東過懷縣之北。	赤翟	
卷九　淇水		
淇水出河内隆慮縣西大號山。	晉	
	衛	
	邶	
	鄘	
	趙	
卷九　蕩水		
又東北至内黄縣,入於黄澤。	魏	
卷九　洹水		
又東出山,過鄴縣南。	晉	
又東過内黄縣北,東入於白溝。	魯	
卷十　濁漳水		
東過其縣南。	鄭	

經　文	地　名	備　註
又東過壺關縣北,又東北過屯留縣南。	留吁國 晉 韓 趙 黎國	
潞縣北。	赤翟潞子國	
又東出山,過鄴縣西。	魏	
又東北過曲周縣東,又東北過鉅鹿縣東。	郮 齊 共和之國	
又東北過扶柳縣北,又東北過信都縣西。	鮮虞 鼓子國	
又東北過下博縣之西。	秦	
卷十　清漳水		
清漳水出上黨沾縣西北少山大要谷,南過縣西,又從縣南屈。	晉 齊 鮮虞 秦 趙	

經　　文	地　　名	備　　註
卷十一　易水		
易水出涿郡故安縣閻鄉西山。	燕	
東過范陽縣南,又東過容城縣南。	匈奴 趙 秦	
卷十一　滱水		
又東過唐縣南。	晉 鮮虞 武公之國 赤狄 齊 魏	
又東過博陵縣南。	燕 趙 代	
卷十二　聖水		
聖水出上谷。	燕	
又東過陽鄉縣北。	匈奴 韓 獫夷	

經　　文	地　　名	備　　註
卷十二　巨馬水		
巨馬水出代郡廣昌縣淶山。	匈奴	
東過迺縣北。	燕 秦	
卷十三　灅水		
灅水出鴈門陰館縣,東北過代郡桑乾縣南。	匈奴 趙 鮮卑 代 秦 燕	
又東過涿鹿縣北。	齊 山戎	
過廣陽薊縣北。	召公之國	
卷十四　沽河		
沽河從塞外來。	北狄	
南漁陽狐奴縣北,西南與濕餘水合,爲潞河。	匈奴	

經文	地名	備註
卷十四 鮑丘水		
鮑丘水從塞外來,南過漁陽縣東。	北狄 烏丸	
又南過潞縣西。	秦國 魏	
又南至雍奴縣北,屈東入於海。	齊 燕 蹋頓 無終子國 晉	
卷十四 濡水		
濡水從塞外來,東南過遼西令支縣北。	蹋頓 肥子國 晉 燕 孤竹國	
卷十四 大遼水		
大遼水出塞外衛白平山,東南入塞,過遼東襄平縣西。	秦 燕	

經　文	地　名	備　註
又東南過房縣西。	蹋頓 齊	
卷十四　小遼水		
又玄菟高句麗縣有遼山,小遼水所出。	高句麗	
卷十四　浿水		
浿水出樂浪鏤方縣,東南過臨浿縣,東入於海。	朝鮮 箕子國 高句麗之國	
卷十五　洛水		
東北過盧氏縣南。	晉 韓	
又東北過宜陽縣南。	秦 魏	
又東過洛陽縣西,伊水從西來注之。	劉子國	
又東過偃師縣南。	滑國	

經　　文	地　　名	備　　註
卷十五　伊水		
又東北過陸渾縣南。	晉 陸渾 秦	
又東北過新城縣南。	蠻子國 楚 鄭 戎	
卷十六　穀水		
穀水出弘農黽池縣南墦塚林穀陽谷。	秦 趙	
又東過河南縣北，東南入於洛。	楚 陸渾 齊 西國 天竺 中夏	 七校本、注釋本作西域。
卷十六　沮水		
沮水出北地直路縣東，過馮翊祋祤縣北，東入於洛。	韓 秦	

經　文	地　名	備　註
卷十七　渭水		
東北過襄武縣北。	晉 魏	
又東過獂道縣南。	秦 戎	
又東過冀縣北。	襄戎 冀戎	
又東過上邽縣。	邽戎國 西戎	
又東過陳倉縣西。	陳國	
卷十八　渭水		
又東過武功縣北。	虢叔之國	
卷十九　渭水		
又東過槐里縣南,又東澇水從南來注之。	秦	
又東,豐水從南來注之。	杜伯國 燕 秦 匈奴	

經　文	地　名	備　註
又東過霸陵縣北,霸水從西北流注之。	魏 麗戎 犬戎 邦戎	
又東過鄭縣北。	鄭 虢 儈 晉 楚	
卷二十　漾水		
漾水出隴西氐道縣嶓冢山,東至武都沮縣,爲漢水。	曹奴 秦 西戎 白馬氐 天水氐	
又東南過巴郡閬中縣。	獠	
卷二十　丹水		
東南過其縣南。	晉 楚	
又東南過商縣南,又東南至於丹水縣,入於均。	秦 齊 南蠻	

經　　文	地　　名	備　　註
卷二十一		
汝水		
東南過其縣北。	蠻氏 陸渾 子南國 南越 衛 魏 秦	
又東南過潁川郟縣南。	楚 鄭 汜	
又東南過郾縣北。	中國 華夏 齊 蔡	
又東過平輿縣南。	沈國 陳 荆蠻 吴	
卷二十二		
潁水		
潁水出潁川陽城縣少室山。	秦 韓 鄭 馮	

經　　文	地　　名	備　　註
又東南過陽翟縣北。	楚 夏國	
又東南過南頓縣北，㶏水從西來流注之。	頓子國 陳	
又東南至新陽縣北，蒗蕩渠水從西北來注之。	魯 項 魏 胡子國 齊	
又東南至慎縣東南，入於淮。	吴	
卷二十二		
洧水		
東南過其縣南。	鄭 鬼方氏 鄶 虢 晉 鬩	
又東南過鄭縣南，潧水從西北來注之。	華 魏 秦	

經　文	地　名	備　註
又東南過長社縣北。	宋 楚 齊 許男國	
又東南過習陽城西,折入於潁。	陳	
卷二十二 **潩水**		
潩水出河南密縣大騩山。	魏 楚 鄭 陳 韓 趙	
卷二十二 **溍水**		
溍水出鄭縣西北平地。	虢 鄶	
卷二十二 **渠**		
渠出滎陽北河,東南過中牟縣之北。	鄭 秦 楚 管國 晉 魯	

經　　文	地　　名	備　　註
	韓 趙 衛 齊 魏	
又東至浚儀縣。	梁	
又屈南至扶溝縣北。	陳 宋 狄	
又東南至汝南新蔡縣北。	羯	
卷二十三 **陰溝水**		
陰溝水出河南陽武縣蒗蕩渠。	秦 晉 楚 韓	
東南至沛,爲過水。	宋 鄭	
又東南至下邳淮陵縣,入於淮。	向國	
卷二十三 **汳水**		

經　　文	地　　名	備　　註
汳水出陰溝於浚儀縣北。	衞 鄭 戴國 宋 蔡 沙隨國 葛伯之國 魏	
又東至梁郡蒙縣,爲獲水。	齊 秦 西戎之國	
卷二十三		
獲水		
獲水出汳水於梁郡蒙縣北。	宋 虞國 楚 魯 趙	
又東過蕭縣南,睢水北流注之。	蕭叔國	
又東至彭城縣北,東入於泗。	老彭之國 彭祖國	
卷二十四		
睢水		

經　　文	地　　名	備　　註
睢水出梁郡鄢縣。	陳 鄭 華夏 杞國 楚 葛伯國	
東南過睢陽縣南。	宋 衞 許 曹 晉 趙 鮮卑	
卷二十四 **瓠子河**		
瓠子河出東郡濮陽縣北河。	衞 曹 楚 蕭 晉 宋	
又東北過廩丘縣，爲濮水。	烏餘 趙 韓 郕	
又東北過東阿縣東。	齊	

經　　文	地　　名	備　　註
其東北者爲濟河,其東者爲時水,又東北至濟西,濟河東北入於海,時水又東至臨淄縣西,屈南過太山華縣東,又南至費縣,東入於沂。	燕 魯	
卷二十四		
汶水		
汶水出泰山萊蕪縣原山,西南過其縣南。	齊	
屈從縣西南流。	牟國 魯	
過博縣西北。	吴 郕 杞 莒	
又西南過剛縣北。	遂國	
又西南過東平章縣南。	任姓之國	

經　　文	地　　名	備　　註
又西南過無鹽縣南,又西南過壽張縣北,又西南至安民亭,入於濟。	厥國 宿國	
卷二十五		
泗水		
泗水出魯卞縣北山。	晉 魯 邾	
西南過魯縣北。	宋	
又西南過瑕丘縣東,屈從縣東南流,漷水從東來注之。	邾婁之國 奚仲之國 齊	
又屈東過湖陸縣南,涓涓水從東北來流注之。	吴	
又東過沛縣東。	楚 鄭 山戎	
又東南過彭城縣東北。	中夏 天竺	

經　文	地　名	備　註
又東南過吕縣南。	陳	
卷二十五		
沂水		
沂水出泰山蓋縣艾山。	魯 莒 陽國	
東過琅邪臨沂縣東。又南過開陽縣東。	鄅國 郗	
又東過襄賁縣東,屈從縣南西流,又屈南過郯縣西。	鄭 晉 越	
又南過良城縣西,又南過下邳縣西,南入於泗。	吴	
卷二十五		
洙水		
西南至卞縣,入於泗。	趙 韓 齊 魏	
卷二十六		
沭水		

經　　文	地　　名	備　　註
又東南過莒縣東。	莒子之國 燕 齊	
又南過陽都縣,東入於沂。	鄭 楚 晉 吴 宋 偪陽國	
卷二十六 **巨洋水**		
又北過劇縣西。	紀國 齊	
又東北過壽光縣西。	斟灌國 吴 斟尋國	
卷二十六 **淄水**		
淄水出泰山萊蕪縣原山。	齊 魯 萊夷	
東北過臨淄縣東。	杞 燕	
又東過利縣東。	晉 莒	

經　　文	地　　名	備　　註
卷二十六		
汶水		
汶水出朱虚縣泰山。	齊 韓 趙 晉	
又北過淳于縣西，又東北入於淮。	斟灌國 淳于國 曹	
卷二十六		
濰水		
濰水出琅邪箕縣濰山。	越王句踐故國 吴 中國 齊 莒	
又北過平昌縣東。	薄姑氏之國	
卷二十六		
膠水		
膠水出黔陬縣膠山，北過其縣西。	介國	
又北過夷安縣東。	萊夷	

經文	地名	備註
卷二十七		
沔水		
沔水出武都沮縣東狼谷中。	戎夷 蜀 魯 獠 褒國	
東過南鄭縣南。	楚 秦 鄭 犬戎 越	
又東過成固縣南,又東過魏興安陽縣南,涔水出自旱山北注之。	氐 巴獠	
卷二十八		
沔水		
又東過堵陽縣,堵水出自上粉縣,北流注之。	庸國 楚 秦 巴	
又東過鄖鄉南。	鄖子國	

經　　文	地　　名	備　　註
又東過中廬縣東,維水自房陵縣維山,東流注之。	廬戎之國	
又南過宜城縣東,夷水出自房陵,東流注之。	羅國	
	吴	注云:"晉武帝平吴。"
	鄀子之國	
	吴	注云:"楚昭王爲吴所迫。"
又東過荆城東。	權國	
	南蠻	
又東過江夏雲杜縣東,夏水從西來注之。	齊	
	鄭	
卷二十九		
沔水		
又東北出居巢縣南。	巢國	
	楚	
	舒國	
分爲二,其一東北流,其一又過毗陵縣北,爲北江。	吴國	
	越	
	吴	
	三苗之國	

經　　文	地　　名	備　　註
又東至會稽餘姚縣，東入於海。	南蠻 吴越之國	
卷二十九　潛水		
潛水出巴郡宕渠縣。	賨國	
卷二十九　均水		
均水出析縣北山，南流過其縣之東。	齊	
卷二十九　比水		
比水出比陽東北太胡山，東南流，過其縣南，泄水從南來注之。	齊 韓 魏 荆 章 申伯國	
又西至新野縣，南入於淯。	楚 宋	
卷三十　淮水		

經　文	地　名	備　註
東過江夏平春縣北。	江國 楚 秦	
又東過新息縣南。	鄭 息 弦國	
又東過期思縣北。	蔣國	
又東過原鹿縣南,汝水從西北來注之。	宋	
又東過廬江安豐縣東北,決水從北來注之。	廬子國 吴	
又東過壽春縣北,肥水從縣西北流注之。	焦夷 許 蔡	
又東過鍾離縣北。	鍾離子國 韓 魏 衛 曹 邾 杞	

經　　文	地　　名	備　　註
又東過淮陰縣北,中瀆水出白馬湖,東北注之。	中國	
又東至廣陵淮浦縣,入於海。	莒 紀子帛之國	
卷三十一		
滍水		
滍水出南陽魯陽縣西之堯山。	楚 應侯之國 應國 鄭 晉	
卷三十一		
淯水		
淯水出弘農盧氏縣支離山,東南過南陽西鄂縣西北,又東過宛縣南。	秦 申 中國	
又南過新野縣西。	黄郵鑾	
南過鄧縣東。	吾離之國 楚 鄾子國 巴	

經　文	地　名	備　註
卷三十一		
濯水		
濯水出汝南吴房縣西北奥山,東過其縣北,入於汝。	房子國 吴 楚	
卷三十一		
潕水		
潕水出潕陰縣西北扶予山,東過其縣南。	齊 楚國	
又東過西平縣北。	柏國	
卷三十一		
溳水		
溳水出蔡陽縣。	唐侯國 楚	
東南過隨縣西。	隨國 漢東之國 魯	注釋本作隋國。
又南過江夏安陸縣西。	吴	
卷三十二		
漻水		

經　文	地　名	備　註
澋水出江夏平春縣西。	賴國	
卷三十二 **蘄水**		
蘄水出江夏蘄春縣北山。	五水蠻	
卷三十二 **決水**		
北過其縣東。	吴 楚 秦	
又北過安豐縣東。	舒蓼	
卷三十二 **沘水**		
沘水出廬江灊縣西南霍山東北。	吴 楚	
東北過六縣東。	皋陶國	
卷三十二 **肥水**		
北過其縣西，北入芍陂。	魏 吴	

經　　文	地　　名	備　　註
卷三十二		
夏水		
又東過華容縣南。	許 越 鄭 楚	
又東至江夏雲杜縣,入於沔。	吴	
卷三十三		
江水		
岷山在蜀郡氐道縣,大江所出,東南過其縣北。	秦 楚 蜀	
又東南過犍爲武陽縣,青衣水、沫水從西南來,合而注之。	大夜郎國	
又東南過僰道縣北,若水、淹水,合從西來注之;又北,堵水北流注之。	僰	

經　　文	地　　名	備　　註
又東北至巴郡江州縣東,强水、涪水、漢水、白水、宕渠水五水,合南流注之。	巴子國 鄧 苴	
又東過魚復縣南,夷水出焉。	獠 魚國 吴	
卷三十四		
江水		
又東出江關,入南郡界。	巴 楚 秦	
又東過巫縣南,鹽水從縣東南流注之。	夔國	
又東過秭歸縣之南。	歸子國 吴	
又東南過夷道縣北,夷水從佷山縣南,東北注之。	西南夷	
又東過枝江縣南,沮水從北來注之。	羅國	

經　文	地　名	備　註
又南過江陵縣南。	南國	
卷三十五 **江水**		
又東南當華容縣南,涌水入焉。	吳	
又東南,油水從東南來注之。	南蠻	
湘水從南來注之。	魏	
又東過邾縣南。	吳 楚 陳 邾	
鄂縣北。	弦子國 秦	
卷三十六 **青衣水**		
青衣水出青衣縣西蒙山,東與沫水合也。	青衣羌國	
卷三十六 **桓水**		

經　文	地　名	備　註
桓水出蜀郡岷山，西南行羌中，入於南海。	上夷	注云："《尚書·禹貢》：岷嶓既藝，沱潛既道，蔡蒙旅平，和夷底績。鄭玄曰：和，上夷所居之地也。"案今本《尚書》鄭註作："和，上夸所居之地也。"
	西戎之國	
卷三十六		
若水		
若水出蜀郡旄牛徼外，東南至故關，爲若水也。	莋	注云："莋，夷也，汶山曰夷，南中曰昆彌，蜀曰邛，漢嘉、越嶲曰莋，皆夷種也。"
	夷	見上注。
	昆彌	見莋注。
	邛	
南過越嶲邛都縣西，直南至會無縣淹水東南流注之。	邛都國	
	西南夷	
又東北至犍爲朱提縣西，爲瀘江水。	蜀	
卷三十六		
沬水		
沬水出廣柔徼外。	夷	
卷三十六		
延江水		

經　　文	地　　名	備　　註
東南至武陵西陽縣，入於西水。	夷	
卷三十六		
存水		
存水出犍爲郁鄢縣。	夷	
卷三十六		
温水		
温水出牂柯夜郎縣	滇國	
	蜀	
	木耳夷	
又東至鬱林廣鬱縣，爲鬱水。	句町國	
東北入於鬱。	夷	
	獠	
	且蘭侯國	
	頭蘭	
	南越	
	越	
	林邑國	
	扶南諸國	
	駱越	注箋本、項本、張本、注疏本作越駱。
	越裳氏夷國	
	比景	注云：“《林邑記》曰：渡比景至朱吾。”案慧琳《一切經音義》卷八十一云：“匕景，上卑弭反，南夷國名。”

經　文	地　名	備　註
	文狼 屈都 昆崙 徐狼 狼𦡆 祼國 金潾 離耳國 雕題國 玄國 儋耳 朱崖 東蕃 馬流 西屠國	
卷三十七 **葉榆河**		
益州葉榆河，出其縣北界，屈從縣東北流。	葉榆之國	
過不韋縣。	哀牢之國 中國 鹿茤	
東南出益州界。	駱越 夷	

經　文	地　名	備　註
過交趾羗泠縣北,分爲五水,絡交趾郡中,至南界,復合爲三水,東入海。	交趾 越 南八蠻 雕題 華夏 百越 雒 蜀 南越	
卷三十七 **夷水**		
東南過佷山縣南。	巴蠻	
卷三十七 **灃水**		
又東過零陽縣之北。	吴	
卷三十七 **沅水**		
沅水出牂柯且蘭縣,爲旁溝水,又東至鐔成縣,爲沅水,東過無陽縣。	五溪蠻 武溪蠻 犬戎 秦 楚 吴	
卷三十七 **泿水**		

經　　文	地　　名	備　　註
又東至蒼梧猛陵縣,爲鬱溪,又東至高要縣,爲大水。	吴	
其一又東過縣東,南入於海。	越 南越 百越	
卷三十八 **資水**		
資水出零陵都梁縣路山。	五溪蠻	
東北過邵陵縣之北。	吴	
卷三十八 **湘水**		
又東北過重安縣東,又東北過酃縣西,承水從東南來注之。	吴 楚	
又北過臨湘縣西,瀏水從縣西北流注。	秦 南蠻 魏	
又北過羅縣西,潰水從東來流注。	羅子國	

經　文	地　名	備　註
又北過下雋縣西,微水從東來流注。	三苗之國	
卷三十八 **灕水**		
灕水亦出陽海山。	魏 吴	
卷三十八 **溱水**		
東至曲江縣安聶邑東屈西流。	魏	
過湞陽縣,出洭浦關,與桂水合。	吴	
卷三十九 **洭水**		
南出洭浦關,爲桂水。	南越	
卷三十九 **瀖水**		
瀖水出豫章艾縣,西過長沙羅縣西。	吴 羅	

經文	地名	備註
卷四十　漸江水		
北過餘杭,東入於海。	越	
	吴	注云:"吴寶鼎中,分會稽立。"
	吴	注云:"昔子胥亮於吴,而浮尸於江。"
	無餘國	
	於越	
	大越之國	
	楚	
卷四十《禹貢》山水澤地所在		
都野澤在武威縣東北。	匈奴	
流沙地在張掖居延縣東北。	鬡市之國	
	朝雲國	
三危山在燉煌縣南。	三苗	
	瓜州之戎	
	月氏	
三澨地在南郡邔縣北沱。	楚	
	庸	
	吴	

州、郡國、縣——《水經注》記載的行政區劃　在《水經注》記載的地名中，涉及各級行政區劃的有州、郡、郡國、侯國、縣等類。《水經注》記載行政區劃，是以河川爲綱，分散記入各篇之中的，因此，在記載的系統性和完整性方面，它不能與《漢書・地理志》、《後漢書・郡國志》以及晉、宋、南齊、魏諸志相比，它既不可能像正史地理志那樣按各級行政區劃的系統進行記載，也不可能把歷代各級行政區劃全部記入。這也就是孫星衍所説的："《水經注》止記川流經過，其於郡縣故迹，不能備載。"[1]不過在另一方面，正史地理志記載行政區劃名稱雖然系統而完整，但各志所記，多重本志一代；酈注所記雖不完整，但在時間上不僅兼及上述各志，而且上溯先秦。此外，正史地理志記載行政區劃名稱，大多排列地名，枯燥刻板；酈注記載行政區劃名稱，是將它們穿插在河川山岳之間，使它們與歷史掌故及地理事物融爲一體，并且常常廣徵博引，兼及地名淵源。還有，正史地理志記載行政區劃名稱雖然完整，但所記往往只是一個朝代中的某一年代，所以仍然難免有所遺漏；酈注在這方面的記載，常常可以補充地理志的不足。

爲了了解《水經注》及其前代的各級行政區劃概況，茲據《漢書・地理志》、《後漢書・郡國志》、《晉書・地理志》、《宋書・州郡志》、《南齊書・州郡志》、《魏書・地形志》等，把各代各級行政區劃的數量與《水經注》記載的行政區劃數量，表列如下：[2]

行政區劃數 / 朝代	州	郡國	侯國	縣邑
前漢	一三	一〇三	二四一	一三四六
後漢	一三	一〇五	一五〇	一〇三〇

① 《元和郡縣圖志序》，載《岱南閣集》卷二。

② 其中三國時代的資料根據《三國會要》卷八及《通典》卷一七一等考訂。

朝代 \ 行政區劃數		州	郡國	侯國	縣邑
三國	魏	一三	一〇五		七一二
	吴	四	四四		三三九
	蜀	二	二二		一三八
晉		一九	一七三	二一一	一一〇九
宋		二二	三〇六		一二五五
齊		二四	四二八		一四七一
北魏		一一一	六〇二	六一	一四六一
《水經注》記載的行政區劃數		一五四	九〇〇	三三六	二五〇〇

在上列統計表中,《水經注》的數字稍稍偏高,這是因爲第一,酈注數字是按各篇進行統計的,而各篇之中,行政區劃的名稱有一些重複現象。第二,酈注記載行政區劃名稱,并且記及它們的别名,這些别名,也統計在内。不過重複與别名的數量是不大的。

在各級行政區劃名稱中,州是淵源最古、範圍最大的一級。它肇始於所謂古九州,其中最早的是《禹貢》九州,此外如《職方》與《吕氏春秋》等書中也有所記載,古九州其實并非行政區劃,而《禹貢》九州更非夏代的行政區劃,宋人據《禹貢》九州臆造的所謂神農九州、黄帝九州之類尤屬荒誕,①此外還有所謂舜十二州或者可以説堯十二州,②雖然源出《尚書》,但十二個具體州名,爲漢馬融所假設,都不足爲信。《禹貢》是戰國時代的作品,按照《禹貢》描述的九州,作爲當時的自然區劃,倒是比較相稱的。在《禹貢》九州的名稱與範圍的影響之下,漢武帝元封五年(公元前一〇六年),將全國劃分爲十三刺史部,即十三個州。東漢末年起,州正式成爲郡以上的一級行政區劃,數量也開始增加。兹將上起古九州下至晉十九州的歷代州名表列如下:③

① 《玉海》卷十七有《神農九州》、《黄帝九州》、《顓帝九州》、《人皇氏九州》、《殷九州》等篇。

② 《尚書》"肇十有二州"句,今文在《堯典》,古文則另入《舜典》。十二州,據宋蔡沈《集傳》:"冀、兖、青、徐、荆、揚、豫、梁、雍、幽、并、營也。"

③ 實際分併情況較表所列者更爲複雜,張國淦《中國古方志考》第五十九至六十頁《九州記》案云:"晉無九州之名,王莽始建國時,從《禹貢》改十二州爲九州。東漢獻帝建安時,并十四州爲九州。至晉武帝有十六州,后又分爲二十州。"

年代	州數	州　　　名	來　源
古九州	九	冀、兖、青、徐、揚、荆、豫、梁、雍。	《尚書·禹貢》
		冀、幽、并、兖、青、揚、荆、豫、雍。	《周禮·職方》
		冀、兖、青、徐、揚、荆、豫、幽、雍。	《吕氏春秋·有始覽》
		冀、幽、兖、營、徐、揚、荆、豫、雍。	《爾雅·釋地》
漢武帝元封五年(公元前一〇五年)	十三	豫、兖、青、徐、冀、幽、并、凉、益、荆、揚、交阯、朔方。	《漢書·地理志》
漢平帝元始五年(公元五年)	十二	雍、豫、冀、兖、青、徐、揚、荆、益、幽、并、交。	《漢書·平帝紀》、《漢書·王莽傳》等
後漢光武帝建武元年(公元二十五年)	十三	司隸、豫、兖、徐、青、凉、并、冀、幽、揚、荆、益、交。	《東漢會要》
晉武帝太康元年(公元二八〇年)	十九	司、冀、兖、豫、荆、徐、揚、青、幽、平、并、雍、凉、秦、梁、益、寧、交、廣。	《晉書·地理志》

上述各州名稱,因爲時在酈注以前,所以在酈注中都有所記載,因此,酈注對州一級行政區劃的記載是相當詳盡的。當然,中間也難免有一些錯誤,還需要經過校勘加以訂正。例如卷十七,渭水注中的邠州。孫詒讓云:

> 《渭水注》,汧水東南歷慈山東南逕鬱夷縣平陽故城南,城北有漢邠州刺史趙融碑,靈帝建安元年立。案李吉甫《元和郡縣志》邠州云:周文帝大統元年置南豳州,廢帝除南字。開元十三年,以豳字與幽字相涉,詔改爲邠字。是酈氏時尚未有邠州,何况漢建安以前乎。此疑當作幽州刺史,幽誤爲豳,校者又改作邠。洪氏《隸釋》所引已誤。①

漢代行政區劃中絶無邠州,而幽州自武帝刺史部起一直存在,酈注中凡五見(瀍水、巨馬水、鮑丘水、陰溝水、巨洋水各注),此處當是幽州無疑,孫氏的考證是信而有徵的。另外,卷三十二,涔水注云:"義熙九年,索遐爲果州刺史。"這裏,果州是唐代才出現的州名,怎能出現於晉義熙年代。孫星衍校本云:

① 《札迻十二卷》卷三。

錢竹汀曰:六朝無果州之名,必是梁州之譌。《通鑑》是年有索邈爲梁州刺史,邈與遐字形相涉,其爲梁州無疑。

孫星衍的考證在酈注也可以找到一項旁證,卷二十七,沔水經"東過南鄭縣南"注云:"義熙十五年,……出銅鐘十二枚,刺史索邈奉送洛陽。"案南鄭縣在晉屬梁州漢中郡,説明索邈自義熙九年出任梁州刺史,至十五年仍在任。因此,涔水注的"索遐爲果州刺史",應改爲"索邈爲梁州刺史",這是毫無疑義的。在酈注記載的行政區劃中,州以下的一級是郡。郡和縣是我國很古老的行政區劃單位,先秦時代已見記載,但當時是縣大郡小,以縣統郡,直到秦統一中國後,才確立以郡統縣的地方行政區劃建置。對於郡縣建置的發展變遷,在酈注卷二,河水經"又東入塞,過敦煌、酒泉、張掖郡南"注有一段説明云:

《説文》曰:郡制,天子地方千里,分爲百縣,縣有四郡,故《春秋傳》曰:上大夫縣,下大夫郡,至秦,始置三十六郡以監縣矣。從邑,君聲。《釋名》曰:郡,群也,人所群聚也。黄義仲《十三州記》曰:郡之言君也,改公侯之封而言,君者,至尊也,郡守專權,君臣之禮彌崇,今郡字,君在其左,邑在其右,君爲元首,邑以載民,故取名丁君謂之郡。《漢官》曰:秦用李斯議,分天下爲三十六郡。凡郡,或以列國,陳、魯、齊、吴是也;或以舊邑,長沙、丹陽是也;或以山陵,太山、山陽是也;或以川原,西河、河東是也;或以所出,金城城下得金,酒泉泉味如酒,豫章樟樹生庭,雁門雁之所育是也;或以號令,禹合諸侯,大計東冶之山,因名會稽是也。

上面這一段注文,把郡的意義、郡這一級建置的發展和變遷的經過以及建郡命名的原則等等,都説得清楚明白,這樣的記載,是正史地理志所遠遠不及的。而且,《水經注》記載的郡名,雖然不及正史地理志的完整,但有時却也彌補了正史地理志的缺漏。例如卷二十二,渠經"其一者,東南過陳縣北"注云:

城内有漢相王君造四縣邸碑,文字剥缺,不可悉識,其略曰:惟兹陳國,故曰淮陽郡云云。

如上注,則淮陽在漢代曾經建郡,但《漢書·地理志》僅列淮陽國,無此郡名。又如卷三十五,江水經"又東南過邾縣南"注云:

晉咸和中,庾亮爲西陽太守。

如上注,則西陽明明是晉代郡名,但《晉書·地理志》却失載,賴酈注所記得以補足。

除了郡以外,屬於這一級行政區劃的還有統治者分封與他子孫的諸侯王國。《漢書·地理志》云:"本秦京師爲内史,分天下作三十六郡,漢興,以其郡太大,復稍開置,又立諸侯王國。"説明國的建置是漢初開始的。因爲諸侯王國在行政區劃中與郡同級,所以稱爲郡國。國雖然和郡是同一級的地方行政區劃,但轄境一般比郡要小。以前漢爲例,除了少數邊疆地區外,各郡所轄,一般不少於十縣,轄縣較多的如琅邪郡多至五十一縣。而各王國所轄絶大部分都不到十縣。論户口數也是一樣,除邊疆地廣人稀外,各郡所有户數,多在十萬以上。大郡如東、沛、汝南等,户數可以超過四十萬,而各王國所有户數,多在十萬以下。此外,作爲地方行政區劃,王國在穩定性方面也完全不及郡。往往由於王室内訌、宗系斷絶以及其他原因,常常時建時廢,正史地理志中無法包羅盡致。以前漢爲例,《漢書·地理志》所列王國只有二十,與當時實際數字的差距看來不小,像卷七,濟水注的濟川、定陶二國;卷八,濟水注的山陽、昌邑二國;卷九,沁水注的殷國;卷十三,漯水注的燕國;卷二十二,潁水注的韓國;卷二十四,瓠子河注的膠西國,《汶水注》的濟東國;卷三十,淮水注的淮南國及荆國;卷三十二,泚水注的衡山國;卷四十,漸江水注的廣德國等,都是前漢所建的王國,但均爲《漢書·地理志》[①]所失記,皆因酈注得以保存。

爲了鞏固封建統治,歷代統治者除了將土地分封給自己的子孫外,同時也分封一部分土地給統治階級中的其他各式代表人物,這就是所謂侯國。這種制度也始於漢朝,《通典》云:"漢制,列侯所食縣曰國。"[②]説明侯國在行政區劃中相當於縣的一級。漢朝以後,各朝也多有仿行的。根據記載,前漢有侯國二百四十一;後漢的侯國,包括外戚、雲臺功臣和宦者三類,計有一百五十;三國缺乏分封的具體資料;晉代的侯國,分爲公、侯、伯、子、男五種爵位,共計有二百十一。[③] 則上述各代的侯國總數已達五百。與郡國一樣,侯國作爲行政區劃,其穩定性是很小的。由於統治集團内部的傾軋排擠,受封者及其子孫隨時可以得咎罷黜,因而時建時廢,交替頻仍。以後漢所封的雲臺功臣侯國爲例,酈注卷十七,渭水注中的隃麋侯國;卷十九,渭水注中的槐里侯國,都是這類侯國中歷史最長的,但都不過封及六代。而像卷四,河水注中的安陽侯國;卷二十一,汝水注中的新蔡侯國;卷三十,淮水注中的新息侯國;卷三十一,濯水注中的吴房侯國等,其存在都只及受封者本人一代爲此。上列統計,不可能將曾經出現過的侯國囊括無遺,其中不少侯國,甚至連國名也無法查考。例如在後漢所封的宦者侯國中,其國名不可查考的就達十一處。[④] 其餘各代的情况也大體如此。

如上所述,可見侯國的建置在歷史上是很難查考的,但《水經注》在這方面爲後世作出了重要的貢獻。清錢大昕云:"漢初功臣侯者百四十餘人,其封邑所在,班孟堅已

① 《漢書·地理志》,清萬斯同《歷代史表》卷一、十一、十二。
② 《通典》卷三十三,職官十五,州郡下,縣令。
③ 《漢書·地理志》,《歷代史表》卷一、二、十三。
④ 《歷代史表》卷二。

不能言之,酈道元注《水經》,始考得十之六七。"[①]這説明在侯國這一級行政區劃上,酈注記載在完整性方面也已經遠遠超過了正史地理志。

當然,由於侯國建置的變遷無常,對於漢代這許多侯國的位置和名稱,酈注記載中有時也難免錯訛,所以錢大昕也指出:"酈氏生於後魏,距漢已遠,雖勤於採獲,未必皆可盡信。"[②]錢氏曾在這方面舉了一些例子,《潛研堂答問》卷九云:

如成安侯韓延年,在《汝水篇》以爲潁川之成安,在《汳水篇》以爲陳留之成安;安成侯劉蒼,在《贛水篇》以爲長沙之安成,在《汝水篇》以爲汝南之安成。

又《十駕齋養新録》卷十一云:

如《河水篇》以臨羌爲孫都封國,不知孫都本封臨蔡,其地在河内,不在金城也。以西平爲公孫渾邪封國,不知渾邪本封平曲,其地在高城,不在金城也。

上述錢氏的這些考證,爲我們校勘酈注記載的侯國提供了重要的依據。

在《水經注》記載的行政區劃中,數量最大的是縣。自秦立郡縣以來,歷代都以縣作爲地方行政區劃的基礎。因此,縣名歷來都是極其重要的地名,常爲地理著作及其他各種著作所記載,對於縣的意義和來由,酈注在卷二,河水經"又東過隴西河關縣北,洮水從東南來流注之"注中有較詳的解釋。注云:

《風俗通》曰:百里曰同,總名爲縣,縣,玄也,首也,從系倒首,舉首易偏矣。言當玄静,平傜役也。《釋名》曰:縣,懸也,懸於郡矣。黄義仲《十三州記》曰:縣,弦也,弦以貞直,言下體之居,鄰民之位,不輕其誓,施繩用法,不曲如弦,弦聲近縣,故以取名,今系字在半也。

由於縣是基層行政區劃單位,所以數量極大,僅《漢書·地理志》所載,即有縣邑一千三百十四處,相當於縣一級的道[③]三十二處。則北魏及其以前的縣名總數,必然十分可觀。由於縣數甚多,其名稱原已非常繁瑣,加上新莽一代,又將全國郡縣名稱普遍更改,更使縣名大大超過實際縣數。而其中有三百多個縣(見於酈注者七十餘縣)以亭爲名,以致名稱混淆,情況益趨複雜。

《水經注》記載的縣名爲數達二千五百,已經相當可觀,但和北魏及其前代的縣名總數相比,當然還不過是其中一部分而已。儘管如此,酈注在縣名記載中仍然具有正史地理志所不及的三個特色。

第一,正史地理志記載縣名,有的只及一代,不能古今貫通,而酈注記載縣名,往往

① 《潛研堂答問》卷九。
② 《潛研堂答問》卷九。
③ 《水經·河水經》:"《百官表》曰:縣有蠻夷謂之道。"

上溯先秦,下及當代,歷史沿革,一覽無餘。例如卷二十四,睢水經"又東過相縣南,屈從城北東流,當蕭縣南入於陂"注對相縣的記載。注云:

相縣,故宋地也;秦始皇二十三年,以爲泗水郡;漢高帝四年,改曰沛郡,治此;漢武帝元狩六年,封南越桂林監居翁爲侯國,曰湘成也;王莽更名,郡曰吾符,縣曰吾符亭。

如上注,相縣數百年來的歷史沿革、地名變遷,寫得一目了然。而《漢書·地理志》相縣下只有"莽曰吾符亭"一語。

第二,酈注記載縣名,正和其記載其他地名一樣,非常重視地名的淵源。這一點,正史地理志偶或有之,也大多簡略,而酈注則常常旁徵博引,詳細記載。例如卷二十五,泗水經"又南過高平縣西,洸水從西北來流注之"注云:

泗水又南逕高平山,山東西十里,南北五里,高四里,衆山相連,其山最高,頂上方平,故謂之高平山,縣亦取名焉。

如上注,高平縣得名於高平山,高平山則得名於其山高而頂上方平。這樣,高平縣的地名淵源就十分清楚了。

第三,若以漢、後漢、晉、宋、齊、北魏諸志所載的縣名總數而論,當然爲酈注所不及,但上述諸志所失載的縣名,其實也頗不少,酈注在這方面却常常可以補諸志的不足。不妨在此舉一些例子。

卷二十九,沔水經"又東過牛渚縣南,又東至石城縣"。於此,殿本在經文下加注云:"案牛渚乃山名,非縣名。"注釋本注云:"牛渚圻名,漢末嘗置縣也。"注疏本疏云:"《通典》當塗縣有牛渚圻,《地理通釋》二十引《輿地志》,牛渚山北謂之採石。"王鳴盛也認爲:"且牛渚下接縣南二字尤紊謬而酈亦不辨,蓋牛渚非縣,縣南上疑有脱文。"[①]當然,牛渚山或牛渚圻的存在是無疑的或可爲例。而且,因山以名縣的事所在多有,以上所舉的高平縣即是如此。實際上,早在三國時代,牛渚已經成爲吴的一個重鎮,所以《周瑜傳》云:"以瑜恩信著於廬江,出備牛渚。"《全琮傳》則云:"得精兵萬餘人,出屯牛渚。"説明牛渚是可以屯兵萬人的重鎮。《通鑑地理通釋》卷十二云:"孫皓時,以何植爲牛渚督。"到了晉代,牛渚更上升成爲一個州治。胡三省云:"南渡初,祖逖以豫州刺史治譙城。永昌元年,祖約退屯壽春。成帝咸和四年,庾亮以豫州刺史治蕪湖,咸康四年,毛寶以豫州刺史治邾城。六年,庾翼以豫川刺史治蕪湖。永和元年,趙胤以豫州刺史治牛渚。"[②]這裏,曾爲豫州州治的譙、邾、蕪湖,都是見之於《漢志》的縣名,假使牛渚

① 《尚書後案》,"過三澨至於大别,南入於江"案,載《皇清經解》卷四〇六下。

② 《通鑑》卷一百,晉紀二十二,穆帝永和十一年,"鎮壽春"胡注。

真的只是一座山頭,難道州治就設立在一座山頭之上?至於"漢未嘗置縣也"的說法,其依據無非是一本《漢書·地理志》,恐怕很有商榷餘地。讓我們暫時撇開上述各家的議論,且看看酈氏原注:

經所謂石城縣者,即宣城郡之石城縣也。牛渚在姑孰、烏江兩縣界中,於石城東北減五百許里,安得逕牛渚而方屆石城也。蓋經之謬誤也。

這裏必須指出,殿本等均言牛渚非縣,其依據乃是因爲兩《漢志》不載,而晉、宋、齊諸志亦不載。但酈氏在注文中只是糾正了牛渚縣在地理位置上的錯誤,却絶未言及牛渚非縣。同樣的情況,《水經》中記載的還有另外一些縣名,如卷十四,涓水的臨涓縣,卷四十,《禹貢》山水澤地所在的金蘭縣,也都是兩漢與晉、宋、齊諸志所不載的,注文亦未指出其謬。綜觀全注,原經凡有錯訛,酈氏輒指正無遺,這一點常爲後世學者所稱道。[①] 若牛渚、臨涓、金蘭等確曾無縣的建置,則注文何至不措一辭。而實際上,以上述金蘭縣爲例,卷三十二,決水經"又北過安豐縣東"注中,注文本身也提到了這個縣名。注云:

其水導源廬江金蘭縣西北東陵鄉大蘇山,即淮水也。

既然經、注都言及金蘭縣,説明這個縣的建置是確曾存在的。所以儘管正史地理志不載,謹慎的學者一般不會採取輕率否定的態度。[②] 更有值得注意的,對於牛渚,酈氏不僅不言其非縣,而且他爲了糾正牛渚縣的位置而提出的姑孰縣,恰恰也是兩《漢志》所未載,同時也是晉、宋、齊諸志所未載的。由此可以説明,由於縣的數量極大,而建置又變遷無常,正史地理志是難免遺漏的。這樣的例子在酈注中絶非罕見,例如卷十七,渭水經"又東過獂道縣南"注中的武城縣,上起《漢書·地理志》,下至《魏書·地形志》,均不見記載,但注文明明説:"渭水又東逕武城縣西,武城川水入焉。"因水以名縣,説明這個縣名是確實有的。又如卷二十八,沔水注和卷二十九,粉水注中并見的上粉縣,卷三十二,夏水注中的西戎縣[③]等,也都不見於兩《漢志》及晉、宋、齊諸志。所以在正史地理志中,縣名的遺漏實在是不少的。在上列諸志中,《晉書》不僅是官修的,而且是皇帝親自執筆的集體著作,但是在縣名的遺漏方面並不比其他各志好。除了上面已經指出的以外,與酈注對勘一下,還可以替它增補若干縣名:

---

① 宋程大昌《禹貢論》上:"酈道元雖本桑書以爲經,而時時有所駁正。"

② 《通鑑》卷一四六,梁紀二,武帝天監五年"諸軍進至東陵"胡注,引《水經注》:"廬江金蘭縣西北東陵鄉大蘇山,灌水所出也。"胡三省案:"考之諸志無金蘭縣,未知何世所置。"清成蓉鏡:《禹貢班義述》序:"若金蘭之東陵鄉",成蓉鏡自注:"《水經·決水注》,灌水導源廬江金蘭縣西北,東陵鄉大蘇山。金蘭,前、續志并闕,蓋廬江郡屬之故縣也。"胡三省没有否定金蘭縣的存在,成蓉鏡則肯定了金蘭縣的存在。

③ 注云:"歷范西戎墓南,……盛弘之《荆州記》、劉澄之記(驛案,指劉撰《荆州記》)並言在縣之西南,郭仲産言(驛案,指郭撰《荆州記》)在縣東十里,撿其碑,題云:故西戎令范君之墓。"

卷三十五，江水經"又東北至江夏沙羡縣西北，沔水從此來注之"注云：

沌水上承沌陽縣之太白湖，……有沌陽都尉治，晉永嘉六年，王敦以陶侃爲荆州鎮此。

又卷三十六，沫水經"東南過旄牛縣北，又東至越巂靈道縣，出蒙山南"注云：

靈道縣，一名靈關道，……縣有銅山，有利慈渚，晉太始九年，黄龍二見於利慈池，縣令董玄之率吏民觀之，以白刺史王濬，濬表上之，晉朝改護龍縣也。

又卷三十七，澧水經"又東過零陽縣之北"注云：

澧水又逕渫陽縣，[①]右會渫水，水出建平郡，東逕渫陽縣南，晉太康中置。

又卷三十九，贛水經"又北過彭澤縣西"注云：

循水出艾縣西，東北逕豫寧縣，[②]故西安也，晉太康元年更從今名。

以上四例中列舉的沌陽、護龍、渫陽、豫寧四縣，按酈注記載，明明都是晉代的縣名，但《晉書·地理志》均失載。非特如此，《晉書》卷二十六《陶侃傳》言及陶侃"領樅陽令"，而地理志中却不記樅陽縣名。説明縣名紛繁，即一史之中，史、志也有牴牾之處。

由此可見，因正史地理志不載某一縣名而就此斷言當時没有某縣的建置，可能失之輕率。因此，對於殿本所云牛渚"非縣名"、注釋本所云"漢末嘗置縣也"等等，似乎也不是慎重的説法。而酈注記載的包括縣在内的各級行政區劃在補正各史地理志方面的價值，却是完全可以肯定的。清畢沅撰《晉書地理志新補正》一書，其中郡縣地名建置等資料，根據《水經注》而補正的，就達三十五條之多。對於酈注記載的行政區劃的價值，這是很有力的證明。

① 注箋本、項本、注釋本、張本均作澧陽縣。

② 大典本、黄本、吴本、注箋本、項本、沈本、張本等均作豫章寧縣，《水經注箋刊誤》卷十二云："豫章寧縣，章字衍文。"

四十八、州

本匯編在前言中已經説到,《水經注》記載的地名,種類繁多,方面甚廣,迥非以前的其他地理著作可比。但這裏應該指出,在酈注的六十餘類地名中,有關行政區劃的數類,即州、郡國、侯國、縣等,在記載的系統性和完整性方面,酈注不及成書早於它的《漢書·地理志》和《後漢書·郡國志》,也不及成書晚於它的《晉書·地理志》。這是因爲《水經注》以水道爲綱,各級行政區劃的名稱,是依附於河川,散記入各篇之中的。它不能像正史地理志那樣,按全國行政區劃系統記載,也不可能把以前各代行政區劃的名稱全部記入。這就是孫星衍所説的:"《水經注》記川流經過,其於郡縣故迹,不能備載。"①但是在另一方面,上述三史地理志在各級行政區劃的名稱的記載上雖然系統而完整,但各志所記,僅及本志一代;酈注所記雖不完整,但在時間上不僅兼括三志,而且上溯先秦。此外,三史地理志記載行政區劃名稱,大多堆砌排列,枯燥刻板,而酈注記載行政區劃,常常廣徵博引,兼及地名淵源。諸如此等,酈注仍有正史地理志所不及之處。

在各級行政區劃的名稱中,州是淵源最古、範圍最大的一種,始於戰國時代的所謂九州,②原來乃是自然區劃的名稱,以後才在這個基礎上逐代修改,成爲行政區劃。至

---

① 孫星衍《元和郡縣圖志序》(《岱南閣集》卷二)。

② 《中國古代地理名著選讀》(科學出版社版)第一輯,第三頁,《禹貢》顧頡剛注釋:"可以知道九州説和五服分内外兩部説,必然要到了戰國中期才有出現的可能。"

於《玉海》所收的所謂《神農九州》、《黄帝九州》、《顓帝九州》、《人皇氏九州》、《殷九州》等等之類,①大致都是按《禹貢》九州臆造,不足爲信。其中一篇《舜十二州》,或者也可説堯十二州,②雖然源出《尚書》,但其十二個具體州名,乃是宋人所註釋,③仍然是套用了《禹貢》九州的劃分方法,因此也無多大意義。

由於如上所述,酈注對這類地名的記載不够系統和完整,爲此,這裏先把北魏以前歷代設州的大概情況加以表列:

時　代	州數	州　　名	來　源
戰國(公元前四七五年至公元前二二二年)	九州	冀、兗、青、徐、揚、荆、豫、梁、雍。	《尚書·禹貢》
		冀、兗、青、徐、揚、荆、豫、幽、雍。	《吕氏春秋·有始覽》
		冀、幽、兗、營、徐、揚、荆、豫、雍。	《爾雅·釋地》
		冀、幽、并、兗、青、揚、荆、豫、雍。	《周禮·職方》
漢武帝元封五年(公元前一〇六年)	十三州	豫、兗、青、徐、冀、幽、并、涼、益、荆、揚、交趾、朔方。	《漢書·地理志》
漢平帝元始五年(公元五年)	十二州	雍、豫、冀、兗、徐、青、揚、荆、益、幽、并、交。	《後漢書·郡國志》
後漢光武帝建武元年(公元二十五年)	十三州	司隸、豫、兗、徐、青、涼、并、冀、幽、揚、荆、益、交。	《後漢書·郡國志》
晉武帝太康元年(公元二八〇年)	十九州	司、冀、兗、豫、荆、徐、揚、青、幽、平、并、雍、涼、秦、梁、益、寧、交、廣。	《晉書·地理志》

上表所列的,還只是州這一級區劃的比較穩定的例子,實際上,州的分併情況,比上表要頻繁複雜得多,不能在此一一釐訂。張國淦云:"王莽始建國時,從《禹貢》改十二州爲九州。東漢獻帝建安時,併十四州爲九州。至晉武帝有十六州,後又分爲二十州。"④由此可見,雖然州在歷代地方行政區劃中是比較穩定的一級,但變動仍然是很多的。

《水經注》記載的以州爲名的地名有一百六十餘處(包括不同卷次中的若干重複在内),其内容上起《禹貢》九州,下至北魏本朝。由於州的建置時代複雜、名稱繁多,古籍傳鈔之間,錯訛間或有之。例如卷三十二,涔水注的"義熙九年索遐爲果州刺史"。這

① 各篇均見《玉海》卷十七,地理,郡國。
② 《尚書》"肇十有二州"句,今文在《堯典》,古文則另入《舜典》。
③ 《尚書》"肇十有二州",《集傳》:"肇,始也。十二州,冀、兗、青、徐、荆、揚、豫、梁、雍、幽、并、營也。"
④ 《中國古方志考》(中華書局版)第六十頁。

裏,對於果州這個州名,孫星衍校本云:

> 錢竹汀曰:六朝無果州之名,必是梁州之譌。《通鑑》是年有索邈爲梁州刺史,邈與遐字形相涉,其爲梁州無疑。①

孫星衍的説法可以肯定是正確的。又如卷十九,渭水注中的邠州,其得名遠在酈氏之後,自不應見之於酈注。② 當然,事情也不能一概而論。例如中州設於北周武帝(公元五六一至五七八年),爲時也在酈氏之後,但酈注中曾數見中州(卷二及卷五,河水注),這是因爲酈注中州乃是豫州甚至中國的代稱,與北周的中州無涉。

注文中也有少數以州爲名的地名,如卷八,濟水注的"平州";卷二十一,汝水注的"栗州";卷二十八,沔水注的"繕州"以及卷三十四,江水注的"黄州"、"歎州"等,實際上都是洲,均已收入於前面洲類地名之中,爲了查檢方便,此處再度收入,並在備註中註明。

---

① 卷二十七,沔水經"東過南鄭縣南"注云:"義熙十五年,……出銅鐘十二枚,刺史索邈奉送洛陽。"案南鄭縣,晉屬梁州漢中郡。故索邈自義熙九年出任梁州刺史,至十五年仍在任。由此益足證明涔水注"索遐爲果州刺史"確係"索邈爲梁州刺史"之誤。

② 《札迻十二卷》卷三:"渭水注,汧水東南歷慈山東南逕郁夷縣平陽故城南,城北有漢邠州刺史趙融碑,靈帝建寧元年立。案李吉甫《元和郡縣志》邠州云:周文帝大統元年置南豳州,廢帝除南字。開元十三年,以豳字與幽字相涉,詔改爲邠字。是酈氏時尚未有邠州,何況漢建寧以前乎。此疑當作幽州刺史,幽譌作豳,校者又改作邠。洪氏《隸釋》所引已誤。"

州

經　文	地　名	備　註
卷一　河水		
屈從其東南流,入渤海。	中州 交州 柱州	
卷二　河水		
又東入塞,過敦煌、酒泉、張掖郡南。	雍州	
又東過隴西河關縣北,洮水從東南來流注之。	沙州 涼州	
卷三　河水		
又南過赤城東,又南過定襄桐過縣西。	并州	
又南離石縣西。	夏州	
又南過上郡高奴縣東。	汾州	
卷四　河水		
又南過蒲坂縣西。	秦州	

經　　文	地　　名	備　　註
卷五　河水		
洛水從縣西北流注之。	中州	
又東過成皋縣北，濟水從北來注之。	北司州	
又東北過衛縣南，又東北過濮陽縣北，瓠子河出焉。	徐州 沇州	
又東北過茌平縣西。	濟州	
又東北過楊虚縣東，商河出焉。	青州	
又東北過利縣北，又東北過甲下邑，濟水從西來注之，又東北入於海。	營州	
卷六　汾水		
汾水出太原汾陽縣北管涔山。	武州 并州	
又屈從縣南西流	東雍州	

經　文	地　名	備　註
卷六　洞過水		
西入於汾，出晉水下口者也。	并州	
卷七　濟水		
與河合流，又東過成皋縣北，又東過滎陽縣北，又東至礫溪南，東出過滎澤北。	豫州	
卷八　濟水		
又東北過壽張縣西界，安民亭南，汶水從東北來注之。	冀州	
又東北過臨濟南。	平州	大典本、何校明鈔本、王校明鈔本作平州沉，七校本、注釋本、注疏本作平州坈。
又東過昌邑縣北。	沇州	
又東過方與縣北，爲菏水。	荆州	
卷九　清水		
清水出河内脩武縣之北黑山。	沇州	

經文	地名	備註
卷九　沁水		
南過穀遠縣東,又南過陭氏縣東。	冀州	
又東過野王縣北。	懷州	
又東過武德縣南,又東南至滎陽縣北,東入於河。	殷州	
卷九　淇水		
又東北過廣宗縣東,爲清河。	冀州 青州	
又東北過南皮縣西。	滄州	
卷十　濁漳水		
潞縣北。	冀州	
又東出山,過鄴縣西。	相州	
卷十一　滱水		
滱水出代郡靈丘縣高氏山。	冀州	

經　文	地　名	備　註
又東過唐縣南。	安州 定州	
又東過博陵縣南。	幽州 徐州	 注釋本作徐水。
卷十二　聖水		
又東過安次縣南,東入於海。	荆州	
卷十二　巨馬水		
又東南過容城縣北。	幽州	
卷十三　㶟水		
㶟水出鴈門陰館縣,東北過代郡桑乾縣南。	司州 恒州 桓州 燕州	
卷十四　沽河		
沽河從塞外來。	并州	
卷十四　鮑丘水		

經文	地名	備註
鮑丘水從塞外來,南過漁陽縣東。	安州	
又南過潞縣西。	并州 幽州	
卷十四 濡水		
濡水從塞外來,東南過遼西令支縣北。	安州	
卷十四 大遼水		
大遼水出塞外衛白平山,東南入塞,過遼東襄平縣西。	平州	
又東南過房縣西。	營州	
卷十五 洛水		
又東南過洛陽縣西,伊水從西來注之。	司州	
卷十五 瀍水		

經　　文	地　　名	備　　註
東與千金渠合。	益州	
卷十六　穀水		
又東過河南縣北，東南入於洛。	荆州	
	青州	
卷十六　沮水		
沮水出北地直路縣東，過馮翊祋祤縣北，東入於洛。	冀州	
卷十七　渭水		
又東過冀縣北。	涼州	
又東過陳倉縣西。	邠州	注云："汧水東南歷慈山東南，逕郁夷縣平陽故城南，……城北有漢邠州刺史趙融碑，靈帝建安元年立。"《札迻十二卷》卷三，孫貽讓云："案李吉甫《元和郡縣志》邠州云：周文帝大統元年置南豳州，廢帝除南字，開元十三年，以豳字與幽字相涉，詔改爲邠字。是酈氏時尚未有邠州，何况漢建安以前乎。此疑當作幽州刺史，幽譌作豳，校者又改作邠，洪氏《隸釋》所引已誤。"
	雍州	
卷十八　渭水		

經　文	地　名	備　註
又東過武功縣北。	岐州	
卷十九　渭水		
又東過長安縣北。	雍州	
又東過霸陵縣北,霸水從縣西北流注之。	荆州	
卷二十　漾水		
漾水出隴西氐道縣嶓冢山,東至武都沮縣,爲漢水。	益州 祁山軍 金盤軍 歷城軍	
又東南至廣魏白水縣西,又東南至葭萌縣東北,與羌水合。	雍州	黄本作雝州。
卷二十一　汝水		
東南過其縣北。	豫州	
又東南過定陵縣北。	荆州	

經　　文	地　　名	備　　註
又東南過汝南上蔡縣西。	栗州	
卷二十二		
潁水		
又東南至新陽縣北,蒗蕩渠水從西北來注之。	潁州 豫州	
卷二十二		
洧水		
東南過其縣南。	豫州	
卷二十二		
渠		
其一者,東南過陳縣北。	豫州 夏州	
卷二十三		
陰溝水		
東南至沛,爲濄水。	沇州 揚州 江州 幽州 濄州	
又東南至下邳縣,入於淮。	許州	
卷二十三		
汳水		

經　文	地　名	備　註
又東至梁郡蒙縣，爲獲水，餘波南入睢陽城中。	豫州	
卷二十三		
獲水		
又東至彭城縣北，東入於泗。	徐州	
卷二十四		
睢水		
東過睢陽縣南。	豫州 涼州	
卷二十四		
瓠子河		
東至濟陰句陽縣，爲新溝。	豫州	
又北過東郡范縣東北，爲濟渠，與將渠合。	徐州	
卷二十五		
泗水		
又西過瑕丘縣東，屈從縣東南流，漷水從東來注之。	徐州	

經　　文	地　　名	備　　註
又東過下邳縣西。	南徐州	
卷二十五		
沂水		
沂水出泰山蓋縣艾山。	南青州	
卷二十六		
沭水		
又南過陽都縣，東入於沂。	徐州	
卷二十六		
巨洋水		
又北過臨朐縣東。	東州	
又北過劇縣西。	幽州	
卷二十六		
淄水		
又東過利縣東。	青州	
卷二十六		
汶水		
北過其縣東。	青州	

經　　文	地　　名	備　　註
卷二十七		
沔水		
沔水出武都沮縣東狼谷中。	益州 梁州	
又東過成固縣南,又東過魏興安陽縣南,涔水出自旱山北注之。	秦州	
卷二十八		
沔水		
又東過鄖鄉南。	梁州 益州	
又東過襄陽縣北。	荊州	
又東過中廬縣東,維水出自房陵縣維山,東流注之。	縉州	
卷二十九		
沔水		
分爲二,其一東北流,其一又過毗陵縣北,爲北江。	揚州	

經　文	地　名	備　註
卷二十九 比水		
比水出比陽東北太胡山,東南流,過其縣南,泄水從南來注之。	東荆州	
卷三十　淮水		
淮水出南陽平氏縣胎簪山,東北過桐柏山。	揚州	吴本作楊州。
東過江夏平春縣北。	司州 郢州	
又東過新息縣南。	東豫州	
又東過廬江安豐縣東北,決水從北來注之。	豫州	
又東北至九江壽春縣西,沘水、泄水,合北注之;又東,潁水從西北來注之。	淮州	
又東至廣陵淮浦縣,入於海。	郁州	

經　　文	地　名	備　　註
卷三十一		
淯水		
淯水出弘農盧氏縣支離山,東南過南陽西鄂縣西北,又東過宛縣南。	荆州	
卷三十二		
決水		
又北過安豐縣東。	涼州	
卷三十二		
肥水		
北入於淮。	豫州	
卷三十二		
羌水		
羌水出羌中參狼谷。	雍州	
卷三十二		
梓潼水		
又西南至小廣魏南,入於墊江。	江州	
卷三十二		
涔水		

經　文	地　名	備　註
涔水出漢中南鄭縣旱山,北至安陽縣,南入於沔。	果州	注云:"義熙九年,索遐爲果州刺史。"合校本引孫星衍校本云:"錢竹汀曰:六朝無果州之名,必是梁州之譌。《通鑑》是年有索邈爲梁州刺史,邈與遐字形相涉,其爲梁州無疑。"
卷三十三		
江水		
岷山在蜀郡氐道縣,大江所出,東南過其縣北。	益州 梁州	
又東南過犍爲武陽縣,青衣水、沫水從西南來,合而注之。	荆州 寧州 交州	
又東至巴郡江州縣東,強水、涪水、漢水、白水、宕渠水五水,合南流注之。	江州 巴州	
卷三十四		
江水		
又東南,油水從東南來注之。	荆州 黄州	
湘水從南來注之。	江州	

經　文	地　名	備　註
又東北至江夏沙羡縣西北,沔水從北來注之。	歎州	
又東過邾縣南。	定州 司州 豫州	
鄂縣北。	霍州	
卷三十六		
桓水		
桓水出蜀郡岷山,西南行羌中,入於南海。	梁州 雍州	
卷三十六		
若水		
又東北至犍爲朱提縣西,爲瀘江水。	寧州	
卷三十六		
温水		
温水出牂柯夜郎縣。	寧州 滇州	
東北入於鬱。	交州	
	廣州	注箋本作廣川。
	便州	
	朱崖州	注釋本作崖州。

經　文	地　名	備　註
卷三十七		
葉榆河		
東南出益州界。	益州	
過交趾羞泠縣北，分爲五水，洛交趾郡中，至南界，復合爲三水，東入海。	荆州 交州	
卷三十七		
沅水		
沅水出牂柯且蘭縣，爲旁蒲水，又東至鐔成縣，爲沅水，東過無陽縣。	郁州 益州	
卷三十七		
泿水		
又東至蒼梧猛陵縣爲鬱溪；又東至高要縣，爲大水。	交州	
其一又東過縣東，南入於海。	廣州	
卷三十八		
湘水		

經　文	地　名	備　註
又北過臨湘縣西，瀏水從縣西北流注。	荆州 湘州	
卷三十八		
灕水		
灕水亦出陽海山。	交州	
卷三十八		
溱水		
東至曲江縣安聶邑東屈西南流。	江州	
卷三十九		
耒水		
又北過其縣之西。	廣州	
卷三十九		
洣水		
洣水出荼陵縣上鄉，西北過其縣西。	江州	
卷三十九		
瀏水		
瀏水出臨湘縣東南，瀏陽縣西北，過其縣東北，	江州	

經　　文	地　　名	備　　註
與澇水合。		
卷四十　漸江水		
北過餘杭,東入於海。	揚州 交州	
卷四十　江以南至日南郡二十水		
侵離。	廣州	
卷四十　《禹貢》山水澤地所在		
都野澤在武威縣東北。	涼州	
三危山在燉煌縣南。	瓜州 沙州	 注云:"杜林曰:燉煌,古瓜州也,州之貢物,地出好瓜,民因氏之,……南七里有鳴沙山,故亦曰沙州也。"

四十九、郡　國

秦始皇統一全國後，廢封建、設郡縣，這是我國建郡之始。秦以前雖然也有郡之名，[1]但意義和秦以後的郡不同。秦以後，凡是州、郡並設的朝代，總是以州領郡。郡是比州小一級的行政區劃單位，故其數量比州要大得多。僅秦一代所建的郡就達三十六處。漢代初年，因嫌秦代所建的郡轄境過大，加以分割增設。同時又立諸侯王國，[2]其範圍及其在地方行政區劃中的地位和郡相當。所以以後就合稱郡國。《漢書・地理志》所記載的郡國，爲數已有一百零三處，[3]以後歷後漢、三國以至晉，郡國的數量是很可觀的。而郡國疆界的分劃、郡國名稱的變遷，其情況自然也比州要複雜得多。《水經注》當然不可能把自秦以來迄於北魏的全部郡國名稱盡行記載，但全注所記載的郡國地名，包括不同卷次中的若干重複在内，爲數也多達九百處以上。

卷二，河水經"又東入塞，過敦煌、酒泉、張掖郡南"注中，對郡這一級行政區劃，有全面而詳細的解釋。注云：

《説文》曰：郡制，天子地方千里，分爲百縣，縣有四郡。故《春秋傳》曰：上大

---

① 卷三十四，江水經"又東過巫縣南，鹽水從東南流注之"注云："縣，故楚之巫郡也，秦省郡立縣。又卷三十七，沅水經"又東北過臨沅縣南"注云："本楚之黔中郡矣。"均爲秦以前設郡的例子。

② 《漢書・地理志》："本秦京師爲内史，分天下作三十六郡。漢興，以其郡太大，復稍開置，又立諸侯王國。"

③ 《漢書・地理志》："故自高祖增二十六，文、景各六，武帝二十八，昭帝一，訖於孝平，凡郡國一百三。"

夫縣，下大夫郡。[1] 至秦始置三十六郡以監縣矣。[2] 從邑，君聲。《釋名》曰：郡，羣也，人所聚也。[3] 黄義仲《十三州記》曰：郡之言君也，改公侯之封而言。君者，至尊也。郡守專權，君臣之禮彌崇。今郡字，君在其左，邑在其右，君爲元首，邑以載名，故取名於君謂之郡。《漢官》曰：秦用李斯議，分天下爲三十六郡。凡郡，或以列國，陳、魯、齊、吴是也；或以舊邑，長沙、丹陽是也；或以山陵，太山、山陽是也；或以川原，西河、河東是也；或以所出，金城城下得金，酒泉泉味如酒，豫章樟樹生庭，鴈門鴈之所育是也；或以號令，禹合諸侯，大計東冶之山，因名會稽是也。

上面這一段注文，把郡的意義、郡的發展，以及建郡命名的原則，亦即郡名的淵源等，都記得清楚明白。即此一端，就可以説明，雖然酈注記載的郡名，不如《漢書》、《後漢書》、《晉書》等正史地理志的系統完整，但它畢竟仍有正史地理志記載所不及的特色。何况酈注記載的郡名，正史地理志也未必能包羅無遺。例如卷二十二，渠經"其一者，東南過陳縣北"注云：

城内有漢相王君造四縣邸碑，文字剥缺，不可悉識，其略曰：惟兹陳國，故曰淮陽郡云云。

如上注，則淮陽在漢代曾經設郡，但《漢書·地理志》僅列淮陽國，無此郡名。又如卷三十五，江水經"又東南過邾縣南"注云：

晉咸和中，庾亮爲西陽太守。

如上注，則西陽郡明明是晉代郡名，但《晉書·地理志》却不載。足見酈注郡名，也有可補正史地理志不足之處。

至於國，如上所述始於漢朝初年分封的諸侯王國，這是封建帝王分封給他們的子孫的封邑（與分封給外姓的侯國不同，侯國類地名在以下另行匯編）。國雖然和郡是同一級的地方行政區劃，但轄境一般比郡要小。以前漢爲例，除了少數邊疆地區外，各郡所轄，一般不少於十縣，轄縣多的如琅邪郡多至五十一縣。而各國所轄絶大部分都不到十縣。論户口數也是一樣，除邊疆地廣人稀外，各郡所有户數，多在十萬以上。大郡如東、沛、汝南等，户數可以超過四十萬。而各國所有户數，多在十萬以下。此外，作爲地方行政區劃，國的穩定性也不及郡。根據記載，前漢有國二十，[4]後漢有國三十，[5]三

① 《通典》卷三十三，職官十五，州郡下，縣令："春秋時，列國相滅，多以其地爲縣，則縣大而郡小。故傳云：上大夫受縣，下大夫受郡。"
② 《通典》卷三十三，職官十五，州郡下，縣令："至於戰國，則郡大而縣小矣。故甘茂謂秦武王曰：宜陽大縣，名曰縣，其實郡也。"由此可知，在戰國時代，郡已大於縣。
③ "人所聚也"，大典本作"人而羣聚也"。
④ 《漢書·地理志》。
⑤ 清萬斯同《歷代史表》卷一。

國有國四十,[①]晉有國六十三。[②] 但由於王室内訌、宗系斷絶以及其他原因,常常時建時廢,正史地理志中無法包羅盡致。以前漢爲例,《漢書・地理志》所列國名有二十,而實際上遠不止此數。像卷七,濟水注的濟川、定陶二國;卷八,濟水注的山陽、昌邑二國;卷九,沁水注的殷國;卷十三,灅水注的燕國;卷二十二,潁水注的韓國;卷二十四,瓠子河注的膠西國;汶水注的濟東國;卷三十,淮水注的淮南國及荆國;卷三十二,泚水注的衡山國;卷四十,漸江水注的廣德國等,都是前漢所建的國,但均爲《漢書・地理志》所不載,這是因爲這些國時建時廢,爲時短促之故。這一方面説明國的穩定性不及郡,另一方面也説明了酈注記載的郡國地名,可補正史地理志的不足。

① 《歷代史表》卷十一。卷末註云:"末帝皓多子,據《吴志》但書封淮陽、東平等三十三王,不著其名,無考。"此三十三國未計在内。

② 《歷代史表》卷十二。計晉六十二國,又魏末帝封陳留王,共六十三國。

郡　國

經　文	地　名	備　註
卷一　河水		
去嵩高五萬里,地之中也。	隴西郡	
屈從其東南流,入渤海。	蒼梧郡	
	會稽郡	
	敦煌郡	
卷二　河水		
又東入塞,過敦煌、酒泉、張掖郡南。	敦煌郡	
	酒泉郡	
	張掖郡	
	陳郡	
	魯郡	
	齊郡	
	吴郡	
	長沙郡	
	丹陽郡	七校本作丹揚郡。
	太山郡	
	山陽郡	
	西河郡	
	河東郡	
	金城郡	
	豫章郡	
	鴈門郡	
	會稽郡	
	西海郡	

經　文	地　名	備　註
又東過隴西河關縣北,洮水從東南來流注之。	西平郡	注箋本作西皁郡。
	臨洮郡	
	洮陽郡	
	隴西郡	
	厭戎郡	注云:“漢隴西郡治,秦昭王二十八年置。應劭曰:有隴坻在其東,故曰隴西也。……王莽更郡縣之名,郡曰厭戎。”
又東過金城允吾縣北。	晉昌郡	
又東過天水勇士縣北。	滿福屬國	
又東北過安定北界麥田山。	安定郡	
	北地郡	
	三水屬國	
	安定屬國	
卷三　河水		
又北過北地富平縣西。	北地郡	
	威戎郡	注云:“(北地郡)秦置北部都尉,治縣城,王莽名郡爲威戎。”
	西河郡	
又北過朔方臨戎縣西。	朔方郡	
	溝搜郡	注云:“(朔方郡)王莽更郡曰溝搜。”
屈從縣北東流。	代郡	
屈南過五原西安陽縣南。	交趾郡	

經　　文	地　　名	備　　註
屈東過九原縣南。	九原郡	
	五原郡	注云:"秦始皇置九原郡,治此,漢武帝元朔二年,更名五原也,王莽之獲降郡。"
	獲降郡	同上註。
	臨洮郡	
	遼東郡	
又東過雲中楨陵縣南,又東過沙南縣北,從縣東,屈南過沙陵縣西。	雲中郡	
	受降郡	注云:"秦始皇十二年立雲中郡,王莽更郡曰受降。"
	廣陵郡	
	仇池郡	
又南過赤城東,又南過定襄桐過縣西。	定襄郡	注云:"定襄郡,漢高帝六年置,王莽之得降也。"
	得降郡	
	鴈門郡	
	涼城郡	
	歸新郡	
又南過西河圁陽縣東。	上郡	
	金城郡	
又南離石縣西。	增山郡	注云:"司馬彪曰:增山者,上郡之別名也。"
又南過土軍縣西。	吐京郡	
又南過上郡高奴縣東。	酒泉郡	
卷四　河水		

經　　文	地　　名	備　　註
又南過河東北屈縣西。	汲郡 西河郡	
又南出龍門口,汾水從東來注之。	馮翊 漢陽郡	
又南過汾陰縣西。	河東郡	
又南至華陰潼關,渭水從西來注之。	京兆尹	注箋本、項本、張本作京兆郡。
又東過河北縣南。	弘農郡 右隊郡	 注云:"以故關爲弘農縣,弘農郡治,王莽更名右隊。"
又東過陝縣北。	臨洮郡	
又東過大陽縣南。	河北郡	
又東過砥柱間。	蜀郡 長沙郡	
卷五　河水		
又東過平縣北,湛水從北來注之。	河南尹 廣陵郡 平原郡 南陽郡	

經　　文	地　　名	備　　註
又東過成皐縣北,濟水從北來注之。	河南郡	
又東過滎陽縣北,蒗蕩渠出焉。	樂浪郡	
	太山郡	
又東北過武德縣東,沁水從西北來注之。	東郡	
	濟陰郡	
	濟北郡	
又東北過黎陽縣南。	頓丘郡	
	河間郡	
	建興郡	
	長樂郡	注云:"長樂,故信都也,晉太康五年,改從今名。"
	信都郡	
	譙郡	
	汲郡	
	河内郡	
	清河郡	
	甘陵郡	
	渤海郡	
又東北過衛縣南,又東北過濮陽縣北,瓠子河出焉。	東海王國	
又東北過茌平縣西。	東阿王國	

經　　文	地　　名	備　　註
又東北過高唐縣東。	濟南郡	
	千乘郡	
	建信郡	注云:"千乘郡,王莽之建信也,章帝建初四年爲王國,和帝永元七年,改爲樂安郡。"
	千乘王國	同上註。
	樂安郡	同建信郡註。
又東過楊虚縣東,商河出焉。	魏郡	
卷六　汾水		
汾水出太原汾陽縣北管涔山。	常山郡	
	新興郡	
	祁氏郡	
東南過晉陽縣東,晉水從縣南東流注之。	太原郡	
又東過平陶縣東,文水從西來流注之。	陳留郡	
	范陽郡	
	扶風郡	
歷唐城東。	湘東郡	
又南過平陽縣東。	平陽郡	
又屈從縣南西流。	正平郡	
又西過長脩	河東郡	

經　　文	地　　名	備　　註
縣南。		
又西過皮氏縣南。	西河郡	
卷六　涑水		
又西南過安邑縣西。	河東郡 洮隊郡	 注箋本、項本、注釋本、張本作洮陽郡,七校本作兆隊郡。
卷六　文水		
文水出大陵縣西山文谷,東到其縣,屈南到平陶縣東北,東入於汾。	西河郡	
卷六　原公水		
原公水出茲氏縣西羊頭山東,過其縣北。	太原郡 西河郡	
卷六　洞過水		
洞過水出沾縣北山。	樂平郡	
卷七　濟水		
濟水出河東垣縣東王屋山,爲沇水。	常山郡 東郡	

經　文	地　名	備　註
又東至温縣西北，爲濟水，又東過其縣北。	河内郡	
屈從縣東南流，過隤城西，又南當鞏縣北，南入於河。	碭郡	
與河合流，又東過成皋縣北，又東過滎陽縣北，又東至礫溪南，東出過滎澤北。	山陽郡 代郡 東萊郡 汝南郡 陳留郡 滎陽郡 河南郡	
又東過陽武縣南。	趙郡	
又東過濟陽縣北。	濟川王國	
又東過寃朐縣南，又東過定陶縣南。	魏郡 濟陰郡 定陶國	
卷八　濟水		
其一水東南流，其一水從縣東北流，入鉅野澤。	濟陰國 豫章郡 東郡	

經文	地名	備註
	濟陰郡	吴本作沛陰郡。
	濟北郡	
又東北過壽張縣西界,安民亭南,汶水從東北來注之。	太山郡	
又北過穀城縣西。	彭城郡	
又東北過盧縣北。	泰山郡 東太原郡	
又東北過臺縣北。	濟南郡 平譚國 樂安郡	
又東北過臨濟縣南。	渤海僑郡 千乘郡	
又東北過利縣西。	齊郡	
其一水東南流者,過乘氏縣南。	高平郡	
又東過昌邑縣北。	梁國 山陽國	
	昌邑國	注云:"漢景帝中六年,分梁爲山陽國,武帝天漢四年,更爲昌邑國,以封昌邑王髆,賀廢國除,以爲山陽郡,王莽之鉅野郡也,後更爲高平郡。"

經文	地名	備註
	山陽郡	同上註。
	鉅野郡	同昌邑國註。
	東萊郡	
	河東郡	
	東太山郡	
又東過方與縣北,爲菏水。	汝南郡 長沙郡 任城郡	
菏水又東過湖陸縣南,東入於泗水。	淮陽郡 湖陵郡	
又東南過沛縣東北。	楚國	
又東南過徐縣北。	臨淮郡 淮平郡	注云:"《地理志》曰:臨淮郡,漢武帝元狩五年置,治徐縣,王莽更之曰淮平。"
卷九　清水		
清水出河内脩武縣之北黑山。	殷國 陳留郡 譙國 沛國 河内郡 琅邪郡 始平郡 齊國 汲郡	

經　文	地　名	備　註
東北過獲嘉縣北。	桂陽郡	
	河南尹	
又東過汲縣北。	會稽郡	
	范陽郡	
卷九　沁水		
又南過陽阿縣東。	建興郡	
又南出山,過沁水縣北。	魯國	
	殷國	
	河内郡	
又東過野王縣北。	東郡	
	後隊郡	注云:“始皇拔魏東地,置東郡,……漢高帝元年,爲殷國,二年爲河内郡,王莽之後隊。”
	上黨郡	
	山陽郡	
又東過懷縣之北。	河東郡	
	河南郡	
卷九　淇水		
淇水出河内隆慮縣西大號山。	土軍郡	注云:“又東南流,歷土軍東北。”殿本註云:“考土軍,《漢書·地理志》屬西河郡,北魏立吐京郡,吐京,即土軍音聲之轉,……但《魏書》作吐京,道元猶用土軍字耳。”注箋本、項本、七校本、注釋本、張本作五軍。《北堂書鈔》卷一五八,地部二,穴篇十三,引《水經注》作五軍。
	東郡	
	九原郡	
	西河郡	

經　　文	地　　名	備　　註
東過内黄縣南,爲白溝。	陳留郡	
又東北過館陶縣北,又東北過清淵縣西。	陽平郡 魏郡	
又東北過廣宗縣東,爲清河。	建興郡 清河郡 清河王國	
	平河郡	注云:"漢高祖置清河郡,治此,景帝中三年,封皇子乘爲王國,王莽之平河也。"
	甘陵王國 甘陵郡	注云:"漢桓帝建和三年,改清河爲甘陵王國,以王妖言徙,其年立甘陵郡。"
又東北過東武城縣西。	定襄郡	
又東過廣川縣東。	信都郡	
又東過脩縣南,又東北過東光縣西。	魯國 渤海郡	
又東北過南皮縣西。	樂陵國 樂陵郡 遼西郡	
又東北過浮陽縣西。	章武郡 浮陽郡	

經　　文	地　　名	備　　註
卷九　蕩水		
又東北至内黄縣,入於黄澤。	陳留郡	
卷九　洹水		
又東出山,過鄴縣南。	魏郡	
卷十　濁漳水		
東過其縣南。	上黨郡	
又東出山,過鄴縣西。	魏郡 魏城郡	
又東過列人縣南。	趙郡 廣平郡	
又東北過曲周縣東,又東北過鉅鹿縣東。	鉅鹿郡	
	平于國	注箋本、項本、注釋本、張本作廣平侯國。
	河内郡 安平郡 信都郡	
又北過堂陽縣西。	新博郡 陳留郡	
又東北過扶柳縣北,又東北過信都縣西。	樂平郡 常山郡	

經　　文	地　　名	備　　註
又東北過下博縣之西。	太山郡	
又東北過阜城縣北,又東至昌亭,與滹沱河會。	勃海郡 武邑郡	
又東北至樂成陵縣北别出。	河間郡 河間王國 朔定郡	注云:"河間郡治,……景帝九年,封子德爲河間王,是爲獻王,王莽更名,郡曰朔定。"
又東北過章武縣西,又東北過平舒縣,東入海。	章武郡	
卷十　清漳水		
清漳水出上黨沾縣西北少山大要谷,南過縣西,又從縣南屈。	樂平郡	
東過涉縣西,屈從縣南。	魏郡	
卷十一　易水		
東過范陽縣南,又東過容城縣南。	勃海郡 涿郡 代郡 遼西郡	

經　　文	地　　名	備　　註
卷十一　㶟水		
㶟水出代郡靈丘縣高氏山。	代郡	
	北海郡	
又東過唐縣南。	中山郡	
	中山王國	
	常山郡	注云:"漢高祖立中山郡,景帝三年爲王國,王莽之常山也。"
	上谷郡	
又東過博陵縣南。	河間郡	
	博陵郡	
	頓丘郡	
	北平郡	
卷十二　聖水		
聖水出上谷。	上谷郡	
	朔調郡	注云:"秦始皇二十三年,置上谷郡,……王莽更名朔調也。"
東過良鄉縣南。	涿郡	
又東過陽鄉縣北。	涿水郡	
	廣陽郡	
	范陽郡	
又東過安次縣南,東入於海。	勃海郡	
卷十二　巨馬水		

經　　文	地　　名	備　　註
又東南過容城縣北。	廣陽郡 涿郡	
卷十三　㶟水		
㶟水出鴈門陰館縣,東北過代郡桑乾縣南。	齊國 平齊郡 太原郡 安定郡 會稽郡 桑乾郡 涼城郡 鴈門郡 彭城郡 樂安郡 昌黎郡 代郡 涿郡 五原郡 上黨郡 昌平郡 大寧郡	
又東過涿鹿縣北。	平原僑郡 上谷郡	
	朔調郡	注云:"秦上谷郡治此,王莽改郡曰朔調。"
過廣陽薊縣北。	廣陽郡 燕國	
	廣有郡	注云:"秦始皇二十三年,滅燕以爲廣陽郡,漢高帝以封盧綰爲燕王,更名燕國,王莽改曰廣有。"

經　文	地　名	備　註
又東至漁陽雍縣西,入笥溝。	潁川郡 漁陽郡	
卷十四　濕餘水		
濕餘水出上谷居庸關東。	上谷郡	
卷十四　沽河		
南過漁陽狐奴縣北,西南與濕餘水合,爲潞河。	漁陽郡	
卷十四　鮑丘水		
鮑丘水從塞外來,南過漁陽縣東。	漁陽郡 通潞郡	 注云:"漁陽郡治也,秦始皇二十二年置,王莽更名通潞。"
又南過潞縣西。	沛國	
又南至雍奴縣北,屈東入於海。	北海郡 河東郡 遼東郡 右北平郡 北順郡	 注云:"秦始皇二十二年,滅燕,置右北平郡治此,王莽之所謂北順也。"

經　文	地　名	備　註
卷十四　濡水		
濡水從塞外來,東南過遼西令支縣北。	漁陽郡	
	廣陽僑郡	
	遼西郡	
	臨渝郡	
	馮德郡	注箋本作憑德郡。
又東南過海陽縣西,南入於海。	右北平郡	
卷十四　大遼水		
大遼水出塞外衛白平山,東南入塞,過遼東襄平縣西。	遼東郡	
	昌平郡	注云:"秦始皇二十二年,滅燕置遼東郡,……王莽之昌平也。"
又東南過房縣西。	遼東郡	
卷十四　小遼水		
又玄菟高句麗縣有遼山,小遼水所出。	玄菟郡	黄本、沈本作玄兔郡。《方輿紀要》卷三十七,山東八,遼東都指揮使司,渾河,引《水經注》作元菟郡。
	下句麗郡	注云:"漢武帝元封二年,平右渠,置玄菟郡於此,王莽之下句麗。"

經　文	地　名	備　註
卷十四　浿水		
浿水出樂浪鏤方縣,東南過臨浿縣,東入於海。	樂浪郡 遼東郡	
卷十五　洛水		
又東過陽市邑南,又東北過於父邑之南。	宜陽郡 河南郡	
又東北出散關南。	河南尹	
又東過偃師縣南。	瑯琊郡	
卷十五　伊水		
又東北過新城縣南。	河南郡 上黨郡	
卷十五　瀍水		
東與千金渠合。	巴郡	
卷十六　穀水		

經　　文	地　　名	備　　註
又東過河南縣北，東南入於洛。	三川郡 河南王國 河南郡	
	保忠信卿	注云："秦滅周以爲三川郡，項羽封申陽爲河南王，漢以爲河南郡，王莽又名之曰保忠信卿。"大典本、注箋本、項本、注釋本、張本作保忠信鄉。
	河南尹 汝陰郡 汝南郡 陳留郡 魏郡	
	邳國	注云："橋之右柱，銘云：陽嘉四年，……河南尹邳崇隴。"注釋本註云："河南尹，官也；邳，郡望也；崇隴，人姓名也。……《續志》註云：臨淮郡，永平十五年更爲下邳國，此章稱邳，銘勒於陽嘉年，其爲下邳無疑也。"《越縵堂日記》光緒乙亥五月二十一日，李慈銘云："《水經·洛水篇注》(驛案，洛字當係穀字之誤)：陽嘉四年，河南尹邳崇隴、丞渤海重合雙福。按邳，當是下邳，東漢徐州有下邳國、下邳縣，此誤脱一下字。"
	渤海郡 右北平郡 漁陽郡 南陽郡 廬江郡 琅琊郡 安定郡 吴郡 山陽郡	
卷十六　甘水		

經　　文	地　　名	備　　註
甘水出弘農宜陽縣鹿蹏山。	河南郡	
卷十六　漆水		
漆水出扶風杜陽縣俞山東,北入於渭。	馮翊	
	右扶風	
卷十六　沮水		
沮水出北地直路縣東過馮翊祋祤縣北,東入於洛。	馮翊	
卷十七　渭水		
又東過獂道縣南。	南安郡	
又東過冀縣北。	廣漢郡	
	天水郡	
	鎮戎郡	注云:"故天水郡治,王莽更名鎮戎,縣曰冀治,漢明帝永平十七年,改曰漢陽郡。"
	漢陽郡	同上註。
	阿陽郡	
	安定郡	
又東過上邽縣。	扶風	
	太原郡	

經　文	地　名	備　註
卷十九　渭水		
又東過槐里縣南，又東，澇水從南來注之。	始平郡 隴西郡 北地郡	
又東，豐水從南來注之。	扶風	
又東過長安縣北。	京兆 馮翊 廣陵郡	
又東過霸陵縣北，霸水從縣西北流注之。	河東郡 齊郡 趙國	
	燉煌郡	注云："故徙將作大匠解萬年燉煌。"案《漢書》卷十，帝紀十，《成帝紀》云："萬年佞邪不忠，流毒衆庶，海内怨望，至今不息，雖蒙赦令，不宜居京師，其徙萬年燉煌郡。"
又東過鄭縣北。	左馮翊	
又東過華陰縣北。	弘農郡	
卷二十　漾水		
漾水出隴西氐道縣嶓冢山，東至武都沮縣，爲漢水。	武都郡 隴西郡 梓潼郡 漢壽郡	

經　　文	地　　名	備　　註
	廣魏郡	
	漢川郡	
	漢陽郡	
	廣漢郡	
	潁川郡	
	仇池郡	
	武街郡	注云:“水出武街東北四十五里。”案《魏書·地形志》,南秦州有武階郡。武街,注釋本作武階,與《魏書》同。
	槃頭郡	
	樂平郡	
	廣業郡	注箋本、項本、張本作廣漢郡。
	故道郡	
	天水郡	
又東南至廣魏白水縣西,又東南至葭萌縣東北,與羌水合。	廣漢屬國	
	安昌郡	注箋本、項本、注釋本、張本作建陽郡。
	建昌郡	
	白水郡	
	平武郡	
	平洛郡	
	南陽僑郡	
	始平僑郡	
又東南過巴郡閬中縣。	巴西郡	
	陰平郡	
	南安郡	
	牂柯郡	大典本、吴本作牂牱郡。
	宋熙郡	
卷二十　丹水		

經　文	地　名	備　註
東南過其縣南。	京兆 上洛郡	
又東南過商縣南,又東南至於丹水縣,入於均。	南陽郡 弘農郡 魯陽郡	
卷二十一		
汝水		
汝水出河南梁縣勉鄉西天息山。	南陽郡 弘農郡	
東南過其縣北。	河南郡 洛陽郡 潁川郡	
又東過潁川郟縣南。	襄城郡	
又東南過郾縣北。	汝南郡 楚國	
又東南過汝南上蔡縣西。	汝汾郡 九江郡	注箋本、項本、注釋本、張本作汝濆郡。
又東南過平輿縣南。	汝陰郡	
卷二十二		
潁水		

經　　文	地　　名	備　　註
潁水出潁川陽城縣西北少室山。	潁川郡 韓國 左隊郡	注云:"秦始皇十七年滅韓,以其地爲潁川郡,……漢高帝二年,以爲韓國,王莽之左隊也。"
又東南過陽翟縣北。	河南郡	
又東南至新陽縣北,蒗蕩渠水從西北來注之。	沛郡 廣陵郡 汝陰郡	
卷二十二 **洧水**		
洧水出河南密縣西南馬領山。	潁川郡 弘農郡 河南郡	
東南過其縣南。	南陽郡	
又東南過新汲縣東北。	河内郡	
卷二十二 **溭水**		
溭水出河南密縣大騩山。	潁川郡	
卷二十二 **渠**		

經　文	地　名	備　註
渠出滎陽北河,東南過中牟縣之北。	右扶風 汲郡	
又屈南至扶溝縣北。	東郡 泰山郡 潁川郡 滎陽郡 陳國	
其一者,東南過陳縣北。	淮陽郡 淮陽國 新平郡 陳郡	注云:"惟兹陳國,故曰淮陽郡云云,……漢高祖十一年以爲淮陽國,王莽更名郡爲新平。"
又東南至汝南新陽縣北。	汝南郡	
又東南過義成縣西,南入於淮。	沛郡 九江郡	
卷二十三 **陰溝水**		
陰溝水出河南陽武縣蒗蕩渠。	三川郡	
東南至沛,爲過水。	陳國 梁國 淮陽國 沛郡	

經　　文	地　　名	備　　註
	蜀郡	
	武都郡	
	陳留郡	
	魯國	
	譙郡	
	河内郡	
	右北平郡	
	濄郡	
	薊郡	
	涿郡	
	上谷郡	
	北平郡	
	沛國	
又東南至下邳淮陵縣，入於淮。	譙國	
	九江郡	
	彭城郡	
卷二十三		
汳水		
汳水出陰溝於浚儀縣北。	武德郡	
	滎陽郡	
	濟陽郡	
	陳留郡	
	東萊郡	
	扶風	
	梁國	
又東至梁郡蒙縣爲獲水，餘波南入睢陽城中。	潁川郡	
	泰山郡	

經文	地名	備註
卷二十三		
獲水		
獲水出汳水於梁郡蒙縣北。	碭郡 梁國 沛國	
又東過蕭縣南，睢水北流注之。	沛郡	
又東至彭城縣北，東入於泗。	楚郡 楚王國 彭城郡	
	和樂郡	注云："漢祖定天下，以爲楚郡，封弟交爲楚王，都之，宣帝地節元年，更爲彭城郡，王莽更之曰和樂郡也。"
	琅邪郡 河東郡	
卷二十四		
睢水		
睢水出梁郡鄢縣。	涿郡 陳留郡	
東過睢陽縣南。	梁國 碭郡 東萊郡 齊郡 隨郡 博陵郡 隴西郡 漢陽郡 河南郡	

經　　文	地　　名	備　　註
	左馮翊 廣漢屬國	
又東過相縣南，屈從城北東流，當蕭縣南，入於陂。	泗水郡 沛郡 吾符郡 彭城郡 臨淮郡 汝南郡	 注云：“秦始皇二十三年，以爲泗水郡，漢高帝四年，改曰沛郡，……王莽更名郡曰吾符。”
卷二十四 **瓠子河**		
瓠子河出東郡濮陽縣北河。	東郡	
東至濟陰句陽縣，爲新溝。	山陽郡 濟陰郡	
又東北過廩丘縣，爲濮水。	魏郡 濮陽郡	
又北過東郡范陽縣東北，爲濟渠，與將渠合。	東平郡	
其東北者爲濟河，其東者爲時水，又東北至濟西，濟河東北入於海，時水東至臨淄縣西，屈南過太山	齊郡 樂安郡 齊國 膠西王國	

經　文	地　名	備　註
華縣東,又南至費縣,東入於沂。		
卷二十四		
汶水		
又西南過奉高縣北。	泰山郡	
屈從縣西南流。	濟南郡	
過博縣西北。	魯國	
又西南過蛇丘縣南。	濟北郡	
又西南過東平章縣南。	東平國 濟東國 大河郡	
	有鹽郡	注云:"《地理志》曰:東平國,故梁也,景帝中六年,别爲濟東國,武帝元鼎元年,爲大河郡,宣帝甘露二年,爲東平國,王莽之有鹽也。"
卷二十五		
泗水		
泗水出魯卞縣北山。	魯國 濟陰郡	
西南過魯縣北。	薛郡 會稽郡	
又東過瑕丘	東海郡	

經　文	地　名	備　註
縣東,屈從縣東南流,漷水從東來注之。		
又南過平陽縣西。	山陽郡	
又屈東南過湖陸縣南,涓涓水從東北來流注之。	沛郡	
又東過沛縣東。	泗水郡 魏郡 梁國	
又東南過下邳縣西。	東陽郡 臨淮郡 廣陵郡 下邳郡 泰山郡 彭城郡	
卷二十五		
沂水		
沂水出泰山蓋縣艾山。	東莞郡 琅邪郡 城陽郡	
南過琅邪臨沂縣東,又南過開陽縣東。	東海郡 泰山郡	

經文	地名	備註
又東過襄賁縣東，屈從縣西南流，又屈南過郯縣西。	郯郡	
卷二十五 **洙水**		
洙水出泰山蓋縣臨樂山。	泰山郡 河東郡	
西南至卞縣，入於泗。	山陽郡	
卷二十六 **沭水**		
又東過莒縣東。	城陽國 琅邪國	
又南過陽都縣，東入於沂。	東海郡 琅邪郡 淮陽郡	
卷二十六 **巨洋水**		
又北過劇縣西。	菑川國 北海國	
又東北過壽光縣西。	高密郡 北海郡 汲郡 東郡 河南郡	

經　文	地　名	備　註
卷二十六		
淄水		
淄水出泰山萊蕪縣原山。	太山郡	
	齊國	
	魯國	
東北過臨淄縣東。	臨淄郡	
	齊王國	
	濟南郡	注云:"秦始皇三十四年,滅齊爲郡,治臨淄,漢高帝六年,封子肥於齊爲王國,王莽更名濟南也。"
又東過利縣東。	東萊郡	
	河間郡	
	北海郡	
	博陵郡	
	山陽郡	
	高陽僑郡	
	樂安郡	
卷二十六		
汶水		
汶水出朱虚縣泰山。	琅邪郡	
卷二十六		
濰水		
濰水出琅邪箕縣濰山。	琅邪郡	
	琅邪王國	
	填夷郡	注云:"句踐并吴,欲覇中國,徙都琅邪,秦始皇二十六年,滅齊以爲郡,……漢高帝吕后七年,以爲王國,文帝三年,更名爲郡,王莽改曰填夷矣。"

經　文	地　名	備　註
又北過高密縣西。	膠西國 高密國	
又北過淳于縣東。	北海郡	
又東北過都昌縣東。	遼東郡	
卷二十六		
膠水		
膠水出黔陬縣膠山,北過其縣西。	琅邪郡 高密郡	
又北過夷安縣東。	膠東王國 長廣郡	
卷二十七		
沔水		
沔水出武都沮縣東狼谷中。	沛國 漢中郡 武都郡 仇池郡	
又東過成固縣南,又東過魏興安陽縣南,涔水出自旱山北注之。	魏興郡 陰平郡 晉昌郡	
又東過西城縣南。	西城郡 上庸郡	

經文	地名	備註
	上洛郡 弘農郡 南鄉郡	
卷二十八		
沔水		
又東過堵陽縣,堵水出自上粉縣,北流注之。	新城郡 漢中郡 房陵郡 上庸郡	
又東南過涉都城東北。	南海郡	
又東南過酇縣之西南。	南陽郡 南庚郡	 注云:"《茂陵書》曰:在南陽,王莽更名南庚者也。"
又南過穀城東,又南過陰縣之西。	濟南郡	
又南過筑陽縣東,筑水出自房陵縣東,過其縣南流注之。	巴西郡 巴渠郡 新野郡	
又東過山都縣北。	襄陽郡 沛國	
又東過襄陽縣北。	南郡	

經　文	地　名	備　註
又從縣東屈西南,淯水從北來注之。	義陽郡 河南郡	
又南過宜城縣東,夷水出自房陵,東流注之。	南城郡 江夏郡 竟陵郡	
卷二十九		
沔水		
又東北出居巢縣南。	南譙僑郡 潁川僑郡	
又東過牛渚縣南,又東過石城縣。	宣城郡	
分爲二,其一東北流,其一又過毗陵縣北,爲北江。	會稽郡 毗陵郡 琅邪郡 吴郡	
又東至會稽餘姚縣,東入於海。	蜀郡 日南郡	
卷二十九		
潛水		
潛水出巴郡宕渠縣。	巴郡 宕渠郡 桂陽郡	

經　文	地　名	備　註
南入於江。	巴西郡	
卷二十九 **湍水** 湍水出酈縣北芬山,南流過其縣東,又南過冠軍縣東。	弘農郡 南陽郡	
卷二十九 **均水** 均水出析縣北山,南流過其縣之東。	弘農郡	
又南當涉都邑北,南入於沔。	順陽郡	注箋本作順陽縣。
卷二十九 **粉水** 又東過穀邑南,東入於沔。	南陽郡	
卷二十九 **比水** 比水出比陽東北太胡山,東南流,過其縣南,泄水從南來注之。	南陽郡 新野郡	

經　　文	地　　名	備　　註
又西至新野縣,南入於淯。	日南郡 桂陽郡	
卷三十　淮水		
淮水出南陽平氏縣胎簪山,東北過桐柏山。	南陽郡 義陽郡	
東北過江夏平春縣北。	平春王國 城陽郡 陳留郡 江夏郡	
又東過新息縣南。	汝南郡 左郡 弋陽郡	
又東過廬江安豐縣東北,決水從北來注之。	廬江國 廬江郡 六安國 淮南郡	
又東北至九江壽春縣西,沘水、泄水,合北注之;又東,潁水從西北來注之。	九江郡 沛郡 陳郡 南郡 豫章郡 彭城郡 東海郡 吴郡 廣陵郡	

經　　文	地　　名	備　　註
	衡山郡	
	江南郡	
	長沙郡	
又東過壽春縣北,肥水從縣東北流注之。	下邳郡	
又東過當塗縣北,濄水從西北來注之。	馬頭郡	
又東過鍾離縣北。	梁國	
	沛國	
	會稽郡	
	譙郡	
	臨淮郡	
	淮陽郡	
又東過淮陰縣北,中瀆水出白馬湖,東北注之。	東陽郡	
	荆國	
	吴城郡	
	江都郡	
	江平郡	注云:"楚漢之間,爲東陽郡,高祖六年爲荆國,十一年爲吴城,……景帝四年,更名江都,武帝元狩三年,更曰廣陵,王莽更名,郡曰江平。"
	山陽郡	
	山陽王國	
又東,兩小水流注之。	泗水國	
	泗水郡	孫潛校本作泗水國。
	水順郡	注云:"淮水左逕泗水國南,……《地理志》曰:王莽更泗水郡爲水順。"吴本、注箋本、項本、注釋本、張本作順水郡。

經文	地名	備註
又東至廣陵淮浦縣,入於海。	琅邪郡	
卷三十一		
淯水		
淯水出南陽魯陽縣西之堯山。	南陽郡 汲郡	
卷三十一		
淯水		
淯水出弘農盧氏縣支離山,東南過南陽西鄂縣西北,又東過宛縣南。	江夏郡 弘農郡 蜀郡 南陽郡 前隊郡 山陽郡	注云:"即以此地爲南陽郡,……王莽更名郡曰前隊。"
又屈南過淯陽縣東。	淯陽郡 安樂郡 長沙郡	
又南過新野縣西。	扶風 新野郡	
卷三十一		
灈水		
灈水出灈強縣南澤中,東入潁。	潁川郡	

經　　文	地　　名	備　　註
卷三十一		
潕水		
又東過定潁縣北,東入於汝。	汝南郡	
卷三十一		
溳水		
溳水出蔡陽縣。	隨郡 竟陵郡	注箋本、項本、注釋本、張本作隋郡。
又南過江夏安陸縣西。	中山郡 江夏郡	
卷三十二		
蘄水		
南過其縣西。	齊昌郡	
卷三十二		
決水		
又北過安豐縣東。	邊城郡 安豐郡	
卷三十二		
泚水		
東北過六縣東。	淮南郡 衡山國 六安國 安風郡 廬江郡 安豐郡	

經　文	地　名	備　註
卷三十二		
肥水		
北入於淮。	鉅鹿郡	
卷三十二		
施水		
施水亦從廣陽鄉肥水别,東南入於湖。	沛國	
卷三十二		
沮水		
沮水出漢中房陵縣淮水,東南過臨沮縣界。	東汶陽郡 左馮翊 新城郡 汶陽郡 沮陽郡	
卷三十二		
夏水		
又東過華容縣南。	成都郡 成都王國 江夏郡	
卷三十二		
羌水		
羌水出羌中參狼谷。	隴西郡 漢中郡	
卷三十二		
涪水		

經　　文	地　　名	備　　註
涪水出廣魏涪縣西北。	廣漢屬國	
	平洛郡	
	陰平郡	
	南安郡	
	廣漢郡	
卷三十二		
梓潼水		
梓潼水出其縣北界，西南入於涪。	廣漢郡	
	梓潼郡	注云："故廣漢郡，公孫述改爲梓潼郡。"
卷三十三		
江水		
岷山在蜀郡氐道縣，大江所出，東南過其縣北。	蜀郡	
	汶山郡	
	導江郡	注云："秦惠王二十七年，遣張儀與司馬錯等滅蜀，遂置蜀郡焉，王莽改之曰導江也。"
	犍爲郡	《吴疆域圖説》卷下，引《水經注》作楗爲郡。
	牂柯郡	黄本、吴本、何校明鈔本、王校明鈔本、沈本作牂牁郡。
	越嶲郡	
	廣漢郡	
又東南過犍爲武陽縣，青衣水、沬水從西南來，合而注之。	西順郡	注云："（越嶲郡）王莽更名郡曰西順。"
	士大夫郡	
	沈黎郡	王校明鈔本作沉黎郡。
	雲南郡	
	建寧郡	
	益州郡	
	交趾郡	

經　文	地　名	備　註
又東南過僰道縣北，若水、淹水，合從西來注之；又東，堵水北流注之。	南廣郡	
又東過江陽縣南，洛水從三危山東過廣魏洛縣南，東南注之。	就都郡 江陽郡 沛國	注云："漢高祖……六年，乃分巴蜀，置廣漢郡於乘鄉，王莽之就都。"
又東過符縣北邪東南，鰼部水從符關東北注之。	平夷郡 巴郡	
又東北至巴郡江州縣東，強水、涪水、漢水、白水、宕渠水五水，合南流注之。	晉昌郡 巴渠郡 永寧郡	
又東至枳縣西，延江水從牂柯郡，北流西屈注之。	武陵郡	
又東過魚復縣南，夷水出焉。	巴東郡 故陵郡	
卷三十四		
江水		

經　　文	地　　名	備　　註
又東出江關，入南郡界。	建平郡	
	南郡	
又東過巫縣南，鹽水從縣東南流注之。	天門郡	
	巫郡	
	巴郡	
	晉興郡	注釋本作晉昌郡。
又東過秭歸縣之南。	丹陽郡	
又東過夷陵縣南。	宜都郡	
	漢中郡	
又東南過夷道縣北，夷水從佷山縣南，東北注之。	臨江郡	注云："魏武分南郡，置臨江郡，劉備改曰宜都。"
又東過枝江縣南，沮水從北來注之。	廣陵郡	
	巴東郡	
	陳留郡	
又南過江陵縣南。	臨江王國	
	南陽郡	
	南順郡	注云："秦昭襄王二十九年，使白起拔鄢郢，以漢南地而置南郡焉，……王莽更名，郡曰南順。"
卷三十五		
江水		
又東南當華容縣南，涌水入焉。	南平郡	

經　文	地　名	備　註
又東南，油水從東南來注之。	南郡 武陵郡	注云："吴以華容之南鄉爲南郡，晉太康元年，改曰南平也。"
湘水從南來注之。	長沙郡 巴陵郡 零陵郡 桂林郡 豫章郡 江夏郡 武昌郡 汝南僑郡	
又東北至江夏沙羨縣西北，沔水從北來注之。	譙郡	
又東過邾縣南。	齊安郡 西陽郡	
又東過蘄春縣南，蘄水從北東注之。	尋陽郡	
又東過下雉縣北，利水從東陵西南注之。	廬江郡	《釋道南條九江》(《魏源集》下册，第五四四頁)黄象離按，引《水經注》作廣江郡。
卷三十六		
青衣水		
青衣水出青衣縣西蒙山，東與	沈黎郡	大典本作沉黎郡。《方輿紀要》卷七十三，四川八，龍安府，黎州守禦千户所，旄牛城，引《水經注》作沉黎郡。

經　文	地　名	備　註
沫水合也。	蜀郡	
	漢嘉郡	
	越嶲郡	
卷三十六		
桓水		
桓水出蜀郡岷山,西南行羌中,入於南海。	蜀郡	
	漢中郡	
	巴郡	
	汶山郡	
	漢嘉郡	
	江陽郡	
	朱提郡	
	涪陵郡	
	陰平郡	
	廣漢郡	
	新都郡	
	梓潼郡	
	犍爲郡	畢沅集《晉書地道記》梁州,引《水經注》作楗爲郡。
	武都郡	
	上庸郡	
	魏興郡	
	新城郡	
卷三十六		
若水		
若水出蜀郡旄牛徼外,東南至故關,爲若水也。	越嶲郡	
	汶山郡	
	蜀郡	
	漢嘉郡	

經　文	地　名	備　註
南過越巂邛都縣西,直南至會無縣,淹水東南流注之。	集巂郡 雲南郡 益州郡 建寧郡	注云:"元鼎六年,漢兵自越巂水伐之,以爲越巂郡,治邛都縣,王莽遣任貴爲領戎大尹守之,更名爲集巂也。"
又東北至犍爲朱提縣西,爲瀘江水。	犍爲屬國 犍爲郡 朱提郡 永昌郡	
卷三十六 **沫水**		
東南過旄牛縣北,又東至越巂靈道縣,出蒙山南。	漢嘉郡	
東入於江。	蜀郡	
卷三十六 **延江水**		
延江水出犍爲南廣縣,東至牂柯鱉縣,又東屈北流。	犍爲郡 平夷郡	
至巴郡涪陵縣,注更始水。	巴郡 涪陵郡 巴東郡	

經　　文	地　　名	備　　註
又東至武陵西陽縣,入於西水。	武陵郡	
	義陵郡	注云:"《武陵先賢傳》曰:潘京世長爲郡主簿,太守趙偉甚器之,問京,貴郡何以名武陵,京答曰:鄙郡本名義陵。"
卷三十六		
存水		
東南至鬱林定周縣,爲周水。	牂柯郡	大典本、黄本、吴本、何校明鈔本、王校明鈔本、沈本作特牱郡。
	鬱林郡	
卷三十六		
温水		
温水出牂柯夜郎縣。	益州郡	
	建寧郡	
	河陽郡	
	興古郡	
	梁水郡	
又東至鬱林廣鬱縣,爲鬱水。	桂林郡	
	鬱林郡	注云:"秦桂林郡也,漢武帝元鼎六年,更名鬱林郡,王莽以爲鬱平郡矣。"
	鬱平郡	同上註。
	牂柯郡	大典本、黄本、吴本、明練湖書院鈔本、何校明鈔本、王校明鈔本、沈本作牂牱郡。《太平廣記》卷二九一,竹王,引《水經注》作牂牱郡。《水經注西南諸水考》卷二,温水,引《水經注》作牂牁郡。《黔囊》引《水經注》作牂牁郡。
東北入於鬱。	武陵郡	
	蒼梧郡	
	臨賀郡	
	合浦郡	

經　　文	地　　名	備　　註
	桓合郡	注云:“水南出交州合浦郡,治合浦縣,漢武帝元鼎六年,平越所置也,王莽更名曰桓合,縣曰桓亭,孫權黄武七年,改曰珠官郡。”
	珠官郡	同上註。
	會稽郡	
	南海郡	
	象郡	
	日南郡	注云:“應劭《地理風俗記》曰:日南,故秦象郡,漢武帝元鼎六年,開日南郡。”
	雲中郡	
	金城郡	
	交趾郡	
	九德郡	
	九真郡	
	朱崖郡	
	儋耳郡	
卷三十七		
葉榆河		
益州葉榆河,出其縣北界,屈從縣東北流。	益州郡	
過不韋縣。	越巂郡	
	永昌郡	注箋本、項本、張本作永平郡。
	雲南郡	
東南出益州界。	梁水郡	
入牂柯郡西	牂柯郡	大典本、黄本、明練湖書院鈔本、吴本、何校明鈔本、王校明

經文	地名	備註
隨縣北，爲西隨水，又東出進桑關。		鈔本、項本、沈本、張本作牂牱郡。《滇繫》卷八之一，藝文繫，引《水經注》作牂牱郡。《禹貢指南》卷二，黑水，引《水經注》作牂牁郡。
	交趾郡	注釋本作交阯郡。
過交趾羗泠縣北，分爲五水，絡交趾郡中，至南界，復合爲三水，東入海。	蒼梧郡 南海郡 象郡 朔方郡 合浦郡 九真郡 九德郡	
卷三十七		
夷水		
夷水出巴郡魚復縣江。	建平郡	
東南過佷山縣南。	武陵郡	
東入於江。	宜都郡	
卷三十七		
澧水		
又東過零陽縣之北。	巴東郡 天門郡 建平郡 武陵郡	
卷三十七		
沅水		

經　　文	地　　名	備　　註
沅水出牂柯且蘭縣，爲旁溝水，又東至鐔成縣，爲沅水，東過無陽縣。	蒼梧郡	
	東武郡	
	武陵郡	注箋本、項本、張本作義陵郡。
	巴郡	
	天門郡	
	交趾郡	
又東北過臨沅縣南。	黔中郡	
	建平郡	注云："至三十年，秦又取楚巫黔及江南地以爲黔中郡，漢高祖二年，割黔中故治爲武陵郡，王莽更之曰建平也。"
	丹楊郡	注箋本、項本、張本作丹陽郡。
卷三十七		
浪水		
又東至蒼梧猛陵縣，爲鬱溪；又東至高要縣，爲大水。	鬱林郡	
	蒼梧郡	
	新廣郡	
	零陵郡	
	南海郡	
其一又東過縣東，南入於海。	合浦郡	
	交趾郡	
	九真郡	
	日南郡	
卷三十八		
資水		
資水出零陵都梁縣路山。	武陵郡	
	邵陵郡	
東北過夫夷縣。	零陵郡	

經　　文	地　　名	備　　註
卷三十八		
溓水		
溓水出連道縣西,資水之別。	衡陽郡 零陵郡	
卷三十八		
湘水		
湘水出零陵始安縣陽海山。	零陵郡 始安郡	
東北過零陵縣東。	臨賀郡	
又東北過泉陵縣西。	營陽郡 蒼梧郡	
	九疑郡	注云:"太史公曰:舜葬九疑,實惟零陵,郡取名焉,王莽之九疑郡也。"
	下邳郡 邵陵郡 桂陽郡 湘東郡	
又東北過重安縣東,又東北過酃縣西,承水從東南來注之。	衡陽郡 長沙郡 湘南郡	
又東北過陰山縣西,洣水從東南來注之;又北過	豫章郡	

經　　文	地　　名	備　　註
醴陵縣西,漉水從東南來注之。		
又北過臨湘縣西,瀏水從縣西北流注。	鎮蠻郡 長沙王國	
又北過羅縣西,潰水從東來流注。	南郡	
又北至巴丘山,入於江。	建昌郡 巴陵郡	
卷三十八		
灕水		
灕水亦出陽海山。	零陵郡 蒼梧郡 臨賀郡	
卷三十八		
溱水		
東至曲江縣安聶邑東屈西南流。	南海郡 始興郡 桂陽郡 桂林郡	
卷三十九		
洭水		
東南過含洭縣。	武陵郡	

經　　文	地　　名	備　　註
南出洭浦關，爲桂水。	桂陽郡	
卷三十九 **深水**		
深水出桂陽盧聚。	桂陽郡	
卷三十九 **鍾水**		
鍾水出桂陽南平縣都山，北過其縣東，又東北過宋渚亭，又北過鍾亭，與灌水合。	始興郡 桂陽郡	
卷三十九 **耒水**		
耒水出桂陽郴縣南山。	桂陽郡	
又北過其縣之西。	南平郡 白虎郡 長沙郡	注云：“（桂陽郡）《地理志》曰：桂水所出，因以名也，王莽更名南平，……縣南有義帝冢，内有石虎，因呼爲白虎郡。”同上註。
卷三十九 **洣水**		
洣水出荼陵縣上鄉，西北過其縣西。	安成郡	注箋本、項本、張本作安城郡。

經文	地名	備註
卷三十九 贛水		
贛水出豫章南野縣，西北過贛縣東。	南康郡	
	廬江郡	
又西北過廬陵縣西。	長沙郡	
	安成郡	注箋本、項本、張本作安城郡。
又東北過石陽縣西。	廬陵郡	
又北過南昌縣西。	汝南郡	
	南陽郡	
	梁郡	
	太原郡	
	豫章郡	
	九江郡	注云："漢高祖六年，始命陳嬰以爲豫章郡，治此，即陳嬰所築也，王莽更名縣曰宜善，郡曰九江焉。……建安中，更名西安。"
	西安郡	同上註。
	鄱陽郡	
卷三十九 廬江水		
廬江水出三天子都北，過彭澤縣西，北入於江。	尋陽郡	
	九江郡	
	吴郡	
卷四十 漸江水		

經　文	地　名	備　註
漸江水出三天子都。	廣德國	
	丹陽郡	何本作丹楊郡。
	宣城郡	
	新安郡	
	吴興郡	
	東安郡	
北過餘杭,東入於海。	東陽郡	
	沛國	
	吴郡	
	會稽郡	
	琅邪郡	《雍正浙江通志》卷二百七十九,雜記一,引《水經注》作瑯琊郡。《浙江山川古蹟記》紹興府,卷四,龜山,引《水經注》作琅琊郡。
卷四十　江以南至日南郡二十水		
侵離。	晉興郡	
	鬱林郡	
勇外。	日南郡	
卷四十　《禹貢》山水澤地所在		
都野澤在武威縣東北。	武威郡	
	燉煌郡	
流沙地在張掖居延縣東北。	西海郡	

經　　文	地　　名	備　　註
三危山在燉煌縣南。	酒泉郡	

五十、縣

自秦統一中國立郡縣以來,[①]歷代都以縣作爲地方行政區劃的基礎。因此,縣名歷來都是極其重要的地名,常爲地理著作及其他許多著作所記載。對於縣的意義,酈注在卷二,河水經"又東過隴西河關縣北,洮水從東南來流注之"注中有較詳的解釋。注云:

> 《風俗通》曰:百里曰同,總名爲縣。縣,玄也,首也,從系倒首,舉首易偏矣。言當玄静,平徭役也。《釋名》又曰:縣,懸也,懸於郡矣。黄義仲《十三州記》曰:縣,弦也,弦以貞直,言下體之居,鄰民之位,不輕其誓,施繩用法,不曲如弦,弦聲近縣,故以取名。今系字在半也。

由於縣是基層行政區劃單位,所以數量極大,僅《漢書・地理志》所載,即有縣邑一千三百十四處,相當於縣一級的道三十二處。[②] 則北魏以前各代縣名的總數,必然相當可觀。由於縣數甚多,其名稱原已非常繁瑣,加上新莽一代,又將全國郡縣名稱普遍更改,[③]更使縣名大大超過實際縣數。而其中有三百多個縣(見於酈注者七十餘縣)以亭爲名,[④]

---

① 《左傳》僖公三十三年:"晉襄公以再命命先茅之縣賞胥臣。"宣公十一年:"楚子縣陳。"十二年:"鄭伯逆楚子之辭曰:使改事君,夷於九縣。"十五年:"晉侯賞士伯以瓜衍之縣。"成公六年:"韓獻子曰:成師以出而敗楚之二縣。"又《水經注》卷二十一,汝水經"又東過平輿縣南"注云:"《春秋》定公四年,蔡滅沈,以沈子嘉歸,後楚以爲縣。"諸如上述,均説明春秋已設縣,但與秦設縣不同。

② 《漢書・地理志》:"訖於孝平,凡郡國一百三,縣邑千三百一十四,道三十二,侯國二百四十一。"

③ 《漢書・地理志》京兆尹,長安,顔師古註:"王莽篡位,改漢郡縣名,普易之也。"

④ 《漢書》卷九十九中,列傳六十九中,《王莽傳》中:"天鳳元年,……縣以亭爲名者三百六十,以應符命也。"

以致名稱混淆,地名由是益趨複雜。

《水經注》記載的縣名,爲數近二千五百,已經相當可觀。但如前所述,由於大量縣名散記於水道之間,既不能按行政區劃系統排列,亦難將歷代縣名全部記入,而各卷之間,重複亦所常有。所有這些,都是酈注在縣名記載上不及正史地理志之處。但是另一方面,由於酈注記載縣名,不是採用刻板的排列方法,而是將縣名置於河川山岳之間,使它們和歷史掌故、地理事物等融爲一體。因此,酈注對於縣名的記載,其内容生動豐富,遠非正史地理志可及。兹舉數端,以明梗概。

第一,正史地理志記載縣名,大多只及一代,不能古今貫通。而酈注記載縣名,往往上溯先秦,下及當代,歷史沿革,一覽無餘。例如卷十九,渭水經"又東過華陰縣北"注中對華陰縣的記載。注云:

> 渭水逕縣故城北,《春秋》之陰晉也;秦惠王五年,改爲寧秦;漢高帝八年,更名華陰;王莽之華壇也。

如上注,雖然寥寥數語,却把華陰縣五百多年的歷史沿革,地名變遷,寫得一目了然。

第二,酈注記載縣名,正和其記載其他地名一樣,非常重視地名的淵源。這一點,正史地理志偶或有之,也大多簡略,而酈注則常常旁徵博引,詳細記載。亦舉一例,見卷二十五,泗水經"又南過高平縣西,洸水從西北來流注之"注云:

> 泗水又南逕高平山,山東西十里,南北五里,高四里,衆山相連,其山最高,頂上方平。故謂之高平山,縣亦取名焉。

如上注,高平縣得名於高平山,高平山則得名於其山高而頂上方平。這樣,高平縣的地名淵源就十分清楚了。

第三,若以《漢書・地理志》、《後漢書・郡國志》、《晉書・地理志》三志所載的縣名總數而論,[①]當然爲酈注所不及。但酈注所記載的縣名,往往也有三志所失載的。則

① 據《漢書・地理志》、《後漢書・郡國志》、《晉書・地理志》等,將漢、三國、晉歷代各級行政區劃數量表列如下。其中有關三國數字,並參照《三國會要》卷八,方域下,加以考訂。

行政區劃 / 朝代		州	郡	縣道	侯國
前漢		13	103	1346	241
後漢		13	105	1030	150
三國	魏	13	105	712	
	吴	4	44	339	
	蜀	2	22	138	
晉		19	173	1109	211

(三國資料,各種記載頗有出入,如《通典》卷一七一,州郡一,序目上,記載魏有州十二,郡國六十八;吴有州五,郡國四十三。造成這種情况的原因,是三國轄境犬牙交錯故。例如魏的荆州爲三國所分佔,而魏的揚州則大部分爲吴所有。)

酈注所載,足補三志之遺。

卷二十九,沔水經"又東過牛渚縣南,又東至石城縣"。於此,殿本在經文下加註云:"案牛渚乃山名,非縣名。"注釋本註云:"牛渚圻名,漢末嘗置縣也。"注疏本疏云:"《通典》當塗縣有牛渚圻,《地理通釋》二十,引《輿地志》,牛渚山北謂之採石。"王鳴盛也認爲:"且牛渚下接縣南二字尤紊謬而酈亦不辨,蓋牛渚非縣,縣南上疑有脱文。"① 當然,牛渚山或牛渚圻的存在是無疑的,②但是因山以名縣的事所在多有,以上所舉的高平縣即是其例。實際上,早在三國時代,牛渚圻已經成爲吴的一個重鎮,③所以《周瑜傳》説:"以瑜恩信著於廬江,出備牛渚",④《全琮傳》則説:"得精兵萬餘人,出屯牛渚。"⑤牛渚是一處可以屯兵萬人以上的重鎮。《通鑑地理通釋》也説:"孫皓時,以何植爲牛渚督。"⑥到了晉代,牛渚更上升成爲一個州治。《通鑑》胡註云:"南渡初,祖狄以豫州刺史治譙城。永昌元年,祖約退屯壽春。成帝咸和四年,庾亮以豫州刺史治蕪湖。咸康四年,毛寶以豫州刺史治邾城。六年,庾翼以豫州刺史治蕪湖。永和元年,趙胤以豫州刺史治牛渚。"⑦這裏,曾爲豫州治的譙、邾、蕪湖,都是見之於《漢志》的縣名,假使牛渚真的只是一座山頭,難道州治就在一座山頭之上?至於"漢末嘗置縣也"的説法,雖然有其依據,但是這種依據,恐怕也還有商榷的餘地。讓我們暫時撇開上述各本的加註,且看看原注。

> 經所謂石城縣者,即宣城郡之石城縣也。牛渚在姑孰、烏江兩縣界中,於石城東北減五百許里,安得逕牛渚而方届石城也。蓋經之謬誤也。

這裏必須注意,殿本等均言牛渚非縣,其依據乃是因爲兩《漢志》均不載,而晉、宋、齊諸志亦不載。但酈氏在注文中只是糾正了牛渚縣在地理位置上的錯誤,却絶未言及牛渚非縣。同樣的情况,卷十四,浿水經中的臨浿縣;卷四十,《禹貢》山水澤地所在經"東陵地在廬江金蘭縣西北"的金蘭縣,也都是兩《漢志》和晉、宋、齊諸志所不載,但注文亦未指出其謬。綜觀全注,原經凡有錯訛,酈氏輒指正無遺,這一點常爲後世學者所稱道。⑧ 若牛渚、臨浿、金蘭等確曾無縣的建置,則注文何至不措一辭。而實際上,卷三

① 《尚書後案》(《皇清經解》卷四〇六下)"過三澨至於大别南入於江"王鳴盛又案。
② 《晉書》卷六十七,列傳三十七《温嶠傳》:"至牛渚磯,水深不可測。"説明牛渚磯之名,晉代已有。
③ 《通典》卷一七一,州郡一:"吴主北據江,南盡海,置交、廣、荆、郢、揚五州,有郡四十有三,以建平、西陵、樂鄉、南郡、巴邱、夏口、武昌、皖城、牛渚圻、濡須塢並爲重鎮。"
④ 《三國志》卷五十四,《吴書》九。
⑤ 《三國志》卷六十,《吴書》卷十五。
⑥ 《通鑑地理通釋》卷十二,牛渚圻。
⑦ 《通鑑》卷一百,晉紀二十二,穆帝永和十一年,"鎮壽春"胡註。
⑧ 《禹貢論》上,十八,濟:"酈道元雖本桑書以爲經,而時時有所駁正"。

十二,決水經"又北過安豐縣東"注中,注文本身也提到了金蘭縣。注云:

其水導源廬江金蘭縣西北東陵鄉大蘇山,即淮水也。

既然經、注都言及金蘭縣,説明這個縣的建置是確曾存在的。① 更有值得注意的,對於牛渚,酈氏不僅不言其非縣,而且他爲了糾正牛渚縣的位置而提出的這個姑孰縣,恰恰也是兩《漢志》所未載,同時亦爲晉、宋、齊諸志所未載。由此可以説明,由於縣名數量極大,而建置又變遷無常,即正史地理志,也難囊括無遺。這樣的例子在酈注絶非罕見。例如卷十七,渭水經"又東過獂道縣南"注中的武城縣。上起《漢書・地理志》,下迄《魏書・地形志》,均不見記載,但注文明明説:"渭水又東逕武城縣西,武城川水入焉。"因水以名縣,説明這個縣名是確實有的。又如卷二十八,沔水注和卷二十九,粉水注中並見的上粉縣,②卷三十二,夏水經"又東過華容縣南"注中的西戎縣③等,同樣也都爲兩《漢志》及晉、宋、齊諸志所未載。諸如此類的地名,酈注所記,正可補史志之缺。假使認爲我對牛渚等幾個縣名的議論過於孟浪,則我還可以專就《晉書・地理志》再舉酈注數例。

卷三十五,江水經"又東北至江夏沙羨縣西北,沔水從北來注之"注云:

沌水上承沌陽縣之太白湖,……今有沌陽都尉治,晉永嘉六年,王敦以陶侃爲荆州鎮此。

又卷三十六,沫水經"東南過旄牛縣北,又東至越嶲靈道縣出蒙山南"注云:

靈道縣,一名靈關道,……縣有銅山,有利慈渚。晉太始九年,黄龍二見於利慈池,縣令董玄之率吏民觀之,以白刺史王濬,濬表上之,晉朝改護龍縣也。

又卷三十七,澧水經"又東過零陽縣之北"注云:

澧水逕渫陽縣,④右會渫水,水出建平郡,東逕渫陽縣南,晉太康中置。

又卷三十九,贛水經"又北過彭澤縣西"注云:

循水出艾縣西,東北逕豫寧縣,⑤故西安也,晉太康元年更從今名。

以上四例中列舉的沌陽、護龍、渫陽、豫寧四縣,按酈注記載,明明都是晉代的縣

① 對於金蘭縣,胡三省没有採取輕率的否定態度。《通鑑》卷一四六,梁紀二,武帝天監五年"諸軍進至東陵"胡註,引《水經注》:"廬江金蘭縣西北東陵鄉大蘇山,灌水所出也。"胡按云:"考之諸志無金蘭縣,未知何世所置。"清成蓉鏡更進一步肯定了金蘭是兩《漢志》遺漏的縣名。據《禹貢班義述》序:"若金蘭之東陵鄉",成蓉鏡自註云:"《水經》決水注,灌水導源廬江金蘭縣西北東陵鄉大蘇山。金蘭,前、續志並闕,蓋廬江郡屬之故縣也。"

② 沈本註云:"上粉縣在今房縣境。"

③ 注云:"歷范西戎墓南,……盛弘之《荆州記》、劉澄之記(驛案,指劉撰《荆州記》)並言在縣之西南,郭仲産言(驛案,指郭撰《荆州記》)在縣東十里,檢其碑,題云:故西戎令范君之墓。"

④ 注箋本、項本、注釋本、張本等均作澧陽縣。

⑤ 大典本、黄本、吴本、注箋本、項本、沈本、張本均作豫章寧縣。《水經注箋刊誤》卷十二云:"豫章寧縣,章字衍文。"殿本加註云:"按豫下近刻衍章字,當指注箋本等而言。"

名,但《晉書·地理志》均未曾載。上面已經指出,由於縣名數量龐大,興廢無常,史志實難包羅無缺。甚至一史之中,也有史志牴牾者。也以《晉書》爲例,卷二十六,列傳三十六,《陶侃傳》云侃"領樅陽令",但地理志中却不列樅陽縣名。我之所以屢以《晉書》爲例,因爲《晉書》是朝廷主編,集衆人之力,甚至帝王親自執筆的箸作,而縣名遺漏仍然如此,則其餘各史出自少數人之手者,其情況當可想見。如此,則酈注記載的縣名可補史志之缺的說法,似乎不是言過其實了。①

如上所述,對於殿本等對牛渚縣的加註,我雖然持有一些保留意見。但是應該承認,過去的學者們對於酈注縣名的考訂,是做了不少有益的工作的。熊會貞對卷三,河水經"又南過赤城東,又南過定襄桐過縣西"注中的武州縣的考訂,即是許多例子中的一個。注云:

河水又南,太羅水注之,水源上承樹頹河,南流西轉,逕武州縣故城南。《十三州志》曰:武州縣在善無城西南百五十里。

這裏,殿本作武州縣,而大典本、注箋本、項本、注疏本等均作武縣。注疏本熊會貞疏云:

朱武字上下有脱文,趙作武州,會貞按,《地形志》無武縣,全、趙、戴因改爲武州縣。考㶟水注,武州川北流逕武州縣故城西。武州川今爲大同縣西之十里河,西去樹頹水數百里,東流入㶟尚在武州之西,樹頹水西流入河安得西逕武州之南,則此非武州縣審矣。……據《十三州志》,此縣在善無西南百五十里,則在漢定襄郡地。定襄所屬有武進、武要、武臯等縣,皆不在樹頹水濱。又有武城、都武二縣,今失其地,此縣必居其一,然莫能定,未敢以意增字。

如上疏,熊氏雖然最後無法判定這個縣名應該是武城縣抑是都武縣,但是他的這種細緻深入的考據方法和實事求是的科學態度,是可以作爲我們研究酈注的榜樣的。

順便在此指出,在酈注記載的郡縣名稱中,還可以窺見東晉前後我國南北人口流動的情況。這就是東晉僑置的各級地方行政區劃。《晉書·地理志》:"元帝渡江,僑置司州於徐,非本所也。"所指即此。② 酈注卷三十五,江水經"湘水從南來注之"注中的汝南僑郡,説得比《晉書》更爲明白。注云:

---

① 清畢沅撰《晉書地理志新補正》五卷,其中郡縣地名建置等資料,根據《水經注》補正者,達三十五處,即是一證。

② 僑置盛於東晉,但晉以前實已有之,可從酈注找到這類例子。卷十三,㶟水經"又東過涿鹿縣北"注云:"涿水又東逕平原郡南,魏徙平原之民置此,故立僑郡,以統流雜。"又《寰宇記》卷六十五,河北道十四,滄州,清池縣,引《水經注》云:"今縣西北六十里漳河西岸,有北蒲領故城,蓋漢末黄巾之亂,有蒲領人流寓於此,遂立此城。"

西北流逕汝南僑郡故城南。咸和中,寇難南逼,户口南渡,因置斯郡於塗口。

關於當時户口南移的事,在縣這一級地名的記載中,就更爲清楚,除了僑縣的設置(如卷三十三,江水注的南浦僑縣)外,還有另外類似僑縣的措施。卷三十九,贛水經"又北過南昌縣西"注中的望蔡縣即是其例。注云:

濁水又東逕望蔡縣,縣因汝南上蔡民萍居此土,晉太康元年改爲望蔡縣。

最後附帶説明,在縣名滙編中,也包括道名在内。因爲道和縣,在地方行政區劃中是同級的。卷二,河水經"又東過隴西河關縣北,洮水從東南來流注之"注云:

《百官表》曰:縣有蠻夷謂之道。

又卷二十六,沫水經"東南過旄牛縣北,又東至越嶲靈道縣出蒙山南"注云:

漢制,夷狄曰道。

由此可知,道乃是漢族和外族雜處地區的縣。

縣

經　文	地　名	備　註
卷一　河水		
又出海外,南至積石山下,有石門。	河關縣	黄本、吴本、注箋本、項本、沈本、張本作河間縣。
卷二　河水		
又東過隴西河關縣北,洮水從東南來流注之。	河關縣	
	白石縣	
	順礫縣	注云:"灕水又東逕白石縣故城南,王莽更曰順礫。"
	狄道	大典本、注箋本、項本、注釋本、張本作降狄道。
	枹罕縣	黄本、沈本作抱罕縣。
	臨洮縣	
	安故縣	
	武始縣	注云:"洮水又北逕狄道故城西,闞駰曰:今曰武始也……王莽更郡縣之名,郡曰厭戎,縣曰操虜也。"
	操虜縣	同上註。
	大夏縣	
	順夏縣	注云:"又東北逕大夏縣故城南,《地理志》,王莽之順夏。"
又東過金城允吾縣北。	允吾縣	
	脩遠縣	注云:"莽又改允吾爲脩遠縣。"
	臨羌新縣	
	臨羌縣	
	監羌縣	注云:"湟水又東逕臨羌縣故城北,……王莽之監羌也。"
	安夷縣	《方輿紀要》卷六十四,陝西十三,西寧鎮,湟水廢縣,安彝川,引《水經注》作安彝縣。
	破羌縣	
	浩亹縣	

經　文	地　名	備　註
	興武縣	注云：“閤門河又東逕浩亹縣故城南，王莽改曰興武矣。”
	令居縣	大典本作合居縣。
	罕虜縣	注云：“水出令居縣西北塞外，南流逕其縣故城西，漢武帝元鼎二年置，王莽之罕虜也。”
	允街縣	
	脩遠亭	
	枝陽縣	
	金城縣	
	金屏縣	注云：“河水又東南逕金城縣故城北，……王莽之金屏也。”
又東過榆中縣北。	榆中縣	
又東過天水北界。	勇士縣	
	襄武縣	
	首陽縣	
	平襄縣	
又東北過武威媼圍縣南。	媼圍縣	
又東北過天水勇士縣北。	滿福屬國	大典本、注箋本、項本、張本作蒲福屬國。
	紀德縣	注云：“（勇士縣）王莽更名之曰紀德。”
又東北過安定北界麥田山。	祖厲縣	
	鄉禮縣	注云：“河水又東北流，逕安定祖厲縣故城西北，……王莽更名之曰鄉禮也。”
	高平縣	
	鋪睦縣	注云：“東北流，逕高平縣故城東，漢武帝元鼎三年置，安定郡治也，王莽更名其縣曰鋪睦。”
	廉縣	注箋本、項本、注釋本、張本作廉城縣。
	三水縣	
	廣延亭	注云：“山東有三水縣故城，……王莽之廣延亭也。”
	眴卷縣	

經　文	地　名	備　註
	富平縣	
卷三　河水		
又北過北地富平縣西。	富平縣	
	持武縣	注云:"河水又北逕富平縣故城西,秦置北部都尉,治縣城,王莽名郡爲威戎,縣曰持武。"黄本、吴本、注箋本、項本、沈本、張本作特武縣,七校本作特戎縣。
	廉縣	
又北過朔方臨戎縣西。	三封縣	
	臨戎縣	
	推武縣	注云:"河水又北逕臨戎縣故城西,元朔五年立,舊朔方郡治,王莽之所謂推武也。"
	沃野縣	
	綏武縣	注云:"東逕沃野縣故城南,漢武帝元狩三年立,王莽之綏武也。"
	窳渾縣	
	極武縣	注云:"河水又北迤西溢於窳渾縣故城東,……王莽更郡曰溝搜,縣曰極武。"
屈從縣北東流。	臨河縣	
	監河縣	注云:"河水又東逕臨河縣故城北,……王莽之監河也。"
至河目縣西。	廣牧縣	
	鹽官縣	注云:"又東逕廣牧縣故城北,東部都尉治,王莽之鹽官也。"
	南河縣	
	北河縣	
	安陽縣	
	長安縣	
	朔方縣	
	符武縣	

經文	地名	備註
屈南過五原西安陽縣南。	西安陽縣	
	漳安縣	注云:"河水又東逕西安陽縣故城南,王莽更之曰漳安矣。"
	渠搜縣	
	溝搜亭	注云:"《地理志》:朔方有渠搜縣,中部都尉治,王莽之溝搜亭也。"
屈東過九原縣南。	成宜縣	
	艾虜縣	注云:"河水又東逕成宜縣故城南,王莽更曰艾虜也。"
	宜梁縣	
	河陰縣	
	九原縣	
	五原縣	注云:"又東逕九原縣故城南,秦始皇置九原郡,治此,漢武帝元朔二年,更名五原也,王莽之獲降郡,成平縣矣。"
	成平縣	同上註。
	填河亭	注云:"蓋五原縣之故城也,王莽之填河亭也。"
又東過臨沃縣南。	稒陽縣	黄本、何校明鈔本、沈本作固陽縣。
	固陰縣	注云:"河水又東逕稒陽縣故城南,王莽之固陰也。"
	振武縣	注云:"(臨沃縣)王莽之振武也。"
	臨沃縣	
又東過雲中楨陵縣南,又東過沙南縣北,從縣東,屈南過沙陵縣西。	咸陽縣	
	賁武縣	注云:"大河東逕咸陽縣故城南,王莽之賁武也。"
	武進縣	
	伐蠻縣	注云:"西逕定襄武進縣故城北,西部都尉治,王莽更曰伐蠻。"
	成樂縣	
	雲中縣	
	遠服縣	注云:"雲中宫在雲中縣故城東四十里,……秦始皇十三年,立雲中郡,王莽更郡曰受降,縣曰遠服矣。"
	沙陵縣	

經　　文	地　　名	備　　註
	希恩縣	注云:“白渠水又西北逕沙陵縣故城南,王莽之希恩縣也。”
	武臯縣	
	永武縣	注云:“其水西南逕武臯縣,王莽之永武也。”
	原陽縣	
	武泉縣	
	順泉縣	注云:“其水東出武泉縣之故城西南,縣,即王莽之所謂順泉者也。”
	北輿縣	
	南輿縣	
	南利縣	注云:“按《地理志》:五原有南輿縣,王莽之南利也。”
	輿縣	
	楨陵縣	注箋本、項本、張本作楨陵縣。
	楨陸縣	注云:“河水南入楨陵縣,……王莽之楨陸也。”注箋本、項本、注釋本、張本作楨陸縣。
	沙南縣	
又南過赤城東,又南過定襄桐過縣西。	桐過縣	
	椅桐縣	注云:“桐過縣,王莽更名椅桐者也。”
	榆中縣	
	中陵縣	
	遮害縣	注云:“東北流逕中陵縣故城東,北俗謂之北右突城,王莽之遮害也。”
	善無縣	
	陰館縣	注云:“中陵水又西北流逕善無縣故城西,王莽之陰館也。”
	沃陽縣	
	敬陽縣	注云:“又東逕沃陽縣故城南,北俗謂之可不埿城,王莽之敬陽也。”
	參合縣	
	武州縣	吴本、注箋本、項本、張本、注疏本作武縣。
	美稷縣	
	富昌縣	

經文	地名	備註
	富成縣	注云:"湳水又東逕西河富昌縣故城南,王莽之富成也。"
	離石縣	
又南過西河圁陽縣東。	白土縣	
	黄土縣	注云:"圁水出上郡白土縣圁谷,……王莽更曰黄土也。"
	鴻門縣	
	圁陰縣	
	方陰縣	注云:"圁水又東逕圁陰縣北,漢惠帝五年立,王莽改曰方陰矣。"
	圁陽縣	注云:"又東逕圁陽縣南。"注箋本、項本、張本作"又東逕圁陰南"。注釋本作"又東逕圁陰縣南"。
	龜兹縣	
又南離石縣西。	奢延縣	
	奢節縣	注云:"水西出奢延縣西南赤沙阜,……東北流逕其縣故城南,王莽之奢節也。"
	洛川縣	
	膚施縣	
	陽周縣	
	隰城縣	《乾隆汾州府志》卷四,山川下,離石水,引《水經注》作隰成縣。
	慈平亭	注云:"逕隰城縣故城南,……王莽之慈平亭也。"
又南過中陽縣西。	中陽縣	
又南過土軍縣西。	土軍縣	《乾隆山西志輯要》卷四,汾州府,石樓縣,山川,屈産泉,引《水經注》作吐軍縣。
又南過上郡高奴縣東。	高奴縣	《正字通》巳集上,水部,油,引《水經注》作高孥縣。
	延壽縣	

經　　文	地　　名	備　　註
	利平縣	注云:"清水又東逕高奴縣,……項羽以封董翳爲翟王,居之三秦,此其一也,漢高祖破以縣之,王莽之利平矣。"
	蒲子縣	
	定陽縣	
卷四　河水		
又南過河東北屈縣西。	北屈縣	《初學記》卷八,河東道第四,風穴,引《水經注》作北屋縣。
	朕北縣	注云:"羊求川西逕北屈縣故城南,城,即夷吾所奔邑也,王莽之朕北也。"
	陰山縣	
	山寧縣	注云:"出西河陰山縣,王莽之山寧也。"
又南過皮氏縣西。	皮氏縣	
	延平縣	注云:"皮氏縣,王莽之延平也。"
又南出龍門口,汾水從東來注之。	夏陽縣	
	冀亭	注云:"溪水又東南逕夏陽縣故城北,……王莽之冀亭也。"
又南過汾陰縣西。	汾陰縣	
	郃陽縣	
	定陶縣	
又南過蒲坂縣西。	蒲坂縣	
	蒲城縣	注云:"(蒲坂)縣,故蒲也,王莽更名蒲城。"
	上虞縣	
	始寧縣	
	剡縣	
	河北縣	
又南至華陰潼關,渭之從西來注之。	船司空縣	
	湖縣	注釋本作胡縣。

經　文	地　名	備　註
又東過河北縣南。	胡縣	注云:“首山在蒲板,與湖縣相連,《晉書地道記》、《太康地記》並言胡縣也,漢武帝改作湖。”
	弘農縣	
	上洛縣	
	新安縣	
又東過陝縣北。	陝縣	
	臨洮縣	
又東過大陽縣南。	大陽縣	
	勤田縣	注云:“河水又東逕大陽縣故城南,……王莽更名勤田。”
又東過平陰縣北,清水從西北來注之。	垣縣	
	聞喜縣	
	平陰縣	
卷五　河水		
又東過平縣北,湛水從北來注之。	河陽縣	
	河亭	注云:“河水又東逕河陽縣故城南,……王莽之河亭也。”
	平陰縣	
	洛陽縣	
	平縣	
	治平縣	注云:“河水又東逕平縣故城北,……王莽之所謂治平矣,俗謂之小平也。”
	小平縣	
	雒陽縣	
又東過鞏縣北。	鞏縣	
又東過成皋縣北,濟水從北來注之。	平皋縣	吴本、注箋本、項本、張本作平高縣。
	懷縣	
	温縣	

經　文	地　名	備　註
	虎牢縣	
	壽春縣	
	襄城縣	
	定陶縣	
	滎陽縣	
又東過滎陽縣北,蒗蕩渠出焉。	卷縣	
又東北過武德縣東,沁水從西北來注之。	武德縣	
	酸棗縣	
	東燕縣	
又東北過黎陽縣南。	黎陽縣	
	黎蒸縣	注云:"(黎陽)縣取山之名,取水之陽,以爲名也,王莽之黎蒸也。"注箋本、七校本作魏丞縣。
	白馬縣	
	脩武縣	
	涼城縣	
	濮陽縣	
	衛國縣	
	繁陽縣	
	陰安縣	
	樂昌縣	
	元城縣	
	館陶縣	
	鄃陶縣	
	貝丘縣	
	鬲縣	
	般縣	

經　　文	地　　名	備　　註
	廣川縣	注箋本、項本、張本作廣光縣。
	信都縣	
	東光縣	
	樂成縣	
	發干縣	
	戢楯縣	注云："河水故瀆東北逕發干縣故城西,又屈逕其北,王莽之所謂戢楯矣。"
	博昌縣	
	甘陵縣	
	厝治縣	注云："大河故瀆又東逕甘陵縣故城南,王莽改曰厝治者也。"
	靈縣	
	播亭	注云："大河故瀆又東北逕靈縣故城南,王莽之播亭也。"
	鄃縣	
	善陸縣	注云："河水故瀆又東逕鄃縣故城東,……王莽更名之曰善陸。"
	平原縣	
	繹幕縣	《名勝志》山東,卷二,德州,平原縣,引《水經注》作驛幕縣。
	河平亭	注云："西流逕平原鬲縣故城西,《地理志》曰:鬲津也,王莽名之曰河平亭。"
	脩縣	
	安陵縣	
	信成縣	
	廣宗縣	
	建始縣	
	信德縣	
	南宮縣	
	棗彊縣	注箋本、項本、注釋本、張本作武彊縣。
	鄡縣	
	河北縣	
	清陽縣	

經　　文	地　　名	備　　註
	東武城縣	
	東陽縣	
	胥陵縣	注云:"又東北逕東陽縣故城南,《地理志》曰:王莽更之曰胥陵矣。"
	陽鄉縣	
	重平縣	
	重合縣	
	定縣	
	饒安縣	
	陽信縣	注箋本、項本、張本作信陽縣。
	安德縣	
	重丘縣	
	西平昌縣	
	平昌縣	
	分明縣	注云:"般瀆又逕般縣故城北,王莽更之曰分明也。"
	樂陵縣	
	信鄉縣	
	安平縣	注云:"屯氏河故瀆自別河東逕甘陵之信鄉縣故城南,《地理志》曰:安帝更名安平。"
又東北過衛縣南,又東北過濮陽縣北,瓠子河出焉。	衛縣	
	鄄城縣	
	鄄良縣	注云:"河水又東逕鄄城縣北,故城在河南十八里,王莽之鄄良也。"
	范縣	
	東武陽縣	
	頓丘縣	
	武陽縣	
又東北過東阿縣北。	東阿縣	

經　　文	地　　名	備　　註
又東北過茌平縣西。	茌平縣	
	功崇縣	注云:"應劭曰:茌,山名也,縣在山之平地,故曰茌平也,王莽之功崇也。"
	臨邑縣	
	臨濟縣	
	楊墟縣	注釋本作楊虚縣。《方輿紀要》卷三十一,山東二,濟南府,平原縣,揚虚城,引《水經注》作揚虚縣。
又東北過高唐縣東。	武昌縣	注云:"水自城東北逕東武陽縣故城南,應劭曰:縣在武水之陽,王莽之武昌也。"
	陽平縣	注箋本、項本、張本作平陽縣。
	樂平縣	
	清治縣	注云:"漯水又東北逕樂平縣故城東,……王莽之清治也。"
	聊城縣	
	博平縣	
	加睦縣	注云:"又東北逕博平縣故城南,……王莽改之曰加睦也。"
	高唐縣	
	東順亭	注云:"漯水又東北逕援縣故城西,王莽之東順亭也。"
	援縣	
	祝阿縣	
	漯陰縣	宋本、大典本、戴本作濕陰縣,吴本、項本、張本作温陰縣,《尚書後案》"浮於濟漯達於河"王鳴盛案,引《水經注》作濕陰縣。
	翼成縣	注云:"漯水又東北逕漯陰縣故城北,……王莽更名翼成。"
	著縣	
	東朝陽縣	
	朝陽縣	
	脩治縣	
	鄒平縣	
	東鄒縣	

經　　文	地　　名	備　　註
	建信縣	
	千乘縣	
又東北過楊虛縣東,商河出焉。	楊虛縣	《通鑑》卷四十四,漢紀三十六,光武帝建武二十七年,"揚虛侯馬武上書曰"胡註,引《水經注》作揚虛縣。
	杒縣	注箋本作初縣,注釋本作杒鄉縣。
	富平縣	
	樂安亭	注云:"商河又東北逕富平縣故城北,《地理志》曰:侯國也,王莽曰樂安亭,應劭曰:明帝更名厭次。"
	厭次縣	同上註。
	河平縣	注云:"河水又北逕平原縣故城東,……王莽改曰河平也。"
	阿陽縣	注箋本、項本、張本作陽阿縣。
又東北過漯陽縣北。	臣武縣	注箋本、項本、注釋本、張本作臣武縣。
	漯沃縣	
	延亭	注云:"河水又東北爲漯沃津,在漯沃縣故城南,王莽之延亭也。"
卷六　汾水		
汾水出太原汾陽縣北管涔山。	汾陽縣	
	南行唐縣	
	盂縣	
	祁氏縣	
	狼孟縣	
	狼調縣	注云:"洛陰水又西逕狼孟縣故城南,王莽之狼調也。"
又南,洞過水從東來注之。	梗陽縣	
	榆次縣	
	晉陽縣	
又南過大陵縣東。	大陵縣	
	大寧縣	

經文	地名	備註
	中陽縣	
	中都縣	
	祁縣	
	示縣	注云:"逕祁縣故城南,……王莽之示縣也。"
	京陵縣	
	致城縣	注云:"又西逕京陵縣故城北,王莽更名曰致城矣。"
	鄔縣	
又南過平陶縣東,文水從西來流注之。	界休縣	
	界美縣	注云:"汾水又西南逕界休縣故城西,王莽更名之曰界美矣。"
又南入河東界,又南過永安縣西。	彘縣	
	黄城縣	注云:"故彘縣也,周厲王流於彘,即此城也,王莽更名黄城,漢順帝陽嘉三年,改曰永安縣。"
	永安縣	同上註。
歷唐城東。	陰山縣	
又南過楊縣東。	穀遠縣	
	楊縣	
	有年亭	注云:"又西逕楊縣故城北,……王莽更名有年亭也。"
又南過平陽縣東。	平陽縣	
	襄陵縣	
	幹昌縣	注云:"汾水又南歷襄陵縣故城西,……王莽更名曰幹昌矣。"
又屈從縣南西流。	絳縣	

經　文	地　名	備　註
又西過長脩縣南。	臨汾縣 長脩縣	
又西過皮氏縣南。	皮氏縣	
卷六　澮水		
澮水出河東絳縣東澮交東高山。	絳縣	
卷六　涑水		
涑水出河東聞喜縣東山黍葭谷。	聞喜縣 洮亭	 注云:"司馬彪曰:洮水出聞喜縣,故王莽以縣爲洮亭也。"
又西南過左邑縣南。	左邑縣	
又西南過安邑縣西。	安邑縣 河東縣 監鹽縣 猗氏縣	 注云:"秦始皇使左更白起取安邑,置河東郡,王莽更名洮隊,縣曰河東也。"
又南過解縣東,又西南注於張陽池。	解縣	
卷六　文水		

經文	地名	備註
文水出大陵縣西山文谷,東到其縣,屈南到平陶縣東北,東入於汾。	大陵縣 平陶縣 多穰縣 茲氏縣 中陽縣 離石縣	
卷六　原公水		
原公水出茲氏縣西羊頭山東,過其縣北。	茲氏縣 茲同縣 離石縣	 注云:"(茲氏)縣,故秦置也,……王莽之茲同也。"
卷六　洞過水		
洞過水出沾縣北山。	受陽縣	
西過楡次縣南,又西到晉陽縣南。	楡次縣 涂陽縣 太原亭 陽邑縣 繁穰縣	 注箋本、項本、張本作塗陽縣。 注云:"《十三州志》以爲涂陽縣矣,王莽之太原亭也。"
卷六　晉水		
晉水出晉陽縣西懸甕山。	晉陽縣 唐縣	
又東過其縣南,又東入於汾水。	盂縣	

經　文	地　名	備　註
卷六　湛水		
湛水出河内軹縣西北山。	軹縣	注箋本、項本、張本作枳縣。
又東過毋辟邑南。	河陽縣	
卷七　濟水		
濟水出河東垣縣東王屋山,爲沇水。	房子縣	
	臨邑縣	
	軹縣	注箋本、項本、注釋本、張本作温城。《通鑑》卷四,周紀四,赧王二十八年,"拔新垣、曲陽"胡註,引《水經注》作温。
	沁水縣	注箋本、項本、張本作沇水縣。
	波縣	孫濳校本作汲縣。
又東至温縣西北,爲濟水,又東過其縣北。	温縣	
屈從縣東南流,過隤城西,又南當鞏縣北,南入於河。	平皋縣	
與河合流,又東過成皋縣北,又東過滎陽縣北,又東至礫溪南,東出過滎澤北。	滎陽縣	
	無鹽縣	
	東緡縣	
	曲成縣	
	宋城縣	
	懷縣	
	浚儀縣	

經　　文	地　　名	備　　註
	原武縣	
	京縣	
	成皋縣	
	卷縣	
	故市縣	黄本、沈本作固市縣。
又東過陽武縣南。	陽武縣	
	陽垣縣	注云:"逕陽武縣故城南,王莽更名之曰陽垣矣。"
	長縣	
	封丘縣	
	小黄縣	
	濟陽縣	
	濟前縣	注云:"濟水又東逕濟陽縣故城南,故武父城也,城在濟水之陽,故以爲名,王莽改之曰濟前者也。"
又東過封丘縣北。	酸棗縣	
	南燕縣	
又東過平丘縣南。	平丘縣	
又東過冤朐縣南,又東過定陶縣南。	冤朐縣	吴本作冤昫縣。
	濟平亭	注云:"濟水又東北逕冤朐縣故城南,……王莽之濟平亭也。"
	定陶縣	
卷八　濟水		
其一水東南流,其一水從縣東北流,入鉅野澤。	乘氏縣	
	濟陽縣	
	冤朐縣	《禹貢》"導菏澤,被孟豬"《蔡傳》,引《水經注》作冤句縣。
	吕都縣	

經　　文	地　　名	備　　註
	祁都縣	注云:"又東北逕吕都縣故城南,王莽更名之曰祁都也。"
	定陶縣	
	封丘縣	
	酸棗縣	
	南燕縣	
	白馬縣	
	長垣縣	
	長固縣	注云:"東逕長垣縣故城北,……王莽改此長固縣。"
	長羅縣	
	濮陽縣	
	離狐縣	
	瑞狐縣	注云:"濮水又東逕濟陰離狐縣故城南,王莽之所謂瑞狐也。"注箋本、項本、張本作狐瑞縣。
	葭密縣	
	句陽縣	
	東平陸縣	
	壽張縣	
又東北過壽張縣西界,安民亭南,汶水從東北來注之。	萊蕪縣 須昌縣 無鹽縣	
又北過須昌縣西。	東阿縣	
又北過穀城縣西。	穀城縣	
又北過臨邑縣東。	盧縣 臨邑縣	

經　文	地　名	備　註
又東北過盧縣北。	山茌縣	
	祝阿縣	
	歷城縣	注箋本、項本、張本作歷縣。《寰宇記》卷十九，河南道十九，齊州，歷城縣，引《水經注》作歷山縣。
又東北過臺縣北。	平陵縣	
	臺縣	
又東北過菅縣南。	菅縣	大典本作管縣。《名勝志》，山東，卷一，濟南府，章丘縣，引《水經注》作管縣。
	土鼓縣	大典本、吴本、注箋本、項本、張本作土穀縣。《名勝志》，山東，卷一，濟南府，章丘縣，引《水經注》作土穀縣。
	陽丘縣	吴本、注箋本、項本、張本作楊丘縣。《名勝志》山東，卷一，濟南府，章丘縣，引《水經注》作楊丘縣。
又東過梁鄒縣北。	般陽縣	
	濟南亭	注云："北流至般陽縣故城西，……王莽之濟南亭也。"
	於陵縣	
	於陸縣	注云："其水又逕於陵縣故城西，王莽之於陸也。"
	梁鄒縣	
又東北過臨濟縣南。	臨濟縣	
	被陽縣	
	漯沃縣	
	平安縣	
	鴻睦縣	注云："案《地理志》：千乘郡有平安縣，侯國也，王莽曰鴻睦也。"
	博昌縣	
	高昌縣	
	樂安縣	

經　文	地　名	備　註
	宛縣	
	臨淄縣	
又東北過利縣西。	利縣	
	利治縣	注云:“《地理志》:齊郡有利縣,王莽之利治也。”
又東北過甲下邑,入於河。	琅槐縣	
其一水東南流者,過乘氏縣南。	己氏縣	
	成武縣	
	昌邑縣	
	睢陽縣	
又東過昌邑縣北。	剡縣	
	成縣	
又東過金鄉縣南。	金鄉縣	
又東過東緡縣北。	東緡縣	
又東過方與縣北,爲菏水。	方與縣	
	鉅野縣	吴本、注箋本、項本、張本作鉅澤縣。
	亢父縣	
	任城縣	注云:“黄水又東南逕任城郡之亢父縣故城西,夏后氏之任國也,漢章帝元和元年,別爲任城在北,王莽之延就亭也,縣有詩亭,《春秋》之詩國也,王莽更之曰順父矣。”
	延就亭	同上註。
	順父縣	同任城縣註。

經文	地名	備註
菏水又東過湖陸縣南,東入於泗水。	湖陵縣	注箋本、項本、注釋本、張本作湖陸縣。
又東南過沛縣東北。	沛縣	
又東南過留縣北。	留縣	
又東過彭城縣北,獲水從西來注之。	彭城縣	
又東南過徐縣北。	徐縣	
	徐調縣	注云:“《地理志》曰:臨淮郡,漢武帝元狩五年置,治徐縣,王莽更之曰淮平縣曰徐調。”
	武原縣	
卷九　清水		
清水出河内脩武縣之北黑山。	脩武縣 野王縣 承州縣 山陽縣	
東北過獲嘉縣北。	獲嘉縣	
又東過汲縣北。	汲縣	
又東入於河。	内黄縣	

經　文	地　名	備　註
卷九　沁水		
沁水出上黨湼縣謁戾山。	穀遠縣	
南過穀遠縣東,又南過陭氏縣東。	穀近縣	注云:“穀遠縣,王莽之穀近也。”
	陭氏縣	大典本、吴本、注箋本、項本、七校本、注釋本、張本作猗氏縣。
	端氏縣	
又南過陽阿縣東。	陽阿縣	
	濩澤縣	
又南出山,過沁水縣北。	野王縣	
	沁水縣	注箋本作沁縣。
又東過野王縣北。	洛陽縣	
	濮陽縣	
	平野縣	
	頓丘縣	
	高都縣	
	長平縣	
	泫氏縣	
又東過州縣北。	州縣	注箋本、項本、注釋本、張本作周縣。注釋本註云:“按《水經》多以州爲周,如武周、泉周之類。”
又東過懷縣之北。	懷縣	
又東過武德縣南,又東南至滎陽縣北,東入於河。	武德縣	
	軹縣	
	蓮勺縣	
	滎陽縣	

經　文	地　名	備　註
卷九　淇水		
淇水出河内隆慮縣西大號山。	壺關縣	
	朝歌縣	
	黎陽縣	
	土軍縣	注釋本作五軍縣。
	頓丘縣	
東過内黄縣南,爲白溝。	内黄縣	
	外黄縣	
屈從縣東北與洹水合。	魏縣	
	魏城亭	注云:"魏縣故城,……王莽之魏城亭也。"
又東北過館陶縣北,又東北過清淵縣西。	館陶縣	
	平恩縣	
	延平縣	注云:"又東北逕平恩縣故城東,《地理風俗記》曰:縣,故館陶之别鄉也,漢宣帝地節三年置,……王莽之延平縣矣。"
	清淵縣	
又東北過廣宗縣東,爲清河。	廣宗縣	
	臨清縣	
	甘陵縣	
	白馬縣	
	信鄉縣	
	信成縣	《嘉靖廣平府志》卷八,古蹟志,城壘類,引《水經注》作信城縣。
	水東縣	
	清陽縣	
又東北過東武城縣西。	陵鄉縣	
	東武城縣	

經　文	地　名	備　註
	武城縣	
	復陽縣	
	樂歲縣	注云:"清河又東北逕復陽縣故城西,……王莽更名之曰樂歲。"
	棗彊縣	
又北過廣川縣東。	廣川縣	
	歷縣	
	歷寧縣	注云:"清河又東北逕歷縣故城南,《地理志》:信都之屬縣也,王莽更名曰歷寧也。"
又東過脩縣南,又東北過脩治縣西。	脩縣	《方輿紀要》卷十五,直隸六,廣平府,清河縣,引《水經注》作蓚縣。
	脩治縣	注云:"又逕脩縣故城南,屈逕其城東,脩,音條,王莽更名之曰脩治。"注箋本、項本、張本作治脩縣。
	東光縣	
又東北過南皮縣西。	南皮縣	
	臨樂縣	
	樂亭	注云:"《地理志》之臨樂縣故城也,王莽更名樂亭,《晉書地道志》、《太康地記》,樂陵國有新樂縣,即此城矣。"
	新樂縣	同上註
	苑鄉縣	
	高成縣	注箋本、項本、張本作高城縣。
	千童縣	
	千鍾縣	注云:"又東南逕千童縣故城東,《史記·建元以來王子侯者年表》曰:故重也,一作千鍾,……應劭曰:漢靈帝改曰饒安也。"
	饒安縣	同上註。
	孤竹縣	
又東北過浮陽縣西。	浮陽縣	
	章武縣	

經文	地名	備註
	桓章縣	注云:"又東逕章武縣之故城北,……王莽更名桓章。"
	柳縣	
又東北過窮河邑南。	泉州縣	大典本、吴本、注箋本、項本、注釋本、張本作泉周縣。
又東北過漂榆邑,入於海。	高城縣	注釋本作高成縣。
卷九　蕩水		
蕩水出河内蕩陰縣西山東。	蕩陰縣	《通鑑》卷八十五,晉紀七,惠帝永興元年,"乘輿敗績於蕩陰"胡註,引《水經注》作湯陰。
又東北至内黄縣,入於黄澤。	内黄縣	注箋本作内黄澤。
	外黄縣	
卷九　洹水		
洹水出上黨泫氏縣。	長子縣	
東過隆慮縣北。	隆慮縣	
又東北出山,過鄴縣南。	斥丘縣	
	利丘縣	注云:"又北逕斥丘縣故城西,……王莽之利丘矣。"
	安陽縣	
	鄴縣	
	長樂縣	
又東過内黄縣北,東入於白溝。	内黄縣	

經　文	地　名	備　註
卷十　濁漳水		
東過其縣南。	長子縣	
	尚子縣	注云:"又東逕長子縣故城南,……尚子,即長子之異名也。"
又東過壺關縣北,又東北過屯留縣南。	屯留縣	
	穀遠縣	
	余吾縣	
	壺關縣	
	銅鞮縣	
	襄垣縣	
	上黨亭	注云:"漳水又東北流逕襄垣縣故城南,王莽之上黨亭。"
潞縣北。	潞縣	
	涅縣	注箋本、項本、七校本、注釋本、張本作涅氏縣。
	武鄉縣	
	林慮縣	《古文尚書疏證》卷六下,第九十,引《水經注》作林慮山。
	涉縣	
又東出山,過鄴縣西。	武安縣	
	鄴縣	
	邯會縣	
又東過列人縣南。	斥丘縣	
	裴縣	
	即是縣	注云:"漳水又東,右逕斥丘縣北,即裴縣故城南,王莽更名之曰即是也。"
	列人縣	
	列治縣	注云:"漳水又東北逕列人縣故城南,王莽更名之爲列治也。"
	邯鄲縣	
	邯溝縣	

經文	地名	備註
	肥鄉縣	
	曲梁縣	
又東北過斥漳縣南。	斥漳縣	《治河前策》卷上,《北過降水至於大陸考》,引《水經注》作斥章縣。
	平恩縣	
	延平縣	注云:“又東北逕平恩縣故城西,……王莽更曰延平也。”
	館陶縣	
又東北過曲周縣東,又東北過鉅鹿縣東。	南曲縣	注箋本作曲周縣。
	曲周縣	
	直周縣	注云:“又逕曲周縣故城東,《地理志》曰:漢武帝建元四年置,王莽更名直周。”
	鉅鹿縣	
	安平縣	
	信都縣	
	黎陽縣	
	南宮縣	
	序中縣	注云:“又逕南宮縣故城西,……王莽之序中也。”
	繚城縣	
	經縣	
	樂信縣	
	辟陽縣	
	廣川縣	
又北過堂陽縣西。	堂陽縣	
	九門縣	
	扶柳縣	
	樂成縣	
	薊縣	
	武陽縣	
	下博縣	

經　　文	地　　名	備　　註
又東北過扶柳縣北,又東北過信都縣西。	昌城縣	吴本、注箋本、項本、七校本、注釋本作昌成縣。
	阜城縣	注云:“衡水又北逕昌城縣故城西,……闞駰曰:昌城本名阜城矣。”
	桃縣	
	桓分縣	注云:“衡漳又東北逕桃縣故城北,……王莽改之曰桓分也。”
	上艾縣	
	蒲吾縣	
	桑中縣	
	綿蔓縣	
	綿延縣	注云:“桃水又東南流,逕綿蔓縣故城北,王莽之綿延也。”
	樂陽縣	
	暢苗縣	注箋本、項本、張本作申苗縣。
	關縣	注箋本、項本、張本作開縣。
	宋子縣	
	宜子縣	注云:“又東逕宋子縣故城北,……王莽更名宜子。”
	敬武縣	
	楊氏縣	
	藁城縣	注箋本、項本、張本作藁縣。
	肥纍縣	
	新市縣	
	樂市縣	注云:“按《地理志》云:鉅鹿有新市縣,侯國也,王莽更之曰樂市。”
	安鄉縣	
	貰縣	注箋本、項本、張本作育縣。
又東北過阜城縣北,又東北至昌亭,與滹沱河會。	武強縣	
	武隧縣	
	桓隧縣	注云:“又東北逕武隧縣故城南,……王莽更名桓隧矣。”
	饒陽縣	
	武邑縣	

經文	地名	備註
	順桓縣	注云:"衡漳又東逕武邑縣故城北,王莽之順桓也。"
	東昌縣	
	田昌縣	注云:"衡漳又逕東昌縣故城北,經所謂昌亭也,王莽之田昌也,俗名之曰東相。"
	東相縣	同上註。
又東北至樂成陵縣北別出。	弓高縣	
	蒲領縣	吴本、注箋本作扶領縣。
	脩縣	吴本、注箋本、項本、張本作循縣。《方輿紀要》卷十五,直隸六,廣平府,清河縣,引《水經注》作蓨縣。
	觀津縣	
	朔定亭	注云:"其瀆逕觀津縣故城北,……王莽之朔定亭也。"
	脩市縣	注箋本、項本、張本作循市縣。
	居寧縣	注云:"舊溝又東逕脩市縣故城北,……王莽更之曰居寧也。"
	陸信縣	
	樂成陵縣	注箋本、項本、張本作樂陵縣。
又東北過成平縣南。	建成縣	
	成平縣	
	澤亭	注云:"成平縣故城在北,……王莽之澤亭也。"
	南皮縣	
	阜城縣	
	吾城縣	注云:"《地理志》:勃海有阜城縣,王莽更名吾城者,非經所謂阜城也。"
	浮陽縣	
又東北過章武縣西,又東北過平舒縣南,東入海。	章武縣	
	參户縣	
	東平舒縣	

經　文	地　名	備　註
卷十　清漳水		
清漳水出上黨沾縣西北少山大要谷，南過縣西，又從縣南屈。	沾縣	注箋本、項本、七校本、注釋本、張本作清漳縣。
	樂平縣	注云："故《太康地記》曰：樂平縣舊名沾縣。"
	涅縣	
	轑陽縣	注箋本、項本、七校本、注釋本、張本、注疏本作轑河縣。
東過涉縣西，屈從縣南。	涉縣	
卷十一　易水		
易水出涿郡故安縣閻鄉西山。	廣昌縣	
	故安縣	《嘉靖蠡縣志》封域第一，引《水經注》作固安縣。
	良鄉縣	
	范陽縣	
東過范陽縣南，又東過容城縣南。	順陰縣	注云："易水逕范陽縣故城南，……王莽之順陰也。"注箋本、項本、張本作通順縣。
	遒縣	注釋本作遒縣。
	容城縣	
	平舒縣	
	武隧縣	吴本、注箋本、項本、張本作武遂縣。
	新城縣	
	樊輿縣	
	握符縣	注云："易水又東逕樊輿縣故城北，……王莽更名握符矣。"
	深澤縣	
	易縣	
又東過安次縣南。	南鄭縣	吴本作南鄭縣。
	文安縣	

經　文	地　名	備　註
卷十一　滱水		
滱水出代郡靈丘縣高氏山。	靈丘縣	
東南過廣昌縣南。	廣昌縣	
又東南過中山上曲陽縣北,恒水從西來注之。	望都縣	
又東過唐縣南。	唐縣	
	高昌縣	
	上曲陽縣	
	下曲陽縣	注云:"其水又東逕上曲陽縣故城北,……秦罷井田,因以立縣,城在山曲之陽,是曰曲陽,有下,故此爲上矣,王莽之常山亭也。"
	常山亭	見上註。
又東過安憙縣南。	安憙縣	大典本、黄本、吴本、注箋本、何校明鈔本、項本、沈本、七校本、張本、注疏本作安喜縣。
	安險縣	注云:"(安憙)縣,故安險也,……王莽更名寧險。"
	寧險縣	
又東過安國縣北。	安國縣	
又東過博陵縣南。	蠡吾縣	
	饒陽縣	
	博陵縣	

經　　文	地　　名	備　　註
	陸成縣	注云:“又東北逕博陵縣故城南,即古陸成。”注箋本、項本、七校本、注釋本、張本作陸城。
	侯世縣	七校本作侯井縣。
	順調縣	注云:“水出望都縣東,南流逕其縣故城南,王莽更名曰順調矣。”
	陽城縣	
	蒲陰縣	
	廣望縣	
	曲逆縣	
	順平縣	注云:“故縣亦因水名而氏曲逆矣,……王莽更名順平。”
	高陽縣	
	鄚縣	注箋本、項本、張本作鄭縣。
	北平縣	
	范陽縣	
	朔寧縣	
	北新城縣	
	朔平縣	注云:“曹水又東南逕北新城縣故城南,王莽之朔平縣也。”
又東北入於易。	阿陵縣	
	阿陸縣	注云:“滱水又東北逕阿陵縣故城東,王莽之阿陸也。”
卷十二　聖水		
東過良鄉縣南。	良鄉縣	
	廣陽縣	注云:“又南逕良鄉縣故城西,王莽之廣陽也。”
	西鄉縣	
	移風縣	注云:“東逕西鄉縣故城北,王莽之移風也。”
又東過陽鄉縣北。	涿縣	
	遒縣	注疏本作迺縣。
	涿鹿縣	

經　文	地　名	備　註
	垣翰縣	注云:“桃水又東逕涿縣故城北,王莽更名垣翰。”
	垣縣	
	武垣縣	
	垣翰亭	注云:“涿有垣縣,……王莽之垣翰亭矣。”
	長鄉縣	
	章武縣	注云:“王莽時更名章武,即長鄉縣也。”
	方城縣	
	陽鄉縣	
又東過安次縣南,東入於海。	安次縣	
卷十二　巨馬水		
巨馬水出代郡廣昌縣淶山。	廣昌縣	
	廣屏縣	注云:“東逕廣昌縣故城南,王莽之廣屏矣。”
東過遒縣北。	遒縣	
	遒屏縣	注云:“逕遒縣故城東,王莽更名遒屏也。”
	固安縣	
	范陽縣	
又東南過容城縣北。	容城縣	摘鈔本作容成縣。
	方城縣	
	故安縣	
	益昌縣	
	臨鄉縣	
	有秩縣	注云:“淀水又東南逕益昌縣故城西南,……王莽之有秩也。”
	安次縣	
	泉州縣	注箋本作東州縣。

經　　文	地　　名	備　　註
卷十三　灅水		
灅水出鴈門陰館縣,東北過代郡桑乾縣南。	陰館縣	
	富臧縣	注云:"逕陰館縣故城西,縣,故樓煩鄉也,漢景帝後三年置,王莽更名富臧矣。"
	汾陽縣	
	朝那縣	《御覽》卷六十四,地部二十九,桑乾河,引《水經注》作朝郍縣。《通鑑地理通釋》卷十四,天池註,引《水經注》作朝郍縣。
	馬邑縣	
	章昭縣	注云:"其水東逕馬邑縣故城南,……王莽更名之曰章昭。"
	洼陶縣	
	崞縣	注箋本、項本、注釋本、張本作崞山縣。
	崞張縣	注云:"水南出崞縣故城南,王莽之崞張也。"
	繁畤縣	
	當要縣	注云:"北流逕繁畤縣故城東,王莽之當要也。"
	劇陽縣	
	班氏縣	
	旋鴻縣	
	永固縣	注箋本作水固縣。
	參合縣	
	平城縣	《乾隆大同府志》卷六,形勝,燕昌城,引《水經注》作平城苑。
	平順縣	注云:"其水又南屈逕平城縣故城南,……王莽之平順也。"
	洛陽縣	
	武州縣	大典本、黄本、吴本、沈本、七校本、注釋本、注疏本作武周縣。《乾隆大同府志》卷四,山川,武周山,引《水經注》作武周縣。
	班副縣	注云:"又南流逕班氏縣故城東,王莽之班副也。"
	平邑縣	
	平胡縣	注云:"灅水又東逕平邑縣故城南,……王莽所謂平胡也。"

經文	地名	備註
	沙陵縣	
	狋氏縣	
	狋聚縣	注云:“㶟水又東逕狋氏縣故城北,王莽更名之曰狋聚也。”
	道人縣	
	道仁縣	注云:“㶟水又東逕道人縣故城南,《地理志》:王莽之道仁也。”
	陽原縣	
	東安陽縣	
	竟安縣	注云:“㶟水又東逕東安陽縣故城北,……王莽之竟安也。”
	西安陽縣	注云:“《地理風俗記》曰:五原有西安陽,故此加東也。”
	昌平縣	
	長昌縣	注云:“㶟水又東逕昌平縣故城北,王莽之長昌也。”
	桑乾縣	
	安德縣	注云:“㶟水又東北逕桑乾縣故城西,又屈逕其城北,王莽更名之曰安德也。”
	平舒縣	
	平葆縣	注云:“水出平舒縣東,……徐廣曰:平舒在代,王莽更名之曰平葆。”
	安次縣	
	雊瞀縣	
	當城縣	
	潘縣	
	樹武縣	注云:“㶟水又東逕潘縣故城北,……《十三州記》曰:廣平城東北百一十里有潘縣,《地理志》曰:王莽更名樹武。”
	下洛縣	
	下忠縣	注云:“㶟水又東逕下洛縣故城南,王莽之下忠也。”
	廣寧縣	
	且如縣	
	馬城縣	
	延陵縣	
	高柳縣	

經　文	地　名	備　註
	厭狄縣	注云:"其水東南流逕高柳縣故城北,……王莽之所謂厭狄也。"
	小寧縣	
	寧縣	注云:"于延水又東逕小寧縣故城南,《地理志》:寧縣也,西部都尉治,王莽之博康也。"
	博康縣	同上註。
	大寧縣	
	廣寧縣	注云:"延河又東逕大寧縣故城南,《地理志》云:廣寧也,王莽曰廣康矣。"
	廣康縣	同上註。
	茹縣	
	穀武縣	注云:"于延水又東南逕茹縣故城北,王莽之穀武也。"
	且居縣	
	久居縣	注云:"于延水又南逕且居縣故城南,王莽之所謂久居也。"
又東過涿鹿縣北。	涿鹿縣	
	拊鹿縣	注云:"東北流逕涿鹿縣故城南,王莽所謂拊鹿也。"注箋本、項本、七校本、注釋本、張本作褫鹿。
	居庸縣	
	夷輿縣	
	朔調亭	注云:"水出夷輿縣故城西南,王莽以爲朔調亭也。"
	沮陽縣	
	沮陰縣	
又東南出山。	良鄉縣	
過廣陽薊縣北。	廣陽縣	
	薊縣	
	代戎縣	注云:"灅水又東北逕薊縣故城南,王莽改曰:……代戎。"
又東至漁陽雍奴縣西,入笥溝。	雍奴縣	

經　　文	地　　名	備　　註
卷十四　濕餘水		
濕餘水出上谷居庸關東。	軍都縣	
東流過軍都縣南，又東流過薊縣北。	昌平縣 安樂縣	注箋本作平昌縣。
又北屈東南至狐奴縣西，入於沽河。	狐奴縣	
卷十四　沽河		
沽河從塞外來。	且居縣 女祁縣	
	祁縣	注云："歷女祁縣故城南，《地理志》曰：東部都尉治，王莽之祁縣也。"
	居庸縣 漁陽縣 安樂縣	
南過漁陽狐奴縣北，西南與濕餘水合，爲潞河。	狐奴縣	
	舉符縣	注云："又南逕狐奴縣故城西，……王莽之所謂舉符也。"
	潞縣	
又東南至泉州縣與清河合，東入於海，清河者，	泉州縣	
	泉調縣	注云："沽河又東南逕泉州縣故城東，王莽之泉調也。"

經　　文	地　　名	備　　註
派河尾也。		
卷十四　鮑丘水		
鮑丘水從塞外來,南過漁陽縣東。	滑鹽縣	
	匡德縣	注云:"其水南流逕滑鹽縣故城東,王莽更名匡德也,漢明帝改曰鹽田。"
	鹽田縣	同上註。
	傂奚縣	孫潛校本作虒奚縣。
	敦德縣	注云:"又南逕傂奚縣故城東,王莽更之曰敦德也。"
	獷平縣	
	平獷縣	注云:"鮑丘水又西南逕獷平縣故城東,王莽之所謂平獷也。"
	漁陽縣	
	得漁縣	注云:"鮑丘水又東南逕漁陽縣故城南,漁陽郡治也,秦始皇二十二年置,王莽更名通潞,縣曰得漁。"
又南過潞縣西。	潞縣	
	通潞亭	注云:"鮑丘水又南逕潞縣故城西,王莽之通潞亭也。"
	薊縣	
又南至雍奴縣北,屈東入於海。	雍奴縣	
	無終縣	
	平谷縣	
	泉州縣	
	徐無縣	
	北順亭	注云:"其水又逕徐無縣故城東,王莽之北順亭也。"
	洛陽縣	
	俊靡縣	
	俊麻縣	注云:"水出右北平俊靡縣,王莽之俊麻也。"
	土垠縣	

經　　文	地　　名	備　　註
卷十四　濡水		
濡水從塞外來，東南過遼西令支縣北。	白檀縣	
	要陽縣	
	要術縣	注云："東南流逕要陽縣故城東，本都尉治，王莽之要術也。"
	安樂縣	
	無終縣	
	令支縣	
	令氏亭	注云："濡水又東南流逕令支縣故城東，王莽之令氏亭也。"
	肥如縣	
	陽樂縣	
又東南過海陽縣西，南入於海。	雍奴縣	
	昌城縣	
	淑武縣	注云："又東北逕昌城縣故城北，王莽之淑武也。"
	新安平縣	注箋本、項本、張本作新平縣。《順治盧龍縣志》卷一，古蹟，引《水經注》作新平縣。
	海陽縣	
	新平縣	
	絫縣	
	選武縣	注云："碣石在遼西絫縣，王莽之選武也。"
	驪成縣	《禹貢》"夾右碣石入於河"《蔡傳》，引《水經注》作驪城縣。
	揭石縣	注云："《地理志》曰：大碣石山在右北平驪成縣西南，王莽改曰揭石也。"注箋本、項本、張本作碣石縣。《天下名山勝景記》，引《水經注》作碣石縣。
卷十四　大遼水		
大遼水出塞	望平縣	

經　文	地　名	備　註
外衛白平山,東南入塞,過遼東襄平縣西。	長説縣	注云:"自塞外流直遼東之望平縣西,王莽之長説也。"
	襄平縣	
	昌平縣	注云:"屈而西南流,逕襄平縣故城西,……王莽之昌平也。"
	遼隊縣	吴本、注箋本、項本、七校本、注釋本、張本作遼隧縣。
	順睦縣	注云:"又南逕遼隊縣故城西,王莽更名之曰順睦也。"黄本、注箋本、項本、沈本、張本作順陸縣。《名勝志》山東,卷九,遼東都指揮司,海州衛,引《水經注》作順陸縣。
又東南過房縣西。	房縣	
	白狼縣	
	伏狄縣	注云:"白狼水北逕白狼縣故城東,王莽更名伏狄。"
	廣成縣	
	平虜縣	注云:"屈逕廣成縣故城南,王莽之平虜也。"
	石城縣	
	昌黎縣	
	交黎縣	注云:"白狼水又東北逕昌黎縣故城西,《地理志》曰:交黎也,東部都尉治,王莽之禽虜也。"
	禽虜縣	同上註。
	龍城縣	
	昌遼道	注箋本、項本、張本作昌黎道,注釋本畢沅序云:"大遼水下云:遼東屬國首曰昌遼,故天遼,而《前志》又無天遼之目,予以《十三州志》校之,知舊本、今本皆誤刊三字,志云遼東屬國都尉治昌黎道,故交黎。交黎,《前漢志》屬遼西,爲東海都尉治矣,則知《水經注》昌遼之遼,亦沿《續志》而誤也。"
	臨渝縣	
	馮德縣	注云:"逕一故城西,世以爲河連城,疑是臨渝縣之故城,王莽曰馮德者矣。"
又東過安市縣,西南入於海。	安市縣	

經　　文	地　　名	備　　註
卷十四　小遼水		
又玄菟高句麗縣有遼山,小遼水所出。	高句麗縣 下句麗縣 遼陽縣 襄平縣 遼隊縣	 注云:“高句麗縣,故高句麗,胡之國也,漢武帝元封二年,平右渠,置玄菟郡於此,王莽之下句麗。” 注箋本、項本、七校本、注釋本、張本作襄平縣。
卷十四　浿水		
浿水出樂浪鏤方縣,東南過臨浿縣,東入於海。	浿水縣 鏤方縣 朝鮮縣 增地縣	黄本、沈本作浿水縣。
卷十五　洛水		
洛水出京兆上洛縣讙舉山。	拒陽縣	
東北過盧氏縣南。	盧氏縣 昌富縣	 注云:“洛水又東逕盧氏縣故城南……王莽之昌富也。”
又東北過蠡城邑之南。	黽池縣 宜陽縣	
又東北出散關南。	新安縣 河南縣	
又東過洛陽縣西,伊水從西來	洛陽縣 緱氏縣	

經　文	地　名	備　註
注之。		
又東過偃師縣南。	偃師縣	
	中亭	注云:“休水又逕延壽城南,緱氏縣治……王莽更名中亭。”
又東過鞏縣東,又北入於河。	鞏縣	
	成臯縣	
卷十五　伊水		
東北過郭落山。	盧氏縣	
又東北過陸渾縣南。	陸渾縣	
	新城縣	
又東北過新城縣南。	梁縣	注箋本作渠縣。
	陽城縣	
	綸氏縣	
	高都縣	
	洛陽縣	
卷十五　瀍水		
瀍水出河南穀城縣北山。	穀城縣	何校明鈔本、王校明鈔本作穀城縣。
卷十五　澗水		
澗水出新安縣南白石山。	新安縣	

經　　文	地　　名	備　　註
東南入於洛。	穀城縣	何校明鈔本、王校明鈔本作穀城縣。
卷十六　穀水		
穀水出弘農黽池縣南墦塜林穀陽谷。	黽池縣	
	彭池縣	注云："（黽池縣）本中鄉地也，漢景帝中二年，初城，徙萬户爲縣，因崤黽之池以目縣焉，亦或謂之彭池。"
	新安縣	
	利陽縣	
	宜陽縣	
東北過穀城縣北。	穀城縣	宋本、何校明鈔本、王校明鈔本作穀城縣。
又東過河南縣北，東南入於洛。	河南縣	
	洛陽縣	
	平陰縣	
	鞏縣	
	中牟縣	
	成臯縣	
	睢陽縣	
	偃師縣	
	開陽縣	
	臨淄縣	
	師氏縣	注云："皇甫謐曰：帝嚳作都於亳，偃師是也，王莽之所謂師氏者也。"
卷十六　甘水		
甘水出弘農宜陽縣鹿蹏山。	陸渾縣	

經　文	地　名	備　註
東北至河南縣,北入於洛。	河南縣	
卷十六　漆水		
漆水出扶風杜陽縣俞山東,北入於渭。	杜陽縣	
	鄠縣	
	漆縣	宋本作桼縣。黄本、注箋本、項本、沈本、張本作桼縣。顧炎武《金石文字記》卷三,《岱岳觀造像記》註,引《水經注》作桼縣。
卷十六　滻水		
滻水出京兆藍田谷,北入於灞。	南陵縣	
	霸陵縣	大典本、黄本、吴本、注箋本、項本、沈本、注釋本、張本、注疏本作灞陵縣,《蜀道驛程記》引《水經注》作灞陵縣。
卷十六　沮水		
沮水出北地直路縣東,過馮翊祋祤縣北,東入於洛。	直路縣	注箋本、項本、七校本、注釋本、張本作畿縣。
	雲陽縣	
	祋祤縣	
	懷德縣	
	汾陰縣	
	池陽縣	
	萬年縣	
	異赤縣	注云:“《地理志》曰:馮翊萬年縣,高帝置,王莽曰異赤也。”
	櫟陽縣	
	頻陽縣	

經　文	地　名	備　註
	蓮勺縣	
	粟邑縣	
	粟城縣	注云:"又東北逕粟邑縣故城北,王莽更名粟城也。"
卷十七　渭水		
渭水出隴西首陽縣渭谷亭南鳥鼠山。	首陽縣	
東北過襄武縣北。	襄武縣	
	襄桓縣	注云:"東北逕襄武縣故城北,王莽更名相桓。"
又東過獂道縣南。	獂道縣	《乾隆隴西縣志》卷二,山川,渭河,引《水經注》作貆道縣。
	彰縣	
	新興縣	
	武城縣	《漢書地理志校本》卷上,左馮翊,武城,汪遠孫引《水經注》作武成縣。
又東過冀縣北。	平襄縣	
	平相縣	注云:"東北流逕平襄縣故城南,故襄戎邑也,王莽之所謂平相矣。"
	冀縣	
	冀治縣	注云:"其水北逕冀縣城北,……故天水郡治,王莽更名鎮戎,縣曰冀治。"
	阿陽縣	
	成紀縣	
	天水縣	
	略陽道	
	安民縣	
	顯親縣	

經　　文	地　　名	備　　註
又東過上邽縣。	上邽縣	
	當亭縣	
	黄瓜縣	
	綿諸縣	
	清水縣	
	識睦縣	注云:"又逕清水縣故城東,王莽之識睦縣矣。"
	降隴縣	
	綿諸道	
	南安縣	
	南由縣	注箋本、項本、張本作南田縣。《山海經箋疏》卷二《西山經》"楚水出焉而南流注於渭"郝懿行案,引《水經注》作南田縣。《山海經·西山經》"楚水出焉而南流注於渭"畢沅註,引《水經注》作南田縣。
	汧縣	注箋本作刑縣。
	武功縣	
	故道縣	
	善治縣	注云:"逕武都故道縣之故城西,王莽更名曰善治也。"
又東過陳倉縣西。	陳倉縣	
	綏陽縣	
	郁夷縣	
	郁平縣	注云:"渭水又東逕郁夷縣故城南,《地理志》曰:有汧水祠,王莽之曰郁平也。"
	隃麋縣	
	郿縣	
	扶亭	注云:"汧水又東南逕隃麋縣故城南,王莽之扶亭也。"
卷十八　渭水		

經　　文	地　　名	備　　註
又東過武功縣北。	武功縣	
	新光縣	注云:"渭水又逕武功縣故城北,王莽之新光也。"
	長安縣	
	嶽縣	
	郿縣	
	涪縣	
	雍縣	
	西虢縣	注云:"俱發雍縣故城南,縣故秦德公所居也,……《漢書·地理志》以爲西虢縣。"
	櫟陽縣	
	杜陽縣	
	通杜縣	注云:"東逕杜陽縣故城,……王莽之通杜也。"
	美陽縣	
	虢縣	注箋本作谷縣。
	好畤縣	
	好邑縣	注云:"水東有好畤縣故城,王莽之好邑也。"
又東,芒水從南來流注之。	盩厔縣	
卷十九　渭水		
又東過槐里縣南,又東,澇水從南來注之。	槐里縣	
	郿縣	
	武功縣	
	槐治縣	注云:"渭水又東逕槐里縣故城南,……王莽更名槐治也。"
	盩厔縣	
	鄠縣	
	池陽縣	
	宜春縣	

經　文	地　名	備　註
又東,豐水從南來注之。	咸陽縣	
	茂陵縣	
	杜縣	
	杜陵縣	經"又東過霸陵縣北,霸水從縣西北流注之"注云:"陵之西北,有杜縣故城,秦武公十一年縣之,漢宣帝元康元年,以杜東原上爲初陵,更名杜縣爲杜陵,王莽之饒安也。"
又東過長安縣北。	長安縣	
	渭南縣	
	奉明縣	
	昌邑縣	
又東過霸陵縣北,霸水從縣西北流注之。	藍田縣	
	上洛縣	
	江陵縣	
	饒安縣	同杜陵縣註。
	霸縣	
	霸陵縣	大典本作灞陵縣。《名勝志》陝西,卷二,藍田縣,引《水經注》作灞陵縣。
	邯鄲縣	
	新豐縣	
	霸城縣	注箋本、項本、張本作霸縣。
	水章縣	注云:"東北逕霸城縣故城南,漢文帝之霸陵縣也,王莽更之曰水章。"
	宣城縣	注云:"故渠又東逕茂陵縣故城南,武帝建元二年置,《地理志》曰:宣帝縣也,王莽之宣成也。"
	平陵縣	
	廣利縣	注云:"又東逕平陵縣故城南,《地理志》曰:昭帝置,王莽之廣利也。"
	安陵縣	
	嘉平縣	注云:"又東逕惠帝安陵南,陵北有安陵縣故城,《地理志》曰:惠帝置,王莽之嘉平也。"

經　　文	地　　名	備　　註
	鄣縣	
	鄣徙縣	注云:"渭水又東逕鄣縣西,蓋隴西郡之鄣徙也。"
	雲陽縣	
	祋祤縣	
	高陵縣	
	湖縣	
	昌陵縣	
	下邽縣	
	上邽縣	
	千春縣	注云:"東南逕高陵縣故城北,《地理志》曰:左輔都尉治,王莽之千春也,《太康地記》謂之曰高陸也。"
	高陸縣	
	師亭	注云:"又東逕櫟陽城北,……王莽之師亭也。"
又東過鄭縣北。	鄭縣	
	武城縣	注釋本作武成縣。
	桓成縣	
	沈陽縣	
	制昌縣	注云:"《漢書・地理志》:左馮翊有沈陽縣,王莽之制昌也。"
	華陰縣	
	懷德縣	
	德驩縣	注云:"渭水之陽,即懷德縣界也,……王莽更縣曰德驩。"
又東過華陰縣北。東入於河。	華壇縣	注云:"漢高帝八年,更名華陰,王莽之華壇也。"
	船司空縣	《乾隆同州府志》卷二,山川,華陰縣,黄河,引《水經注》作舡司空縣。
	船利縣	注云:"《地理志》曰:渭水東至船司空入河。服虔曰:縣名。……王莽之船利也。"
卷二十　漾水		

經　　文	地　　名	備　　註
漾水出隴西氐道縣嶓冢山，東至武都沮縣，爲漢水。	氐道縣	
	西縣	項本、張本作隴西縣。
	葭萌縣	
	沮縣	
	阿陽縣	注箋本、項本、張本作沔陽縣。
	廣魏縣	
	豲道	注箋本、項本、注釋本、張本作獂道。
	冀縣	
	西治縣	注云:“東南流逕西縣故城北,……王莽之西治矣。”
	上邽縣	
	漢川縣	
	漢陽縣	
	廣漢縣	
	漢壽縣	
	余吾縣	余吾,黄本、沈本作徐吾,注釋本作涂吾,《水經注箋刊誤》卷八云:“余吾在朔方,按《山海經》作涂吾。”
	始昌縣	
	水南道	
	嘉陵道	
	循虜縣	注云:“漢水又南入嘉陵道而爲嘉陵水,……王莽更名樂平郡,縣曰循虜。”
	上禄縣	
	脩城道	合校本引孫本云:“脩城,疑當爲脩武。”
	下辨縣	
	白石縣	
	河池縣	
	樂平亭	注云:“水發鳩溪南逕河池縣故城西,王莽之樂平亭也。”
	陳倉縣	
	南田縣	合校本引孫本云:“田,疑當爲由。”
	兩當縣	

經文	地名	備註
	晉壽縣	
	東晉壽縣	
又東南至廣魏白水縣西，又東南至葭萌縣東北，與羌水合。	陰平道	
	摧虜道	注云："白水又東南逕陰平道故城南，王莽更名摧虜矣。"
	長松縣	
	白水縣	
	平武縣	
	新巴縣	
	劍閣縣	
	西晉壽縣	注云："西晉壽，即蜀王弟葭萌所封爲苴侯邑，故遂名城爲葭萌矣，劉備改曰漢壽，太康中又改曰晉壽。"
又東南過巴郡閬中縣。	閬中縣	
	閬陽縣	
	宕渠縣	
	始平縣	
	南鄭縣	注箋本、項本、張本作鄭縣。
卷二十　丹水		
東南過其縣南。	上洛縣	
又東南過商縣南，又東南至於丹水縣，入於均。	商縣	
	析縣	《嘉靖鄧州志》卷八，輿地志，古蹟，南鄉城，引《水經注》作析川縣。
	盧氏縣	
	脩陽縣	
	君亭	注云："析水又歷其縣東，王莽更名(析)縣爲君亭也。"
	丹水縣	
	新安縣	

經　　文	地　　名	備　　註
	南鄉縣	
卷二十一		
汝水		
汝水出河南梁縣勉鄉西天息山。	魯陽縣	
	盧氏縣	
東南過其縣北。	新城縣	
	梁縣	
	河南縣	
	成安縣	
	周承休縣	
	鄭公縣	注云:"東南逕周承休縣故城東,……初元五年,爲周承休邑,《地理志》曰:侯國也,元帝置,元始二年,更曰鄭公,王莽之嘉美也。"
	嘉美縣	同上註。
又東南過潁川郟縣南。	郟縣	
	父城縣	
	陽翟縣	
	襄城縣	
	相成縣	注云:"汝水又東南逕襄城縣故城南,王隱《晉書地道記》曰:楚靈王築,……王莽更名相成也。"注釋本作相城。
又東南過定陵縣北。	犨縣	
	昆陽縣	
	定陵縣	
	定城縣	注云:"汝水又東南逕定陵縣故城北,……王莽更之曰定城矣。"
	汝陽縣	

經　文	地　名	備　註
又東南過郾縣北。	郾縣	
	雉縣	注箋本作雉山。
	葉縣	
	潕陽縣	
又東南過汝南上蔡縣西。	上蔡縣	
	下蔡縣	
又東南過平輿縣南。	朗陵縣	大典本作郎陵縣。
	北宜春縣	
	宜孱縣	注云:"又東北逕北宜春縣故城北,王莽更名之爲宜孱也。"
	宜春縣	
	平輿縣	吴本加註云:"一作平興。"
	安成縣	注箋本、項本、七校本、注釋本、張本作安城縣。
	至成縣	注云:"汝水又東南逕平輿縣南、安成縣故城北,王莽更名至成也。"
	慎陽縣	
	新蔡縣	
	新遷縣	注云:"汝水又東南逕新蔡縣故城南,……王莽所謂新遷者也。"
	召陵縣	注箋本、項本、張本作邵陵縣。
	鮦陽縣	
	新息縣	
	褒信縣	
又東至原鹿縣。	原鹿縣	
卷二十二		
潁水		

經　　文	地　　名	備　　註
潁水出潁川陽城縣少室山。	陽城縣	
東南過其縣南。	密高縣	黄本、注箋本、何校明鈔本、王校明鈔本、項本、注釋本、摘鈔本、張本作崇高縣。譚本原註云:"一作嵩。"《康熙登封縣志》卷五,山川志,水屬,五渡谿,引《水經注》作崇高縣。《乾隆河南府志》卷十六,山川志十,潁水,引《水經注》作崇高縣。閻若璩《四書釋地》"陽城箕山之陰"註,引《水經注》作崇高縣。
又東南過陽翟縣北。	陽翟縣	
	郟縣	
又東南過潁陽縣西,又東南過潁陰縣西南。	潁陽縣	
	潁陰縣	
	許昌縣	
	襄城縣	注箋本、項本、張本作褒城縣。
	繁昌縣	
	臨潁縣	
又東南過臨潁縣南,又東南過汝南濦強縣北,洧水從河南密縣東流注之。	濦強縣	
又東過西華縣北。	西華縣	
	華望縣	注云:"(西華縣)王莽更名之曰華望矣,有東,故言西矣。"
	東華縣	見上註。

經　　文	地　　名	備　　註
又南過女陽縣北。	女陽縣	
	博陽縣	
又東南過南頓縣北，濦水從西來流注之。	南頓縣	
	樂嘉縣	
	陳縣	
又東南至新陽縣北，蒗蕩渠水從西北來注之。	新陽縣	
	項縣	
	宋縣	
	鄀丘縣	注云："又東南逕宋縣故城北，縣，即所謂鄀丘者也，……故號新鄀謂宋公國也，王莽之新延矣。"
	新鄀縣	同上註。
	新延縣	見鄀丘縣註。
	新明縣	注云："東北逕新陽縣故城南，……王莽更名曰新明也。"
	細陽縣	
	樂慶縣	注云："細水又東南逕細陽縣故城南，王莽更之曰樂慶也。"
	汝陰縣	
	召陵縣	
	征羌縣	
	固始縣	
	寑丘縣	注云："又東逕固始縣故城北，《地理志》：縣，故寑也，寑丘在南，故藉丘名縣矣，王莽更名之曰閏治。"
	閏治縣	
	女陰縣	
	汝濆縣	注云："潁水又東逕女陰縣故城北，……王莽更名之曰汝濆也。"
又東南至慎縣東南，入於淮。	慎縣	
	慎治縣	注云："潁水又逕慎縣故城南，……王莽之慎治也。"

經　文	地　名	備　註
卷二十二		
洧水		
洧水出河南密縣西南馬領山。	陽城縣	
	密縣	
東南過其縣南。	宛縣	
又東南過新鄭縣南，濟水從西北來注之。	新鄭縣	
	苑陵縣	注箋本、項本、注釋本、張本作宛陵縣。《天下郡國利病書》卷五十，河南一，引《水經注》作宛陵縣。
又東南過長社縣北。	長社縣	
	許昌縣	
	鄢陵縣	注箋本作隱陵縣，注釋本作隔陵縣。
	左亭	注云："洧水又東逕鄢陵縣故城南，……王莽更名左亭。"
又東南過新汲縣東北。	新汲縣	吴本、注箋本作新波縣。
	汲縣	
又東過習陽城西，折入於潁。	長平縣	
	長正縣	注云："洧水又南逕長平縣故城西，……王莽之長正也。"
	汝南縣	
卷二十二		
潩水		
潩水出河南密縣大騩山。	長社縣	
	潁陰縣	
	許昌縣	
	臨潁縣	

經　文	地　名	備　註
卷二十二		
溍水		
東過其縣北，又東南過其縣東，又南入於洧水。	新鄭縣	
卷二十二		
渠		
渠出滎陽北河，東南過中牟縣之北。	中牟縣	
	酸棗縣	
	陽武縣	
	京縣	
	苑陵縣	注箋本、項本、張本作宛陵縣。
	新鄭縣	
又東至浚儀縣。	浚儀縣	
	尉氏縣	
	蕭縣	
	睢陽縣	
	左亭縣	注云："水上承役水於苑陵縣，縣，故鄭都也，王莽之左亭縣也。"
	開封縣	
又屈南至扶溝縣北。	陳留縣	
	圉縣	
	陽夏縣	
	南武城縣	
	扶溝縣	
	長社縣	
	平陸縣	

經　　文	地　　名	備　　註
	長垣縣	
其一者，東南過陳縣北。	長平縣	
	陳陵縣	注云："(陳縣)王莽更名，……縣曰陳陵。"注箋本作陵陳。
	西華縣	
	陳縣	
又東南至汝南新陽縣北。	寧平縣	
	宜禄縣	
	賞都亭	注云："沙水枝津東出逕汝南郡之宜禄縣故城北，王莽之賞都亭也。"
	新陽縣	
	譙縣	
	城父縣	
又東南過山桑縣北。	山桑縣	
又東南過龍亢縣南。	龍亢縣	
又東南過義成縣西，南入於淮。	義成縣	七校本作義城縣。
卷二十三		
陰溝水		
陰溝水出河南陽武縣蒗蕩渠。	卷縣	
	成皋縣	
	滎陽縣	
	封丘縣	
	陽武縣	

經　　文	地　　名	備　　註
東南至沛爲濄水。	扶溝縣	
	博平縣	
	陽夏縣	
	安平縣	
	朝歌縣	
	武平縣	
	苦縣	
	賴陵縣	注云:"濄水又東南屈逕苦縣故城南,……王莽更名之曰賴陵矣。"
	己吾縣	
	拓縣	
	臺縣	
	樂成陵縣	
	相縣	
	譙縣	
	延成亭	注云:"濄水又東逕譙縣故城北,……王莽之延成亭也。"
	城父縣	
	思善縣	
	山桑縣	
	龍亢縣	
又東南至下邳淮陵縣,入於淮。	蕭縣	
	向縣	
	義成縣	注箋本、項本、注釋本、張本作義城縣。
卷二十三		
汳水		
汳水出陰溝於浚儀縣北。	浚儀縣	《正字通》巳集上,水部,汳,引《水經注》作浚義縣。
	陳留縣	
	小黄縣	
	江陵縣	

經　文	地　名	備　註
	雍丘縣	
	外黄縣	
	成安縣	
	考城縣	
	穀縣	注云:"汳水又東逕濟陽考城縣故城南,……《陳留風俗傳》曰:秦之穀縣也,後遭漢兵起,邑多災年,故改曰菑縣,王莽更名嘉穀。"
	菑縣	同上註。
	嘉穀縣	同穀縣註。
	寧陵縣	
	睢陽縣	
又東至梁郡蒙縣,爲獲水,餘波南入睢陽城中。	蒙縣	黄本、注箋本作逵縣。
	薄縣	
	偃師縣	
卷二十三		
獲水		
獲水出汳水於梁郡蒙縣北。	蒙縣	
	繹幕縣	
	己氏縣	
	虞縣	
	陳定亭	注云:"獲水又東逕虞縣故城北,……王莽之陳定亭也。"
	下邑縣	
	下治縣	注云:"獲水又東南逕下邑縣故城北,……王莽更名下治矣。"注箋本、七校本作下洽縣。
	碭縣	注箋本、項本、張本作碭山縣。《寰宇記》卷一,河南道一,東京上,尉氏縣,引《水經注》作碭山縣。
	節碭縣	注云:"獲水又東逕碭縣故城北,……王莽之節碭縣也。"
	杼秋縣	

經　　文	地　　名	備　　註
	予秋縣	注云:"又東逕梁國杼秋縣故城南,王莽之予秋也。"注箋本作子秋。
	蕭縣	
	虹縣	
	貢縣	注云:"杜預曰:沛國蕭縣西有紅亭,即《地理志》之虹縣也,……王莽之所謂貢矣。"
又東過蕭縣南,睢水北流注之。	沛縣	注云:"故沛郡治,縣亦同居矣。"
又東至彭城縣北,東入於泗。	彭城縣	
	江陵縣	
	陳縣	
卷二十四		
睢水		
睢水出梁郡鄢縣。	陳留縣	
	鄢縣	
	高陽縣	
	雍丘縣	
	杞縣	
	五陵縣	
	襄邑縣	
	寧陵縣	
	康善縣	注云:"睢水又東逕寧陵縣故城南,……王莽改之曰康善矣。"
	單父縣	
東過睢陽縣南。	睢陽縣	
	曲城縣	
	東武縣	

經　文	地　名	備　註
	枹罕縣	
	豲道	
	穀熟縣	
	粟縣	
	成富縣	注云:“睢水又東逕粟縣故城北,……王莽曰成富。”
	太丘縣	
	敬丘縣	注云:“睢水又東逕太丘縣故城北,《地理志》曰:故敬丘也。”
	芒縣	
	傳治縣	注云:“睢水又東逕芒縣故城北,……王莽之傳治,世祖改曰臨睢。”
	臨睢縣	同上註。
	平輿縣	
	綸氏縣	
	定興縣	
	碭縣	
又東過相縣南,屈從城北東流,當蕭縣南,入於陂。	相縣	
	吾符亭	注云:“相縣,故宋地也,秦始皇二十三年,以爲泗水郡,……王莽更名郡曰吾符,縣曰吾符亭。”
	蕭縣	
	竹縣	
	篤亭	注云:“睢水又東南逕竹縣故城南,《地理志》曰:王莽之篤亭也,李奇曰:今竹邑縣也。”
	竹邑縣	同上註。
	甾丘縣	
	善丘縣	注云:“西届彭城甾丘縣之故城東,王莽更名之曰善丘矣。”
	符離縣	注箋本作苻離縣。
	符合縣	注云:“又東逕符離縣故城北,……王莽之符合也。”
	取慮縣	

經　　文	地　　名	備　　註
	睢陵縣	
	睢陸縣	注云:"睢水又東逕睢陵縣故城北,……王莽之睢陸也。"
	潼縣	注釋本作僮縣。
	下相縣	
卷二十四		
瓠子河		
瓠子河出東郡濮陽縣北河。	濮陽縣	
東至濟陰句陽縣,爲新溝。	句陽縣	
	成陽縣	
	都關縣	
	封丘縣	
	郕都縣	
又東北過廩丘縣,爲濮水。	大成陽縣	吴本作大城陽縣。
	廩丘縣	《御覽》卷六十三,地部二十八,濮水,引《水經注》作稟丘縣。
	黎縣	注箋本、項本、注釋本、張本作黎陽。
	黎治縣	注云:"瓠河又東逕黎縣故城南,王莽改曰黎治矣。"
	城穀縣	注云:"京相璠曰:東郡,廩丘縣南三十里有郕都故城,……王莽更名之曰城穀者也。"
	黎陽縣	
	庇縣	黄本、注箋本、項本、七校本、注釋本、張本作秺縣,注疏本作秅縣。
	萬歲縣	注云:"瓠河又東逕庇縣故城南,《地理志》:濟陰之屬縣也……王莽之萬歲矣,世猶謂之爲萬歲亭也。"
又北過東郡范縣東北,爲濟	范縣	
	乘氏縣	

經　文	地　名	備　註
渠,與將渠合。	建睦縣	注云:"又東南逕茫縣故城南,王莽更名建睦也。"黄本、沈本作建陸。
又東北過東阿縣東。	東阿縣	
又東北過祝阿縣,爲濟渠。	祝阿縣	
又東北至梁鄒縣西,分爲二。	梁鄒縣	
其東北者爲濟河,其東者爲時水,又東北至濟西,濟河東北入於海,時水東至臨淄縣西,屈南過太山華縣東,又南至費縣,東入於沂。	臨淄縣	
	華縣	
	昌國縣	
	延鄉縣	
	西高苑縣	
	常鄉縣	注云:"時水又西逕西高苑縣故城南,……王莽之常鄉也。"
	博昌縣	大典本作傳昌縣。
	盤陽縣	
卷二十四		
汶水		
汶水出泰山萊蕪縣原山,西南過其縣南。	萊蕪縣	
	嬴縣	
又西南過奉高縣北。	奉高縣	
	博縣	

經　　文	地　　名	備　　註
屈從縣西南流。	牟縣	
	梁甫縣	
過博縣西北。	鉅平縣	吴本作巨平縣。
	梁父縣	
	柴縣	
	郕縣	
	汶陽縣	
	汶亭	注云:“汶水又西南逕魯國汶陽縣北,王莽之汶亭也。”
又西南過剛縣北。	剛縣	黄本、沈本、注釋本作岡縣,注箋本、項本、張本作鄉縣。
	蛇丘縣	
	闡縣	
	柔縣	
	平陸縣	
又西南過東平章縣南。	章縣	
	無鹽縣	
	肥成縣	注箋本、項本、張本作肥縣。
	富成縣	注釋本作富城縣。
	桃鄉縣	
	鄣亭	注云:“汶水又西南逕桃鄉縣故城西,王莽之鄣亭也。”
又西南過無鹽縣南,又西南過壽張縣北,又西南至安民亭,入於濟。	東平陸縣	
	須昌縣	
	壽張縣	
	良縣	注云:“汶水西南流逕壽張縣故城北,《春秋》之良縣也,縣有壽聚,漢曰壽良。”
	壽良縣	同上註。
	有鹽亭	注云:“其右一汶西流逕無鹽縣之故城南,……王莽更名之曰有鹽亭。”

經　文	地　名	備　註
	朱虚縣	
卷二十五		
泗水		
泗水出魯卞縣北山。	乘氏縣	
	卞縣	
西南過魯縣北。	魯縣	
又西過瑕丘縣東，屈從縣東南流，漷水從東來注之。	瑕丘縣	
	合鄉縣	
	騶縣	
	騶亭	注云："(騶縣)今城在騶山之陽，……因騶山之名以氏縣也，王莽之騶亭矣。"
	蕃縣	
	薛縣	
	湖陸縣	經"又屈東南過湖陸縣南，涓涓水從東北來流注之"注云："《地理志》：故湖陵縣也，……王莽改曰湖陸。"
又南過平陽縣西。	平陽縣	
	南平陽縣	
	黽平縣	注云："縣，即山陽郡之南平陽縣也，……王莽改之曰黽平矣。"
又南過高平縣西，洸水從西北來流注之。	高平縣	
菏水從西來注之。	湖陵縣	

經　　文	地　　名	備　　註
又屈東南過湖陸縣南，涓涓水從東北來流注之。	滕縣	
又東過沛縣東。	小黃縣	
	外黃縣	
	内黃縣	
	定陶縣	
	成武縣	
	成安縣	注云："黃溝又東逕成武縣故城南，王莽更之曰成安也。"
	平樂縣	
	己氏縣	
	己善縣	注云："又東逕己氏縣故城北，王莽之己善也。"
	部成縣	大典本、注箋本、項本、張本、注疏本作卬城縣，七校本、注釋本作部城縣。
	山陽縣	注云："又東北逕部成縣故城南，《地理志》：山陽縣也，王莽更名之曰告成矣。"
	告成縣	同上註。
	單父縣	
	利父縣	注云："又東逕單父縣故城南，……王莽更名斯縣爲利父也。"
	下邑縣	
	杼秋縣	
	豐縣	
	小沛縣	
	廣戚縣	
	留縣	

經　　文	地　　名	備　　註
又東南過彭城縣東北。	彭城縣	
	歷陽縣	
	廬江縣	
又東南過吕縣南。	吕縣	
又東南過下邳縣西。	下邳縣	
	閏儉縣	注云:“泗水又東南逕下邳縣故城西,……王莽之閏儉矣。”
	東陽縣	
	武原縣	
	和樂亭	注云:“水出彭城武原縣西北,……王莽之和樂亭也。”注箋本、項本、張本作樂亭。
	容丘縣	
	下相縣	
	從德縣	注云:“泗水東南逕下相縣故城東,王莽之從德也。”
	取慮縣	
	睢陵縣	
	夏丘縣	
	宿留縣	
	康義縣	注云:“故下邳之宿留縣也,王莽更名之曰康義矣。”
	安東縣	
又東南入於淮。	陵縣	
	泗陽縣	
	廣陵縣	
卷二十五		
沂水		

經　　文	地　　名	備　　註
沂水出泰山蓋縣艾山。	蓋縣	
	東莞縣	注箋本、項本、張本作東苑縣。
	姑幕縣	
	東安縣	
	蒙陰縣	
	蒙恩縣	注云:"泉水又東南逕蒙陰縣故城北,王莽之蒙恩也。"
	盧縣	
	著善縣	注云:"逕城陽之盧縣,……王莽更名之曰著善矣。"
	陽都縣	
南過琅邪臨沂縣東,又南過開陽縣東。	臨沂縣	
	南武陽縣	
	費縣	
	順從縣	注云:"治水又東南流逕費縣故城南,《地理志》:東海之屬縣也,……王莽更名之曰順從也。"
	開陽縣	
又東過襄賁縣東,屈從縣南西流,又屈南過郯縣西。	襄賁縣	
	章信縣	注云:"魯連子稱陸子謂齊湣王曰:魯費之衆臣甲宿於襄賁者也,王莽更名章信也。"
	郯縣	
	沂平縣	注云:"(郯縣)漢高帝二年更從今名,即王莽之沂平者也。"
又南過良城縣西,又南過下邳縣西,南入於泗。	良城縣	
	承翰縣	注云:"《地理志》曰:良城,王莽更名承翰矣。"
	下邳縣	
卷二十五		
洙水		

經　文	地　名	備　註
洙水出泰山蓋縣臨樂山。	蓋縣	
	東平陽縣	注云:"又西逕泰山東平陽縣,《春秋》宣公八年冬,城平陽,杜預曰:今泰山平陽縣是也,河東有平陽,故此加東矣,晉武帝元康九年,改爲新泰縣也。"
	平陽縣	見上註。
	新泰縣	同平陽縣註。
西南至卞縣,入於泗。	卞縣	
	魯縣	
	南平陽縣	
	剛縣	注箋本、項本、注釋本、張本作岡縣。
	寧陽縣	
	寧順縣	注云:"又南逕泰山寧陽縣故城西,……王莽改之曰寧順也。"
	乘丘縣	
	高平縣	
卷二十六		
沭水		
沭水出琅邪東莞縣西北山。	東莞縣	大典本作東蒐縣。
東南過其縣東。	諸縣	注釋本作東諸城。
又東南過莒縣東。	莒縣	
	莒陵縣	注云:"(莒縣)王莽之莒陵也。"
又南過陽都縣,東入於沂。	陽都縣	
	即丘縣	

經　　文	地　　名	備　　註
	就信縣	注云:"又南逕東海郡即丘縣,……王莽更之曰就信也。"
	厚丘縣	
	祝其亭	注云:"又南逕東海厚丘縣,王莽更之曰祝其亭也。"
	建陵縣	
	付亭	注云:"一瀆南逕建陵縣故城東,……王莽更之曰付亭也。"
	宿預縣	
	襄賁縣	
	司吾縣	
	息吾縣	注云:"楚執鍾吾子以爲司吾縣,王莽更之曰息吾也。"
	偪陽縣	
	傅陽縣	注箋本、項本、七校本、注釋本、張本作偪陽縣。
	輔陽縣	注云:"東南流逕傅陽縣故城東北,……王莽更之曰輔陽也。"
	朐縣	大典本、吴本作煦縣。
卷二十六		
巨洋水		
巨洋水出朱虚縣泰山,北過其縣西。	朱虚縣 劇縣 平壽縣	
又北過臨朐縣東。	臨朐縣	
又北過劇縣西。	俞縣	注云:"巨洋又東北逕劇縣故城西,……王莽更之曰俞縣也。"注箋本、項本、張本作愈縣。
	臨淄縣	
	益縣	
	滌蕩縣	注云:"巨洋水又東北逕益縣故城東,王莽更之曰滌蕩也。"

經　　文	地　　名	備　　註
又東北過壽光縣西。	壽光縣	
	翼平亭	注云:"東北流逕(壽光)縣故城西,王莽之翼平亭也。"
	營陵縣	
	桑犢縣	
	河南縣	
	衛國縣	
	斟縣	
	鬲縣	注箋本作隔縣。
卷二十六		
淄水		
淄水出泰山萊蕪縣原山。	萊蕪縣	
東北過臨淄縣東。	臨淄縣	《尚書後案》"濰淄其道"又案,引《水經注》作臨甾縣。
	齊陵縣	注云:"又東逕臨淄縣故城南,……城臨淄水,故曰臨淄,王莽之齊陵縣也。"
又東過利縣東。	巨淀縣	
	廣饒縣	
	廣縣	
	臨朐縣	
	東安平縣	
	安平縣	
	西安縣	
	東寧縣	注云:"時水又西北逕西安縣故城南,……王莽更之曰東寧。"
	博昌縣	
	昌陽縣	
	齊利縣	

經　　文	地　　名	備　　註
又東北入於海。	琅槐縣	
卷二十六		
汶水		
汶水出朱虚縣泰山。	朱虚縣	
北過其縣東。	安丘縣	
	誅郅縣	注云:“汶水又東逕安丘縣故城北,……王莽之誅郅也。”
又北過淳于縣西,又東北入於濰。	淳于縣	
卷二十六		
濰水		
濰水出琅邪箕縣濰山。	箕縣	
	析泉縣	
	諸縣	
	諸并縣	注云:“濰水又東北逕諸縣故城西,……王莽更名諸并矣。”
	海曲縣	
東北過東武縣西。	東武縣	
	祥善縣	注云:“(東武)縣因岡爲城,……王莽更名之曰祥善矣。”
	横縣	
	昌縣	
又北過平昌縣東。	石泉縣	
	養信縣	注云:“濰水又北逕石泉縣故城西,王莽之養信也。”
	平昌縣	

經　　文	地　　名	備　　註
	靈門縣	
	姑幕縣	
	薄姑縣	注云:"其水東北逕姑幕縣故城東,……是以《地理志》曰:或言薄姑也,王莽曰季睦矣。"
	季睦縣	同上註。
又北過高密縣西。	高密縣	
	章牟縣	注云:"濰水自堰北逕高密縣故城西,……王莽之章牟也。"
	昌安縣	
又北過淳于縣東。	淳于縣	
	下密縣	
又東北過都昌縣東。	都昌縣	
卷二十六		
膠水		
膠水出黔陬縣膠山,北過其縣西。	祝兹縣	
	扶縣	注釋本作邞縣。
	黔陬縣	
	柜縣	大典本、注箋本、項本、張本作拒縣。
	祓同縣	注云:"東北流逕柜縣故城西,王莽之祓同也。"吴本作祑國,注箋本、項本、張本作秩國。
	邞縣	注箋本、項本、張本作郟縣。
	純德縣	注云:"《地理志》曰:膠水出邞縣,王莽更之純德矣。"
又北過夷安縣東。	夷安縣	
	原亭	注云:"(夷安)縣,王莽更名之原亭也。"
	下密縣	
	膠東縣	

經　　文	地　　名	備　　註
	郁秩縣	注云:"又東北逕膠東縣故城西,王莽更之郁秩也。"注箋本、項本、注釋本、張本作郁秩。
又北過當利縣西,北入於海。	當利縣	
	東萊亭	注云:"(當利)縣,王莽更名之爲東萊亭也。"
	平度縣	
	利盧縣	注云:"又北逕平度縣,王莽更名之曰利盧也。"
卷二十七		
沔水		
沔水出武都沮縣東狼谷中。	沮縣	
	河池縣	
	沔陽縣	
	陽平縣	
	長安縣	
	褒縣	
	褒中縣	注云:"褒水又南逕褒縣故城東,褒中縣也。"
東過南鄭縣南。	南鄭縣	
	洛陽縣	
又東過成固縣南,又東過魏興安陽縣南,涔水出自旱山北注之。	樂城縣	
	安陽縣	
	成固縣	大典本、黄本、吴本、何校明鈔本、王校明鈔本、項本、沈本、注疏本作城固縣。《名勝志》陝西,卷四,漢中府,城固縣,引《水經注》作城固縣。
	西鄉縣	
	安康縣	
	寧都縣	
	廣城縣	
	西城縣	

經　文	地　名	備　註
又東過西城縣南。	旬陽縣	
	興晉縣	注箋本作與陽縣。
	陽亭縣	
	浙縣	
	錫縣	
	錫治縣	注云:"漢水又東逕魏興郡之錫縣故城北,……王莽之錫治也。"
卷二十八		
沔水		
又東過堵陽縣,堵水出自上粉縣,東流注之。	房陵縣	
	上粉縣	
	堵陽縣	
又東過鄖鄉南。	鄖鄉縣	
又東北流,又屈東南,過武當縣東北。	武當縣	
	博山縣	
	歷陽縣	
又東南過涉都城東北。	筑陽縣	
又東南過酇縣之西南。	酇縣	
	南陽縣	
	南庚縣	注云:"《茂陵書》曰:在南陽,王莽更名南庚者也。"
又南過穀城東,又南過陰縣之西。	陰縣	

經　　文	地　　名	備　　註
又南過筑陽縣東,筑水出自房陵縣東,過其縣南流注之。	閭陽縣 汎陽縣 冠軍縣 魏昌縣 宜禾縣 山都縣 順陽縣	 注云:"筑水又東逕筑陽縣故城南,……王莽更名之曰宜禾也。"
又東過襄陽縣北。	襄陽縣 相陽縣	 注云:"城北枕沔水,即襄陽縣之故城也,王莽之相陽矣。"
又從縣東屈西南,淯水從北來注之。	河南縣 安昌縣 舂陵縣 章陵縣 襄鄉縣 蔡陽縣	 注云:"漢元帝以長沙卑溼,分白水、上唐二鄉爲舂陵縣,光武即帝位,改爲章陵縣。"
又東過中廬縣東,維水自房陵縣維山,東流注之。	中廬縣 邔縣	 注箋本作即縣,《通鑑》卷二二七,唐紀四十三,德宗建中二年"追至疎口,又破之"胡註,引《水經注》作邔縣。
又南過宜城縣東,夷水出自房陵東流注之。	沒陽縣 沶鄉縣 上黃縣 宜城縣 臨沮縣 鄀縣 新市縣	注釋本作沔陽縣。 大典本作灄鄉縣,注箋本作灄鄉縣。

經　文	地　名	備　註
又東過荊城東。	江陵縣	
	華容縣	
	竟陵縣	
	守平縣	注云："揚水又北逕竟陵縣西，……王莽之守平矣。"
	當陽縣	
又東南過江夏雲杜縣東，夏水從西來注之。	雲杜縣	
	新陽縣	
	宵城縣	
	沌陽縣	
	臨嶂縣	
又南至江夏沙羨縣北，南入於江。	安豐縣	
卷二十九		
沔水		
又東北出居巢縣南。	居巢縣	
又東過牛渚縣南，又東至石城縣。	石城縣	
	牛渚縣	
	姑孰縣	項本、戴本、注疏本、張本作姑熟縣。
	烏江縣	
分爲二，其一東北流，其一又過毗陵縣北，爲北江。	毗陵縣	
	丹徒縣	
	臨城縣	
	安吴縣	
	陵陽縣	

經文	地名	備註
	宛陵縣	
	廣陽縣	
	寧國縣	
	故鄣縣	吴本作故彰縣。
	安吉縣	
	東武縣	
	句餘縣	
	餘姚縣	
	山陰縣	
	無錫縣	
	烏程縣	
	由卷縣	
	長水縣	注云:"《神異傳》曰:由卷縣,秦時長水縣也,……吴黄龍三年,有嘉禾生卷縣,改曰禾興,後太子諱和,改爲嘉興。"
	卷縣	同上註。
	禾興縣	同長水縣註。
	嘉興縣	同長水縣註。
	鹽官縣	
	海鹽縣	注云:"谷水又東南逕鹽官縣故城南,……秦於其地置海鹽縣,《地理志》曰:縣,故武原鄉也,後縣淪爲柘湖,又徙治武原鄉,改曰武原縣,王莽名之展武。"
	武原縣	同上註。
	展武縣	同海鹽縣註。
又東至會稽餘姚縣,東入於海。	餘暨縣	
	餘杭縣	
	句章縣	
卷二十九		
潛水		

經　文	地　名	備　註
潛水出巴郡宕渠縣。	宕渠縣	
	賨城縣	
又南入於江。	晉壽縣	
卷二十九		
湍水		
湍水出酈縣北芬山,南流過其縣東,又南過冠軍縣東。	酈縣	《康熙南陽府志》卷一,輿地,鄧州,湍水,引《水經注》作南酈縣。
	冠軍縣	
	穰縣	
	宛縣	
	新野縣	
	昆陽縣	
又東過白牛邑南。	安衆縣	
	涅陽縣	
	前亭	注云:“東南逕涅陽縣故城西,……王莽之所謂前亭也。”
卷二十九		
均水		
均水出析縣北山,南流過其縣之東。	盧氏縣	
	脩陽縣	
	葛陽縣	
	析縣	
	南鄉縣	
又南當涉都邑北,南入於沔。	順陽縣	
	博山縣	注云:“均水又南逕順陽縣西,漢哀帝更爲博山縣。”

經　　文	地　　名	備　　註
卷二十九		
粉水		
粉水出房陵縣,東流過鄖邑南。	上粉縣	
又東過穀邑南東入於沔。	筑陽縣	
卷二十九		
白水		
白水出朝陽縣西,東流過其縣南。	朝陽縣	
	厲信縣	注云:“王莽更名朝陽爲厲信縣。”
卷二十九		
比水		
比水出比陽東北太胡山,東南流,過其縣南,泄水從南來注之。	比陽縣	大典本、吴本、注箋本、項本、注釋本作沘陽縣。
	壽春縣	
	平氏縣	
	平善縣	注云:“澧水西北流逕平氏縣故城東北,王莽更名其縣曰平善。”
	棘陽縣	
	新都縣	
	新林縣	注云:“比水又西南流逕新都縣故城西,王莽更之曰新林。”
又西至新野縣,南入於淯。	長安縣	
	湖陽縣	
	若縣	
	新野縣	

經　　文	地　　名	備　　註
卷三十　淮水		
淮水出南陽平氏縣胎簪山，東北過桐柏山。	平氏縣	
	平善縣	注云："《地理志》曰：南陽平氏縣，王莽之平善也。"
	復陽縣	
	義陽縣	
	安昌縣	
	平林縣	
	零陽縣	
東過江夏平春縣北。	平春縣	
	城陽縣	
	新利縣	注云："淮水又東北逕城陽縣故城南，王莽之新利也。"
	陳留縣	
	安陽縣	
	均夏縣	注云："淮水又東逕安陽縣故城南，……王莽之均夏也。"
	鍾武縣	
	當利縣	注云："東逕鍾武縣故城南，本江夏之屬縣也，王莽之當利矣。"
	鄳縣	《史記》卷四十四，世家十四，《魏世家》，"行三千里而攻冥阸之塞"《正義》，引《水經注》作鄍縣。
又東過新息縣南。	新息縣	
	息縣	注云："淮水又東逕新息縣故城南，應劭曰：息後徙東，故加新也，王莽之新德也。"
	新德縣	
	慎陽縣	
	潁陰縣	
	弋陽縣	
	褒信縣	

經文	地名	備註
又東過期思縣北。	期思縣	
又東過原鹿縣南，汝水從西北來注之。	原鹿縣	
	安豐縣	
又東過廬江安豐縣東北，決水從北來注之。	富陂縣	
	汝陰縣	
	安風縣	大典本、吴本、注箋本、項本、七校本、注釋本、張本作安豐縣。
又東北至九江壽春縣西，沘水、泄水，合北注之；又東，潁水從西北來流注之。	壽春縣	
又東過壽春縣北，肥水從縣東北流注之。	壽陽縣	
	城父縣	
	思善縣	注云："東南流逕城父縣故城南，王莽之思善也。"
	下蔡縣	
	西曲陽縣	
	曲陽縣	
	延平亭	注云："北逕西曲陽縣故城東，王莽之延平亭也。"
	陰陵縣	
	陰陸縣	注云："山南有陰陵縣故城，……王莽之陰陸也。"
又東過當塗縣北，過水從西北來注之。	當塗縣	
	山聚縣	注云："故當塗縣之故城也……王莽更名山聚也。"
	平阿縣	

經　　文	地　　名	備　　註
	平寧縣	注云:"淮之西,有平阿縣故城,王莽之平寧也。"
	義城縣	
又東過鍾離縣北。	鍾離縣	
	蠶富縣	注云:"《春秋左傳》所謂吴公子光伐楚,拔鍾離者也,王莽之蠶富也。"
	夏丘縣	
	開封縣	
	雍丘縣	七校本作雝丘縣。
	襄邑縣	
	襄平縣	注云:"又東逕襄邑縣故城南,……王莽以爲襄平矣。"
	己吾縣	
	建平縣	
	田平縣	注云:"渙水又東逕沛郡之建平縣故城南,……王莽之田平也。"
	酇縣	
	酇治縣	注云:"又東逕酇縣故城南,……王莽之酇治矣。"七校本、注釋本作贊治。
	銍縣	
	山桑縣	
	鄲縣	
	單城縣	注云:"又東逕鄲縣故城南,……王莽更之曰單城也。"注箋本、注釋本作留城。
	蘄縣	
	蘄城縣	注云:"渙水又東南逕蘄縣故城南,……王莽之蘄城也。"
	穀陽縣	
	洨縣	
	肴城縣	注云:"洨水又東南流逕洨縣故城北,……王莽更名其縣曰肴城。"
	潼縣	
	成信縣	注云:"水首受潼縣西南潼陂,縣,故臨淮郡之屬縣,王莽改曰成信矣。"

經　　文	地　　名	備　　註
	歸思縣	注云:"蘄水又南逕夏丘縣故城西,王莽改曰歸思也。"
	徐縣	
	東城縣	
	武城縣	注云:"東北流逕東城縣故城南,《地理志》:王莽更名之曰武城也。"
	建城縣	
	多聚縣	注云:"東逕建城縣故城北……王莽之多聚也。"
	大徐縣	
	盱眙縣	
	匡武縣	注云:"逕盱眙縣故城南,……王莽更名之曰匡武。"
	淮陽縣	
又東過淮陰縣北,中瀆水出白馬湖,東北注之。	淮陰縣	
	嘉信縣	注云:"又東逕淮陰縣故城北,……王莽之嘉信也。"
	下邳縣	
	江都縣	
	定安縣	注釋本作安定縣。
	射陽縣	
	監淮亭	注云:"逕山陽城西,即射陽縣之故城,……王莽更之曰監淮亭。"
又東,兩小水流注之。	淩縣	
	生淩縣	注云:"《地理志》曰:王莽更……淩縣爲生淩。"
又東至廣陵淮浦縣,入於海。	淮浦縣	
	淮敬縣	注云:"淮水逕(淮浦)縣故城東,……王莽更名之曰淮敬。"
	朐縣	
	利成縣	注箋本、項本、張本作利城縣。
	流泉縣	注云:"游水又北逕東海利成縣故城東,……王莽更之曰流泉。"

經　　文	地　　名	備　　註
	祝其縣	
	猶亭	注云:"游水又北逕祝其縣故城西,……王莽更之曰猶亭。"
	計斤縣	注箋本作即丘縣。
	贛榆縣	
卷三十一		
滍水		
滍水出南陽魯陽縣西之堯山。	魯縣	
	魯陽縣	
	南陽縣	
	宛縣	
	雉縣	
	魯山縣	注云:"滍水又東逕魯陽縣故城南,……有魯山,縣居其陽,故因名焉,王莽之魯山也。"
	城父縣	
	犨縣	
	昆陽縣	
東北過潁川定陵縣西北,又東過郾縣南,東入於汝。	定陵縣	
	郾縣	
卷三十一		
淯水		
淯水出弘農盧氏縣支離山,東南過南陽西鄂縣西北,又東過宛縣南。	酈縣	
	雉縣	
	魯陽縣	
	博望縣	注箋本作望縣。
	宜樂縣	注云:"《地理志》曰:南陽有博望縣,王莽改之曰宜樂也。"

經　文	地　名	備　註
	淯陽縣	
	盧氏縣	
	西鄂縣	
	鄂縣	注云:"淯水又東南逕西鄂縣故城東,應劭曰:江夏有鄂,故加西也。"
	新野縣	
	堵陽縣	大典本、黄本、沈本、七校本、注釋本、注疏本作赭陽縣。《名勝志》湖廣,卷七,襄陽府,光化縣,引《水經注》作赭陽縣。《漢書地理志補註》卷十四,堵陽註,引《水經注》作赭陽縣。
	宛城縣	
	宛縣	注云:"又南逕宛城東,其城,故申伯之都,楚文王滅申以爲縣也,秦昭王使白起爲將,伐楚取郢,即以此地爲南陽郡,改縣曰宛,王莽更名,郡曰前隊,縣曰南陽。"
	南陽縣	同上註。
	新蔡縣	
	杜衍縣	
	閏衍縣	注云:"梅溪又南逕杜衍縣東,……王莽更之曰閏衍矣。"
	涅陽縣	
又屈南過淯陽縣東。	雲陽縣	注云:"縣,故南陽典農治,後以爲淯陽郡,省郡復縣,避晉簡文諱,更名雲陽焉。"
又南過新野縣西。	棘陽縣	注釋本作赭陽縣。
	蔡陽縣	
	穰縣	
	農穰縣	注云:"又東南逕穰縣故城南,……王莽更名曰農穰也。"注箋本、項本、張本作豐穰縣。
	鄧縣	
	山都縣	
	冠軍縣	

經　　文	地　　名	備　　註
	朝陽縣	
	陽城縣	注云:"以水氏縣,故有堵陽之名也,《地理志》曰:縣有堵水,王莽之陽城也,漢哀帝改爲順陽。"
	順陽縣	
卷三十一		
㶏水		
㶏水出㶏強縣南澤中,東入潁。	陽城縣	
	臨潁縣	大典本作臨穎縣。
	㶏強縣	
	西華縣	
	汝陽縣	
卷三十一		
灈水		
灈水出汝南吳房縣西北奥山,東過其縣北,入於汝。	吳房縣	
	灈陽縣	
卷三十一		
瀙水		
瀙水出潕陰縣東上界山。	潕陰縣	
東過吳房縣南,又東過灈陽縣南。	吳房縣	
	瀙縣	
卷三十一		
潕水		

經文	地名	備註
潕水出潕陰縣西北扶予山，東過其縣南。	潕陰縣	
	陽山縣	注云："滎水又東北於潕陰縣北，左會潕水，……漢以爲陽山縣。"
	比陽縣	大典本、七校本、注釋本作沘陽縣。
	葉縣	
	犨縣	
	酈縣	
	舞陽縣	
又東過西平縣北。	西平縣	
	新亭	注云："漢曰西平，……王莽更之曰新亭。"
又東過郾縣南。	郾縣	
又東過定潁縣北，東入於汝。	上蔡縣	
	定潁縣	大典本作定穎縣。
卷三十一		
溳水		
溳水出蔡陽縣。	蔡陽縣	
	上唐縣	
東南過隨縣西。	隨縣	
	溳西縣	《方輿紀要》卷七十七，湖廣三，德安府，隨州，㵐水，引《水經注》作溳山縣。
	義陽縣	
又南過江夏安陸縣西。	永陽縣	
	安陸縣	注釋本作安樂縣。
	新市縣	
	南新市縣	

經　文	地　名	備　註
	平林縣 新陽縣 曲陵縣	
卷三十二 **溳水**		
溳水出江夏平春縣西。	隨縣 安陸縣	
卷三十二 **蘄水**		
蘄水出江夏蘄春縣北山。	西陽縣	
南過其縣西。	蘄春縣 蘄陽縣	 注云:“(蘄春縣)晉改爲蘄陽縣。”
卷三十二 **決水**		
決水出廬江雩婁縣南大别山。	雩婁縣	
北過其縣東。	安豐縣	
又北過安豐縣東。	美豐縣 蓼縣 金蘭縣 陽泉縣	注云:“安豐縣故城,今邊城郡治也,王莽之美豐也。”注箋本、項本、七校本、注釋本、張本作美風縣。

經　　文	地　　名	備　　註
卷三十二		
沘水		
沘水出廬江灊縣西南霍山東北。	灊縣	
	博安縣	
東北過六縣東。	六安縣	
	安風縣	注云:"又西北逕六安縣故城西,……王莽之安風也,《漢書》所謂以舒屠六。"
	舒縣	見上註。
	六縣	同安風縣註。
	安豐縣	
卷三十二		
泄水		
泄水出博安縣。	博安縣	
	博鄉縣	注云:"博安縣,《地理志》之博鄉縣也,王莽以爲揚陸矣。"
	揚陸縣	黄本、沈本作楊陸縣。
北過芍陂西,與沘水合。	安豐縣	黄本、吴本、沈本作安風縣,注箋本、項本、張本作安豐水,注釋本作安豐口。
卷三十二		
肥水		
肥水出九江成德縣廣陽鄉西。	合肥縣	
	成德縣	
北過其縣西,北入芍陂。	平阿縣	注云:"肥水自荻丘北逕成德縣故城西,王莽更之曰平阿也。"
	浚遒縣	注箋本作復道縣。

經　　文	地　　名	備　　註
又北過壽春縣東。	壽春縣	
北入於淮。	長安縣	
卷三十二		
施水		
施水亦從廣陽鄉肥水別，東南入於湖。	城父縣	
	合肥縣	
	成德縣	注箋本、項本、注釋本、張本作城父縣。
卷三十二		
沮水		
沮水出漢中房陵縣淮水，東南過臨沮縣界。	沮陽縣	
	懷德縣	
	高安縣	
	錫城縣	
	臨沮縣	
	當陽縣	
卷三十二		
漳水		
漳水出臨沮縣東荆山，東南過蓼亭，又東過章鄉南。	沶鄉縣	大典本、注箋本、項本、張本作沛鄉縣。
	編縣	
	臨沮縣	
	當陽縣	
又南至枝江縣北烏扶邑，入於沮。	江陵縣	

經　　文	地　　名	備　　註
卷三十二		
夏水		
又東過華容縣南。	華容縣	
	西戎縣	
	監利縣	
	州陵縣	
	雲杜縣	
	沌陽縣	
	枝江縣	
	安陸縣	
	竟陵縣	黄本、注箋本、項本、沈本、張本作競陵縣。
	惠懷縣	
卷三十二		
羌水		
羌水出羌中參狼谷。	羌道	
	陰平縣	
	白水縣	
卷三十二		
涪水		
涪水出廣魏涪縣西北。	剛氐道	
	涪縣	注箋本作涪水。
	統睦縣	注云:"東南流逕涪縣西,王莽之統睦矣。"
	綿竹縣	
	新都縣	
	五城縣	
	成都縣	
南至小廣魏,與梓潼水合。	廣漢縣	
	廣信縣	注云:"小廣魏,即廣漢縣地,王莽更名廣信也。"

經　文	地　名	備　註
卷三十二		
梓潼水		
梓潼水出其縣北界西南入於涪。	葭萌縣	
	梓潼縣	
	子同縣	注云:“南逕梓潼縣,王莽改曰子同矣。”
又西南至小廣魏南,入於墊江。	廣漢縣	
卷三十二		
涔水		
涔水出漢中南鄭縣東南旱山,北至安陽縣南,入於沔。	成固縣	
	大成固縣	
	安陽縣	
卷三十三		
江水		
岷山在蜀郡氐道縣,大江所出,東南過其縣北。	氐道縣	
	昇遷縣	
	蠶陵縣	江箋本、項本、七校本、張本作西陵縣。
	北部縣	
	嚴道縣	
	汶江道	
	綿虒道	黄本、注箋本、項本、沈本、注釋本、張本作綿道。《後漢書》卷八十二上,列傳七十二上,方術上,《任文公傳》“湔水涌起十餘丈”註,引《水經注》作綿道。
	綿虒縣	黄本、吴本、注箋本、項本、沈本、張本作綿夷縣。《禹貢水道考異·南條水道考異》卷二,荆州,引《水經注》作綿夷縣。

經　　文	地　　名	備　　註
	都安縣	
	臨邛縣	
	監邛縣	注云:"江水又逕臨邛縣,王莽之監邛也。"
	江原縣	注箋本、項本、張本作江鄉縣,又作江源縣,又作江都縣。《雍正四川通志》卷二十三,山川志,成都府,新津縣,大江,引《水經注》作江源縣。
	邛原縣	注云:"江水又逕江原縣,王莽更名邛原也。"
	郫縣	
	成都縣	
	雒縣	
	五城縣	
	廣都縣	
	就都亭	注云:"江水又東逕廣都縣,……王莽之就都亭也。"
又東南過犍爲武陽縣,青衣水、沫水從西南來,合而注之。	武陽縣	
	戢成縣	注云:"太初四年,益州刺史任安城武陽,王莽更名,……縣曰戢成。"
	筰道	注釋本作筰道。《天下郡國利病書》卷六十八,四川四,引《水經注》作筰道。
	旄牛道	
	弄棟縣	
	邛都縣	
	青蛉縣	大典本、黄本、吴本、何校明鈔本、王校明鈔本、項本、沈本、七校本、張本、注疏本作蜻蛉縣。《讀水經注小識》卷四,引《水經注》作蜻蛉縣。《校水經注江水》(《經韻樓集》卷七),引《水經注》作蜻蛉縣。
	葉榆縣	
	雙柏縣	
	秦臧縣	黄本、吴本、何校明鈔本、沈本作秦藏縣。《校水經注江水》(《經韻樓集》卷七),引《水經注》作秦藏縣。
	來唯縣	

經　文	地　名	備　註
	邛沴縣	大典本、注箋本、項本、注釋本、張本作龕沴縣。《校水經注江水》,引《水經注》作龕沴縣。
	南安縣	
	漢陽縣	
	灄陽縣	
又東南過僰道縣北,若水、淹水,合從西來注之;又東,渚水北流注之。	僰道縣	
	僰治縣	注云:"(僰道)縣,本僰人居之,……王莽更曰僰治也。"
	南廣縣	
又東過江陽縣南,洛水從三危山,東過廣魏洛縣南,東南注之。	什邡縣	大典本作什祁縣。
	美信縣	注云:"逕什邡縣,……王莽更名曰美信也。"
	梓潼縣	
	洛縣	
	吾雒縣	注云:"洛水又南逕洛縣故城南,廣漢郡治也,……王莽之就都,縣曰吾雒也。"
	新都縣	
	綿竹縣	
	牛鞞縣	
	資中縣	
	漢安縣	注箋本、項本、張本作安漢縣。
	江陽縣	
又東過符縣北邪東南,鰼部水從符關東北注之。	符縣	
	符信縣	注云:"(符)縣,故巴夷之地也,……元鼎二年立,王莽之符信矣。"
	鼈縣	七校本作鼈縣。
	安樂縣	注箋本作安縣。

經　文	地　名	備　註
又東北至巴郡江州縣東，強水、涪水、漢水、白水、宕渠水五水，合南流注之。	宣漢縣 江州縣 壽春縣 當塗縣	
又東至枳縣西，延江水從牂柯郡北流西屈注之。	枳縣 漢平縣 平都縣 臨江縣	
	監江縣	注云："江水又東逕臨江縣南，王莽之監江也。"注箋本作鹽江縣。
	朐忍縣	《通鑑》卷一六九，陳紀三，文帝天康元年，"騰軍於湯口"胡註，引《水經注》作朐䏰縣。《方輿紀要》卷六十九，四川四，夔州府，奉節縣，湯溪，引《水經注》作朐䏰縣，《東歸録》引《水經注》作朐䏰縣。
又東過魚復縣南，夷水出焉。	涪陵縣 南浦僑縣 漢豐縣 巴渠縣 魚復縣 南浦縣	
	陽口縣	注釋本作高陽縣。
卷三十四 **江水**		
又東出江關，入南郡界。	秭歸縣 巫縣	

經　文	地　名	備　註
又東過巫縣南，鹽水從縣東南流注之。	漊中縣	
	沙渠縣	
	宣漢縣	
	泰昌縣	
	北井縣	
	江陵縣	
又東過秭歸縣之南。	歸縣	注云:“(秭歸)縣,故歸縣,……宋忠曰:歸,即夔,歸鄉,即夔鄉矣。”
	夔縣	同上註。
	歸鄉縣	見歸縣註。
	夔鄉縣	見歸縣註。
	丹陽縣	
	信陵縣	
	上庸縣	
又東過夷陵縣南。	宜昌縣	
	夷陵縣	《康熙湖廣通志》卷九,堤防,荆州府,引《水經注》作彝陵縣。
	居利縣	注云:“北對夷陵縣之故城,……王莽改曰居利,吴黄武元年,更名西陵也。”
	西陵縣	同上註。
又東南過夷道縣北，夷水從佷山縣南，東北注之。	夷道縣	《康熙湖廣通志》卷九,堤防,荆州府,引《水經注》作彝道縣。
	江南縣	注箋本作江湖縣。
又東過枝江縣南，沮水從北來注之。	枝江縣	
	羅縣	

經　　文	地　　名	備　　註
又南過江陵縣南。	江陸縣	注云:"漢景帝二年,改爲江陵縣,王莽更名,郡曰南順,縣曰江陸。"注箋本、項本、張本作江陵縣。
卷三十五		
江水		
又東南當華容縣南,涌水入焉。	孱陵縣	
又東南,油水從東南來注之。	公安縣	
	華容縣	
	江安縣	注云:"杜預克定江南,罷華容置之,謂之江安縣。"
	監利縣	
湘水從南來注之。	巴丘縣	《晏元獻公類要》卷二,荆湖南路,玉池湖,引《水經注》作巴陵縣。
	下雋縣	《初學記》卷六,江第四引《水經注》作下嶲縣。《方輿紀要》卷七十六,湖廣二,武昌府,嘉魚縣,陸水,引《水經注》作下嶲縣。
	閏雋縣	注云:"又東北逕下雋縣南,故長沙舊縣,王莽之閏雋也。"
	蒲圻縣	
	艾縣	
	沙陽縣	
	沙羨縣	注云:"江中有沙陽洲,沙陽縣治也,縣,本江夏之沙羨矣,晉太康中,改曰沙陽縣。"
	州陵縣	
	江夏縣	注云:"又東逕州陵新治南,王莽之江夏也。"
	江陵縣	
	武昌縣	

經　　文	地　　名	備　　註
又東北至江夏沙羨縣西北，沔水從北來注之。	沌陽縣	注箋本作陽縣。
	安陸縣	
	灄陽縣	
又東過邾縣南。	弋陽縣	注箋本、項本、張本作戈陽縣。
	邾縣	
鄂縣北。	西陽縣	
	鄂縣	
	東鄂縣	注云：“江之右岸，有鄂縣故城，……晉《太康地記》以爲東鄂矣，《九州記》曰：鄂，今武昌也，孫權以魏黄初元年，自公安徙此，改曰武昌縣。”
	雩婁縣	
	軑縣	
	灊縣	
	西陵縣	
又東過蘄春縣南，蘄水從北東注之。	蘄陽縣	
	蘄春縣	
又東過下雉縣北，利水從東陵西南注之。	陽新縣	注箋本作陽縣。
	下雉縣	
	潤光縣	注云：“又西北逕下雉縣，王莽更名之潤光矣。”注箋本作潤兊縣。
卷三十六		
青衣水		
青衣水出青衣縣西蒙山，東與沫水合也。	青衣縣	
	靈關道	
	嚴道	
	臨邛縣	

經　　文	地　　名	備　　註
至楗爲南安縣,入於江。	南安縣	
卷三十六		
桓水		
桓水出蜀郡岷山,西南行羌中,入於南海。	葭萌縣	
	晉壽縣	
	南鄭縣	
	武功縣	
卷三十六		
若水		
若水出蜀郡旄牛徼外,東南至故關,爲若水也。	旄牛道	注箋本作髦牛道。
	大莋縣	
	汶山縣	
	廣柔縣	
南過越嶲邛都縣西,直南至會無縣,淹水東南流注之。	邛都縣	
	會無縣	
	臺高縣	
	臺登縣	注云:"水出臺高縣,即臺登縣也。"
	遂久縣	
	青蛉縣	大典本、黄本、吴本、何校明鈔本、王校明鈔本、注箋本、項本、沈本、七校本、注釋本、張本、注疏本作蜻蛉縣。《滇繫》卷八之一,藝文繫,引《水經注》作蜻蛉縣。《雍正四川通志》卷二十四,山川志,會理州,金沙江,引《水經注》作蜻蜓縣。
	三絳縣	《名勝志》四川,卷二十九,上川南道邊防,會川衛,引《水經注》作三縫縣。《方輿紀要》卷七十四,四川九,會川衛軍民指揮使司,三絳廢縣,引《水經注》作三絳縣。
	小會無縣	注云:"三絳一曰小會無,故經曰:淹至會無注若水。"

經　　文	地　　名	備　　註
	姑復縣	
	弄棟縣	
	牧靡縣	何本作收靡縣。
	馬湖縣	
	卑水縣	
又東北至犍爲朱提縣西,爲瀘江水。	朱提縣	
	堂琅縣	《通鑑》卷九十二,晉紀十四,明帝大寧元年,"戰於螗蜋"胡註,引《水經注》作堂狼縣。《東晉疆域志》卷三,堂狼,引《水經注》作堂狼縣。
	博南縣	
	不韋縣	
	巂唐縣	
	永昌縣	
又東北至僰道縣,入於江。	僰道	注疏本作僰道縣。
卷三十六		
沫水		
沫水出廣柔徼外。	廣柔縣	
東南過旄牛縣北,又東至越巂靈道縣,出蒙山南。	靈道縣	
	靈關道	注云:"靈道縣,一名靈關道,……晉朝改護龍縣也。"
	護龍縣	同上註。
東北與青衣水合。	青衣縣	
	開刊縣	大典本、注箋本、項本、注釋本、張本作開邦縣。《東晉疆域志》卷三,漢嘉,引《水經注》作開邗縣。

經　　文	地　　名	備　　註
	臨邛縣	
	江原縣	注箋本作江源縣。
東入於江。	南安縣	
卷三十六		
延江水		
延江水出犍	鄨縣	
爲南廣縣，東至	符縣	
牂柯鄨縣，又東	漢陽道	
屈北流。	新通縣	注云："水出犍爲漢陽道山闟谷，王莽之新通也。"
至巴郡涪陵	涪陵縣	
縣，注更始水。	巴亭	注云："涪陵水出（涪陵）縣東，……王莽更名巴亭。"
	枳縣	
	南浦縣	
	遷陵縣	
又東至武陵	辰陽縣	
西陽縣，入於西	黚陽縣	
水。	西陽縣	
卷三十六		
存水		
存水出犍爲	郁鄔縣	大典本、黄本、吴本、項本、沈本、張本作郁鄢縣。
郁鄔縣。	孱鄔縣	注云："（郁鄔縣）王莽之孱鄔也。"注箋本、項本、張本作孱鄢縣。
	牧靡縣	何本作收靡縣。
	且蘭縣	
東南至鬱林	毋斂縣	大典本、黄本、吴本、注箋本、項本、沈本、張本作無斂縣。
定周縣，爲周水。	定周縣	

經　文	地　名	備　註
卷三十六		
温水		
温水出牂柯夜郎縣。	夜郎縣	
	同亭	注云:"(夜郎)縣,故夜郎侯國也,唐蒙開以爲縣,王莽名曰同亭矣。"
	銅瀨縣	
	談藁縣	大典本、黄本、吴本、注箋本、沈本作談臺縣。《禹貢水道考異·南條水道考異》卷五,黑水,引《水經注》作談臺縣。《滇繫》卷八之一,藝文繫,引《水經注》作臺縣。
	昆澤縣	
	味縣	
	滇池縣	
	葉榆縣	
	毋單縣	大典本作無單縣,注箋本、項本、張本作毋單縣。
	南池縣	
	邪龍縣	
	河陽縣	
	雲平縣	
	毋棳縣	大典本作無棳縣,注箋本、項本、張本作毋棳縣,吴本作毋掇縣。
	有掇縣	注云:"温水又東南逕興古郡之毋棳縣東,王莽更名有掇也。"
	俞元縣	吴本作俞亢縣。《滇繫》卷八之一,藝文繫,引《水經注》作俞亢縣。
	勝休縣	
	勝僰縣	注云:"而東南逕興古之勝休縣,王莽更名勝僰縣。"
	律高縣	
	温縣	注箋本、項本、注釋本、張本作宛温縣。
	監南縣	注箋本、何校明鈔本、項本、張本、注疏本作盤南縣。
	梁水縣	

經　　文	地　　名	備　　註
	鐔封縣	
	來惟縣	注箋本、項本、注釋本、張本、注疏本作來唯縣。
又東至鬱林廣鬱縣,爲鬱水。	增食縣	
	句町縣	
	從化縣	注云:“其水導源牂柯句町縣,……王莽以爲從化。”
	廣鬱縣	
又東至領方縣東,與斤南水合。	領方縣	
	臨塵縣	
	監塵縣	注云:“朱涯水又東北逕臨塵縣,王莽之監塵也。”
東北入於鬱。	且蘭縣	
	頭蘭縣	注云:“東逕牂柯郡且蘭縣,……一名頭蘭。”
	毋斂縣	注箋本、項本、張本作母斂縣。
	布山縣	
	中留縣	
	阿林縣	
	鐔成縣	
	潭中縣	
	猛陵縣	
	廣信縣	
	馮乘縣	
	謝沭縣	
	臨賀縣	
	興安縣	
	封陽縣	
	高要縣	
	合浦縣	
	桓亭	注云:“水南出交州合浦郡,治合浦縣,漢武帝元鼎六年,平越所置也,王莽更名曰桓合,縣曰桓亭。”

經　文	地　名	備　註
	臨允縣	
	大允縣	注云:"郡統臨允縣,王莽之大允也。"
	盧容縣	
	壽泠縣	
	西捲縣	
	日南亭	注云:"漢武帝元鼎六年,開日南郡,治西捲縣,……王莽更之曰日南亭。"
	象林縣	
	浦陽縣	
	九德縣	
	南陵縣	
	胥浦縣	
	驩成縣	注云:"九真郡,漢武帝元鼎六年開,治胥浦縣,王莽更之曰驩成也。"注箋本、項本、張本作驩城縣。
	松原縣	
	比景縣	注箋本作庇景縣。
	朱吾縣	
	安定縣	
	徐聞縣	注箋本作徐文縣。
卷三十七 **淹水**		
東南至青蛉縣。	青蛉縣	大典本、黄本、吴本、何校明鈔本、王校明鈔本、注箋本、項本、沈本、七校本、注釋本、張本、注疏本作蜻蛉縣,明練湖書院鈔本作精蛉縣。
又東南過姑復縣南,東入於若水。	姑復縣 雲南縣	
卷三十七 **葉榆河**		

經文	地名	備註
益州葉榆河,出其縣北界,屈從縣東北流。	滇池縣	
	葉榆縣	《滇繫》卷五之一,山川繫,大理府,引《水經注》作楪榆縣。
過不韋縣。	不韋縣	
	遂久縣	
	姑復縣	
	邪龍縣	
東南出益州界。	秦臧縣	大典本、黄本、吴本、王校明鈔本、項本、沈本、注釋本、張本作秦藏縣。《滇繫》卷八之一,藝文繫,引《水經注》作秦藏縣。
	連然縣	
	雙柏縣	
	同並縣	
	漏江縣	
	賁古縣	
	律高縣	
	羞泠縣	大典本作麊泠縣。黄本、吴本、注箋本、嚴本、何校明鈔本、王校明鈔本、項本、沈本、注釋本、張本作麋泠縣。《方輿紀要》卷一一二,廣西七、安南,交州府,浪泊,引《水經注》作麋泠縣。
	漢興縣	
入牂柯郡西隨縣北,爲西隨水,又東出進桑關。	進桑縣	
	西隨縣	
過交趾羞泠縣北,分爲五水,	廣信縣	
	望海縣	

經　文	地　名	備　註
絡交趾郡中,至南界,復合爲三水,東入海。	龍淵縣	
	封溪縣	
	武寧縣	
	平道縣	
	龍編縣	
	曲昜縣	
	羸𨻻縣	
	北帶縣	何本作比帶縣。
	安定縣	
	朱䳒縣	
	浦陽縣	
	無切縣	項本、張本作無功縣。
	餘發縣	
	九真亭	注云:“(馬)援又分矢入無編縣,王莽之九真亭。”
	居風縣	
	句漏縣	
卷三十七		
夷水		
夷水出巴郡魚復縣江。	沙渠縣	注箋本作沙縣。
東南過佷山縣南。	佷山縣	《事類賦》卷七,地部,山,“鞭陰陽而應禱”註,引《水經注》作佷山縣。《禹貢錐指》卷七,引《水經注》作很山縣。《東歸録》引《水經注》作狼山縣。
又東過夷道縣北。	夷道縣	
東入於江。	宜都縣	

經　　文	地　　名	備　　註
卷三十七		
油水		
油水出武陵孱陵縣西界。	孱陵縣 高城縣	
東過其縣北。	孱陸縣	注云："(孱陵)縣治故城,王莽更名孱陸也。"注箋本作孱陵縣。
又東北入於江。	公安縣	
卷三十七		
澧水		
澧水出武陵充縣西,歷山東,過其縣南。	臨澧縣 零陽縣 充縣	
又東過零陽縣之北。	婁中縣 渫陽縣 澧陽縣	 注箋本、項本、注釋本、張本作澧陽縣。
又東過作唐縣北。	作唐縣 孱陵縣 南安縣	 注箋本、項本、張本作安南縣。《輿地廣記》卷二十七,荆湖北路上,安鄉縣,引《水經注》作安南縣。
卷三十七		
沅水		
沅水出牂柯且蘭縣,爲旁溝水,又東至鐔成	且蘭縣 無陽縣 辰陽縣	《蜀鑑》卷九,漢武帝元光四年,引《水經注》作苴蘭縣。

經　　文	地　　名	備　　註
縣,爲沅水,東過無陽縣。	會亭	注云:"沅水又東逕辰陽縣南,……王莽更名會亭矣。"
	義陵縣	
	建平縣	注云:"西北流逕義陵縣,王莽之建平縣也。"
	沅陵縣	
	沅陸縣	注云:"沅水又東逕沅陵縣北,……王莽改曰沅陸縣。"
	臨江縣	
	充縣	
	遷陵縣	
	遷陸縣	注云:"酉水又東逕遷陵縣故城北,王莽更名曰遷陸也。"
	酉陽縣	
	澧陽縣	
	龍編縣	
又東北過臨沅縣南。	臨沅縣	
	監沅縣	注云:"沅水又東逕臨沅縣南,縣南臨沅水,因以爲名,王莽更之曰監沅也。"
	沅南縣	
	龍陽縣	
	漢壽縣	
	索縣	
	江陵縣	
卷三十七		
泿水		
南至鬱林潭中縣與鄰水合。	無陽縣	
	鐔成縣	注云:"水出無陽縣,縣,故鐔成也,晉義熙中改從今名。"注疏本作鐔城縣。
又東至蒼梧猛陵縣,爲鬱溪;又東至高要縣,爲大水。	猛陵縣	
	猛陸縣	注云:"猛陵縣在廣信之西南,王莽之猛陸也。"
	廣信縣	

經　　文	地　　名	備　　註
	廣信亭	注云："亂流逕廣信縣,《地理志》:蒼梧郡治,武帝元鼎六年開,王莽之新廣郡,縣曰廣信亭。"
	羸𨻻縣	
	高要縣	
其一又東過縣東,南入於海。	番禺縣	
	龍川縣	
	四會縣	
	懷化縣	
其餘水又東至龍川,爲涅水,屈北入員水。	增城縣	
員水又東南一千五百里,入南海。	揭陽縣	明練湖書院鈔本作揭楊縣。
	南海亭	注云:"東歷揭陽縣,王莽之南海亭也。"
卷三十八		
資水		
資水出零陵都梁縣路山。	無陽縣	
	武岡縣	
	建興縣	
	都梁縣	
東北過夫夷縣。	零陵縣	
	扶縣	注箋本作扶陽縣。
	夫夷縣	
東北過邵陵縣之北。	邵陵縣	
	昭陵縣	注云:"吴寶鼎元年,孫皓分零陵北部,立邵陵郡於邵陵縣,縣,故昭陵也。"

經　　文	地　　名	備　　註
	沅陵縣	
	高平縣	
	永昌縣	
	邵陽縣	注箋本作邵陵縣。
	昭陽縣	注云:"西北流逕邵陽縣南,故昭陽也。"
	益陽縣	
卷三十八		
漣水		
漣水出連道縣西,資水之别。	連道縣	
	湘鄉縣	
	湘南縣	
東北過湘南縣南,又東北至臨湘縣西南,東入於湘。	湘西縣	
	臨湘縣	
卷三十八		
湘水		
湘水出零陵始安縣陽海山。	始安縣	
東北過零陵縣東。	零陵縣	
	觀陽縣	
	謝沭縣	
又東北過洮陽縣東。	洮陽縣	
	洮治縣	注云:"洮水出(洮陽)縣西南大山,……王莽更名之曰洮治也。"

經文	地名	備註
又東北過泉陵縣西。	泠道縣	《楚寶》卷三十八,山水,湘水,引《水經注》作冷道縣。
	營道縣	
	九疑亭	注云:"營水又西北屈而逕營道縣西,王莽之九疑亭也。"
	馮乘縣	
	營浦縣	
	舂陵縣	
	新寧縣	注箋本作新縣。
	泠陵縣	大典本作冷陵縣。
	泉陵縣	
	溥潤縣	注云:"營水又西北逕泉陵縣西,……王莽名之曰溥潤。"
	邵陵縣	
	應陽縣	
	永昌縣	
	祁陽縣	
	新平縣	注云:"水出湘東郡之新寧縣西南,新平故縣東,新寧,故新平也。"
又東北過重安縣東,又東北過酃縣西,承水從東南來注之。	重安縣	
	鍾武縣	
	鍾桓縣	注云:"故零陵之鍾武縣,王莽更名曰鍾桓也。"大典本作鍾桓縣。
	臨承縣	《淵鑑類函》卷二十九,地部,石鼓山,引《水經注》作臨烝縣。《奉使紀勝》引《水經注》作臨烝縣。《乾隆衡州府志》卷六,山川,引《水經注》作臨烝縣。
	酃縣	
	衡山縣	
	湘南縣	
	湘西縣	
	郴縣	

經　　文	地　　名	備　　註
又東北過陰山縣西，洣水從東南來注之；又北過醴陵縣西，漉水從東南來注之。	醴陵縣 建寧縣	
又北過臨湘縣西，瀏水從縣西北流注。	臨湘縣	
	撫陸縣	注云："又右逕臨湘縣故城西，縣治湘水，濱臨川側，故即名焉，王莽改號撫陸。"
	青陽縣 壽春縣	
又北，潙水從西南來注之。	益陽縣 新陽縣	
	新康縣	注云："東逕新陽縣南，太康元年，改曰新康矣。"
又北過羅縣西，潰水從東來流注。	艾縣 吴昌縣 羅縣 宜城縣	
又北過下雋縣西，微水從東來流注。	下雋縣	
又北至巴丘山，入於江。	巴陵縣	
卷三十八 **灕水**		

經　文	地　名	備　註
灕水亦出陽海山。	邵陵縣	
	零陵縣	
	廣信縣	
	始興縣	
	永豐縣	
	始安縣	
	熙平縣	
	平樂縣	
	謝沭縣	
南過蒼梧荔浦縣。	荔浦縣	
	富川縣	
卷三十八		
溱水		
溱水出桂陽臨武縣南，繞城西北屈東流。	臨武縣	
	大武縣	注云："東南逕臨武縣西，謂之武溪，縣側臨溪東，因曰臨武縣，王莽改名大武也。"
	番禺縣	
	郴縣	
	曲江縣	
東至曲江縣安聶邑東屈西流。	龍川縣	
	曲紅縣	注云："瀧水又南逕曲江縣東，云縣昔號曲紅，……按《地理志》：曲江，舊縣也，王莽以爲除虜。"
	除虜縣	同上註。
	南康縣	
	湞陽縣	

經　文	地　名	備　註
過湞陽縣,出洭浦關,與桂水合。	綦武縣 中宿縣 四會縣	注云:"溱水南逕湞陽縣西,舊漢縣也,王莽之綦武矣。"注箋本、項本、七校本、注釋本、張本作基武。
卷三十九 **洭水**		
洭水出桂陽縣盧聚。	桂陽縣 四會縣 陽山縣 臨武縣 含洭縣	
南出洭浦關,爲桂水。	中宿縣	
卷三十九 **深水**		
深水出桂陽盧聚。	南平縣 始興縣	
卷三十九 **鍾水**		
鍾水出桂陽南平縣都山,北過其縣東,又東北過宋渚亭,又北過鍾亭,與灌水合。	桂陽縣 南平縣	

經　　文	地　　名	備　　註
又北過魏寧縣之東。	魏寧縣	
	陽安縣	注云:“魏寧,故陽安也,晉太康元年,改曰晉寧縣。”
	晉寧縣	同上註。
卷三十九 耒水		
耒水出桂陽郴縣南山。	汝城縣	
	晉寧縣	
又北過其縣之西。	四會縣	
	郴縣	
	桂陽縣	
	宣風縣	注云:“郴,舊縣也,桂陽郡治也,漢高二年分長沙置,《地理志》曰:桂水所出,因以名也,王莽更名南平,縣曰宣風。”
	始興縣	
又北過便縣之西。	便縣	
	便屏縣	注云:“(便)縣,王莽之便屏也。”
又西北過耒陽縣之東。	耒陽縣	
	南平亭	注云:“耒陽舊縣也,蓋因水以制名,王莽更名南平亭。”
又北過鄙縣東。	鄙縣	
北入於湘。	臨承縣	
卷三十九 洣水		

經　　文	地　　名	備　　註
洣水出荼陵縣上鄉,西北過其縣西。	廣興縣 荼陵縣 聲鄉縣	 注云:"西北流逕荼陵縣之南,……王莽更名聲鄉矣。"
又西北過攸縣南。	安復縣 攸縣	
又西北過陰山縣南。	陰山縣 歷口縣 峨山縣	
卷三十九 **漉水**		
漉水出醴陵縣東漉山,西過其縣南。	醴陵縣	
卷三十九 **瀏水**		
瀏水出臨湘縣東南,瀏陽縣西北,過其縣東北,與潫水合。	臨湘縣 豫章縣	
卷三十九 **潤水**		
潤水出豫章艾縣。	艾縣 治翰縣	 注云:"(艾縣)王莽更名治翰。"

經　文	地　名	備　註
卷三十九 **贛水**		
贛水出豫章南野縣，西北過贛縣東。	南野縣	
	贛縣	
	雩都縣	
又西北過廬陵縣西。	廬陵縣	
	桓亭	注云："廬陵縣，即王莽之桓亭也。"
	安成縣	注箋本、項本、注釋本作安復縣。
	用成縣	注云："《十三州志》稱廬水西出長沙安成縣，……即王莽之用成也。"
又東北過石陽縣西。	石陽縣	
又東北過漢平縣南，又東北過新淦縣西。	宜春縣	
	脩曉縣	注云："牽水西出宜春縣，……王莽之脩曉也。"
	吴平縣	
	漢平縣	注云："牽水又東逕吴平縣，舊漢平也。"
	新淦縣	
	偶亭	注云："牽水又東逕新淦縣，即王莽之偶亭。"
又北過南昌縣西。	南城縣	注箋本、項本、張本作南容縣。《正德建昌府志》卷二，山川，南城縣，盱水，引《水經注》作南宫縣。
	南昌縣	
	康樂縣	
	陽樂縣	注云："水出康樂縣，故陽樂也。"
	望蔡縣	
	上蔡縣	
	建成縣	
	多聚縣	注云："濁水又東逕建成縣，……王莽更名之曰多聚也。"

經　　文	地　　名	備　　註
	宜善縣	注云:"贛水又北逕南昌縣故城西,……漢高祖六年,始命陳嬰以爲豫章郡,治此,即陳嬰所築也,王莽更名縣曰宜善,郡曰九江焉。"
	鄡陽縣	
	豫章縣	注云:"贛水又北逕鄡陽縣,王莽之豫章縣也。"
	餘汗縣	
	治干縣	注云:"水東出餘汗縣,王莽名之治干也。"
	鄱陽縣	
	鄉亭	注云:"水出鄱陽縣東,……王莽改曰鄉亭。"
	建昌縣	
	新吴縣	
	海昏縣	
	宜生縣	注云:"繚水又逕海昏縣,王莽更名宜生。"
又北過彭澤縣西。	艾縣	
	豫寧縣	大典本、黄本、注箋本、項本、沈本、張本作寧縣。
	西安縣	注云:"東北逕豫寧縣,故西安也。"
	永循縣	七校本、注釋本、注疏本作永脩縣。《吴疆域圖説》卷下,引《水經注》作永脩縣。
卷三十九		
廬江水		
廬江水出三天子都北,過彭澤縣西,北入於江。	彭澤縣	
	鄱陽縣	
	鄡陽縣	
卷四十　漸江水		
漸江水出三天子都。	黟縣	《名勝志》卷八,廣德州,引《水經注》作黝縣。
	黟山縣	《名勝志》卷八,廣德州,引《水經注》作黝山縣。

經　　文	地　　名	備　　註
	廣德縣	
	歙縣	黄本、沈本作翕縣。
	遂安縣	
	新定縣	注箋本作新安縣。
	始新縣	
	建德縣	
	壽昌縣	
	新城縣	
	於潛縣	
	桐廬縣	
	富陽縣	
	富春縣	注云:"浙江又東北入富陽縣,故富春縣,……王莽之誅歲也。"
	誅歲縣	同上註。
北過餘杭,東入於海。	餘杭縣	
	臨安縣	
	臨水縣	注云:"孫權分餘杭,立臨水縣,晉改曰臨安縣。"
	淮睦縣	注云:"浙江又東逕餘杭故縣南、新縣北,秦始皇南遊會稽,途出是地,因立爲縣,王莽之淮睦也。"注箋本、項本、小山堂鈔全謝山王校本、張本作進睦。
	陸渾縣	
	烏傷縣	
	烏孝縣	注云:"浙江又東逕烏傷縣北,王莽改曰烏孝。"
	錢塘縣	
	太末縣	
	末理縣	注云:"水源西出太末縣,……王莽之末理也。"七校本作末治。
	長山縣	
	長仙縣	注云:"穀水又東逕長山縣南,……或謂之長仙縣也。"

經　　文	地　　名	備　　註
	永康縣	
	信安縣	
	新安縣	注云:"水上承信安縣之蘇姥布,本新安縣。"
	定陽縣	
	吴寧縣	
	錢唐縣	大典本、注箋本、項本、張本作錢塘縣。《雍正浙江通志》卷三十九,古蹟一,漢錢塘縣舊治,引《水經注》作錢塘縣。《康熙錢塘縣志》卷一,形勝,引《水經注》作錢塘縣。
	泉亭	注云:"山下有錢唐故縣,浙江逕其南,王莽更名之曰泉亭。"
	章安縣	
	永寧縣	
	山陰縣	
	東武縣	
	永興縣	
	餘暨縣	注云:"又逕永興縣北,縣在會稽東北百二十里,故餘暨也,……王莽之餘衍也。"
	餘衍縣	同上註。
	陽羡縣	
	由拳縣	
	諸暨縣	
	句無縣	注云:"江水又東逕諸暨縣南,……亦曰句無矣,故《國語》曰:句踐之地,南至句無,王莽之疎虜也。"
	疎虜縣	同上註。
	剡縣	
	盡忠縣	注云:"又東迴北轉逕剡縣東,王莽之盡忠也。"
	句章縣	
	始寧縣	
	邯鄲縣	
	上虞縣	

經　文	地　名	備　註
	會稽縣	注云:“江水東逕上虞縣南,王莽之會稽也。”
卷四十　斤江水		
斤江水出交阯龍編縣東北,至鬱林領方縣,東注於鬱。	臨塵縣	
	領方縣	
卷四十　江以南至日南郡二十水		
侵離。	臨塵縣	
卷四十　《禹貢》山水澤地所在		
都野澤在武威縣東北。	武威縣	
	姑臧縣	
	休屠縣	
	揟次縣	吴本作揖次縣,項本、張本作楈次縣。
	播德縣	注云:“水出姑臧東揟次縣,王莽之播德也。”
	燉煌縣	
	冀縣	
	宣威縣	
流沙地在張掖居延縣東北。	居延縣	
三危山在燉煌縣南。	酒泉縣	

經　　文	地　　名	備　　註
羽山在東海祝其縣南也。	祝其縣	
	猶亭	注云:"(祝其)縣,王莽之猶亭也。"
三澨地在南郡邔縣北沱。	南陽縣	
	淯陽縣	
	竟陵縣	
	邔縣	大典本作邛縣。《史記》卷二,本紀二,《夏本紀》"過三澨至於大别"《索隱》,引《水經》作鄳縣。《禹貢水道考異·南條水道考異》卷一,"過三澨",引《水經注》作邛縣。

五十一、侯　國

爲了鞏固封建統治，古代封建帝王除了將土地分封給他們自己的子孫外，同時也分封一部分土地給統治階級中的其他各式代表人物，這就是所謂侯國。這種制度始於漢朝，[①]以後歷代也多有仿行的。根據記載，前漢有侯國二百四十一；[②]後漢的侯國，包括外戚、雲臺功臣和宦者三類，計有一百五十；[③]三國沒有分封侯國的記載；晉代的侯國，分爲公、侯、伯、子、男五種爵位，共計有二百十一。[④] 則上述各代的侯國總數已達五百。和以前郡國類地名中所述一樣，侯國的穩定性同樣不大。由於統治集團内部的傾軋鬬爭，受封者隨時可以得咎罷黜，因而時建時廢，交替頻仍。以後漢所封的雲臺功臣侯國爲例，酈注卷十七，渭水注中的隃麋侯國；卷十九，渭水注中的槐里侯國，都是這類侯國中歷史最長的，但都只不過封及六代。而像卷四，河水注中的安陽侯國；卷二十一，汝水注中的新蔡侯國；卷三十，淮水注中的新息侯國；卷三十一，瀙水注中的吴房侯國等，其存在都只及受封者本人一代。爲此，上列統計，不可能將曾經出現過的侯國囊括無遺，其中不少侯國，甚至連國名也無法查考。例如在後漢所封的宦者侯國中，其國

---

① 《通典》卷三十三，職官十五，州郡下，縣令："漢制，列侯所食縣曰國。"
② 《漢書・地理志》。
③ 《歷代史表》卷一、卷二。
④ 《歷代史表》卷十三。

名不可查考的就達十一處。[①] 其餘各代的情況也大體如此。

如上所述,侯國這一類地名,在歷史上是很難查考的,而《水經注》的記載,在這方面確實作了很大的貢獻。這就是清錢大昕所説的:"漢初功臣侯者百四十餘人,其封邑所在,班孟堅已不能言之,酈道元注水經,始考得十之六七。"[②]這樣説來,在侯國地名方面,酈注記載的完整性,已經大大超過正史了。

當然,正由於侯國地名的變化無常,對於漢代的侯國,酈注記載有時也難免發生錯訛。因而錢大昕也指出:"酈氏生於後魏,距漢已遠,雖勤於采獲,未必皆可盡信。"[③]錢氏曾在《潛研堂答問》和《十駕齋養新録》二書中,舉出了不少酈注侯國地名錯訛的例子。[④] 但是儘管如此,對漢代侯國地名及其更迭分布情況,酈注仍是這方面的重要依據。

侯國在地方行政區劃中大體上相當於縣一級。但各國之間的差距有時很大。以後漢所封的宦者侯國爲例,卷十九,渭水經"又東過霸陵縣北,霸水從縣西北流注之"注中的新豐侯國,是這類侯國中規模最大的,户數到達二萬。卷二十一,汝水經"東南過汝南上蔡縣西"注中的上蔡侯國,户數到達一萬三千。卷九,淇水經"又東北過浮陽縣西"注中的浮陽侯國,户數到達一萬,也都是較大的侯國。但較小的侯國,如卷二十八,沔水經"又東過山都縣東北"注中的山都侯國,户數就只有四千。更小的如龍亭、雍鄉、都鄉等侯國(酈注均無記),户數都只有三百。[⑤] 晉代的侯國分封制度比較嚴密完整。據《晉書·地理志》所云:"文帝爲晉王,命裴秀等建五等之制,惟安平郡公孚邑萬户,制度如魏諸王。其餘縣公,邑千八百户,地方七十五里;大國侯邑千六百户,地方七十里;次國侯邑千四百户,地方六十五里;大國伯邑千二百户,地方六十里;次國伯邑千户,地方五十五里;大國子邑八百户,地方五十里;次國子邑六百户,地方四十五里;男邑四百户,地方四十里。"由此可知晉代的外姓分封制度中,郡公一級在地方行政區劃單位中仍和郡國相當。郡公以下的各級公、侯、伯、子、男國,則相當於縣級。

酈注記載的侯國,數近三百四十,雖然按上述統計,距北魏以前的侯國總數還遠,但是也已經相當可觀了。

---

① 《歷代史表》卷二,《東漢宦者侯表》末註云:"靈帝時又有張讓、夏惲、郭勝、孫璋、畢嵐……十一人,皆常侍封侯,其國名不可考。"

② 《潛研堂答問》卷九。

③ 《潛研堂答問》卷九。

④ 《潛研堂答問》卷九:"如成安侯韓延年,在汝水篇以爲潁川之成安,在汳水篇以爲陳留之成安;安成侯劉蒼,在贛水篇以爲長沙之安成,在汝水篇以爲汝南之安成。……"又《十駕齋養新録》卷十一:"如河水篇以臨羌爲孫都封國,不知孫都本封臨蔡,其地在河内,不在金城也。以西平爲公孫渾邪封國,不知渾邪本封平曲,其地在高城,不在金城也。"

⑤ 《歷代史表》卷二,《東漢宦者侯表》。

侯　國

經　　文	地　　名	備　　註
卷二　河水		
又東過隴西河關縣北,洮水從東南來流注之。	澆河公國	
又東過金城允吾縣北。	臨羌侯國 西平侯國	
卷三　河水		
屈從縣東北流。	臨河侯國	
又東過雲中楨陵縣南,又東過沙南縣北,從縣東,屈南過沙陵縣西。	武進侯國	
又南過土軍縣西。	土軍侯國	
卷四　河水		
又南出龍門口,汾水從東來注之。	郃陽侯國	黄本、吴本、注箋本、項本、沈本、張本作邵陽侯國。
又南過汾陰縣西。	汾陰侯國	
又南至華陰潼關,渭水從西來	閿鄉侯國	吴本、注箋本、何校明鈔本、王校明鈔本、項本、七校本、注釋本、張本、注疏本作閺鄉侯國。《嘉靖河南通志》卷十四,

經　　文	地　　名	備　　註
注之。		河防，引《水經注》作閿鄉侯國。《順治河南通志》卷九，河防，引《水經注》作閿鄉侯國。
又東過陝縣北。	安陽侯國	
卷五　河水		
又東過平縣北，湛水從北來注之。	平侯國 武德侯國	
又東北過黎陽縣南。	戚侯國 陰安侯國 樂昌侯國 發干侯國 鄃侯國 鬲侯國 清河侯國 定侯國 西平昌侯國	
又東北過衛縣南，又東北過濮陽縣北，瓠子河出焉。	衛公國	
又東北過高唐縣東。	清侯國 樂平侯國 朝陽侯國 鄒平侯國 建信侯國	

經文	地名	備註
又東過楊虚縣東,商河出焉。	楊虚侯國 樂陵侯國 朸侯國 富平侯國 厭次侯國 阿陽侯國	
卷六 汾水		
汾水出太原汾陽縣北管涔山。	汾陽侯國	
又東過楊縣東。	楊侯國	
西南過高梁邑西。	高梁侯國	
又南過平陽縣東。	平陽侯國	
又西過長脩縣南。	長脩侯國	
卷六 澮水		
西過其縣南。	絳陽侯國	
卷六 涑水		
西過周陽邑南。	周陽侯國	
卷六 原公水		

經　　文	地　　名	備　　註
原公水出茲氏縣西羊頭山,東過其縣北。	茲氏侯國	
卷七　濟水		
濟水出河東垣縣東王屋山,爲沇水。	軹侯國 波侯國	
屈從縣東南流,過隤城西,又南當鞏縣北,南入於河。	邢丘侯國	
與河合流,又東過成皋縣北,又東過滎陽縣北,又東至礫溪南,東出過滎澤北。	故市侯國	
又東過寃朐縣南,又東過定陶縣南。	寃朐侯國	
卷八　濟水		
其一水東南流,其一水從縣東北流,入鉅野澤。	煮棗侯國 桃城侯國 長垣侯國 長羅侯國	

經　　文	地　　名	備　　註
又東北過盧縣北。	祝阿侯國	
又東北過臺縣北。	巨合侯國 臺侯國	
又東北過菅縣南。	菅侯國	
又東過梁鄒縣北。	於陵侯國 梁鄒侯國	
又東北過臨濟縣南。	被陽侯國 平安侯國 高昌侯國 樂安侯國	
其一水東南流者，過乘氏縣南。	乘氏侯國	
又東過東緡縣北。	東緡侯國	
又東過方與縣北，爲菏水。	亢父侯國	
卷九　清水		
清水出河内脩武縣之北黑山。	脩武侯國 共侯國	

經　文	地　名	備　註
東北過獲嘉縣北。	獲嘉侯國	
卷九　沁水		
又南過陽阿縣東。	陽阿侯國 邘城侯國 長平侯國 泫氏侯國	
又東過武德縣南，又東南至滎陽縣北，東入於河。	安昌侯國	
卷九　淇水		
又東北過館陶縣北，又東北過清淵縣西。	平恩侯國 榆陽侯國	
又東北過廣宗縣東，爲清河。	廣宗侯國 清陽侯國	
又東北過東武城縣西。	東武城侯國 復陽侯國 棗彊侯國	
又東過脩縣南，又東北過東光縣西。	脩侯國 東光侯國	
又東北過南皮縣西。	千童侯國 南皮侯國	

經　文	地　名	備　註
又東北過浮陽縣西。	章武侯國 柳侯國 浮陽侯國	
卷九　洹水		
東過隆慮縣北。	隆慮侯國	
又東出山,過鄴縣南。	斥丘侯國	
卷十　濁漳水		
又東過壺關縣北,又東北過屯留縣南。	余吾侯國 壺關侯國	
又東出山,過鄴縣西。	邯會侯國	
又東北過斥漳縣南。	平恩侯國	
又東北過曲周縣東,又東北過鉅鹿縣東。	曲周侯國 南宫侯國 辟陽亭侯國	
又北過堂陽縣西。	扶柳侯國	
又東北過扶	昌城侯國	

經　　文	地　　名	備　　註
柳縣北，又東北過信都縣西。	桃侯國 桑中侯國 綿蔓侯國 樂陽侯國 耿鄉侯國 宋子侯國 和城侯國 安鄉侯國 樂信侯國	
又東北過阜城縣北，又東北至昌亭，與滹沱河會。	武邑侯國 武強侯國	
又東北至樂成陵縣北別出。	弓高侯國 蒲領侯國 脩市侯國 河間侯國 樂成侯國	
又東北過成平縣南。	成平侯國 阜城侯國	
卷十　清漳水		
清漳水出上黨沾縣西北少山大要谷，南過縣西，又從縣南屈。	梁榆侯國	

經　　文	地　　名	備　　註
卷十一　易水		
易水出涿郡故安縣閻鄉西山。	北平侯國	大典本、黄本、注箋本、項本、沈本、七校本、注釋本、張本作安喜侯國。
	安憙侯國	
	蒲陰侯國	
	新市侯國	
	唐侯國	
	故安侯國	
東過范陽縣南,又東過容城縣南。	范陽侯國	
	樊輿侯國	
	深澤侯國	
	容城侯國	
	武陽侯國	
卷十一　滱水		
又東過安憙縣南。	安憙侯國	大典本、黄本、吴本、注箋本、項本、沈本、七校本、張本、注疏本作安喜侯國。
又東過安國縣北。	解瀆亭侯國	
	安郭亭侯國	郭,合校本註云:“一本作國。”
又東過博陵縣南。	蠡吾侯國	
	博陵侯國	
	廣望侯國	
	清涼侯國	
又東北入於易。	阿陵侯國	

經　　文	地　　名	備　　註
卷十二　聖水		
又東過陽鄉縣北。	垣侯國 方城侯國 安次侯國	
卷十二　巨馬水		
巨馬水出代郡廣昌縣淶山。	廣昌侯國	
東過迺縣北。	迺侯國 臨鄉侯國 益昌侯國	
卷十三　㶟水		
㶟水出鴈門陰館縣,東北過代郡桑乾縣南。	平舒侯國 高柳侯國	
卷十四　沽河		
沽河從塞外來。	安樂公國	
卷十四　鮑丘水		
又南至雍奴縣北,屈東入於海。	博陸侯國	

經文	地名	備註
卷十四　濡水		
濡水從塞外來,東南過遼西令支縣北。	肥如侯國	
又東南過海陽縣西,南入於海。	海陽侯國	
卷十四　大遼水		
大遼水出塞外衛白平山,東南入塞過遼東襄平縣西。	襄平侯國	
卷十五　洛水		
又東北過宜陽縣南。	宜陽侯國	
卷十六　沮水		
沮水出北地直路縣東,過馮翊祋祤縣北,東入於洛。	粟邑侯國	
卷十七　渭水		

經　　文	地　　名	備　　註
又東過豲道縣南。	彰侯國	
又東過冀縣北。	顯親侯國	
又東過陳倉縣西。	隃麋侯國	
卷十八　渭水		
又東過武功縣北。	好畤侯國	
卷十九　渭水		
又東過槐里縣南，又東，澇水從南來注之。	槐里侯國	
又東，豐水從南來注之。	曲陽侯國	
又東過霸陵縣北，霸水從西北流注之。	新豐侯國 櫟陽侯國	
卷二十一　汝水		
東南過其縣北。	成安侯國 周承休侯國	

經　文	地　名	備　註
又東南過潁川郟縣南。	襄城侯國	
又東南過定陵縣北。	定陵侯國 昆陽侯國	
又東南過汝南上蔡縣西。	上蔡侯國	
又東過平輿縣南。	朗陵侯國 北宜春侯國 安成侯國 新蔡侯國 平輿侯國 鮦陽侯國 葛陵侯國	
卷二十二 **潁水**		
東南過其縣南。	陽城侯國	
又東南過潁陽縣西,又東南過潁陰縣西南。	潁陽侯國 潁陰侯國	
又東過西華縣北。	西華侯國	
又南過女陽縣北。	博陽侯國	

經　文	地　名	備　註
又東南至新陽縣北,濦蕅渠水從西北來注之。	宋公國 新陽侯國 細陽侯國 西門侯國 女陰侯國	
又東南至慎縣東南,入於淮。	慎侯國	
卷二十二		
洧水		
又東南過長社縣北。	許昌侯國 鄢陵侯國	
又東南過茅城邑之東北。	洧陽侯國	
卷二十二		
潩水		
潩水出河南密縣大騩山。	潁陰侯國	
卷二十二		
渠		
渠出滎陽北河,東南過中牟縣之北。	陽武侯國 中牟侯國	
又東至浚儀縣。	開封侯國	

經文	地名	備註
又屈南至扶溝縣北。	陽夏侯國 扶溝侯國 平陸侯國 平周亭侯國 扶樂侯國	
卷二十三 **陰溝水**		
東南至沛，爲濄水。	廣鄉侯國 龍亢侯國	
又東南至下邳淮陵縣，入於淮。	山桑侯國 向城侯國	
卷二十三 **汳水**		
汳水出陰溝於浚儀縣北。	成安侯國 考城侯國	
卷二十三 **獲水**		
獲水出汳水於梁郡鄢縣北。	虹侯國	
卷二十四 **睢水**		
睢水出梁郡鄢縣。	高陽侯國 涿侯國	

經　文	地　名	備　註
東過睢陽縣南。	粟侯國 敬丘侯國 芒侯國	
又東南過相縣南,屈從城北東流,當蕭縣南,入於陂。	湘成侯國 相侯國 符離侯國 睢陵侯國 下相侯國	七校本、注釋本作相成侯國。
卷二十四　瓠子河		
又東北過廩丘縣,爲濮水。	郕都侯國 庛侯國	
其東北者爲濟河,其東者爲時水,又東北至濟西,濟河東北入於海,時水東至臨淄縣西,屈南過太山華縣東,又南至費縣,東入於沂。	高苑侯國	
卷二十四　汶水		
過博縣西北。	龍鄉侯國 郕縣侯國	
又西南過無鹽縣南,又西南過	東平侯國 壽張侯國	

經　　文	地　　名	備　　註
壽張縣北，又西南至安民亭，入於濟。		
卷二十五 **泗水**		
又西過瑕丘縣東，屈從縣東南流，漷水從東來注之。	合鄉侯國	
又南過富平縣西，洸水從西北來流注之。	高平侯國	
又屈東過湖陸縣南，涓涓水從東北來流注之。	湖陸侯國 滕侯國	
又東過沛縣東。	平樂侯國 單父侯國 沛侯國 廣戚侯國	
卷二十五 **沂水**		
沂水出泰山蓋縣艾山。	東莞侯國 東安侯國 陽都侯國	

經　文	地　名	備　註
南過琅邪臨沂縣東，又南過開陽縣東。	費侯國	
卷二十五		
洙水		
洙水出泰山蓋縣臨樂山。	蓋侯國	
西南至卞縣，入於泗。	寧陽侯國 乘丘侯國	
卷二十六		
沭水		
又東過莒縣東。	辟土侯國	
又南過陽都縣，東入於沂。	有利侯國 建陵侯國 傴陽侯國	
卷二十六		
巨洋水		
巨洋水出朱虛縣泰山，北過其縣西。	朱虛侯國	
又北過臨朐縣東。	臨朐侯國	
又北過劇縣西。	劇侯國 北益都侯國	

經　文	地　名	備　註
又東北過壽光縣西。	壽光侯國	
又東北入於海。	平望侯國	
卷二十六 淄水		
又東過利縣東。	廣饒侯國 東安平侯國 營城侯國	
卷二十六 汶水		
北過其縣東。	安丘侯國	
卷二十六 濰水		
東北過東武縣西。	東武侯國	
又北過平昌縣東。	平昌侯國	
又北過高密縣西。	高密侯國 昌安侯國	
又東北過都昌縣東。	都昌侯國	
卷二十六 膠水		

經　文	地　名	備　註
膠水出黔陬縣膠山，北過其縣西。	祝茲侯國 扶侯國	
又北過夷安縣東。	夷安侯國	
又北過當利縣西，北入於海。	平度侯國	
卷二十八		
沔水		
又東過堵陽縣，堵水出自上粉縣，北流注之。	房陵侯國	
又東北流，又屈東南，過武當縣東北。	武當侯國	
又東南過涉都城東北。	涉都侯國	
又東南過酇縣之西南。	酇侯國	
又南過筑陽縣東，筑水出自房陵縣東，過其縣南流注之。	筑陽侯國	

經　　文	地　　名	備　　註
又東過山都縣東北。	山都侯國	
又從縣東屈西南，淯水從北來注之。	襄陽侯國 蔡陽侯國	
又南過邔縣東北。	邔侯國	
又東過荆城東。	竟陵侯國	
卷二十九 **沔水**		
又東北出居巢縣南。	居巢侯國	
卷二十九 **湍水**		
湍水出酈縣北芬山，南流過其縣東，又南過冠軍縣東。	酈侯國	
又東過白牛邑南。	白牛侯國 涅陽侯國	
卷二十九 **均水**		

經　文	地　名	備　註
又南當涉都邑北，南入於沔。	順陽侯國	
卷二十九 **比水**		
比水出比陽東北太胡山，東南流過其縣南，泄水從南來注之。	謝陽侯國	
又西至新野縣，南入於淯。	湖陽侯國	
卷三十　淮水		
淮水出南陽平氏縣胎簪山，東北過桐柏山。	義陽侯國	
又東過江夏平春縣北。	城陽侯國 安陽侯國 鄳侯國	
又東過新息縣南。	新息侯國 慎陽侯國	
又東過期思縣北。	期思侯國	
又東過原鹿縣南，汝水從西北來注之。	原鹿侯國	

經文	地名	備註
又東過廬江安豐縣東北,決水從北來注之。	富陂侯國	
又東過壽春縣北,肥水從縣西北流注之。	城父侯國	
又東過當塗縣北,渦水從西北來注之。	當塗侯國 平阿侯國	
又東過鍾離縣北。	襄陵侯國 穀熟侯國 建平侯國 酇侯國 鄲侯國 東城侯國 建城侯國 盱眙侯國	
又東過淮陰縣北,中瀆水出白馬湖,東北注之。	淮陰侯國 射陽侯國	
又東至廣陵淮浦縣,入於海。	利成侯國	
卷三十一		
淯水		
淯水出南陽魯陽縣西之堯山。	應鄉侯國	

經　　文	地　　名	備　　註
卷三十一 淯水		
淯水出弘農盧氏縣支離山，東南過南陽西鄂縣西北，又東過宛縣南。	博望侯國 房陽侯國 吕城侯國 杜衍侯國	
又屈南過淯陽縣東。	淯陽侯國 安樂鄉侯國	
又南過新野縣西。	堵陽侯國 棘陽侯國	大典本、黄本、吴本、沈本作赭陽侯國。
卷三十一 㶏水		
㶏水出㶏強縣南澤中，東入潁。	㶏強侯國	
卷三十一 瀙水		
瀙水出汝南吴房縣西北奥山，東過其縣北，入於汝。	吴房侯國 棠溪侯國 瀙陽侯國	吴本、七校本、注釋本、注疏本作堂溪侯國。
卷三十一 潕水		

經　文	地　名	備　註
潕水出潕陰縣西北扶予山,東過其縣南。	舞陽侯國	
又東過西平縣北。	西平侯國	
又東過定潁縣北,東入於汝。	定潁侯國	
卷三十二		
決水		
又北過安豐縣東。	安豐侯國 蓼侯國 陽泉侯國	
卷三十二		
江水		
又東過江陽縣南,洛水從三危山東過廣魏洛縣南,東南注之。	什邡侯國 江陽侯國	
卷三十五		
江水		
湘水從南來注之。	左州侯國	
鄂縣北。	軑侯國 西陵侯國	

經　　文	地　　名	備　　註
又東過蘄春縣南,蘄水從北東注之。	蘄春侯國	
卷三十六		
温水		
温水出牂柯夜郎縣。	夜郎侯國	
卷三十八		
資水		
資水出零陵都梁縣路山。	都梁侯國	
東北過夫夷縣。	夫夷侯國	
卷三十八		
漣水		
漣水出連道縣西,資水之别。	湘鄉侯國	
卷三十八		
湘水		
又東北過洮陽縣東。	洮陽侯國	
又東北過泉陵縣西。	舂陵侯國 泉陵侯國	

經　　文	地　　名	備　　註
卷三十九		
耒水		
又北過便縣之西。	便侯國	
卷三十九		
洣水		
洣水出茶陵縣上鄉，西北過其縣西。	茶陵侯國	
又西北過攸縣南。	攸輿侯國	
卷三十九		
漉水		
漉水出醴陵縣東漉山，西過其縣南。	醴陵侯國	
卷三十九		
贛水		
又西北過廬陵縣西。	安成侯國	
又東北過漢平縣南，又東北過新淦縣西。	宜春侯國	
又北過南昌縣西。	建成侯國	

五十二、故　都

《水經注》記載的故都地名，約在一百八十處左右。上起先秦，下迄北魏。在今天來説，對歷史學、歷史地理學和考古學等方面，都是有用的資料。

酈注記載的故都，一部分是遠古傳説的都會，例如卷十七，渭水注中的黄帝都；卷二十二，渠注中的伏羲都和神農都等，這些傳説中的地名，對今天來説，意義恐怕不大。但記載中的另外一些古代都會，却是很有價值的資料。例如商都，全注就有多次記載。從湯都尸（卷十六，穀水注）和亳（卷二十三，汳水注；卷二十四，睢水注）起，接着是仲丁由亳遷囂（卷七，濟水注），祖乙由相遷耿（卷六，汾水注），盤庚由耿遷亳（卷六，汾水注），[1]然後是武丁都沬（卷九，淇水注），最後是紂都大陸之野（卷九，淇水注）。這些記載，對我們了解商這個游牧部族的活動範圍和往返遷徙的道路，都能提供有用的綫索。

上古的中原部族如此，邊疆部族也是一樣。以南方的越部族爲例，卷四十，漸江水注就記載了這個部族的四處都城。四處之中，除了最後一處即句踐建都琅邪，説明已經進入中原角逐稱霸外，其餘大城、會稽和埤中三處，都是探索這個古代部族的活動範圍和遷徙動態的有用資料，是《吴越春秋》"隨陵陸而耕種，逐禽鹿而給食"[2]在地理上的具體註解。

---

① 卷九，洹水注又根據《竹書紀年》的記法，記載了盤庚由奄遷北蒙的傳説。

② 《吴越春秋》卷六。

關於周代的都城,酈注也有不少記載。像西周的都城鄗京和東周的都城王城等(均見卷十六,穀水注;卷十九,渭水注),這些當然都是衆所習知的。對於東周敬王因子朝之亂而由王城遷都成周的事,雖然有《左傳》杜註,[①]但是由於《春秋》和《左傳》的記載,都未直接提及遷都之事,因此歷來頗有爭論。[②] 在這方面,酈注記載也都可以提供考證的綫索。卷十五,洛水經"又東過洛陽縣西,伊水從西來注之"注云:

《春秋》昭公三十二年,晉合諸侯大夫戍成周之城,故亦曰成周也。

卷十六,穀水經"又東過河南縣北,東南入於洛"注云:

昔周遷殷民於洛,城皇逼狹,卑陋之所耳,晉故城成周以居敬王。

我對這個問題素乏研究,對王城是否即成周的爭論自無插言餘地。但杜註甚明,而穀水注又正與杜註合。則酈注資料至少可以提供這方面研究的參考。

對於周秦以後的我國都會,由於其時距酈氏漸近,因此記載特詳。例如卷十九,渭水經"又東過長安縣北"注中記載的秦漢故都長安城,舉凡城門、城郭、街衢、宫殿、園苑等等,無不一一記載。宋程大昌所繪製的《漢長安城圖》,主要即根據《水經注》記載的資料。[③] 卷十六,穀水經"又東過河南縣北,東南入於洛"注中記載的洛陽城,對於這個東周,後漢、魏、晉的故都和酈氏當代的首都,記載當然特别詳細。在這條經文之下,酈氏作注七千四百餘言,成爲全書第一長注,描述之詳,可以想見。此外,在卷十三,㶟水經"㶟水出鴈門陰館縣,東北過代郡桑乾縣南"注中,又記載了北魏的舊都平城。雖然平城只不過是一個小小的都城,但記載也十分詳盡。對上述這些都會在北魏及其以前的記載,酈注乃是我國古籍中最詳盡的記載之一,確爲有關我國故都的珍貴資料。

《水經注》記載的故都,除了歷代首都以外,也記載了其他許多著名的大都會。卷十,濁漳水經"又東出山,過鄴縣西"注中的五都即是其例。注云:

魏因漢祚,復都洛陽,以譙爲先人之本國,許昌爲漢之所居,長安爲西京之遺迹,鄴爲王業之本基。故號五都也。

---

① 《左傳》昭公三十二年杜註:"子朝之亂,其餘黨多在王城,敬王畏之,徙都成周,成周狹小,故請城之。"

② 童書業《春秋王都辨疑》下編,《成周爲東都大名王城爲成周内城考》(《中國古代地理考證論文集》第六十一至六十二頁):"欲明瞭春秋時代周室確未遷都,須先明瞭敬王所居之成周即平王所居之王城。"又顧頡剛、章巽編,譚其驤校《中國歷史地圖集》古代史部分(地圖出版社版)第五圖,春秋列國圖,成周城用括弧加註(王城)字樣。以上二説,均認爲成周即是王城,則敬王未曾遷都。但侯仁之主編《中國古代地理學簡史》(科學出版社版)第三頁:"根據這次占卜的結果,果真建築了兩座城,居於澗水之東瀍水之西的,叫做王城,居於瀍水之東的叫做成周。王城是一個統治中心,成周等於是一個集中營,把不服周朝統治的殷商大小奴隸主,一齊遷到這裏,以便監視。"(兩城具體位置可參閲同書第四頁圖一,王城成周位置略圖)。上説,成周、王城固爲二地,則敬王實已遷都。

③ 《漢長安城圖》(《雍録》卷二):"漢都長安城在唐大興宫北十三里,此圖本《水經注》爲之而參以它書也。《水經》敍載方面名稱頗爲周悉,而時與它書不同。"

這裏,許昌不過是短期定都,而譙和鄴都並不曾作爲首都,[1]但由於這些都會在當時具有政治影響,酈注乃加以記載。以其對鄴城的記載爲例。注云:

其城東西七里,南北五里,飾表以磚,百步一樓,凡諸宫殿門臺隅雉,皆加觀榭,層甍反宇,飛檐拂雲,塗以丹青,色以輕素,當其全盛之時,去鄴六、七十里,遠望苕亭,巍若仙居。

對於鄴城全盛時期的城市規模和建設的這樣全面的記載,酈注以外也不是多見的,都是有關我國故都的有用資料。

除了我國歷代故都外,《水經注》還記載了許多當時的外國都城。例如卷二,河水注記載了古代西域許多國家的都城。卷十四,浿水注記載了高勾麗國的都城。爲了確定這個都城的地理位置,酈氏還特地訪問了當時高勾麗國來我國的外交使節。[2] 在卷一,河水注中,還記載了一些今印度恒河流域的古代國都如波羅奈城、巴連弗邑、王舍新城、瞻婆國城等,其中有些國都有很大的規模。例如波羅奈國國都波羅奈城,除了酈注的記載外,後來曾身歷其境的唐釋玄奘記云:

婆羅痆斯國周四千餘里,國大都城西臨殑伽河,長十八、九里,廣五、六里,閭閻櫛比,居人殷盛,家積巨萬,室盈奇貨。[3]

這裏説明,酈注記載的故都資料,還可以與以後的記載相印證。

卷三十六,温水經"東北入於鬱"注中對今中南半島古代林邑國都,記載得非常詳細,成爲這個地區歷史地理學和考古學研究的重要依據。注云:

浦西,即林邑國都也,治典冲,去海岸四十里。……其城西南際山,東北瞰水,重塹流浦,周繞城下。東南塹外,因傍薄城,東西横長,南北縱狹,北邊兩端迴折曲入,城周圍八里一百步,塼城二丈,上起塼牆一丈,開方隟孔,塼上倚板,板上層閣,閣上架屋,屋上構樓,高者六、七丈,下者四、五丈,飛觀鴟尾,迎風拂雲,緣山瞰水,騫翥嵬崿,但制造壯拙。稽古夷俗,城開四門:東爲前門,當兩淮渚濱,於曲路有古碑,夷書銘讚前王胡達之德。西門當兩重塹,北迴上山,山西即淮流也。南門度兩重塹,對温公壘,升平二年,交州刺史温放之殺交趾太守杜寶、别駕阮郎,遂征林邑,水陸累戰,佛保城自守,重求請服,聽之,今林邑東城南五里有温公壘是也。北門濱淮,路斷不通。城内小城,周圍三百二十步。合堂瓦殿,南壁不開,兩頭長屋,脊出南北,南擬背日。西區城内,石山順淮面陽,開東向殿,飛檐鴟尾,青瑣丹墀,

① 鄴在北魏以後,曾爲東魏、北齊二朝的首都。
② 卷十四,浿水注:"余訪蕃使,言城在浿水之陽。"
③ 《大唐西域記》卷七。

榱題角椽,多諸古法。閣殿上柱高丈餘五,牛屎爲埿,牆壁青光迴度,曲掖綺牖,紫窗椒房,嬪媵無别,宫觀、路寢、永巷共在殿上,臨踞東軒,逕與下語,子弟臣侍,皆不得上。屋有五十餘邸,連甍接棟,檐宇如承,神祠鬼塔,小大八廟,層臺重榭,狀似佛刹。郭無市里,邑寡人居,海岸蕭條,非生民所處,而首渠以永安養國十世,豈久存哉。

對於古代林邑國都城,上述酈注的這段記載,至今已成爲歷史上絶無僅有的資料。是對這個地區進行歷史地理研究的重要依據。① 下面註釋中所引的鄂盧梭氏的論述,可以充分看到《水經注》有關林邑國都的記載,在今日歷史地理考證中的重要價值。

---

① 根據《水經注》的記載以進行古代林邑國都的歷史地理研究的著作,可舉以下三例:

一、伯希和在其《交廣印度兩道考》第四十八至四十九頁,引用酈注關於林邑國都的大部注文,然后在第五十九頁雲:"林邑古都似在廣南"。

二、馬司帛洛(H·Maspero)《宋初越南半島諸國考》(馮承鈞譯《西域南海史地考證一編》第一二六頁):"《水經注》卷三十六所志六世紀初年之林邑都城,得爲十世紀之因陀羅補羅。"

三、鄂盧梭《占城史料補遺》(馮承鈞譯《西域南海史地考證二編》第一三七至一三九頁):"根據上文所述,林邑國最古都城大致在廣南之南,去海約二十公里的一水之上,此水是兩條水道匯合而成的。則應在廣南水系之上尋求此典冲城,其水道應是占不勞(Culao Cham)島對面入海之 Sông Ba - rén 水或 Sông Thu - bôn 水,若在去海二十公里的交切綫上去尋典冲城,在后一水上毫無可以注意的遺跡,在前一水二則有一個世人所熟識的古跡,這就是茶蕎的古跡,按照《水經注》的記載,林邑的古都或者在此,可是按照 Parmentier 所撰的《安南占種古籍調查表》之考證,此種或然性竟成事實,表中引有伯希和所撰的《交廣印度兩道考》中之一段,并云:他説現在廣南尚未尋出一個適應《水經注》的記載之要城,這句話錯了,其實距美山十五公里,距洞陽二十公里之茶蕎地方,有座塼城,奇合《水經注》的記載,《水經注》説:'城周圍八里一百步,塼城二丈,上起塼墻一丈',現在所存的城墻無幾,不能確定它的周圍,可是它一面靠水,一面陂陀起伏,每面不難寬有一公里,至若城墻是用塼造,其塼之多,致使人可以在附近用其餘塼建造一個大教堂同一個傳道會。《水經注》又説:'城開四門,東爲前門,當兩淮渚濱',現在茶蕎的東邊就是出入很利便的所在,其東北有種種河流。《水經注》又云:'於曲路有古碑,夷書銘贊前王胡達之德',顧在其西四公里略微偏北之河岸,有一 Hon Cuc 大碑,此處七世紀以前的古刻甚稀,殆因岩上刻字的習慣,同字體之大,所以能够保存,方位雖然不對,我想只有此種摩崖可以使外人注意,五世紀初年的範胡達,頗有爲建此 Hon Cuc 碑刻的 Bhadravarman 之可能。馬司帛洛曾在他的《占婆國考》中作此考訂。《水經注》又云:'西門當兩重塹,北迴上山',此處有一直綫小支流,與河流并行,好像就是此塹之遺跡,其西南則倚一小丘,《水經注》又云:'南門度兩重塹,對温公壘',南邊并無可以注意之點,可是有一小丘,占波人在此方面防守當然愈嚴。《水經注》又云:'北門濱淮,路斷不通',此處是河流主流經過之所,可是后來河流遷徙,改道昔日距城較遠之一支流,就算此支流甚小,亦足使路斷不通。《水經注》又云:'城内小城周圍三百二十步',茶蕎城中有一小丘,或者不是天然的,其平臺每方不過五十公尺,則亦距八十步不遠。《水經注》又云:'小大八廟',茶蕎城中有不少古代雕刻,昔在丘上曾建有廟堂一所,今日保存之最早占種塼造古物不逾七世紀,好像從前營建之物是以木爲之,因外侵而被毁,亦理中必有之事。由是觀之,謂其爲林邑古都并無不可能,反有不少或能性。"

故　都

經　文	地　名	備　註
卷一　河水		
屈從其東南流,入渤海。	馮夷都	注云:"《山海經》曰:南即從極之淵也,一曰中極之淵,深三百仞,惟馮夷都焉。"
	瞻婆國城	
	帝之下都	注云:"《山海經》曰:崑崙之丘,實惟帝之下都。"
卷二　河水		
又南入蔥嶺山,又從蔥嶺出而東北流。	罽賓國治	注云:"河水又西逕罽賓國北,月氏之破,塞王南君罽賓,治循鮮城。"
	月氏國治	注云:"河水又西逕月氏國南,治監氏城。"
	安息國城	注云:"又西逕安息國南,城臨嬀水。"
	揵陀越王城	
	佛袈裟王城	
	伽舍羅逝國城	注云:"釋氏《西域記》曰:有國名伽舍羅逝,此國狹小,而總萬國之要道無不由,城南有水。"
	無雷國治	注云:"一水東流逕無雷國北,治盧城。"
	蒲犂國治	注云:"河水又東逕蒲犂國北,治蒲犂。"何校明鈔本作治滿梨。
	皮山國治	注云:"河水又東逕皮山國北,治皮山城。"
其一源出于闐國南山,北流與蔥嶺所出河合,又東注蒲昌海。	于闐國治	注云:"自置北流逕于闐國西,治西城。"
	扜彌國治	注云:"南河又東北逕扜彌國北,治扜彌城。"
	且末國治	注云:"又北逕且末城西,國治。"
	鄯善國治	注云:"注濱河又東逕鄯善國北,治伊循城。"
	疏勒國城	注云:"西北流逕疏勒國南,……東南流逕疏勒城下。"
	莎車國治	注云:"枝河又東逕莎車國南,治莎車城。"
	温宿國治	注云:"枝河又東逕温宿國南,治温宿城。"
	姑墨國治	注云:"東南流逕姑墨國西,治南城。"
	龜兹國城	注云:"北河又東逕龜兹國南,……西南入龜兹城。"
	烏壘國治	注云:"東川水又東南逕烏壘國南,治烏壘城。"
	焉耆國治	注云:"右水東南流,又分爲二,左右焉耆之國,城居四水之中,在河之洲,治員渠城。"

經　文	地　名	備　註
	危須國治	注云:"導於危須國西,國治危須城。"
	尉犂國治	注云:"敦薨之水自西海逕尉犂國,國治尉犂城。"
	渠犂國治	注云:"又東南流逕渠犂國治渠犂城。"
	墨山國治	注云:"河水又東逕墨山國南,治墨山城。"
	姜賴之虛	大典本作羌賴之靈,黄本、吴本、嚴本、沈本作姜賴之靈。
又東過金城允吾縣北。	京城	
又東過天水北界。	乞佛都	注云:"有東西二苑城,相去七十里,西城,即乞佛所都也。"
卷四　河水		
又南過蒲坂縣西。	舜都	注云:"皇甫謐曰:舜所都也,或言蒲坂,或言平陽及潘者也。"
	舜都	見上註(或言平陽)。
	舜都	見前註(及潘者也)。
	堯都	注云:"闞駰曰:蒲坂堯都。"
又東過大陽縣南。	虢都	注云:"《竹書紀年》曰:晉獻公十有九年,獻公會虞師伐虢,滅下陽,虢公醜奔衞,獻公命瑕父吕甥邑於虢都。《地理志》曰:北虢也。"
又東過平陰縣北,清水從西北來注之。	赤翟之都	注云:"清水逕其南,東流歷臯落城北,服虔曰:赤翟之都也。"
卷五　河水		
又東過平縣北,湛水從北來注之。	京師	
	河之九都	注云:"《山海經》曰:和山上無草木而多碧瑶,實惟河之九都。"

經　文	地　名	備　註
又東過滎陽縣北，蒗蕩渠出焉。	西京	
又東北過黎陽縣南。	衛文公都	注云："有白馬城，衛文公東徙，渡河都之。"
又東北過衛縣南，又東北過濮陽縣北，瓠子河出焉。	魏都	注云："昔魏徙大梁，趙以中牟易魏。"
卷六　汾水		
又南過大陵縣東。	晉故京	注云："又西逕京陵縣故城北，王莽更名曰致城矣，於《春秋》爲九原之地也。故《國語》曰：趙文子與叔向遊於九原曰：死者若可作也，吾誰與歸，叔向曰：其陽子乎。文子曰：夫陽子行并植於晉國，不免其身，智不足稱。叔向曰：其舅犯乎。文子曰：夫舅犯見利不顧其君，仁不足稱，吾其隨會乎，納諫不忘其師，言身不失其友，事君不援而進，不阿而退。其故京尚存。"
	漢代王都	注云："《春秋》昭公二年，晉侯執陳無宇於中都者也，漢文帝爲代王，都此。"
又南入河東界，又南過永安縣西。	霍伯之都	注云："漢順帝陽嘉三年，改曰永安縣，霍伯之都也。"
歷唐城東。	堯都	注云："薛瓚注《漢書》云：堯所都也，東去彘十里。"
又南過平陽縣東。	堯都 舜都	注云："應劭曰：(平陽)縣在平河之陽，堯舜並都之也。" 見之註。
	韓武子都	注云："《竹書紀年》晉烈公元年，韓武子都平陽。"

經　　文	地　　名	備　　註
又屈從縣南西流。	皇都	注云:“太和中,皇都徙洛。”
又西過長脩縣南。	冀國都	注云:“京相璠曰:今河東皮氏縣有冀亭,古之冀國所都也”。
又西過皮氏縣南。	殷都	注云:“汾水又西逕耿鄉城北,故殷都也,帝祖乙自相徙此,爲河所毁,故《書敍》曰:祖乙圮於耿,杜預曰:平陽皮氏縣東南耿鄉是也。盤庚以耿在河北,迫近山川,乃自耿遷亳。”
	殷都	見上註(帝祖乙自相徙此)。
	殷都	見前註(乃自耿遷亳)。
	趙襄子都	注云:“晉獻公滅耿以封趙夙,後襄子與韓、魏分晉,韓康子居平陽,魏桓子都安邑,號爲三晉。”
	韓康子都	見上註(韓康子居平陽)
	魏桓子都	見前註(魏桓子都安邑)。
卷六　澮水		
澮水出河東絳縣東澮交東高山。	晉穆侯都	注云:“按《詩譜》言:晉穆侯遷都於絳暨,孫孝侯改絳爲翼,翼爲晉之舊都也。”絳暨,注箋本、項本、張本作絳翼。
	晉舊都	見上註。
	絳都	
	韓都	注云:“時韓居平陽,魏都安邑。”
	魏都	見上註。
西過其縣南。	晉景公都	注云:“《春秋》成公六年,晉景謀去故絳,欲居郇瑕,韓獻子曰:土薄水淺,不如新田,有汾澮以流其惡,遂居新田。”
卷六　涑水		
又西南過安邑縣西。	禹都	注云:“安邑,禹都也,……春秋時,魏絳自魏徙此。”
	魏都	見上註。

經　文	地　名	備　註
又南過解縣東,又西南注於張陽池。	郇瑕氏之墟	注云:"服虔曰:郇國在解縣東,郇瑕氏之墟也。"
卷六　晉水		
又東過其縣南,又東入於汾水。	晉舊都	注云:"杜預曰:大鹵,晉陽縣也,爲晉之舊都。"
卷七　濟水		
與河合流,又東過成皋縣北,又東過滎陽縣北,又東至礫溪南,東出過滎澤北。	殷都	注云:"皇甫謐《帝王世紀》曰:仲丁自亳徙囂。"
	殷仲丁都	見上註。
	京城	
卷八　濟水		
又北過須昌縣西。	須朐都	注云:"京相璠曰:須朐,一國二城,兩名,蓋遷都須昌,朐是其本。"
	須朐都	見上註。
其一水東南流者,過乘氏縣南。	衛文公都	注云:"衛懿公爲狄所滅,衛文公東徙渡河,野處曹邑,齊桓公城楚丘以遷之。"
又東過東緡縣。	宋都	注云:"鄒衍曰:余登緡城以望宋都者也。"
卷九　沁水		
又東過野王縣北。	衛都	注云:"衛元君自濮陽徙野王。"
	衛元君都	見上註。
	皇都	注云:"皇都遷洛。"

經　　文	地　　名	備　　註
卷九　淇水		
淇水出河内隆慮縣西大號山。	殷都	注云:"《晉書地道記》曰:本沬邑也。《詩》云:爰采唐矣,沬之鄉矣。殷王武丁始遷居之,爲殷都也。"
	紂都	注云:"紂都在《禹貢》冀州大陸之野。"
屈從縣東北與洹水合。	魏武侯别都	注云:"魏縣故城,應劭曰:魏武侯之别都也。"
卷九　洹水		
又東北出山,過鄴縣南。	殷墟	注云:"洹水出山東逕殷墟北,《竹書紀年》曰:盤庚即位,自奄遷於北蒙。"
	殷都	見上註(奄)。
卷十　濁漳水		
又東出山,過鄴縣西。	魏都	注云:"昔魏文侯以西門豹爲鄴令也,引漳以溉,民賴其用。……故左思之賦《魏都》,謂墱流十二,同源異口者也。"
	京城	
	魏都	注云:"魏因漢祚,復都洛陽。"
	五都	注云:"魏因漢祚,復都洛陽,以譙爲先人本國,許昌爲漢之所居,長安爲西京之遺跡,鄴爲王業之本基,故號五都焉。"
	洛陽	見上註。
	譙	見五都註。
	許昌	見五都註。
	長安	見五都註。
	西京	見五都註。
	鄴	見五都註。
卷十　清漳水		

經　文	地　名	備　註
清漳水出上黨沾縣西北少山大要谷，南過縣西，又從縣南屈。	閼與舊都	注云："盧湛《征艱賦》曰：訪梁榆之虚郭，弔閼與之舊都，闞駰亦云：閼與，今梁榆城是也。"《潛邱劄記》卷三，釋地餘論，引《水經注》作"弔閼與之舊平"。
卷十一　易水		
易水出涿郡故安縣閻鄉西山。	燕下都	注云："易水又東逕武陽城南，……故燕之下都，擅武陽之名。"
東過范陽縣南，又東過容城縣南。	上京	
卷十一　滱水		
又東過唐縣南。	後燕都	注云："後燕因其故宫，建都中山。"
卷十三　㶟水		
㶟水出鴈門陰館縣，東北過代郡桑乾縣南。	魏都 皇都 舜都	注云："其水又南屈逕平城縣故城南，……魏天興二年，遷都於此。" 注云："司州代尹治皇都洛陽。" 注云："舊瀆上承潘泉於潘城中，或云：舜所都也。"
卷十四　浿水		
浿水出樂浪鏤方縣，東南過臨浿縣，東入於海。	朝鮮都 高句麗國治	注云："昔燕人衞滿自浿水西至朝鮮，朝鮮，故箕子國也，……戰國時，滿乃王之，都王險城。" 注云："其地，今高句麗之國治。"

經　文	地　名	備　註
卷十五　洛水		
又東過洛陽縣西,伊水從西來注之。	王城	注云:"《左傳》昭公三十二年,杜預注:子朝之亂,其餘黨多在王城,敬王畏之,徙都成周。"
	成周	見上註。
	光武都	注云:"屬光武中興,宸居洛邑。"
又東過偃師縣南。	滑國都	注云:"休水又逕延壽城南,緱氏縣治,故滑費,《春秋》滑國所都也。"
卷十五　伊水		
又東北過陸渾縣南。	陸渾都	注云:"伊水又東北,涓水注之,水出陸渾西山,即陸渾都也。"陸渾都,注箋本、項本、張本作陸渾山。
卷十六　穀水		
又東過河南縣北,東南入於洛。	成周	注云:"何休曰:名爲成周者,周道始成,王所都也。"
	王之東都	注云:"京相璠曰:郟,山名;鄏,地邑也。卜年定鼎爲王之東都,謂之新邑,是爲王城。"
	光武都	注云:"光武都洛陽以爲尹。"
	京師	
	京都	
	皇都	注云:"魏太和中,皇都遷洛陽"。
	殷湯都	注云:"班固曰:尸鄉,故殷湯所都也,故亦曰:湯亭。薛瓚《漢書注》,皇甫謐《帝王世紀》並以爲非,以爲帝嚳都矣。"
	帝嚳都	見上註。
卷十七　渭水		

經　　文	地　　名	備　　註
又東過陳倉縣西。	黄帝都	注云:"姚睦曰:黄帝都陳,言在此。"
	秦文公都	注云:"《史記》:秦文公東獵汧田,因遂都其地。"
卷十八　渭水		
又東過武功縣北。	西虢都	注云:"《晉書地道記》以爲西虢地也,《漢書·地理志》以爲西虢縣,《太康地記》曰:虢叔之國矣,有虢宫,平王東遷,叔自此至上陽,爲南虢矣。"
	南虢都	見上註。
卷十九　渭水		
又東過槐里縣南,又東,澇水從南來注之。	周懿王都	注云:"渭水又東逕槐里縣故城南,縣,古大丘邑也,周懿王都之。"注箋本、項本、注釋本、張本作"周赧王都之"。
	塞王都	注云:"司馬欣爲塞王,都櫟陽。"
	翟王都	注云:"董翳爲翟王,都高奴。"
	雍王都	注云:"章邯爲雍王,都廢丘。"
又東,豐水從南注之。	周武王都	注云:"渭水又東北與鄗水合,水上承鄗池於昆明池,周武王之所都也,故《詩》云:考卜維王,宅是鄗京。"
	鄗京	
	秦獻公都	注云:"獻公都櫟陽。"
	秦孝公都	注云:"至孝公,作咸陽,築冀闕而徙都之。"
	漢高帝都	注云:"太史公曰:長安,故咸陽也,漢高帝更名新城。"
	漢武帝都	注云:"武帝元鼎三年,别爲渭城,在長安西北渭水之陽。"
	王莽京城	注云:"王莽之京城也。"
又東過霸陵縣北,霸水從縣西北流注之。	秦都	注云:"以近咸陽秦漢都。"
	漢都	見上註。
	京師	

經　　文	地　　名	備　　註
又東過鄭縣北。	周穆王都	注云:"《漢書》薛瓚注:言自周穆王已下,都於西鄭,不得以封桓公也,幽王既敗,虢儈又滅,遷居其地,國於鄭父之丘,是爲鄭桓公,無封京兆之文。"
	鄭桓公都	見上註。
	京兆	
卷二十二		
潁水		
又東南過陽翟縣北。	鄭大都	注云:"櫟,鄭之大都。"
	韓都	注云:"宋忠曰:今陽翟也,周末,韓景侯自新鄭徙都之。"
	韓景侯都	見上註。
又東南至新陽北,蒗蕩渠水從西來注之。	楚襄王別都	注云:"又東逕項城中,楚襄王所郭以爲別都。"
卷二十二		
洧水		
東南過其縣南。	鄶都	注云:"劉楨云:鄶在豫州外方之北,北鄰於虢,都滎之南。"
又東過新鄭縣南,潧水從西北來注之。	鄭桓公都	注云:"《竹書紀年》晉文侯二年,周惠王子多父伐鄶,克之,乃居鄭父之丘,名之曰鄭,是曰桓公。"
	有熊氏之墟	注云:"皇甫士安《帝王世紀》云:或言縣故有熊氏之墟,黄帝之所都也,鄭氏徙居之,故曰新鄭矣。"
	黄帝都	見上註。
	鄭都	見上註。
卷二十二		
潧水		
潧水出鄭縣西北平地。	成周	

經　文	地　名	備　註
卷二十二		
渠		
渠水滎陽北河,東南過中牟縣之北。	趙都	注云:"東北流逕中牟縣故城西,昔趙獻侯自耿都此,班固云:趙自邯鄲徙也。"
	趙獻侯都	見上註。
	趙都	見上註(趙自邯鄲徙也)。
又東至浚儀縣。	魏都	注云:"又東逕大梁城南,本春秋之陽武高陽鄉也,於戰國爲大梁,……後魏惠王自安邑徙都之。"
	魏惠王都	見上註。
	漢孝王都	注云:"漢文帝封孝王於梁,孝王以土地下濕,東都睢陽又改曰梁。"
	漢孝王東都	見上註。
	鄭都	注云:"渠水右與汜水合,水上承役水於苑陵縣,縣,故鄭都也。"
其一者,東南過陳縣北。	伏羲都	注云:"又東南逕陳城北,故陳國也,伏羲、神農並都之。"
	神農都	見上註。
	楚襄王都	注云:"後楚襄王爲秦所滅,徙都於此。"
卷二十三		
汳水		
又東至梁郡蒙縣,爲獲水,餘波南入睢陽城中。	湯都	注云:"闞駰曰:湯都也,亳,本帝嚳之墟。"
	帝嚳之墟	見上註。
又東至彭城縣北,東入於泗。	項羽都	注云:"文穎曰:彭城,故東楚也,項羽都焉,謂之西楚,漢祖定天下,以爲楚郡,封弟爲楚王,都之。"
	漢楚王都	見上註。
卷二十四		
睢水		

經　　文	地　　名	備　　註
東過睢陽縣南。	湯都	注云:"又東逕亳城北,南亳也,即湯所都矣。"
	宋都	注云:"周成王封微子啟於宋以嗣殷,後爲宋都也。"
又東過相縣南,屈從城北東流,當蕭縣南,入於陂。	宋共公都	注云:"睢水又東逕相縣故城南,宋共公之所都也。"
卷二十四		
瓠子河		
瓠子河出東郡濮陽縣北河。	顓頊之墟	注云:"河水舊東決,逕濮陽城東北,故衞也,帝顓頊之墟。"
	顓頊故都	注云:"昔顓頊自窮桑徙此,號曰商丘,或亦謂之帝丘,……亦夏伯昆吾之都,殷相土又都之。"
	顓頊都	見上註。
	夏伯昆吾都	見顓頊故都註。
	殷相土都	見顓頊故都註。
其東北者爲濟河,其東者爲時水,又東北至濟西,濟河東北入於海,時水又東至臨淄縣西,屈南過太山華縣東,又南至費縣,東入於沂。	膠西王國都	注云:"《史記》:漢文帝十五年,分齊爲膠西王國,都高苑。"
卷二十五		
泗水		
西南過魯縣北。	少昊之墟	注云:"縣,即曲阜之地,少昊之墟。"

經　　文	地　　名	備　　註
又東過沛縣東。	宋别都	注云:"《陳留風俗傳》曰:縣南有渠水,於《春秋》爲宋之曲棘里,故宋之别都矣。"
又東南過下邳縣西。	漢楚王都	注云:"漢徙齊王韓信爲楚王,都之。"
卷二十六		
濰水		
濰水出琅邪箕縣濰山。	句踐都	注云:"句踐并吴,欲霸中國,徙都琅邪。"
又北過高密縣西。	高密南都	注云:"古所謂高密之南都也。"
卷二十七		
沔水		
沔水出武都沮縣東狼谷中。	京師	
東過南鄭縣南。	漢王都	注云:"漢高祖入秦,項羽封爲漢王,蕭何曰:天漢,美名也,遂都南鄭。"
卷二十八		
沔水		
又東北流,又屈東南,過武當縣東北。	楚都	注云:"纏絡鄢郢,地連紀都,咸楚都矣。"
又南過宜城縣東,夷水出自房陵,東流注之。	鄢郢舊都	注云:"城,鄢郢之舊都,秦以爲縣,漢惠三年,改曰宜城。"
	楚昭王故都	注云:"縣北有大城,楚昭王爲吴所迫,自紀郢徙都之,即所謂鄢都盧羅之地也。"
	楚昭王都	見上註。

經　文	地　名	備　註
又東過荆城東。	楚文王故都	注云:"江陵西北有紀南,楚文王自丹陽徙此,平王城之,班固言楚之郢都也。"
	楚文王都	見上註。
	楚郢都	見上註。
卷二十九 比水		
比水出比陽東北太胡山,東南流,過其縣南,泄水從南來注之。	南都	注云:"張衡賦《南都》,所謂天封太胡者也。"
	申伯都	注云:"水出謝城北,其源微小,至城漸大,周迴側水,申伯之都邑。"
卷三十　淮水		
又東過廬江安豐東北,决水從北來注之。	京都	
又東過鍾離縣北。	湯都	注云:"《帝王世紀》曰:穀熟爲南亳,即湯都也。"
卷三十一 淯水		
淯水出弘農盧氏縣支離山,東南過南陽西鄂縣西北,又東過宛縣南。	京師	注云:"又南逕宛城東,其城,故申伯之都。"
	申伯都	
卷三十三 江水		

經　文	地　名	備　註
又東南過犍爲武陽縣,青衣水、沫水從西南來,合而注之。	蜀王開明故治	
又東過江陽縣南,洛水從三危山東過廣魏洛縣南,東南注之。	三都	注云:"洛水又南逕新都縣,蜀有三都,謂成都、廣都,此其一焉。"
	新都	見上註。
	成都	見三都註。
	廣都	見三都註。
又東北至巴郡江州縣東,強水、涪水、漢水、白水、宕渠水五水,合南流注之。	京師	
又東至枳縣西,延江水從牂柯郡,北流西屈注之。	巴子别都	
又東過魚復縣南,夷水出焉。	楚都	注云:"庾仲雍曰:楚都丹陽所葬,亦猶枳之巴陵矣。"
卷三十四		
江水		
又東過秭歸縣之南。	楚子熊繹都	注云:"楚子熊繹始封丹陽之所都也。"
卷三十五		
江水		

經　文	地　名	備　註
又東過邾縣南。	楚宣王都	注云:"楚宣王滅邾,徙居於此。"
	衡山王都	注云:"漢高帝元年,項羽封吴芮爲衡山王,都此。"
鄂縣北。	孫權都	注云:"《九州記》曰:鄂,今武昌也,孫權以魏黄初元年,自公安徙此,改曰武昌縣。"
	孫權都	見上註(改曰武昌縣)。
	孫權都	注云:"至黄龍元年,權遷都建業。"
卷三十六		
桓水		
桓水出蜀郡岷山,西南行羌中,入於南海。	京師	
卷三十六		
温水		
温水出牂柯夜郎縣。	滇國都	注云:"又東逕味縣,縣,故滇國都也。"
東北入於鬱。	林邑都	注云:"浦西,即林邑都也,治典冲。"
卷三十七		
葉榆河		
過交趾羌泠縣北,分爲五水,絡交趾郡中,至南界,復合爲三水,東入海。	京師	
卷三十八		
湘水		

經　　文	地　　名	備　　註
又北過臨湘縣西,瀏水從縣西北流注。	唐姬子發都	注云:"蘇林曰:青陽,長沙縣也,……漢景帝二年,封唐姬子發爲王,都此。"
卷四十　漸江水		
北過餘杭,東入於海。	句踐都	注云:"句踐都瑯邪。"
	越王無餘舊都	注云:"山南有嶕、峴,峴裏有大城,越王無餘之舊都也。"
	句踐都	注云:"句踐稱王,都於會稽。"
	越王都	注云:"《吴越春秋》所謂越王都埤中,在諸暨北界。"
卷四十　《禹貢》山水澤地所在		
都野澤在武威縣東北。	匈奴休屠王都	注云:"澤水又東北流,逕馬城東,城即休屠縣之故城也,本匈奴休屠王都。"

城邑、郊郭　城邑是《水經注》記載的各類地名中很重要的一類。在前述各級地方行政區劃中，州、郡國、縣、侯國等都有城的建築，另外還有許多小城，所以數量極大，酈注記載的城邑，爲數多達二千八百餘處。

我國建城的歷史十分悠久。《類聚》引《博物志》云：“禹作城，彊者攻，弱者守，敵者戰，城郭自禹始也。”[①]這當然只是一種傳説。商代是否建城，雖然還不能肯定，但在考古學方面已經稍獲端倪。[②] 至於西周，則建城的記載十分清楚可靠。《尚書·洛誥》云：

> 召公既相宅，周公往營成周，使來告卜，作《洛誥》。周公拜手稽首曰：予惟乙卯，朝至於洛師。我卜河朔黎水。我乃卜澗水東、瀍水西，惟洛食。我又卜瀍水東，亦惟洛食。伻來以圖及獻卜。

此處的所謂“告卜”，既是古代的一種儀式，但也具有勘測意義。卷十五，洛水經“又東過洛陽縣南，伊水從西來注之”注云：

> 洛陽，周公所營洛邑也。故《洛誥》曰：我卜瀍水東，亦惟洛食。其城方七百二十丈，南繫於洛水，北因於郟山，以爲天下之凑。

如上述，把都城建立在這樣一個地理位置上。在地形上背山面水，在交通運輸上處於天下（當時的統治範圍）的樞紐，而且事前曾經繪製地圖。這樣的建城，與其説是占卜所得，毋寧説是勘測的結果。因此，上述《洛誥》和洛水注的記載，乃是從勘測設計直到建城的一個完整的記録。西周以後，從東周、春秋、戰國以至於秦，建城的記載史不絶書。僅從《水經注》來看，也已累篇滿牘。如卷六，澮水注的“城絳”；卷七，濟水注的“城陽向”；卷十，濁漳水注的“築五鹿、中牟、鄴”；卷二十二，潁水注的“城上棘”；卷二十六，濰水注的“城諸及鄆”和秦始皇的築琅邪郡城等等。當然，在這一時期所建的城郭，其建造之處往往都是當時的重要都會或是與戰爭防守有關的地方。對廣大的一

---

① 《藝文類聚》卷六十三，居處部三，城。

② 李學勤《殷代地理簡論》（科學出版社版）第八頁：“在安陽并没有找到殷代城垣的遺跡，但最近發現的鄭州商人遺址是有城垣的，而且規模很大，所以我們不能貿然斷言殷没有城垣。”河南省博物館等《鄭州商代遺址》（《文物》，一九七七年第五期）文中，記此城垣甚詳。

般縣邑,恐怕還没有普遍建立城郭。全國縣邑的普遍建城,爲時當在漢初。卷二,河水經"又東過隴西河關縣北,洮水從東南來流注之"注云:

漢高帝六年,令天下縣邑城。張晏曰:令各自築其城也。

自此,全國各地普遍建立城郭,春秋戰國以來有些因陋就簡不符規格的城郭,此時也可能進行增修。隨着生産的發展、户口的增加,大型城邑也陸續出現。除以前匯編的故都類地名中有許多規模很大的城邑外,在地方城邑中也有規模很大的出現。卷十一,滱水經"又東過博陵縣南"注中的"曲逆城"可以爲例。注云:

漢高帝擊韓王信,自代過曲逆,上其城,望室宇甚多,曰:壯哉!吾行天下,惟洛陽與是耳。

又卷二十四,睢水經"東過睢陽縣南"注中記載的漢初擴建的"睢陽城"。注云:

廣睢陽城七十里,大治宫室,爲複道,自宫連屬於平臺三十餘里,複道自宫東出楊之門左陽門,即睢陽東門也。

如上二例,可見曲逆、睢陽等城,都是規模很大的。這類大城,以後不僅在州城、郡城中有之,即縣城亦有之。而且在一郡一縣之内,往往建城以後,隨着生産的發展,接着又另建一城,出現了一縣之内具有故城、新城等幾處城邑的情況。例如卷三十,淮水經"又東過壽春縣北,肥水從縣東北流注之"注中的"下蔡新城"。注云:

淮水又北逕下蔡縣故城北,……淮之東岸,又有一城,即下蔡新城也。

酈注中像上述下蔡縣一樣既有故城又有新城的郡縣,多得不勝枚舉,故歷史上全國範圍内城邑之多,可以想見。

在許多既有故城又有新城的郡、縣中,郡治和縣治,有的設在新城,[1]有的設在故城,[2]情況比較複雜。但郡、縣治不設在城内的,畢竟極爲罕見。[3] 因此,本匯編中凡不書城邑而只書州、郡、縣治者,概作城邑收入。

正因爲城邑的數量極大,因此酈注記載的城邑,也有不少是有城無名的。有城無名的城邑,按注文約有二類,一類是只記載城邑的位置,却没有城邑的名稱。例如卷二十七,沔水經"沔水出武都沮縣東狼谷中"注云:

城東,容裘溪水注之,俗謂之洛水也,水南導巴嶺山,東北流,水左有故城。

---

① 卷三十八,湘水經"又北過臨湘縣西,瀏水從縣西北流注"注云:"又右逕臨湘縣故城西,……城之西有故市,北對臨湘縣之新治。"此爲縣治設在新城之例。

② 卷三十三,江水經"又東過魚復縣南,夷水出焉"注云:"江水又東,右逕朐忍縣故城南。常璩曰:縣在巴東郡西二百九十里,縣治故城。"此爲縣治設於故城之例。

③ 卷十九,渭水經"又東過霸陵縣北,霸水從縣西北流注之"注云:"孟康言在新豐東十七里,無之,蓋指縣治而言,非謂城也。"此爲縣治不在城内之例,此類例子全注極爲罕見。

這裏,容裘溪左岸的故城,只有位置,没有名稱。

又如卷三十四,江水經"又東過秭歸縣之南"注云:

江水又東逕一城北,其城憑嶺作固,二百一十步,夾溪臨谷,據山枕江,北對丹陽城。

這裏,丹陽城南岸的這個僅二百一十步的小城,注文也没有留下地名。像這樣的例子,全注是不少的。

另一類有城無名的城邑,注文記載了城邑的位置和建築者,却也没有記下城邑的名稱。例如卷三十五,江水經"又東北至江夏沙羨縣西北,沔水從北來注之"注云:

漢與江合於衡北翼際山旁者也。山上有吴江夏太守陸涣所治城。

又如卷四十,漸江水經"北過餘杭,東入於海"注云:

江南有故城,太尉劉牢之討孫恩所築也。

如上例,陸涣所治城和劉牢之所築城,注文都没有記下地名。對於上述這類有城無名的城邑,本匯編在收入時,有的冠以所在地名,有的冠以建城人名,並在備註中註明。

此外,由於城邑地名數量巨大,其中異城同名的情况也大量存在,這是必須分辨的。例如在河水篇中,稱爲金城的就達六處,稱爲石城的也有三處,它們都是互不相同的城邑。當然,同名的並不一定是異城,有些通都大邑,如洛陽、長安、鄴等,常常反復在各篇中出現。甚至一般的城邑,在地區接近的情况下,有時也會在若干相鄰的河川篇内重複出現。例如鄭城,在卷二十二的潁、洧、潩、潧四篇中都曾述及,而夏亭城就出現於卷二十一汝水和卷二十二潁水等篇之中,它們其實都是同一城邑。這些也必須加以注意。在這方面,酈注有時也難免發生一些錯訛,像卷十一,滱水注和卷二十一,汝水注兩篇中的寡婦城即是其例。錢大昕指出:"滱水篇,蒲水逕夏屋故城,世謂之寡婦城,賈復追銅馬五幡於北平所作也,世語音轉,故有是名矣。又汝水篇,桓水逕賈復城北,復南,擊郾所築也,俗語譌謬,謂之寡婦城,水曰寡婦水。此兩寡婦城,皆云賈復之譌,必有一誤矣。予謂夏之言假也,陳郡陽夏縣,夏讀如賈,賈寡聲相近,北音讀屋如烏,與婦音亦相似,則夏屋之爲寡婦不必因於賈復也。"①劉寶楠在其《水經注之誤》一文中也指出:"一陽阿城,河水、沁水並見;一賈復城,滱水、汝水並見。"②在不同卷篇的同名城邑中,酈注確實存在一些錯訛,這是我們必須注意的。

最後還要指出,在《水經注》城邑類地名中,也記載了不少當時的外國城邑。例如

① 《十駕齋養新録》卷十一,又《潛研堂答問》卷九。

② 《愈愚録》卷六。

卷一、卷二，河水注中，記載了不少西域各國的城邑地名，卷三十六，温水注中，則記載了一些今中南半島上的城邑地名。在這些外國城邑中，有的記載得十分詳細，成爲今天對這些地區進行歷史學、歷史地理學和考古學等方面研究的重要依據。卷三十六，温水經"東北入於鬱"注中記載的林邑國區粟城，即是一個突出的例子。注云：

《林邑記》曰：城去林邑步道四百餘里。……其城治二水之間，三方際山，南北瞰水，東西澗浦，流湊城下。城西折十角，周圍六里一百七十步，東西度六百五十步，甎城二丈，上起甎牆一丈，開方隟孔，甎上倚板，板上五重層閣，閣上架屋，屋上架樓，樓高者七、八丈，下者五、六丈。城開十三門，凡官殿南向，屋宇二千一百餘間，市居周繞，阻峭地險，故林邑兵器戰具悉在區粟。

酈注所引《林邑記》的這段記載，現在已經成爲我國古籍中記載區粟城的孤本。鄂盧梭即根據酈注的這些記載，考證區粟城的地理位置。① 鄂氏指出："前此所提出之區粟在承天府西南，同林邑故都在茶蕎，兩種假定，可以互相證明，迄今尚未見有何種反證。……不過要作此種研究，必須將《水經注》三十六卷之文連同其註釋詳加鑑别，其結果時常可以闡明其細節。"②鄂氏的這一段話，又一次證明了《水經注》地名記載的重要價值。

在城邑類地名以後，本匯編又另列郊郭類地名一種。《水經注》的郊郭類地名爲數不過五十，所以只在這裏附帶説明。郊和郭大體上都是城以外的地理事物。郊者，《爾雅·釋地》所謂"邑外謂之郊"，意義是很明確的。郭者，實際上就是外城。《孟子·公孫丑》所謂"三里之城，七里之郭"。酈注本身也有一段對郭的解釋。卷二，河水經"又東過金城允吾縣北"注云：

《管子》曰：内爲之城，城外爲之郭，郭外謂之土閬。③

此外還有一個郛的稱謂，郛其實也就是郭。《左傳》隱五年"伐宋，入其郛"，可以爲例。而楊雄更把郛和郭視爲同一事物，④爲此也匯編於此。

① 鄂盧梭《占城史料補遺》（馮承鈞譯《西域南海史地考證二編》第一三六頁）："由是觀之，古之區粟近在承天府河之南，就在今日 Ban bô 地方，嗣德陵通道所横斷的廢址之中，以此廢址與《水經注》的一定記載對照，若合符節，其周圍有山，盧容水（承天府河）經城北東流與壽泠水（昔羅綺水今 Phu - cam 渠）會，區粟廢址即在承天河南，（月瓢 Nauyêt - biêu）至渠水匯流之間，此廢址業經 Parmentier 在他所撰的《安南占種故跡調查表》中説明，我在此處無庸贅述，我僅提出此處廢址就是林邑的區粟同漢代的西捲之考訂而已。"

② 《占城史料補遺》（《西域南海史地考證二編》）第一三九頁。

③ 土閬，黄本、沈本均作土間。又注釋本作"内之爲城，外之爲郭"。

④ 《法言·吾子》："虐政虐世，然後知聖人之爲郛郭也。"司馬光註："郛郭限内外，禦奸宄。"

五十三、城　邑

城　邑

經　　文	地　　名	備　　註
卷一　河水		
屈從其東南流，入渤海。	拘夷那褐國南城	
	毗舍利城	注箋本、項本、張本、注疏本作毗舍離城，《水經注卷一箋校》作毗舍離城。
	王舍城	
	僧迦扇奈揭城	黄本、注箋本、項本、沈本、張本、注疏本作申迦扇柰揭城。
	饒夷城	大典本、黄本、趙本、沈本、何本作繞夷城，吴本作饒夷城，注疏本作罽饒夷城，《水經注卷一箋校》岑仲勉云："按《法顯傳》祇作'罽饒夷'（彝），即今之 Kauanj，蓋後人因涉罽賓而誤也。"
	沙祇城	大典本作涉祇城，黄本、沈本作祇城。
	迦維羅衛城	

經　　文	地　　名	備　　註
	巴連弗邑	大典本、黄本、吴本、注箋本、項本、沈本、張本作巴連佛邑。
	泥犂城	大典本、黄本、何校明鈔本、沈本作泥梨城。
	王舍新城	
	蓱沙王舊城	黄本、沈本作萍沙王舊城,七校本作瓶沙王舊城。
	迦那城	注箋本、項本、張本、注疏本作伽耶城,七校本作伽那城,《水經注卷一箋校》作伽耶城,岑仲勉云:“伽耶城,梵言 Gaya,今亦稱 Buddha Gaya,《法顯傳》及《大唐西域記》均作伽耶,全改‘耶’爲‘那’,趙、戴又改‘迦那’,非也,且‘那’字對音不符,‘迦’又清濁互異。”
	波羅奈城	
	瞻婆國城	
	天墉城	
	墉城	
卷二　河水		
又南入蔥嶺山,又從蔥嶺出而東北流。	循鮮城	
	監氏城	
	安息國城	
	揵陀越王城	吴本、注箋本、項本、張本作捷陀越王城,注釋本作犍陀越王城。
	鉢吐羅越城	
	盧城	
其一源出于闐國南山,北流與蔥嶺所出河合,又東注蒲昌海。	于闐國西城	
	扜彌城	
	且末城	
	伊循城	
	扜泥城	何校明鈔本作行泥城。
	疏勒城	
	交河城	
	莎車城	
	温宿城	
	姑墨國南城	
	龜茲城	

經　　文	地　　名	備　　註
	延城	注云:"枝水右出西南入龜兹城,音屈茨也,故延城矣。"
	龜兹城南水間故城	注云:"東流逕龜兹城南,合爲一水,水間有故城。"
	烏壘城	
	焉耆國城	
	員渠城	
	危須城	
	尉犂城	大典本、黄本、沈本作黎城。
	連城	
	渠犂城	大典本作渠黎城。
	賓城	
	墨山城	
	樓蘭城	
	龍城	
又東過隴西河關縣北,洮水從東南來注之。	澆河城	
	澆河故城	
	澆河故城北二城	注云:"河水又東逕澆河故城北,有二城,東西角倚。"
	黄川城	
	石城	
	黄河城	
	廣違城	《乾隆甘肅通志》卷六,山川,西寧府,西寧縣,黄河,引《水經注》作廣遠城。
	邯川城	
	臨津城	
	白土城	
	消銅城	《初學記》卷八,隴右道第六,銷銅,引《水經注》作銷銅城。
	列城	
	可石孤城	
	黑城	
	榆城	
	白石城	
	白石縣故城	

經　　文	地　　名	備　　註
	枹罕縣故城	黄本、沈本作抱罕縣故城。
	枹罕侯邑	
	枹罕城	黄本、沈本作抱罕城。
	左南城	黄本、注箋本、項本、沈本、張本作陽曾城。
	曾城	
	洮陽城	
	彊城	
	迷和城	
	龍桑城	
	臨洮縣故城	
	金紐大嶺東北故城	注云:"東北流逕金紐大嶺北,又東北,逕一故城南。"
	索西城	
	赤水城	注云:"洮水又東北流,屈而逕索西城,……俗名赤水城,亦曰臨洮東城也。"
	臨洮東城	同上註。
	龍城	
	桑城	七校本、注釋本作龍桑城。
	和博城	
	安故縣故城	《乾隆臯蘭縣志》卷五,山川,洮水,引《水經注》作安固城。
	狄道故城	大典本、吴本、注箋本、項本、注釋本、張本作降狄道故城。
	武始城	注云:"洮水又北逕狄道故城西,闞駰曰:今曰武始也。"
	隴西郡治	
	大夏縣故城	
	武街城	大典本、注箋本、項本、七校本、注釋本、張本作武階城。
	金紐城	大典本、黄本、吴本、注箋本、項本、沈本、注釋本、張本、注疏本作金柳城。
又東過金城允吾縣北。	金城	
	金城郡治	
	湟中城	
	赤城	
	龍夷城	
	西海郡治	

經　　文	地　　名	備　　註
	護羌城	
	臨羌城	
	臨羌縣故城	
	綏戎城	注云:“湟水又東逕臨羌縣故城北,謂之綏戎城。”黄本、沈本作緩戎城。
	護羌校尉治	
	臨羌新縣故城	
	龍駒城	
	晉昌城	注箋本作晉昌川。
	金城	
	西平城	
	西平郡南城	注云:“魏黄初中,立西平郡,憑倚故亭,增築南、西、北三城。”
	西平郡西城	見上註。
	西平郡北城	見西平郡南城註。
	西平郡治	
	安夷城	
	安夷縣故城	《方輿紀要》卷六十四,陝西十三,西寧鎮,安彝城,引《水經注》作安彝縣故城。
	樂都城	
	破羌縣故城	
	小晉興城	
	鮮谷塞尉故城	
	浩亹縣故城	
	令居縣故城	
	允街縣故城	
	街亭城	
	廣武城	
	廣武都尉治	
	京城	

經　文	地　名	備　註
	枝陽縣故城 石城 金城縣故城	
又東過榆中縣北。	金城	
又東過天水北界。	東苑城 西苑城	
又東北過天水勇士縣北。	義城 滿福屬國都尉治	 大典本、注箋本、項本、張本作蒲福屬國都尉治。
又東北過安定北界麥田山。	祖厲縣故城 麥田城 黑城 高平第一城 高平縣故城 安定郡治 延城 廉城 三水縣故城 三水屬國都尉治 安定屬國都尉治 鹽官故城 眴卷縣故城	 注云:“故《地理志》曰:縣有鹽官,今於城之東北有故城,城北有三泉,疑即縣之鹽官也。”
卷三　河水		

經文	地名	備註
又北過北地富平縣西。	富平縣故城	
	北部都尉治	
	富平縣城	
	薄骨律鎮城	
	果城	注云:"河水又北,薄骨律鎮城在河渚上,赫連果城也。"
	典農城	
	胡城	注云:"河水又逕典農城東,世謂之胡城。"
	上河城	
	漢城	注云:"又北逕上河城東,世謂之漢城。"
	上河典農都尉治	
	典農城	
	吕城	注云:"河水又北逕典農城東,俗名之爲吕城。"
	廉縣故城	
	富平城	
	渾懷都尉治	
	歷城	注云:"《地理志》:渾懷都尉治,塞外者也,太和初,三齊平,徙歷下民居此,遂有歷城之名矣。"
又北過朔方臨戎縣西。	三封縣故城	
	臨戎縣故城	
	朔方郡治	
	沃野縣故城	
	窳渾縣故城	
	西部都尉治	
屈從縣東北流。	臨河縣故城	
至河目縣西。	廣牧縣故城	
	東部都尉治	

經　　文	地　　名	備　　註
	朔方縣故城	
	朔方城	
屈南過五原西安陽縣南。	渠搜縣故城	
	中部都尉治	
	西安陽縣故城	
	田辟城	
屈東過九原縣南。	成宜縣故城	
	原亭城	
	宜梁縣故城	
	石崖城	注云:"河水又東逕宜梁縣之故城南,……今世謂之石崖城。"
	稒陽城	大典本、黄本、注箋本、項本、沈本、張本作副陽城。
	河陰縣故城	
	九原縣故城	
	九原郡治	
	五原縣故城	
又東過臨沃縣南。	光禄城	
	懷朔鎮城	
	臨沃城	
	稒陽縣故城	大典本、黄本、沈本作固陽縣故城。
	塞泉城	
又東過雲中楨陵縣南,又東過沙南縣北,從縣東,屈南過沙陵縣西。	咸陽縣故城	
	武進縣故城	
	成樂城	注箋本作成樂,無城字。
	石盧城	
	雲中郡治	
	雲中縣故城	

經　文	地　名	備　註
	沙陵縣故城	
	原陽縣故城	
	武泉縣故城	
	北輿縣故城	
	白道城	白道,《史記》卷一一〇,列傳五十,《匈奴傳》"北破林胡、樓煩、築長城"《正義》,引《水經注》作百道。
	武川鎮城	注箋本作武川鎮,無城字。
又南過赤城東,又南過定襄桐過縣西。	中陵縣故城	
	北右突城	注云:"東北流逕中陵縣故城東,北俗謂之北右突城。"
	善無縣都故城	
	沃陽縣故城	
	可不埿城	注云:"又東逕沃陽縣故城南,北俗謂之可不埿城。"
	沃陽城	
	都尉城	
	阿養城	注云:"縣北十里有都尉城,……北俗謂之阿養城。"
	定襄郡治	
	雁門郡治	
	涼城郡治	
	涼城	
	鹽澤長丞治	
	昆新城	
	武州縣故城	吴本、注箋本、項本、張本、注疏本作武縣故城。
	善無城	注箋本作善無,無城字。
	太羅城	注云:"武州縣在善無城西南百五十里,北俗謂之太羅城。"
	故槃迴城	注云:"南流西轉逕武州縣故城南,……北俗名之曰故槃迴城。"《香草續校書》(中華書局版,下册,五一二頁至五一三頁)于鬯云:"城字恐誤,或作河,上文云:北俗謂之太羅城,是武州縣既謂之太羅城矣,不應又謂之故槃迴城也,故疑城爲河字之誤。"

經　　文	地　　名	備　　註
	富昌縣故城	
又南過西河圁陽縣東。	金城	
又南離石縣西。	奢延縣故城	
	大城	
	統萬城	注云:"遣將作大匠梁公叱干阿利改築大城,名曰統萬城。"
	夏州治	
	上郡治	
	陽周縣故城	
	離石縣故城	
	西河郡治	
	隰城縣故城	
	千城	《水經注箋刊誤》卷一云:"千城當作干城。"
又南過中陽縣西。	中陽縣故城	
又南過土軍縣西。	吐京郡治	
	土軍縣故城	
又南過上郡高奴縣東。	蒲城	吴本作莆城。
	高樓城	
	蒲子縣故城	
	汾州治	
	蒲子城	
	定陽縣故城	
卷四　河水		
又南過河東北屈縣西。	北屈縣故城	《初學記》卷八,河東道第四,風穴,引《水經注》作北屋縣故城。
	丹陽城	

經　　文	地　　名	備　　註
又南過皮氏縣西。	皮氏縣故城	
又南出龍門口,汾水從東來注之。	夏陽縣故城	
	夏陽城	
	劉仲城	
又南過汾陰縣西。	汾陰城	
	郃陽城	
	陶城	
	蒲坂城	
又南過蒲坂縣西。	蒲城	
	蒲坂縣城	
	秦州治	
	堯城	
又南至華陰潼關,渭水從西來注之。	函道舊城	注云:"《西征記》曰:沿途逶迤入函道六里,有舊城。"
	長安	
	閿鄉城	大典本、黄本、吴本、注箋本、項本、沈本、七校本、注釋本、張本、注疏本作閿鄉城。《辛卯侍行記》卷一,引《水經注》作閿鄉城。
又東過河北縣南。	河北縣故城	
	河北城	
	芮城	
	湖縣故城	
	拒陽城	注箋本作拒城。
	闕亭城	注云:"水東有城,即闕亭也。"
	石城	
	方伯堆城	注云:"水側有阜,謂之方伯堆,……堆上有城,即方平所築也。"

經　文	地　名	備　註
	弘農縣故城	
	函谷關校尉舊治	
	弘農郡治	
	邑川城	注箋本作入川城。
	曲沃城	《大明一統志》卷二十九,河南,河南府,山川,畲水,引《水經注》作曲沃村。《嘉靖河南通志》卷六,山川,畲水,引《水經注》作曲沃村。《順治河南通志》卷六,山川,河南府,畲水,引《水經注》作曲沃村。
	陜城	注箋本、項本、注釋本、張本作陜,無城字。《日知録》卷三十一,陜西,引《水經注》作陜,無城字。
又東過陜縣北。	安陽城	
	陜縣故城	
	黄眉城	
	茅城	
	洛陽	
	鄍	
又東過大陽縣南。	大陽城	黄本、沈本作太陽城。
	大陽縣故城	
	虞城	
	河北郡治	
又東過平陰縣北,清水從西北來注之。	清廉山峽左城	注云:"清水出清廉山之西嶺,世亦謂之清營山,其水東南流出峽,峽左有城,蓋古關防也。"
	臯落城	
	倚亳城	注云:"東流逕臯落城北,服虔曰:赤翟之都也,世謂之倚亳城。"黄本、沈本作依亳城。
	清廉城	
	安邑	
	垣縣故城	

經文	地名	備註
	陽壺城	
	鼓鍾城	
	平城	
	關城	
	苗邑	
卷五 河水		
又東過平縣北，湛水從北來注之。	河陽縣故城 京師 溫邑	
	冶坂城	注箋本作治坂城。《乾隆河南府志》卷六十九，古蹟志十五，引《水經注》作治坂城。
	河陽城	
	平縣故城	
	北中郎府徙諸徒隸府户二城	注云："河北側岸，有二城相對，置北中郎府徙諸徒隸府户并羽林虎賁領隊防之。"
又東過成皋縣北，濟水從北來注之。	成皋縣故城	
	虎牢縣城	注云："然則，虎牢之名自此始也，秦以爲關，漢乃縣之，城西隅有小城。"
	虎牢縣城西北小城	見上註。
	虎牢城	
	板城	
又東過滎陽縣北，蒗蕩渠出焉。	西京	
又東北過武德縣東，沁水從西北來注之。	東燕縣故城 滑臺城	
	廩延邑	注云："河水又東，右逕滑臺城北，城有三重，中小城謂之滑

經　文	地　名	備　註
		臺城,……城即故鄭廩延邑也。”
	廩延南故城	
又東北過黎陽縣南。	黎陽縣故城	
	金城	
	鹿鳴城	
	平丘邑	
	户牖邑	
	首垣邑	
	白馬城	
	涼城縣治	注箋本作源城縣治。
	涼城	
	戚城	
	繁陽縣故城	
	陰安縣故城	
	樂昌縣故城	
	平邑	
	新城	
	元城縣故城	
	元城	
	館陶城	注云:“故自堰以北,館陶、廮陶、貝丘、鬲、般、廣川、信都、東光、河間、樂城以東,城地並存,川瀆多亡”。
	廮陶城	見上註。
	貝丘城	見館陶城註。
	鬲城	見館陶城註。
	般城	見館陶城註。
	廣川城	見館陶城註。
	信都城	見館陶城註。
	東光城	見館陶城註。
	河間城	見館陶城註。
	樂成城	見館陶城註。
	發干縣故城	

經　　文	地　　名	備　　註
	貝丘縣故城	
	甘陵縣故城	
	邑城	
	艾亭城	
	平晉城	
	靈縣故城	
	鄃縣故城	
	平原縣故城	
	繹幕縣故城	《名勝志》山東,卷二,德州,平原縣,引《水經注》作驛幕縣故城。
	鬲縣故城	
	脩縣故城	
	東光縣故城	
	廣宗縣故城	
	建始縣故城	
	建興郡治	
	經城	
	繚城	
	棗彊縣故城	注箋本、項本、注釋本、張本作武彊縣故城。
	廣川縣故城	
	棘津城	
	汲水城	
	信成縣故城	
	清陽縣故城	
	東武城縣故城	
	東陽縣故城	
	東武城	
	清河故城	
	鵲城	注云:"《地理風俗記》曰:甘陵郡東南十七里有清河故城者,世謂之鵲城也。"
	重平縣故城	

經　　文	地　　名	備　　註
	定縣故城	
	定鄉城	
	陽信縣故城	
	平原城	
	安德縣故城	
	臨齊城	
	重丘縣故城	
	西平昌縣故城	
	般縣故城	
	樂陵縣故城	
	樂陵縣都尉治	
	平原邑	
	信鄉縣故城	
又東北過衛縣南,又東北過濮陽縣北,瓠子河出焉。	古城	注箋本作目城,注釋本作聶城。
	竿城	
	鄄城	
	鄄城縣故城	
	沇州舊治	
	濮陽城	
	新城	
	邸閣城	
	關津都尉治	
	五鹿城	注箋本、項本、張本作五鹿地。
	衛國邑城	
	衛國縣故城	
	河牧城	
又東北過東阿縣北。	東阿縣故城	
	東阿大城	

經　　文	地　　名	備　　註
又東北過茌平縣西。	碻磝城	吴本、注箋本作嚻磝城，七校本、注釋本作囂磝城。
	濟州治	
	聊城	注箋本、項本、張本作柳城。
	臨邑縣故城	
	楊墟縣故城	《方輿紀要》卷三十一，山東二，濟南府，平原縣，揚虚城，引《水經注》作揚虚縣故城。
	陽城	注云："河水又逕楊墟縣之故城東，俗猶謂是城曰陽城矣。"
	茌平城	
	時平城	注云："河水又逕茌平城東，……世謂之時平城。"
又東北過高唐縣東。	武陽新城	
	東武陽縣故城	
	東郡治	
	岡成城	注箋本、項本、張本作岡城。
	陽平縣故城	
	莘道城	
	樂平縣故城	
	聊城縣故城	
	聊城内金城	注云："漯水又北逕聊城縣故城西，城内有金城。"
	清河縣故城	
	清河城	
	鸞城	注云："（清河縣故）城東南四十里有此城，擬即清河城也，後鸞居之，故世稱鸞城也。"
	文鄉城	
	博平縣故城	
	攝城	《方輿紀要》卷三十四，山東五，東昌府，聊城縣，攝城，引《水經注》作聶邑。
	郭城	
	金城	
	王城	
	平原郡治	

經　文	地　名	備　註
	援縣故城	
	援城	
	高唐縣故城	
	高唐城	
	漯陰縣故城	《尚書後案》"浮於濟漯達於河"王鳴盛案,引《水經注》作濕陰縣故城。
	犂邑	
	北漯陰城	
	漯陽城	注云:"歷北漯陰城南,伏琛謂之漯陽城。"
	著縣故城	
	崔氏城	
	東朝陽縣故城	
	鄒平縣故城	
	東鄒城	
	建信縣故城	
	建信城	注箋本、項本、注釋本、張本作建信侯城。
	建信縣都尉治	
	千乘縣二城	
	千乘城	
	齊城	
又東過楊虚縣東,商河出焉。	張公城	
	青州刺史治	
	安德縣故城	
	平昌縣故城	注箋本、項本、張本作昌平縣故城。
	朸縣故城	注箋本、項本、張本作初縣故城,注釋本作朸鄉縣故城。
	朸鄉城	注云:"商河又東逕朸縣故城南,……應劭曰:般縣東南六十里有朸鄉城,故縣也。"
	馬嶺城	
	富平縣故城	

經　　文	地　　名	備　　註
	故平原郡治	
	雲城	
	平原縣故城	
	著城	
	阿陽縣故城	注箋本、項本、張本作陽阿縣故城。
又東北過漯陽縣北。	安德城	
	厭次縣故城	
	漯沃縣故城	
	漯沃城	
	右輔城	注云:"河北有漯沃城,故縣也,魏改爲後部亭,今俗遂名之右輔城。"
	千乘北城	
又東北過利縣北,又東北過甲下邑,濟水從西來注之,又東北入於海。	甲下城	
	甲下邑	宋本作申下邑。
	倉子城	
卷六　汾水		
汾水出太原汾陽縣北管涔山。	代城	
	侯莫干城	宋本作侯莫于城。
	汾陽縣故城	
	秀容城	
	秀容護軍治	
	洛陰城	
	盂縣故城	
	狼盂縣故城	
	陽曲城	
	陽曲護軍治	

經　　文	地　　名	備　　註
東南過晉陽縣東,晉水從縣南東流注之。	太原郡治	
	晉陽城	
又南,洞過水從東來注之。	梗陽縣故城	
	梗陽邑	何校明鈔本作梗楊城。
又南過大陵縣東。	侯甲邑	注云:"蔡邕曰:侯甲,亦邑名也。"
	祁縣故城	
	京陵縣故城	
	致城	注云:"又西逕京陵縣故城北,王莽更名曰致城矣。"
	中都縣故城	
	鄔縣故城	
又南過平陶縣東,文水從西來流注之。	界休縣故城	
	左部城	
又南入河東界,又南過永安縣西。	黃城	
歷唐城東。	唐城	
	百邑	
	永安縣故城	
	霍城	
	趙城	
又南過楊縣東。	楊縣故城	
	平陽郡治	
西南過高梁邑西。	高梁城	
	高梁故城	

經　　文	地　　名	備　　註
又南過平陽縣東。	白馬城 平陽縣故城 平陽城 襄陵縣故城	
又南過臨汾縣東。	堯城	
又屈從縣南西流。	絳縣故城 東雍州治	
又西過長脩縣南。	臨汾縣故城 荀城 長脩縣故城	
	清原城	《辨萬泉滎河爲古冀耿地》(《石笥山房文集》卷五),胡天游引《水經注》作清源城。
又西過皮氏縣南。	耿鄉城 安邑 皮氏城	
卷六　澮水		
澮水出河東絳縣東澮交東高山。	翼城	
	絳城	注云:"《左傳》莊公二十六年,晉士蔿城絳以深其宮。"
	熒庭城	注箋本、項本、張本作滎庭城。
	翼廣城 安邑	
又西南過虒祁宮南。	絳縣故城	
卷六　涑水		

經　　文	地　　名	備　　註
西過周陽邑南。	周陽城	
又西南過左邑縣南。	桐鄉城	
	左邑縣故城	
	王官城	
	王城	注云:"涑水又西逕王官城北,……今世人猶謂其城曰王城也。"
又西南過安邑縣西。	安邑城	
	監鹽縣故城	
	安邑故城	
	猗氏縣故城	
	司鹽都尉治	
又南過解縣東,又西南注於張陽池。	郇城	
	解縣故城	
	張陽城	《方輿紀要》卷四十一,山西三,平陽府,蒲州,臨晉縣,五姓湖,引《水經注》作張楊城。
	張城	
	瑕城	
	涑水陂二城	注云:"涑水,又西南屬於陂,陂分爲二城。"
卷六　文水		
文水出大陵縣西山文谷,東到其縣,屈南到平陶縣東北,東入於汾。	大陵縣故城	
	平陶縣故城	
	茲氏縣故城	
	瀦城	《晏元獻公類要》卷六,河東路,汾,文湖,引《水經注》作茲氏故城。宋本作猪城,吴本、注箋本、項本、注釋本、張本作豬城。《名勝志》山西,卷七,汾州府,汾陽縣,引《水經注》作豬城。
	中陽縣故城	
	中陽城	注箋本、項本、張本作中陽縣。

經　　文	地　　名	備　　註
	六壁城	
卷六　洞過水		
洞過水出沾縣北山。	受陽縣故城	
西過榆次縣南,又西到晉陽縣南。	武灌城	注箋本、項本、注釋本、張本作武觀城。
	晉陽城	
	箕城	
	陽邑	
	陽邑縣故城	
卷六　晉水		
又東過其縣南,又東入於汾水。	晉陽城	
卷六　湛水		
東過其縣北,又東過波縣之北。	向城	
又東過毋辟邑南。	湛城	
	椹城	注云:"湛水自向城東南逕湛城東,時人謂之椹城,亦或謂之隰城矣。"吴本作湛城。
	隰城	同上註。
卷七　濟水		
濟水出河東垣縣東王屋山,爲沇水。	東丘城	
	濟原城	
	原城	
	絺城	黄本、吴本、注箋本、項本、沈本、張本作郗城,注釋本作郗城。

經　文	地　名	備　註
	陽城	
	樊城	
	陽樊城	
	軹縣故城	
	波縣故城	孫潛夫校本作汲縣故城。
	向城	注云:"汲郡《竹書紀年》曰:鄭侯使韓辰歸晉陽及向,二月,城陽、向,更名陽爲河雍,向爲高平,即是城也。"
	陽城	見上註。
	高平城	同向城註。
	河雍城	見向城註。
	韓王城	
	冶城	大典本、黄本、注箋本、項本、沈本、張本作治城。
	安國城	
	毋辟邑	大典本作母辟邑。注疏本作無辟邑。《通鑑》卷一四〇,齊紀六,明帝建武三年,"置於河陽無鼻城"胡註,引《水經注》作無鼻城。《方輿紀要》卷四十九,河南四,懷慶府,孟縣,無辟城,引《水經注》作無辟邑。
	無比城	注云:"又南逕毋辟邑西,世謂之無比城,亦曰馬髀城。"吴本作無北城。
	馬髀城	同上註。
又東至温縣西北,爲濟水,又東過其縣北。	温縣故城	
	温城	
屈從縣東南流,過隤城西,又南當鞏縣北,南入於河。	野王城	
	陽鄉城	
	李城	
	隤城	
	平皋城	
	夷儀城	

經　　文	地　　名	備　　註
與河合流，又東過成皋縣北，又東過滎陽縣北，又東至礫溪南，東出過滎澤北。	敖城	
	新築城	注云："水北有石門亭，戴延之所云新築城，城周三百步，滎陽太守所鎮者也。"
	西廣武城	
	廣武城	
	敖倉城	
	京縣故城	
	京城	
	大栅城	
	洛邑	
	豫州治	
	大索城	
	平桃城	大典本、吴本、注箋本、項本、張本、注疏本作平咷城。注釋本作乎咷城。《通鑑》卷一四〇，齊紀六，"太子出迎於平桃城"胡註，引《水經注》作平晀城。
	虢咷城	
	滎陽城	
	滎陽縣故城	
	卷縣故城	
	衡雍城	注箋本作恒雍城。
	垂隴城	《丹鉛總録》卷二，"風裳水佩"，引《水經注》作垂隴鄭地。
	都尉城	
	滎陽典農都尉治	
	沙城	
	水城	
	宅陽城	
	鼇城	
	故市縣故城	黄本、沈本作固市縣故城。
又東過陽武縣南。	陽武縣故城	
	房城	

經　　文	地　　名	備　　註
	房邑	
	大梁城	
	倉垣城	
	小黃縣故城	
	東昏縣故城	
	濟陽縣故城	
又東過封丘縣北。	原武縣故城	
又東過濟陽縣北。	武父城	
	濟陽城	注云："《竹書紀年》：梁惠成王三十年，城濟陽。"
又東過冤朐縣南，又東過定陶縣南。	戎城	
	冤朐縣故城	
	魏郡治	
	左城	注云："墳南，魏郡治也，世謂之左城，亦名之曰葬城。"
	葬城	
	定陶縣故城	
卷八　濟水		
其一水東南流，其一水從縣東北流，入鉅野澤。	煮棗城	
	冤朐縣故城	《禹貢》"導菏澤，被孟豬"《蔡傳》，引《水經注》作冤句縣故城。
	呂都縣故城	
	定陶縣故城	
	匡城	
	南隸城	注云："其故瀆東北逕南、北二隸城間。"
	北隸城	見上註。
	酸棗縣故城	
	燕城	

經　文	地　名	備　註
	桃城	
	滑臺城	
	漆城	
	富丘城	
	大陵城	
	桂城	
	蒲城	
	蒲邑	
	韋城	
	長垣縣故城	
	祭城	
	須城	
	濮陽縣故城	
	離狐縣故城	
	葭密縣故城	
	鹿城	
	句陽縣故城	
	闞鄉城	
	長安	
又東北過壽張縣西界，安民亭南，汶水從東北來注之。	須朐城	《金石録跋尾》趙明誠引《水經注》作須句城。
	朐城	注云："濟水又北逕須朐城西，……《地理志》曰：壽張西北有朐城者是也。"
又北過須昌縣西。	桃城	注箋本無城字。
	柳舒城	注箋本作抑舒城。
	東阿城	吴本作東阿水。
	郿城	注云："《春秋》莊公二十八年，經書冬築郿。"

經　文	地　名	備　註
又北過穀城縣西。	穀城	
	小穀城	注云:"南去魚山四十餘里,是穀城縣界,故《春秋》之小穀城也,齊桓公以魯莊公二十三年,城之。"
	穀陽城	
	盧子城	
	濟北郡治	
	周首邑	
又北過臨邑縣東。	盧縣故城	
	平陰城	
	垣苗城	
	洛當城	
又東北過盧縣北。	什城	
	東太原郡治	
	山爐固	注云:"逕東太原郡南,郡治山爐固。"孫潛校本、七校本作山茌。《方輿紀要》卷三十一,山東二,濟南府,長清縣,引《水經注》作山茌堌。
	祝阿縣故城	
	歷城縣故城	注箋本作歷縣故城。《寰宇記》卷十九,河南道十九,齊州,歷城縣,引《水經注》作歷山縣故城。
	歷城	
又東北過臺縣北。	巨合故城	
	博亭城	
	平陵城	注箋本、項本、張本作平陸城。
	譚城	
	布城	注云:"北逕譚城東,俗謂之布城也。"戴本作古城。
	東平陵縣故城	
	陵城	注云:"又東北逕東平陵縣故城西,故陵城也。"

經　文	地　名	備　註
	濟南郡治	
	巨合城	
	臺縣故城	
	臺城	
又東北過菅縣南。	菅縣故城	大典本作管縣故城。《名勝志》山東，卷一，濟南府，章丘縣，引《水經注》作管縣故城。
	土鼓縣故城	大典本、黄本、吴本、注箋本、項本、沈本、張本作土穀縣故城。《名勝志》山東，卷一，濟南府，章丘縣，引《水經注》作土穀縣故城。
	陽丘縣故城	黄本、吴本、注箋本、項本、沈本、張本作楊邱縣故城。《名勝志》山東，卷一，濟南府，章丘縣，引《水經注》作楊丘縣故城。
	章丘城	
	寗戚城	
	土鼓城	《方輿紀要》卷三十一，山東二，濟南府，淄川縣，土鼓城，引《水經注》作土穀城。
	逢陵故城	
又東過梁鄒縣北。	般陽縣故城	
	陵縣故城	
	梁鄒縣故城	
	濟城	
又東北過臨濟縣南。	樂安郡治	
	被陽縣故城	
	渤海僑郡治	
	平安故城	注箋本、項本、張本作平安縣故城。
	會城	
	高昌縣故城	
	馬昌城	
	樂安縣故城	

經　文	地　名	備　註
	薄姑城	
	薄姑故城	
又東北過利縣西。	齊城	
又東北過甲下邑,入於河。	甲下邑	
	琅槐縣故城	
其一水東南流者,過乘氏縣南。	己氏縣故城	
	楚丘城	
	成武城	
	曹邑	
	郈城	
	梁丘城	注箋本作梁山城。
	乘氏縣故城	
	昌邑	
又東北過昌邑縣北。	昌邑縣故城	
	沇州治	
	金城	
又東過金鄉縣南。	金鄉縣故城	
又東過東緡縣北。	東緡縣故城	
又東過方與縣北,爲菏水。	重鄉城	
	方與縣故城	
	鉅野縣故城	
	亢父縣故城	
	任城	

經　文	地　名	備　註
又東南過留縣北。	留縣故城	
又東過彭城縣北,獲水從西來注之。	彭城縣故城	
又東南過徐縣北。	臨淮郡治 徐城	
又東至下邳睢陵縣南,入於淮。	角城	
卷九　清水		
清水出河内脩武縣之北黑山。	脩武縣故城 南陽城 雍城 射犬城 故雍城 濁鹿城	
	隤城	吴本、項本、張本作隤地。
	皮垣	注云:"京相璠曰:河内脩武縣北,有故隤城實中,今世俗謂之皮垣。"大典本、注箋本、項本、張本作皮壇。
	鄧城 重門城 共縣故城 凡城	
東北過獲嘉縣北。	獲嘉縣故城 新樂城	

經　文	地　名	備　註
又東過汲縣北。	汲郡治	
	汲城	注云:"縣,故汲郡治……城北三十里,有太公泉。"《輿地廣記》卷十一,河北西路上,汲縣,引《水經注》云:"汲城北三十里,有太公泉。"
	合城	
卷九　沁水		
南過穀遠縣東,又南過猗氏縣東。	陭氏縣故城	吴本、注箋本、項本、七校本、注釋本、張本作猗氏縣故城。
	冀州治	
	端氏縣故城	
又南過陽阿縣東。	陽阿縣故城	
	建興郡治	
	濩澤城	注箋本、項本、七校本、注釋本、張本作澤城。
	濩澤縣故城	
	陽陵城	
	析城	
又南出山,過沁水縣北。	沁水城	
	沁水縣故城	
	小沁城	
又東過野王縣北。	邘城	大典本、黄本、吴本、嚴本、沈本、匯校本作邘城。《晏元獻公類要》卷七,河内縣,邦水,引《水經注》作邦城。《名勝志》河南,卷七,懷慶府,河内縣,引《水經注》作邘城。
	野王縣故城	
	懷州治	
	高都縣故城	
	長平縣故城	
	泫氏縣故城	
	都鄉城	
	郯城	

經　文	地　名	備　註
	期城	
	苑鄉城	
	成鄉城	
又東過懷縣之北。	河内郡治	
	沁陽城	
又東過武德縣南,又東南至滎陽縣北,東入於河。	野王城	
	州城	
	懷城	
	殷城	
	殷州治	
	安昌城	
	隰城	
卷九　淇水		
淇水出河内隆慮縣西大號山。	三羅城	注箋本作之羅城。
	石城	
	淇陽城	
	元甫城	
	朝歌城	
	枋城	注箋本作楊城。
	菀城	
	雍榆城	
	頓丘城	
	頓丘縣故城	
	牽城	
東過内黄縣南,爲白溝。	并陽城	
	辟陽城	
	内黄縣故城	

經　　文	地　　名	備　　註
屈從縣東北與洹水合。	戲陽城	
	魏縣故城	
	銅馬城	
	羅勒城	
又東北過館陶縣北,又東北過清淵縣西。	趙城	
	空陵城	
	喬亭城	
	館陶縣故城	
	陽平郡治	
	平恩縣故城	
	清淵縣故城	
	魚池城	
	榆陽城	注疏本作榆楊城。
	清淵城	
又東北過廣宗縣東,爲清河。	廣宗縣故城	
	建興郡治	
	信成縣故城	《嘉靖慶平府志》卷八,古蹟志,城壘類,信城縣故城,引《水經注》作信城縣故城。
	水東城	注云:"清河又北逕信成縣故城西,……趙置水東縣於此城,故亦曰水東城。"
	清陽縣故城	
	清河郡治	
	甘陵郡治	
又東北過東武城縣西。	東武城	
	梁侯城	注云:"應劭曰:東武城西南七十里有陵鄉,故縣也,後漢封太僕梁松爲侯國,故世謂之梁侯城。"
	東武城縣故城	
	侯城縣治	

經文	地名	備註
	武城	
	復陽縣故城	
	檻城	
	棗彊縣故城	
	棗彊城	
又北過廣川縣東。	廣川縣故城	
	廣川縣治	
又東過脩縣南,又東北過東光縣西。	脩縣故城	
	脩國故城	《讀水經注小識》卷一,引《水經注》作蓨國故城。丁謙《水經注正誤舉例》云:"國字乃市字之訛。"
	北脩城	注云:"又東北逕脩國故城東,……故世謂之北脩城。"
	邸閣城	孫灊校本作邸閣城。
	脩縣治	
	羌城	
	東光縣故城	
又東北過南皮縣西。	南皮縣故城	
	臨樂縣故城	
卷九　蕩水		
蕩水出河内蕩陰縣西山東。	蕩陰縣故城	
又東北至内黄縣,入於黄澤。	羑城	
	防城	
	晉鄙城	
	内黄城	
	魏將城	注云:"東流逕晉鄙故壘北,謂之晉鄙城,名之爲魏將城。"《嘉靖彰德府志》卷一,地理志第一之一,湯陰縣,蕩水,引《水經注》作將城。

經　文	地　名	備　註
卷九　洹水		
東過隆慮縣北。	赤城	
又東北出山，過鄴縣南。	鄴城	
	平城	
	女亭城	
	高陵城	
	斥丘縣故城	
	安陽縣故城	
	李城	注箋本作孚城。
	安陽城	
	長樂縣故城	
卷十　濁漳水		
東過其縣南。	長子縣故城	
	上黨郡治	
屈從縣東北流。	長子城	
又東過壺關縣北，又東北過屯留縣南。	屯留縣故城	
	余吾縣故城	
	壺關縣故城	
	銅鞮縣故城	
	斷梁城	
	頃城	注箋本加註云："頃一作項。"孫潛校本作傾城。
	胡邑	
	襄垣縣故城	
潞縣北。	涅縣故城	注箋本、項本、七校本、注釋本、張本作涅氏縣故城。

經　　文	地　　名	備　　註
	武鄉縣故城	
	磻陽城	
	百畮城	
又東出山，過鄴縣西。	汙城	吴本、注箋本作于城。
	武城	
	梁期城	注云："漳水又東逕武城南，世謂之梁期城，……北俗亦謂之兩期城。"
	兩期城	同上註。
	期城	注云："司馬彪《郡國志》曰：鄴縣有武城，武城即期城矣。"
	邯會縣故城	
	五鹿城	注云："故《管子》曰：築五鹿、中牟、鄴以衛諸夏也。"
	中牟城	見上註。
	鄴城	見五鹿城註。
	魏城	
	京城	
	洛陽	
	譙	
	許昌	
	長安	
	西京	
	相州治	
	魏郡治	
	穀城	
	平陽城	
又東過列人縣南。	裴縣故城	
	裴城	
	列人縣故城	
	邯鄲城	
	邯溝縣故城	
	趙郡治	

經　　文	地　　名	備　　註
	邯溝城	
	肥鄉縣故城	
又東過斥漳縣南。	平恩縣故城	
又東北過曲周縣東,又東北過鉅鹿縣東。	南曲縣故城	
	曲周縣故城	
	鉅鹿縣故城	
	鉅鹿郡治	
	經縣故城	
	南宫縣故城	
	九門城	大典本作九門坡,吴本、注箋本、項本、張本作九門波,注釋本作九門陂。
	南宫城	
	繚城縣故城	
	繚城	
	安城	
	信都城	
又北過堂陽縣西。	堂陽縣故城	
	扶柳縣故城	
	信都縣故城	
	信都郡治	
	武陽城	
	下博縣故城	
又東北過扶柳縣北,又東北過信都縣西。	昌城縣故城	吴本、注箋本、項本、七校本、注釋本、張本作昌成縣故城。
	昌城	《方輿紀要》卷十四,直隸五,真定府,冀州,昌成城,引《水經注》作昌成城。
	阜城	注云:"闞駰曰:昌城,本名阜城矣。"
	西梁縣故城	

經　文	地　名	備　註
	西梁城	注箋本作梁城。
	五梁城	注云:"《地理風俗記》曰:扶柳縣西北五十里有西梁城,故縣也,世以爲五梁城。"
	桃縣故城	
	關城	
	蒲吾縣故城	
	桑中縣故城	
	石勒城	注云:"又東南流逕桑中縣故城北,世謂之石勒城,蓋趙氏增城之,故擅其目,又謂之高功城。"
	高功城	同上註。
	綿蔓縣故城	
	樂陽縣故城	
	故壁城	
	臨清城	
	關縣故城	注箋本作開縣故城。
	宜安城	
	宋子縣故城	
	敬武縣故城	
	和城	
	貰城	注箋本、項本、張本作育城。
	藁城	
	肥纍縣故城	
	新豐城	
	昔陽城	
	直陽城	孫潛校本作夕陽城。《名勝志》卷五,保定府二,祁州,引《水經注》作真陽城。
	下曲陽城	
	安鄉縣故城	
	樂信縣故城	
又東北過下博縣之西。	樂鄉縣故城	

經　文	地　名	備　註
又東北過阜城縣北,又東北至昌亭,與滹沱河會。	阜城	
	武邑郡治	
	武隧縣故城	
	武邑縣故城	
	武強縣故治	
	武強縣治	
	東昌縣故城	
	昌城	
又東北至樂成陵縣北别出。	弓高縣故城	
	蒲領縣故城	吴本、注箋本作扶領縣故城。
	弓高城	
	觀津城	
	觀津縣故城	
	脩市縣故城	注箋本作循市縣故城。
	温城	
	脩市城	
	脩縣故城	注箋本、項本、張本作循縣故城。《方輿紀要》卷十五,直隸六,廣平府,清河縣,清河,引《水經注》作蓨縣故城。
	阜城縣故城	
	河間郡治	
又東北過成平縣南。	建成縣故城	
	成平縣故城	
	阜城	
	吾城	注云:"水自陂更逕阜城南,《地理志》:勃海有阜城縣,王莽更名吾城者。"
又東北過章武縣西,又東北過平舒縣南,東入海。	章武縣故城	
	濊邑	
	平虜城	

經　　文	地　　名	備　　註
	平舒縣故城	
	平舒城	
	章武郡治	
卷十　清漳水		
清漳水出上黨沾縣西北少山大要谷，南過縣西，又從縣南屈。	沾縣故城	
	樂平郡治	
	昔陽城	
	梁榆城	
	文當城	
	閼與故城	注云："又東北逕梁榆城南，即閼與故城也。"
	轑陽縣故城	注箋本、項本、七校本、注釋本、張本、注疏本作轑河縣故城。
	粟城	
卷十一　易水		
易水出涿郡故安縣閻鄉西山。	五大夫城	
	五公城	
	闕門城	《通鑑》卷三，周紀三，赧王四年，"驅趙而攻燕，則易水、長城非大王之有也"胡註，引《水經注》作闕城。
	漸離城	
	武陽城	注箋本作武陽，無城字。
	武陽大城	
	故安縣故城	
	故安城	注箋本、項本、注釋本、張本作故安，無城字。
東過范陽縣南，又東過容城縣南。	范陽縣故城	
	上京	
	容城縣故城	項本、張本作容成縣故城。
	西故安城	

經　　文	地　　名	備　　註
	閻鄉城	
	武隧方城	吴本、注箋本、項本、張本作武遂方城。
	葛城	
	樊輿縣故城	
	容城	
	新城	
	渾泥城	大典本、黄本、吴本、何校明鈔本、王校明鈔本、項本、沈本、張本作渾渥城。《名勝志》卷五,保定府二,容城縣,引《水經注》作渾渥城。《方輿紀要》卷十二,直隸三,保定府,安州,新安縣,渥城故縣,引《水經注》作渾渥城。《佩文韻府》卷三十四上,四紙,水,渥水,引《水經注》作渾渥城。《河工考》,易水卷二,引《水經注》作渾渥城,並註云:"舊本《水經注》,渥原作逕。"
	易京城	
	易城	
	易縣故城	
又東過安次縣南。	鄚縣故城	
卷十一　滱水		
滱水出代郡靈丘縣高氏山。	靈丘縣故城	
	敧城	
又東南過中山上曲陽縣北,恒水從西來注之。	鴻上關尉治	
又東過唐縣南。	左人城	
	中山城	

經　　文	地　　名	備　　註
	廣唐城	
	中人城	
	中山郡治	
	望都城	
	堯姑城	注箋本作堯始城。
	盧奴城	
	上曲陽城	
	馬溺關尉治	
	樂羊城	
	唐縣故城	注箋本作唐縣故域。
	唐城	
	高昌縣城	
	盧奴縣故城	
	定州治	
	上曲陽縣故城	
又東過安憙縣南。	安憙城	大典本、吴本、注疏本作安喜城。
	鄉城	
又東過安國縣北。	任丘城	
又東過博陵縣南。	蠡吾縣故城	
	博陵縣故城	
	野城	注云:“又東北逕博陵縣故城南,……今謂是城爲野城。”
	侯世縣故城	注箋本、項本、張本作侯世縣故南城,七校本作侯井縣故城。
	望都縣故城	
	陽城縣故城	
	陽城	
	廣望縣故城	

經　　文	地　　名	備　　註
	清涼城	注箋本作清源城。
	蒲陰縣故城	
	曲逆城	
	洛陽	
	陽安關都尉治	注疏本作安陽關都尉治。
	夏屋故城	
	寡婦城	
	樂城	
	蒲城	
	邢安城	
	北新城縣故城	
	祭隅城	注箋本、項本、注釋本、張本作祭過城。《名勝志》卷四,保定府,安肅縣,引《水經注》作祭過城。《康熙保定府志》卷五,山川,漕河,引《水經注》作祭過城。《康熙畿輔通志》卷四,山川,保定府,漕河,引《水經注》作祭過城。
又東北入於易。	依城	
	葛城	
	阿陵縣故城	
卷十二　聖水		
東過良鄉縣南。	良鄉縣故城	
	西鄉縣故城	
	都鄉城	
又東過陽鄉縣北。	徐城	
	涿縣故城	
	垣縣故城	
	頃城	

經　　文	地　　名	備　　註
	西鄉城	
	廣陽縣故城	
	長興城	
	方城	
	婁城	《方輿紀要》卷十一，直隸二，順天府，東安縣，易水，引《水經注》作婁城店。
	常道城	
	長鄉城	《方輿紀要》卷十一，直隸二，順天府，東安縣，易水，引《水經注》作良鄉城。
	韓城	
	韓侯城	
	寒號城	注云："王肅曰：今涿郡方城縣有韓侯城，世謂之寒號城。"注箋本、項本、張本作寒號，無城字。
又東過安次縣南，東入於海。	安次縣故城	
卷十二　巨馬水		
巨馬河出代郡廣昌縣淶山。	廣昌縣故城	
	西射魚城	
	東射魚城	
	聖人城	
	榆城	
	徐城	
東過迺縣北。	迺縣故城	
	范陽縣故城	
又東南過容城縣北。	容城縣故城	
	涿縣故城	
	臨鄉縣故城	
	臨鄉城	注箋本、項本、張本作臨鄉，無城字。

經　　文	地　　名	備　　註
	益昌縣故城	
	益昌城	
	安次城	
	泉州縣故城	注箋本作東州縣故城。
	常道城	
又東南過勃海東平舒縣北,東入於海。	容城	
	平舒城	注箋本作平舒,無城字。
卷十三　㶟水		
㶟水出鴈門陰館縣,東北過代郡桑乾縣南。	陰館縣故城	
	馬邑	
	馬邑縣故城	
	馬城	
	桑乾水南故城	注云:“桑乾水又東南流,水南有故城。”
	日没城	《方輿紀要》卷四十四,山西六,大同府,應州,山陰縣,黄昏城,引《水經注》作黄昏城。
	日中城	
	早起城	
	食時城	注云:“城東又有早起城,亦曰食時城。”
	夏屋山水故城	注云:“又東北,左合夏屋山水,水南出夏屋山之東溪,西北流逕故城北,所未詳也。”
	洼陶縣故城	
	崞縣故城	注箋本、項本、注釋本、張本作崞山縣故城,注釋本註云:“一清案,《兩漢志》俱作崞縣,《地形志》恒州,繁畤郡領縣曰崞山,則道元時新創,不得云故城也,蓋其率筆耳。”
	劇陽縣故城	
	涼城	

經文	地名	備註
	獨谷孤城	
	涼川城	注箋本作涼州池。
	燕昌城	
	平城	
	老公城	注云:"北出東轉,逕燕昌城南,……北俗謂之老公城。"
	平城縣故城	
	鄴城	
	洛陽	
	京城	
	武州縣故城	大典本、黄本、吴本、沈本、七校本、注釋本、注疏本作武周縣故城。《乾隆大同府志》卷四,山川,武周山,引《水經注》作武周縣故城。
	班氏縣故城	
	平邑縣故城	
	平邑城	注云:"趙獻侯十三年,城平邑,……北俗謂之醜寅城。"
	醜寅城	同上註。
	平邑	
	狋氏縣故城	
	苦力干城	注云:"㶟水又東逕狋氏縣故城北,……俗謂之苦力干城矣。"張澍輯闞駰《十三州志》,引《水經注》作苦力千城。
	道人縣故城	
	陽原縣故城	
	比郍州城	注云:"㶟水又東逕陽原縣故城南,……北俗謂之比郍州城。"吴本、注箋本、項本、七校本、注釋本、張本作北郍州城。《方輿紀要》卷四十四,山西六,大同府,蔚州,平邑城,引《水經注》作北北郍州城。《乾隆大同府志》卷六,古蹟,陽原故城,引《水經注》作北郍州城。
	東安陽縣故城	
	昌平縣故城	
	桑乾縣故城	

經　　文	地　　名	備　　註
	桑乾城	
	代城	
	平舒城	
	平舒縣故城	
	代故城	注云:"盧植言:初築此城,板幹一夜自移於此,故代西南五十里大澤中營城自護,……更名其故城曰東城。"
	東城	見上註。
	將城	
	代城西故城	注云:"祁夷水又北逕一故城西,西去代城五十里,又疑是代之東城,而非所詳也。"
	雊瞀縣故城	
	廣昌城	
	廣平城	
	王莽城	
	石人城	
	當縣故城	
	當城	
	空侯城	
	潘縣故城	注箋本作潘城縣。
	潘城	
	下洛城	
	雍洛城	
	下洛縣故城	
	廣寧郡治	
	平城	
	無鄉城	
	且如縣故城	
	長川城	
	且如城	
	中部都尉治	

經　　文	地　　名	備　　註
	馬城縣故治	
	東部都尉治	
	馬城	
	零丁城	
	延陵縣故城	
	琦城	注云:"東逕延陵縣故城北,……俗指爲琦城。"大典本、注箋本、項本、七校本、注釋本、張本作琦城川。
	高柳縣故城	
	代郡治	
	叱險城	
	參合縣故城	
	和堆城	
	石虎城	
	西伺道城	
	三會城	
	岡城	
	武岡城	
	小寧縣故城	
	西部都尉治	
	大寧城	
	小寧城	
	黑土城	
	大寧縣故城	
	茹縣故城	
	如口城	注云:"于延水又東南逕茹縣故城北,……世謂之如口城。"
	且居縣故城	
又東過涿鹿縣北。	涿鹿縣故城	
	涿鹿縣	
	蚩尤城	

經　文	地　名	備　註
	北城村故城	
	夷興縣故城	
	居庸縣故城	
	居庸縣下城	
	沮陽城	
	沮陽縣故城	
	上谷城	
	上谷郡治	
過廣陽薊縣北。	廣陽縣故城	
	薊縣故城	
	薊城	
又東至漁陽雍奴縣西，入笥溝。	雍奴城	
卷十四　濕餘水		
濕餘水出上谷居庸關東。	沮陽城	
東流過軍都縣南，又東流過薊縣北。	軍都縣故城	
	薊城	
	昌平縣故城	注箋本、項本、張本作平昌縣故城。
	昌平城	
	芹城	
	安樂故城	注釋本作安樂縣故城。
卷十四　沽河		

經文	地名	備註
沽河從塞外來。	禦夷鎮城	《雍正畿輔通志》卷二十四,山川,川,宣化府,沽河,引《水經注》作禦彝鎮城。
	赤城	
	女祁縣故城	
	東部都尉治	
	候鹵城	吴本、注釋本、小山堂鈔全謝山五校本作舊鹵城。
	漁陽縣故城	
	漁陽城	
	安樂縣故城	
南過漁陽狐奴縣北,西南與濕餘水合,爲潞河。	狐奴縣故城	
	狐奴城	
	泉州縣故城	
卷十四　鮑丘水		
鮑丘水從塞外來,南過漁陽縣東。	密雲故城	
	滑鹽縣故城	
	鹽田右承治	注云:"其水南流逕滑鹽縣故城東,……漢明帝改曰鹽田右承治,世謂之斛鹽城。"
	斛鹽城	同上註。
	傂奚縣故城	孫潛校本作虒奚縣故城。
	獷平縣故城	
	獷平城	注箋本、項本、注釋本、張本作平獷城。
	三城	
	漁陽縣故城	
	漁陽郡治	
	狐奴城	
又南過潞縣西。	潞縣故城	
	潞城	

經　文	地　名	備　註
又東至雍奴縣北，屈東入於海。	雍奴縣故城	
	平谷縣故城	
	博陸故城	
	平陸城	
	博陸城	
	紻城	
	臨泃城	注箋本、項本、張本作臨河城。
	雍奴城	
	徐無縣故城	
	徐無城	
	右北平城	
	無終縣故城	
	無終城	
	右北平郡治	
	北平城	
	右北平郡故城	
	薊城	
	土垠縣故城	
卷十四　濡水		
濡水從塞外來，東南過遼西令支縣北。	禦夷故城	
	白檀縣故城	
	要陽縣故城	
	要陽縣都尉治	
	安州治	
	安樂縣故城	
	三會城	

經　　文	地　　名	備　　註
	凡城	
	平岡故城	
	柳城	
	盧龍故城	
	令支縣故城	
	遼西郡治	
	肥如城	
	孤竹城	
	肥如縣故城	
	海陽城	
	陽樂城	
又東南過海陽縣西，南入於海。	海陽縣故城	
	昌城縣故城	
	新安平縣故城	注箋本、項本、張本作新平縣故城。《順治盧龍縣志》卷一，古蹟，引《水經注》作新平縣故城。
	令支城	
卷十四　大遼水		
大遼水出塞外衞白平山，東南入塞，過遼東襄平縣西。	襄平縣故城	
	遼東郡治	
	平州治	
	遼隊縣故城	吴本、注箋本、項本、七校本、注釋本、張本作遼隧縣故城。
又東南過房縣西。	廣成縣故城	
	廣都縣	注云："北流西北屈逕廣成縣故城南，……俗謂之廣都城。"
	石城縣故城	
	柳城	
	白狼縣故城	

經　文	地　名	備　註
	雀目城	
	方城	
	昌黎縣故城	
	東部都尉治	
	倭城	
	乳樓城	
	龍城	
	黄龍城	
	遼東屬國都尉治	
	營州治	
	河連城	
	臨渝縣故城	
	女羅城	
	營丘城	
卷十四　小遼水		
又玄菟高句麗縣有遼山,小遼水所出。	玄菟郡治	
卷十四　浿水		
浿水出樂浪鏤方縣,東南過臨浿縣,東入於海。	王險城	
	樂浪郡治	
卷十五　洛水		

經　　文	地　　名	備　　註
洛水出京兆上洛縣讙舉山。	拒陽城	
東北過盧氏縣南。	隝渠城	注箋本、項本、張本作陽渠城。
	關城	注云:"其水東北逕隝渠城西,故關城也。"
	盧氏縣故城	
	盧氏城	
	高門城	
	高門木城	
	石勒城	黄本、沈本作右勒城。
	長安	
	洛陽	
	龍驤城	
	屯城	
又東北過蠡城邑之南。	黽池縣治	
	宜陽縣治	
又東過陽市邑南,又東過於父邑之南。	陽市邑	
	洛陽都典農治	
	一合塢城	注云:"洛水又東逕一合塢南,城在川北原上,高二十丈。"
	於父邑	
又東北過宜陽縣南。	宜陽縣故城	
	宜陽城	
又東北出散關南。	河南城	
	王城	
	關城	大典本、注箋本、項本、注釋本、張本作關北城。
	關城都尉治	

經　文	地　名	備　註
又東北過河南縣南。	成周大邑	注云:“《周書》稱周公將致政,乃作大邑成周於中土。”
	洛邑	
	甘洛城	
	甘城	注云:“南有甘洛城,《郡國志》所謂甘城也。”
又東過洛陽縣西,伊水從西來注之。	成周之城	
	河南尹治	
又東過偃師縣南。	緱氏縣治	
	緱氏城	
	偃師城	
	延壽城	
	鄩城	
	訾城	
又東北過鞏縣東,又北入於河。	鞏縣故城	
卷十五　伊水		
伊水出南陽魯陽縣西蔓渠山。	魯陽城	
	東亭城	
又東北過陸渾縣南。	陸渾故城	
又東北過新城縣南。	新城	
	新城縣故城	
	當階城	

經　文	地　名	備　註
	綸氏縣故城	注箋本、項本、張本作綸氏故城。
	黄城	
	湮陽城	
	高都城	
	斌輪城	
	赤眉城	
又東北過伊闕中。	前城	
	洛陽城	
卷十五　澗水		
東南入於洛。	穀城	何校明鈔本、王校明鈔本作穀城。
卷十六　穀水		
穀水出弘農黽池縣南墦塚林穀陽谷。	黽池城	
	秦城	
	趙城	
	俱利城	
	新安縣故城	
	千秋城	
	河南城	
東北過穀城縣北。	穀城	宋本、何校明鈔本、王校明鈔本作穀城。
又東過河南縣北,東南入於洛。	王城	
	新邑	
	郟城	注云:"《左傳》襄公二十五年,齊人城郟。"
	金鏞城	

經　文	地　名	備　註
	洛陽城	
	洛陽小城	
	向城	注箋本、項本、張本作向地。
	長安	
	萇弘城	
	京師	
	京都	
	偃師城	
卷十六　甘水		
甘水出弘農宜陽縣鹿蹏山。	陸渾縣故城	
東北至河南縣南,北入洛。	石城	
	甘城	
	河南城	
	河南故城	
	鑒洛城	注云:"北對河南故城,世謂之鑒洛城,鑒、甘聲相近,即故甘城也。"
	洛城	
	南河城	
卷十六　漆水		
漆水出扶風杜陽縣俞山東,北入於渭。	長安	
卷十六　沮水		

經文	地名	備註
沮水出北地直路縣東,過馮翊祋祤縣北,東入於洛。	祋祤縣故城	
	祋祤城	
	懷德城	
	宜秋城	
	池陽縣故城	
	曲梁城	
	萬年縣故城	《寰宇記》卷二十六,雍州二,關西道二,櫟陽縣,引《水經注》作萬年故城。
	郭獳城	
	當道城	
	頻陽縣故城	
	蓮芍縣故城	
	漢光武故城	
	粟邑縣故城	
	粟城	注云:"又東逕粟邑縣故城北,王莽更名粟城也。"
卷十七　渭水		
渭水出隴西首陽縣渭谷亭南鳥鼠山。	渭源城	
東北過襄武縣北。	襄武縣故城	
又東過獂道縣南。	獂道縣故城	《乾隆隴西縣志》卷二,山川,渭河,引《水經注》作貆道縣故城。
	故道侯尉治	
又東過冀縣北。	平襄縣故城	注箋本作平襄縣南城。
	冀縣城	注釋本作冀縣故城。
	天水郡治	

經　　文	地　　名	備　　註
	漢陽郡城	
	新陽下城	
	黑城	
	阿陽縣故城	
	阿陽郡治	
	略陽城	
	略陽道故城	
	楊城	
	歙城	注云:"隗囂聞略陽陷,悉衆以攻歙,激水灌城。"
	西城	
	顯親縣故城	
又東過上邽縣。	上邽城	注釋本作上邽縣故城。
	當亭縣治	
	上邽縣故城	
	舊天水郡治	
	清水縣故城	
	清水城	注釋本作清水縣故城。
	降隴縣故城	
	降隴城	
	綿諸道故城	注箋本作綿諸故道。
	伯陽城	
	散關城	
	西武功邑	注云:"渭水又東逕西武功北,俗以爲散關城,非也,褚先生乃曰:武功,扶風西界小邑也。"
	故道縣故城	
又東過陳倉縣西。	陳倉城	
	亮城	
	郁夷縣故城	
	汧縣故城	

經文	地名	備註
	隃麋縣故城	
	平陽故城	
	維堆城	
	郿縣故城	
	右輔都尉治	
	郿塢	注云:"渭水又東逕郿塢南,《漢獻帝傳》曰:董卓發卒築郿塢,高與長安城等。"
	長安城	
卷十八　渭水		
又東過武功縣北。	武功縣故城	
	長安	
	斄縣故城	
	郃城	
	胡城	
	岐州城	
	岐州治	
	雍縣故城	注箋本、項本、張本作雍縣城。
	周城	
	姜氏城	
	杜陽縣故城	注箋本作杜陽故城。
	好畤縣故城	
	長城	
卷十九　渭水		
又東過槐里縣南,又東,澇水從南來注之。	槐里縣故城	七校本作槐里故城。
	小槐里	注云:"《漢書集注》:李奇謂之小槐里,(槐里)縣之西城也。"
	遊城	

經　文	地　名	備　註
	盩厔縣故城	
	思鄉城	
	大丘邑	
	始平郡治	
	鄠縣故城	
又東,豐水從南來注之。	鄗京	宋本、大典本、何校明鈔本、王校明鈔本、疏證本作鎬京。
	渭城	
	長安城	
	咸陽	注云:"太史公曰:長安,故咸陽也,漢高帝更名新城。"
	新城	同上註。
	京城	注云:"武帝元鼎三年,別爲渭城,在長安西北渭水之陽,王莽之京城也。"
	下杜城	
	阿城	
又東過長安縣北。	常安城	注箋本作長安城。
又東過霸陵縣北,霸水從縣西北流注之。	嶢柳城	注箋本、項本、注釋本、張本作柳嶢城。
	青渠城	大典本、吴本、項本、張本作青渥城。
	杜縣故城	
	霸城縣故城	
	霸城	
	茂陵縣故城	
	平陵縣故城	
	安陵縣故城	
	京師	
	黄白城	
	高陵縣故城	
	新豐縣故城	

經文	地名	備註
	陰槃城	
	麗戎城	
	麗邑	注云:"又北逕麗戎城東……秦之麗邑也。"
	戲邑	注云:"蘇林曰:戲,邑名,在新豐東南四十里。"
	市丘城	注箋本作立市城。
	下邽縣故城	
	宜春城	
	池陽城	注箋本、項本、注釋本、注疏本作沈城。
	鄣縣故城	
	左輔都尉治	
	新城	
	櫟陽城	
	居陵城	
	蓮芍城	注釋本作蓮勺城。
又東過鄭縣北。	鄨都城	
	鄨城	注云:"渭水又東逕鄨都城北,……然則今鄨城是也。"
	赤城	
	鄭縣故城	
	武平城	
	鄭城	
	沈陽城	注釋本作沈城。
	告平城	
	平舒城	
	懷德縣故城	
	高陽城	
又東過華陰縣北。	華陰縣故城	
	定城	

經　文	地　名	備　註
卷二十　漾水		
漾水出隴西氐道縣嶓冢山,東過武都沮縣,爲漢水。	闗城	注箋本、項本、注釋本、張本作開城。
	西縣故城	
	戎丘城	
	始昌縣故城	注釋本作始昌縣故西城。
	建威城	
	蘭坑城	
	建安城	
	歷城	
	祁山城	注云:“祁山在嶓冢之西七十許里,山上有城,極爲巖固,昔諸葛亮攻祁山,即斯城也。”
	南岈城	注云:“漢水又西逕南岈、北岈中,上下有二城相對,左右壙壠低昂,亘山被阜,古諺云:南岈、北岈,萬有餘家。”岈,吴本作岸。
	北岈城	見上註。
	蘭倉城	
	上洛縣故城	
	濁水城	
	濁城	
	武街城	合校本引孫星衍校本云:“街,當作階。”
	下辨縣治	
	廣業郡治	
	河池縣故城	
	故道城	
	唐倉城	
	尚婆城	《名勝志》陝西,卷九,徽州,兩當縣,引《水經注》作婆川城。
	故道郡治	
	武興城	項本、張本作興城。

經　　文	地　　名	備　　註
	關城	
	晉壽城	
	東晉壽故城	
又東南至廣魏白水縣西，又東至葭萌縣東北，與羌水合。	黑水城	
	洛和城	
	鄧至城	
	夷祝城	
	維城	
	廣漢屬國都尉治	
	陰平道故城	注箋本、項本、張本作陰平故城。
	陰平大城	
	偃城	
	郭公城	
	白水縣故城	
	白水郡治	
	平武城	
	吐費城	
	西晉壽城	
	葭萌城	注云："西晉壽，即蜀王弟葭萌所封爲苴侯邑，故遂名城爲葭萌矣，劉備改曰漢壽。"
	漢壽城	
又東南過巴郡閬中縣。	巴西郡治	
	始平城	注箋本作平城。
卷二十　丹水		
又東南過商縣南，又東南至於	脩陽縣故城	
	析縣故城	

經　　文	地　　名	備　　註
丹水縣,入於均。	三户城	
	丹水縣故城	
	南鄉縣故城	《嘉靖鄧州志》卷八,輿地志,古蹟,引《水經注》作南鄉城。
	南鄉縣舊治	
	酇城	
	南鄉縣治	
卷二十一		
汝水		
汝水出河南梁縣勉鄉西天息山。	太和城	
東南過其縣北。	麻解城	
	鄤鄉城	注云:"東歷麻解城北,故鄤鄉城也。"
	蠻氏城	
	周平城	
	華浮城	
	梁城	
	治城	
	注城	
	治城縣治	
	梁縣故城	
	成安縣故城	
	白泉城	
	周承休縣故城	
	洛陽	
	周承休邑	
	黄城	
	期城	

經文	地名	備註
又東南過潁川郟縣南。	郟城	
	沙城	
	郟縣故城	
	父城	
	賈復城	
	寡婦城	
	紀氏城	
	夏亭城	
	龍城	
	父城縣故城	
	楚平王大城	
	襄城縣故城	
	襄城	
	汜城	
	襄城郡治	
	不羹城	
	陳蔡城	
	繁丘城	
又東南過定陵縣北。	蒲城	
	定陵縣故城	
	定陵城	
	昆陽縣故城	
	奇領城	吴本、注箋本、項本、七校本、張本作奇雒城。
	潁川郡治	
又東南過郾縣北。	郾縣故城	
	唐城	
	葉縣故城	
	萬城	
	方城	

經　文	地　名	備　註
	葉公城	
	葉城	
	潕陽縣故城	
	潕陽城	
	鄧城	
又東南過汝南上蔡縣西。	懸瓠城	吴本作玄瓠城,《林水録》鈔《水經注》作玄瓠城。
	汝南郡治	
又東南過平輿縣南。	朗陵縣故城	大典本作郎陵縣故城。
	北宜春縣故城	
	馬香城	
	安成縣故城	注箋本、項本、七校本、注釋本、張本作安城縣故城。
	慎陽縣故城	
	慎陽城	
	新蔡縣故城	
	平輿縣故城	注疏本作平與縣故城。
	汝南郡故治	
	鮦陽縣故城	
	葛陵城	
	壺丘城	
	褒信縣故城	
	吴城	
又東至原鹿縣。	原鹿縣故城	
卷二十二		
潁水		

經　　文	地　　名	備　　註
潁水出潁川陽城縣西北少室山。	黄城	
東南過其縣南。	崧陽城	
	陽城	
	陽城縣故城	
	康城	注釋本作康亭城。
又東南過陽翟縣北。	東土城	
	西土城	
	上棘城	注云:“《春秋左傳》襄公十八年,楚師伐鄭,城上棘以涉潁者也。”
	夏亭城	
	陽翟縣故城	
	故潁川郡治	
又東南過潁陽縣西,又東南過潁陰縣西南。	潁鄉城	
	潁陰縣故城	
	許昌典農都尉治	
	岡丘城	
	汾丘城	注云:“東歷岡丘城南,故汾丘城也。”
	青陵亭城	
	邑城	
又東南過臨潁縣南,又東南過汝南濦強縣北,洧水從河南密縣東流注之。	濦陽城	《輿地廣記》卷九,京西北路,商水縣,引《水經注》作濦彊縣故城。
	濦強城	

經　　文	地　　名	備　　註
又東過西華縣北。	習陽城	
又南過女陽縣北。	博陽縣故城	注箋本作博陽縣城。
	潁陰城	
又東南至新陽縣北,蒗蕩渠水從西北來注之。	新陽縣故城	
	項縣故城	
	南頓縣故城	
	項城	
	潁州治	
	公路城	
	臨潁城	
	雲城	
	陽城	
	宋縣故城	
	細陽縣故城	注箋本作細陽故城。
	胡城	
	奇洛城	戴本、注釋本、注疏本作奇領城。《方輿紀要》卷五十一,河南六,南陽府,裕州,葉縣,汝水,引《水經注》作奇領城。
	召陵縣故城	
	西門城	
	南利城	注云:"汝水别溝又東逕西門城,即南利也。"
	孰城	
	北利城	注云:"縣北三十里有孰城,號曰北利。"
	鮦陽城	
	邸鄉城	
	固始縣故城	
	女陰縣故城	
	陶丘鄉城	
	汝陰縣治	

經文	地名	備註
又東南至慎縣東南,入於淮。	慎縣故城 鄭城	
卷二十二 洧水		
東南過其縣南。	密縣故城 新城 鄶城	 注云:"洧水又東逕密縣故城南,春秋謂之新城。"
又東過鄭縣南,潧水從西北來注之。	新鄭縣故城 鄭城 華城 升城 燭城	
又東南過長社縣北。	長社縣故城 潁川郡治 棘城 許昌城 汶倉城 鄢陵縣故城	 注箋本、項本、張本作隱陵縣故城,注釋本作郭陵縣故城。
又東南過新汲縣東北。	桐丘城 許昌故城 新汲縣故城 曲洧城 匡城	
又東南過茅城邑之東北。	洧陽城 茅城 洧陽故城	

經　　文	地　　名	備　　註
	復陽城	
	茅邑	
	茅城邑	注箋本作茅邑。
	思鄉城	
	長社城	注箋本、項本、七校本、注釋本、張本、注疏本作長舍城。
又東過習陽城西，折入於潁。	田城	
	長平城	
	長平縣故城	
	習陽城	
	赭丘城	
卷二十二		
溟水		
溟水出河南密縣大騩山。	鄭城	
	長社城	注釋本作長社縣故城。
	胡城	
	曲強城	注箋本作曲強，無城字。
	雞鳴城	
	濁城	
	胡泉城	
	東武亭城	注云："溟水又逕東、西武亭間，兩城相對，疑是古之岸門。"
	西武亭城	見上註。
	射犬城	
	潁陰縣故城	
	潁陰城	
	許昌城	
	巨陵城	吴本、注箋本作臣陵城。
	陶城	

經文	地名	備註
卷二十二		
溍水		
溍水出鄭縣西北平地。	鄶城	
	賈復城	
東過其縣北，又東南過其縣東，又南入於洧水。	鄭城	
卷二十二		
渠		
渠出滎陽北河，東南過中牟縣之北。	管城	
	東武陽城	
	武強城	
	清人城	
	華城	注箋本、項本、張本作畢城。
	華陽城	
	桼城	
	林鄉故城	
	苑陵縣故城	注箋本、項本、注釋本、張本作宛陵縣故城。《天下郡國利病書》卷五十，河南一，引《水經注》作宛陵縣故城。
	新鄭縣故城	
	期城	
	靖城	
	武陵城	
	中陽城	
	伯禽城	
	陽武縣故城	
	郤城	
	焦城	

經　　文	地　　名	備　　註
	驛城	
	山民城	注箋本、項本、注釋本、張本作山氐城。
	中牟城	
	中牟縣故城	
	醬魁城	
又東至浚儀縣。	赤城	
	大梁城	
	安邑	
	師曠城	
	繁臺城	大典本、注箋本、項本、注釋本、張本、注疏本作婆臺城。
	任城	
	開封縣故城	
	富城	
	牛建城	
又屈南至扶溝縣北。	陳留縣故城	
	圉縣故城	
	陽夏縣故城	
	斗城	
	車牛城	
	開封城	
	石倉城	
	扶溝縣故城	
	向城	
	尉氏縣故城	
	尉氏小城	
	平陸縣故城	
	鄢陵城	吴本、項本、張本作隱陵城,注釋本作傿陵城。
	匡城	
	扶溝城	

經　文	地　名	備　註
	小扶城	
	大扶城	
	扶樂故城	注云:"沙水又東南逕大扶城西,城,即扶樂故城也。"注箋本、項本、注釋本、張本作扶樂故縣。
其一者,東南過陳縣北。	陳城	
	羲城	
	南華城	
	長平縣故城	
	淮陽城	
	豫州治	
	犖城	注箋本作華城。
	澇城	注釋本作犖城。
	梩小城	
又東南至汝南新陽縣北。	寧平縣故城	
	宜禄縣故城	
	譙縣故城	
	城父縣故城	
又東南過山桑縣北。	山桑故城	
又東南過龍亢縣南。	龍亢縣故城	
	白鹿城	
卷二十三		
陰溝水		
陰溝水出河南陽武縣蒗蕩渠。	卷縣故城	
	蒙城	
	陽武城	注箋本作陽池城。
	垣雍城	

經　　文	地　　名	備　　註
	垣雝城	注云:"左瀆又東絶長城逕垣雍城南,……《郡國志》曰:卷縣有垣雝城。"
	大梁城	
東南至沛,爲渦水。	大扶城	
	邈城	
	大棘城	
	安平縣故城	
	鹿邑城	
	虎鄉城	
	武平縣故城	
	廣鄉城	
	廣世城	
	襄邑	
	賴城	
	苦縣故城	
	承匡城	
	己吾縣故城	
	賴鄉城	《名勝志》卷十四,亳州,引《水經注》作瀨鄉城。《佩文韻府卷十,十灰,臺,谷陽臺,引《水經注》作瀨鄉城。
	相縣故城	
	譙縣故城	
	沇州治	
	譙城	
	禮城	
	渦陽城	
	渦州治	
	龍亢縣故城	
又東南至下邳淮陵縣,入於淮。	山桑邑	
	北平城	注云:"東南流逕山桑邑南,俗謂之北平城。"
	山桑縣故城	

經文	地名	備註
	瑕城	《乾隆潁州府志》卷二,建置志,古蹟,蒙城縣,瑕城,引《水經注》作瑕城。
	向縣故城	
	向城	
	圓城	
	楮城	
卷二十三		
汳水		
汳水出陰溝於浚儀縣北。	倉垣城	
	小黄縣故城	
	雍丘縣故城	
	陽樂城	
	莠倉城	
	大齊城	
	科城	
	小齊城	
	考城縣故城	
	堂城	
	斜城	
	彭城	
	葛城	
	睢陽縣故城	
又東至梁郡蒙縣,爲獲水,餘波南入睢陽城中。	貰城	吴本、注箋本、項本、張本作貫城。
	薄城	
	貫城	注箋本、項本、張本作貰城。
	蒙縣故城	
	小蒙城	注云:“汳水又東逕蒙縣故城北,俗謂之小蒙城也。”
	睢陽城	
	睢城	

經　　文	地　　名	備　　註
	大蒙城	
	偃師城	
	北亳城	
	南亳城	
	穀熟城	
	薄伐城	
卷二十三		
獲水		
獲水出汳水於梁郡蒙縣北。	虞縣故城	
	下邑縣故城	
	下邑	
	碭縣故城	《寰宇記》卷一,河南道一,東京上,尉氏縣,引《水經注》作碭山縣故城。
	香城	《晏元獻公類要》卷四,京東路,單,引《水經注》作百城。
	杼秋縣故城	
又東過蕭縣南,睢水北流注之。	蕭城	注箋本作蕭縣。
	沛郡治	
	龍城	
又東至彭城縣北,東入於泗。	彌黎城	
	彭城	
	徐州治	
	金城	
	劉公小城	注云:"大城之内有金城,東北小城,劉公更開廣之。"
	琅邪王所修城	注云:"小城西又有一城,是大司馬琅邪王所修。"
卷二十四		
睢水		

經　文	地　名	備　註
睢水出梁郡鄢縣。	陳留北城	
	雍丘縣故城	
	襄邑縣故城	
	雍丘城	
	寧陵縣故城	
東過睢陽縣南。	横城	
	光城	
	新城	
	亳城	
	睢陽縣故城	
	宋城	
	彭城	注箋本作彭梁。
	曲城	
	睢陽城	
	穀熟縣故城	
	粟縣故城	
	太丘縣故城	
	芒縣故城	
又東過相縣南，屈從城北東流，當蕭縣南，入於陂。	沛郡治	
	相縣故城	
	相城	
	竹縣故城	《寰宇記》卷十七，河南道十七，宿州，符離縣，引《水經注》作竹邑城。《晏元獻公類要》卷六，淮南路，宿，睢水，引《水經注》作竹巳城。
	竹邑	同上註。
	甾丘縣故城	
	符離縣故城	注箋本作苻離縣故城。
	取慮縣故城	
	睢陵縣故城	

經　文	地　名	備　註
	潼縣故城	注釋本作僮縣故城。
	下相縣故城	
卷二十四		
瓠子河		
瓠子河出東郡濮陽縣北河。	濮陽城	
	東郡治	
	鹹城	黄本、注箋本、項本、沈本、張本作咸城。
	桃城	
	鄄城	吴本、注箋本、項本作甄城。
	姚城	七校本、注釋本作桃城。
	洮城	注云："今鄄城西南五十里有姚城，或謂之洮也。"
	東都尉治	七校本作東部都尉治。
東至濟陰句陽縣，爲新溝。	小成陽城	吴本、注箋本、項本、張本作成陽城。
	囚堯城	
	都關縣故城	
	羊子城	
	沮丘城	黄本、注箋本、項本、沈本、注釋本、張本、注疏本作鉏丘城。
	浚城	
	廩丘城	
又東北過廩丘縣，爲濮水。	大成陽縣故城	
	成陽縣	
	堯陵東城	
	修義邑	
	羊角城	
	高魚城	
	交魚城	
	角逐城	

經文	地名	備註
	陽晉城	
	郕都城	
	黎縣故城	
	黎侯城	注云:“瓠河又東逕黎縣故城南,……世謂黎侯城。”
	濮陽郡治	
	庇縣故城	注箋本、項本、七校本、注釋本、張本作秺縣故城,注疏本作秏縣故城。
	鄆城	
	運城	
	泥牛邑	
又北過東郡范縣東北,爲濟渠,與將渠合。	范縣故城	
	范城	
又東北過東阿縣東。	東阿城	
	東阿縣故城	
	柯邑	
其東北者爲濟河,其東者爲時水,又東北至濟西,濟河東北入於海,時水東至臨淄縣西,屈南過太山華縣東,又南至費縣,東入於沂。	西安城	
	昌國縣故城	
	東高苑城	注釋本作東高宛城。
	高苑城	注釋本作高宛城。
	延鄉城	
	從城	
	西高苑縣故城	
	梁鄒城	
卷二十四		
汶水		

經　文	地　名	備　註
汶水出泰山萊蕪縣原山，西南過其縣南。	齊城 嬴縣故城	
又西南過奉高縣北。	泰山郡治	
屈從縣西南流。	牟縣故城 奉高縣故城	
過博縣西北。	博縣故城 龍鄉故城 陽關故城 菟裘城 梁父縣故城 柴縣故城 陽闢城 鉅平縣故城 闞陵城 汶陽縣故城	
又西南過蛇丘縣南。	鑄鄉城	大典本作治鑄鄉城，注箋本、項本、注釋本、張本作鑄鄉故城。
又西南過剛縣北。	剛城 剛縣治 鑄城 蛇丘城 夏暉城 下讙城 遂城	黃本、沈本作岡城。 黃本、沈本作岡縣治。 注云："蛇水又西南逕夏暉城南，經書公會齊侯於下讙是也，今俗謂之夏暉城，……又西逕下讙城西。"

經　文	地　名	備　註
又西南過東平章縣南。	章縣故城 肥成縣故城	
	富成縣故城	注釋本作富城縣故城。
	桃鄉縣故城 鄣城	
又西南過無鹽縣南，又西南過壽張縣北，又西南至安民亭，入於濟。	郈鄉城	大典本、黄本、注箋本、項本、沈本、張本作洽鄉城。
	東平陸縣故城 致密城 壽張縣故城 無鹽縣故城 須昌城 無鹽城	
卷二十五		
泗水		
泗水出魯卞縣北山。	卞縣故城	
	姑蔑城	大典本、吴本作姑在蘉城。
	郚城	
西南過魯縣北。	魯城 魯縣故城	
又西過瑕丘縣東，屈從縣東南流，漷水從東來注之。	騶縣城	注云："今城在嶧山之陽，……後乃縣之，因嶧山之名以氏縣也。"
	蕃縣故城 薛縣故城 仲虺城 薛城	

經　文	地　名	備　註
又南過平陽縣西。	南平陽縣故城	
	漆鄉故城	
又南過高平縣西,洸水從西北來流注之。	高平縣故城	
菏水從西來注之。	穀庭城	
又屈東南過湖陸縣南,涓涓水從東北來流注之。	郗鑒所築城	
	湖陵城	
	滕城	
	滕縣故城	
	小邾邑	
	上邳城	
又東過沛縣東。	泗水郡治	
	外黄縣故城	
	成武縣故城	
	郜城	
	平樂縣故城	
	貰城	注箋本、項本、注釋本、張本作貫城。
	己氏縣故城	
	郜成縣故城	大典本、注箋本、項本、張本作印城縣故城,七校本、注釋本作郜城縣故城。
	單父縣故城	注箋本、項本、張本作單父故城。
	豐縣故城	
	豐城	
	彭城	
	沛縣故城	

經　文	地　名	備　註
	徐州治	
	小沛縣治	
	小沛縣故城	
	廣戚縣故城	
	垞城	
又東南過彭城縣東北。	彭城縣故城	
又東南過下邳縣西。	下邳縣故城	
	東陽郡治	
	下邳大城	注云:"漢明帝置下邳郡矣,城有三重,其大城中,……中城,吕布所守也,小城,晉中興北中郎將荀羡、郗曇所治也。"
	下邳中城	見上註。
	下邳小城	見上註。
	剛亭城	
	下相縣故城	
	宿預城	
	南徐州治	
又東南入於淮。	陵縣治	注釋本作凌縣治。
	淮陽城	
	魏陽城	
	泗陽縣故城	
	角城	
卷二十五		
沂水		
沂水出泰山蓋縣艾山。	蓋縣故城	
	蓋城	
	東莞縣故城	注箋本、項本、張本作東苑縣故城。
	鄆邑	注箋本、項本作鄲邑,何本作鄆邑。

經　文	地　名	備　註
	團城	
	南青州治	
	東莞城	
	東安縣故城	
	東安城	
	蒙陰縣故城	
	陽都縣故城	
南過琅邪臨沂縣東,又南過開陽縣東。	中丘城	
	臨沂縣故城	
	費縣故城	
	顓臾城	
	祊城	
	開陽縣故城	
	啓陽城	
	琅邪郡治	
又東過襄賁縣東,屈從縣南西流,又屈南過郯縣西。	東海郡治	
又南過良城縣西,又南過下邳縣西,南入於泗。	良城	
	下邳縣城	
卷二十五		
洙水		
洙水出泰山蓋縣臨樂山。	平陽城	

經文	地名	備註
西南至卞縣，入於泗。	卞城	
	瑕丘城	
	盛鄉城	
	魯縣東北故城	注云："至魯縣東北，又分爲二水，水側有故城。"
	寧陽縣故城	
	寧陽城	
	乘丘縣故城	
	茅鄉城	
卷二十六		
沭水		
沭水出琅邪東莞縣西北山。	東莞縣城	
	半城	注云："（東莞縣）城有三面而不周於南，故俗謂之半城。"
又東南過莒縣東。	莒縣城	注云："《地理志》曰：莒子之國，……妻乃哭於城下，七日而城崩。"
	辟土城	注箋本、項本、戴本、注釋本、張本作辟城。
	辟陽城	注云："西南流逕辟土城南，世謂之辟陽城。"
又南過陽都縣，東入於沂。	監官城	
	有利城	注云："水東出倉山，山上有故城，世謂之監官城，非也，即古有利城矣。"
	視丘城	
	建陵縣故城	
	曲沭戍城	注云："兩瀆之會，置城防之，曰曲沭戍。"
	司吾縣故城	
	司吾城	
	柤口城	吳本作祖口城。
	傅陽縣故城	注箋本、項本、七校本、注釋本、張本作偪陽縣故城。

經　文	地　名	備　註
卷二十六		
巨洋水		
巨洋水出朱虛縣泰山,北過其縣西。	朱虛縣故城 劇縣故城 平壽縣故城	
又北過臨朐縣東。	臨朐縣故城	
又北過劇縣西。	益縣故城 齊城 南豐城 北益都城	
又東北過壽光縣西。	壽光縣故城	
	東壽光城	注云:"堯水又東北逕東、西壽光二城間。"
	西壽光城	見上註。
	平壽故城 北海郡治 故高密郡治	
	故郡城	注云:"水出桑犢亭東覆甑山,亭,故高密郡治,世謂之故郡城。"
	斟城	
卷二十六		
淄水		
淄水出泰山萊蕪縣原山。	萊蕪縣故城 萊柞邑	
東北過臨淄縣東。	臨淄縣故城 營陵城 臨淄城	

經　　文	地　　名	備　　註
	臨淄小城	
	齊城	注云:“(臨淄)城對天齊淵,故城有齊城之稱。”
	虜城	注云:“其外郭,即獻公所徙臨淄城也,世謂之虜城。”
	齊郡治	
又東過利縣東。	東安平城	
	巨淀縣故城	
	廣饒縣故城	
	廣固城	
	東陽城	
	廣縣故城	
	青州治	
	青州城	
	廣城	
	澠陽城	大典本作繩陽城。
	益城	孫潛校本云:“一作蓋城。”
	東安平縣故城	
	安平城	
	西安平縣故城	
	西安城	
	魯城	
	葵城	
	營城	
	博昌縣故城	
	博昌城	
	齊利縣故城	
又東北入於海。	琅槐故城	
	馬井城	

經　文	地　名	備　註
卷二十六		
汶水		
北過其縣東。	郚城	注箋本、項本、張本作峿城。
	安丘縣故城	
	安丘城	
又北過淳于縣西,又東北入於濰。	淳于縣城	
卷二十六		
濰水		
濰水出琅邪箕縣濰山。	琅邪郡城	注云:"秦始皇二十六年,滅齊以爲郡,城即秦皇之所築也。"
	箕縣故城	
	諸縣故城	
	諸城	注云:"《春秋》文公十二年,季孫行父城諸及鄆。"
	鄆城	見上註。
	婁鄉城	
	東諸城	
東北過東武縣西。	東武縣城	
	東武縣故城	
	昌縣故城	
又北過平昌縣東。	石泉縣故城	
	平昌縣故城	
	龍臺城	
	姑幕縣故城	
	薄姑城	

經　　文	地　　名	備　　註
又北過高密縣西。	高密縣故城	注箋本作高密故城。
	昌安縣故城	
又北過淳于縣東。	下密縣故城	
又東北過都昌縣東。	都昌縣故城	
卷二十六		
膠水		
膠水出黔陬縣膠山,北過其縣西。	祝兹縣故城	
	扶縣故城	注釋本作邞縣故城。
	黔陬故城	注釋本作黔陬縣故城。
	黔陬縣西城	
	柜縣故城	注箋本作拒縣故城。
	王城	注云:"東北流逕柜縣故城西,……世謂之王城。"
	黔陬城	
又北過夷安縣東。	下密縣故城	
	膠東縣故城	
	長廣郡治	
	膠城	
卷二十七		
沔水		
沔水出武都沮縣東狼谷中。	關城	
	張魯城	
	白馬城	
	濜口城	

經　　文	地　　名	備　　註
	亮壘小城	注云:"水南有亮壘,背山向水,中有小城。"
	沔陽縣故城	
	京師	
	西樂城	
	容裘溪故城	注云:"城東,容裘溪水注之,……東北流,水左有故城。"
	陽平縣故城	
	三交城	
	襃縣故城	
	萬石城	
東過南鄭縣南。	漢中郡治	
	南鄭大城	注云:"蕭何曰:天漢,美名也,遂都南鄭,大城周四十二里,城内有小城。"
	南鄭小城	見上註。
	南鄭縣治	
	扁鵲城	
	漢陰城	
	洛陽	
	胡城	
又東過成固縣南,又東過魏興安陽縣南,涔水出自旱山北注之。	匈奴城	
	大成固城	大典本、黄本、吴本、何校明鈔本、王校明鈔本、項本、沈本、張本、注疏本作大城固城。《通鑑地理通釋》卷十一,興勢,引《水經注》作大城固城。《玉海》卷一六二,宫室,臺,韓信臺,引《水經注》作大城固城。
	瀗城	
	小成固城	大典本、黄本、吴本、何校明鈔本、王校明鈔本、項本、沈本、張本、注疏本作小城固城。《通鑑地理通釋》卷十一,興勢,引《水經注》作小城固城。《康熙漢南郡志》卷一,山川,上濤下濤,引《水經注》作小城固城。
	鐵城	

經文	地名	備註
	長安	
	定遠城	
	直城	
	西城	
	西鄉縣治	
	安康縣治	
	寧都縣治	
	廣城縣治	
又東過西城縣南。	大勢城	注云:“漢水又東,右得大勢,勢阻急溪,故亦曰急勢也,依山爲城,城周二里,在峻山上。”
	梁州督護治	
	魏興郡治	
	梁州治	
	伎陵城	注箋本、項本、注釋本、張本作陵城。
	金井城	
	豐鄉故城	
	錫縣故城	
	長利故城	注箋本作長谷故城。
卷二十八		
沔水		
又東過堵陽縣,堵水出自上粉縣,北流注之。	上庸西城 新城郡治	
又東過鄖鄉南。	鄖鄉縣城	
又東北流,又屈東南,過武當縣	武當縣故城 平陽故城	

經　　文	地　　名	備　　註
東北。		
又東南過鄾縣之西南。	鄾縣治 鄾縣故城	
又東南過穀城東,又南過陰縣之西。	穀城 陰縣故城 洛陽城	
又南過筑陽縣東,筑水出自房陵縣東,過其縣南流注之。	汎陽縣故城 學城 筑陽縣故城	
又東過山都縣東北。	固城 山都縣治 山都縣舊治	
又東過襄陽縣北。	襄陽城 襄陽縣故城 荆州治 平魯城 樊城	
又從縣東屈西南,淯水從北來注之。	峴山城 邑城 安昌縣故城 義陽郡治 蔡陽縣故城	注云:"又逕峴山東,山上有桓宣所築城。"
又東過中廬縣東,維水自房陵	中廬縣故城 建業	

經　文	地　名	備　註
縣維山，東流注之。	犂丘故城	注箋本、項本、張本作黎丘故城。《通鑑》卷二二七，唐紀四十三，德宗建中二年，"追至疎口，又破之"胡註，引《水經注》作黎丘故城。
	犂丘城	注箋本、項本、張本作黎丘城。
	觀城	
又南過邔縣東北。	騎城	
	宜城	
又南過宜城縣東，夷水出自房陵，東流注之。	羅川城	
	上黄縣治	
	鑾城	
	金城	
	都縣故城	
	都縣北大城	注云："（都）縣北有大城。"
	狄城	注疏本作湫城。
	石城	
	竟陵郡治	
又東過荆城東。	荆城	
	章山故城	注云："逕當陽縣之章山東，山上有故城，太尉陶侃伐杜曾所築也。"
	權城	
	那口城	
	紀南城	
	郢城	
	冶父城	
	方城	
	南蠻府治	《方輿紀要》卷七十八，湖廣四，荆州府，江陵縣，方城，引《水經注》作南蠻校尉治。
	巾城	
	竟陵大城	《嘉靖沔陽志》卷一，郡記第一，童承敍按，引《水經注》作

經　文	地　名	備　註
		竟陵故城。
又東過江夏雲杜縣東,夏水從西來注之。	雲夢城	
	新陽縣治	
	雲杜故城	
	臨嶂故城	注箋本、項本、注釋本、張本作林鄣故城。《通鑑》卷八十九,晉紀十一,愍帝建興二年,"杜弢將王真襲陶侃於林障"胡註,引《水經注》作林障故城。
卷二十九		
沔水		
又東北出居巢縣南。	烏上城	
	南譙僑郡城	
	清溪城	
	李鵲城	
	韓綜山城	注云:"湖東有韓綜山,山上有城。"
	潁川僑郡故城	
	王武子城	
	虎山城	注箋本、項本、張本、注疏本作虎山,無城字。
	郭僧坎城	
	趙祖悦城	
	東關城	
	高江產城	
	胡景略城	注箋本、項本、張本作胡景城。
	張祖禧城	
	鄭衛尉城	
又東過牛渚縣南,又東至石城縣。	石城	

經文	地名	備註
分爲二，其一東北流，其一又過毗陵縣北，爲北江。	丹徒縣北故城	注云："丹徒縣北二百步，有故城，本毗陵郡治也。"
	毗陵郡治	同上註。
	石城縣故城	
	由卷縣故城	
	由卷縣治	
	檇李城	
	嘉興縣城	
	鹽官縣故城	
	海昌都尉治	
	馬皐城	
	司鹽都尉城	注云："谷水之右，有馬皐城，故司鹽都尉城。"
	海鹽縣治	
又東至會稽餘姚縣，東入於海。	餘姚縣故城	
卷二十九		
湍水		
湍水出酈縣北芬山，南流過其縣東，又南過冠軍縣東。	酈縣故城	《康熙南陽府志》卷一，輿地，湍水，引《水經注》作南酈縣故城。
	冠軍縣故城	
	穰縣故城	
	魏武故城	
又東過白牛邑南。	白牛邑	
	安衆縣故城	
	涅陽縣故城	
卷二十九		
比水		

經　文	地　名	備　註
比水出比陽東北太胡山,東南流過其縣南,泄水從南來注之。	東荆州治	
	比陽縣故城	吴本作泚陽縣故城。
	月城	
	平氏縣故城	
	平氏城	
	滹澧城	注云:"時人目之爲滹澧水,城,戍又以滹澧爲目。"
	謝城	
	棘陽縣治	
	棘陽城	
	新都縣故城	
又西至新野縣,南入於淯。	湖陽縣故城	
	長安	
卷三十　淮水		
淮水出南陽平氏縣胎簪山,東北過桐柏山。	義陽縣故城	
	義陽郡治	注云:"淮水又逕義陽縣故城南,義陽郡治也,世謂之白茅城。"
	白茅城	同上註。
	安昌城	
又東過江夏平春縣北。	平春縣故城	
	城陽縣故城	注箋本、項本、張本作成陽縣故城。
	城陽郡治	
	安陽縣故城	
	仁順城	
	故義陽郡治	
	鍾武縣故城	注箋本、項本、張本作鍾武故城。《通鑑》卷三十九,漢紀三十一,淮陽王更始元年,"前鍾武侯劉望起兵汝南"胡註,引《水經注》作鍾武故城。

經　　文	地　　名	備　　註
	鄎縣故城	
	光淹城	
又東過新息縣南。	息城	
	新息縣故城	
	愼陽縣故城	
	黄城	
	白城	
	西陽城	
	光城	
	左郡治	
	高城	
	褒信縣故城	
又東過期思縣北。	陰山關二城	注云:"西北流歷陰山關,逕二城間,舊有賊難,軍所頓防。"
又東過廬江安豐縣東北,決水從北來注之。	注城	
	富陂縣故城	
	汝陰城	
	安風都尉治	大典本、注箋本、項本、七校本、注釋本、張本作安豐都尉治。《方輿紀要》卷二十一,江南三,鳳陽府,壽州,霍丘縣,安風城,引《水經注》作安豐都尉治。
	京都	
又東北至九江壽春縣西,沘水、泄水合北注之;又東,潁水從西北來流注之。	蒼陵城	注箋本、項本、張本作倉陵城。《方輿紀要》卷二十一,江南三,鳳陽府,壽州,黄城,引《水經注》作蒼陵,無城字。
	壽春縣故城	
	九江郡治	
	虵城	大典本作虵地。
又東過壽春	壽陽縣城	

經文	地名	備註
縣北,肥水從縣東北流注之。	城父縣故城	
	思善縣故城	
	硤石對岸二城	注云:"淮水又北逕山硤中,謂之硤石,對岸山上結二城,以防津要。"
	下蔡縣故城	
	州來城	
	下蔡新城	
	梁城	
	潘城	
	湄城	
	曲陽縣故城	
	陰陵縣故城	
又東過當塗縣北,過水從西北來注之。	馬頭城	
	馬頭郡治	
	當塗縣故城	
	平阿縣故城	
又東過鍾離縣北。	鍾離縣城	
	鍾離小城	
	雍丘縣故城	七校本作雝丘縣故城。
	承匡城	
	襄邑縣故城	
	襄邑	
	己吾縣故城	
	鄫城	
	鄢城	
	新城	
	亳城	
	穀熟城	

經　　文	地　　名	備　　註
	楊梁城	
	緣城	
	建平縣故城	
	酇縣故城	
	銍縣故城	
	譙城	
	鄲縣故城	
	蕲縣故城	
	蕲縣舊都尉治	
	單城	注箋本、項本、注釋本、張本作留城。
	蕲城	
	穀陽故城	注釋本作穀陽縣故城。
	穀陽城	
	虹城	大典本作蚯城,黄本、項本、沈本、張本作蚿城。
	洨縣故城	
	肴城	黄本、注箋本、項本、沈本、注釋本、張本作育城。
	夏丘縣故城	
	徐城	
	東城縣故城	
	東城	
	武城	注云:"逕東城縣故城南,漢以數千騎追羽,羽帥二十八騎引東城,因四隤山斬將而去,即此處也,……《地理志》:王莽更名之曰武城也。"
	建城縣故城	
	大徐縣故城	
	盱眙縣故城	
	盱眙縣都尉治	
	淮陽城	
	淮陽郡治	

經　文	地　名	備　註
又東北至下邳淮陰縣西,泗水從西北來流注之。	角城	《輿地紀勝》卷三十九,淮南東路,楚州,景物上,淮水,引《水經注》作城角。
又東過淮陰縣北,中瀆水出白馬湖,東北注之。	淮陰城	
	淮陰縣故城	
	江都縣城	
	廣陵城	
	邗城	吴本作邘城。
	吴城	
	山陽城	
	射陽縣故城	
	山陽國治	
又東,兩小水流注之。	淩縣故城	
又東至廣陵淮浦縣,入於海。	淮浦縣故城	
	朐縣故城	
	郁州治	
	利成縣故城	注箋本、項本、張本作利城縣故城。
	祝其縣故城	
	計斤縣故城	注箋本、項本、張本作即丘縣故城。
	紀鄣故城	
	紀城	
卷三十一		
滍水		
滍水出南陽魯陽縣西之堯山。	太和城	
	鸞城	
	麻城	注云:"其水又南逕鸞城下,……俗謂之麻城。"
	魯陽縣故城	

經文	地名	備註
	魯陽城	
	應城	
	犨縣故城	
	犨城	
	昆陽縣故城	
東北過潁川定陵縣西北,又東過郾縣南,東入於汝。	定陵城	
卷三十一		
淯水		
淯水出弘農盧氏縣支離山,東南過南陽西鄂縣西北,又東過宛縣南。	酈縣故城	
	酈城	注云:“酈有二城,北酈也。”
	北酈城	見上註。
	皇后城	
	京師	
	雉縣故城	
	博望縣故城	
	西鄂故城	注釋本作西鄂縣故城。
	房陽城	
	方城	
	宛城	
	荆州治	
	荆州城	
	南陽郡治	
	吕城	
	杜衍縣故城	
	三公城	

經　文	地　名	備　註
又屈南過淯陽縣東。	淯陽縣故城	
	南陽典農治	
又南過新野縣西。	新野縣故城	
	新野郡治	
	穰縣故城	
	朝陽縣故城	
	陽城	
	棘陽縣故城	
南過鄧縣東。	鄧縣故城	
	鄧城	
	鄾城	
卷三十一		
㶏水		
㶏水出㶏強縣南澤中,東入潁。	臨頴縣故城	大典本作臨穎縣故城。
	㶏強縣故城	
	㶏陽城	
	㶏陰城	
	奇雒城	注釋本作奇頟城。
	召陵城	
	征羌城	
	西華縣故城	
	汝陽縣故城	
卷三十一		
濯水		
濯水出汝南吴房縣西北奥山,東過其縣北,入於汝。	棠谿城	大典本、黄本、吴本、沈本、七校本、注釋本、注疏本作堂谿城。
	濯陽縣故城	

經　　文	地　　名	備　　註
卷三十一		
潕水		
潕水出潕陰縣西北扶予山，東過其縣南。	潕陰縣故城	
	建城	
	方城	《輿地廣記》卷八，京西南路，方城縣，引《水經注》作方城邑。
	卷城	
	苦菜城	注云："郭仲産曰：苦菜、於東之間，有小城名方城，……苦菜，即黄城也，及於東，通爲方城矣。"
	於東城	見上註。
	黄城	同苦菜城註。
	葉邑	
	長城	
	舞陽縣故城	
又東過郾縣南。	郾縣故城	
卷三十一		
溳水		
溳水出蔡陽縣。	上唐縣故城	
東南過隨縣西。	隨縣故城	
	隨城	
又南過江夏安陸縣西。	安陸縣故城	注釋本作安樂縣故城。
	鄖城	
	三王城	
	杜城	
	新市縣治	

經　文	地　名	備　註
	平林縣故城	
	新城	
	曲陵縣治	
	石潼故城	
卷三十二		
蘄水		
南過其縣西。	齊昌郡治	
卷三十二		
決水		
又北過安豐縣東。	安豐縣故城	
	邊城郡治	
	蓼縣故城	
	陽泉縣故城	
卷三十二		
沘水		
東北過六縣東。	馬亨城	黄本、吴本、注箋本、項本、沈本、張本作馬享城,注疏本作馬亭城。
	六安縣故城	
	廬江郡治	
	安豐縣故城	
	安城	注云:"西北流逕安豐縣故城西,《晉書地道記》:安豐郡之屬縣也,俗名之曰安城矣。"
卷三十二		
肥水		
肥水出九江成德縣廣陽鄉西。	荻城	黄本、注箋本、項本、沈本、張本作獲城。
	合肥縣城	
北過其縣西,	成德縣故城	

經　　文	地　　名	備　　註
北入芍陂。		
又北過壽春縣東,北入於淮。	壽春縣故城	
	相國城	
	金城	
	壽春城	
	玄康城	
卷三十二		
施水		
施水亦從廣陽鄉肥水别,東南入於湖。	合肥縣城	
卷三十二		
沮水		
沮水出漢中房陵縣淮水,東南過臨沮縣界。	汶陽郡治	
	錫城縣城	注云:"(汶陽)郡治錫城縣,居郡下,城,故新城之下邑,義熙初,分新城主。"
	新城	
	沮陽郡治	
	當陽縣故城	
	東城	注云:"沮水又東南逕當陽縣故城北,城因岡爲沮,北枕沮川,其故城在東百四十里,謂之東城。"
	驢城	
	麥城	
	磨城	
	麥邑	
又東南過枝江縣,東南入於江。	長城	

經　　文	地　　名	備　　註
卷三十二		
漳水		
漳水出臨沮縣東荆山,東南過蓼亭,又東過章鄉南。	編縣舊城	
	高陽城	
	編縣治	
	許茂故城	
	麥城	
卷三十二		
夏水		
夏水出江津於江陵縣東南。	郢城	
又東過華容縣南。	容城	
	成都郡故城	
	華容諸城	
卷三十二		
羌水		
羌水出羌中參狼谷。	宕昌城	
	宕婆川城	黄本、吴本、注箋本、項本、沈本、張本、注疏本作宕昌婆川城。
	武街城	黄本、吴本、注箋本、項本、沈本、七校本、注釋本、張本作武階城。
	葭蘆城	
	北部城	
	五部城	吴本作三部城。
	餘城	
	白水縣故城	
卷三十二		
涪水		
涪水出廣魏	涪城	

經　　文	地　　名	備　　註
涪縣西北。		
卷三十二		
梓潼水		
梓潼水出其縣北界,西南入於涪。	涪城	
卷三十二		
涔水		
涔水出漢中南鄭縣東南旱山,北至安陽縣南,入於沔。	成固南城	吴本、注箋本、項本、張本、注疏本作城固南城。
	果州治	注云:“義熙九年,索邈爲果州刺史,自成固治北,故謂之南城。”合校本引孫星衍校本云:“錢竹汀曰:六朝無果州之名,必是梁州之譌。《通鑑》是年有索邈爲梁州刺史,邈與邈字形相涉,其爲梁州無疑。”
	趙軍城	
	成固北城	注箋本、項本、張本、注疏本作城固北城。
	大成固縣治	注箋本、項本、張本、注疏本作大城固縣治。
卷三十三		
江水		
岷山在蜀郡氐道縣,大江所出,東南過其縣北。	汶山郡治	
	成都城	
	益州治	
	成都南城	
	道西城	
	長安	
	五城	
又東南過犍爲武陽縣,青衣水、	武陽城	
	南安縣治	

經　　文	地　　名	備　　註
沫水從西南來,合而注之。	蜀王開明故治	
又東南過僰道縣北,若水、淹水合從西來注之;又東,渚水北流注之。	僰道故城	注云:"(僰道)縣,本僰人居之,……其邑,高后六年城之。"
又東過江陽縣南,洛水從三危山東過廣魏洛縣南,東南注之。	洛縣故城 廣漢郡治 涪城 洛縣城 江陽郡治	
又東過符縣北邪東南,鰼部水從符關東北注之。	符縣治	
又東北至巴郡江州縣東,強水、涪水、漢水、白水、宕渠水五水,合南流注之。	晉昌郡治 巴郡故城 李嚴大城 巴郡治 永寧郡治 北府城 南城 巴州治 京師	李嚴大城:注云:"西南流歷巴中,逕巴郡故城南,李嚴所築大城北,西南入江。"
又東至枳縣西,延江水從牂柯	江州都督治 枳縣治	

經　　文	地　　名	備　　註
郡北流西屈注之。	石城	
又東過魚復縣南，夷水出焉。	朐忍縣尉治	《方輿紀要》卷六十九，四川四，夔州府，奉節縣，湯溪，引《水經注》作朐䏰縣尉治。
	朐忍縣故城	同上註，作朐䏰縣故城。
	朐忍縣治	同上註，作朐䏰縣治。
	故陵舊郡治	
	南浦縣治	
	朝陽道口縣治	注云："而東歷朝陽道口，有縣治，治下有市，十日一會。"
	永安宫城	注云："東逕永安宫南，……其間平地可二十許里，江山迴闊，入峽所無，城周十餘里。"
	赤岬城	
	魚復縣故城	
	江關都尉治	
	白帝城	
	永安城	
	巴東郡治	
	白帝山城	
卷三十四		
江水		
又東過巫縣南，鹽水從縣東南流注之。	巫縣故城	
	建平郡治	
	巫城	
又東過秭歸縣之南。	秭歸縣城	
	劉備城	注云："（秭歸）縣城東北依山即坂，周迴二里，高一丈五尺，南臨大江，古老相傳，謂之劉備城，蓋備征吴所築也。"
	丹陽城南一城	注云："江水又東逕一城北，其城憑嶺作固，二百一十步，夾溪臨谷，據山枕江，北對丹陽城。"

經　　文	地　　名	備　　註
	丹陽城	注釋本作丹楊城。
	夔城	
	金城	
	歸鄉縣故城	
又東過夷陵縣南。	宜昌縣治	
	步闡故城	《通鑑》卷一八七,唐紀三,高祖武德二年,"追之西陵大破之"胡註,引《水經注》作步闡壘。《方輿紀要》卷七十八,湖廣四,荆州府,彝陵州,狼屋灘,引《水經注》作步闡壘。
	陸抗城	
	夷陵縣故城	
又東南過夷道縣北,夷水從佷山縣南,東北注之。	宜都郡治	
	夷道故城	注云:"(夷道)故城,吴丞相陸遜所築也。"
又東過枝江縣南,沮水從北來注之。	上明城	
	荆州治	
	枝江縣治	
	宜城	
又南過江陵縣南。	江陵縣故城	
	江陵縣舊城	注云:"漢景帝二年,改爲江陵縣,……舊城,關羽所築。"
	江陵城	
	馬牧城	
	奉城	
	郢城	
卷三十五		
江水		

經　　文	地　　名	備　　註
又東南當華容縣南，涌水入焉。	樂鄉城	
又東南，油水從東南來注之。	南郡治	
	倉儲城	
	陽岐山東城	注云："又右逕陽岐山北，山枕大江，山東有城。"
	華容縣尉舊治	
	俞口北岸小城	注云："江水自龍巢而東得俞口，……江之北岸，上有小城。"
	鹽利縣尉治	
湘水從南來注之。	城陵山故城	注云："江之右岸，有城陵山，山有故城。"
	陸城	
	金城	
	吕蒙城	
	蒲圻縣治	
	沙陽縣治	
	州陵新治	
	汝南僑郡故城	
又東北至江夏沙羨縣北，沔水從北來注之。	沌陽都尉治	注箋本、項本、注釋本、張本作陽都尉治。
	翼際山城	注云："《地説》曰：漢與江合於衡北翼際山旁者也，山上有吴江夏太守陸涣所治城。"
	江夏郡舊治	
	江夏郡治	
	郤月城	《方輿紀要》卷七十六，湖廣二，漢陽府，漢陽縣，却月城，引《水經注》作偃月城。
	夏口城	

經　　文	地　　名	備　　註
	安陸舊治	注云:“《地理志》曰:夏水過郡入江,故曰江夏也,舊治安陸,漢高帝六年置。”
	金女治	注云:“江水南出也,通金女、大文、桃班三治。”治,注疏本作冶。
	大文治	見上註。
	桃班治	見上註。
	若城	
	武城	
又東過邾縣南。	定州治	
	湖陂城	
	水城	注云:“湖陂城亦謂之水城也。”
	顏城	
	邾縣故城	
鄂縣北。	新興治	注云:“上下三百里,通新興、馬頭二治。”治,注疏本作冶。
	馬頭治	見上註。
	西陽郡治	
	鄂縣故城	
	鄂縣治	
	江州治	
	武昌郡治	
	武昌城	
	武昌城東故城	注云:“(武昌)城東故城,言漢將灌嬰所築也。”
	軑縣故城	
	灊縣故城	
	霍州治	
	西陵縣故城	
又東過蘄春	蘄陽縣治	

經　文	地　名	備　註
縣南，蘄水從北東注之。	蘄春縣故城	
卷三十六 **青衣水** 青衣水出青衣縣西蒙山，東與沬水合也。	兩部都尉治	
卷三十六 **桓水** 桓水出蜀郡岷山，西南行羌中，入於南海。	京師	
卷三十六 **若水** 南過越嶲邛都縣西，直南至會無縣，淹水東南流注之。	越嶲郡治	
又東北至犍爲朱提縣西，爲瀘江水。	朱提郡治 朱提縣故城 庲降屯	
卷三十六 **延江水** 延江水出犍爲南廣縣，東至牂柯鄨縣，又東屈北	犍爲郡治 鄨邑	

經　文	地　名	備　註
流。		
又東南至武陵西陽縣,入於西水。	武陵郡治 遷陵縣故城	
卷三十六		
温水		
温水出牂柯夜郎縣。	益州郡治 滇池城 南池縣治 河陽郡治 興古郡治	
東北入於鬱。	牂柯郡治 鬱林郡治	
	區粟城	《方輿紀要》卷一一二,廣西七,占城,區栗城,引《水經注》作區栗城。
	區粟故城 日南郡治 西捲縣城 合浦郡治 象林縣故治 象林縣治 日南故治 林邑都城	
	典冲城	注云:"浦西,即林邑都也,治典冲,去海岸四十里。"
	林邑東城	
	林邑小城	注云:"(林邑)城内小城,周圍三百二十步。"
卷三十七		
葉榆河		

經　　文	地　名	備　　註
入牂柯郡西隨縣北,爲西隨水,又東出進桑關。	牂柯南部都尉治	
過交趾𨝗泠縣北,分爲五水,絡交趾郡中,至南界,復合爲三水,東入海。	交趾郡治 交州治 龍淵縣故城 京師 泥黎城	
卷三十七 **夷水**		
東南過佷山縣南。	難留城 佷山縣故城	《禹貢錐指》卷七,引《水經注》作很山縣故城。
又東過夷道縣北。	望州山故城	注云:"上有故城,城中有水,登城望見一州之境,故名望州山。"
卷三十七 **油水**		
東過其縣北。	孱陵縣治 孱陵縣故城	
卷三十七 **澧水**		
澧水出武陵充縣西,歷山東,過其縣南。	充縣故治	

經　　文	地　　名	備　　註
又東過零陽縣之北。	天門郡治	
又東過作唐縣北。	天門郡故城	
卷三十七		
沅水		
沅水出牂柯且蘭縣,爲旁溝水,又東至鐔成縣,爲沅水,東過無陽縣。	義陵郡治 序溪城 秭歸城 沅陵縣故治 遷陵縣故城 竇應明城	
又東北過臨沅縣南。	黔中故治 沅南縣治 沅南縣故城 龍陽縣治 索城 索縣故城	
卷三十七		
泿水		
又東至蒼梧猛陵縣,爲鬱溪;又東至高要縣,爲大水。	蒼梧郡治 交州治	
其一又東過縣東,南入於海。	南海郡昔治 交州城	注云:"南海郡昔治,在今(交)州城中。"

經　文	地　名	備　註
	番禺城	
卷三十八		
資水		
東北過邵陵縣之北。	邵陵縣治	
卷三十八		
漣水		
漣水出連道縣西,資水之别。	連道縣故城	
卷三十八		
湘水		
又東北過泉陵縣西。	營陽郡治	
	舂陵縣故城	
	舂陵縣東城	注云:"(舂陵)縣故城東,又有一城,東西相對,各方百步,古老相傳,言漢家舊城。"
	舂陵縣漢家舊城	同上註。
	零陵郡治	
又東北過重安縣東,又東北過酃縣西,承水從東南來注之。	鍾武縣故城	
	湘東郡治	
	衡陽郡治	
	湘南郡治	注云:"晉湘南太守何承天,徙治湘西矣。"
又東北過陰山縣西,洣水從東南來注之;又北過醴陵縣西,漉水從	建寧縣故城	

經　　文	地　　名	備　　註
東南來注之。		
又北過臨湘縣西,瀏水從縣西北流注。	南津城 長沙郡治 長沙縣舊治 長沙州城 長沙城 麓山故城 臨湘縣故城 臨湘縣治 湘州治 臨湘縣新治 北津城	
又北過羅縣西,潤水從東來流注。	吴昌縣故城 縣城	
又北至巴丘山,入於江。	巴陵故城 巴丘邸閣城	 注云:"山有巴陵故城,本吴之巴丘邸閣城也。"
卷三十八 **灕水**		
灕水亦出陽海山。	越城	
卷三十八 **溱水**		
東至曲江縣安聶邑東屈西南流。	任將軍城 始興郡治 鼻天子城	

經　　文	地　　名	備　　註
卷三十九		
洭水		
洭水出桂陽縣盧聚。	桂陽縣故城 陽山縣故城 鼓城	
東南過含洭縣。	白鹿城	
卷三十九		
耒水		
又北過其縣之西。	桂陽郡治	
又西北過耒陽縣之東。	桂陽郡故城	注云:“水東肥南,有(桂陽)郡故城。”
又北過酃縣東。	酃縣故治	
卷三十九		
洣水		
又西北過陰山縣南。	陽山故城	
卷三十九		
瀆水		
西過長沙羅縣西。	羅侯城	

經　文	地　名	備　註
卷三十九		
贛水		
贛水出豫章南野縣,西北過贛縣東。	贛縣治	
	南康郡治	
又東北過石陽縣西。	廬陵郡治	
	廬陵郡城	
又北過南昌縣西。	南昌縣故城	注箋本作南昌縣城。
	豫章郡治	
	王步城	注云:"贛水又東北逕王步,步側有城。"
	齊王城	《雍正江西通志》卷三十八,古蹟,南昌府,齊城,引《水經注》作齊城。
	椒丘城	
	度支校尉治	
	昌邑城	
卷四十　漸江水		
漸江水出三天子都。	歙縣故城	
	始新縣故城	
北過餘杭,東入於海。	臨安縣城	
	餘杭南城	注云:"浙江又東逕餘杭故縣南,新縣北,……漢末,陳渾移築南城。"
	東陽郡治	
	長山縣城	注云:"穀水又東逕長山縣南,……城居山之陽。"
	建業	
	會稽西部都尉治	
	固陵城	

經　　文	地　名	備　　註
	苦竹里舊城	注云:"又逕會稽山陰縣,有苦竹里,里有舊城。"
	越州城	注云:"又有秦望山,在(越)州城正南。"
	嶕峴大城	注云:"山南有嶕峴,峴裏有大城。"
	會稽郡治	
	剡縣城	
	始寧縣舊治	注云:"浦陽江又東北逕始寧縣西,……舊治水西,常有波潮之患,晉中興之初,治今處。"
	始寧縣今治	
	司鹽都尉治	
	江南故城	注云:"江南有故城,太守劉牢之討孫恩所築也。"
卷四十 《禹貢》山水澤地所在		
都野澤在武威縣東北。	姑臧城	
	姑臧縣故城	
	涼州城	
	馬城	
	休屠縣故城	注云:"澤水又東北流逕馬城東,城,即休屠縣之故城也。"
	涼州治	
	卧龍城	
	涼州東城	注云:"又增築四城,箱各千步,東城殖園果,命曰講武場,北城殖園果,命曰玄武圃,皆有宫殿;中城内作四時宫,隨節游幸;並舊城爲五。"
	涼州北城	見上註。
	涼州中城	見涼州東城註。
	涼州舊城	見涼州東城註。
	宣威縣故城	
	武威郡治	

經　文	地　名	備　註
流沙地在張掖居延縣東北。	居延縣故城	

五十四、郊　郭

郊　郭

經　　文	地　　名	備　　註
卷三　河水		
又南過赤城東，又南過定襄桐過縣西。	美稷縣郭	注云："行部到西河美稷，數百小兒，各騎竹馬迎拜，……伋謝而發去，諸兒復送郭外。"
卷四　河水		
又東過河北縣南。	芮郊	注云："河水自河北城南東逕芮城，……戎人逆伯萬於郊。"
卷五　河水		
又東北過黎陽縣南。	平邑郭 高黎郭	

經　文	地　名	備　註
又東北過高唐縣東。	東武陽縣故城郭	注云:"水自城東北逕東武陽縣故城南,……今城四周,紹圍郭尚存。"
	金城墟郭	注云:"東西隅有金城,城卑下,墟郭尚存。"
	高唐之郭	
卷六　汾水		
又南過大陵縣東。	宜歲郊	
卷六　文水		
文水出大陵縣西山文谷,東到其縣,屈南到平陶縣東北,東入於汾。	平陶縣故城郭	注云:"文水又南逕平陶縣之故城東,西逕其城内,南流出郭。"
卷六　洞過水		
西過榆次縣南,又西到晉陽縣南。	武館之郛	
卷七　濟水		
濟水出河東垣縣東王屋山,爲沇水。	軹郭	
又東至温縣西北,過隤城西,又南當鞏縣北,南入於河。	温縣郭	

經　　文	地　名	備　　註
卷八　濟水		
其一水東南流，其一水從縣東北流，入鉅野澤。	酸棗郛	
又東北過盧縣北。	歷城西郭 歷城北郭	注云："湖水引瀆東入西郭東，至歷城西，而側城北注陂。" 注云："歷水枝津首受歷水於歷城東，東北逕東城西，而北出郭。"
卷十　清漳水		
清漳水出上黨沾縣西北少山大要谷，南過縣西，又從縣南屈。	梁榆虛郭	注云："訪梁榆之虛郭。"孫潛校本，《潛邺劄記》卷三，釋地餘論，引《水經注》作"訪梁榆之虛鄣"。
卷十一　滱水		
又東過安憙縣南。	安憙城郭	注云："《中山記》曰：盧奴有三鄉，斯其一焉，後隸安憙，城郭南有漢明帝時孝子王立碑。"
又東過博陵縣南。	昌安郭	
卷十三　㶟水		
㶟水出鴈門陰館縣，東北過代郡桑乾縣南。	平城西郭 平城郊郭 平城北郊 平城縣故城東郭	 注云："又南，遠出（平城）郊郭，弱柳蔭街，絲楊被浦。" 注云："余爲尚書祠部，與宜都王穆羆，同拜（平城）北郊。" 注云："其水又南逕平城縣故城東，……東郭外，太和中閹人宕昌公鉗耳慶時，立祇洹舍於東皐。"

經　　文	地　　名	備　　註
卷十七　渭水		
又東過冀縣北。	蒲池郊	
卷十九　渭水		
又東過槐里縣南,又東,澇水從南來注之。	有扈南郊	
又東過長安縣北。	東都門郭	注云:"一曰東都門,其郭門亦曰東都門。"
	光門外郭	注云:"如淳曰:音光,故曰光門,其外郭有都門。"
	長安南郊	
	天郊	注云:"成帝建始二年,罷雍五時,始祀皇天上帝於長安南郊,應劭曰:天郊在長安南,即此也。"
卷二十　丹水		
又東南過商縣南,又東南至於丹水縣,入於均。	三户郛	
卷二十一　汝水		
東南過其縣北。	南郊	
卷二十二　潁水		

經　　文	地　　名	備　　註
又東南至慎縣東南,入於淮。	蜩蟟郭	
卷二十二		
渠		
又東至浚儀縣。	浚儀北郛	注云:"《竹書紀年》梁惠成王三十一年三月,爲大溝於(浚儀)北郛,以行圃田之水。"
又屈南至扶溝縣北。	鄭東郊	
其一者,東南過陳縣北。	陳城南郭	注云:"(陳)城南郭裏,又有一城,名曰淮陽城。"
卷二十三		
陰溝水		
東南至沛,爲濄水。	邈城西隙郭	注云:"又東逕邈城北,城實中而西有隙郭。"注箋本、項本、七校本、注釋本、張本作邈城西瓅郭。
卷二十三		
汳水		
又東至梁郡蒙縣,爲獲水,餘波南入睢陽城中。	藍田鄉郭	
卷二十六		
淄水		
東北過臨淄縣東。	臨淄縣南郊 營丘外郭	注云:"又東逕臨淄縣故城南,東得天齊水口,水出南郊。" 注云:"郭景純言,齊之營丘,……其外郭,即獻公所徙臨淄城也。"
又東過利縣東。	海岱郭 齊郊	

經　　文	地　　名	備　　註
	雍門東郭	注云:"己亥,焚雍門;壬寅,焚東、北二郭。"
	雍門北郭	同上註。
卷三十　淮水		
又東過新息縣南。	虞丘郭	
又東至廣陵淮浦縣,入於海。	夏郊	
卷三十一　淯水		
淯水出弘農盧氏縣支離山,東南過南陽西鄂縣西北,又東過宛縣南。	百章郭	
卷三十二　肥水		
又北過壽春縣東。	壽春外郭	
卷四十　漸江水		
北過餘杭,東入於海。	越北郊	注云:"楚之善射者曰陳音,越王問以射道,又善其説,乃使簡士習射北郊之外。"
	山陰城東郭	注云:"(山陰)城東郭外,有靈汜。"
	上虞縣東郭	注云:"(上虞)縣之東郭外,有漁浦。"

經文	地名	備註
卷四十 **《禹貢》山水澤地所在** 羽山在東海祝其縣南也。	羽郊	

五十五、鎮

鎮是常見的地名之一，在近代，城市以下的較大居民點，往往以鎮爲名，所以十分普遍。但在北魏及其以前，以鎮爲名的地名不多，其命名意義和近代的鎮也不相同。《水經注》記載的以鎮爲名的地名，總共還不到十處，①本來無關緊要。但由於酈注記載的鎮，主要就是北魏設置以防制北方外族侵入的若干軍鎮，歷史上稱爲六鎮，而六鎮的具體名稱，歷來還頗有爭論，爲此在這裏稍作説明。

北魏諸鎮是北魏初年爲了防制北方的柔然族（亦稱蠕蠕族）入侵而設立的。諸鎮的位置在北魏初期的首都平城以北、陰山以南的地區，東西横亘達三千里，即後來的所謂六鎮。六鎮的具體名稱，按《北史》所載爲武川、撫冥、懷朔、懷荒、柔玄、禦夷，②但亦有認爲六鎮是懷荒、沃野、武川、懷朔、高平、柔玄，③還有認爲是沃野、懷朔、武川、撫冥、柔玄、懷荒，④又有認爲是懷荒、沃野、武川、懷朔、高平、薄骨律。⑤ 衆説紛紜，莫衷一

① 卷三，河水經"又北過北地富平縣西"注云："河水又北逕典農城東。"七校本及注釋本與殿本不同，七校本作"河水逕弘靜鎮典農城東"。注釋本作"河水又逕朔方郡宏靜鎮東"。此弘（宏）靜鎮一名，爲殿本及其他多本所無。

② 《北史》卷九十八，列傳八十六，《蠕蠕列傳》。

③ 朱師轍《北魏六鎮考辨》（《輔仁學誌》卷十二）。

④ 清沈垚《六鎮釋》（《落帆樓文集》卷一，前集一）。

⑤ 《玉海》卷十九，地理，州鎮，《元魏六鎮》。

是。這些説法，原來各有各的依據，這裏不必一一贅敍。[①] 但是必須指出，北魏以後的許多正史、地志，言必稱北魏六鎮，而實際上，北魏在這一帶所置的軍鎮並不止六處，六鎮這一概括的地名，在北魏也不是一個流行的稱謂。按《魏書》卷四上，《太武帝紀》云：

神䴥二年十月，列置新民於漠南，東至濡源，西暨五原陰山，竟三千里。詔司徒平陽王長孫翰，尚書令劉潔，左僕射安源，侍中古弼鎮撫之。

足見設鎮之初，並未明言鎮數有六，酈氏身當其時，若六鎮在當時已爲通行名稱，則酈注諒不知不記。今酈注中記及後人所謂六鎮者凡五，即武川、懷朔（均見卷三，河水注），柔玄（卷十三，㶟水注），禦夷（卷十四，沽河、鮑丘水、濡水各注）。另外，在卷三，河水經"又北過朔方臨戎縣西"注中，又提及"東逕沃野縣故城南"。其餘三處即撫冥、懷荒、高平，注文全未提及。六鎮一名，自然更無所見。我這樣説，決不是一切要以酈注爲準。因爲習慣上可以用數字概括的地名，酈注一般是不會遺漏的。不僅是由來已久，人所習知的如九州、四瀆、九河、五嶽、三江、五湖之類的地名，在全注中充篇累牘；即對當時來説歷時未久，或並不很流行的稱謂如魏之五都（卷十，濁漳水注），蜀之三都（卷三十三，江水注）等等之類，也都摭拾無遺（參見以下其他地名類説明中數詞地名列表），而六鎮一名竟不見於酈注，則這個稱謂在當時尚未普遍流行可以無疑。

胡三省認爲："魏世祖破蠕蠕，列置降人於漠南，東至濡源，西暨五原陰山，竟三千里，分爲六鎮，今武川、撫冥、懷朔、懷荒、柔玄、禦夷也。"[②]顧祖禹也認爲："魏主燾破蠕蠕，列置降人於漠南，東至濡原，西暨五原陰山，竟三千里，分爲六鎮，曰武川、曰撫冥、曰懷朔、曰懷荒、曰柔元、曰禦夷。"[③]胡、顧二氏的説法是值得商榷的。上面已抄引《太武帝紀》，當時確未言及六鎮。六鎮這一稱謂，最早見於太和十八年：

丙寅，詔以六鎮及禦夷城人，年八十以上而無子孫兄弟，終身給以廪粟。[④]

看來胡、顧都是言之過早，而且既然太和十八年詔中六鎮與禦夷城並列，則禦夷未必如胡、顧所云，列在六鎮之中。同時還應指出，就在這一年，魏孝文帝曾巡視懷朔、武川、撫冥、柔玄諸鎮，而酈道元恰恰是這次北巡的隨行者之一。卷三，河水經"又東過雲

① 歷來考證北魏六鎮的論著甚多，兹略舉數例：沈垚《六鎮釋》（《落帆樓文集》卷一，前集一），谷霽光《北魏六鎮的名稱和地域》（《禹貢》一卷八期），俞大綱《北魏六鎮考》（《禹貢》一卷十二期），朱師轍《北魏六鎮考辨》（《輔仁學誌》卷十二），岑仲勉《北魏國防的六鎮》（《文史周刊》第五十四期），岑仲勉《六鎮餘譚》（《中外史地考證》上册，二〇二至二〇五頁）。

② 《通鑑》卷一三六，齊紀二，武帝永明二年，"請依秦漢故事，於六鎮之北築長城"胡註。

③ 《方輿紀要》卷四十四，山西六，大同府，大同縣，武川城。又清張穆《蒙古游牧記》卷五所説與《紀要》全同，分明按《紀要》抄録。

④ 《魏書》卷七下，帝紀七下，《高祖紀》。

中楨陵縣南,又東過沙南縣北,從縣東屈南過沙陵縣西”注云:

余以太和十八年從高祖北巡,届於陰山之講武臺。

在這段注文中,以後曾提及武川、懷朔等鎮,却未見六鎮之稱。所以儘管六鎮一名在這一年中已見於詔令,但在當時無疑是個並不流行的名稱。

以後,六鎮一名雖偶有所見,例如正光五年李崇所云:“臣以六鎮幽遠”,[①]孝昌年間,廣陽王深上言:“今六鎮俱叛”[②]等等之類,但終北魏一代,這個稱謂仍是十分少見的。

北魏設置這些軍鎮,原爲防禦北方的外族,但結果事與願違,各鎮人民本身發生了反抗北魏的起義。起義首先於正光五年從沃野鎮開始,[③]很快就蔓延到武川、懷朔、高平、柔玄諸鎮,於是北魏統治者又採用另一種統治方法,即廢鎮爲州,把軍鎮改爲一般的地方行政區劃。據《魏書》卷八十九,列傳七十七,《酈道元傳》所載:

肅宗以沃野、懷朔、薄骨律、[④]武川、撫冥、柔玄、懷荒、禦夷諸鎮,並改爲州,其郡縣戍名,令準古城邑。詔道元持節兼黄門侍郎與都督李崇籌議置立,裁減去留。

根據以上所述,可以説明兩點:第一,酈氏本身與北魏所置各軍鎮的關係甚爲密切,他不僅參與北巡諸鎮,而且參與廢鎮爲州,但注文絶不提六鎮,足見六鎮一名在北魏確非習見,北魏以後,才廣泛流行。第二,北魏所置軍鎮,從肅宗詔中證明原不止六處,後世以六鎮一名以概括,不過是約略言之而已。

---

① 《魏書》卷六十六,列傳五十四,《李崇傳》。

② 《魏書》卷十八,列傳六,《太武五王傳》。

③ 《魏書》卷九,帝紀九,《肅宗紀》:“三月,沃野鎮人破落汗拔陵聚衆反。”

④ 卷三,河水經“又北過北地富平縣西”注云:“河水又北,薄骨律鎮城在河渚上,赫連果城也。”《魏書》卷一〇六上:“太延二年置薄骨律鎮,孝昌中改。”則鎮城雖建於赫連,但北魏又在此設鎮。

鎮

經　　文	地　　名	備　　註
卷三　河水		
又北過北地富平縣西。	薄骨律鎮	
又東過雲中楨陵縣南,又東過沙南縣北,從縣東,屈南過沙陵縣西。	武川鎮 懷朔鎮	
卷五　河水		
又東北過高唐縣東。	平原鎮	注云:"魏太常七年,安平王鎮平原所築,世謂之王城,太和二十三年,罷鎮立平原郡。"
卷六　文水		
文山出大陵縣西山文谷,東到其縣,屈南到平陶縣東北,東入於汾。	六壁鎮	注云:"東逕六壁城南,魏朝舊置六壁於其下,防離石諸胡,因爲大鎮。"
卷十三　㶟水		
㶟水出鴈門陰館縣,東北過代郡桑乾縣南。	柔玄鎮	大典本作子玄鎮。《方輿紀要》卷四十四,山西六,大同府,大同縣,柔元城,引《水經注》作柔元鎮。《乾隆大同府志》卷四,山川,于延水,引《水經注》作柔元鎮。
卷十四　沽河		

經　　文	地　　名	備　　註
沽河從塞外來。	禦夷鎮	《雍正畿輔通志》卷二十四，山川，川，宣化府，沽河，引《水經注》作禦彝鎮。
卷十四　鮑丘水		
鮑丘水從塞外來，南過漁陽縣東。	禦夷鎮	
卷十四　濡水		
濡水從塞外來，東南過遼西令支縣北。	禦夷鎮	
卷四十　漸江水		
北過餘杭，東入於海。	揚州之鎮	

聚落地名　《水經注》記載了大量的聚落地名，爲本匯編所收録的包括鄉、亭、里、聚、村、墟、戍、塢、堡等九種通名，它們都是縣城以下的較小聚落。從全國範圍來説，這一類聚落的數量是十分巨大的，《水經注》所記載的，還只是其中很小一部分而已。這些縣城以下的聚落之能够載入酈注，它們必然是在自然地理或人文地理上具有某一方面的重要性。對於這些聚落地名的整理和研究，不僅可以爲歷史聚落地理的研究提供豐富的資料，而且從地名學的角度説，也具有非常重要的價值。對於這些聚落地名在地理分布、沿革變遷、地名來源等方面的探索，將爲各地區的歷史、人物、山川、地望、方言、民俗等等方面的研究，獲得重要的數據。因此，雖然這一部分地名在全部《水經注》地名中都屬於小地名，但作爲地名學研究的内容來説，恐怕不能輕意疏忽。在本匯編中，聚落地名按上述通名分爲九類，每三類合寫一篇説明。

鄉、亭、里　鄉、亭、里都是縣以下的基層行政區劃單位。《漢書·百官公卿表》上云："十里一亭，亭有長；十亭一鄉，鄉有三老。"但這是指的漢代制度。《水經注》記載的這類地名，也有早於漢代的，情况就不完全相同。例如"鄉"，《廣雅·釋地》云："十邑爲鄉。"《管子·小匡》則云："十率爲鄉。"又如里，《管子·度地》云："百家爲里。"而《詩·鄭風·將仲子》："無踰我里"，傳云："里，居也，二十五家爲里。"漢代以前在這方面的制度，雖然有許多爲漢代所因循，它們之間也有不少仍可互相類比，但是由於漢代以後，生産發展，户口增加，其實際情况就必然存在差異。

既然鄉、亭、里都是縣以下的行政區劃單位，按照漢制，一鄉就有一百里。上面已引《詩傳》"二十五家爲里"，則一百里就是兩千五百家。但《史記正義》却又説"萬二千五百家爲鄉"。① 這就是各代制度上存在的差異。不過無論如何，這三級地名，總是最基層的行政區劃單位，其實際數量是十分巨大的。②《水經注》所記載的當然只是其中比較著名的一小部分，全注記載了鄉名二百餘處，亭名近五百處，里名最少，還不到五十處。

鄉在地方行政區劃中最接近縣的一級，隨着生産的發展，户口的增加，鄉的中心聚落，往往也可能建築城郭，有的鄉並且上升爲縣，或上升爲侯國。卷十一，滱水經"又東過安喜縣南"注云：

---

① 《史記·秦本紀》"秦徙都之，并諸小鄉聚"《正義》。

② 《漢書》卷十九上，表七上，《百官公卿表》上："凡縣道國邑千五百八十七，鄉六千六百二十二，亭二萬九千六百三十五。"

滱水又東逕鄉城北,舊盧奴之鄉也。

這是鄉建城的例子。同卷經"又東過博陵縣南"注云:

滱水東北逕蠡吾縣故城南,《地理風俗記》曰,故饒陽之下鄉者也。

這是鄉上升爲縣的例子。卷三十一,滍水經"滍水出南陽魯陽縣西之堯山"注云:

《地理志》曰,故父城縣之應鄉也,周武王封其弟爲侯國。

這是鄉上升爲侯國的例子。

鄉在建立城郭或是上升爲縣或侯國以後,地名常常並不更改,仍然帶有鄉字。因此從這裏可以看到歷史上聚落發展的趨勢。僅從《水經注》的記載來看,從鄉上升爲縣的近三十處,上升爲侯國的也近十處。至於鄉而建城的,爲數就更多了。

亭原來是一種供守備偵察的軍事上的建築,《韓非子·内儲説上·七術》云:"秦有小亭臨境,吴起欲攻之。"《史記·始皇本紀》也云:"築亭障以逐戎人。"亭在秦漢制度中亭是介於縣和里之間的地方行政區劃。卷二十五,泗水經"又東過沛縣東"注中記載了漢高祖曾爲"泗水亭長"。則亭的建置,漢前固已有之。亭的範圍有時也可以很大,《水經注》記載的不少亭都建有城郭,例如卷三,河水經"又東過河北縣南"注云:

水東有城,即闗亭也。

亭的規模擴大後,有時也可以上升爲縣或侯國,卷三,河水經"又南過西河鴻陽縣東"注云:

圁水又東逕鴻門縣,縣,故鴻門亭也。

另外,像卷九,洹水注的"辟陽亭侯國";卷十一,滱水注的"解瀆亭侯國"和"安郭亭侯國"等,都是亭上升爲侯國的例子。

《水經注》中也有一些以亭爲名的地名,實際上是縣級行政區劃。這是王莽時期的名稱。在前面縣類地名中已經説明,爲了查檢方便,這些以亭爲名的地名,再一次收入於此,但在備註中註明。

亭除了是一種地方行政區劃單位外,《水經注》記載的亭,還有一類是園亭。像卷十一,滱水注的"莎泉亭";卷十六,穀水注的"都亭";卷四十,漸江水注的"蘭亭"等,① 都是這類亭的例子。在這類亭中間,有的也有很大的建築規模,例如卷五,河水經"又東北過黎陽縣南"注中的"神馬亭",注云:

耆舊傳云,東郡白馬縣之神馬亭,實中層峙,南北二百步,東西五十許步。

最後是里,里按漢制是縣以下的一種很小的地方行政區劃單位。因此,里的實際

---

① 清于敏中《浙程備覽》紹興府,蘭亭:"或云蘭亭非右軍始,舊有蘭亭即亭堠之亭,如郵鋪相似,因右軍禊會,名遂著於天下。"如此,則蘭亭也是古代亭堠。

數量,必然浩如瀚海。但《水經注》記載的里,却比鄉和亭都要少得多,這是因爲大量一般的里,不可能爲酈注所注意,而酈注記載的里,都是因爲某一種特殊原因而受人注意的地方。例如卷十二,巨馬水注中的“桑里”,由於是劉備的故居而出名;卷二十五,泗水注中的“孔里”,則因孔子冢墓而得名;卷三十三,江水注中的“錦里”,又以出產優美的蜀錦而名聞遐邇;而卷四十,漸江水注中的“苦竹里”,乃因有句踐封范蠡子的舊城而爲人所熟知。諸如這樣的里,當然非尋常可比了。

五十六、鄉

鄉

經　文	地　名	備　註
卷二　河水		
又東過隴西河關縣北，洮水從東南來流注之。	素和細越 細越川	注云："水出素和細越西北山下，東南流逕細越川，夷俗鄉名也。"注疏本註云："守敬按，上稱素和細越，此但稱細越者，蓋素和細越四字是一鄉名，此單舉，下二字，以省煩文，如列河城又稱列城，榆城溪又稱榆溪是也。"
卷四　河水		
又南至華陰潼關，渭水從西來注之。	閿鄉	大典本、黄本、吴本、注箋本、何校明鈔本、王校明鈔本、項本、沈本、七校本、注釋本、張本、注疏本作閿鄉。《辛卯侍行記》卷一，引《水經注》作閿鄉。
又東至鄧。	鄧鄉	

經文	地名	備註
卷五　河水		
又東北過黎陽縣南。	章鄉	
	安陵鄉	
	陵鄉	
	陽鄉	《水經注箋刊誤》卷二云:"陽鄉,據上文當作陵鄉。"
	重平鄉	
	定鄉	
	重丘鄉	
	信鄉	
又東北過高唐縣東。	文鄉	
又東北過楊虚縣東,商河出焉。	張鄉	
	枋鄉	注箋本、項本、張本作初鄉。
	安陵鄉	
	阿陽鄉	
卷六　汾水		
又南洞過水從南來注之。	梗陽鄉	注箋本作梗陽縣。
又南過平陽縣東。	犨氏鄉	
又西過皮氏縣南。	耿鄉	
卷六　涑水		
又西南過左邑縣南。	桐鄉	

經　　文	地　　名	備　　註
卷六　原公水		
西過榆次縣南,又西到晉陽縣南。	涂水鄉	大典本、黄本、吴本、注箋本、項本、沈本、張本作塗水鄉。
	武鄉	
卷七　濟水		
濟水出河東垣縣東王屋山,爲沇水。	原鄉	
又東過陽武縣南。	户牖鄉	
又東過封丘縣北。	延鄉	
卷八　濟水		
其一水東南流,其一水從縣東北流,入鉅野澤。	韋鄉	
	蘧伯鄉	
	新鄉	注云:"《陳留風俗傳》曰:長垣縣有蘧伯鄉,一名新鄉。"
	鹿城鄉	注箋本、項本、張本作鹿乘鄉。
又東北過壽張縣西界,安民亭南,汶水從東北來注之。	微鄉	
又東北過甲下邑,入於河。	琅槐鄉	

經文	地名	備註
其一水東南流者，過乘氏縣南。	梁丘鄉	
又東過方與縣北，爲菏水。	金鄉	
又東南過留縣北。	留鄉	
卷九　清水		
東北過獲嘉縣北。	中鄉	
卷九　沁水		
又東過野王縣北。	苑鄉 成鄉	
卷九　淇水		
淇水出河内隆慮縣西大號山。	沬之鄉	
又東北過廣宗縣東，爲清河。	信鄉	注釋本作信鄉縣故城。《水經注箋刊誤》卷四云："信鄉下落縣故城三字，以河水篇注參校。"
又東北過東武城縣西。	陵鄉	
又東北過南皮縣西。	苑鄉	
卷十　濁漳水		

經　　文	地　　名	備　　註
屈從縣東北流。	陶鄉	注箋本、項本、張本作南陶。《乾隆長治縣志》卷五,山川、洶水,引《水經注》作南陶。
	武鄉	
又東過列人縣南。	肥鄉	
又東北過斥漳縣南。	館陶別鄉	
又東北過曲周縣東,又東北過鉅鹿縣東。	安城鄉	
又東北過扶柳縣北,又東北過信都縣西。	耿鄉	
	歷鄉	
又東北過阜城縣北,又東北至昌亭,與滹沱河會。	樂鄉	
又東北至樂成陵縣北別出。	蒲領鄉	
卷十一　易水		
易水出涿郡故安縣閻鄉西山。	良鄉	
東過范陽縣南,又東過容城縣南。	閻鄉	

經　　文	地　　名	備　　註
卷十一　滱水		
又東過唐縣南。	中人鄉	
又東過安憙縣南。	盧奴之鄉 盧奴三鄉	 注云:“《中山記》曰:盧奴有三鄉,斯其一焉。”
又東過博陵縣南。	饒陽下鄉	
卷十二　聖水		
東過良鄉縣南。	良鄉 都鄉 西鄉	
又東過陽鄉縣北。	陽鄉 長鄉	
卷十二　巨馬水		
又東南過容城縣北。	先賢鄉 臨鄉	
卷十三　灅水		
灅水出鴈門陰館縣,東北過代郡桑乾縣南。	樓煩鄉 無鄉 宜鄉 延陵鄉 參合鄉	

經　文	地　名	備　註
又東南出山。	良鄉	
卷十四　濡水		
又東南過海陽縣西,南入於海。	西鄉	
卷十五　洛水		
又東北出散關南。	制鄉	
卷十六　穀水		
穀水出弘農黽池縣南墦塜林穀陽谷。	中鄉	
又東過河南縣北,東南入於洛。	尸鄉	
卷十八　渭水		
又東過武功縣北。	中水鄉	
卷十九　渭水		
又東過槐里縣南,又東,澇水從南注之。	思鄉	

經文	地名	備註
又東豐水從南來注之。	樊鄉	
又東過長安縣北。	千鄉 陰鄉 廣城鄉	 注釋本作廣成鄉。《熙寧長安志》卷十一,縣,萬年,畢沅按,引《水經注》作廣明鄉。
又東過霸陵縣北,霸水從縣西北流注之。	茂鄉 都鄉 戲鄉	
卷二十　丹水		
又東南過商縣南,又東南至於丹水縣,入於均。	析縣北鄉 密陽鄉 南鄉	注云:"南流逕脩陽縣故城北,縣,即析(縣)之北鄉也。"
卷二十一　汝水		
東南過其縣北。	鄤鄉 梁瞿鄉	
又東南過平輿縣南。	陽遂鄉 遂鄉	
卷二十二　潁水		
又東南過潁陽西,又東南過潁陰縣西南。	潁鄉	

經　　文	地　　名	備　　註
又東南至新陽縣北,蒗蕩渠水從西北來注之。	平鄉 安陵鄉 邸鄉 陶丘鄉	 注箋本作陶丘縣。
卷二十二		
洧水		
又東南過長社縣北。	長葛鄉	
又東南過新汲縣東北。	汲鄉	
又東南過茅城邑之東北。	思鄉	
卷二十二		
潩水		
潩水出河南密縣大騩山。	狐宗鄉	
卷二十二		
渠		
渠出滎陽北河,東南過中牟縣之北。	五池鄉 林鄉	
又東至浚儀縣。	高陽鄉 波鄉 鴻溝鄉 牛首鄉	

經　　文	地　　名	備　　註
又屈南至扶溝縣北。	裘氏鄉	
	穀平鄉	
	向鄉	
	林鄉	
	陵樹鄉	吴本作陸樹鄉。
	帛鄉	
	匡城鄉	吴本作匡城郭。
卷二十三		
陰溝水		
東南至沛,爲過水。	大棘鄉	
	虎鄉	
	廣鄉	
	廣世鄉	注云:“圈稱曰:襄邑有蛇丘亭,故廣鄉矣,改曰廣世。”
	賴鄉	吴本作穎鄉。
	種龍鄉	
	直陽鄉	
卷二十三		
汳水		
汳水出陰溝於浚儀縣北。	葛鄉	
	襄鄉	
又東至梁郡蒙縣爲獲水,餘波南入睢陽城中。	尸鄉	
卷二十三		
獲水		
獲水出汳水於梁郡蒙縣北。	藍田鄉	

經　文	地　名	備　註
卷二十四		
睢水		
睢水出梁郡鄢縣。	鉼鄉	
東過睢陽縣南。	高鄉	
卷二十四		
瓠子河		
又東北過廩丘縣,爲濮水。	崇仁鄉	
南至費縣,東入於沂。	延鄉 常鄉	
卷二十四		
汶水		
過博縣西北。	龍鄉	
又西南過蛇丘縣南。	鑄鄉	
又西南過剛縣北。	遂鄉	
又西南過東平章縣南。	桃鄉	
又西南過無鹽縣南,又西南過壽張縣北,又西南至安民亭,入於濟。	郈鄉	大典本、黄本、沈本作洽鄉。

經　　文	地　　名	備　　註
卷二十五		
泗水		
又西過瑕丘縣東，屈從縣東南流，漷水從東來注之。	合鄉	
又南過平陽縣西。	漆鄉	注箋本、項本、張本作漆鄉漷，注釋本作漆鄉郭。
又東過沛縣東。	平利鄉	
卷二十五		
沂水		
沂水出泰山蓋縣艾山。	邳鄉	
卷二十五		
洙水		
西南至卞縣，入於泗。	閭丘鄉 漆鄉 盛鄉 茅鄉	
卷二十六		
沭水		
沭水出琅邪東莞縣西北山。	邳鄉	

經　文	地　名	備　註
卷二十六		
濰水		
濰水出琅邪箕縣濰山。	婁鄉	
又北過淳于縣東。	密鄉	
卷二十七		
沔水		
又東過成固縣南,又東過魏興安陽縣南,涔水出自旱山北注之。	壻鄉	大典本、黄本、沈本作智鄉。何本、注釋本作碧鄉。《名勝志》陝西,卷四,漢中府,城固縣,引《水經注》作智鄉。《雍正陝西通志》卷十一,山川四,漢中府,南鄭縣,壻水,引《水經注》作智鄉。
	西鄉	
又東過西城縣南。	豐鄉	
	酆鄉	注云:"南合豐鄉川水,水出弘農豐鄉東山,……京相璠曰:南鄉淅縣有故酆鄉。"
卷二十八		
沔水		
又東過鄖鄉南。	鄖鄉	
又東南過涉都城東北。	涉都鄉	
又東過山都縣東北。	赤鄉	
又從縣東屈西南,淯水從北來注之。	白水鄉	
	上唐鄉	
	襄鄉	

經　文	地　名	備　註
又南過宜城縣東，夷水出自房陵，東流注之。	沶鄉	
	臨沮北鄉	注云："晉武帝平吴，割臨沮之北鄉，中廬之南鄉，立上黄縣。"
	中廬南鄉	見上註。
	軨鄉	《通鑑》附録，《通鑑釋文辯誤》卷六，《通鑑》卷一三五，齊高帝建元二年，引《水經注》作軨鄉。
又東過荆城東。	湏鄉	
又東過江夏雲杜縣東，夏水從西來注之。	鄭鄉	
卷二十九 **沔水** 分爲二，其一東北流，其一又過毗陵縣北，爲北江。	故鄣南鄉	
	就李鄉	
	武原鄉	
卷二十九 **湍水** 湍水出酈縣北芬山，南流過其縣東，又南過冠軍縣東。	盧陽鄉	
又東過白牛邑南。	宛西鄉	

經　文	地　名	備　註
卷二十九		
均水		
均水出析縣北山,南流過其縣之東。	析縣北鄉	注云:"均水發源弘農郡之盧氏縣,……縣,即析縣之北鄉。"
	南鄉	何本批云:"南鄉疑作南陽,或内鄉之誤。"
卷二十九		
比水		
比水出比陽東北太胡山,東南過其縣南,泄水從南來注之。	新野東鄉	注云:"比水又西南流逕新都縣故城西,……《郡國志》以爲新野之東鄉。"
又西至新野縣,南入於淯。	襄鄉	
	唐子鄉	
卷三十　淮水		
淮水出南陽平氏縣胎簪山,東北過桐柏山。	義鄉	
	樂鄉	
又東過鍾離縣北。	甀鄉	黄本、注箋本、項本、七校本、注釋本、張本作垂鄉。《乾隆亳州志》卷二,河渠,苞河,引《水經注》作垂鄉。
	大澤鄉	
又東過淮陰縣北,中瀆水出白馬湖,東北注之。	下鄉	
又東至廣陵淮浦縣,入於海。	利鄉	

經　　文	地　　名	備　　註
卷三十一		
滍水		
滍水出南陽魯陽縣西之堯山。	應鄉	
卷三十一		
淯水		
又南過新野縣西。	小堵鄉	黄本、吴本、項本、沈本、張本、注疏本作小赭鄉。《漢書地理志補註》卷十四，南陽郡，堵陽註，引《水經注》作小赭鄉。
	堵鄉	同上註，作赭鄉。
	唐子鄉	
卷三十一		
㵐水		
㵐水出蔡陽縣。	上唐鄉	
卷三十二		
漻水		
漻水出江夏平春縣西。	厲鄉	
	賴鄉	
	義鄉	
卷三十二		
決水		
又北過安豐縣東。	東陵鄉	
	陽泉鄉	
卷三十二		
泄水		
泄水出博安縣。	博鄉	

經　文	地　名	備　註
卷三十二		
施水		
施水亦從廣陽鄉肥水别。	廣陽鄉	
卷三十二		
漳水		
漳水出臨沮縣東荆山,東南過蓼亭,又東南過章鄉南。	泝鄉	
	章鄉	注箋本、項本、七校本、注釋本、張本作彰鄉。《方輿紀要》卷七十七,湖廣三,安陸府,荆門州,當陽縣,引《水經注》作漳鄉。
卷三十三		
江水		
又東過江陽縣南,洛水從三危山東過廣魏洛縣南,東南注之。	乘鄉	
	沈鄉	大典本作沉鄉。
又東至枳縣西,延江水從牂柯郡,北流西屈注之。	梨鄉	
卷三十四		
江水		
又東過秭歸縣之南。	歸鄉	
	夔鄉	注云:"宋忠曰,歸,即夔,歸鄉,蓋夔鄉矣。"

經　　文	地　　名	備　　註
又東過枝江縣南,沮水從北來注之。	津鄉	
卷三十五		
江水		
又東南當華容縣南,涌水入焉。	樂鄉	
又東過下雉縣北,利水從東陵西南注之。	東陵鄉	
卷三十六		
青衣水		
至犍爲南安縣,入於江。	平鄉	
卷三十六		
沬水		
沬水出廣柔徼外。	石紐鄉	黄本、吴本、沈本作石細鄉。《丹鉛總録》卷二,地理類,禹生石紐,引《水經注》作石紐村。
東北與青衣水合。	平鄉	
卷三十七		
沅水		
又東北過臨沅縣南。	臨鄉	

經　文	地　名	備　註
卷三十八		
漣水		
漣水出連道縣西,資水之别。	湘鄉	
卷三十八		
湘水		
又東北過泉陵縣西。	舂陵鄉 白土鄉 更生鄉	 注云:"縣有白土鄉,……更名白土爲更生鄉也。"
卷三十八		
灕水		
灕水亦出陽海山。	蒼梧北鄉 扶鄉	注云:"東流逕其縣北,縣,本蒼梧之北鄉。"
卷三十八		
溱水		
過湞陽縣,出洭浦關,與桂水合。	四會北鄉	注云:"溱水又西南逕中宿縣南,吴孫皓分四會之北鄉立焉。"
卷三十九		
洭水		
洭水出桂陽縣盧聚。	桃鄉	
卷三十九		
洣水		

經　　文	地　　名	備　　註
洣水出荼陵縣上鄉，西北過其縣西。	聲鄉	
卷三十九　漉水		
漉水出醴陵縣東漉山，西過其縣南。	安城鄉	
卷三十九　贛水		
又北過南昌縣西。	武陽鄉	
卷四十　漸江水		
漸江水出三天子都。	華鄉	《雍正浙江通志》卷四十九，古蹟十一，漢始新縣尉治，引《水經注》作葉鄉。
北過餘杭，東入於海。	禦兒鄉	
	由拳西鄉	
	語兒鄉	
	上虞南鄉	注云："浦陽江又東北逕始寧縣西，本上虞之南鄉也。"

五十七、亭

亭

經文	地名	備註
卷二 河水		
又東過隴西河關縣北,洮水從東南來流注之。	邯亭	
	野亭	
	甘枳亭	《初學紀》卷八,隴右道第六,望曲,引《水經注》作甘根亭。
	步和亭	
又東過金城允吾縣北。	長寧亭	
	西平亭	
	東城故亭	注云:"湟水又東逕西平城北,東城,即故亭也。"
	東亭	
	永登亭	
	脩遠亭	
	陽非亭	注箋本、項本、張本作陽非北亭。《方輿紀要》卷六十三,陝西十二,甘肅鎮莊浪衛,楊非亭,引《水經注》作楊非亭。
	候馬亭	

經文	地名	備註
又東北過安定北界麥田山。	廣延亭	
卷三 河水		
又北過北地富平縣西。	高岡亭 西河亭	
屈南過五原西安陽縣南。	溝搜亭	
屈東過九原縣南。	原亭 填河亭	
又南過赤城東,又南過定襄桐過縣西。	契吴亭 鋤亭 土壁亭	 項本、注釋本、張本作鉏亭。 大典本作士壁亭。
又南過西河圁陽縣東。	鴻门亭	
又南離石縣西。	慈平亭	
卷四 河水		
又南出龍门口,汾水從東來注之。	冀亭	
又東過河北縣南。	柏谷亭	注云:"其水北流,逕其亭下,晉公子重耳出亡,及柏谷,卜適齊,楚狐偃曰,不如之翟。漢武帝嘗微行此亭,見饋亭長妻,故潘岳《西征賦》曰:長傚客於伯谷,妻睹貌而獻餐,謂此亭也。"

經　　文	地　　名	備　　註
	闞亭	
	盛牆亭	
	故丘亭	
	曹陽亭	
	好陽亭	注云:"逕曹陽亭西,……魏氏以爲好陽,《晉書地道記》曰:亭在弘農縣東十三里。"《方輿紀要》卷四十八,河南三,河南府,陝州,曲沃城,引《水經注》云:"宏農縣東十三里有好陽亭。"
又東過陝縣北。	逆旅亭	
	茅亭	
又東過平陰縣北,從西北來注之。	壺丘亭	
	苗亭	
	西亭	
卷五　河水		
又東過平縣北,湛水從北來注之。	河亭	
	臨平亭	
又東過滎陽縣北,蒗蕩渠出焉。	扈亭	
又東北過武德縣東,沁水從西北來注之。	遮害亭	
	平陽亭	
又東北過黎陽縣南。	神馬亭	
	戚亭	
	沙亭	
	艾亭	

經　　文	地　　名	備　　註
	播亭	
	河平亭	
	界城亭	
	棘津亭	
	棘亭	
又東北過衛縣南,北過濮陽縣北,瓠子河出焉。	秦亭	
又東北過東阿縣北。	倉亭	
又東北過茌平縣西。	昌鄉亭	
又東北過高唐縣東。	岡成亭	注箋本、項本、張本作岡城亭。
	莘亭	注箋本、項本、注釋本、張本作莘亭道。
	艾亭	
	東順亭	
	巨漯亭	
又東北過楊虚縣東,商河出焉。	樂安亭	
又東北過漯陽縣北。	延亭	
	後部亭	注云:"在沃漯縣故城南,王莽之延亭者也。《地理風俗記》曰:千乘縣西北五十里有大河,河北有沃漯城,故縣也,魏改爲後部亭。"
卷六　汾水		
又南過楊縣東。	有年亭	

經　文	地　名	備　註
又南過平陽縣東。	狐谷亭 犨氏鄉亭	
又西過長脩縣南。	清縣亭	吴本作清陽亭,《辨萬泉榮河爲古冀耿地》(《石笥山房文集》卷三),胡天游引《水經注》作清陽亭。
	冀亭 蒲坂北亭 稷亭	
卷六　涑水		
涑水出河東聞喜縣東山黍葭谷。	洮亭	
卷六　洞過水		
西過榆次縣南,又西到晉陽縣南。	太原亭	
	蘿蘑亭	黄本、注箋本、何校明鈔本、王校明鈔本、項本、沈本、張本作蘿磐亭。《名勝志》山西,卷一,太谷縣,引《水經注》作蘿磐亭。《方輿紀要》卷四十,山西二,太原府,太谷縣,回馬水,引《水經注》作蘿磐亭。《乾隆太原縣志》卷九,山川,榆次縣,引《水經注》作蘿磐亭。
卷七　濟水		
與河合流,又東過成皋縣北,又東過滎陽縣北,又東至礫溪南,東出過滎澤北。	石門亭 虢亭 金亭 小索亭 大索亭 高陽亭	

經　　文	地　　名	備　　註
又東過陽武縣南。	黄亭	
又東過封丘縣北。	武脩亭 故市亭 赤亭	
又東過平丘縣南。	臨濟亭 曲濟亭	
又東過宛朐縣南，又東過定陶縣西。	濟平亭	
又屈從縣東北流。	陶丘亭	
卷八　濟水		
其一水東南流，其一水從縣東北流，入鉅野澤。	胙亭 瓦亭 宛濮亭	 注云:“又東南逕瓦亭南，……或亦謂之宛濮亭。”吴本、注箋本、項本、張本作濮菀亭。
	壇陵亭 羅亭 蘧亭 襄丘亭 闞亭	
又東北過壽張縣西界，安民亭南，汶水從東北來注之。	安民亭	

經　文	地　名	備　註
又北過須昌縣西。	清亭	
又北過穀城縣西。	周首亭	
又北過臨邑縣東。	穀城亭	
又東北過盧縣北。	野井亭 客亭	
又東北過臺縣北。	博亭	
又東過梁鄒縣北。	濟南亭	
又東北過臨濟縣。	平安亭	
其一水東南流者,過乘氏縣南。	楚丘亭	
又東過方與縣北,爲菏水。	武棠亭 泥母亭 咸亭 延就亭 詩亭	《春秋地名考略》卷二,魯,棠,引《水經注》作武唐亭。 譚本云:"泥母當作寧母。"
卷九　清水		
清水出河内脩武縣之北黑山。	吴亭 凡亭	黄本、沈本作具亭。 注箋本、項本、注釋本、張本作汎亭。

經　　文	地　　名	備　　註
又東過汲縣北。	三會亭	
卷九　沁水		
又南過陽阿縣東。	北鄉亭 午壁亭	吴本、注箋本作北卿亭。
又南出山,過沁水縣。	沁水亭	
又東過野王縣北。	邘亭 長平亭 中都亭	黄本、吴本、沈本作邗亭。
又東過州縣北。	金亭	
又東過武德縣南,又東南至滎陽縣北,東入於河。	肥牛亭	
卷九　淇水		
淇水出河内隆慮縣西大號山。	遮害亭	
屈從縣東北與洹水合。	高城亭 问亭 魏城亭	
又東北過館陶縣北,又東北過清淵縣西。	喬亭	

經　文	地　名	備　註
又東北過廣宗縣東,爲清河。	界城亭	
	信成亭	《嘉靖廣平府志》卷八,古蹟志,城壘類,信城縣故城,引《水經注》作信城亭。
又東北過東武城縣西。	復陽亭	
又北過廣川縣東。	歷城亭	
又東過脩縣南,又東北過東光縣西。	胡蘇亭	
又東北過南皮縣西。	樂亭	
	北皮亭	
	迎河亭	
又東北過浮陽縣西。	柳亭	
	辟亭	《地理風俗記》曰:"高成縣東北五十里有柳亭,故縣也,世謂之辟亭。"
卷九　洹水		
又東出山,過鄴縣南。	女亭	
卷十　濁漳水		
又東過壺關縣北,又東北過屯留縣南。	黎亭	
	上虒亭	
	上黨亭	

經　文	地　名	備　註
潞縣北。	葛公亭	
又東出山,過鄴縣西。	苕亭	
又東北過曲周縣東,又東北過鉅鹿縣東。	南曲亭 辟陽亭	
又北過堂陽縣西。	新博亭	
又東北過扶柳縣北,又東北過信都縣西。	靖陽亭 敬武亭 昔陽亭	
又東北過阜城縣北,又東北至昌亭與滹沱河。	昌亭	
又東北至樂成陵縣北別出。	樂成亭 朔定亭	
又東北過成平縣南。	澤亭 北皮亭	
又東北過章武縣西,又東北過平舒縣南,東入海。	參户亭	吴本作參后亭。
卷十一　易水		

經　　文	地　　名	備　　註
東過范陽縣南,又東過容城縣南。	樊輿亭 大利亭	
卷十一　滱水		
滱水出代郡靈丘縣高氏山。	興豆亭 莎泉亭	
東南過廣昌縣南。	嘉牙亭	七校本作交牙亭。
又東過唐縣南。	左人亭 伏亭 中人亭 常山亭 平樂亭	
又東過安國縣北。	解瀆亭 安郭亭	 合校本註云:"郭,一本作國。"
又東過博陵縣南。	陵陽亭 三梁亭 穀陽亭 清梁亭 白堤亭 堯姑亭 陽安亭	 注箋本作自堤亭。 注箋本作堯始亭。 注箋本作安陽亭。
卷十二　聖水		

經　文	地　名	備　註
又東過陽鄉縣北。	垣翰亭	
	陽亭	
	陽鄉亭	
	鄉亭	
卷十二　巨馬水		
巨馬河出代郡廣昌縣淶山。	三女亭	
	樓亭	
又東南過容城縣北。	鄽亭	
	大利亭	
	督亢亭	
	廣陽亭	
卷十三　㶟水		
㶟水出鴈门陰館縣,東北過代郡桑乾縣。	石亭	注箋本、項本、張本作魏亭,注釋本作巨魏亭。
	巨魏亭	
	故亭	
	蘭亭	
	南舍亭	
	句瑣亭	注箋本、項本、注釋本、張本作句瑍亭。
	厭狄亭	
	熱水亭	
	故亭	注云:"其水北流,逕一故亭東,城北有石人,故世謂之石人城。"《香草續校書》(中華書局版,下册,五一六頁)于鬯云:"亭,疑當作城,下文城北有石人,故世謂之石人城,即承此故城而言,非指上文之代城也,上下文皆有逕一故城之文,可以旁證。"
	高邑亭	

經　　文	地　　名	備　　註
	羅亭	
	三會亭	
	託台亭	
	馬頭亭	
又東過涿鹿縣北。	祚亭	
	長亭	
	平鄉亭	
	陰莫亭	
	朔調亭	
	靈亭	
卷十四　沽河		
沽河從塞外來。	故亭	注云:"沽水又南,左合乾溪水,引北川西南逕一故亭東。"
	故亭	注云:"沽水又東南與鵲谷水合,……又東南逕一故亭。"
卷十四　鮑丘水		
又南過潞縣東。	通潞亭	
又南至雍奴縣北,屈東入於海。	北順亭	
卷十四　濡水		
濡水從塞外來,東南過遼西令支縣北。	令氏亭	

經　文	地　名	備　註
又東南過海陽縣西,南入於海。	樂安亭	
卷十四　大遼水		
又東南過房縣西。	黄龍亭	
卷十五　洛水		
東北過盧氏縣南。	黄亭 僕谷亭	
又東北出散關南。	柏亭 都亭	
又東過偃師縣南。	中亭	
又東北過鞏縣東,又北入於河。	黄亭	
卷十五　伊水		
伊水出南陽魯陽縣西蔓渠山。	鸞川亭 東亭	
又東北過陸渾縣南。	故亭	
又東北故新城縣南。	武林亭 湮陽亭	

經　文	地　名	備　註
	郲垂亭	
又東北過伊闕中。	前亭	
卷十五　瀍水		
瀍水出河南穀彭縣北山。	朁亭	吴本、注箋本、項本、注釋本、張本、注疏本作潛亭。
卷十六　穀水		
穀水出弘農黽池縣南墦塚林穀陽谷。	千秋亭	
又東過河南縣北，東南入於洛。	都亭	
	湯亭	
卷十七　渭水		
渭水出隴西首陽東渭谷亭南鳥鼠山。	渭首亭	
又東過冀縣北。	瓦亭	
	受渠亭	
	水洛亭	
又東過上邽縣。	橋亭	注箋本作橋西亭。
	當亭	
	秦亭	注箋本作育故亭。
	董亭	

經　　文	地　　名	備　　註
又東過陳倉縣西。	扶亭	
	平陽亭	
卷十八　渭水		
又東過武功縣北。	漦亭	
	召亭	注箋本、項本、張本作郘亭，七校本、注釋本作邵亭。
卷十九　渭水		
又東過槐里縣南，又東，澇水從南來注之。	甘亭	
又東，豐水從南來注之。	杜郵亭	
	孝里亭	注云："渭水北有杜郵亭，去咸陽十七里，今名孝里亭。"
又東過長安縣北。	正月亭	
	布恩亭	
	無疆亭	
	長茂亭	
	顯樂亭	
	誠正亭	注箋本、項本、張本作城正亭。
	億年亭	
	端路亭	
	著儀亭	注箋本、項本、注釋本、張本作著誼亭。
	左幽亭	
	廣世亭	
	臨水亭	
	白亭	

經　文	地　名	備　註
又東過霸陵縣北,霸水從縣西北流注之。	長门亭	
	壽陵亭	
	杜郵亭	
	鴻亭	注箋本作鴻寧,戴本作鴻门亭。
	鴻门亭	注云:"渭水又東逕鴻门北,舊大道北下坂口名也,右有鴻亭,……《郡國志》曰:新豐縣東有鴻门亭者也。"
	戲亭	
	霸曲亭	
	師亭	
卷二十　漾水		
漾水出隴西氐道縣嶓冢山,東至武都沮縣,爲漢水。	苑亭	注云:"西漢水又西南,得峽石水口,水出苑亭西草黑谷,三溪西南至峽石口,合爲一瀆。"大典本作:"西漢水又西南,得峽石水口,水出苑亭,白草、黑谷三溪,西南至峽石口,合爲一瀆。"按大典本,苑亭爲溪名,非亭名。
	樂平亭	
	石亭	《蜀鑑》卷五,晉安帝元年,引《水經注》作西石亭。
卷二十　丹水		
又東南過商縣南,又東南至於丹水縣,入於均。	君亭	注箋本、項本、注釋本、張本作古亭。
	三户亭	
卷二十一　汝水		
又東南過潁川郟縣南。	沙亭	
	夏亭	
	羹亭	

經　文	地　名	備　註
又東南過鄾縣北。	都亭	
又東南過平輿縣南。	平陵亭	
	櫟亭	注箋本、項本、張本作樂亭。
	沈亭	
	黄丘亭	
	新息亭	
	大吕亭	
	小吕亭	
	白亭	
卷二十二		
潁水		
潁水出潁川陽城縣西北少室山。	負黍亭	
又東南過陽翟縣北。	啓筮亭	注云:“東南歷大陵西連山,亦曰啓筮亭,啓享神於大陵之上,即鈞臺也。”《札迻十二卷》卷三,孫貽讓云:“案此文連山亦曰啓筮亭七字有誤,考《御覽》八十二引《歸藏易》云:昔夏后啓筮享神於大陵而上鈞臺枚占,臯陶曰不吉(《初學記》二十二亦引其略)。此文疑當作:《連山易》曰:啓筮享神於大陵之上。蓋《連山》、《歸藏》兩易皆有此文,抑或本出《歸藏》,酈氏誤憶爲《連山》,皆未可知。今本連山亦,亦即易之誤(易、亦音相近),啓筮亭三字又涉下啓筮享三字而衍(亭、享形相近),文字傳譌,構虚成實,遂若此地自有山名連、亭名啓筮者。不知酈意,但引《連山易》以釋大陵耳,安得陵之外,别有山與亭乎?”
	夏亭	

經　文	地　名	備　註
又東南過潁陽縣西,又東南過潁陰縣西南。	繁陽亭 青陵亭	
又東南過臨潁縣南,又東南過汝南濦強縣北,洧水從河南密縣東流注之。	臯城亭	注箋本、項本、張本作城臯亭。
又東南至新陽縣北,蒗蕩渠水從西北來注之。	安陵亭	
卷二十二		
洧水		
洧水出河南密縣西南馬領山。	上郭亭	
東南過其縣南。	玉亭	吴本作王亭,孫潛校本云:"一作土亭。"
又東過鄭縣南,潧水西北來注之。	華陽亭 隙侯亭	
又東南過長社縣北。	左亭	
又東南過新汲縣東北。	桐门亭 匡亭	

經　　文	地　　名	備　　註
又東過習陽城西，折入於潁。	辰亭	
卷二十二		
潩水		
潩水出河南密縣大騩山。	鍾亭	
	關亭	
	宛亭	
	狐人亭	
	東武亭	注箋本、項本、張本作武亭。
	西武亭	
	岸亭	
	巨陵亭	
卷二十二		
渠		
渠出滎陽北河，東南過中牟縣之北。	清陽亭	
	北林亭	
	林亭	
	林鄉亭	
	沈清亭	注箋本、項本、注釋本、張本作沈清，無亭字。《讀水經注小識》卷三，引《水經注》作沈清，無亭字。
	博浪亭	注云："清溝水又東北逕沈清亭，疑即博浪亭也。"
	隙侯亭	注箋本、項本、注釋本、張本、注疏本作隟侯亭。
	陽丘亭	
又東至浚儀縣。	大梁亭	
	波亭	《道光尉氏縣志》卷三，古蹟志，引《水經注》作波鄉亭。
	鴻溝亭	
	鴻口亭	
	左亭	

經　文	地　名	備　註
又屈南至扶溝縣。	魯溝亭	
	牛首亭	
	裘氏亭	
	兔氏亭	
	召陵亭	注箋本、項本、張本作邵亭。
	扶亭	
	陵丘亭	
	凡陽亭	
	林鄉亭	
	陵樹亭	
	白亭	
	帛亭	注云:"康溝又東逕扶溝縣之白亭北,《陳留風俗傳》曰:扶溝縣有帛鄉、帛亭。"
	少曲亭	
	闗亭	
	扶溝之亭	
	匡亭	
	平周亭	
又東南至汝南新陽縣北。	賞都亭	
卷二十三		
陰溝水		
陰溝水河南陽武縣蒗蕩渠。	安亭	
	開光亭	
	清陽亭	
東南至沛,爲過水。	鹿邑亭	
	蛇丘亭	
	延成亭	

經　　文	地　　名	備　　註
又東南至下邳淮陵縣，入於淮。	都亭	注箋本、項本、七校本、注釋本、張本作都亭城。
卷二十三		
汳水		
汳水出陰溝於浚儀縣北。	倉垣亭	
	鉼鄉亭	
	鳴鴈亭	
	白鴈亭	注云："汳水又東逕鳴鴈亭南，……今俗人尚謂之爲白鴈亭。"
	大齊亭	
	科稟亭	注箋本作料稟亭。
	利望亭	
	沙陽亭	
	斜亭	
又東至梁郡蒙縣爲獲水，餘波南入睢陽城中。	尸鄉亭	
	迴渠亭	
卷二十三		
獲水		
獲水出汳水於梁郡蒙縣北。	陳定亭	
	紅亭	
卷二十四		
睢水		
睢水出梁郡鄢縣。	高陽故亭	
	鉼亭	

經　文	地　名	備　註
東過睢陽縣南。	横亭	
	新城亭	
	高鄉亭	
	盧门亭	
	鄉亭	
又東過相縣南,屈從城北東流,當蕭縣南,入於陂。	吾符亭	
	石馬亭	
	篤亭	
	朝解亭	
卷二十四		
瓠子河		
東至濟陰句陽縣,爲新溝。	羊里亭	
	垂亭	
又東北過廩丘縣,爲濮水。	萬歲亭	
又北過東郡范縣東北,爲濟渠,與將渠合。	秦亭	
卷二十四		
汶水		
屈從縣西南流。	陽關亭	
過博縣西北。	汶亭	
	曲水亭	注箋本作曲水池亭。
又西南過剛縣北。	闡亭	吴本、注箋本、項本、張本作闞亭。

經文	地名	備註
	棘亭 春亭 崇陽亭	
又西南過東平章縣南。	句窳亭 鄣亭	
又西南過無鹽縣南,又西南過壽張縣北,又西南至安民亭,入於濟。	厥亭 郈亭 有鹽亭	
卷二十五		
泗水		
泗水出魯卞縣北山。	嫣亭	
又西過瑕丘縣東,屈從縣東南流,漷水從東來注之。	鄒亭	
又東過沛縣東。	楚丘亭 泗水亭	
又東南過彭城縣東北。	巢亭	
又東南過下邳縣西。	和樂亭 剛亭	注箋本、項本、張本作樂亭。

經　　文	地　　名	備　　註
卷二十五		
沂水		
沂水出泰山蓋縣艾山。	鄆亭 員亭 夷吾亭	
卷二十五		
洙水		
西南至卞縣,入於泗。	顯閭亭 闡亭	
卷二十六		
沭水		
又南過陽都縣,東入於沂。	祝其亭 付亭	大典本作況其亭。
卷二十六		
巨洋水		
又東北過壽光縣西。	翼平亭 灌亭 斟亭 桑犢亭 寒亭	
又東北入於海。	平望亭	
卷二十六		
淄水		
又東過利縣東。	鄑亭	

經　文	地　名	備　註
卷二十六		
汶水		
北過其縣東。	郚城亭 渠丘亭	注箋本、項本、張本作峿亭城。
卷二十六		
濰水		
又北過平昌縣東。	石泉亭	
又北過淳于縣東。	平城亭 密鄉亭	
卷二十六		
膠水		
膠水出黔陬縣膠山,北過其縣西。	介亭	
又北過夷安縣東。	原亭 東亭 膠陽亭	
又北過當利縣西,北入於海。	東萊亭	
卷二十七		
沔水		
又東過成固縣南,又東過魏興安陽縣南,涔水出自旱山北注之。	龍下亭	

經　　文	地　　名	備　　註
卷二十八		
沔水		
又東過堵陽縣,堵水出自上粉縣,北流注之。	方城亭	
又從縣東屈西南,淯水從北來注之。	桃林亭 池北亭	
又東過中廬縣東,維水自房陵縣維山,東流注之。	騎亭	
又東南過邔縣東北。	騎亭	
又東南過江夏雲杜縣東,夏水從西來注之。	邔亭	
卷二十九		
沔水		
分爲二,其一東北流,其一又過毗陵縣北,爲北江。	柴辟亭	大典本作柴碎亭,注釋本、項本、張本作柴僻亭。
卷二十九		
湍水		

經　　文	地　　名	備　　註
又東過白牛邑南。	前亭	
卷二十九　比水		
又西至新野縣,南入於淯。	唐子亭	
卷三十　淮水		
東過江夏平春縣北。	江亭	
又東過新息縣南。	柴亭 淮陰亭 陽亭 白亭	
又東過期思縣北。	詔虞亭	
又東過廬江安豐縣東北,決水從北來注之。	成閭亭 荆亭	
又東北至九江壽春縣西,沘水、泄水,合北注之;又東,潁水從西北東流注之。	中陽亭	

經　　文	地　　名	備　　註
又東過壽春縣北,肥水從縣東北流注之。	蕭亭 鵲甫亭 延平亭	
又東過鍾離縣。	陽亭 楊亭 費亭	 注釋本作陽亭。
又東過淮陰縣北,中瀆水出白馬湖,東北注之。	監淮亭	
又東至廣陵淮浦縣,入於海。	猶亭	
卷三十一		
滍水		
滍水出南陽魯陽縣西之堯山。	白亭	
東北過潁川定陵縣西北,又東過郾縣南,東入於汝。	西不羮亭	
卷三十一		
淯水		
淯水出弘農盧氏縣支離山,東南過南陽西鄂縣	大吕亭 小吕亭	

經文	地名	備註
西北,又東過宛縣南。		
卷三十一		
灈水		
灈水出灈強縣南澤中,東入潁。	臨潁亭	
卷三十一		
潕水		
東過西平縣北。	西陵亭 新亭	
卷三十二		
決水		
又北過安豐縣東。	雞備亭	
卷三十二		
沘水		
東北過六縣東。	五门亭	
卷三十二		
肥水		
北過其縣西,北入芍陂。	死虎亭	吴本、注箋本、項本、張本作死雩亭。《通鑑》卷一三一,宋紀十三,明帝泰始二年,"馬步八千人東據宛塘"胡註,引《水經注》作死雩亭。
	五门亭 神跡亭	

經　　文	地　　名	備　　註
	白芍亭 黎漿亭	
又北過壽春縣東。	謝堂北亭	
卷三十二		
涪水		
涪水出廣魏涪縣西北。	潺亭	《蜀道驛程記》引《水經注》作孱亭。
卷三十三		
江水		
岷山在蜀郡氐道縣,大江所出,東南過其縣北。	就都亭	
又東南過犍爲陽武縣,青衣水、沫水從西南來,合而注之。	朱亭	
卷三十四		
江水		
又東過枝江縣南,沮水從北來注之。	枝江亭	
又南過江陵縣南。	郢亭	

經　文	地　名	備　註
卷三十五		
江水		
又東過郲縣南。	赤亭	
卷三十六		
延江水		
至巴郡涪陵縣注更始水。	巴亭	
卷三十六		
温水		
温水出牂柯夜郎縣。	同亭	
東北入於鬱。	桓亭 日南亭	
卷三十七		
葉榆河		
過交趾翟泠縣北，分爲五水，絡交趾郡中，至南界，復合爲三水，東入海。	九真亭	
卷三十七		
夷水		
東南過佷山縣南。	東亭	

經　　文	地　　名	備　　註
卷三十七		
澧水		
又東過零陽縣之北。	苕亭	
卷三十七		
沅水		
沅水出牂柯且蘭縣爲旁溝水,又東至鐔成縣爲沅水,東過無陽縣。	會亭	注箋本作會真。
卷三十七		
泿水		
又東至蒼梧猛陵縣,爲鬱溪;又東至高要縣,爲大水。	廣信亭 鵠奔亭 蔡亭 南海亭	
卷三十八		
湘水		
又東北過泉陵縣西。	九疑亭	
又北過羅縣西,潤水從東來流注。	黄陵亭	
卷三十九		
鍾水		

經文	地名	備註
鍾水出桂陽南平縣都山,北過其縣東,又東北過宋渚亭,又北過鍾亭,與灌水合。	鍾亭	
卷三十九 耒水		
又西北過耒陽縣之東。	南平亭	
卷三十九 贛水		
又西北過廬陵縣。	桓亭	
又東北過漢平縣南,又東北過新淦縣西。	偶亭	
又北過南昌縣西。	思賢亭	
	聘君亭	注云:"永安中,太守梁郡夏侯嵩於碑旁立思賢亭,松大合抱,亭世修治,至今謂之聘君亭也。"
	鄉亭	
	東津亭	注云:"縣東津上有亭,爲津渡之要。"
卷四十 漸江水		
漸江水出三天子都。	新亭	

經　　文	地　　名	備　　註
北過餘杭,東入於海	泉亭	
	蘭亭	
	湖塘亭	注云:"水側有白鹿山,山北湖塘上,舊有亭。"
	楊亭	注云:"使開瀆作埭,埭之西作亭,亭、埭皆以楊爲名。"
	白樓亭	
	嵊山下亭	注云:"江水北逕嵊山,山下有亭。"
	嵊亭	
	仇亭	
卷四十		
《禹貢》山水澤地所在		
都野澤在武威縣東北。	平澤亭	
	晏然亭	
羽山在東海祝其縣南也。	猶亭	

五十八、里

里

經　　文	地　　名	備　　註
卷三　河水		
又南過赤城東，又南過定襄桐過縣西。	故里	
卷四　河水		
又東過平陰縣北，清水從縣西北來注之。	乾河里	
卷五　河水		
又東過茌平縣西。	九里	

經　　文	地　　名	備　　註
卷八　濟水		
又北過臨邑縣東。	光里	
	廣里	注云:"今防门北有光里,齊人言廣,音與光同,即《春秋》所謂守之廣里者也。"《愈愚録》卷六"水經注之誤"云:"防门之塹廣一里,遂爲里名廣里,……是經之訓詁全疏也。"
又東北過臺縣北。	巨里	
卷九　淇水		
淇水出河南隆慮西大號山。	廣陽里	
卷九　蕩水		
又東北至内黄縣,入於黄澤。	羑里	《嘉靖内黄縣志》卷一,地理,山川,姜水,引《水經注》作姜里城。
	牖里	注云:"又東流逕羑城北,故羑里也,《史記音義》曰:牖里在蕩陰縣。"
卷十二　巨馬水		
又東南過容城縣北。	桑里	
	劉備舊里	注云:"又東北逕涿縣酈亭樓桑里南,即劉備之舊里也。"
卷十六　穀水		
又東過河南縣北,東南入於洛。	步廣里	
	樂里	
	白社故里	
卷十九　渭水		

經　　文	地　　名	備　　註
又東過槐里縣南,又東澇水從南來注之。	小槐里	
	槐里	
	大槐里	注云:“三年,改曰槐里,……世謂之爲大槐里。”
又東過長安縣北。	函里	
	樗里	
卷二十一		
汝水		
又東南過潁川郟縣南。	養陰里	
又東南過平輿縣南。	祝社里	
	下桑里	
卷二十二		
渠		
又東至浚儀縣。	新里	
卷二十四		
睢水		
東過睢陽縣南。	盧门里	
卷二十五		
泗水		
西南過魯縣北。	闕里	
	孔里	
又東過沛縣東。	曲棘里	
	稷里	

經　　文	地　　名	備　　註
卷二十五		
沂水		
沂水出泰山蓋縣艾山。	盧上里	
卷二十五		
洙水		
西南至卞縣，入於泗。	孔里	
卷二十六		
淄水		
東北過臨淄縣東。	蕩陰里	吴本作陽陰里。
又東過利縣東。	清節里 梧臺里	
卷二十八		
沔水		
又南過宜城縣東，夷水出自房陵，東流注之。	冠蓋里	
卷三十一		
淯水		
淯水出弘農盧氏縣支離山，東南過南陽西鄂縣西北，又東過宛縣南。	瓜里	

經文	地名	備註
卷三十二		
肥水		
北入於淮。	孝義里	
卷三十三		
江水		
岷山在蜀郡氐道縣大江所出，東南過其縣北。	犀牛里 錦里	
又東過魚復縣南，夷水出焉。	新市里	
卷三十四		
江水		
又東過枝江縣南，沮水從北來注之。	津鄉里	
卷三十七		
葉榆河		
過交趾菤泠縣北分爲五水，絡交趾郡中，至南界，復合爲三水，東入海。	西里	
卷四十　漸江水		

經　文	地　名	備　註
北過餘杭,東入於海。	越里	
	苦竹里	
	蘭上里	
	弘訓里	
	練塘里	注釋本作鍊塘里。《嘉泰會稽志》卷十,隄塘,引《水經注》作鍊塘里。《古今圖書集成·職方典》卷九八四,鍊塘,引《水經注》作鍊塘里。《雍正浙江通志》卷十五,山川七,炭瀆,引《水經注》作練塘。
	康樂里	
	東明里	
	上塘里	
	陽中里	

聚、村、墟　聚、村、墟三者，一般都是指的較小的居民點。《後漢書》云："參差聚落，紆餘岐道。"[①]因此，我們常把鄉間的那些零星分散的居民點稱爲聚落。《水經注》卷二，河水經"又東入塞過敦煌、酒泉、張掖郡南"注云：

於是西海及大、小榆谷，無復村落。

所以聚落實際上就是村墟或村落。《一切經音義》村墟條云："聚落也。"[②]《史記正義》也説："聚謂村落也。"[③]這也就是酈注卷十六，穀水經"又東過河南縣北，東南入於洛"注中所説的："自東數十里無村落。"上述所指，都是鄉間的小居民點。

至於墟，其意義和聚、村也大體相似。陸游詩云："村煙帶墟落，薄暮宿漁家。"[④]即《一切經音義》所謂的"墟隟"，[⑤]乃是指的鄉間小居民點。如上述，則所謂聚落、村落、墟落之類，雖然名稱不同，但所指的都是鄉間小居民點，因爲以聚、村、墟爲名的地名，其實數量是十分巨大的。《水經注》記載的這三類地名，總數還不到八十處，這是由於酈注所記的，都是其中比較著名的，所以爲數不多。

聚並不是古代地方行政區劃中的任何一級，因此其範圍並無一定標準。有時候，聚可能和地方行政區劃中的亭一級相當。卷十，濁漳水經"又東過壺關縣北，又東北過屯留縣南"注云：

《地理志》曰：縣有上虒亭、下虒聚也。

這裏，聚在一縣之下和亭並列，足見其範圍和亭相當。所以聚這一類居民點的實際數量是很大的，酈注記載的只是其中比較著名的少數而已。例如卷十，淮水注的"垓下聚"，以漢高祖破項羽而出名；卷三十一，淯水注的"小長安聚"，則因漢光武帝敗於甄阜而爲人們所習知。

一般的聚，當然不能和城一級的居民點相提並論，但在户口增加的情况下，聚的範

---

① 《後漢書》卷八十六，列傳七十六，《南蠻西南夷傳》贊。

② 慧琳《一切經音義》卷十三。

③ 《史記》卷一，本紀一，《五帝紀》，"一年而所居成聚"《正義》。

④ 陸游《舟中詠"落景餘清暉，清橈弄溪渚"之句，蓋孟浩然耶溪泛舟詩也，因以其句爲韻，賦詩十首》（《劍南詩稿》第三十四卷）。

⑤ 元應《一切經音義》卷七。

圍擴大,也常常建立城郭。卷二十一,汝水經"東南過其縣北"注中的陽人城即是其例。注云:

水上承陽人城東魯公陂,城,古梁之陽人聚也。

卷二十三,陰溝水經"東南至沛,爲過水"注云:

山東有垂惠聚,世謂之禮城。袁山松《郡國志》曰:山桑縣有垂惠聚,即此城也。

像上述這樣聚而建城的例子,在酈注中是常見的。

村或者也作邨,雖然和聚是類似的鄉間居民點。但規模一般更小。爲此,酈注記載的村名很少,凡是村而入注者,總必有其受人注意的特色。例如卷三十三,江水注的"巴鄉村",因其佳釀而聞名;卷三十五,江水注的"烏林三村",乃是著名的古戰場;卷三十九,耒水注的"湘陂村",因爲有温泉而出名;卷四十,漸江水注的"木客村",則是越王允常的冢墓所在。因爲村的範圍比聚更小,所以村而建城的情況就十分難得,全注除了卷十三,㶟水注中的"北城村故城"一處外,别無再見。

墟或者也作虚,除了和上述聚、村相似的性質外,《水經注》記載的墟,其中有不少還具有另外一種意義,乃是指的故城和故都。例如卷六,汾水注中的"高梁之墟",是指的故城;卷九,洹水注中的"殷墟",則是指的故都。

五十九、聚

聚

經　文	地　名	備　註
卷五　河水		
又東北過黎陽縣南。	貝中聚	
卷六　汾水		
又南過平陶縣東，文水從西來流注之。	綿上聚	
卷九　淇水		
東過内黄縣南，爲白溝。	并陽聚	

經　　文	地　　名	備　　註
屈從縣東北與洹水合。	蒹陽聚	黄本、吴本、注箋本、項本、沈本、張本作義陽郭。
卷十　濁漳水		
又東過壺關縣北,又東北過屯留縣南。	下虒聚	
又東北過扶柳縣北,又東北過信都縣西。	鼓聚	
又東北過下博縣之西。	秦聚	
卷十　清漳水		
清漳水出上黨沾縣西北少山大要谷,南過縣西,又從縣南屈。	閼與聚	
卷十一　滱水		
又東過唐縣南。	鼓聚	
卷十二　聖水		

經文	地名	備註
東過良鄉縣南。	聖聚	
卷十三　灅水		
灅水出鴈门陰館縣，東北過代郡桑乾縣南。	狋聚	
卷十五　洛水		
東北過盧氏縣南。	塢聚	
又東過洛陽縣西，伊水從西來注之。	劉聚	
又東過偃師縣南。	訾聚	
又東北過鞏縣東，又北入於河。	坎欿聚	《方輿紀要》卷四十八，河南三，河南府，鞏縣，石子河，引《水經注》作坎埳聚。畢沅集王隱《晉書地道記》，司州，河南郡，引《水經注》作坎埳聚。
卷十五　伊水		
又東北過新城縣南。	鄤聚	
卷十七　渭水		

經　文	地　名	備　註
又東過獂道縣南。	落门聚	
又東過冀縣北。	梧中聚	
卷十八　渭水		
又東過武功縣北。	成周聚	
卷二十一　汝水		
東南過其縣北。	陽人聚	
	霍陽聚	
	愳狐聚	吴本作單孤聚,注箋本、項本、張本作單狐聚。
卷二十二　潁水		
又東南過陽翟縣北。	陽關聚	
卷二十三　陰溝水		
東南至沛,爲濄水。	垂惠聚	
卷二十四　汶水		
過博縣西北。	菟裘聚	

經　文	地　名	備　註
又西南過無鹽縣南,又西過壽張縣北,又西南至安民亭,入於濟。	壽聚	
卷二十五 **泗水**		
又東過沛縣東。	力聚	
卷二十七 **沔水**		
又東過西城縣南。	陽亭聚	
卷二十八 **沔水**		
又東過山都縣東北。	和城聚	
卷二十九 **湍水**		
湍水出酈縣北芬山,南流過其縣東,又南過冠軍縣東。	臨駣聚	
卷三十　淮水		

經　　文	地　　名	備　　註
又東過當塗縣北,過水從西北來注之。	山聚	
又東過鍾離縣北。	鄗聚	
	垓下聚	黄本作垓一聚。
	多聚	
卷三十一		
淯水		
淯水出弘農盧氏縣支離山,東南過南陽西鄂縣西北,又東過宛縣南。	夕陽聚	
	南就聚	
又屈南過淯陽縣東。	小長安聚	
又南過新野縣西。	黄淳聚	
	黄郵聚	
南過鄧縣東。	鄾聚	
卷三十三		
江水		
又東南過犍爲武陽縣,青衣水、沫水從西南來,合而注之。	彭亡聚	

經　　文	地　　名	備　　註
卷三十九 **深水**		
深水出桂陽盧聚。	盧聚	
西北過零陵營道縣南,又西北過營浦縣南,又西北過泉陵縣,西北七里至燕室邪,入於湘。	燕室聚	注云:"水上有燕室丘,亦因爲聚名也。"
卷三十九 **贛水**		
又北過南昌縣西。	多聚	

六十、村

村

經　　文	地　　名	備　　註
卷八　濟水		
又東過方與縣北，爲菏水。	薛村	
卷十三　瀔水		
又東過涿鹿縣北。	北城村	
卷二十七　沔水		
沔水出武都沮縣東狼谷中。	黄沙屯	

經文	地名	備註
東過南鄭縣南。	長柳村	
卷二十八		
沔水		
又東南過江夏雲杜縣東,夏水從西來注之。	須導村	
卷二十九		
沔水		
分爲二,其一東北流,其一又過毗陵縣北,爲北江。	徐村	
卷三十二		
肥水		
北入於淮。	烽村	黄本作烽村。
卷三十三		
江水		
又東過魚復縣南,夷水出焉。	博村 陽村 故陵村 巴鄉村	
卷三十四		
江水		
又東過夷陵縣南。	七谷村	注箋本、項本、小山堂鈔全謝山五校本、張本作北谷村。

經　文	地　名	備　註
卷三十五		
江水		
湘水從南來注之。	上烏林村	注云:"江水左逕上烏林南,村居地名也,又東逕烏黎口,江浦也,即中烏林矣,又東逕下烏林南,吴黄蓋敗魏武於烏林,即是處也。"大典本作烏林村,《方輿勝覽》卷五十,黄州,山川,烏林,引《水經注》作烏林村。《弘治黄州府志》卷二,山川,烏林,引《水經注》作烏林村。《嘉靖漢陽府志》卷二,方域志,赤壁,引《水經注》作烏林村。《天下郡國利病書》卷七十三,湖廣二,引《水經注》作上烏林村。
	中烏林村	見上註
	下烏林村	見上註。大典本作烏林村。
	烏林村	見上註。
卷三十七		
夷水		
東南過佷山縣南。	射堂村	
	東亭村	
	平樂村	
卷三十七		
澧水		
又東過作唐縣北。	涔坪屯	《禹貢錐指》卷十四下,引《水經注》作涔評屯。
卷三十九		
洭水		
洭水出桂陽縣盧聚。	石塘村	
卷三十九		
耒水		

經　　文	地　　名	備　　註
又北過其縣之西。	萬歲村 湘陂村	《廣博物志》卷六,地形,董斯張引《水經注》作南湘陂村。
卷四十　漸江水		
北過餘杭,東入於海。	木客村 大吴王邨 小吴王邨	

六十一、墟

墟

經　文	地　名	備　註
卷一　河水		
去嵩高五萬里，地之中也。	崑崙之墟	《禹貢集解》卷三，引《水經注》作崑崙墟。《禹貢古今註通釋》卷五，導河積石，侯楨案，引《水經注》作昆崙虚。《山海經彙説》卷七，昆侖，陳逢衡引《水經注》作昆侖虚。《辛卯侍行記》卷五，一在新疆，陶葆廉註，引《水經注》作崑崙虚。《昆侖異同考》引《水經注》作昆侖之虚。
卷二　河水		
其一源出于闐國南山，北流與葱嶺所出河合，又東注蒲昌海。	姜賴之虚	大典本作羌賴之靈，黄本、吴本、注箋本、項本、沈本、張本作姜賴之靈。

經　文	地　名	備　註
卷四　河水		
又東過河北縣南。	曹陽之墟	
卷五　河水		
又東北過黎陽縣南。	五鹿墟	
又東北過茌平縣西。	楊墟	
卷六　汾水		
西南過高梁邑西。	高梁之墟	
卷六　涑水		
又南過解縣東，又西南注於張陽池。	郇瑕氏之墟	
卷九　洹水		
又東北出山，過鄴縣南。	殷墟	
卷十二　聖水		
又東過陽鄉縣北。	桃仁墟	

經　　文	地　　名	備　　註
卷二十二		
潁水		
東南過其縣南。	牽牛墟	
卷二十二		
洧水		
又東過鄭縣南,潧水從西北來注之。	有熊氏之墟	
卷二十三		
汳水		
又東至梁郡蒙縣,爲獲水,餘波南入睢陽城中。	帝嚳之墟	
卷二十四		
瓠子河		
瓠子河出東郡濮陽縣北河。	顓頊之墟	
又東北過廩丘縣,爲濮水。	陶墟	
卷二十五		
泗水		
泗水出魯卞縣北山。	桃墟	

經　文	地　名	備　註
西南過魯縣北。	少昊之墟	
卷二十七　沔水		
又東過成固縣南，又東過魏興安陽縣南，涔水出自旱山北注之。	嬀墟 姚虛	 大典本、注箋本、項本、張本作嬀虛，注釋本作姚虛。
卷三十　淮水		
又東過壽春縣北，肥水從縣東北流注之。	秦墟 禹墟	 《通鑑》卷一四六，梁紀二，武帝天監四年，"遣衛尉卿楊公則將宿衛兵塞洛口"胡註，引《水經注》作秦虛。
卷三十一　潕水		
又東過西平縣北。	吕墟	
卷三十八　湘水		
又東北過泉陵縣西。	有鼻墟	

戍、塢、堡 戍、塢、堡三類地名,也有其相似之處。所謂戍,《公羊》莊十七年"衆殺戍者也"註:"以兵守之曰戍。"這實際上是軍事據點一類。堡也是要塞一類的地名,《晉書》云:"徐高、胡空各聚衆五千,據險築堡以自固。"①《唐書》云:"以識帥涇原,……治堡障,整戎器,開屯田。"②都説明了堡作爲地名的意義。至於塢,在某些情況下和堡是性質相同的地名。《後漢書》云:"元初元年,遣兵屯河内,衝要皆作塢壁。"③《説文》鍇註:"董卓爲郿隖,④隖,堡障也。"如上述,這三類地名都是具有軍事意義的。《水經注》記載的這三類地名,總共約有一百二十處左右。

戍是一種作爲防守用的軍事據點,因此,其建立之處必擇形勢險要。例如卷十四,沽河注中的"高峯戍"建在山上;卷二十,漾水注中的"小劍戍"建於"連山絶險,飛閣通衢"的棧道之上;卷二十七,沔水注中的"黄金戍"是"傍山依峭"而建;卷三十四,江水注中的"靈溪戍"則是"背阿面江"而建。由於戍在戰爭中容易受到敵方的進攻,所以必須建築城堡。因此,戍而稱城的地名是常見的。卷三十五,江水經"又東過邾縣南"注云:

> 舉水出龜頭山,西北流逕蒙蘢戍南。

這裏的蒙蘢戍,《方輿紀要》引《水經注》作蒙龍城。⑤ 這雖然是殿本和顧本的差異,但也説明古人對戍和城這兩類地名常常混而爲一。

有時候,在生産發展、户口增加、軍事形勢改變等種種條件下,戍也能發展成爲縣城,甚至成爲郡城和州城。卷二十八,沔水注中的襄陽縣故城,原來就是楚國的北津戍;卷三十二,蘄水注中的大陽戍,後來成爲齊昌郡治;前述江水注中的蒙蘢戍,後來成爲定州州治。這些都是戍城擴大發展的例子。

堡顧名思義是城堡之類的建築,其作用顯然也是爲了防禦守衛。卷十九,渭水經

---

① 《晉書》卷一一五,載記十五,《苻登載記》。

② 《唐書》卷一七三,列傳九十八,《裴度傳》。

③ 《後漢書》卷五,帝紀五,《安帝紀》。

④ 郿隖,《後漢書》卷七十二,列傳六十二,《董卓傳》作郿塢;酈注卷十九,渭水注亦作郿塢。

⑤ 《方輿紀要》卷七十六,湖廣二,黄州府,麻城縣,蒙龍城。

"又東過霸陵縣北,霸水從西北流注之"注中的"狗枷堡"即是其例。注云:

《三秦記》曰:麗山西有白鹿原,原上有狗枷堡,秦襄公時,有大狗來,[①]下有賊則狗吠之,一堡無患。

這裏就清楚地説明了堡作爲地名的性質,同時也説明了堡和戍的不同之處。戍的建立多半是爲了對付外敵,而堡的建立常常是鄉間的小封建主用以自固。

塢在許多情况下,都是一種軍事要塞,故其建築也常擇形勢險要之處。除了前面已經提到的郿塢以外,酈注記載的這類塢是很多的。例如卷七,濟水經"濟水出河東垣縣東王屋山,爲沇水"注中的"白騎塢"。注云:

塢在原上,爲二溪之會,北帶深隍,三面阻險,惟西版築而已。

可見白騎塢的形勢是很險要的。卷十五,洛水經"又東過陽市邑南,又東北過於父邑之南"注中的"一合塢",形勢比白騎塢更爲險要。注云:

洛水又東逕一合塢南,城在川北原上,高二十丈,南、北、東三箱,天險峭絶,惟版築西面即爲固,一合之名起於是矣。

《水經注》中以塢爲名的地名,除了上述是一種軍事要塞外,也還具有其他一些意義。有不少稱塢的地名是山嶽,例如卷十五,洛水經"又東過陽市邑南,又東北過於父邑之南"注中的"雲中塢"。注云:

東北流逕雲中塢左,上迢遰層峻,流煙半垂,纓帶山阜,故塢受其名。

杜甫詩"豁行晝日無村塢"。[②] 因此,塢有時也是村落一類的居民點。酈注卷十五,洛水經"東北過盧氏縣南"注中的"檀山塢"即是其例。注云:

山上有塢聚,俗謂之檀山塢。

也有一些塢,實際上是古代舟船停泊之所,也就是所謂船塢。例如卷二十三,汳水經"汳水出陰溝於浚儀縣北"注中的"周塢"。注云:

汳水又東逕周塢側。《續述征記》曰:斜城東三里,晉義熙中,劉公遣周起之,自彭城緣汳故溝,斬樹穿道七百餘里,以開水路,停泊於此,故兹塢流稱矣。

---

① 宋本、大典本、何校明鈔本、王校明鈔本、孫潛校本及七校本作"有天狗來"。章宗源《隋經籍志考證》卷六,地理,《三秦記》,引《水經注》作"有天狗來"。

② 《發閬中》(仇兆鰲《杜少陵集詳註》卷十二)。

六十二、戍

戍

經　文	地　名	備　註
卷三　河水		
屈從縣北東流。	高闕戍	
卷八　濟水		
又東過盧縣北。	陳敦戍	
卷十一　易水		
東過范陽縣南,又東過容城縣南。	范陽戍	注云:"昔慕容垂之爲范陽也,戍之,即斯。"

經　文	地　名	備　註
卷十四　沽河		
沽河從塞外來。	高峯戍	
	漁陽戍	注云:"秦發閭左戍漁陽,即是城也。"
卷十四　鮑丘水		
鮑丘水從塞外來,南過漁陽縣東。	密雲戍	
卷十七　渭水		
又東過上邽縣。	長蛇戍	
卷二十　漾水		
漾水出隴西氐道縣嶓冢山,東至武都沮縣,爲漢水。	宕備戍	吴本、注箋本、何校明鈔本、王校明鈔本、項本、七校本、張本、注疏本作巖備戍。
	白石戍	
	錯水戍	
	武植戍	
	安民戍	
	平夷戍	
	神蛇戍	
	虎馗戍	
	威武戍	
	龍门戍	
	甘泉戍	

經　　文	地　　名	備　　註
	平樂戍	吴本、注箋本、項本、注釋本、張本作平洛戍。
	河池戍	
	故道城戍	注云:"西南逕故道城東,魏征仇池,築以置戍。"
	石亭戍	《蜀鑑》卷五,晉安帝元年,引《水經注》作西石亭深阬。
又東南至廣魏白水縣西,又東南至葭萌縣東北,與羌水合。	小劍戍	《文選》卷六,京都下,左太沖,《魏都賦》"劍閣雖嶛,憑之者蹶非所以深根固蔕也"註,引《水經注》作小劍,無戍字。
又東南過巴郡閬中縣。	津渠戍	
卷二十　丹水		
又東南過商縣南,又東南至於丹水縣,入於均。	白口戍	注云:"丹水又東南流,入白口,歷其戍下。"
卷二十一　汝水		
南入於淮。	汝口戍	
卷二十五　泗水		
又東南過下邳縣西。	南徐州戍	注云:"魏太和中,南徐州治,後省爲戍。"
卷二十六　沭水		

經　文	地　名	備　註
又南過陽都縣,東入於沂。	曲沭戍	
卷二十六		
淄水		
又東過利縣東。	葵丘之戍	
卷二十七		
沔水		
沔水出武都沮縣東狼谷中。	沮水戍 白馬戍	
又東過成固縣南,又東過魏興安陽縣南,涔水出自旱山北注之。	興勢戍 黄金戍 巴溪戍 萑閣山上戍	注云:"諸葛亮出洛谷,戍興勢。" 注云:"旬水又南逕萑閣下,山上有戍。"
又東過西城縣南。	平陽戍	
卷二十八		
沔水		
又東過襄陽縣北。	北津戍	
又東過荆城東。	巾水戍	注箋本、項本、注釋本、張本作巾水戍山。
卷二十九		
比水		

經　　文	地　　名	備　　註
比水出比陽東北太胡山東南流過其縣南,泄水從南來注之。	淳灊戍	注云:"時人目之爲淳灊水,城、戍又以淳灊爲目。"
又西至新野縣,南入於淯。	岡上戍	注云:"比水於岡南,西南流,戍在岡上。"
卷三十　淮水		
又東過新息縣南。	長陵戍	黄本、沈本作長陂戍。
又東過期思縣北。	新城戍	
又東過廬江安豐縣東北,決水從北來注之。	霍丘戍	
又東過壽春縣北,肥水從縣東北流注之。	潘城戍	黄本、沈本作潘溪戍。
又東過鍾離縣北。	穀陽戍	
	白石戍	
	臨潼戍	
	歷澗戍	注箋本、項本、注釋本、張本作歷澗水。
	淮陽戍	注云:"《述征記》:淮陽太守治,後置戍、縣。"
卷三十一　淯水		

經　文	地　名	備　註
又屈南過淯陽縣東。	樂宅戍	
又南過新野縣西。	士林戍	
卷三十二 蘄水		
南過其縣西。	大陽戍	
卷三十二 施水		
施水亦從廣陽鄉肥水别,東南入於湖。	湖戍	黄本、沈本作東口戍。
卷三十二 羌水		
羌水出羌中參狼谷。	安民戍	
卷三十二 涪水		
涪水出廣魏涪縣西北。	江油戍	
卷三十四 江水		
又南過江陵縣南。	靈溪戍	

經　　文	地　　名	備　　註
卷三十五		
江水		
又東北至江夏沙羨縣西北，沔水從北來注之。	雍伏戍	
又東過邾縣南。	蒙龍戍	大典本、黄本、注箋本、項本、沈本、注釋本、張本作龍戍。《方輿紀要》卷七十六，湖廣二，黄州府，麻城縣，蒙龍城，引《水經注》作蒙龍城。
	南口戍	
	方山戍	
	白沙戍	
	鳳鳴戍	
鄂縣北。	巴水戍	
卷三十八		
湘水		
東北過零陵縣東。	五嶺之戍	
又北過臨湘縣西，瀏水從縣西北流注。	橘州子戍	項本、張本作橘洲子戍。
	三石戍	
	瀏口戍	
又北，溈水從西南來注之。	溈口戍	
	高口戍	《乾隆長沙府志》卷五，山川志，益陽縣，鼻洲，引《水經注》作喬口戍。
又北過羅縣西，溳水從東來流注。	錫口戍	
	三戍	
	白沙戍	

經　　文	地　　名	備　　註
	汨羅戍	
	磊石戍	
又北過下雋縣西，微從東來流注。	謹亭戍	
	萬石戍	
	金浦戍	

六十三、塢

塢

經　　文	地　　名	備　　註
卷五　河水		
又東過成皋縣北,濟水從北來注之。	五龍塢	
卷七　濟水		
濟水出河東垣縣東王屋山,爲沇水。	鍾繇塢 白騎塢	 《通鑑》卷一五八,梁紀十四,武帝大同四年,“丞相泰即留景宣守張白塢”胡註,引《水經注》作張白騎塢。
與河合流,又東過成皋縣北,又東過滎陽縣北,又	大栅塢	

經　　文	地　　名	備　　註
東至礫溪南,東出過滎澤北。		
卷九　清水		
清水出河内脩武縣之北黑山。	永豐塢 新豐塢	吴本、注箋本、項本、張本作永豐城。
卷十四　濡水		
濡水從塞外來,東南過遼西令支縣北。	東塢 吕泉塢	
卷十五　洛水		
東北過盧氏縣南。	檀山塢	
又東北過螽城邑之南。	金門塢	
又東過陽市邑南,又東北過於父邑之南。	一合塢 雲中塢	注疏本作一全塢。《通鑑地理通釋》卷十四,宜陽郡註,引《水經注》作一金塢。
又東過洛陽縣西,伊水從西來注之。	合水塢	大典本、黄本、吴本、注箋本、項本、沈本、張本作今水塢。
又東過偃師縣南。	零星塢 百谷塢	

經　文	地　名	備　註
	白馬塢 袁公塢	
又東北過鞏縣東,又北入於河。	盤谷塢	
卷十五　伊水		
又東北過陸渾縣南。	崖上塢	注云:"崖上有塢,伊水逕其下。"
又東北過新城縣南。	范塢 楊志塢	
卷十六　穀水		
穀水出弘農黽池縣南墦塚林穀陽谷。	白超壘塢	注云:"次至白超壘,去函谷十五里,……壘側有塢。"
卷十七　渭水		
又東過陳倉縣西。	郿塢	
卷二十二　洧水		
洧水出河南密縣西南馬領山。	馬領塢	

經　文	地　名	備　註
東南過其縣南。	零烏塢	
卷二十二		
潧水		
潧水出鄭縣西北平地。	雞絡塢	
卷二十三		
汳水		
汳水出陰溝於浚儀縣北。	黄蒿塢	
	周塢	
	神坑塢	
	夏侯長塢	
	夏侯塢	注云:"又東逕夏侯長塢,《續述征記》曰:夏侯塢至周塢,各相距五里。"
	襄鄉塢	
卷三十一		
滍水		
滍水出南陽魯陽縣西之堯山。	蟻塢	項本、張本作蛐塢。
卷四十　漸江水		
北過餘杭,東入於海。	朱室塢	注箋本、何校明鈔本、王校明鈔本、項本、七校本、張本作朱室堤。吴本,《乾隆蕭山縣志》卷五,山川,洛思山,引《水經注》作朱家塢。
	諸塢	

六十四、堡

堡

經　文	地　名	備　註
卷四　河水 又東過河北縣南。	鴻關堡	大典本、黄本、吴本、注箋本、項本、沈本、張本作鴻關壘。《水經注箋刊誤》卷二云:"壘字誤作堡。"《書敍指南》卷十四,州郡地理下,引《水經注》作鴻關,無堡字。
卷十一　易水 東過范陽縣南,又東過容城縣南。	紫池堡	
卷十九　渭水		

經　　文	地　　名	備　　註
又東過霸陵縣北，霸水從縣西北流注之。	狗枷堡	
卷二十七		
沔水		
又東過西城縣南。	重巖堡	大典本、黄本、沈本作重崖堡。

六十五、其他地名

凡是以上六十四類地名中所不能包括的地名，均列入這一類其他地名之中。由於《水經注》記載的地名牽涉甚廣，以上分類雖然已經不算很少，但最後仍不得不收入其他地名這一類的地名，爲數仍在九百處以上。

其他地名主要包括下列諸方面。

第一類是先秦的地區或居民點名稱。酈注記載的秦以前包括春秋、戰國甚至爲時更早的居民點，爲數不少。卷二十一，汝水經"東南過其縣北"注云：

《春秋左傳》哀公四年，楚侵梁及霍。服虔曰：梁、霍，周南鄙也。

上述梁和霍兩處地名，都是春秋時期的地區或居民點名稱。按注文僅知其位於周之南鄙，既不知其是城是都，亦無鄉、里、村、聚等稱謂，不能編入以前的任何一類地名之中。又如卷四，河水經"又東過陜縣北"注云：

《公羊》曰：晉敗之大陽者也。

這裏的大陽，到漢代就成爲一個縣名，並且建有城郭。可是此處注文中的大陽，却是《公羊傳》所記的春秋時代的大陽，既不知當時是否建城，自然更談不上郡、縣建置。爲此，春秋時代的大陽，從地名來説，不能和漢以後的大陽縣或大陽城混爲一談。儘管大陽縣和大陽城在以前縣類和城邑類地名中已經分别收入，這裏仍將春秋時代的大陽作爲其他地名另行匯編。

第二類是方位詞地名。這類地名在文字上的組成形式，常常是一個地名，和東、南、西、北、左、右、上、中、下等方位詞相結合,從而構成一種區域概念。

和方位詞東、南、西、北、左、右等相結合的方位詞地名,一般都是指的一個較大的區域,而其區域範圍往往以山嶽、河川等自然地理事物爲分界。例如隴右(卷十七,渭水注)、江南(卷三十五,江水注)、濟西(卷八,濟水注)、漢北(卷三十七,沅水注)等等。這類方位詞地名中,有一部分已經在長期沿用的過程中成爲郡國、縣、城等行政區劃名稱,例如巴東郡(卷三十四,江水注)、膠西國(卷二十六,濰水注)、河東縣(卷六,涑水注)、河南城(卷十六,穀水注)等等,像這樣的地名,已經匯編於以前各相應類别的地名之中,此處不再收入。

酈注中還有很多方位詞地名是和上、中、下三個方位詞相結合的,這類地名中,只有很少數在長期沿用後成爲某一級行政區劃或城邑的名稱,例如漢中郡(卷二十七,沔水注)、桑中縣(卷十,濁漳水注)、甲下城(卷五,河水注)、龍下亭(卷二十八,沔水注)、盧上里(卷二十五,沂水注)等,除了這樣少數一些已收入以上相應類别的地名中外,這類地名中的絶大部分都和以前各類地名無關,必須收入於這一類其他地名之中。在這類地名中,方位詞上、中、下所表示的意義也不完全相同。"上"這個方位詞,在構成地名時,常與河川名稱相結合,例如洧上(卷七,濟水注)、泜上(卷十,濁漳水注)、霸上(卷十九,渭水注)、汶上(卷二十四,汶水注)等等。以洧上爲例,卷七,濟水經"又東過封丘縣北"注云:

庚午夏,天子飲於洧上。

這裏,洧上這個地名的區域概念,就是洧水之濱。張匡學釋"泜上"這個地名,其説法也是如此。① 凡是河川名稱與方位詞"上"相結合的方位詞地名,其區域概念大率類此。

與方位詞"中"結合的地名,類别比較廣泛,但以區域地名爲主。例如關中(卷十六,沮水注)、黔中(卷三十三,江水注)、閩中(卷四十,漸江水注)等等。以關中爲例,卷十六,沮水經"沮水出北地直路縣,東過馮翊祋祤縣北,東入於洛"注云:

關中沃野,無復凶年,秦以富彊。

這裏的關中,是指函谷關和隴關之間的地區,區域範圍很廣,但並不和州、郡等行政區劃那樣具有嚴密的區域界綫。凡與方位詞"中"結合的方位詞地名,大率類此。

與方位詞"下"結合的方位詞地名相當多,其區域概念一般説來不如上述方位詞"中"的廣泛。往往是指該地名附近一帶地區,但有時也常作一個城邑的别名,例如卷二十六,淄水經"又東過利縣東"注中的"稷下"。注云:

是以齊稷下學士復盛,且數百人,劉向《别録》以稷爲齊城门名也,談説之士,

---

① 卷十,濁漳水經"又東北過扶柳縣北,又東北過信都縣西"注云:"遂死泜上。"張本釋云:"泜上,泜水上也。"

期會於稷门下,故曰稷下也。

此處的稷下,即是指的稷门附近一帶的地區,其區域範圍不大。又如卷三十三,江水經"又東南過犍爲武陽縣,青衣水、沫水從西南來,合而注之"注中的"屯下",注云:

僕水又逕寧州建寧郡,州,故庲降都督屯,故南人謂之屯下。

這裏,屯下就是寧州州城的别名。

第三類是數詞地名。數詞地名一般並不是一個具體的地名,而是若干同類地名經過歸納後的一種習慣上的稱謂,如九州、五嶽、三江、五湖等等。數詞地名雖不是某一個具體的地名,但在同類地名中,它具有概括性和代表性,是長期以來爲人們所習用。兹將《水經注》記載的主要數詞地名表列於下,其内容凡酈注有説明的都採用酈注原文,只有酈注未曾説明的,才酌採其他説明加以補充。至於有些數詞地名,歷來説法紛紜,這裏也不贅述。

地　名	卷　次	備　註
四瀆	卷一,河水注;卷五,河水注;卷十九,渭水注;卷三十三,江水注。	卷一,河水經"河水"注:"《風俗通》曰:江、淮、河、濟爲四瀆。"
二榆	卷二,河水注。	卷二,河水經"又東入塞,過敦煌、酒泉、張掖郡南"注:"以其居大、小榆谷,土地肥美,……建復西海郡縣,規固二榆。"
三河	卷二,河水注;卷九,淇水注。	卷九,淇水經"又東過懷縣之北"注:"舊三河之地矣,韋昭曰:河南、河東、河内爲三河也。"
三齊	卷三,河水注。	《方輿紀要》卷一,歷代州域形勢一,齊分爲三,引《史略》:"田都爲齊王,都臨淄;田安爲濟北王,都博陽;徙齊王田市爲膠東王,都即墨。"
四荒	卷三,河水注。	《爾雅·釋地》:"觚竹、北户、西王母、日下,謂之四荒。"
三秦	卷三,河水注;卷十九,渭水注;卷二十七、二十九,沔水注;卷三十三,江水注。	卷十九,渭水經"又東過槐里縣南,又東,澇水從南來注之"注:"後項羽入秦,封司馬欣爲塞王,都櫟陽;董翳爲翟王,都高奴;章邯爲雍王,都廢丘,爲三秦。"
九河	卷四、卷五,河水注;卷十,濁漳水注;卷十六,穀水注。	卷五,河水經"又東北過黎陽縣南"注:"《禹貢》沇州,九河既道,謂徒駭、太史、馬頰、覆釜、胡蘇、簡、潔、句盤、鬲津也。"

地　　名	卷　　次	備　　註
二屈	卷四,河水注。	卷四,河水經"又東過河東北屈縣西"注:"西逕北屈縣故城南,……應劭曰:有南故加北。《國語》曰:二五言於獻公曰:蒲與二屈,君之疆也。"
三虢	卷四,河水注。	卷四,河水經"又東過陝縣北"注:"昔周召分伯,以此城爲東西之别,東城,即虢邑之上陽也,虢之所都爲南虢,三虢,此其一也。"按《漢書・地理志》弘農郡,陝縣云:"北虢在大陽,東虢在滎陽,西虢在雍州。"未及南虢。又按《方輿紀要》卷一,歷代州域形勢一云:"東虢爲鄭所滅,在春秋之前;小虢爲秦所滅,在魯莊公之季;北虢爲晉所滅,在僖公五年。是爲三虢也。"
三峽	卷四,河水注;卷三十三、三十四,江水注。	卷三十三,江水經"又東過魚復縣南,夷水出焉"注:"江水又東逕廣溪峽,斯乃三峽之首也。"注疏本疏云:"守敬按,此云廣溪峽爲三峽之首,下云江水東逕巫峽,自三峽七百里中,兩岸連天(驛案,天當是山之誤),略無闕處。又云:江水東逕西陵陝,所謂三峽,此其一也。是酈氏以廣溪、巫峽、西陵爲三峽"。①
三晉	卷六,汾水注。	卷六,汾水經"又西過皮氏縣南"注:"後襄子與韓魏分晉,韓康子居平陽,魏桓子都安邑,號爲三晉。"
五嶽	卷八,濟水注;卷十九,渭水注;卷三十,淮水注;卷三十九,廬江水注。	卷四十,《禹貢》山水澤地所在經"嵩高爲中嶽,在潁川陽城縣西北;泰山爲東嶽,在泰山博縣西北;霍山爲南嶽,在廬江灊縣西南;華山爲西嶽,在弘農華陰縣西南;……恒山爲北嶽,在中山上曲陽縣西北"。
三魏	卷十,濁漳水注。	卷十,濁漳水經"又東出山,過鄴縣西"注:"漢高帝十二年,置魏郡治鄴縣,王莽更名魏城,後分魏郡,置東、西部都尉,故曰三魏。"
五都	卷十,濁漳水注;卷十六,穀水注。	同上注:"魏因漢祚,復都洛陽,以譙爲先人本國,許昌爲漢之所居,長安爲西京之遺跡,鄴爲王業之本基,故號五都也。"
二釁	卷十二,巨馬水注。	卷十二,巨馬水經"巨馬水出代郡廣昌縣淶山"注:"淶水又北逕小釁東,又東逕大釁南,蓋霍原隱居教授處也,……蓋千古世懸,猶表二釁之稱。"
三川	卷十五,洛水注。	《國語・周語》:"西周三川皆震。"註:"三川,涇、渭、洛,出於岐山也。"

① 《方輿紀要》卷一二八,川瀆五,大江:"西陵峽在焉,與夔州之瞿唐、巫山之巫峽,共爲三峽。"

地　　名	卷　　次	備　　　　註
八關	卷十五,洛水注。	卷十五,洛水經"又東北出散關南"注:"置函谷、廣城、伊闕、大谷、轘轅、旋門、小平津、孟津等八關。"
九州	卷十五,伊水注;卷十九,渭水注;卷二十,漾水注;卷四十,《禹貢》山水澤地所在。	見州類地名説明。
四嶽	卷十五,伊水注;卷二十二,洧水注;卷三十,淮水注;卷三十一,滍水注。	卷十五,伊水注,注疏本疏云:"東嶽泰山,……西嶽華山,……南嶽衡山,……北嶽恒山。"
四闕	卷十五,伊水注。	卷十五,伊水經"又東北過伊闕中"注:"陸機云:洛有四闕,斯其一焉。"案四闕,注疏本作四關,疏云:"朱關作闕,守敬案,《初學記》七,引《洛陽記》,漢洛陽四關,東成皋關,南伊闕關,北孟津關,西函谷關。是機説本作四關。此作四闕,蓋涉上文而誤。"
三崤[①]	卷十六,穀水注。	《方輿紀要》卷四十六,河南一,三崤:"自東崤至西崤,長三十五里,東崤長阪數里,峻阜絶澗,車不得方軌,西崤純是石阪十二里,險不異東崤。此二崤皆秦關之東,漢關之西。"
三市	卷十六,穀水注。	卷十六,穀水經"又東過河南縣北,東南入於洛"注:"水南即馬市,舊洛陽有三市,斯其一焉。"《寰宇記》卷三,西京一,引《洛陽記》云:"大市名金市,在大城西南,羊市在大城南,馬市在大城東。"
二京	卷十六,穀水注。	同上注:"雖二京之盛,五都之富,利剎靈圖,未有若斯之構。"驛案,二京指長安、洛陽。
三巴	卷二十,漾水注。	卷二十,漾水經:"又東南過巴郡閬中縣"注:"巴西郡治也,劉璋分三巴,此其一焉。"驛案,三巴指巴郡、巴西郡、巴東郡。

① 注釋本作二崤。

地　　名	卷　　次	備　　註
六國	卷二十一,汝水注;卷二十二,洧水注;卷二十三,汳水注;卷二十四,瓠子河注;卷二十七,沔水注。	驛案,六國指戰國除秦以外的燕、趙、韓、魏、齊、楚六國。
三楚	卷二十二,渠注。	卷二十二,渠經"其一者,東南過陳縣北"注:"後楚襄王爲秦所滅,徙都於此。文穎曰:西楚矣,三楚斯其一焉。"又卷二十三,獲水經"又東至彭城縣北,東入於泗"注:"孟康曰:舊名江陵爲南楚,陳爲東楚,彭城爲西楚。"
二亳	卷二十三,汳水注。	卷二十三,汳水經"又東至梁郡蒙縣,爲獲水,餘波南入睢陽城中"注:"今梁國自有二亳,南亳在穀熟,北亳在蒙。"
二泡	卷二十五,泗水注。	卷二十五,泗水經"又東過沛縣東"注:"右合泡水,……二渠雙引,左合灃水,俗謂之二泡也。"
三蜀	卷二十七,沔水注;卷三十三,江水注;卷三十六,若水注。	卷三十三,江水經"又東過江陽縣南,洛水從三危山,東過廣魏洛縣南,東南注之"注:"舊以蜀郡、廣漢、犍爲爲三蜀。"
三湖	卷二十八,沔水注。	卷二十八,沔水經"又東過荆城東"注:"又東北,路白湖水注之,湖在大港北,港南曰中湖,南堤下曰昏官湖,三湖合爲一水。……故盛弘之曰:南蠻府東有三湖,源同一水。"
二别	卷二十八,沔水注。	卷二十八,沔水經"又東過江夏沙羨縣北,南入於江"注:"自小别至於大别,……杜預《釋地》曰:二别,近漢之名。"
五湖	卷二十九,沔水注;卷四十,漸江水注。	卷二十九,沔水經"分爲二,其一東北流,其一又過毗陵縣北,爲北江"注:"五湖謂長蕩湖、太湖、射湖、貴湖、滆湖也。"
三江	卷二十九,沔水注;卷四十,漸江水注。	同上注:"有水分流,東北入海爲婁江,東南入海爲東江,與松江而三也。"又卷四十,漸江水經"北過餘杭,東入於海"注:"韋昭以松江、浙江、浦陽江爲三江。"
九塞	卷三十,淮水注。	《淮南子·墬形訓》:"何謂九塞,曰:太汾、澠阨、荆沅、方城、殽阪、井陘、令疵、句注、居庸。"《吕氏春秋·有始覽》,太汾作大汾,澠阨作冥阸,餘同。
二澨	卷三十一,淯水注。	卷三十一,淯水經"淯水出弘農盧氏縣支離山,東南過南陽西鄂縣西北,又東過宛縣南"注:"淯水左右,舊有二澨,所謂南澨、北澨者。"

地　名	卷　次	備　註
三都	卷三十三,江水注。	卷三十三,江水經"又東過江陽縣南,洛水從三危山東過廣魏洛縣南,東南注之"注:"洛水又南逕新都縣,蜀有三都,謂成都、廣都,此其一焉。"
五嶺	卷三十六,温水注;卷三十八,湘水注,溱水注;卷三十九,鍾水注,耒水注。	卷三十八,湘水經"東北過零陵縣東"注:"越城嶠水南出越城之嶠,嶠即五嶺之西嶺也;"又經"又東北過泉陵縣西"注:"馮水又左合萌渚之水,水南出於萌渚之嶠,五嶺之第四嶺也";卷三十八,溱水經"東至曲江縣安聶邑東曲西南流"注:"山即大庾嶺也,五嶺之最東矣";卷三十九鍾水經"鍾水出桂陽南平縣都山,北過其縣東,又東北過宋渚亭,又北過鍾亭,與灌水合"注:"都山即都龎之嶠,五嶺之第三嶺矣";卷三十九,耒水經"又北過其縣之西"注:"山則騎田之嶠,五嶺之第二嶺也。"
五溪	卷三十七,沅水注。	卷三十七,沅水經"沅水出牂柯且蘭縣,爲旁溝水,又東至鐔成縣,爲沅水,東過無陽縣"注:"武陵有五溪,謂雄溪、樠溪、無溪、酉溪,辰溪其一焉。"
五渚①	卷三十八,湘水注。	卷三十八,湘水經"又北過下雋縣西,微水從東南來流注"注:"湘水左會清水口,資水也,世謂之益陽江;……湘水左,則沅水注之;……湘水左,則澧水注之,世謂之武陵江。凡此四水,同注洞庭,北會大江,名之五渚。"②
九江	卷三十九,贛水注。	《方輿紀要》卷八十三,江西一,其大川則有九江云:"酈道元則云:自沔口以下有湖口水、加湖江水、武口水、烏石水、舉水、巴水、希水、蘄水、利水,皆南流注於江。皆可傅合九江之説。"
三吴	卷四十,漸江水注。	卷四十,漸江水經"北過餘杭,東入於海"注:"遂以浙江西爲吴,以東爲會稽。漢高帝十二年,一吴也,後分爲三,世號三吴,吴興、吴郡,會稽其一焉。"
三餘	卷四十,漸江水注。	卷四十,漸江水經"北過餘杭,東入於海"注:"天子當興東南三餘之間。"何焯批云:"三餘,餘暨、餘杭、餘姚也。"

① 《隆慶岳州府志》卷七,職方考,五瀦引《水經注》作五瀦。
② 《通鑑地理通釋》卷十,五渚註,引《水經注》作:"湘水、沅水、微水、洋水,凡此四水,同注洞庭湖,北合大江,名之五渚。"

地　　名	卷　　次	備　　註
二室	卷四十,《禹貢》山水澤地所在。	卷四十,《禹貢》山水澤地所在經"嵩高爲中嶽,在潁川陽城縣西北"注:"合而言之,爲崧高;分而言之,爲二室。西南有少室,東北有太室。"
三澨	卷四十,《禹貢》山水澤地所在。	卷四十,《禹貢》山水澤地所在經"三澨地在南郡邔縣北沱注:"按《春秋左傳》文公十有六年,楚軍次於句澨,以伐諸庸,宣公四年,楚令尹子越師於漳澨,定公四年,左司馬戍敗吴師於雍澨,昭公二十三年,司馬薳緤於薳澨。"① 按注應爲四澨。《方輿紀要》卷一二四,川瀆一,引茅瑞徵《禹貢匯疏》云:"三澨,一在沔陽,一在景陵,一在京山。"胡渭《禹貢錐指》卷十四上云:"不知何者可當《禹貢》三澨之目,《蔡傳》以漳澨、薳澨與汉水爲三澨,而句澨、雍澨其地皆有可考却不數;韓汝節宗之以汉澨、漳澨、薳澨爲三澨,汉澨古無此名,薳澨不知所在。紛紛推測,終無定論。"

第四類是複合地名。複合地名一般由兩個不同的地名構成,這兩個地名由於某種聯繫而被結合在一起,形成一種地區概念。複合地名根據習慣而發生,一經形成,常能長期沿用不變。例如"淮海"這個複合地名,出於《禹貢》揚州,但至今仍爲人們所習用。有些複合地名是由兩個同類地名組成的,例如卷二十六,巨洋水注的"朐劇";卷三十三,江水注的"巴渝"等,這裏朐劇、巴渝等,都是地區或居民點的名稱,複合以後仍然表示一種地區概念。也有些複合地名是由兩個不同類的地名組成的,例如卷二十六,巨洋水注和淄水注並見的"海岱",是海和泰山這兩個地名的複合;卷三十九,廬江水注的"鍾彭",則是石鍾山和彭蠡這兩個地名的複合。卷十六,穀水經"又東過河南縣北,東南入於洛"注中的"郟鄏",是這種複合地名中的典型例子之一。注云:

《地理志》曰:河南河南縣,故郟鄏地也。京相璠曰:郟,山名;鄏,地邑也。

第五類是對稱地名。我國有許多地名,在文字結構上是對稱的。舉凡東西、南北、大小、上下、前後、内外等等,均可互相對稱,構成對稱地名。有許多對稱地名是自然地理事物的名稱,例如河川類地名中的北濟、南濟(卷七,濟水注),清漳水、濁漳水(卷十,濁漳水注),大祇水、小祇水(卷十七,渭水注)等等;在山嶽類地名中的大别、小别(卷二十八,沔水注),牛叩頭坂、馬搏頰坂(卷三十六,若水注),太室、少室(卷四十《禹貢》

① 大典本、注箋本、項本、注釋本、戴本、張本、注疏本等均作蓬澨。

山水澤地所在注)等等。另外許多對稱地名出現在郡、縣、城邑等地名中,例如郡國類地名中的濟南郡、濟北郡(卷五,河水注),遼東郡、遼西郡(卷十四,鮑丘水注、濡水注)。縣類地名中的内黄縣、外黄縣(卷九,淇水注),上邽縣、下邽縣(卷十九,渭水注)。城邑類地名中的大寧城、小寧城(卷十三,㶟水注),灄陰城、灄陽城(卷三十一,灄水注)等。上面所列舉的對稱地名,都是類别分明,已經收入於以前各相應類别的地名中的。但也有不少對稱地名,往往是其中之一無法收入以前的任何一類地名之中,必須收入這一類其他地名之中。例如卷四,河水經"又南過河東北屈縣西"注云:

西逕北屈縣故城南,……汲郡《古文》曰:翟章救鄭,次於南屈。應劭曰:有南,故加北。

這裏,北屈和南屈是一對對稱地名,北屈是縣名,但南屈是個春秋地名,只能收入此處。又如卷五,河水經"又東北過茌平縣西"注云:

東逕東阿縣故城北,故衛邑也。應仲瑗曰:有西,故稱東。

這裏,根據應劭的説法,與東阿對稱的西阿這個地名是存在的。但西阿不是郡、縣之名,亦不知其是否城邑,因此也只能收入於其他地名類之中。

再舉一例,卷十四,鮑丘水經"鮑丘水從塞外來,南過漁陽縣東"注云:

又南逕鎮東南九十里西密雲戍西,……有東密雲,故是城言西矣。

上例,西密雲是一個戍城,但與之對稱的東密雲,注文並没有説明是哪一類居民點,所以只能收入此處。

第六類是域外地名,即是有關於當時的國外和異族的地名。但是既不是具體的國族名稱,也不是國外的河川、山嶽、城邑等之名而主要是域外的方位詞地名。《水經注》記載的域外的方位詞地名,在習慣上有一定的規則。茲將酈注記載的這類地名表列如下:

方　位	地　名	卷　次
北方	朔北	卷三,河水注。
	漠北	卷三,河水注。
	塞外	卷二、卷三,河水注;卷十四,濡水注。
西方	西域	卷一、卷二,河水注;卷二十五,泗水注。
	羌中	卷一、卷二,河水注。
	氐中	卷二十七,沔水注。
	戎方	卷二,河水注。

方　　位	地　　名	卷　　次
南	蠻中	卷三十五,江水注。
	獠中	卷二十,漾水注;卷三十三,江水注。
	南中	卷三十三,江水注;卷三十六,温水注、若水注。
方	徼外	卷三十二,涪水注;卷三十三,江水注;卷三十六,若水注。

其他地名中的最後一類,是地名類别無法辨明的地名,因此也可以稱爲疑難地名。例如卷六,涑水經"又西南過左邑縣南"注中的"仲郵郞"。注釋本在此地名後加註云:

三字疑有誤。趙氏琦美曰:小學書無郞字。疑是郭字,亦未有據。《説文》,高陵有郵,徒歷切,則郵本地名。

趙一清云:"疑是郭字",可能從全本而來。七校本全氏亦引趙琦美之説云:"今本妄作仲郵郞,小學書中無郞字。"

如上述,仲郵郞一名到底是否有誤,它又是怎樣一類地名,都無法解决。

又如卷二,河水經"又東過隴西河關縣北,洮水從東南來注之"注中的"下封"。殿本在這個地名下加註云:

案下封未詳,疑是地名。

注箋本以爲下封當作崖下,項本從注箋本。七校本認爲下封就是下邽,①趙一清同意全氏下邽之説。② 但董祐誠未以全、趙之説爲然,他説:

戴氏曰:下封未詳,疑是地名。趙氏引全説謂下封即下邽,避道武帝諱。然下邽與此相距絶遠,當從戴氏闕疑爲正。③

龐鴻書駁全氏之説尤爲明白,他説:

全説非是,考上邽今秦州境,下邽今渭南境,俱見渭水篇,下邽與此懸隔,上邽亦相去數百里,未聞别有下邽之地,渭水篇正作邽,並不避諱。④

按以上各家所註,下封究竟屬於何類地名,亦無法解决。

又如卷十五,洛水經"又東過河南縣南"注中的"五零陪尾"。注云:

---

① 七校本全祖望註云:"按下封乃地名,蓋下邽也。有上邽,則有下邽,魏避諱,改爲封。朱謀㙔不知,改爲崖下,誤矣。"

② 《水經注箋刊誤》卷一。

③ 《水經注圖説殘稿》卷二。

④ 《讀水經注小識》卷一。

洛水東北過五零陪尾北,[①]與澗、瀍合。

這裏的五零陪尾,也不知是何類地名。雖然卷二十五,泗水注和卷四十,《禹貢》山水澤地所在中均出現過陪尾之名,[②]但所在地區,顯然和洛水注不同。所以注疏本疏云:"五零陪尾無考。"

以上三例,顯然都是疑難地名。

在其他地名類地名中,除了上述七類以外,當然還有另外許多不能收入前面各類中的地名,這裏不再一一贅述了。

---

① 大典本作五零倍尾。

② 卷二十五,泗水經"泗水出魯卞縣北山",注云:"《博物志》曰:泗出陪尾,蓋斯阜矣。"卷四十,《禹貢》山水澤地所在經云:"陪尾山在江夏安陸縣東北。"

其他地名

經文	地名	備註
卷一　河水		
去嵩高五萬里,地之中也。	西土 河宗之邦 河首 西海戌地 北海亥地	
河水。	四瀆	
屈從其東南流,入渤海。	西域 恒北 百靈 會計	
又出海外,南至積石山下,有石門。	羌中	
卷二　河水		
又南入蔥嶺山,又從蔥嶺出而東北流。	羌中	
其一源出于闐國南山,北流與蔥嶺所出河合,又東注蒲昌海。	金蒲 柳中 高昌壁 輪臺 西域	

經　　文	地　　名	備　　註
又東入塞,過敦煌、酒泉、張掖郡南。	塞内 二榆	
又東過隴西河關縣北,洮水從東南來注之。	下封	殿本註云:"案下封未詳,疑是地名。"
	塞外 戎方 望曲	
	罕幵	黄本作罕并。清張澍輯《十三州志》,引《水經注》作罕并。
	洮彊 洮陽 五溪 東洮 西洮	
又東過金城允吾縣北。	三河 湟中 屯皇	
又東北過安定北界麥田山。	新秦	
卷三　河水		
又北過北地富平縣西。	三齊 歷下	
屈從縣北東流。	荒中	

經　文	地　名	備　註
至河目縣西。	北假	注云:"在北假中,地名也,自闕以東,夾山帶河,陽山以往,皆北假也。"
	河南	
	新秦	
屈南過五原西安陽縣南。	渠搜	
又東過雲中楨陵縣南,又東過沙南縣北,從縣東,屈南過沙陵縣西。	塞外	
	漠北	
	朔北	
	芒中	注釋本作荒中。
	四荒	
又南過赤城東,又南過定襄桐過縣西。	河西	
	參合	
又南過西河圁陽縣東。	廣長榆	
又南離石縣西。	九區	
	三秦	
卷四　河水		
又南過河東北屈縣西。	九河	
	南屈	
	蒲	
	二屈	
	採桑	

經　　文	地　　名	備　　註
又南出龍門口,汾水從東來注之。	西河	
	少梁	
又南過蒲坂縣西。	蒲反	
	平陽	
	潘	
	歷觀	
又南至華陰潼關,渭水從西來注之。	全節	注云:"《述征記》曰:全節,地名也。"
又東過河北縣南。	大名	
	華陽	
	鼎胡	注箋本、項本、張本作鼎湖。
	劉項裂地處	黄本、沈本作劉項裂城處。
	南鄭	
	曲沃	
又東過陝縣北。	大陽	
	上陽	
	南虢	
	三虢	
又東過大陽縣南。	下陽	
	北虞	
	鹽	
又東過砥柱間。	巴漢	

經　　文	地　　名	備　　註
又東過平陰縣北,清水從西北來注之。	奸苗 陰	
卷五　河水		
又東過平縣北,湛水從北來注之。	河陽 温 河上 踐土 芒垂 北陸 九都 東陽	
又東過鞏縣北。	河直	
又東過成皋縣北,濟水從北來注之。	洛中 制 東虢 戚	
又東過滎陽縣北,蒗蕩渠出焉。	扈	
又東過武德縣東,沁水從西北來注之。	平陽	

經　文	地　名	備　註
又東北過黎陽縣南。	枳道	
	鄭鹿	
	鄭北	
	邯鄲	
	五鹿	注箋本、項本、注釋本、張本作五鹿墟。
	濟南	
	貝丘	
	九河	
	八枝	
	甘泉市地	七校本作甘泉帀地,全註云:"按帀,或改作市者,誤也。"
	州來	
	棘	
	東齊	
	重丘	
	枋頭	注箋本、項本、張本作方頭。
	朝歌	
	酆雍	
又東北過衛縣南,又東北過濮陽縣北,瓠子河出焉。	鐵丘	
	中牟	
	斟觀	
	觀扈	
	觀	
又東北過茌平縣西。	西阿	注云:"水上承大河於東阿縣西,……應仲瑗曰:有西,故稱東。"
	九里	
	四瀆	
又東北過高唐縣東。	雍丘	
	莘	
	高唐	

經　文	地　名	備　註
	聊攝	
	犂	注箋本、項本、注釋本、張本作黎。
	轅	
	崔	
又東北過楊虛縣東,商河出焉。	句瀆之丘	
卷六　汾水		
汾水出太原汾陽縣北管涔山。	都慮	注箋本、項本、七校七、注釋本、張本作都盧。
	盂丙	
東南過晉陽縣東,晉水從縣東南流注之。	大鹵	
又南過大陵縣東。	鄔	
	九原	
	中都	
又南入河東界,又南過永安縣西。	彘	
歷唐城東。	岳陽	
又南過平陽縣東。	平陽	
	狐廚	
又南過臨汾縣東。	鹽	大典本、注箋本、項本、張本作鹽。《玉海》卷一八一,食貨,鹽鐵,周安邑鹽池,引《水經注》作鹽。

經　文	地　名	備　註
又屈從縣西南流。	絳中	
又西過長脩縣南。	華陽 稷	
又西過皮氏縣南。	郟丘 相 耿 亳 三晉 皮氏	大典本、注箋本、項本、張本作鄧丘。《鄧丘亭考》(《石笥山房文集》卷五),胡天游引《水經注》作鄧丘。
卷六　澮水		
澮水出河東絳縣東澮交東高山。	絳 翼 曲沃 翼廣 平陽	
西過其縣南。	郇瑕 絳陽	
又西南過虒祁宫南。	魏榆	
卷六　涑水		
涑水出河東聞喜縣東山黍葭谷。	周陽 商丘 大夏	

經　　文	地　　名	備　　註
西過周陽邑南。	董	
又西過左邑縣南。	仲郵鄍 曲沃 翼 晉陽 桐	
又西南過安邑縣西。	魏 女丑 大荒 上陽 絳 鹽	
又南過解縣東,又西南注於張陽池。	令狐 刳首 西河 猗氏 桑泉 臼衰 廬柳 河外 南鄭 東張	
卷六　洞過水		

經　文	地　名	備　註
西過榆次縣南,又西到晉陽縣南。	魏榆 箕 邯鄲 榆次	
卷六　晉水		
晉水出晉陽縣西懸甕山。	晉陽	
又東過其縣南,又東入於汾水。	盂 大鹵	
卷七　濟水		
濟水出河東垣縣東王屋山,爲沇水。	東丘 原 温 陽 樊 陽樊 向 晉陽 河雍 高平	
屈從縣東南流過隤城西;又南當鞏縣北,南入於河。	邯鄲 夷儀 邢丘	

經　文	地　名	備　註
與河合流，又東過成皋縣北，又東過滎陽縣北，又東至礫溪南，東出過滎澤北。	嚻 敖 敖前 垂隴 新鄭 巫沙 亳 芒卯 北宅 宅陽 時來 鼇	
又東過陽武縣南。	房	
又東過封丘縣北。	圃鄭 洧上 長丘	
又東過宛朐縣南，又東過定陶縣南。	潛 穠 陶	
又屈從縣東北流。	陶丘 釜丘	
卷八　濟水		
其一水東南流，其一水從縣東北流，入鉅野澤。	匡 城棣 酸棗 虛桃	 注箋本、項本、張本作桃虛。

經　　文	地　　名	備　　註
	五嶽	
	桂陽	
	北燕	
	瓦	
	濮	
	邯鄲	
	宛濮	注箋本、項本、張本作菀濮。
	陽	
	蒲	
	首垣	
	須	
	襄丘	
	楚丘	
	葭密	
	鹿上	
	穀丘	
	句瀆之丘	
	闞	
	濟西	
又東北過壽張縣西界，安民亭南，汶水從東北來注之。	微	
又北過須昌縣西。	桃丘	
	清	
又北過穀城縣西。	陽穀	
	周首	

經　文	地名	備　註
又北過臨邑縣東。	平陰	
又東北過盧縣北。	祝柯	注箋本、項本、張本作祝阿。
	督陽	注云:“《春秋》襄公十九年,諸侯盟於祝柯,《左傳》所謂督陽也。”
	搴	
又東北過臨濟縣南。	薄姑	
其一水東南流者,過乘氏縣南。	梁丘	
	乘丘	
又東過東緡縣北。	緡	
又東過方輿縣北,爲菏水。	重館	
	棠	
	寧母	
	咸丘	
菏水又東過湖陸縣南,東入於泗水。	廣樂	
又東南過留縣北。	吕留	
卷九　清水		
清水出河内脩武縣之北黑山。	寧	
	南陽	注箋本、項本、張本作朝陽。

經　文	地　名	備　註
	朝歌	
	中山	
	東陽	
	長平	
	脩武	
	大脩武	
	小脩武	
	雍	
又東過汲縣北。	汲	
卷九　沁水		
又東過野王縣北。	濮陽	項本、張本作漢陽。
	野王	
	上黨	
	泫氏	
	葵	
又東過州縣北。	州	
又東過懷縣之北。	邢丘	
	懷	
	三河	
又東過武德縣南,又東南至滎陽縣北,東入於河。	殷	
卷九　淇水		

經　文	地　名	備　註
淇水出河内隆慮縣西大號山。	雍榆 觀 頓丘 牽	注箋本、項本、張本作雍榆城。
東過内黄縣南，爲白溝。	黄	
屈從縣東北與洹水合。	戲陽	
又東北過館陶縣北，又東北過清淵縣西。	冠氏	
又東北過東武城縣西。	邯鄲	
又東北過南皮縣西。	重 召陵 無棣	
卷九　洹水		
又東北出山，過鄴縣南。	奄 北蒙 乾侯	
卷十　濁漳水		
東過其縣南。	長子 屯留	

經　　文	地　　名	備　　註
	尚子	
	涅	注箋本作沮。
又東過壺關縣北,又東北過屯留縣南。	純留	
又東出山,過鄴縣西。	三户	
	葵丘	
	五鹿	
	中牟	
	鄴	
	三魏	
	五都	
	邯鄲	
	平陽	
又東過列人縣南。	列人	
	肥	
又東北過斥漳縣南。	覃懷	
又東北過曲周縣東,又東北過鉅鹿縣東。	九河	
	八枝	
又東北過扶柳縣北,又東北過信都縣西。	泜上	
	東陽	

經　文	地　名	備　註
又東北過下博縣之西。	鄔 商	注云:“《竹書紀年》:梁惠成王三十年,秦封衛鞅於鄔,改名曰商。”
卷十　清漳水		
清漳水出上黨沾縣西北少山大要谷,南過縣西,又從縣南屈。	昔陽 閼與	
卷十一　易水		
易水出涿郡故安縣閻鄉西山。	寬中 武陽 北薊	
東過范陽縣南,又東過容城縣南。	武遂 龍兑 易	
卷十一　滱水		
又東南過中山上曲陽縣北,恒水從西來注之。	鴻頭	《初學記》卷八,河北道第五,鴻關,引《水經注》作戲頭。
又東過唐縣南。	中人 白土 京丘 樂羊 唐	

經　　文	地　　名	備　　註
又東過博陵縣南。	濁鹿	
	勺梁	
	夏屋	
	濡上	
	順水	注云:“順水,盖徐州之别名也。”
卷十二　聖水		
聖水出上谷。	嘉魚	
又東過陽鄉縣北。	頃	
	頃上	
卷十二　巨馬水		
巨馬水出代郡廣昌縣淶山。	中山	
又東南過容城縣北。	督亢	
卷十三　㶟水		
㶟水出鴈门陰館縣,東北過代郡桑乾縣南。	上平	
	平舒	
	東代	
	塞外	
	夏屋	
	代中	
又東過涿鹿縣北。	阜耳	

經　　文	地　　名	備　　註
過廣陽薊縣北。	薊	
卷十四　濕餘水		
東流過軍都縣南,又東流過薊縣北。	鮑丘	
又北屈東南至狐奴縣西,入於沽河。	潞南	
卷十四　鮑丘水		
鮑丘水從塞外來,南過漁陽縣東。	東密雲	
又南至雍奴縣北,屈東入於海。	無終 陽樊 玉田陽	
卷十四　濡水		
濡水從塞外來,東南過遼西令支縣北。	鑾中 塞外 黃龍 首陽	

經　　文	地　　名	備　　註
卷十四　大遼水		
大遼水出塞外衞白平山,東南入塞,過遼東襄平縣西。	塞外	
卷十四　小遼水		
又玄菟高句麗縣有遼山,小遼水所出。	塞外	
卷十五　洛水		
又東北過宜陽縣南。	三川	
又東北出散關南。	九阿 八關	
又東北過河南縣南。	中土 五零陪尾	 大典本作五零倍尾。注疏本疏云:“守敬按,五零陪尾無考。”
又東過洛陽縣南,伊水從西來注之。	周南	
又東過偃師縣南。	鄩中 上鄩	

經　文	地　名	備　註
	下鄀 南鄀 北鄀 羅中 滑費	
又東北過鞏縣東，又北入於河。	黄 鞏 坎欿 鞏東 鞏西	
卷十五　伊水		
又東北至洛陽縣南，北入於洛。	圜丘	
又東北過陸渾縣南。	九州 四嶽 虢略	
又東北過新城縣南。	蠻中 綸氏 高都 郲垂	
又東北過伊闕中。	四闕	注疏本作四關。
卷十五　瀍水		

經　　文	地　　名	備　　註
瀍水出河南穀城縣北山。	越街郵	
卷十六　穀水		
穀水出弘農黽池縣南墦塚林穀陽谷。	三崤	注釋本作二崤。
又東過河南縣北,東南入於洛。	郲鄏	
	狐丘	
	鞏	
	北芒	
	九河	
	白社	
	馬市	
	金市	
	太尉坊	
	司徒坊	
	二京	
	五都	
	二崤	
	邯鄲	
	北陸	
	西陸	
	亳殷	
	尸氏	
	亳	
卷十六　甘水		

經　　文	地　　名	備　　註
甘水出弘農宜陽縣鹿蹏山。	甘掌	注箋本、項本、張本作甘棠。
卷十六　漆水		
漆水出扶風杜陽縣俞山東，北入於渭。	邠 岐下	
卷十六　沮水		
沮水出北地直路縣東，過馮翊祋祤縣北，東入於洛。	瓠中 關中	
卷十七　渭水		
又東過獂道縣南。	獂 鹿部 隴右	 大典本作鹿都。
又東過冀縣北。	隴垂 番須	
又東過上邽縣。	大利 平作 西武功	
又東過陳倉縣西。	船槃 平陽	

經　　文	地　　名	備　　註
	郿	注箋本作郁。
	渭南	
卷十八　渭水		
又東過武功縣北。	郿	
	西虢	
	上陽	
	南虢	
	郿衍	
	渭南	注箋本、項本、注釋本、張本作陳倉北坂。
	吴陽	
	華陽	
又東,芒水從南來注之。	東霍	
	芒竹	
卷十九　渭水		
又東過槐里縣南,又東,澇水從南來注之。	大丘	
	廢丘	
	舒丘	
	三秦	
	櫟陽	
	高奴	
	有扈	
	甘	
	長楊	
又東,豐水從南來注之。	秦通六基	
	渭南	

經　文	地　名	備　註
又東過長安縣北。	下聚落	
又東過霸陵縣北，霸水從縣西北流注之。	關東	
	霸	
	芷陽	注箋本作芒陽。
	霸上	
	四瀆	
	百川	
	五嶽	
	九州	
	邦	
	江南	
	淮肥	
	關中	
	雍	
又東過新鄭縣北。	蕃	
	西鄭	
	鄭父之丘	
	戲	
又東過華陰縣北。	陰晉	
	寧秦	注云："《春秋》之陰晉也，秦惠文王五年，改曰寧秦。"
東入於河。	渭隊	
卷二十　漾水		
漾水出隴西氐道縣嶓冢山，東至武都沮縣，爲漢水。	野牛	
	大駱	
	犬丘	

經　　文	地　　名	備　　註
	隴右	
	安西	
	九州	
又東南至廣魏白水縣西,又東南至葭萌縣東北,與羌水合。	羌中	
	大劍	《通鑑》卷七十八,魏紀十,元帝景元四年,"合兵守劍閣以拒會"胡註,引《水經注》作大劍山。
又東南至巴郡閬中縣。	三巴	
	獠中	
卷二十　丹水		
東南過其縣南。	上洛	
	兔和	《禹貢錐指》卷七,引《水經注》作菟和。
又東南過商縣南,又東南至於丹水縣,入於均。	商	
	析酈	注箋本、項本、注釋本、張本作淅酈。
	析	
	白羽	
	商密	
	三户	
	商於	
卷二十一　汝水		
東南過其縣北。	蠻中	
	梁	
	霍	
	厭新	

經文	地名	備註
	柏華	《方輿紀要》卷五十一,河南六,南陽府,汝州,霍陽聚,引《水經注》作柏華聚。
	南梁	
	注	
	六國	
又東過潁川郟縣南。	汜	
又東南過郾縣北。	郾	
	葉	
	南土	
	鄧	
又東南過汝南上蔡縣西。	上蔡	
又東南過平輿縣南。	壺丘	
	棘櫟	
卷二十二		
潁水		
潁水出潁川陽城縣少室山。	負黍	
又東南過陽翟縣北。	櫟	
又東南過潁陽縣西,又東南過潁陰縣西南。	汾	
	汾丘	
	曲蠡	
	新鄭	

經　　文	地　　名	備　　註
又東南過臨潁縣南，又東南過汝南灈強縣北，洧水從河南密縣東流注之。	皐鼬 灈陽	
又東南過南頓縣北，灈水從西來流注之。	頓	
又東南至新陽縣北，蒗蕩渠水從西北來注之。	武丘 鄭丘 召陵	
又東南至慎縣東南，入於淮。	慎 州來 潁尾	
卷二十二		
洧水		
東南過其縣南。	新密 鬼方	
又東過鄭縣南，潧水從西北來注之。	鄭父之丘 新鄭 城潁 華陽 芒卯	
又東南過長社縣北。	長葛 四岳	

經文	地名	備註
	洧上	
	六國	
又東南過新汲縣東北。	桐丘	
又東過習陽城西,折入於潁。	辰陵	
卷二十二		
潩水		
潩水出河南密縣大騩山。	城父	
	大陵	
卷二十二		
潧水		
潧水出鄭縣西北平地。	茓	
	騩	
卷二十二		
渠		
渠出滎陽北河,東南過中牟縣之北。	彭	
	棐	
	中陽	
	博浪	
	耿	
	邯鄲	
	夷儀	
	中牟	
	萑蒲	注箋本、項本、張本作雚蒲。
	罾魁	

經　文	地　名	備　註
又東至浚儀縣。	梁赫	
	陽武	
	大梁	
	東汜	
又屈南至扶溝縣北。	牛首	
	兔氏	
	向	
	鄢陵	
	繇訾	
	匡	
	平丘	
其一者,東南過陳縣北。	宛丘	
	西楚	
	三楚	
	樫	
	犖	
卷二十三		
陰溝水		
陰溝水出河南陽武縣蒗蕩渠。	衡雝	
	踐土	
	垣雍	
東南至沛,爲過水。	大棘	
	鹿鳴	
	鄢	注箋本、項本、張本作隱。
	相	
	承匡	
	長水	
	章頭	注疏本作漳頭。

經　文	地　名	備　註
	下城父	吴本作下父城。
又東南至下邳淮陵縣,入於淮。	瑕	
卷二十三		
汳水		
汳水出陰溝於浚儀縣北。	鳴鴈 沙隨 六國	
又東至梁郡蒙縣,爲獲水,餘波南入睢陽城中。	貫 貰 蒙亳 北亳 亳 葛 二亳 丹丘	
卷二十三		
獲水		
獲水出汳水於梁郡蒙縣北。	空桐 垓下 紅	
又東至彭城縣北,東入於泗。	南楚 東楚 西楚	
卷二十四		
睢水		

經　文	地　名	備　註
睢水出梁郡鄢縣。	涿鹿	
東過睢陽縣南。	横	
	南亳	
	泉陽	
	新蒙	
	敬丘	
又東過相縣南,屈從城北東流,當蕭縣南,入於陂。	靈壁	
卷二十四		
瓠子河		
瓠子河出東郡濮陽縣北河。	窮桑	
	商丘	
	帝丘	
	野王	
	固	
	鹹	
	洮	
	清丘	
又東至濟陰句陽縣,爲新溝。	小成陽	吴本作小城陽,注釋本作小城陽城。
	成陽	吴本作城陽。
	六國	
	犬丘	
	垂	

經文	地名	備註
又東北過廩丘縣,爲濮水。	成 羊角 陶丘 廩丘 高魚 竇 鄆 運	
又東北過東阿縣東。	柯	
又東北過臨邑縣西,又東北過茌平縣東,爲鄧里渠。	宣防	
其東北者爲濟河,其東者爲時水,又東北至濟西,濟河東北入於海,時水東至臨淄縣西,屈南過太山華縣東,又南至費縣,東入於沂。	彤	
卷二十四		
汶水		
汶水出泰山萊蕪縣原山,西南過其縣南。	嬴	

經　文	地　名	備　註
屈從縣西南流。	汶上	
過博縣西北。	天陵 博	
又西南過蛇丘縣南。	鑄	
又西南過剛縣北。	讙 闡 下讙 棘	
又西南過東平章縣南。	章 肥	
又西南過無鹽縣南,又西南過壽張縣北,又西南至安民亭,入於濟。	郈	
卷二十五		
泗水		
泗水出魯卞縣北山。	桃 卞 �POSITION 須句	
西南過魯縣北。	圜丘	

經文	地名	備註
又西過瑕丘縣東，屈從縣東南流，漷水從東來注之。	負瑕 負夏 邳 薛 上邳	 注云："瑕丘，魯邑《春秋》之負瑕矣，……曾子弔諸負夏。"
又南過平陽縣西。	平陽	
又屈東南過湖陸縣南，涓涓水從東北來流注之。	公丘	
又東過沛縣東。	北部 南部 曲棘 葵丘 二泡	
又東南過彭城縣東北。	西域	
又東南過吕縣南。	吕 吕留	 注云："吕，宋邑也，《春秋》襄公元年，晉師伐鄭及陳，楚子辛救鄭，侵宋吕留是也。"
又東南入於淮。	陵栅 魏陽	注釋本作凌栅。
卷二十五		
沂水		
沂水出泰山蓋縣艾山。	浮來 鄆	

經　　文	地　　名	備　　註
	廣固 密	
南過琅邪臨沂縣東，又南過開陽縣東。	中丘 費	
又南過良城縣西，又南過下邳縣西，南入於泗。	良	
卷二十五 **洙水**		
西南至卞縣，入於泗。	漆 閭丘 乘丘	
卷二十六 **沭水**		
又南過陽都縣，東入於沂。	祝丘 紀 宿預 相	
卷二十六 **巨洋水**		
又北過臨朐縣東。	海岱 廣固	
又東過劇縣西。	劇 朐劇	

經文	地名	備註
又東北過壽光縣西。	觀土	
	尋	
	帝丘	
	鬲氏	注箋本、項本、張本作隔氏。
卷二十六		
淄水		
東北過臨淄縣東。	營丘	
又東過利縣東。	廣固	
	東齊	
	海岱	
	壟丘	
	澅中	大典本作澅中。
	渠丘	
	濰南	
	沂	
	稷下	
	棘下	
	葵丘	
	貝丘	
卷二十六		
濰水		
濰水出琅邪箕縣濰山。	諸	
	鄆	
	婁	
卷二十六		
膠水		

經　　文	地　　名	備　　註
又北過夷安縣東。	萊	
卷二十七		
沔水		
沔水出武都沮縣東狼谷中。	氐中 高平 褒斜	
東過南鄭縣南。	褒漢 天漢 六國	
又東過成固縣南,又東過魏興安陽縣南,涔水出自旱山北注之。	三秦 龍下 三蜀 敖頭	
又東過西城縣南。	豐浙 姚方	
卷二十八		
沔水		
又東過鄖鄉南。	黎 琵琶界	
又東北流,又屈東南過武當縣東北。	鄢郢 紀鄀	 注箋本、項本、張本作紀郢。
又東南過酇縣之西南。	酇頭	

經　文	地　名	備　註
又南過穀城東，又南過陰縣之西。	下陰 陰	
又東過山都縣東北。	隆中	
又東過襄陽縣北。	鄾 鄀 盧 羅	
又南過宜城縣東，夷水出自房陵，東流注之。	鄀 沔南 紀郢 隨	
又東過荆城東。	冶父 那處 丹陽 鄍	
又東南過江夏雲杜縣東，夏水從西來注之。	邔 左桑 佐喪 横桑	 注云："沔水又東逕左桑，……庾仲雍言，村老云：百姓佐昭王喪事於此，成禮而行，故曰佐喪，左桑，字失體耳。"
又南至江夏沙羡縣北，南入於江。	二別	

經　文	地　名	備　註
卷二十九		
沔水		
分爲二,其一東北流,其一又過毗陵縣北,爲北江。	五湖	
	三江	
	太吴	注釋本作太湖。
	檇李	
又東至會稽餘姚縣,東入於海。	秦望	
卷二十九		
潛水		
潛水出巴郡宕渠縣。	三秦	
卷二十九		
湍水		
湍水出酈縣北芬山,南流過其縣東,又南過冠軍縣東。	下酈析	注箋本、項本、張本、注疏本作下酈,注釋本作下析酈。
卷二十九		
均水		
均水出析縣北山,南流過其縣之東。	召陵	

經　文	地　名	備　註
卷二十九　比水		
比水出比陽東北太胡山,東南流過其縣南,泄水從南來注之。	潕陰 謝	
又西至新野縣,南入於淯。	湖陽	
卷三十　淮水		
淮水出南陽平氏縣胎簪山,東北過桐柏山。	朝陽 胡陽	七校本、注釋本作湖陽。
東過江夏平春縣北。	九塞	
又東過原鹿縣南,汝水從西北來注之。	鹿上	
又東過廬江安豐縣東北,決水從北來注之。	灊 窮	
又東北至九江壽春縣西,沘水、泄水合北注	三楚	

經　　文	地　　名	備　　註
之;又東,潁水從西北來流注之。		
又東過壽春縣北,肥水從縣東北流注之。	州來	
	許	
	夷	
	城父	
	延陵	
	垓下	
又東過鍾離縣北。	襄陵	
	承匡	
	襄牛	
	鄫	
	楊梁	
	穀熟	
	南亳	
	亳	
	鄌	
又東過淮陰縣北,中瀆水出白馬湖,東北注之。	五岳	
	夾邪	大典本、注箋本、項本、注釋本、張本作夾耶。
又東至廣陵淮浦縣,入於海。	四岳	
	夾谷	
	祝其	
	南莒	
	紀鄣	
	紀	
	鄣	

經　　文	地　　名	備　　註
卷三十一		
淯水		
淯水出南陽魯陽縣西之堯山。	魚陵	
卷三十一		
淯水		
淯水出弘農盧氏縣支離山,東南過南陽西鄂縣西北,又東過宛縣南。	樊 鄧 酈 淅酈 鄀 吕 四岳	
又南過新野縣西。	鄾鄀	
卷三十一		
瀙水		
瀙水出汝南吴房縣西北奥山,東過其縣北,入於汝。	棠谿	
卷三十一		
溳水		
又南過江夏安陸縣西。	柏舉 清發	

經　文	地　名	備　註
卷三十二		
蘄水		
蘄水出江夏蘄春縣北山。	蠻中	
卷三十二		
決水		
又北過安豐縣東。	雞父 蓼	
卷三十二		
沘水		
沘水出廬江灊縣西南霍山東北。	灊	
卷三十二		
羌水		
羌水出羌中參狼谷。	隴右 橋頭	
卷三十二		
涪水		
涪水出廣魏涪縣西北。	徼外 景谷	
南至小廣魏，與梓潼水合。	小廣魏	
卷三十二		
梓潼水		

經　　文	地　　名	備　　註
又西南至小廣魏南，入於墊江。	小廣魏	
卷三十三		
江水		
岷山在蜀郡氐道縣，大江所出，東南過其縣北。	徼外 龍涸 石鏡 北部 四瀆 玉女房 白沙郵 邛蜀	 大典本作龍洞。
又東南過犍爲武陽縣，青衣水、沫水從西南來，合而注之。	邛莋 莋道 揚母 雲川 屯下	 注釋本作筰道。
又東南過僰道縣北，若水、淹水合從西來注之；又東，渚水北流注之。	南中	
又東過江陽縣南，洛水從三危山東過廣魏洛縣南，東南注之。	巴渝 三秦 三蜀 三都	

經　　文	地　　名	備　　註
又東北至巴郡江州縣東，強水、涪水、漢水、白水、宕渠水五水，合南流注之。	巴中 巴苴	
又東至枳縣西，延江水從牂柯郡北流西屈注之。	黔中 界壇 壤塗	
又東過魚復縣南，夷水出焉。	獠中 夜清 石龍 民市	大典本作擦中。 大典本作右龍。
卷三十四		
江水		
又東過巫縣南，鹽水從東南流注之。	丹陽	
又東過枝江縣南，沮水從北來注之。	沮中	《乾隆襄陽府志》卷五，古蹟，南漳縣，柤中，引《水經注》作柤中。
又南過江陵縣南。	紀郢 鄢郢 漢南 郢	
卷三十五		
江水		

經　文	地　名	備　註
又東南,油水從東南來注之。	江南	
	龍巢	
	竹町	吴本、注箋本、項本、張本作竹畦。
又東北至江夏沙羡縣西北,沔水從北來注之。	林鄣	
	延頭	
又東過邾縣南。	柏舉	
鄂縣北。	漢東	
	樊楚	
	東鄂	
	鑾中	
	黄	
	土復	注釋本作土澓。
卷三十六		
桓水		
桓水出蜀郡岷山,西南行羌中,入於南海。	羌中	
	和	
卷三十六		
若水		
若水出蜀郡旄牛徼外,東南至故關,爲若水也。	徼外	
	南中	

經　文	地　名	備　註
又東北至犍爲朱提縣西,爲瀘江水。	三蜀 庲降	
卷三十六		
温水		
温水出牂柯夜郎縣。	南中	
東北入於鬱。	安定	
	黄岡	
	典由	注箋本、項本、張本作與由。
	五嶺	
	紀粟	
	望都	
	咸驩	
	無變	注箋本、項本、張本作無戀。
	焉下	
	郍郍	
	松根	
	南極	
	須陵	注箋本、項本、張本作項陵。
卷三十七		
葉榆河		
東南出益州界。	南中	
	盤東	黄本、項本、沈本、張本作盤中。孫潛校本作盤中。《滇繫》卷八之一,藝文繫,引《水經注》作盤中。
過交趾卷泠縣北,分爲五水,	紀粟	

經　　文	地　　名	備　　註
絡交趾郡中，至南界，復合爲三水，東入海。		
卷三十七		
夷水		
東南過佷山縣南。	鹽陽	
卷三十七		
沅水		
沅水出牂柯且蘭縣，爲旁溝水，又東至鐔成縣，爲沅水，東過無陽縣。	五溪	
又東北過臨沅縣南。	隴蜀 漢北 巫黔 江南	
卷三十七		
浪水		
其一又東過縣東，南入於海。	賁禺 揚越	 注箋本、項本、注釋本、張本作楊越。
卷三十八		
湘水		
東北過零陵縣東。	五嶺	

經　　文	地　名	備　　註
又東北過泉陵縣西。	關下 錫方	
又北過臨湘縣西,瀏水從西北流注。	青陽	
又北過下雋縣西,微水從東來流注。	五渚	
又北至巴丘山,入於江。	三江	
卷三十八 **溱水**		
溱水出桂陽臨武縣南,繞城西北屈東流。	瀧中	
東至曲江縣安聶邑東屈西南流。	五嶺	
卷三十九 **洭水**		
洭水出桂陽縣盧聚。	武步驛	
卷三十九 **鍾水**		

經　文	地　名	備　註
鍾水出桂陽南平縣都山,北過其縣東,又東北過宋渚亭,又北過鍾亭,與灌水合。	五嶺	
卷三十九 **耒水**		
又北過其縣之西。	五嶺	
卷三十九 **瀆水**		
瀆水出豫章艾縣。	艾	
西過長沙羅縣西。	枝江	
卷三十九 **贛水**		
又北過南昌縣西。	白社 豫章	吴本作白杜。
卷三十九 **廬江水**		
廬江水出三天子都北,過彭澤縣西,北入於江。	五嶽 鍾彭 黄龍	

經　文	地　名	備　註
卷四十　漸江水		
漸江水出三天子都。	蠻中	注釋本作蠻夷中。《淳熙新安志》卷四,休寧山阜,引《水經注》作蠻山中。
北過餘杭,東入於海。	姑蔑	
	蘇姥布	沈本註云:"布,疑作泉。"
	閩中	
	臨平	
	蜀中	
	西陵	
	埤中	
	邑中	
	浙東	
	五湖	
	甘滂	
	朱室	
	三吴	
	柴辟	全祖望《水經漸江水篇跋一》(《鮚埼亭集外編》卷三十二)作柴壁。《康熙錢塘縣志》卷一,形勝,引《水經注》作紫壁。
	禦兒	
	三餘	注云:"又逕永興縣北,……漢末童謡云:天子當興東南三餘之間。"《水經注異聞録》卷下,三八一,餘三,任松如引趙一清云:"按永興,故漢之餘暨,與餘姚、餘杭而爲三,故曰三餘也。"
	句無	
	虞賓	
	周市	
	閩	
	三江	

經　文	地　名	備　註
卷四十 **《禹貢》山水澤地所在**		
嵩高爲中嶽，在潁川陽城縣西北。	二室	
都野澤在武威縣東北。	冀	
朱圉山在天水北、冀城南。	九州 秦土	

附録一 《水經注》佚文

殿本卷首按語云：

《崇文總目》稱其中已佚五卷，故《元和郡縣志》、《太平寰宇記》所引滹沱水、涇水、洛水皆不見於今書，然今仍作四十卷，疑後人分析以足原數也。[①]

全祖望《水經江水篇跋》云：

江水失去第四篇，而青林湖以下水竟無考。[②]

趙一清《水經注附録》卷下云：

今本《水經注》目起河水，迄斤江水，百十有六，較之《唐六典》所稱，亡二十一篇。

以上數端，可見《水經注》缺佚的大概情況。實際上，缺佚不僅是五卷二十一篇，即現存各篇中，缺字佚句的亦所在多有。亦如全祖望所云："今世《水經》非足本，濁漳、清漳二篇，脱失尤甚。"[③]像衆所習知的蘇軾《石鍾山記》中所引的彭蠡石鍾山，[④]即是沔

① 此説亦見於戴震《書水經注後》(《戴東原集》卷六)："今仍作四十卷者，蓋後人所分以傅合卷數。"但全祖望所説與此不同，《五校本水經注題辭》云："是書在崇文館閣本止三十五卷，其後成都學官本在民間止三十卷，及元祐中重開雕，得何聖從本，始復四十卷之舊，據云較前多三分之二，則所補入者多矣。"

② 《鮚埼亭集外編》卷三十二。

③ 《水經注斯洨水帖子柬東潛》(《鮚埼亭集外編》卷四十五)。

④ 《石鍾山記》(《蘇東坡全集》卷三十七)："《水經》云：彭蠡之口，有石鍾山焉。酈道元以爲下臨深潭，微風鼓浪，水石相搏，聲如洪鍾。"

水、贛水、廬江水或上述全祖望所云的江水第四篇等注中所佚。當然，某些佚文如上述石鍾山之類，不能完全肯定佚於何篇，但另一些佚文可以清楚地從今本酈注中讀出其缺佚之處。例如《方輿紀要》所引"荆水逕其下，亦謂之龍臺水"句，無疑是卷二十六，濰水注的佚文。注云：

> 濰水又北逕平昌縣故城東，荆水注之。……城之東南角有臺，臺下有井，與荆水通，物墜于井，則取之荆水。昔常有龍出入於其中，故世亦謂之龍臺城也。荆水東北流，注於濰。

上述佚文"荆水逕其下，亦謂之龍臺水"①一句，如置於"故世亦謂之龍臺城也"之下，則顯然可成完璧。諸如此類的例子，全注中不勝枚舉。爲此，雖然明清學者已經用他們的巨量勞動使酈注大體上恢復舊觀，但嚴格説來，此書至今仍是一部殘籍。

爲了補足《水經注》缺佚各篇，清代學者在這方面的努力特别值得嘉許。例如趙一清在他的注釋本中就廣輯酈佚，增補了滏、洺、滹沱、泒、滋、洛、豐、涇、汭、滁、弱、黑等十二水。沈欽韓在道光初所撰的《水經注疏證》中，將注釋本所補各水，全部收入。王先謙的合校本中，又收入了武進謝鍾英增補的洛、涇二水，此外如孫彤的《關中水道記》，對關中諸水中的酈佚，收輯也頗完備。儘管這些輯佚增補工作有些缺點，某些地方不免牽強。但是輯佚畢竟是使酈注從殘籍走向完璧的重要手段。因此，清代學者在這方面的成績是卓越可觀的。當然，工作還遠遠没有完結，還有待於我們的繼續努力。

這裏必須再次聲明的是，我的工作與輯佚原不相涉。這在本書前言中早已交代清楚。本書編輯的目的是爲了整理《水經注》記載的大量地名。舍此以外，别無所求。而匯編最後附加這一部分，其目的也仍然是爲了整理地名。因爲本書既以匯編酈注地名爲目的，則編者當然希望能看到酈佚地名的物歸原主，爲此就不再考慮是不是畫蛇添足，决定加上這一部分。因此，我所重視的，都是那些與地名有關的佚文。無關地名的個别字眼，以及那些如"魚龍以秋日爲夜"②之類的不包含地名的佚句，在我看來是無足輕重的。

《水經注》佚文大多散存於《初學記》、《御覽》等類書和《寰宇記》、《名勝志》、《方輿紀要》等地理書中。我雖然曾在一百二十餘種的類書、地理志、方志等之中，輯出佚文四百三十餘條，但其中有不少是前人輯佚的成果，③我個人在這方面所做的工作是有限的。有些過去的學者曾經用作輯佚的原著，今天在我來説已經無法得到，對於這類

---

① 《方輿紀要》卷三十五，山東六，青州府，安邱縣，平昌城，引《水經注》。

② 宋陸佃《埤雅》卷一，釋魚，龍，引《水經注》。

③ 特别值得提出的是上海圖書館讓我看了清王仁俊輯《經籍佚文》中《水經注佚文》（稿本）的縮微膠卷，雖然所輯不過一條，但此稿本是海内孤本，甚足珍貴。

佚文則更是直接採自前人的輯録。注釋本中所輯的《元豐九域志》各條即是其例。[①]這些佚文,盡可能地按酈注卷次排列,然後再從這些佚文中鈎稽地名,而使酈佚地名重入匯編。另外,在本書前言中已經指出,匯編是以殿本爲依據的。對於佚文也是一樣,在不同版本的酈注中,凡殿本所無而别本所有的,也概作佚文處理,當然,這種情況是並不多見的。

這種工作的主要困難,在於古人引用酈注時,往往不是逐字逐句地鈔引。有時任意竄改,有時雜以按語,有時和所引旁書相混淆,有時概括酈注之意,其實多非酈注原文,有時更經注混淆,顛倒錯亂,全失酈注精神。凡此種種,均曰引自酈注,從字面上驟看,好像都是酈佚,但仔細校之,其中有不少都是竄酈。這種似佚非佚的詞句,在不少古籍中充篇累牘,常使輯佚者莫知所從。

今日酈佚所存的,《寰宇記》幾四居其一,即以《寰宇記》爲例。《寰宇記》引用酈注,時而稱《水經注》云,時而稱《水經》云,似乎經注分明,但實則不然,例如卷三十六,靈州,果州條,記云:

> 《水經》云:河水北有薄骨律鎮,城在渚上,舊赫果城也,桑果榆林,列植其上,故謂之果州。

明明是一條注文,[②]却作經文引用。再舉一例,《寰宇記》卷一二七,光州,光山縣云:

> 按《水經》云:淮水又東,壑水注之。注云:水出白沙山東北,經柴亭西,俗謂之柴水。

這裏,引文中有經有注,好像經注分明,但實際上所謂經注,原來都是酈注卷三十,淮水經"又東過新息縣南"的注文,引者無非稍加竄改而已。[③] 這樣的例子是不勝枚舉的。幸虧經文和注文在文字結構上有頗爲嚴格的規則,在内容上也有顯著的區别,但畢竟也造成輯佚工作的不少困難。

《寰宇記》引用酈注,還常常隨意竄改酈注原文,例如卷十九,齊州,歷城縣云:

---

① 注釋本卷四,河水注;卷十,濁漳水注;補洛水注等三篇,共從《元豐九域志》輯出酈佚五條,均不見於今本《九域志》。案《四庫全書總目》卷六十及武英殿聚珍版本《元豐九域志》提要均云:"民間又有别本刊行,内多古蹟一門,故晁公武《讀書後志》有新舊《九域志》之目。"趙輯酈佚五條,其中三條註明輯自古蹟門,則其所據正是"民間别本"。王謨《漢唐地理書鈔》凡例云:"唐宋地理書存者《元和郡縣志》、《太平寰宇記》外,有王存《元豐九域志》、歐陽忞《輿地廣記》,其書體要在詳序歷代州郡沿革離合,與其疆域廣袤,四至八到之數,而於山川、古蹟、人物、故事絶少徵引、無可采録。"則所謂民間别本,在王謨時已不得見,何況今日。

② 卷三,河水經"又北過北地富平縣西"注。

③ 酈注原文爲:"淮水又東,右合壑水,水出白沙山,東北逕柴亭西,俗謂之柴水。"

《水經注》云:歷山縣南山上有舜祠,下有泉穴。

但酈注卷八,濟水經"又東北過盧縣北"注云:

水出歷城縣故城西南,……城南對山,山上有舜祠,山下有大穴,謂之舜井。

這裏,《寰宇記》的竄改是很明顯的,歷城誤作歷山,大穴誤爲泉穴,又删去了舜井。酈注一被竄改,有時往往造成大錯。例如《寰宇記》卷四十三,晉州,臨汾縣云:

汾水出平陽壺口山,東經狐亭。

但酈注卷六,汾水經"又南過平陽縣東"注云:

汾水南與平水合,水出平陽縣西壺口山,《尚書》所謂壺口治梁及岐也。其水東逕狐谷亭北。

這裏,《寰宇記》竟把酈注汾水的支流平水誤成汾水幹流,造成了極大的錯誤。

《寰宇記》不僅竄改原注,而且還夾入自己的案語。例如卷四十三,晉州,神山縣云:

《水經注》云:澮水出橋山東谷,北經浮山西入襄陵縣界入汾。虜投交水即澮水也。

但酈注卷六,汾水經"西南過高梁邑西"注云:

澮水即巢山之水也,水源東南出巢山東谷,北逕浮山東,又西北流與勞水合,亂流西北逕高梁城北,西流入於汾水。

這裏可見,《寰宇記》除了明顯地竄改原注外,還加上了顯而易見的案語,"虜投交水即澮水也"。

《寰宇記》在引用酈注時,也常常概括酈注原文,把優美細緻的原注擅加删割,成爲平鋪直敍的寥寥數語。例如卷四,河水經"又南至華陰潼關,渭水從西來注之"注云:

常有好事之士,故升華岳而觀厥跡焉,自下廟歷列柏,南行十一里,東迴三里,至中祠。……度此二里,便屆山頂,上方七里,靈泉二所,一名蒲池,西流注於澗;一名太上泉,東注澗下。

這一段對華山山頂的細緻的記載,在《寰宇記》引用時,竟被概括成短短一語。卷二十九,關西道五,華州,華陰縣云:

《水經》云:華山頂上靈泉曰蒲池。

又如酈注卷十九,渭水經"又東過鄭縣北"注云:

小赤水,即《山海經》之灌水也,水出石脆之山,北逕蕭加谷於孤柏原西,東北流與禺水合,水出英山,北流與招水相得,亂流西北,注於灌。

這一段注文,在《寰宇記》中又變成寥寥數語。卷二十九,關西道五,華州,鄭縣云:

《水經注》云:孤柏原,愚水出焉,亦合灌水。

從上述二例中可以見到,《寰宇記》所引的酈注,和原注相去何其懸殊。非特如此,《寰宇記》有時更混淆經注爲一體,信手竄改,任意割裂,但也仍然名爲酈注。例如卷十七,宿州,符離縣云:

《水經注》云:睢水出梁郡鄢縣,經竹邑城是也。

這裏,"睢水出梁郡鄢縣"是酈注卷二十四,睢水注的首句經文,而所謂"經竹邑城",則是同卷經"又東過相縣南,屈從城北東流,當蕭縣南,入於陂"注中"睢水又東南逕竹邑縣故城南,《地理志》曰:王莽之篤亭也。李奇曰:今竹邑縣也"這一段注文的概括。

如上所述的《寰宇記》所引的酈注,雖然按其文字均爲今本酈注所無,但其實均非酈佚。

除了上述以外,《寰宇記》從他書所引而誤爲酈注的情况也可能存在。例如卷五十,河東道十一,威勝軍,銅鞮縣云:

《水經注》云:"銅鞮水出覆斧山。經襄垣縣道。"又云:"《水經注》云:銅鞮西有梯山,高一千九百尺。"

《寰宇記》所引的這一段文字若和酈注卷十,濁漳水經"又東過壺關縣北,又東北過屯留縣南"注相比,則情况就顯而易見。注云:

漳水歷鹿臺山與銅鞮水合,水出銅鞮縣西北石隥山。……銅鞮水又南逕胡邑西,又東逕其城南,又東逕襄垣縣,入於漳。

這裏,《寰宇記》所引和今本酈注内容近似而地名互異。先者云銅鞮水發源於覆斧山,而銅鞮縣西有梯山。後者全不提覆斧山之名而僅云銅鞮水發源於西北石隥山。今本酈注的石隥山和《寰宇記》所引的梯山,名異而義似,很可能是同山異名。故《寰宇記》所引,似係來自别書而誤作酈注,在這方面,《寰宇記》卷三十五,丹州,汾川縣所引,更是一個明白的證據。記云:

《水經》云:汾川縣西有殺狗嶺。

關於這個汾川縣,《初學記》卷八,關内道第三,烏水條,也從《水經注》引出云:

烏川水源出汾川縣西北。

但是汾川縣是西魏大統十八年(公元五五二年)的建置,[①]酈氏生不知有此縣名,酈注中此縣名又從何而來。則《寰宇記》和《初學記》所引,很可能是張冠李戴。清沈

① 《寰宇記》卷三十五,關西道十一,丹州,汾川縣:"本漢上郡地,魏太和八年置安平縣,縣在薛河川,屬北汾州,其州在河西三堡鎮東,更南有汾州,魏大統十八年,省北汾州,乃取丹陽川號立汾川縣。"

垚所説的"然史稱《水經》,亦有不出《水經》者",[①]這種情况是確實存在的。

當然,這種情况非獨《寰宇記》和《初學記》存在,酈佚較多的《御覽》也同樣存在。《御覽》卷四十五,地部十,管涔山所引酈注云:

管涔山,汾水所出,土人亦云箕管山,見多管草以爲名。

對於《御覽》所引的這一句酈佚,楊守敬在注疏本卷六,汾水注中指出:"酈注完備無缺,此當他書之文而誤爲《水經注》。"楊氏所云,是言之成理的。

最后還應該考慮到古籍中的刊誤問題,因爲這類錯誤是常常有的。例如《寰宇記》卷一二七,光州,固始縣云:

《水經注》云:淠水入弋陽南垂山。

此與酈注卷三十,淮水經"又東過期思縣北"注相核對,則淠水分明是滭水的刊誤。

又如《寰宇記》卷一二〇,黔州,彭水縣和《輿地紀勝》卷一七六,夔州路,黔州,景物下,兩書都引酈注云:

更始水,即延江文津也。

這裏,"延江文津"一名,乍看好像是今本所無的酈佚地名,但核對酈注卷三十六,延江水經"至巴郡涪陵縣注更始水"注云:

更始水,即延江枝分之始也。

非常明顯,所謂"延江文津"乃是"延江支津"的刊誤。像這樣的例子是不勝枚舉的。

當然,這裏也應該考慮到《寰宇記》所據之本與以後的版本之間的差異問題。這種差異無疑是存在的,例如《寰宇記》卷二十七,雍州三,昭應縣所引的"浮睇山",今本酈注作"肺浮山"(卷十九,渭水注),可能就屬於這種差異。但是前面所舉的許多例子,看來都不是版本的差異。

因爲在我所收輯的酈佚中,《寰宇記》占了最大的比例,所以才以此書爲例,以説明佚文中存在的許多問題。實際上,爲我提供酈佚的各種古籍數逾一百二十,其中絶大部分都或多或少地存在這些問題。例如"黑水出張掖雞山"的一段佚文,上起唐代的《禹貢孔疏》,下至清人的《禹貢會箋》,在我曾過目的古籍中,引及此文的達十六種,但在十六種古籍中,這段佚文却有十種不同的詞句。[②] 情况可見一斑。所以上面所列舉的佚文中存在的問題,乃是一個普通的問題,非獨《寰宇記》而然。我以《寰宇記》爲例,只是爲了舉一反三,絶非貶低《寰宇記》。而且《寰宇記》爲我們提供了數量最多的

① 《落颿樓文稿》卷三(《連筠簃叢書》本)。驛案:"史",指《寰宇記》撰者樂史。

② 參閲《水經注》佚文,卷四十,補黑水。

酈佚,其貢獻是不小的。事實也確實如此,像上面列舉的許多似佚非佚的詞句,在輯佚工作中有時成爲累贅,但在校勘工作中有時却很有價值。例如酈注卷十九,渭水經"又東過霸陵縣北,霸水從西北流注之"注云:

西川上承魂山之斫槃谷,次東有苦谷二水,合而東北流,逕風涼原。

這裹,"苦谷二水"一語頗爲費解。假使作"苦、谷二水",則苦谷乃是一個山谷之名,似乎不宜割裂。因爲在這段注文中,記載的山谷地名甚多,如斫槃谷、石門谷、孟谷、雀谷等等,苦谷是其中之一;假使確認苦谷是一個山谷,則一個山谷中流出二水,於理又不甚合。這裹,《寰宇記》所引,看來就勝過今本。卷二十六,雍州二,藍田縣云:

《水經》云:研盤谷、若谷二水合於東,流經風涼原。

以上述《寰宇記》所引,與今本酈注作一對照,可知原注應爲:

西川上承魂山斫槃(研盤)谷、苦(若)谷[①]二水,合而東北流,逕風涼原。

我的工作既非輯佚,也非校勘,上述種種,實在離題太遠。好在問題已經説明,下面就不再贅述。總之是爲了使散失的酈注地名盡可能地收入本匯編,因而不得不稍稍涉及輯佚工作,並且最後從佚文中整理出地名九百四十餘處,按前面所分類别進行排列,勉強完成了《水經注》佚文地名這個部分。由於這部分地名來自佚文,而佚文如上所述存在着種種問題,因此,這些地名只附於編末,不列入正編之中。

(以下略。見第一卷《水經注佚文》)

① 《熙寧長安志》卷十一,縣一,萬年縣,記有庫谷澗水一條,庫、苦音近,故此處當以苦谷爲是,《寰宇記》若谷,恐係刊誤。

附録二 《水經注》佚文地名

河 川

卷 次	地 名	備 註
卷一 河水	河水	
卷三 河水	濛水	
	金河	《寰宇記》卷三十七,引《水經注》:“朔方縣有濛水合金河”。《初學記》卷八,引《水經注》:“朔方縣有濛水紫河。”
	紫河	
	榆谿	
	紫川水	
	紫川	《初學記》卷八,引《水經注》:“紫川水源出隰川縣東紫谷也。”《書敍指南》卷十四,引《水經注》作紫川。
	黄櫨水	
	西陽水	
	西陽溪	
卷四 河水	刳首水	
	湅水	

卷　次	地　名	備　註
	雷水	《寰宇記》卷四十六,引《水經注》:"涑水出河東雷首山,一名雷水。"
	河水	
	中澗水	
	害水	
卷五　河水	河	
	清河	
	芻溪	
	武水	
卷六　汾水	汾水	
	白石水	
	中隱水	
	棗澗	
	霍水	
卷六　晉水	晉水	
卷九　淇水	卷水	
卷九　洹水	黄衣水	
卷十　濁漳水	銅鞮水	
	薄洛水	
	便水	
	鴛鴦水	《寰宇記》卷五十九,引《水經注》:"南和西官冶東有便水,一名鴛鴦水。"
	渦水	
	沙河	
	沙	
	渦	
	長谷渚水	
	沙溝水	
	龍騰溪	
	蓼水	
	長蘆水	
	澤發水	

卷次	地名	備註
	畢發水	《元和郡縣志》卷十三，引《水經注》："澤發水出董卓壘東。"《寰宇記》卷五十，引《水經注》作畢發水。
	阜漿水	
	泜水	
	井陘山水	《方輿紀要》卷十四，引《水經注》："泜水即井陘山水。"
	江	
	灌江	
	洺水	
	鄗陽水	
	洨水	《御覽》卷四十五，引《水經注》及《名勝志》卷七，真定府，引《水經注》均作汶水。
	汶水	
	沃水	
	槐水	
	漳水	
	大漳水	《史記・項羽本紀・正義》引《水經注》："漳水一名大漳水，兼有浸水之目也。"
	浸水	同上註。
	漳河	
卷十　清漳水	黄巖水	
	清谷水	
卷十　補滏水	滏水	
	漳	
	合河	
卷十　補洺水	洺水	《初學記》卷八，引《水經注》："洺水一名漳水，俗名千步。"
	漳水	同上註。
	千步	
卷十一　易水	易水	
卷十一　滱水	交牙川	
	徐水	

卷　　次	地　　名	備　　註
卷十一　補滹沱水	薄池水	
	滹沱水	
	滹沱河	
	滹沱	
	忻川水	
	三會水	
	思陽川	
	衛水	
	袈裟水	
	白馬渠	
	百道隘	
	漳水	
卷十一　補滋水	滋水	
	鹿水	
	木刀溝	
	滹沱河	
	滹沱水	
	雷河溝水	
	唐水	
	小溝	
	淲	
卷十一　補泒水	泒水	
	派水	
卷十二　巨馬水	巨馬水	
卷十三　㶟水	衣連汭	
	街河水	
	桑乾河水	
	如渾水	
卷十四　大遼水	遼水	

卷　　次	地　　名	備　　註
卷十五　洛水	洛水	
卷十六　滻水	霸	
	滻	
	長水	
	灃	
	澇	
	涇	
	渭	
卷十六　補洛水	洛水	
	渭	
	漆沮水	《史記・匈奴傳・索隱》引《水經注》:"洛水出上郡彫陰泰昌山入渭,即漆沮水也。"
	涇	
	破羅谷水	
	葦川	
	葦谷水	
	三水	
	瀦水	
	猪水	
	白水	
	兔川	
	淺石川	
	泥谷水	
	南香水	
	北香水	
	沮水	
	香川水	
	香川	
	蒲谷水	
	蒲川水	

卷　次	地　名	備　註
	小蒲川水	《寰宇記》卷十五，引《水經注》："蒲川水東南流入坊州。"《初學記》卷八，引《水經注》作小蒲川水。
	丹陽川	
	新陽川水	
	珊瑚水	
	洛	
	烏雞水	
	雞水	《寰宇記》卷三十四，引《水經注》："有烏雞水出焉。"《書敍指南》卷十四，引《水經注》作雞水。
	馬嶺水	
	白馬水	
	渭谷北川	
	馬嶺川水	
	馬領川水	《寰宇記》卷三十四，引《水經注》："洛水一名馬嶺川水。"沈垚《泥水考》從《寰宇記》引《水經注》作馬領川水。
	雲門谷水	
	甘谷水	
	甘泉水	《名勝志》陝西，卷三，引《水經注》："有甘谷水出縣西匱谷中。"《寰宇記》卷二十八，引《水經注》作甘泉水。
	龍首渠	
卷十七　渭水	白環水	
卷十八　渭水	雍水	
	白水	《名勝志》陝西，卷三，引《水經注》："雍水俗名白水，亦曰圍川水。"
	圍川水	同上註。
	五泉渠	
	渭水	
	五谷水	
	乾溝河	
卷十九　渭水	甘水	
	扈水	

卷次	地名	備註
	劉谷水	
	石門水	
	赤水	
	竹水	
	箭谷水	
	沈水	
卷十九　補豐水	交水	
	樊川水	
	宿御水	
	直谷水	
	子午谷水	
	三交水	
	豐水枝津	
	漢故渠	
	豐水	
	豐溪	
	豐水枝津	
	昆明池水	
	渭	
	鄷水	
卷十九　補涇水	涇水	
	渭	
	八水	
	銅城山水	
	芮水	
	涇	
	芹水	
	芹谷水	
	汭水	
	宜祿川	

卷　次	地　名	備　註
	宜禄水	《方輿紀要》卷五十四,引《水經注》:"汭水逕宜禄川,亦名宜禄水。"
	宜禄川水	《方輿紀要》引《水經注》作宜禄水,《通典》卷一七三,《寰宇記》卷三十四,《名勝志》陝西,卷三,各引《水經注》,均作宜禄川水。
	青山水	
	泥水	
	油水	
	追語川水	
	大延水	
	小延水	
	延溪	
	大陵水	
	小陵水	
	陵水	
	殊川	
	皇澗	
	赤須水	
	羅水	
	蒲水	
	細川水	
	且氏川水	
	漆水	
	五龍水	
	梁邱谷水	
	鄭渠	
	白渠	
卷二十　漾水	大散水	
	黄花川	
	大散關水	《御覽》卷一六七,引《水經注》:"大散水流入黄花川。"《方輿紀要》卷五十六,引《水經注》作:"大散關水流入黄華川。"

卷　次	地　名	備　註
	黄華川	見上註。
	黄華水	
	白水	
	葭萌水	
	夷水	
	漢	
卷二十一	秔陂港水	
汝水	龍陂港水	
卷二十二	潁水	
潁水	汝水	
	汝水枝流	
卷二十二	鄫水	
澮水	澮	
卷二十二	渠水	
渠	莨蕩渠	《禹貢山川地理圖》卷下,引《水經注》:"渠水即莨蕩渠也。"
	沙水	
	汴水	
	大溝	
	圃田之水	
卷二十四	隕石水	
睢水	漆溝	《御覽》卷六十三,引《水經注》:"睢陽有隕石水,一名漆溝,……故名隕水。"
	隕水	同上註。
	澮水	
	涣水	《康熙永城縣志》卷一,引《水經注》:"澮水即涣水。"
	瀛汶	
卷二十四	蛇水	
汶水	讙水	《輿地廣紀》卷七,引《水經注》:"蛇水即讙水也。"

卷　　次	地　　名	備　　註
卷二十六　沭水	紅花水	
	潯水	
	鬐水	
卷二十六　巨洋水	沫	
卷二十六　淄水	女水	
卷二十六　濰水	荊水	
	龍臺水	《方輿紀要》卷三十五,引《水經注》:“荊水逕其下,亦謂之龍臺水。”
卷二十七　沔水	表德溝	
	晉水	
	洵水	
	洋水	
卷二十八　沔水	沔水	
	豐樂水	
	敖水枝水	
卷二十九　沔水	沔水	
卷三十　淮水	桐柏之流	
	淮	
	潼水	
	泚水	
	射水	
卷三十一　滍水	濜水	
卷三十一　溳水	溳水	
	清發水	《方輿紀要》卷七十七,引《水經注》:“溳水亦名清發水。”
	大富水	

卷　　次	地　　名	備　　註
	小富水	
	潭濱河	
	富水河	
卷三十二 肥水	洛水	
卷三十二 涪水	潺水	
	涪江水	
	射江	
卷三十三 江水	岷江	
	田瀆	
	僰溪	
卷三十五 江水	浦江	
	寒溪水	
	寒溪	
	江水	
	嘉靡江	
	九江	
	樅陽湖水	
	陰塘水	
	雷水	
	大江	
	江	
	滁水	
	曲水	
	中江	
	瓜步江	
卷三十七 葉榆河	洱水	
	葉榆河	
	黑水別派	

卷　　次	地　　名	備　　註
卷三十八　湘水	湘水	
	溇渠	
	銅水	
	瀟水	
	瀧	
卷三十八　溱水	脩仁水	
	五渡水	
卷三十九　贛水	南水	
	秀水	
	瀘溪水	
	小臯	
卷四十　漸江水	赤岸水	
	赤松澗	
	曹娥江	
	新河	
	槎瀆	
卷四十　補弱水	弱水	
	張水	
	鮮水	
	合黎水	
	羌谷水	
卷四十　補黑水	黑水	

伏流、水口、瀑布

卷　　次	地　　名	備　　註
卷十　濁漳水	沙河口 井陘口	
卷十　清漳水	清谷水口	
卷十　補滏水	合口 滏口	
卷十一　補滹沱水	忻中口	
	欣中口	《寰宇記》卷四十二,引《水經注》:"滹沱河南歷忻中口。"《名勝志》山西,卷二,引《水經注》作欣中口。
	蒲澤口	
	蒲縣口	《寰宇記》卷六十一,引《水經注》:"又東南爲蒲澤濟水有梁焉,俗謂之蒲澤口。"《名勝志》卷七,真定府,引《水經注》作蒲縣口。
卷十一　補滋水	滋水懸流	《方輿紀要》卷四十四,引《水經注》:"滋水懸流五丈,湍急之聲,震動山谷。"
卷十九　補涇水	峽口 瓠口 谷口	
卷二十　漾水	蠻河口	
卷三十一　涢水	霍河口	
卷三十五　江水	五丈口 洞口 黄律口 大雷口 小雷口	

卷　次	地　名	備　註
卷三十七葉榆河	黑水伏流	
卷三十八湘水	青口	

湖 陂

卷次	地名	備註
卷六 晋水	晉澤	
卷九 清水	皛澤陂	
	百門陂	
卷十 濁漳水	楊紆	
	大陸澤	《方輿紀要》卷十四,引《水經注》:“楊紆即大陸澤。”
	沃湖	
卷十 補洺水	大澤	
卷十一 補滹沱水	蒲澤	
	狐狸淀	
	掘鯉淀	《名勝志》卷六,河間府,引《水經注》:“鄚縣東南隅水有狐狸淀,俗溷謂之掘鯉淀。”
	大浦	
	房淵	
卷十一 補滋水	唐池	
卷十一 補泒水	天井澤	
	天井淀	《寰宇記》卷六十二,引《水經注》:“泒水歷天井澤南,……俗名天井淀。”
卷十九 渭水	扈陽池	
卷十九 補豐水	桐池	
	昆明池	
	靈沼	
卷二十一 汝水	秔陂	
	龍陂	

卷　次	地　名	備　註
卷二十二　渠	圃田	
卷二十四　睢水	隕石澤	《御覽》卷六十三,引《水經注》:"睢陽縣有隕石水,……隕石於宋,五隕星也,故老云:此水有時竭涸,五石存也,故名隕水,石墜處爲澤。"
卷二十六　淄水	清水泊	
卷二十九　沔水	滻湖	
卷三十　淮水	萬安湖	
卷三十五　江水	新林浦 沙浦 彭蠡 樅陽湖 豐浦 皇后湖 包湖 潭湖 桐浦 濼湖 新林浦 滈湖 朱湖 丹湖 崑承湖 太湖	
卷三十七　葉榆河	巨澤 葉榆澤	

卷　次	地　名	備　註
卷三十九　贛水	彭蠡湖	
卷四十　漸江水	太湖	

泉　井

卷　次	地　名	備　註
卷四　河水	龍泉	
	大舜浚井	
卷六　晉水	難老泉	
	善利泉	
	滴瀝泉	
卷九　清水	天井	
	五里泉	
卷十　濁漳水	石井岡大井	
	妬嫄	
卷十　補滏水	石鼓山南巖泉	《御覽》卷六十四,引《水經注》:"滏水發源出石鼓山南巖下,泉奮湧若滏水之湯矣。"
	滏水	《後漢書郡國志》註,引《水經注》:"鄴西北滏水熱。"驛案,滏水,據《通鑑地理通釋》卷八及《山海經廣註》卷三,引《水經注》,均云:"冬温夏冷",據《山海經箋疏》卷三,引《水經注》云:"泉源奮涌,若釜之揚湯矣。"故其處必有温泉。
卷十　補洺水	登泉	
	黄塘泉	《初學記》卷八,引《水經注》:"水積大澤之中爲登泉,……亦謂之黄塘泉。"
卷十一　補滹沱水	龍泉	
	聖人阜泉	《寰宇記》卷四十九,引《水經注》:"滹沱水東流逕聖人阜,阜下有泉。"
	行唐城大井	《初學記》卷八,引《水經注》:"行唐城西南隅有大井若輪。"《名勝志》卷七,真定府,引《水經注》:"謂之輪井。"
	輪井	見上註。
	太華泉	

卷　次	地　名	備　註
卷十四　鮑丘水	無終山泉	《御覽》卷四十五,引《水經注》:"翁伯周末避亂適無終山,山前有泉水甚清。"
卷十三　濡水	七泉	
卷十六　補洛水	甘泉水	
	苦泉	
	帝嚳泉	
	澄城縣温泉	《方輿紀要》卷五十四,引《水經注》:"縣有温泉三。"
卷十八　渭水	五泉渠	
卷十九　補涇水	神泉	
卷二十八　沔水	諸葛故宅舊井	
	長箱坂泉	《名勝志》陝西,卷三,引《水經注》:"泉流遶長箱坂下。"
卷三十二　涪水	潺石山下泉	《寰宇記》卷八十三,引《水經注》:"潺石山下有泉。"
卷三十三　江水	岷江泉流	《方輿紀要》卷一二八,引《水經注》:"岷江泉流深遠。"
	汶江井	
卷三十七　葉榆河	罷谷山泉	《名勝志》雲南,卷十五,引《水經注》:"罷谷山,數泉涌起如珠樹。"

海、灘、洲、岸

卷　次	地　名	備　註
卷十　濁漳水	漳河西岸	
卷十四　濡水	巨海	
卷十四　大遼水	遼水東岸	
卷三十　淮水	朐縣東北海	
	東海	
	郁洲	
	鬱洲	
	郁州	
	麋家島	《寰宇記》卷二十二,引,《水經注》:"古老傳言,此島人皆是麋家之隸。"
卷三十三　江水	荔枝灘	
	伏犀灘	
	灔澦	
	瞿唐	
卷三十四　江水	虎牙灘	
卷三十五　江水	大岸	
	大雷岸	
	雷州	
	白鷺洲	
卷四十　漸江水	曹娥江濱	
卷四十　補黑水	南海	

山岳、丘阜

卷　次	地　名	備　註
卷一　河水	積石山	
	鄧林山	
卷四　河水	雷首山	
	中條山	《禹貢錐指》卷十一上，引《水經注》："雷首山一名中條山。"
	高門原南層阜	《寰宇記》卷二十八，引《水經注》："高門原南有層阜。"
卷六　汾水	管涔山	
	箕管山	《御覽》卷四十五，引《水經注》："管涔山汾水所出，土人亦云箕管山。"
卷七　濟水	左岡	
卷九　清水	共山	
卷九　沁水	陽陵城南山	
	文石岡	
	雙蟾嶺	
	夫妻嶺	
	石樓山	
卷九　洹水	林慮山	
	袴山	
卷十　濁漳水	覆斧山	
	梯山	
	蓬鵲之山	
	鶴渡嶺	
	鵲山	
	石井岡	
	龍岡	
	風門山	

卷　次	地　名	備　註
	飛龍山	
	干言山	
	平山	
	黃石山	
	贊皇山別阜	
卷十　清漳水	黃岡	
	長山	
	黃巖山	
卷十　補滏水	神麢山	
	石鼓山	
卷十　補洺水	狗山	
卷十一　易水	五迴山	
卷十一　補滹沱水	燕京山	
	五臺山	
	五臺	
	中臺之山	
	北臺之山	
	聖人阜	
	聖阜	《寰宇記》卷四十九,引《水經注》:"滹沱水東流逕聖人阜。"《書敍指南》卷十四,引《水經注》作聖阜。
	程侯山	
	北山	《寰宇記》卷四十二,引《水經注》:"忻州東歷程侯山,北山甚層鋭。"《名勝志》山西,卷二,引《水經注》作"東歷程侯山北,山甚層鋭。"
	金山	
	獨山	
	石幢山	
	五岳山	《名勝志》卷七,真定府,引《水經注》:"又逕石幢山,……一名五岳山,又有五臺之稱。"

卷　次	地　名	備　註
	五臺	同上註。
卷十一　補滋水	枚迴嶺	
卷十一　補泒水	大核山	
卷十二　巨馬水	加夷山	
	玄岳	
卷十三　㶟水	方山	
	雷山	
	紇真山	《初學記》卷八，引《水經注》："水逕方山，又曰紇真山。"
卷十四　濕餘水	居庸山	
卷十四　鮑丘水	無終山	
卷十四　浿水	青邱	
卷十六　穀水	亳坂	
卷十六　補洛水	泰昌山	
	白於山	《御覽》卷四十三，引《水經注》："白於山今名女郎山。"
	女郎山	
	石堂山	
	翟道山	
	太行	
	汾水嶺	
	分水嶺	《初學記》卷八，引《水經注》："白水源出汾水嶺西。"《寰宇記》卷三十五，引《水經注》作分水嶺。
	沙阜	
	朝坂	

卷　次	地　名	備　註
卷十八　渭水	天柱山	
卷十九　渭水	藍田山	
	浮胏山	《熙寧長安志》卷十五,引《水經注》:“浮胏山蓋驪山之麓而有異名,一作胏浮。”
	胏浮	見上註。
	驪山	驪山,《山海經箋疏》卷二,引《水經注》作麗山。
	麗山	
	華嶽	
	華嶽三峯	
卷十九　補豐水	南山	
卷十九　補涇水	高山	
	笄頭山	
	大隴山	《御覽》卷四十四,地部九,笄頭山,引《水經注》:“大隴山之異名耳。”
	都盧山	
	絃歌之山	
	弦歌之山	《寰宇記》卷三十三,引《水經注》:“絃歌之山,峽口水流。”《通鑑》卷一五六,胡註,引《水經注》作弦歌之山。
	銅城山	
	小隴山	
	隴山	
	女牀山	
	千子山	
	千子嶺	《寰宇記》卷三十四,引《水經注》:“芹川出羅山縣千子山,一名千子嶺。”
	翟道山	
	南山	
	甘泉山	
	高泉山	《寰宇記》卷三十一,引《水經注》:“甘泉山即高泉山也。”

卷　　次	地　　名	備　　註
	長箱坂	
	九嵕山	
	仲山	
	中山	《寰宇記》卷二十六,引《水經注》:"九嵕山東,仲山西,謂之谷口。"《後漢書·順陽懷侯嘉傳》註引《水經注》及《通鑑》卷四十,胡註,引《水經注》均作中山。
卷二十二　潁水	拒陵岡	
卷二十六　沭水	巨公山	
	馬詧山	
	陰纆山	
卷二十七　沔水	巴山	
卷二十八　沔水	穀城山	
	望楚山	
卷三十　淮水	荆山	
	塗山	
	桐柏	
	郁洲山	
	蒼梧之山	
卷三十一　滍水	陽中山	
卷三十二　涪水	潺山	
卷三十三　江水	金臺山	
	荆山	
	西山	
卷三十四　江水	南山	

卷　　次	地　　名	備　　註
	北山	《元一統志》卷三,引《水經注》:"荆門在南山之半,虎牙在北山之間。"
卷三十五 江水	城陵山	
	三山	
	樊山	
	袁山	
	五磯	
	石鐘山	
	破虜磯	
	天柱山	
	大峴山	
	龍山	
	積稻山	
	穹窿山	
	岝嶺山	
	鈴山	
	索山	
	獅子山	
	度索	《文選·吴都賦》宋六臣註,引《水經注》:"東海中有山焉,名曰度索。"
卷三十六 若水	望軍頂	
卷三十七 葉榆河	罷谷山	
卷三十七 沅水	緑蘿山	
卷三十八 漣水	石魚山	
	立石山	《廣博物志》卷五,引《水經注》:"石魚山本名立石山。"
卷三十八 湘水	九疑	

卷次	地名	備註
卷四十 漸江水	白石山	
	廣陽山	
	金華山	
卷四十 補弱水	合黎山	
	紺峻山	
卷四十 補黑山	雞山	
	三危山	
	三危	

峽、谷、巖、穴

卷　次	地　名	備　註
卷三　河水	紫谷	
	黃櫨谷	
	黃谷	《初學記》卷八,引《水經注》:"黃櫨水出隰川縣東北黃櫨谷。"《書敍指南》卷十四,引《水經注》作黃谷。
卷四　河水	姚武壁	
卷五　河水	石柱	
卷六　汾水	雀谷	
	爵津谷	《寰宇記》卷四十一,引《水經注》:"在雀谷,一名雀津。"《名勝志》山西,卷四,引《水經注》作:"在雀谷,一名爵津谷。"
卷九　清水	百家巖	
	百家巖石穴	
卷九　洹水	黃谷	
	聖人窟	
	黃花谷	《北堂書鈔》卷一五八,引《水經注》:"黃谷内西洪邊有一洞,……俗謂之聖人窟。"《寰宇記》卷五十五,引《水經注》及《名勝志》河南,卷五,引《水經注》均作黃花谷。聖人窟,《名勝志》引《水經注》作聖水窟。
	聖水窟	見上註。
卷十　濁漳水	鵲山穴	《寰宇記》卷五十九,引《水經注》:"鵲山有穴。"
	平棘城南門兩石柱	《寰宇紀》卷六十,引《水經注》:"平棘城南門,夾道有兩石柱,翼路若闕焉。"
卷十　補滏水	南巖	
	滏水崖	《御覽》卷六十四,引《水經注》:"滏水發源出石鼓山南巖下,……崖上有魏世所立銘。"
卷十　補洺水	狗山狗跡	《初學記》卷八,引《水經注》:"狗山頂上有狗跡。"

卷次	地名	備註
卷十一　易水	星月巖	
	星月巖鍾乳穴	《名勝志》卷五,保定府二,引《水經注》:“俗謂之星月巖,山下有穴出鍾乳,石上往往有仙人及龍跡,西谷又有一穴,大如車輪……以夏日入其東穴。”
	星月巖仙人石	見上註。
	星月巖龍跡石	見星月巖鍾乳穴註。
	星月巖西谷	見星月巖鍾乳穴註。
	星月巖西谷穴	見星月巖鍾乳穴註。
	星月巖東穴	見星月巖鍾乳穴註。
卷十一　補滹沱水	聖人阜十二手跡石	《寰宇記》卷四十九,引《水經注》:“滹沱水東流逕聖人阜,阜下有泉,泉側石上有十二手跡,其西復有二脚跡。”
	聖人阜二脚跡石	見上註。
	獨山北峈	《初學記》卷五,引《水經注》:“思陽川東有獨山,北有峈,峈上有人坐跡,山腹石上又有兩手跡,山下石上有兩脚跡。”
	獨山北峈人坐跡	見上註。
	獨山兩手跡石	見獨山北峈註。
	獨山兩脚跡石	見獨山北峈註。
	仙人石	
卷十四　濡水	碣石	
卷十六　補洛水	遺谷	
	渭谷	

卷　　次	地　　名	備　　註
	匱谷	
卷十七　渭水	白環谷	
卷十九　渭水	藍田山東谷	
	劉谷	《熙寧長安志》卷十六,引《水經注》:“劉谷水出藍田山之東谷,俗謂之劉谷。”
	石門谷	
卷十九　補豐水	石壁谷	
	彈箏峽	
卷十九　補涇水	赤須谷	
	五龍谷	
	涇峽	
卷二十二　溴水	軒轅避暑洞	
卷三十二　涪水	潺山石	
卷三十三　江水	猶預	
卷三十四　江水	黄牛峽	
卷三十五　江水	蟠龍石	
	馬頭崖	
	峊嶺巨石	
卷三十八　湘水	三分石	
卷三十九　贛水	天寶洞天	

平川、原、田、塘堰

卷次	地名	備註
卷四　河水	高門原	
	馬門原	
卷五　河水	沙邱堰	
卷六　晉水	難老、善利二泉田	《方輿紀要》卷四十,引《水經注》:"晉祠南有難老、善利二泉,大旱不涸,隆冬不凍,溉田百餘頃。"
卷十一　滱水	交牙川	
卷十一　補滹沱水	雁門西平地	《寰宇記》卷四十九,引《水經注》:"龍泉出雁門西平地。"《方輿紀要》卷四十,引《水經注》作西北平地。
	雁門西北平地	見上註。
	思陽川	
卷十一　補滋水	唐城堨	《方輿紀要》卷十二,引《水經注》:"至唐城西北,堨而爲湖。"
	蓮堰	
卷十六　補洛水	渭谷北川	
	商原	
	滸原	《名勝志》陝西,卷三,引《水經注》:"洛水南逕商原西,俗謂之滸原。"《寰宇記》卷二十八,引《水經注》作許原。
	許原	見上註。
	強梁原	
卷十八　渭水	三畤原	
卷十九　補豐水	樊川	
	石堨	
	細柳諸原	

卷　次	地　名	備　註
卷十九　補涇水	汭川	《寰宇記》卷三十二,引《水經注》:"芮水出小隴山,其川名汭。"
	殊川	
	宜禄川	
	淺水原	
	鄭渠田	《熙寧長安志》卷十七,引《水經注》:"涇水東南流,逕瓠口,鄭、白二渠出焉,凡灌田萬頃。"
	白渠田	見上註。
	紅花水田	《寰宇記》卷二十二,引《水經注》:"引水溉田二百餘頃,俗名爲紅花水。"
卷三十二　肥水	苑馬塘	
卷四十　漸江水	運迸塘	

橋梁、津渡

卷 次	地 名	備 註
卷二 河水	罕幵渡	
卷五 河水	五社津	
	土社津	《後漢書・光武皇帝紀》註,引《水經注》:“五社津一名土社津。”
	棘津	
卷六 汾水	雀津	
卷十 濁漳水	平棘縣石橋	《寰宇記》卷六十,引《水經注》:“汶水東逕平棘縣南,有石橋跨水。”
卷十一 補滹沱水	蒲澤梁	《寰宇記》卷六十一,引《水經注》:“又東南爲蒲澤,濟水有梁焉。”
卷三十三 江水	南江橋	
	安樂橋	
卷三十四 江水	公孫述浮橋	《蜀鑑》卷一,引《水經注》:“公孫述依二山作浮橋。”
	景侯港	
	江津	
	烏江渡	

道路、關塞

卷次	地名	備註
卷六　汾水	汾水關	
卷九　沁水	天井關	
卷十　濁漳水	襄垣縣道 董卓壘	
卷十一　易水	高陽關	
卷十一　補滹沱水	句注 九塞 盧龍 飛狐 百道隘	
卷十一　補滋水	石銘陘	
卷十四　濕餘水	軍都關	
卷十六　穀水	劉曜壘	
卷十九　補涇水	長城	
卷二十　漾水	白水關	
卷二十二　潁水	二利關	
卷二十五　泗水	五父衢 五父之衢	

卷　次	地　名	備　註
卷三十五 江水	伍子胥壇道	

礦藏、工業地、倉庫

卷次	地名	備註
卷十　濁漳水	南和官冶	《寰宇記》卷五十九,引《水經注》:"南和西官冶東有便水。"
	鵲山雲母穴	《寰宇記》卷五十九,引《水經注》:"鵲山有穴,出雲母。"
	房子城白土	《寰宇記》卷六十,引《水經注》:"泜水出房子城西,出白土,細滑如膏,可用濯錦。"
	房子之纊	
	蜀錦	
卷十一　補滹沱水	程侯山採金	《寰宇記》卷四十二,引《水經注》:"忻州東歷程侯山,北山甚層鋭,其中舊有採金處,俗謂之金山。"
卷十六　補洛水	甘谷水造酒	《名勝志》陜西,卷三,引《水經注》:"有甘谷水出縣西匱谷中,其中特美,堪造酒。"
卷三十五　江水	趙屯城倉	《初學記》卷八,引《水經注》:"破虜礠東有趙屯城,内有倉。"
卷三十八　湘水	銅水雲母	《寰宇記》卷一一四,引《水經注》:"西臨銅水,山土紫色,内含雲母。"

壇臺、宮室、園苑、屋舍室宅

卷　次	地　名	備　註
卷五　河水	吕望賣漿臺	
卷十　濁漳水	石壇	
卷十一　易水	黄金臺 武陽臺 石堂 鬬雞臺	
卷十六　穀水	鬬雞臺	
卷十六　補洛水	沙苑	
卷十九　補豐水	靈臺	
卷十九　補涇水	雲陽宫 望夷宫	
卷二十八　沔水	諸葛故宅	
卷三十五　江水	樂遊苑 伍子胥壇	

門　闕

卷　　次	地　　名	備　　註
卷十　濁漳水	平棘城南門	
卷十一　易水	天城門	
卷十一　補滹沱水	行唐城北門	
卷十四　濡水	碣石門	
卷十六　穀水	廣陽門	
卷十九　補涇水	塞門 寒門	《寰宇記》卷二十六,引《水經注》:"九嵕山東,仲山西,謂之谷口,即塞門也。"《熙寧長安志》卷十六,引《水經注》作寒門。
卷二十五　泗水	魯東門	
卷三十五　江水	銅闕	

祠、廟、寺觀、陵墓

卷　次	地　名	備　註
卷六　汾水	廣勝寺	
卷六　晉水	晉祠	
卷十　濁漳水	馮龍所造壇廟	《後漢書・光武皇帝紀》註,引《水經注》:"常山相隴西狄道馮龍所造,壇廟之東,枕道有兩石翁仲相對焉。"
卷十　補滏水	滏水祠	《御覽》卷六十四,引《水經注》:"(滏)水上有祠,能興雲雨。"
	滏祠	
卷十一　補滹沱水	北臺之山佛寺	《御覽》卷四十五,引《水經注》:"其北臺之山,……今多佛寺。"
	行唐城祠	《寰宇記》卷六十一,引《水經注》:"行唐城内北門東側,祠後有神女廟。"
	神女廟	
卷十六　穀水	射雉觀	
卷十六　滻水	霸祠	《熙寧長安志》卷十一,引《水經注》:"霸、滻、長水,灃、澇、涇、渭,皆非大川,以近咸陽,盡得祠之。"
	滻祠	見上註。
	長水祠	見霸祠註。
	灃祠	見霸祠註。
	澇祠	見霸祠註。
	涇祠	見霸祠註。
	渭祠	見霸祠註。
卷十六　補洛水	黄原祠	
卷十八　渭水	鳳凰祠	
卷十九　補涇水	長平觀	

卷　次	地　名	備　註
卷三十三　江水	安樂寺	
	玉女冢	
卷三十四　江水	黄陵廟	
	黄牛廟	
卷三十五　江水	吕蒙墓	
	周瑜廟	
	伍子胥廟	
卷四十　漸江水	赤松子之祠	

國 族

卷次	地名	備註
卷九 清水	魏	
	韓	
卷十 濁漳水	虢	
卷十 補洺水	烏桓	
	鮮卑	
卷十一 易水	燕	
	東胡	
卷十一 補滹沱水	匈奴	
	趙	
卷十六 補洛水	梁	
	晉	
	秦	
卷二十二 渠	梁	
卷二十四 睢水	宋	
卷二十五 泗水	魯	
卷三十五 江水	吴	
卷三十六 温水	頓遜	
	崑崙	
	林邑	
卷四十 補弱水	吐谷渾	

州、郡

卷次	地名	備註
卷九　清水	汲郡	
卷九　淇水	魏郡	
卷十　濁漳水	趙郡	
	洺州	
	常山郡	
	沃州	
卷十一　易水	安州	
卷十一　滱水	廣昌郡	
卷十一　補滹沱水	雁門郡	
	忻州	
卷十一　補滋水	冀州	
卷十三　㶟水	朔州	
卷十六　補洛水	上郡	
	隴西郡	
	鄜州	
	坊州	
卷十九　補涇水	安定郡	
	渭州	
	扶風	
卷二十一　汝水	宏農郡	

卷次	地名	備註
卷二十六 沭水	泗州	
卷二十七 沔水	洋郡	《寰宇記》卷一三八,引《水經注》:“洋水源出巴山,逕縣東八里,北流入黄金縣界,郡因此水爲名。”
卷三十 淮水	蒼梧郡	
	郁州	
卷三十二 涪江	潼川州	
卷三十四 江水	夷陵州	
卷三十五 江水	淮南郡	
	南州	
	霍州	
	雷州	
	丹陽郡	
	會稽郡	
	揚州	
卷三十六 若水	邛州	
卷三十六 温水	交州	
卷三十九 贛水	袁州	
卷四十 漸江水	東陽郡	
卷四十 補弱水	張掖郡	
	酒泉郡	
卷四十 補黑水	張掖郡	
	燉煌郡	

縣、侯國

卷次	地名	備註
卷二　河水	白石縣	
卷三　河水	朔方縣	
	隰川縣	
卷四　河水	河東縣	
	沁水縣	
	垣曲縣	
卷五　河水	棗強縣	
卷六　汾水	趙城縣	
	洪洞縣	
卷九　沁水	晉城縣	
卷九　淇水	朝歌縣	
卷十　濁漳水	襄垣縣	
	和城縣	
	南和縣	
	襄國縣	
	沙河縣	
	中丘縣	
	列人縣	
	石邑縣	
	平棘縣	
	清池縣	
	蒲嶺侯國	《寰宇記》卷六十五,引《水經注》作蒲嶺。卷六十三,引《水經注》又作蒲領。
卷十　清漳水	遼山縣	
卷十　補滏水	鄴縣	

卷次	地名	備註
卷十 補洛水	易陽縣	
	湯陰縣	
	臨洺縣	
	廣平縣	
卷十一 易水	固安縣	
	亞谷侯國	
	鄭縣	
卷十一 滱水	廣昌縣	
	五回縣	
卷十一 補滹沱水	廣武縣	
	平城縣	
	葰人縣	
	葰縣	《寰宇記》卷四十九,引《水經注》:"雁門郡葰人縣百餘家。"《名勝志》山西,卷二,引《水經注》作"雁門郡葰縣人百餘家。"
	五臺縣	
	九源縣	
	定襄縣	
	苦陘侯國	
	漢昌縣	
	魏昌縣	
	安鄉侯國	
	安城縣	
	靈壽縣	
	行唐縣	
	鄭縣	
卷十一 補滋水	廣靈縣	
	新市縣	
	盧奴縣	

卷　次	地　名	備　註
卷十三　灅水	靜樂縣	
	馬邑縣	
卷十四　大遼水	遼隊縣	
卷十六　補洛水	彫陰縣	
	華陰縣	
	翟道縣	
	狄道	
	中部縣	
	宜君縣	
	洛川縣	
	栒邑縣	
	合川縣	
	澄城縣	
	臨晉縣	
卷十七　渭水	南由縣	
卷十八　渭水	扶風縣	
	武功縣	
卷十九　補豐水	萬年縣	
卷十九　補涇水	朝郍縣	
	朝那縣	《御覽》卷六十二,引《水經注》:"涇水導源安定朝郍縣西笄頭山。"《乾隆醴泉縣志》卷二,引《水經注》作朝那縣。
	潘源縣	
	宜禄縣	
	羅山縣	
	羅川縣	
	翟道縣	
	襄樂縣	

卷次	地名	備註
	漆縣	
卷二十 漾水	黄花縣	
	葭萌縣	
卷二十二 潁水	汝陽之縣	
	死汝縣	
	南頓故縣	
卷二十二 渠	中牟縣	
	浚儀縣	
卷二十四 睢水	睢陽縣	
卷二十六 沭水	漣水縣	
卷二十七 沔水	金牛縣	
	西鄉縣	
	黄金縣	
卷三十 淮水	射陽侯國	
	朐縣	
卷三十一 湍水	襄鄉縣	
卷三十三 江水	新都縣	
	僰道	
	潯陽縣	
卷三十五 江水	烏江縣	
	於湖縣	
	姑孰縣	
	灊縣	
	逡遒縣	
	壽春縣	
	居巢縣	

卷　次	地　名	備　註
	江寧縣	
	蕪湖縣	
	陽羨縣	
	六合縣	
	溧陽縣	
	丹陽縣	
	太湖縣	
卷三十八　湘水	零陵縣	
卷三十九　贛水	新淦縣	
卷四十　漸江水	新安縣	
	山陰縣	
	上虞縣	
卷四十　補弱水	删丹縣	
	會水縣	

故都、城邑

卷　　次	地　　名	備　　註
卷四　河水	古魏城	
卷五　河水	虎牢城	
	棗強縣故城	
卷九　清水	雞鳴城	
卷九　沁水	陽陵城	
卷十　濁漳水	房子城	
	平棘城	
	沃州城	
	高邑	
	北蒲嶺故城	
卷十　補洺水	鄴城	
	廣平縣故城	
	曲梁城	
卷十一　易水	武陽城	
	亞谷城	
卷十一　滱水	交牙城	
	古板殿城	
卷十一　補滹沱水	平城	
	九原城	
	魏昌城	
	安城	
	資城	
	行唐城	
	常山城	
卷十一　補滋水	舊曲陽城	

卷　次	地　名	備　註
卷十五　洛水	文邑	
卷十六　穀水	桐城	
卷十六　滻水	咸陽	
卷十六　補洛水	柏城	
	栒邑故城	
	栒邑	
	尉李城	
	石窟城	《寰宇記》卷三十三,引《水經注》:"尉李城亦曰石窟城。"
	新城	
卷十九　渭水	沈城	
卷十九　補涇水	朝那城	
	白石城	
	寧陽城	
	於延城	
卷二十二　潁水	豢龍城	
	豢龍氏之邑	
卷二十二　渠	浚儀縣郛	
卷二十三　陰溝水	圛城	
卷二十八　沔水	穀國城	
	鄾城	
卷三十　淮水	射城	

卷　　次	地　　名	備　　註
卷三十五	吕蒙城	
江水		
卷三十八	寧遠城	
湘水	趙屯城	
卷三十九	劉繇城	
贛水	建昌城	

鎮、鄉、亭、里、聚、村、戍、堡

卷　次	地　名	備　註
卷三　河水	弘靜鎮	
	宏靜鎮	七校本作弘靜鎮,注釋本作宏靜鎮。
卷五　河水	貴鄉	
卷九　清水	脩武鄉	
卷九　沁水	午臺亭	
卷十　濁漳水	柏暢亭	
卷十一　易水	趙堡	
卷十一　補滹沱水	安鄉	
卷十六　穀水	尸鄉	
卷十六　補洛水	坊新里	
	新里	
卷二十一　汝水	柏華聚	
卷三十　淮水	牛欄一村	
卷三十二　涪水	平陽鄉	
卷三十五　江水	團亭	
	盛唐戍	
	大雷戍	
	大峴亭	

卷次	地名	備註
卷三十六若水	石盤戍	
卷三十八溱水	三楓亭	

其他地名

卷　次	地　名	備　註
卷二　河水	隴右	
卷五　河水	孤村嵴	
卷六　汾水	大郎神	
卷十　濁漳水	藁 宜安	
卷十一　補滹沱水	燕薊 九塞	
卷十六　穀水	試弩棚	
卷十六　補洛水	蒲谷源	
卷十九　補豐水	石墩	
卷二十六　淄水	淄河鋪	
卷二十八　沔水	隆中	
卷三十二　涪水	平曲	
卷三十三　江水	四瀆 巴漢	
卷三十五　江水	小益唐	
卷三十八　湘水	大洋	

卷　　次	地　　名	備　　註
卷四十　漸江水	百官	

徵引書目

微波榭本《水經注》　〔清〕戴震　孔繼涵微波榭刊本
小山堂鈔全謝山五校《水經注》鈔本　（天津市人民圖書館藏，四明抱經樓舊藏。）
七校本《水經注》　〔清〕全祖望　光緒十四年寧波崇實書院刊本
《水經注釋》　〔清〕趙一清　乾隆趙氏小山堂刊本
趙琦美、孫潛、何義門諸家校本《水經注》　佚名臨　以項絪刊本作底臨摹（南京圖書館藏，八千卷樓舊藏。）
《水經注疏證》　〔清〕沈欽韓　道光稿本（北京圖書館藏，吴興嘉業堂舊藏。）
《水經注疏》　楊守敬、熊會貞　科學出版社影印本
《水經注圖》　楊守敬　光緒乙巳觀海堂刊本
《元和郡縣志》　〔唐〕李吉甫　光緒金陵書局刊本
《太平寰宇記》　〔宋〕樂史　乾隆五十八年刊本
《元豐九域志》　〔宋〕王存　《水經注釋》引
《輿地廣記》　〔宋〕歐陽忞　《國學基本叢書》本
《輿地紀勝》　〔宋〕王象之　道光二十九年岑氏重刊本
《方輿勝覽》　〔宋〕祝穆　鈔本（上海圖書館藏）
《元一統志》　趙萬里輯　中華書局出版
《寰宇通志》　〔明〕陳循等　景泰順天府刊本（天一閣藏）

《大明輿地名勝志》 〔明〕曹學佺 明刊本(南京圖書館藏)
《古今輿地圖》 〔明〕吴國輔 崇禎刻本(上海師大圖書館藏)
《讀史方輿紀要》 〔清〕顧祖禹 《國學基本叢書》本
《記蔥嶺山》 〔明〕慎蒙 明刊《古今天下名山勝概記》卷三十九
《石鍾山記》 〔宋〕蘇軾 明刊《蘇東坡全集》卷三十七(天一閣藏)
《遊石鍾山記》 〔明〕羅洪先 明刊《古今遊名山記》卷十一上(天一閣藏)
《遊石鍾山記》 〔明〕李齡 明刊《古今天下名山勝概記》卷二十五,明刊本(上海師范大學圖書館藏)。
《遊蜀日記》 〔清〕吴燾 《小方壺齋輿地叢鈔》七帙二册
《滇遊日記》〔清〕包家吉 《小方壺齋輿地叢鈔》七帙四册
《雲中紀程》 〔清〕高懋功 《小方壺齋輿地叢鈔》六帙三册
《浙江山川古積記》 〔清〕杭世駿 稿本(北京圖書館藏)
《山海經新校正》 〔清〕畢沅 乾隆《經訓堂叢書》本
《關中水道記》 〔清〕孫彤 《問影樓輿地叢書》第一集
《山海經廣註》 〔清〕吴任臣 乾隆五十一年金閶書叢堂刊本
《山海經箋疏》 〔清〕郝懿行 嘉慶九年阮氏瑯嬛仙館刊本
《尚書孔疏》 〔唐〕孔穎達等 影印日本弘化丁未刊本
《古文尚書疏證》 〔清〕閻若璩 《四部叢刊》本
《尚書通考》 〔元〕黄鎮成 康熙十六年通志堂刊本
《尚書詳解》 〔宋〕夏僎 武英殿聚珍本
《尚書地理今釋》 〔清〕蔣廷錫 《借月山房彙鈔》本
《禹貢蔡傳》 〔宋〕蔡沈 同治三年浙江撫署刊本
《禹貢論》 〔宋〕程大昌 《通志堂經解》卷一二九至一三〇
《禹貢山川地理圖》 〔宋〕程大昌 《指海一集》本
《禹貢指掌》 〔清〕關涵 《關氏經學五書》本
《禹貢水道考異》 〔清〕方堃 道光紫霞仙館刊本
《説斷》 〔宋〕傅寅 《聚珍本叢書》
《禹貢指南》 〔宋〕毛晃 《叢書集成》本
《禹貢會箋》 〔清〕徐文靖 同治常惺惺齋刊本
《禹貢錐指》 〔清〕胡渭 康熙四十四年漱六軒刊本
《詩地理考》 〔宋〕王應麟 《津逮秘書》本
《春秋地名考略》 〔清〕高士奇 康熙刊本

《戰國策釋地》　〔清〕張琦　嘉慶二十年宛鄰書屋刊本
《史記索隱》　〔唐〕司馬貞　百衲本
《史記正義》　〔唐〕張守節　百衲本
《漢書地理志補註》　〔清〕吴卓信　《二十五史補編》本
後漢書註　〔唐〕李賢　百衲本
後漢書郡國志註　〔梁〕劉昭　百衲本
《晉書地理志新補正》　〔清〕畢沅　《叢書集成》本
《東晉疆域志》　〔清〕洪亮吉　《史學叢書》本
《魏書地形志校録》　〔清〕温曰鑑　《二十五史補編》本
《通鑑胡註》　〔元〕胡三省　中華書局出版
《通鑑地理通釋》　〔宋〕王應麟　《學津討原》本
《吴越春秋註》　〔元〕徐天祜　《萬有文庫》本
《通典》　〔唐〕杜佑　十通本
《長安志》　〔宋〕宋敏求　光緒王先謙刊本
《新校正長安志》　〔清〕畢沅　乾隆甲辰靈巖山館刊本
《景定建康志》　〔宋〕馬光祖、周應合　嘉慶七年江寧顧崖刊本
《弘治中都志》　〔明〕柳瑛　隆慶己巳刊本(天一閣藏)
《嘉靖河南通志》　〔明〕鄒守愚等　嘉靖原刊本(天一閣藏)
《嘉靖許州志》　〔明〕張良知　嘉靖原刊本(天一閣藏)
《嘉靖鄢陵志》　〔明〕劉訒　嘉靖原刊本(天一閣藏)
《嘉靖尉氏縣志》　〔明〕汪心　嘉靖原刊本(天一閣藏)
《嘉靖河間府志》　〔明〕樊深　嘉靖原刊本(天一閣藏)
《嘉靖青州府志》　〔明〕杜思、馮惟訥　嘉靖原刊本(天一閣藏)
《嘉靖臨朐縣志》　〔明〕王家士　嘉靖原刊本(天一閣藏)
《嘉靖九江府志》　〔明〕何棐、李汎　嘉靖原刊本(天一閣藏)
《隆慶岳州府志》　〔明〕鍾崇文　隆慶原刊本(天一閣藏)
《隆慶趙州志》　〔明〕蔡懋昭　隆慶原刊本(天一閣藏)
《順治河南通志》　〔清〕賈漢復等　順治原刊本(徐家滙藏書樓藏)
《康熙畿輔通志》　〔清〕郭棻等　康熙原刊本
《康熙山東通志》　〔清〕趙祥星等　康熙原刊本
《康熙湖廣通志》　〔清〕徐國相、宫夢仁　康熙原刊本
《康熙江西通志》　〔清〕于成龍、杜果　康熙原刊本

《康熙保定府志》　〔清〕紀弘謨、郭棻　康熙原刊本
《康熙紹興府志》(王志)　〔清〕王之賓、董欽德　康熙原刊本
《康熙紹興府志》(俞志)　〔清〕俞卿、鄒尚等　康熙原刊本
《康熙永城縣志》　〔清〕周紀正、侯良弼　康熙原刊本
《康熙上蔡縣志》　〔清〕楊廷望　康熙原刊本
《雍正陝西通志》　〔清〕劉於義、史貽直　雍正原刊本
《雍正河志通志》　〔清〕田文鏡、孫灝　道光六年補刊本
《雍正湖廣通志》　〔清〕邁柱、夏力恕　雍正原刊本
《雍正浙江通志》　〔清〕李衛、傅王露等　光緒浙江書局重刊本
《雍正江西通志》　〔清〕高其倬、陶成　雍正原刊本
《雍正江南通志》　〔清〕尹繼善、黄之雋　乾隆元年刊本
《雍正澤州府志》　〔清〕朱樟、田家穀　雍正原刊本
《乾隆山西志輯要》　〔清〕雅德　乾隆原刊本
《乾隆甘肅通志》　〔清〕查郎阿、李迪等　乾隆原刊本
《乾隆沂州府志》　〔清〕李希賢、潘遇莘等　乾隆原刊本
《乾隆同州府志》　〔清〕張奎祥　乾隆原刊本
《乾隆衡州府志》　〔清〕饒佺、曠敏本等　乾隆原刊本
《乾隆紹興府志》　〔清〕李亨特、平恕　乾隆原刊本
《乾隆忻州志》　〔清〕竇容邃　乾隆原刊本
《乾隆長治縣志》　〔清〕吴九齡、蔡履豫　乾隆原刊本
《乾隆醴泉縣志》　〔清〕蔣騏昌、孫星衍　乾隆原刊本
《邠州志序》　〔清〕孫星衍　《問字堂集》卷四
《道光安徽通志》　〔清〕蔣攸銛、李振庸　道光原刊本
《道光尉氏縣志》　〔清〕劉厚滋、王觀潮　道光原刊本
《蜀鑑》　〔宋〕郭允蹈　光緒吴興貽穀堂重刊本
《滇繫》　〔清〕師範　雲南通志書局刊本
《天下名山諸勝一覽記》　〔明〕慎蒙　萬曆四年刊本(上海師範大學圖書館藏)
《川中雜説》　〔清〕吴燾　《小方壺齋輿地叢鈔》七帙二册
《滇志雜志》　〔清〕曹樹翹　《小方壺齋輿地叢鈔》七帙三册
《西洱海志》　〔明〕李元陽　明刊《古今遊名山記》卷十六(天一閣藏)
《天下郡國利病書》　〔清〕顧炎武　光緒二十六年廣雅書局刊本
《新鐫海内奇觀》　〔明〕楊爾曾　萬曆刊本(上海師範大學圖書館藏)

《涇洛二水補》　〔清〕謝鍾英　《南菁書院叢書》本
《洨水考》　〔清〕沈垚　《落颿文稿》卷三
《泥水考》　〔清〕沈垚　《落帆樓文集》卷四
《黑水考》　〔清〕闞禎兆　《光緒永昌府志》卷六十五
《交廣印度兩道考》　伯希和　商務印書館出版
《崑崙及南海古代航行考》　費瑯　商務印書館出版
文選註　〔唐〕李善註　乾隆葉氏海録軒刊本(天津市人民圖書館藏)
《古謡諺》　〔清〕杜文瀾　《曼陀羅華閣叢書》本
《蛾術編》　〔清〕王鳴盛　道光沈氏世楷堂刊本
《樂府詩集》　〔宋〕郭茂倩　《四部叢刊》本
《困學紀聞》　〔宋〕王應麟　清桐鄉汪氏精刊本
《魏武帝集》　〔漢〕曹操　《漢魏六朝名家集》本
《諸葛忠武侯故事》　〔清〕張澍　同治元年聚珍齋木活字本
百門陂碑銘並序　〔唐〕辛怡練　《道光輝縣志》卷十四
《埤雅》　〔宋〕陸佃　《叢書集成》本
《佩文韻府》　〔清〕張玉書等　商務印書館影印本
《北堂書鈔》　〔唐〕虞世南　南海孔氏三十有三萬堂重刊本
《初學記》　〔唐〕徐堅等　中華書局出版
《太平御覽》　〔宋〕李昉等　中華書局影印本
《玉海》　〔宋〕王應麟　杭州大學圖書館藏元覆至正六年刊本
《書敍指南》　〔宋〕任廣　《墨海金壺》本
《考古辭宗》　〔明〕況叔祺　嘉靖刊本(天一閣藏)
《廣博物志》　〔明〕董斯張　乾隆高暉堂刊本
《讀書紀數略》　〔清〕宫夢仁　康熙四十六年刊本
《經籍佚文》　〔清〕王仁俊　稿本縮微膠卷(上海圖書館藏)
《事類賦》　〔宋〕吴淑　據明華氏劍光閣本覆刊本
《晏元獻公類要》　〔宋〕晏殊　鈔本縮微膠卷(北京圖書館藏)
《古今天下名山勝概記》　〔明〕何鏜　明刊本(上海師範大學圖書館藏)
《水經注異聞録》　任松如　上海啟智書局民國二十四年出版
《淵鑑類函》　〔清〕張英等　光緒丁亥上海同文書局石印本

地名索引

凡　　例

一、本索引收録《水經注地名匯編》中的六十五類地名以及附録二編列的《水經注》佚文地名。

二、本索引以表格形式呈現，第一欄爲地名，第二欄爲卷次，第三欄爲類别。

三、本索引按地名首字的筆劃數編排，因爲《水經注地名匯編》始纂時間較早，當時編者筆劃數的計算標準是一九三六年出版的《辭海》，這與我們今天習慣的筆劃計算標準多有不同，敬請讀者使用時注意。爲方便讀者檢索，又附有音序檢字表。

一劃:一

地名	卷次	類別
一合塢	15 洛水	18.63.
一里水	38 溱水	1.
一涯溪	39 耒水	1.
一合塢城	15 洛水	53.

二劃:丁、七、九、二、人、八、刀、力、十、卜

地名	卷次	類別
丁令谷	20 漾水	24.
丁公泉	9 清水	11.
丁姬冢	7 濟水	43.
丁原山	14 濡水	18.
丁溪水	25 泗水	1.
丁蓼水	14 濕餘水	1.
丁昭儀墓	7 濟水	43.
丁零溪水	20 漾水	1.
七山	14 鮑丘水	18.
七曲	36 若水	4.
七谷	15 伊水	24.
七泉	13 灅水	佚.
七塔	1 河水	39.
七橋	33 江水	29.
七女池	27 沔水	9.
七女岡	22 潩水	18.
七女冢	27 沔水	43.
七井岡	30 淮水	18.
七谷水	15 伊水(2)	1.
七谷村	34 江水	60.
七里澗	4 河水 16 穀水	1.
七虎溪	22 渠	1.
七度水	14 沽河	1.
七級寺	26 淄水	46.
七溪山	15 伊水	18.
七賢祠	9 清水	44.
七里溝水	22 洧水	1.
七虎澗水	22 洧水 22 渠	1.
七賢祠泉	9 清水	11.
七谷水西山	15 伊水	18.
七谷村兩山	34 江水	18.
七里澗南山	4 河水	18.
九口	38 湘水	3.
九山	15 洛水 22 潁水 40 禹貢山水澤地所在	18.
九井	32 漻水	13.
九江	39 廬江水 35 江水	1. 佚.
九州	15 伊水 19 渭水 20 漾水 40 禹貢山水澤地所在	48.
九圻	35 江水	18.
九里	5 河水	58.
九河	4 河水 5 河水 10 濁漳水 16 穀水	1. 65.
九阿	15 洛水	65.
九原	3 河水 6 汾水 9 淇水	26. 65.

地名	卷次	類別
九區	3 河水	65.
九渡	30 淮水	1.
九都	5 河水	65.
九塞	30 淮水	65. 佚.
	11 補滹沱水	
九疑	38 湘水	佚.
九縍	14 濡水	31.
九澤	6 汾水	6.
九嶺	36 温水	18.
九子臺	19 渭水	36.
九山祠	22 潁水	44.
九山廟	15 洛水	45.
九曲坂	15 洛水	18.
九曲瀆	16 穀水	1.4.
九江郡	21 汝水	49.
	22 渠	
	23 陰溝水	
	30 淮水	
	39 贛水	
	39 廬江水	
九折坂	33 江水	18.
九里柞	23 獲水	42.
九門縣	10 濁漳水	50.
九門城	10 濁漳水	53.
九原城	11 補滹沱水	佚.
九原郡	3 河水	49.
	9 淇水	
九原縣	3 河水	50.
九真水	36 温水	1.
九真亭	37 葉榆河	50. 57.
九真郡	36 温水	49.
	37 葉榆河	
	37 浪水	
九真路	36 温水	31.

地名	卷次	類別
九莊嶺	14 鮑丘水	18.
九渡山	37 澧水	18.
九渡水	30 淮水(3)	1.4.
	37 澧水	
九華臺	16 穀水	36.
九源水	14 沽河	1.
九源城	11 補滹沱水	佚.
九疑山	38 湘水	18.
	39 深水	
九疑亭	38 湘水	50. 57.
九疑郡	38 湘水	49.
九德究	36 温水	1. 15.
九德郡	36 温水	49.
	37 葉榆河	
九德縣	36 温水	50.
九嵏山	19 補涇水	佚.
九過口	14 濡水	3.
九龍池	16 穀水	9.
九龍渠	16 穀水	1.
九龍堰	16 穀水	28.
九十九泉	13 㶟水	11.
九十九洲	34 江水	16.
九十九淀	14 鮑丘水	6.
九山溪水	15 洛水	1.
九江郡治	30 淮水	53.
九原郡治	3 河水	53.
九真水口	36 温水	3.
九原縣故城	3 河水	53.
二江	33 江水	1.
二别	28 沔水	18. 65.
二京	16 穀水	65.
二泡	25 泗水	65.
二室	40 禹貢山水澤地所在	65.

三劃:三、上、下、丸、久、乞、于、凡、勺、千、土、士、夕、大、女、子、小、尸、山、巳、巾、弋、弓

地名	卷次	類別
三户	10 濁漳水	65.
	20 丹水	
三水	16 補洛水	佚.
三危	40 補黑水	佚.
三戍	38 湘水	62.
三江	29 沔水	1.65.
	38 湘水	
	40 漸江水	
三吴	40 漸江水	65.
三沙	2 河水	25.
三谷	7 濟水	24.
三河	2 河水	65.
	9 沁水	
三門	4 河水	23.41.
三泉	2 河水	11.
	6 汾水	
三洲	28 沔水	16.
	35 江水	
三苗	40 禹貢山水澤地所在	47.
三城	14 鮑丘水	53.
三峽	33 江水	23.
	34 江水	
三晉	6 汾水	65.
三秦	3 河水	65.
	19 渭水	
	27 沔水	
	29 潛水	
	33 江水	
三崤	16 穀水	18.65.
三湖	28 沔水	6.
三都	33 江水	52.65.
三塗	21 汝水	18.
三楚	22 渠	65.

地名	卷次	類別
	30 淮水	
三蜀	27 沔水	65.
	36 若水	
三臺	13 灅水	36.
三齊	3 河水	65.
三澨	40 禹貢山水澤地所在	1.
三餘	40 漸江水	65.
三魏	10 濁漳水	65.
三丈陂	21 汝水	10.
三女亭	12 巨馬水	57.
三女城	9 淇水	53.
三女臺	9 淇水	18.36.
三山谷	37 沅水	24.
三山湖	29 沔水	6.
三山溪	35 江水	1.
三川郡	16 穀水	49.
	23 陰溝水	
三公城	31 淯水	53.
三分石	38 湘水	佚.
三户山	26 濰水	18.
三户亭	20 丹水	57.
三户津	10 濁漳水	30.
三户城	20 丹水	53.
三户峽	10 濁漳水	23.
三户郭	20 丹水	54.
三水口	27 沔水	3.
三水縣	2 河水	50.
三王城	31 涢水	53.
三石山	38 湘水	18.
三石水	38 湘水	1.
三石戍	38 湘水	62.
三石澗	37 沅水	1.
三交水	15 伊水	1.佚.

地名	卷次	類别
	19 補豐水	
三交城	27 沔水	53.
三危山	33 江水	18. 佚.
	40 補黑水.	
三江口	29 沔水	3.
	38 湘水	
三谷水	17 渭水	1.
三里水	21 汝水	1.
三里岡	22 渠	18.
三門山	4 河水	18.
三室山	7 濟水	18.
三封山	22 潁水	18.
三封縣	3 河水	50.
三柱山	26 沭水	18.
三泉水	14 濡水	1. 11.
三津溼	38 湘水	1.
三皇山	7 濟水	18.
三要山	15 洛水	18.
三城川	2 河水	1. 26.
三城水	14 鮑丘水	1.
三神祠	6 汾水	44.
三梁亭	11 滱水	57.
三淵泉	9 清水	11.
三累山	4 河水	18.
三畤原	18 渭水	佚.
三湖水	3 河水	1.
三湖谷	3 河水	24.
三絳縣	36 若水	50.
三陽溼	38 湘水	1.
三塗山	15 伊水	18.
三會口	11 易水	3.
三會水	11 補滹沱水	佚.
三會亭	9 清水	57.
	13 㶟水	
三會城	13 㶟水	53.
	14 濡水	
三楓亭	38 溱水	佚.
三艘國	7 濟水	47.
三藏川	14 濡水	1.
三藏水	14 濡水	1.
三嚴水	21 汝水	1.
三十三渡	37 沅水	30.
三天子都	39 廬江水	18.
三屯谷水	21 汝水	1.
三户山祠	26 濰水	44.
三水屬國	2 河水	49.
三石水口	38 湘水	3.
三交水口	15 伊水	3.
三危之山	40 禹貢山水澤地所在	18.
三苗之國	29 沔水	47.
	38 湘水	
三溪水口	38 湘水	3.
三水縣故城	2 河水	53.
三水縣温泉	2 河水	12.
三水縣鹽池	2 河水	9. 33.
三水縣鹽官	2 河水	34.
三里水枝水	21 汝水	1.
三封縣故城	3 河水	53.
三累山石室	4 河水	40.
三湖水南山	3 河水	18.
三屯谷水南山	21 汝水	18.
三百八十九隥	6 汾水	32.
三峽兩岸連山	34 江水	18.
三水屬國都尉治	2 河水	53.
上平	13 㶟水	65.
上夷	36 桓水	47.

地名	卷次	類别
上谷	12 聖水	24.
	14 濕餘水	
上京	11 易水	52. 53.
上河	2 河水	1.
上邳	25 泗水	65.
上陂	40 漸江水	10.
上洛	20 丹水	65.
上津	27 沔水	1. 30.
上浦	40 漸江水	8.
上郡	3 河水	49. 佚.
	16 補洛水	
上畤	18 渭水	46.
上陽	4 河水	65.
	6 涑水	
	18 渭水	
上蔡	21 汝水	65.
上鄩	15 洛水	65.
上磧	35 江水	15. 18.
上濤	27 沔水	5. 15.
上黨	9 沁水	65.
上升門	16 穀水	41.
上艾縣	10 濁漳水	50.
上西門	16 穀水	41.
上吴水	22 潁水	1.
上谷城	13 瀔水	
上谷郡	11 滱水	49.
	12 聖水	
	13 瀔水	
	14 濕餘水	
	23 陰溝水	
上明城	34 江水	53.
上東門	16 穀水	41.
上林苑	19 渭水	42.
上河城	3 河水	53.

地名	卷次	類别
上河峽	3 河水	23.
上邳城	25 泗水	53.
上洛郡	20 丹水	49.
上洛縣	4 河水	50.
	19 渭水	
	20 丹水	
上邽城	17 渭水	53.
上邽縣	17 渭水	50.
	19 渭水	
	20 漾水	
上唐鄉	28 沔水	56.
	31 淯水	
上唐縣	31 淯水	50.
上烏林	35 江水	42.
上粉縣	28 沔水	50.
	29 粉水	
上虒亭	10 濁漳水	57.
上郡治	3 河水	53.
上庸郡	27 沔水	49.
	28 沔水	
上庸縣	34 江水	50.
上郭亭	22 洧水	57.
上陵畤	3 河水	46.
上棘城	22 潁水	53.
上棘渡	22 潁水	30.
上陽郡	9 沁水	49.
上陽臺	10 濁漳水	36.
上黄縣	28 沔水	50.
上塘里	40 漸江水	58.
上慎陂	21 汝水	10.
	30 淮水	
上禄縣	20 漾水	50.
上虞江	40 漸江水	1.
上虞縣	4 河水	50. 佚.

地名	卷次	類别
	40 漸江水	
上鼻口	38 湘水	3.
上鼻浦	35 江水	8.
上蔡岡	21 汝水	18.
上蔡縣	21 汝水	50.
	31 潕水	
	39 贛水	
上霄石	39 廬江水	21.
上檀浦	35 江水	8.
上繚水	39 贛水	1.
上魏山	15 伊水	18.
上黨亭	10 濁漳水	50. 57.
上黨郡	9 沁水	49.
	10 濁漳水	
	13 㶟水	
	15 伊水	
上黨關	9 沁水	32.
上驛山	39 洭水	18.
上申之山	3 河水	18.
上曲陽城	11 滱水	53.
上曲陽縣	11 滱水	50.
上谷郡治	13 㶟水	53.
上林故地	19 渭水	42.
上洛西山	15 洛水	18.
上邽縣湖	17 渭水	6.
上宫神廟	4 河水	45.
上烏林村	34 江水	60.
上庸西城	28 沔水	53.
上黄縣治	28 沔水	53.
上虞東郭	40 漸江水	54.
上虞南郭	40 漸江水	54.
上蔡侯國	21 汝水	51.
上磧北岸	35 江水	17.
上黨郡治	10 濁漳水	53.

地名	卷次	類别
上洛縣故城	20 漾水	53.
上邽縣故城	17 渭水	53.
上唐縣故城	31 溳水	53.
上粉縣瀆粉	29 粉水	34.
上慎陂右溝	21 汝水	1.
上禄縣北溪	20 漾水	1.
上曲陽縣故城	11 滱水	53.
上申之山硌石磧	3 河水	33.
上河典農都尉治	3 河水	53.
下邑	23 獲水	53.
下陰	28 沔水	65.
下陽	28 沔水	65.
下鄉	30 淮水	56.
下鄩	15 洛水	65.
下濤	27 沔水	5. 15.
下讙	24 汶水	65.
下田川	22 潧水	1. 26.
下杜門	19 渭水	41.
下邑縣	23 獲水	50.
	25 泗水	
下忠縣	13 㶟水	50.
下治縣	23 獲水	50.
下邳郡	25 泗水	49.
	30 淮水	
	38 湘水	
下邳縣	25 泗水	50.
	25 沂水	
	30 淮水	
下洛城	13 㶟水	53.
下洛縣	13 㶟水	50.
下相縣	24 睢水	50.
	25 泗水	

地名	卷次	類别
下邽縣	19 渭水	50.
下城父	23 陰溝水	65.
下桑里	21 汝水	58.
下烏林	35 江水	42.
下虒聚	10 濁漳水	59.
下密縣	26 濰水	50.
	26 膠水	
下博縣	10 濁漳水	50.
下揚水	28 沔水	1.
下慎陂	30 淮水	10.
下雋縣	35 江水	50.
	38 湘水	
下雉縣	35 江水	50.
下聚落	19 渭水	65.
下鼻口	38 湘水	3.
下鼻浦	38 湘水	8.
下蔡縣	21 汝水	50.
	30 淮水	
下辨縣	20 漾水	50.
下營口	38 湘水	3.
下瞿灘	33 江水	15.
下酈析	29 湍水	65.
下靈山	35 江水	18.
下讙城	24 汶水	53.
下句麗郡	14 小遼水	49.
下句麗縣	14 小遼水	50.
下曲陽城	10 濁漳水	53.
下曲陽縣	11 滱水	50.
下邳大城	25 泗水	53.
下邳小城	25 泗水	53.
下邳中城	25 泗水	53.
下邳縣城	25 沂水	53.
下相侯國	24 睢水	51.
下烏林村	34 江水	60.

地名	卷次	類别
下階神殿	11 滱水	37.
下蔡新城	30 淮水	53.
下辨東峽	20 漾水	23.
下辨縣治	20 漾水	53.
下邳縣故城	25 泗水	53.
下洛縣故城	13 㶟水	53.
下相縣故城	24 睢水	53.
	25 泗水	
下邽縣故城	19 渭水	53.
下密縣故城	26 濰水	53.
	26 膠水	
下博縣故城	10 濁漳水	53.
下蔡縣故城	30 淮水	53.
下邳縣故城南門	25 泗水	41.
丸谷	17 渭水	24.
久台水	26 濰水	1.
久居縣	13 㶟水	50.
乞佛	2 河水	47.
乞斤水	2 河水	1.
乞佛都	3 河水	52.
乞活臺	22 渠	36.
乞伏袁池	13 㶟水	9.
于延水	13 㶟水	1.
于家水	6 澮水	1.
于家谷	6 澮水	24.
于闐河	2 河水	1.
于闐國	2 河水	47.
于闐南山	2 河水	18.
于闐國治	2 河水	52.
于闐國西城	2 河水	53.
于闐國玉石礦	2 河水	33.
	26 巨洋水	
凡山	26 淄水	18.

地名	卷次	類别
凡亭	9 清水	57.
凡城	9 清水	53.
	14 濡水	
凡伯國	9 清水	47.
凡亭陂	31 淯水	10.
凡陽亭	22 渠	57.
勺水	22 潁水	1.
勺梁	11 滱水	29.65.
千水	13 灅水	1.
千步	10 補洺水	佚.
千城	3 河水	53.
千崤	16 穀水	18.
千渡	27 沔水	30.
千鄉	19 渭水	56.
千子山	19 補涇水	佚.
千子嶺	19 補涇水	佚.
千秋水	39 耒水	1.
千秋池	33 江水	9.
千秋門	16 穀水	41.
千秋亭	16 穀水	57.
千金堨	15 瀍水	28.
千金堰	16 穀水	28.
千金渠	15 洛水	1.
	15 瀍水	
	15 澗水	
	16 穀水	
千春縣	19 渭水	50.
千乘城	5 河水	53.
千乘郡	5 河水	49.
	8 濟水	
千乘縣	5 河水	50.
千渠水	19 渭水	1.
千童縣	9 淇水	50.
千蓼泉	14 濕餘水	11.
千鍾縣	9 淇水	50.
千齡洲	28 沔水	16.
千名之山	15 洛水	18.
千乘王國	5 河水	49.
千乘北城	5 河水	53.
千崤之山	4 河水	1.
千崤之流	4 河水	8.
千梁無柱	27 沔水	31.
千童侯國	9 淇水	51.
千乘縣二城	5 河水	53.
千童縣故城	9 淇水	53.
千崤山巴漢北道	4 河水	31.
千崤山巴漢南路	4 河水	31.
土山	16 穀水	18.
	26 膠水	
	31 溳水	
土陂	21 汝水	10.
土崤	16 穀水	18.
土復	35 江水	65.
土臺	34 江水	36.
土樓	2 河水	38.
土山水	31 溳水	1.
土山苑	16 穀水	42.
土社津	5 河水	佚.
土門山	16 沮水	18.
	28 沔水	
土門谷	19 渭水	24.
土門陂	28 沔水	10.
土亭山	13 灅水	18.
	14 沽河	
土垠縣	14 鮑丘水	50.
土柱溪	4 河水	1.

地名	卷次	類别
土軍水	3 河水	1.
土軍郡	9 淇水	49.
土軍縣	3 河水	50.
	9 淇水	
土城浦	35 江水	8.
土塢口	35 江水	3.
土復口	35 江水	3.
土鼓城	8 濟水	53.
土鼓縣	8 濟水	50.
土壁亭	3 河水	57.
土山鹽坑	26 膠	6.
土門谷水	17 渭水	1.
	19 渭水	
土門南原	16 沮水	26.
土軍侯國	3 河水	51.
土臺北岸	34 江水	17.
土樓北山	2 河水	18.
土樓神祠	2 河水	44.
土壁亭峽	3 河水	23.
土垠縣北山	14 鮑丘水	18.
土垠縣故城	14 鮑丘水	53.
土軍縣故城	3 河水	53.
土軍舊石逗	9 淇水	2.
土復口江浦	35 江水	8.
土塢口江浦	35 江水	8.
土鼓縣故城	8 濟水	53.
土門谷水北山	17 渭水	18.
土垠縣東北山	14 鮑丘水	18.
士林戍	31 淯水	62.
士大夫郡	33 江水	49.
士林戍邸閣	31 淯水	35. 38.
夕水	40 漸江水	1.
夕陽聚	31 淯水	59.
大山	32 沘水	18.

地名	卷次	類别
大丘	19 渭水	19. 65.
大名	4 河水	65.
大江	28 沔水	1. 佚.
	29 沔水	
	32 蘄水	
	33 江水	
	34 江水	
	35 江水	
	36 青衣水	
	37 夷水	
	37 油水	
	38 湘水	
	39 耒水	
大行	15 伊水	18.
大伾	7 濟水	18.
	10 濁漳水	
大别	28 沔水	18.
	32 決水	
大利	17 渭水	65.
大谷	2 河水	18. 24.
	19 渭水	
大岸	35 江水	17.
大河	2 河水	1.
	4 河水	
	7 濟水	
	10 濁漳水	
	23 陰溝水	
大宛	2 河	47.
大洋	38 湘水	佚.
大洲	35 江水	16.
大夏	32 夏水	1. 65.
	6 涑水	
大城	3 河水	53.
大浦	36 温水	8. 佚.

地名	卷次	類别
大巫山	34 江水	18.
大延水	19 補涇水	佚.
大扶城	22 渠	53.
	23 陰溝水	
大狂水	15 伊水	1.
大谷水	2 河水	1.
	14 沽河	
	19 渭水	
大谷關	15 洛水	32.
大赤水	19 渭水	1.
大防嶺	12 聖水	18.
大明寺	8 濟水	46.
大明湖	8 濟水	6.
大武縣	38 溱水	1.
大沮水	14 濡水	1.
大河郡	24 汶水	49.
大泌水	31 涢水	1.
大盂山	21 汝水	18.
大附灘	33 江水	15.
大哀浦	22 渠	8.
大姥廟	35 江水	45.
大度水	36 若水	1.
大栅城	7 濟水	53.
大栅塢	7 濟水	63.
大洪山	28 沔水	18.
	31 涢水	
大要水	14 濡水	1.
大要谷	10 濁漳水	24.
大軍山	35 江水	18.
大夏門	16 穀水	41.
大夏縣	2 河水	50.
大峴山	26 沭水	18. 佚.
	35 江水	
大峴亭	35 江水	佚.

地名	卷次	類别
大晉國	1 河水	47.
大核山	11 補泒水	佚.
大涉水	33 江水	1.
大祇水	17 渭水	1.
大索亭	7 濟水	57.
大索城	7 濟水	53.
大郎神	6 汾水	佚.
大脩武	9 清水	65.
大涅淀	11 易	6.
大梁水	14 小遼水	1.
大梁亭	22 渠	57.
大梁城	7 濟水	53.
	22 渠	
	23 陰溝水	
大欸水	15 洛水	1.
大淵水	1 河水	1.
大紫山	32 漻水	18.
大莋縣	36 若水	50.
大蛇水	3 河水	1.
大陵水	19 補涇水	佚.
大陵城	8 濟水	53.
大陵縣	6 汾水	50.
	6 文水	
大陸田	9 清水	27.
大陸澤	10 濁漳水	佚.
大富水	31 涢水	1. 佚.
大庾嶠	39 贛水	18.
大庾嶺	38 溱水	18.
大復山	30 淮水	18.
大戟水	15 伊水	1.
大散水	20 漾水	佚.
大散嶺	20 漾水	18.
大散關	17 渭水	32.
大棘城	23 陰溝水	53.

地名	卷次	類别
大棘鄉	23 陰溝水	56.
大渡水	33 江水	1.
	36 若水	
大游墓	23 汳水	43.
大發溪	40 漸江水	1.
大舜窆	38 湘水	43.
大陽山	31 淯水	62.
大陽戍	32 蘄水	佚.
大陽城	4 河水	53.
大陽縣	4 河水	50.
大黄金	27 沔水	18.
大勢城	27 沔水	53.
大嵰山	6 洞過水	18.
	10 清漳水	
大暑臺	28 沔水	36.
大楊川	2 河水	1. 26.
大榆谷	2 河水	24.
大榆河	14 鮑丘水	1.
大溪口	37 沅水	3.
大溪水	38 資水	1.
大義山	32 漻水	18.
大道川	18 渭水	1. 26.
大道壇	13 漯水	36.
大雷口	35 江水	3.
大雷戍	35 江水	62.
大雷岸	35 江水	17.
大訾山	15 伊水	18.
大寧城	13 漯水	53.
大寧郡	13 漯水	49.
大寧縣	6 汾水	50.
	13 漯水	
大對水	38 湘水	1.
大槐里	19 渭水	53. 58.
大漄湖	28 沔水	6.
大漳水	10 濁漳水	佚.
大漴陂	22 潁水	10.
	30 淮水	
大漸浦	22 渠	8.
大蒙城	23 汳水	53.
大蒿山	20 丹水	18.
大蓋浦	22 渠	8.
大齊亭	23 汳水	57.
大齊城	23 汳水	53.
大劉山	21 汝水	18.
大壁山	40 漸江水	18.
大横水	18 渭水	1.
大澤鄉	30 淮水	56.
大獨山	40 漸江水	18.
大翮山	13 漯水	18.
大遼水	14 大遼水	1.
	14 小遼水	
大嶺水	11 滱水	1.
大斂口	28 沔水	3.
大縮浦	22 渠	8.
大檻山	8 濟水	18.
大蕭崖	39 贛水	20.
大菁陂	25 泗水	10.
大鵠浦	22 渠	8.
大隴山	2 河水	18. 佚.
	17 渭水	
	19 補涇水	
大㶏水	21 汝水	1.
	22 潁水	
	31 㶏水	
大蘇山	32 決水	18.
大鸞水	18 渭水	1.
大籠川	14 濡水	1.
大鹽池	3 河水	9.

地名	卷次	類别
大肢國	2 河水	47.
大弁川水	17 渭水	1.
大白楊浦	22 渠	8.
大石城勢	33 江水	18.
大穴南山	15 洛水	18.
大夷祝水	20 漾水	1.
大伾北岸	7 濟水	17.
大别之坂	28 沔水	18.
山别山坂	40 禹貢山水澤地所在	18.
大吴王邨	40 漸江水	60.
大成固城	27 沔水	53.
大成固縣	32 涔水	50.
大成陽縣	24 瓠子河	50.
大旱谷水	17 渭水	1.
大谷北堆	3 河水	19.
大辰之野	22 洧水	26.
大夜郎國	33 江水	47.
大林重閣	1 河水	38.
大河故瀆	5 河水 9 淇水	1.
大禹刻石	39 盧江水	21.
大城邸閣	33 江水	35. 38.
大城裏宫	1 河水	37.
大浴真山	3 河水	18.
大浴真水	3 河水	1.
大庾嶠水	38 溱水 39 贑水	1.
大陵縣井	6 文水	13.
大鹿之野	9 淇水	26.
大散關水	20 漾水	1.
大舜浚井	4 河水	13.
大華谷水	17 渭水	1.
大陽之山	4 河水	18.

地名	卷次	類别
大榆河峽	14 鮑丘水	23.
大源淮水	36 温水	1.
大漴陂水	30 淮水	1.
大對水口	38 湘水	1.
大碣石山	14 濡水	18.
大越之國	40 漸江水	47.
大道壇廟	13 㶟水	45.
大欒之山	26 汶水	18.
大熟之山	31 溳水	18.
大魯谷水	17 渭水	1.
大嶺東谷	31 滍水	24.
大樹神廟	40 漸江水	45.
大闕之井	1 河水	13. 18.
大薺陂水	25 泗水	1.
大鵜鶘峯	15 洛水	18.
大成固縣治	32 涔水	53.
大谷北堆水	3 河水	1.
大林重閣塔	1 河水	39.
大洪山石門	31 溳水	41.
大軍山夏浦	35 江水	8.
大夏縣故城	2 河水	53.
大庭氏之庫	25 泗水	35.
大徐縣故城	30 淮水	53.
大陵縣故城	6 文水	53.
大戟山北水	15 伊水	1.
大戟山南水	15 伊水	1.
大陽縣故城	5 河水	53.
大峕山玉礦	15 伊水	33.
大寧縣故城	13 㶟水	53.
大翮山温湯	13 㶟水	12.
大頭痛之山	2 河水	18.
大隴山三泉	17 渭水	11.
大月支國浮圖	2 河水	39.
大弁川水西山	17 渭水	18.

地名	卷次	類别
子練口	35 江水	3.
子午谷水	19 補豐水	佚.
子夏石室	4 河水	40.
子城南山	2 河水	18.
子貢廬墓	25 泗水	43.
子莊溪水	11 易	1.
小江	40 漸江水	1.
小别	28 沔水	18.
小皐	39 贛水	佚.
小溝	11 補滋水	佚.
小雷	28 沔水	18.
小闞	33 江水	15.41.
小釁	12 巨馬水	40.
小巴山	20 漾水	18.
小月氏	2 河水	47.
小平縣	5 河水	50.
小石門	27 沔水	41.
小灰溝	22 渠	1.
小竹磧	35 江水	15.18.
小别江	36 延江水	1.
小吕亭	21 汝水	57.
	31 淯水	
小延水	19 補涇水	佚.
小扶城	22 渠	53.
小沁水	9 沁水	1.
小沁城	9 沁水	53.
小沂水	25 沂水	1.
小沛縣	25 泗水	50.
小狂水	15 伊水	1.
小赤水	19 渭水	1.
小和川	31 滍水	1.26.
小沮水	14 濡水	1.
小祁山	20 漾水	18.
小羌水	17 渭水	1.
小金臺	11 易水	36.
小哀浦	22 渠	8.
小軍山	35 江水	18.
小軍浦	22 渠	8.
小郰邑	25 泗水	53.
小泰山	26 沭水	18.
	26 巨洋水	
	26 汶水	
小益唐	35 江水	佚.
小祇水	17 渭水	1.
小索水	7 濟水	1.
小索亭	7 濟水	57.
小脩武	9 清水	65.
小渥淀	11 易水	6.
小崑崙	1 河水	18.
小陵水	19 補涇水	佚.
小堵水	31 淯水	1.
小堵鄉	31 淯水	56.
小富水	31 溳水	1.佚.
小發溪	40 漸江水	1.
小華山	19 渭水	18.
小黄金	27 沔水	18.
小黄縣	7 濟水	50.
	23 汳水	
	25 泗水	
小榆水	3 河水	1.
小榆谷	2 河水	24.
小溳水	31 溳水	1.
小滍水	31 滍水	1.
小瑶水	9 清水	1.
小雷口	35 江水	佚.
小寧城	13 㶟水	53.
小寧縣	13 㶟水	50.
小槐里	19 渭水	53.58.

地名	卷次	類别
小樟河	5 河水	1.
小漸浦	22 渠	8.
小蒙城	23 汳水	53.
小齊城	23 汳水	53.
小劍水	20 漾水	1.
小廣魏	32 涪水	65.
	32 梓潼水	
小穀城	8 濟水	53.
小橫水	18 渭水	1.
小獨山	40 漸江水	18.
小翮山	13 㶟水	18.
	14 沽河	
小遼水	14 小遼水	1.
小濡水	14 濡水	1.
小縮浦	22 渠	8.
小蕭崖	39 贛水	20.
小鵠浦	22 渠	8.
小隴山	17 渭水(2)	18. 佚.
	19 補涇水	
小難山	35 江水	18.
小㶏水	22 潁水	1.
	31 㶏水	
小大八廟	36 温水	45.
小平津關	15 洛水	32.
小白楊浦	22 渠	8.
小石門山	27 沔水	18.
小石城勢	33 江水	18.
小吴王邨	40 漸江水	60.
小成固城	27 沔水	53.
小成陽城	24 瓠子河	53.
小沂水橋	25 沂水	29.
小沛縣治	25 泗水	53.
小孤石山	1 河	18.
小祁山水	20 漾水	1.

地名	卷次	類别
小長安聚	31 淯水	59.
小晉興城	2 河水	53.
小會無縣	36 若水	50.
小源淮水	36 温水	1.
小蒲川水	16 補洛水	佚.
小魯谷水	17 渭水	1.
小鵜鶘峯	15 洛水	18.
小沛縣石梁	25 泗水	29.
小沛縣故城	25 泗水	53.
小黄縣故城	7 濟水	53.
	23 汳水	
小寧縣故城	13 㶟水	53.
小廣陽西山	12 聖水	18.
小頭痛之山	2 河水	18.
小孤石山石室	1 河水	40.
小劍戍大劍戍通衢	20 漾水	31.
尸山	15 洛水	18.
尸水	15 洛水	1.
尸氏	16 穀水	65.
尸鄉	16 穀水	56. 佚.
	23 汳水	
尸鄉亭	23 汳水	57.
尸鄉北山	16 穀水	18.
山戎	13 㶟水	47.
	25 泗水	
山聚	30 淮水	59.
山民城	22 渠	53.
山谷水	17 渭水	1.
山茌縣	8 濟水	50.
山桑邑	23 陰溝水	53.
山桑縣	22 渠	50.
	23 陰溝水	
	30 淮水	

地名	卷次	類别
山符壘	21 汝水	32.
山陰浦	40 漸江水	8.
山陰道	40 漸江水	31.
山陰縣	29 沔水	50.
	40 漸江水	
山都縣	28 沔水	50.
	31 淯水	
山陽口	30 淮水	3.
山陽城	30 淮水	53.
山陽浦	30 淮水	8.
山陽郡	2 河水	49.
	7 濟水	
	8 濟水	
	16 穀水	
	25 泗水	
	25 洙水	
	26 淄水	
	30 淮水	
	31 淯水	
山陽國	8 濟水	49.
山陽堨	22 潁水	28.
山陽堰	22 渠	28.
山陽縣	9 清水	50.
	25 泗水	
山寧縣	4 河水	50.
山聚縣	30 淮水	50.
山爐固	8 濟水	53.
山北平地	27 沔水	26.
山東夏浦	35 江水	8.
山陰西溪	29 沔水	1.
山陰東溪	29 沔水	1.
山陰溪水	29 沔水	1.
山都侯國	28 沔水	51.
山陽王國	30 淮水	51.

地名	卷次	類别
山陽國治	30 淮水	52.
山陽舊居	9 清水	40.
山黎谷水	20 漾水	1.
山桑縣故城	23 陰溝水	53.
山陰城東郭	40 漸江水	54.
山陰縣北門	40 漸江水	41.
山陰縣西門	40 漸江水	41.
山陰縣雙闕	40 漸江水	41.
山都縣舊治	28 沔水	53.
山陽王家墓	16 穀水	43.
山桑縣西北澤藪	23 陰溝水	6.
己氏縣	8 濟水	50.
	23 獲水	
	25 泗水	
己吾縣	23 陰溝水	50.
	30 淮水	
己善縣	25 泗水	50.
己氏縣故城	8 濟水	53.
	25 泗水	
己吾縣故城	30 淮水	53.
	23 陰溝水	
巾口	28 沔水	3.
巾水	28 沔水	1.
巾城	28 沔水	53.
巾水城	28 沔水	53.
干山	4 河水	18.
干言山	10 濁漳水	佚.
干山之水	4 河水	1.
干山東谷	4 河水	24.
弋陽山	30 淮水	18.
弋陽縣	30 淮水	50.
	35 江水	
弓高城	10 濁漳水	53.

地名	卷次	類別
弓高縣	10 濁漳水	50.
弓高侯國	10 濁漳水	51.
弓高縣故城	10 濁漳水	53.

四劃：不、中、丹、予、五、井、亢、什、仁、仇、介、允、元、内、公、六、分、升、午、卞、天、太、夫、孔、少、尤、尹、屯、巴、弔、引、户、支、文、斗、斤、方、日、月、木、止、毋、毌、比、毛、水、火、父、牛、犬、王

地名	卷次	類別
不死山	40 禹貢山水澤地所在	18.
不其山	26 濰水	18.
不狼山	36 延江水	18.
不韋縣	36 若水	50.
	37 葉榆河	
不羹城	21 汝水	53.
不周之山	2 河水	18.
不家水口	22 渠	3.
不家溝水	22 渠	1.
不韋縣兩岸高山	36 若水	18.
中人	11 滱水	65.
中土	15 洛水	65.
中山	16 沮水	18. 65. 佚.
	19 補涇水	
	9 清水	
	12 巨馬水	
中川	8 濟水	26.
中水	33 江水	1.
中丘	25 沂水	65.
中州	1 河水	48.
	5 河水	
中江	33 江水	1. 佚.
	35 江水	
中牟	5 河水	65.
	10 濁漳水	
	22 渠	
中亭	15 洛水	50. 57.
中南	15 伊水	18.
	18 渭水	
中夏	1 河水	1. 47.
	2 河水	
	16 穀水	
	25 泗水	
中國	1 河水(2)	47.
	5 河水	
	6 汾水	
	26 濰水	
	30 淮水	
	31 淯水	
	37 葉榆河	
中塘	29 沔水	16. 28.
中都	6 汾水	65.
中陽	22 渠	65.
中溪	14 濡水	1.
中鄉	9 清水	56.
	16 穀水	
中人亭	11 滱水	57.
中人城	11 滱水	53.
中人鄉	11 滱水	56.
中山城	11 滱水	53.
中山郡	11 滱水	49.
	31 溳水	

地名	卷次	類别
中川水	8 濟水	1.
中水鄉	18 渭水	56.
中丘城	25 沂水	53.
中丘縣	10 濁漳水	佚.
中平陂	22 渠	10.
中牟城	10 濁漳水	53.
	22 渠	
中牟臺	22 渠	36.
中牟澤	22 潩水	6.
中牟縣	16 穀水	50. 佚.
	22 渠	
中牢水	18 渭水	1.
中牢溪	18 渭水	1.
中東門	16 穀水	41.
中亭川	18 渭水	1. 26.
中亭水	18 渭水	1.
中夏口	32 夏水	3.
中夏水	28 沔水	1.
	32 夏水	
	35 江水	
中烏林	35 江水	42.
中留縣	36 温水	50.
中郎浦	35 江水	8.
中國河	1 河水	1.
中條山	40 禹貢山水澤地所在	18. 佚.
	4 河水	
中宿縣	38 溱水	50.
	39 洭水	
中部縣	16 補洛水	佚.
中陵縣	3 河水	50.
中提山	15 洛水	18.
中華門	13 灅水	41.
中都水	6 汾水	1.

地名	卷次	類别
中都縣	6 汾水	50.
中陽山	31 溳水	18.
中陽水	35 江水	1.
中陽門	10 濁漳水	41.
中陽亭	30 淮水	57.
中陽城	6 文水	53.
	22 渠	
中陽渡	30 淮水	30.
中陽縣	3 河水	50.
	6 汾水	
	6 文水	
中慎陂	30 淮水	10.
中澗水	4 河水	佚.
中隱水	6 汾水	佚.
中瀆水	30 淮水	1.
中藏水	14 濡水	1.
中廬縣	28 沔水	50.
中山王國	11 滱水	49.
中山故關	13 灅水	32.
中山郡治	11 滱水	53.
中天竺國	1 河水	47.
中牟侯國	22 渠	51.
中烏林村	34 江水	60.
中陵川水	3 河水	1.
中極之淵	1 河水	7.
中陽水口	35 江水	3.
中溪水谷	3 河水	24.
中臺之山	11 補滹沱水	佚.
中廬南鄉	28 沔水	56.
中山夫人祠	24 瓠子河	44.
中山城小山	11 滱水	18.
中山頃王陵	11 滱水	43.
中川水半水	8 濟水(2)	1.
中牟縣故城	22 渠	53.

地名	卷次	類別
中部都尉治	3 河水	53.
	13 瀔水	
中陵縣故城	3 河水	53.
中都縣故城	6 汾水	53.
中陽城陂池	22 渠	10.
中陽縣北沙	6 汾水	25.
中陽縣故城	3 河水	53.
	6 文水	
中廬縣西山	28 沔水	18.
中廬縣故城	28 沔水	53.
中山故關舊道	13 瀔水	31.
中山簡王焉窆	11 易水	43.
中陵縣西南山	3 河水	18.
中陽城內舊臺	22 渠	36.
中陵川枝津連嶺	3 河水	18.
丹	23 汳水	1.6.
	28 沔水	
丹口	9 沁水	3.
丹山	4 河水	18.
	26 巨洋水	
	26 淄水	
	34 江水	
丹水	1 河水	1.
	4 河水	
	9 沁水	
	15 洛水	
	20 丹水	
	21 汝水	
	23 汳水	
	23 獲水	
	26 巨洋水	
	29 均水	
	37 夷水	
	38 湘水	
丹丘	23 汳水	19.65.
丹林	9 沁水	42.
丹湖	35 江水	6.
丹陽	28 沔水	65.
	33 江水	
丹水縣	20 丹水	50.
丹花嶺	14 沽河	18.
丹徒縣	29 沔水	50.
丹崖山	20 丹水	18.
丹陽山	4 河水	18.
丹陽川	16 補洛水	佚.
丹陽城	4 河水	53.
	34 江水	
丹陽郡	2 河水	49. 佚.
	34 江水	
	40 漸江水	
	35 江水	
丹陽縣	34 江水	50. 佚.
	35 江水	
丹楊郡	37 沅水	49.
丹陽城山	34 江水	18.
丹陽城阜	34 江水	19.
丹水縣故城	20 丹水	53.
丹陽城冶官	4 河水	34.
丹徒縣北故城	29 沔水	53.
丹陽城江南山	34 江水	18.
丹陽城南一城	34 江水	53.
丹水縣墨山石墨礦	20 丹水	33.
予秋縣	23 獲水	50.
五山	1 河水	18.
	38 湘水	
五行	9 沁水	18.

地名	卷次	類别
五圻	35 江水	18.
五岳	30 江水	18.65.
五泉	2 河水	11.
五洲	35 江水	16.
五原	3 河水	26.
五城	33 江水	53.
五鹿	5 河水	65.
	10 濁漳水	
五渚	38 湘水	1.9.65.
五湖	29 沔水	6. 佚.
	40 漸江水	
五都	10 濁漳水	52.65.
	16 穀水	
五溪	2 河水	1.65.
	37 沅水	
五臺	11 補滹沱水	佚.
五嶺	36 温水	18.65.
	38 湘水	
	38 灕水	
	38 溱水	
	39 耒水	
	39 鍾水	
五嶽	8 濟水	65.
	19 渭水	
	39 廬江水	
五磯	35 江水	18.65.
五丈口	35 江水	3.
五丈原	17 渭水	26.
	18 渭水	
	27 沔水	
五丈渠	19 渭水	1.
五丈溝	5 河水	1.
五丈溪	27 沔水	1.
五女山	25 沂水	18.

地名	卷次	類别
五女激	28 沔水	15.21.
五公城	11 易水	53.
五户灘	4 河水	15.
五木山	39 瀆水	18.
五水蠻	32 蘄水	47.
五父衢	25 泗水	31.
五穴口	9 淇水	3.
五交谷	20 漾水	24.
五回縣	11 滱水	佚.
五池口	22 渠	3.
五池溝	22 渠	3.
五池鄉	22 渠	56.
五延水	15 洛水	1.
五里山	14 鮑丘水	18.
五里水	14 鮑丘水	1.
五里泉	9 清水	佚.
五岳山	11 補滹沱水	佚.
五弩山	26 濰水	18.
	26 膠水	
五社津	5 河水	30. 佚.
五社渡	5 河水	30.
五門亭	32 沘水	57.
	32 肥水	
五迴山	11 易	佚.
五迴嶺	11 滱水	18.
五柞宫	13 㶟水	37.
	19 渭水	
五泉渠	18 渭水	1.11.
五原郡	3 河水	49.
	13 㶟水	
五原縣	3 河水	50.
五城水	32 涪水	1.
五城縣	32 涪水	50.
	33 江水	

地名	卷次	類别
五家冢	4 河水	43.
五婦山	32 梓潼水	18.
五將山	18 渭水	18.
五梁城	10 濁漳水	53.
五梁溝	22 洧水	1.
五時祠	5 河水	44.
五部水	20 漾水	1.
	32 羌水	
五部城	32 羌水	53.
五部溪	20 漾水	1.
	32 羌水	
五陵縣	24 睢水	50.
五鹿城	5 河水	53.
	10 濁漳水	
五鹿墟	5 河水	61.
五渡川	14 濡水	1.4.26.
	22 潁水	
五渡水	14 濡水	1.佚.
	38 溱水	
五渡塘	14 濡水	4.28.
五湖口	29 沔水	3.
五溪蠻	37 沅水	47.
	38 資水	
五道泉	15 洛水	11.
五臺山	11 補滱沱水	佚.
五臺縣	11 補滱沱水	佚.
五鳴口	22 潧水	3.
五澗水	40 禹貢山水澤地所在	1.
五龍口	26 淄水	3.32.
五龍山	3 河水	18.
五龍水	19 補涇水	佚.
五龍谷	19 補涇水	24.
五龍祠	5 河水	44.

地名	卷次	類别
五龍渠	16 穀水	1.
五龍塢	5 河水	18.63.
五大夫城	11 易水	53.
五父之衢	25 泗水	佚.
五百溝水	14 鮑丘水	1.
五色懸巖	33 江水	20.
五行之山	9 沁水	18.
五里泉水	24 瓠子河	1.
五洩高山	40 漸江水	18.
五洩瀑布	40 漸江水	5.
五原河曲	3 河水	4.
五城水口	33 江水	3.
五婦水口	32 梓潼水	3.
五婦侯國	32 梓潼水	51.
五鹿之野	5 河水	26.
五部神廟	19 渭水	45.
五會之泉	10 濁漳水	11.
五零陪尾	15 洛水	65.
五嶺之戍	38 湘水	62.
五户將軍祠	4 河水	44.
五原縣故祠	3 河水	53.
五溪水南山	17 渭水	18.
五原縣故城北連山	3 河水	18.
井門	32 肥水	41.
井陘口	10 濁漳水	3.
井陘山	10 濁漳山	18.
井榦樓	19 渭水	38.
井陘山水	10 濁漳水	1.佚.
亢父縣	8 濟水	50.
亢父之險	24 瓠子河	32.
亢父侯國	8 濟水	51.
亢父縣故城	8 濟水	53.
什谷	15 洛水	24.

地名	卷次	類别
什城	8 濟水	53.
什邡縣	33 江水	53.
什公之口	15 洛水	3.
什邡侯國	33 江水	51.
什城邸閣	8 濟水	35.38.
仁順城	30 淮水	53.
仁壽門	19 渭水	41.
仇夷	20 漾水	18.
仇池	3 河水	9.
	10 濁漳水	
	20 漾水	
仇亭	40 漸江水	57.
仇池郡	3 河水	49.
	20 漾水	
	27 沔水	
仇鳩水	20 漾水	1.
仇摩置	2 河水	18.
仇夷百頃田	20 漾水	27.
介山	6 汾水(3)	18.
介亭	26 膠水	57.
介國	26 膠水	47.
介推田	6 汾水	27.
介子推田	6 汾水	27.
介子推祠	6 汾水	44.
允川	2 河水	26.
允吾縣	2 河水	50.
允街谷	2 河水	24.
允街縣	2 河水	50.
允街縣故城	2 河水	53.
元城	5 河水	53.
元甫城	9 淇水	53.
元城縣	5 河水	50.
元城縣故城	5 河水	53.
内方	28 沔水	18.

地名	卷次	類别
内水	32 梓潼水	1.
内黄城	9 蕩水	53.
内黄縣	9 清水	50.
	9 淇水	
	9 蕩水	
	9 洹水	
	25 泗水	
内黄縣故城	9 淇水	53.
公丘	25 泗水	19.65.
公琴	32 沘水	43.
公主水	10 濁漳水	1.
公安縣	35 江水	50.
	37 油水	
公來山	25 沂水	18.
公路城	22 潁水	53.
公路浦	30 淮水	8.
公路臺	22 潁水	36.
公路澗	15 洛水	1.
	15 伊水	
公孫述浮橋	34 江水	29.
六國	21 汝水	65.
	22 洧水	
	23 汳水	
	24 瓠子河	
	27 沔水	
六縣	32 沘水	50.
六大水	1 河水	1.
六大墳	33 江水	43.
六合縣	35 江水	佚.
六安國	30 淮水	49.
	32 沘水	
六安縣	32 沘水	50.
六谷水	2 河水	1.
	17 渭水	

地名	卷次	類别
六門陂	29 湍水	10.
	31 淯水	
六門堨	29 湍水	28.
	31 淯水	
六槃口	17 渭水	3.
六壁城	6 文水	53.
六壁鎮	6 文水	55.
六門之水	31 淯水	1.
六門堨田	29 湍水	27.
六安縣故城	32 沘水	53.
分頭	31 淯水	18.
分水口	33 江水	3.
分水山	35 江水	18.
分水溪	24 汶水	1.
分水嶺	8 濟水	18. 佚.
	20 漾水	
	16 補洛水	
分明縣	5 河水	50.
分流交	8 濟水	3.
分頭山	31 滍水	18.
升山	19 渭水	18.
升城	22 洧水	53.
升臺	24 睢水	36.
午臺亭	9 沁水	佚.
午壁亭	9 沁水	57.
午壁亭瀑布	9 沁水	5.
卞	25 泗水	65.
卞山	25 洙水	18.
卞城	25 洙水	53.
卞縣	25 泗水	50.
	25 洙水	
卞縣五泉	25 泗水	11.
卞縣故城	25 泗水	53.
天井	4 河水	13. 佚.

地名	卷次	類别
	9 清水	
天台	9 洹水	18.
天池	13 㶟水	9.
	32 羌水	
天竺	16 穀水	47.
	25 泗水	
天門	9 清水	41.
	24 汶水	
天封	29 比水	18.
天柱	40 漸江水	18.
天郊	19 渭水	54.
天庭	1 河水	18.
天陵	24 汶水	43.
天漢	27 沔水	65.
天子鄣	39 廬江水	18.
天子廟	4 河水	45.
天井水	6 汾水	1.
	28 沔水	
天井池	33 江水	9.
天井固	9 清水	18.
天井岡	22 洧水	18.
天井淀	11 補泒水	佚.
天井陵	22 洧水	43.
天井堰	10 濁漳水	28.
天井溝	9 淇水	1.
天井臺	28 沔水	36.
天井澤	11 補泒水	佚.
天井關	4 河水	32. 佚.
	9 沁水	
天水氏	20 漾水	47.
天水郡	17 渭水	49.
	20 漾水	
天水縣	17 渭水	50.
天目山	40 漸江水	18.

地名	卷次	類别
天社山	33 江水	18.
天竺江	1 河水	1.
天竺國	1 河水	47.
天門山	9 清水	18.
天門郡	34 江水	49.
	37 澧水	
	37 沅水	
天封苑	3 河水	42.
天柱山	18 渭水	18. 佚.
	35 江水	
	40 漸江水	
	40 禹貢山水澤地所在	
天城門	11 易水	佚.
天師治	33 江水	53.
天馬陘	2 河水	31.
	36 若水	
天淵池	16 穀水	9.
天彭山	33 江水	18.
天彭谷	33 江水	24.
天彭門	33 江水	41.
天彭闕	33 江水	41.
天鼓山	40 禹貢山水澤地所在	18.
天墉城	1 河水	53.
天齊水	26 淄水	1.
天齊淵	26 淄水	7.
天橋柱	14 濡水	21. 29.
天橋津	5 河水	30.
天井溪水	9 沁水	1.
天水郡治	17 渭水	53.
天池大澤	20 漾水	6.
天池白水	32 羌水	1.
天竺江口	1 河水	3.

地名	卷次	類别
天竺諸國	1 河水	47.
天門下谷	24 汶水	24.
天門石室	9 清水	40.
天門郡治	37 澧水	53.
天柱精舍	40 漸江水	40.
天馬溪水	17 渭水	1.
天齊水口	26 淄水	3.
天漿澗水	7 濟水	1.
天寶洞天	39 贛水	佚.
天井臺舊堤	28 沔水	28.
天門下溪水	24 汶水	1.
天竺山二石	25 泗水	21.
天門山石穴	9 清水	22.
天門郡故城	37 澧水	53.
天淵池釣臺	16 穀水	36.
天鼓山石鼓	40 禹貢山水澤地所在	21.
天齊淵五泉	26 淄水	11.
天橋津東岸	5 河水	17.
太山	2 河水	18.
	22 洧水	
	22 渠	
	28 沔水	
	39 耒水	
太水	22 渠	1.
太丘	24 睢水	19.
太史	5 河水	1.
太行	9 沁水	18. 佚.
	15 洛水	
	16 補洛水	
太昊	29 沔水	65.
太谷	6 汾水	24.
太陂	21 汝水	10.
太室	15 伊水	18.

地名	卷次	類別
	40 禹貢山水澤地所在	
太原	6 汾水	26.
太峭	4 河水	18.
太湖	29 沔水	6.
	35 江水	
	40 漸江水	
太廟	16 穀水	45.
太一山	18 渭水	18.
太上泉	4 河水	11.
太山郡	2 河水	49.
	5 河水	
	8 濟水	
	10 濁漳水	
	26 淄水	
太山廟	28 沔水	45.
太公泉	9 清水	11.
太公廟	9 清水(2)	45.
	19 渭水	
太丘縣	24 睢水	50.
太平山	39 洣	18.
太末縣	40 漸江水	50.
太白山	18 渭水	18.
	27 沔水	
太白原	16 穀水	26.
太白祠	18 渭水	44.
太白湖	28 沔水	6.
	35 江水	
太行山	9 沁水	18.
太谷水	6 汾水	1.
	20 漾水	
太和山	28 沔水	18.
太和川	31 滍水	1. 26.
太和城	21 汝水	53.

地名	卷次	類別
	31 滍水	
太和殿	13 㶟水	37.
太岳山	6 汾水	18.
太室山	22 潁水	18.
太胡山	29 比水	18.
太原亭	6 洞水	50. 57.
太原郡	6 汾水	49.
	6 原公水	
	13 㶟水	
	17 渭水	
	39 贛水	
太尉山	38 溱水	18.
太尉坊	16 穀水	65.
太液池	19 渭水	9.
太陰溪	15 洛水	1.
太極殿	13 㶟水	37.
	16 穀水	
太湖縣	35 江水	佚.
太華泉	11 補滱沱水	佚.
太陽山	28 沔水	18.
太陽谷	15 伊水	24.
太羅河	3 河水	1.
太羅城	3 河水	53.
太公石室	17 渭水	40.
太公故居	9 清水	40.
太行之山	16 穀水	18.
太行南路	9 沁水	31.
太姒之國	4 河水	47.
太拔迴水	13 㶟水	1.
太室東溪	22 潁水	1.
太陰谷水	15 洛水	1.
太一山温泉	18 渭水	12.
太上陵南原	16 沮水	26.
太山東平地	22 渠	26.

地名	卷次	類别
太丘縣故城	24 睢	53.
太行山天井	9 沁水	13.
太室山大潭	22 潁水	7.
太倉中大冢	16 穀水	43.
太湖九折路	29 沔水	31.
太康湖湖中路	40 漸江水	31.
太室山大潭立石	22 潁水	21.
太行穀城之山白石英礦	16 穀水	33.
太行穀城之山紫石英礦	16 穀水	33.
太行穀城之山五色大石礦	16 穀水	33.
夫水	38 資水	1.
夫子冢	25 泗水	43.
夫夷縣	38 資水	50.
夫妻嶺	9 沁水	佚.
夫椒山	29 沔水	18.
夫子故宅	25 泗水	40.
夫夷侯國	38 資水	51.
夫椒山洞室	29 沔水	40.
孔山	3 河水	18.
	9 沁水	
	11 易水	
	14 鮑丘水	
孔里	25 泗水	58.
	25 洙水	
孔溪	3 河水	1.
孔廟	25 泗水	45.
孔子泉	34 江水	11.
孔子廟	9 沁水	45.
	23 陰溝水	
孔山窟	3 河水	22.

地名	卷次	類别
孔函谷	32 羌水	24.
孔溪口	3 河水	3.
孔子父冢	25 泗水	43.
孔子石室	26 巨洋水	40.
孔子舊宅	25 泗水	40.
孔子舊廟	25 泗水	45.
孔山石穴	9 沁水	22.
孔山伏流	11 易水	2.
孔山洞穴	14 鮑丘水	22.
孔明舊宅	28 沔水	40.
孔嵩舊居	31 淯水	40.
孔廟浴池	25 泗水	9.
孔子泉石穴	34 江水	22.
孔子泉飛清	34 江水	5.
孔函谷北道	32 羌水	31.
孔廟雙石闕	25 泗水	41.
少水	9 沁水	1.
	15 澗水	
	16 穀水	
少室	13 㶟水	18.
	40 禹貢山水澤地所在	
少梁	4 河水	65.
少澤	6 涑水	6.
少曲亭	22 渠	57.
少延山	38 資水	18.
少室山	15 洛水	18.
	22 潁水	
	31 㶏水	
少咸山	13 㶟水	18.
少昊之墟	25 泗水	52. 61.
少室山水	15 洛水	1.
少室北溪	15 洛水	1.
少室南溪	22 潁水	1.

地名	卷次	類別
少徑之山	7 濟水	18.
少陽之山	6 汾水	18.
尤徠之山	24 汶水	18.
尹谷	15 洛水	24.
尹卯壘	7 濟水	32.
尹溪口	15 洛水	3.
尹溪水	15 洛水	1.
尹儉墓	31 溠水	43.
尹儉廟	31 溠水	45.
屯下	33 江水	65.
屯皇	2 河水	65.
屯城	15 洛水	53.
屯留	10 濁漳水	65.
屯氏河	5 河水	1.
	10 濁漳水	
屯留縣	10 濁漳水	50.
屯氏三瀆	5 河	1.
屯氏別河	5 河	1.
屯氏故瀆	5 河	1.
屯留縣故城	10 濁漳水	53.
屯氏別河北瀆	5 河水	1.
屯氏別河南瀆	5 河水	1.
屯氏別河故瀆	5 河水	1.
屯氏別河北瀆枝津	5 河水	1.
屯氏別河南瀆枝津	5 河水	1.
屯氏別河南瀆枝渠	5 河水	1.
巴	28 沔水	47.
	31 淯水	
	34 江水	
巴口	35 江水	3.
巴山	27 沔水	18. 佚.
	35 江水	
巴中	33 江水	65.
巴水	32 蘄水	1.
	33 江水	
	35 江水	
巴州	33 江水	48.
巴亭	36 延江水	50. 57.
巴苴	33 江水	65.
巴郡	15 瀍水	49.
	29 潛水	
	33 江水	
	34 江水	
	36 桓水	
	36 延江水	
	37 沅水	
巴陵	33 江水	43.
巴渠	33 江水	1.
巴渝	33 江水	65.
巴漢	4 河水	65.
	33 江水	
巴獠	27 沔水	47.
巴嶺	20 漾水	18.
	27 沔水	
巴蠻	37 夷水	47.
巴子國	33 江水	47.
巴子梁	33 江水	29.
巴水戍	35 江水	62.
巴丘山	38 湘水	18.
巴丘湖	32 夏水	6.
巴丘縣	35 江水	50.
巴州治	33 江水	53.
巴西郡	20 漾水	49.
	29 比水	
	29 潛水	

地名	卷次	類别
巴東郡	33 江水	49.
	34 江水	
	36 延江水	
	36 澧水	
巴郡治	33 江水	53.
巴符關	33 江水	32.
巴陵郡	35 江水	49.
	38 湘水	
巴陵縣	38 湘水	50.
巴渠水	33 江水	1.
巴渠郡	28 沔水	49.
	33 江水	
巴渠縣	33 江水	50.
巴溪戍	27 沔水	62.
巴鄉村	33 江水	60.
巴領山	27 沔水	18.
	33 江水	
巴子別都	33 江水	52.
巴丘邸閣	38 湘水	35. 38.
巴西郡治	20 漾水	53.
巴東之峽	33 江水	23.
巴東郡治	33 江水	53.
巴郡故治	33 江水	53.
巴連弗邑	1 河水	53.
巴陵地道	29 沔水	22.
巴陵故城	38 湘水	53.
巴遂之山	36 若水	18.
巴鄉村溪	33 江水	1.
巴獠鹽井	27 沔水	33. 34.
巴領北水	20 漾水	1.
巴丘邸閣城	38 湘水	35. 53.
巴子梁江西岸	33 江水	17.
巴連弗邑宮殿	1 河水	37.
巴鄉村溪伏流	33 江水	1.
巴鄉清郡名酒	33 江水	34.
巴連弗邑塔南石柱	1 河水	21.
弔鳥山	37 葉榆河	18.
引葭水	10 濁漳水	1.
户牖邑	5 河水	53.
户牖鄉	7 濟水	56.
支水	31 溳水	1.
支離山	31 淯水	18.
文水	6 文水	1.
	27 沔水	
文邑	15 洛水	53.
文狼	36 温水	47.
文湖	6 汾水	6.
文鄉	5 河水	56.
文井江	33 江水	1.
文方口	35 江水	3.
文王墓	4 河水	43.
文母廟	4 河水	45.
文石岡	9 沁水	18.
文安縣	11 易水	50.
文昌殿	10 濁漳水	37.
文姜臺	24 汶水	36.
文狼究	36 温水	1. 15.
文象水	36 温水	1.
文陽灘	33 江水	15.
文當城	10 清漳水	53.
文鄉城	5 河水	53.
文種墓	40 漸江水	43.
文穆冢	23 陰溝水	43.
文將軍冢	29 粉水	43.
文方口江右岸	35 江水	17.
文明太皇太后陵	13 灅水	43.

地名	卷次	類别
斗城	22 渠	53.
斤南水	36 温水	1.
方山	5 河水	18. 佚.
	9 清水	
	13 㶟水	
	15 洛水	
	15 伊水	
	22 洧水	
	26 巨洋水	
	33 江水(2)	
方井	8 濟水	13.
方丘	6 汾水	19.
方池	26 巨洋水	9.
方城	12 聖水	53.
	14 大遼水	
	21 汝水	
	28 沔水	
	31 淯水	
	31 㵐水	
方澤	6 汾水	6.
方山戍	35 江水	62.
方伯堆	4 河水	19.
方城山	31 㵐水	18.
方城川	17 渭水	1.
方城亭	28 沔水	57.
方城縣	12 聖水	50.
	12 巨馬水	
方陰縣	3 河水	50.
方與縣	8 濟水	50.
方澤丘	6 汾水	19.
方伯堆城	4 河水	53.
方城川水	14 大遼水	1.
方城山陂	21 汝水	10.
方城天井	28 沔水	13.

地名	卷次	類别
方城侯國	12 聖水	51.
方城山湧泉	21 汝水	11.
方與縣故城	8 濟水	53.
方城川水西南山	14 大遼水	18.
日觀	24 汶水	18.
日中城	13 㶟水	53.
日没城	13 㶟水	53.
日南亭	36 温水	50. 57.
日南郡	29 沔水	49.
	29 比水	
	36 温水	
	37 泿水	
	40 江以南至日南郡二十水	
日華山	38 湘水	18.
日南故治	36 温水	53.
日南郡治	36 温水	53.
月氏	1 河水	47.
	40 禹貢山水澤地所在	
月谷	27 沔水	24.
月城	29 比水	53.
月氏國	2 河水	47.
月谷口	27 沔水	3.
月氏國治	2 河水	52.
月谷口山	27 沔水	18.
木刀溝	11 補滋水	佚.
木耳夷	36 温水	47.
木究水	14 濡水	1.
木里水	28 沔水	1.
木里溝	28 沔水	1.
木林山	14 濡水	18.
木門帶	9 洹水	18. 20.

地名	卷次	類别
木客村	40 漸江水	60.
木陵山	30 淮水	18.
木陵關	30 淮水	32.
木蓼堆	21 汝水	19.
木蘭塞	27 沔水	32.
木蘭橋	28 沔水	29.
木里水口	28 沔水	3.
木里溝田	28 沔水	27.
木林山水	14 濡水	1.
木門谷水	17 渭水	1.
木陵關水	30 淮水	1.
木蓼溝水	7 濟水	1.
止車門	10 濁漳水	41.
	19 渭水	
毋掇縣	36 温水	50.
毋單縣	36 温水	50.
毋辟邑	7 濟水	53.
毋斂水	36 存水	1.
	36 温水	
毋斂縣	36 温水	50.
毌丘興墓	16 穀水	43.
比	31 淯水	1.
比水	29 比水	1.
	31 淯水	
比景	36 温水	47.
比干冢	9 清水	43.
比連泉	13 㶟水	11.
比景廟	36 温水	45.
比景縣	36 温水	50.
比陽縣	29 比水	50.
	31 潕水	
比郝州城	13 㶟水	53.
比陽縣故城	29 比水	53.

地名	卷次	類别
比丘釋僧訓精舍	9 清水	40.
毛六溪水	17 渭水	1.
毛泉谷水	17 渭水	1. 11.
水城	7 濟水	53.
	35 江水	
水東城	9 淇水	53.
水東縣	9 淇水	50.
水南道	20 漾水	50.
水洛口	17 渭水	3.
水洛水	17 渭水	1.
水洛亭	17 渭水	57.
水章縣	19 渭水	50.
水順郡	30 淮水	49.
水間故城	2 河水	53.
火山	13 㶟水	18.
火山水	13 㶟水	1.
火井祠	13 㶟水	44.
火井廟	13 㶟水	45.
火山東溪	13 㶟水	1.
火山西溪水	13 㶟水	1.
父城	21 汝水	53.
父城縣	21 汝水	50.
父城縣故城	21 汝水	53.
父王迎佛處浮圖	1 河水	39.
牛山	26 淄水	18.
牛首	22 渠	65.
牛渚	29 沔水	9.
牛心川	2 河水	26.
牛心堆	2 河水	19.
牛屯山	36 温水	18.
牛皮山	35 江水	18.
牛谷水	2 河水	1.

五劃：且、世、丘、丙、付、仙、代、令、功、加、包、北、半、占、古、句、

召、可、台、叱、史、右、司、囚、四、外、尼、左、巨、市、布、平、弗、弘、斥、未、末、正、母、氏、民、永、玄、玉、瓜、瓦、甘、生、用、田、由、甲、申、白、皮、石、示、禾、穴、立、

地名	卷次	類別
且末河	2 河水	1.
且末城	2 河水	53.
且末國	2 河水	47.
且如城	13 㶟水	1.
且如縣	13 㶟水	50.
且居縣	13 㶟水 14 沽河	50.
且蘭縣	36 存水 36 温水 37 沅水	50.
且氏川水	19 補涇水	佚.
且末南山	2 河水	18.
且末國治	2 河水	52.
且蘭侯國	36 温水	51.
且如縣故城	13 㶟水	53.
且居縣故城	13 㶟水	53.
世靡谷	9 沁水	24.
丘谷	17 渭水	24.
丘頭	22 潁水	19.
丘谷水	17 渭水	1.
丙水	27 沔水 33 江水	1.
丙穴	12 聖水 27 沔水	22.
丙水口	27 沔水	3.
丙穴懸泉	27 沔水	11.

地名	卷次	類別
付亭	26 沭水	50.57.
仙室	28 沔水	18.
仙樓	37 澧水	38.
仙澤	18 渭水	6.
仙人石	11 補滱沱水	佚.
仙人室	37 夷水	40.
仙人宮	27 沔水	37.
仙人祠	15 洛水	44.
仙人觀	15 洛水	46.
仙居水	30 淮水	1.
仙人室懸崖	37 夷水	20.
仙人宮石穴	27 沔水	22.
代	11 滱水 13 㶟水	47.
代中	13 㶟水	65.
代水	13 㶟水	1.
代谷	13 㶟水	24.
代城	6 汾水 13 㶟水	53.
代郡	3 河水 7 濟水 11 易水 11 滱水 13 㶟水	49.
代戎縣	13 㶟水	50.
代故城	13 㶟水	53.
代郡治	13 㶟水	53.
代龍渠	16 穀水	1.
代夫人祠	13 㶟水	44.
代王魚池	13 㶟水	9.
代城九門	13 㶟水	41.
代城二泉	13 㶟水	11.
代城大澤	13 㶟水	6.
代城北門	13 㶟水	41.

地名	卷次	類别
代城西門	13 灅水	41.
代城縣故城	13 灅水	53.
代都七級浮圖	16 穀水	39.
令丘	26 濰水	19.
令狐	6 涑水	65.
令支城	14 濡水	53.
令氏亭	14 濡水	50. 57.
令居縣	2 河水	50.
令支縣故城	14 濡水	53.
令居縣故城	2 河水	53.
令居縣西北塞	2 河水	32.
功城	9 淇水	53
功崇縣	5 河水	50.
加夷山	12 巨馬水	佚.
加睦縣	5 河水	50.
包山	29 沔水	18.
	38 湘水	
	40 漸江水	
包湖	35 江水	佚.
包山洞庭	29 沔水	22.
北山	25 泗水	18. 佚.
	33 江水	
	34 江水	
	11 補滹沱水	
北川	6 澮水	1.
	16 穀水	
	20 漾水	
北井	34 江水	13.
北水	39 耒水	1.
北宅	7 濟水	65.
北江	29 沔水	1.
	33 江水	
	34 江水	
	38 溱水	

地名	卷次	類别
北岈	20 漾水	18.
北狄	14 沽河	47.
	14 鮑丘水	
北芒	16 穀水	65.
北岳	11 滱水	18.
北林	22 渠	42.
北阜	11 滱水	19.
	21 汝水	
北洲	32 肥水	16.
北苑	13 灅水	42.
北亳	23 汳水	65.
北原	16 沮水	26.
	17 渭水	
北宫	10 濁漳水	37.
	13 灅水	
	16 穀水	
北海	1 河水	14.
北郜	25 泗水	65.
北假	3 河水	65.
北畤	18 渭水	46.
北部	33 江水	65.
北陸	4 河水	65.
	16 穀水	
北渚	38 湘水	9.
北溪	11 易水	1.
北虞	4 河水	65.
北蒙	9 洹水	65.
北鄩	15 洛水	65.
北燕	8 濟水	65.
北濟	17 渭水	1.
北濡	11 易水	1.
北濮	8 濟水	1.
北薊	11 易水	65.
北闕	16 穀水	65.

地名	卷次	類别
	19 渭水	65.
北山阜	31 溠水	19.
北山泉	32 肥水	11.
北川水	6 澮水	1.
	16 穀水	
	20 漾水	
北井縣	34 江水	50.
北天竺	1 河水	47.
北户山	1 河水	18.
北司州	5 河水	48.
北平城	14 鮑丘水	53.
	23 陰溝水	
北平郡	11 滱水	49.
	23 陰溝水	
北平縣	11 滱水	50.
北皮亭	9 淇水	57.
	10 濁漳水	
北皮城	9 淇水	53.
北地郡	2 河水	49.
	3 河水	
	19 渭水	
北利城	22 潁水	53.
北君祠	4 河水	44.
北岈城	20 漾水	53.
北汶水	24 汶水	1.
北沙溝	12 聖水	1.
北谷水	2 河水	1.
	20 漾水(2)	
北府城	33 江水	53.
北林亭	22 渠	57.
北屈縣	4 河水	50.
北河梁	3 河水	29.
北河縣	3 河水	50.
北肥水	23 陰溝水	1.

地名	卷次	類别
北恃山	31 溠水	18.
北津戍	28 沔水	62.
北津城	38 湘水	53.
北流泉	9 沁水	1.11.
北界山	39 鍾水	18.
北香水	16 補洛水	佚.
北亳城	23 獲水	53.
北城村	13 瀍水	60.
北海郡	11 滱水	49.
	14 鮑丘水	
	26 巨洋水	
	26 淄水	
	26 濰水	
北海國	26 巨洋水	49.
北脩城	9 淇水	53.
北帶縣	37 葉榆河	50.
北部城	32 羌水	53.
北部縣	33 江水	50.
北陵石	9 淇水	21.
北湖洲	35 江水	16.
北陽水	26 淄水	1.
北集渠	33 江水	1.
北順亭	14 鮑丘水	50.57.
北順郡	14 鮑丘水	49.
北黄水	14 鮑丘水	1.
北溪水	14 鮑丘水	1.
北鄉山	38 灘水	18.
北鄉亭	9 沁水	57.
北虞山	4 河水	18.
北濮水	22 洧水	1.
	22 濮水	
北興縣	3 河水	50.
北隸城	8 濟水	53.
北瀧水	38 溱水	1.

地名	卷次	類别
北鄘城	31 淯水	53.
北山石穴	37 澧水	22.
北山温泉	14 鮑丘水	12.
	37 澧水	
北户之室	1 河水	18.40.
北右突城	3 河水	53.
北平侯國	11 易水	51.
北宜春縣	21 汝水	50.
北河沙阜	3 河水	19.25.
北洛櫶山	20 漾水	18.
北海亥地	1 河水	65.
北海郡治	26 巨洋水	53.
北益都城	26 巨洋水	53.
北條荆山	19 渭水	18.
北陽孤淀	14 濡水	6.
北集渠口	33 江水	3.
北新城縣	11 滱水	50.
北鄉溪水	38 灕水	1.
北漯陰城	5 河水	53.
北臺之山	11 補滹沱水	佚.
北山阜温泉	31 滍水	12.
北井縣鹽井	13 灅水	
	33 江水	
	34 江水	
北谷水枝水	20 漾水	1.
北宜春侯國	21 汝水	51.
北屈縣故城	4 河水	53.
北界山瀑布	39 鍾水	5.
北城村故城	13 灅水	53.
北益都侯國	26 巨洋水	51.
北部都尉治	3 河水	53.
北蒲嶺故城	10 濁漳水	佚.
北輿縣故城	3 河水	53.
北山鄩溪温泉	15 洛水	12.

地名	卷次	類别
北宜春縣故城	21 汝水	53.
北海王詳石碣	14 鮑丘水	21.
北新城縣故城	11 滱水	53.
北臺之山佛寺	11 補滹沱水	46.
北中郎府徙諸徙隸府户二城	5 河水	53.
半城	26 沭水	53.
半浣水	33 江水	1.
半湯泉	39 耒水	12.
半石之山	15 洛水	18.
	15 伊水	
半石東山	15 洛水	18.
半達鉢愁	1 河水	18.
占溪水	17 渭水	1.
古水	6 汾水	1.
古池	6 涑水	9.
古冢	4 河水	43.
	16 穀水	
古城	5 河水	53.
古壇	26 巨洋水	36.
古斟觀	5 河水	46.
古戰灣	36 温水	4.
古魏城	4 河水	53.
古冶子墳	26 淄水	43.
古板殿城	11 滱水	53.
古烽火臺	28 沔水	36.
古郎究浦内漕口	36 温水	3.
句注	11 補滹沱水	佚.
句無	40 漸江水	65.
句盤	5 河水	1.
句溢	40 禹貢山水澤地所在	1.17.
句瀆	8 濟水	1.

地名	卷次	類別
	24 瓠子河	
句町國	36 温水	47.
句町縣	36 温水	50.
句章縣	29 沔水	50.
	40 漸江水	
句無縣	40 漸江水	50.
句陽縣	8 濟水	50.
	24 瓠子河	
句漏縣	37 葉榆河	50.
句瑣亭	13 㶟水	57.
句餘山	29 沔水	18.
句餘縣	29 沔水	50.
句窳亭	24 汶水	57.
句踐都	26 濰水	52.
	40 漸江水(2)	
句踐宗廟	40 漸江水	45.
句瀆之丘	5 河水	19.65.
	8 濟水	
句陽縣故城	8 濟水	53.
句餘縣東山	29 沔水	18.
召亭	18 渭水	57.
召陵	9 淇水	43.65.
	21 汝水	
	22 潁水	
	29 均水	
召陵亭	22 渠	57.
召陵城	31 㶟水	53.
召陵縣	21 汝水	50.
	22 潁水	
召公之國	13 㶟水	47.
召陵縣大井	22 潁水	13.
召陵縣故城	22 潁水	53.
可不埿水	3 河水	1.
可不埿城	3 河水	53.

地名	卷次	類別
可石孤城	2 河水	53.
台陂水	9 洹水	1.
叱險城	13 㶟水	53.
叱險城陂	13 㶟水	10.
史水	32 決水	1.
史皇孫及王夫人墓	19 渭水	43.
右塘	29 沔水	28.
右扶風	16 漆水	49.
	22 渠	
右隊郡	4 河水	49.
右塘穴	29 沔水	22.
右輔城	5 河水	53.
右北平城	14 鮑丘水	53.
右北平郡	14 鮑丘水	49.
	14 濡水	
	16 穀水	
	23 陰溝水	
右北平伏石	14 鮑丘水	21.
右北平郡治	14 鮑丘水	53.
右輔都尉治	17 渭水	53.
右北平郡故治	14 鮑丘水	53.
司州	13 㶟水	48.
	15 洛水	
	30 淮水	
	35 江水	
司吾城	26 沭水	53.
司吾縣	26 沭水	50.
司徒坊	16 穀水	65.
司馬門	16 穀水	41.
司吾縣故城	26 沭水	53.
司馬子長墓	4 河水	43.
司馬子長廟	4 河水	45.
司馬子政廟	6 原公水	45.

地名	卷次	類别
司馬德操宅	28 沔水	40.
司鹽都尉治	6 涑水	53.
	40 漸江水	
司鹽都尉城	29 沔水	53.
司馬子長石室	4 河水	40.
囚堯城	24 瓠子河	53.
四岳	22 洧水	65.
	30 淮水	
	31 淯水	
四荒	3 河水	65.
四嶽	15 伊水	18.65.
四瀆	1 河水	1.65.佚.
	5 河水	
	19 渭水	
	33 江水	
四闕	15 伊水	32.41.65.
四大塔	2 河水	39.
四汶口	24 汶水	3.
四時宫	40 禹貢山水澤地所在	37.
四皓廟	20 丹水	45.
四會浦	36 温水	8.
四會縣	37 泿水	50.
	38 溱水	
	39 洭水	
	39 耒水	
四豪冢	26 淄水	43.
四隤山	30 淮水	18.
四瀆口	5 河水	3.
	24 瓠子河	
四瀆津	5 河水	30.
四瀆祠	5 河水	44.
四十七瀨	40 漸江水	15.
四會北鄉	38 溱水	56.

地名	卷次	類别
四會浦口	36 温水	3.
四瀆津側岸	5 河水	17.
四大王捧鉢處塔	1 河水	39.
外方	22 洧水	18.
外黄縣	9 淇水	50.
	9 蕩水	
	23 汳水	
	24 泗水	
外黄縣故城	25 泗水	53.
尼丘山	25 泗水	18.
尼連水	1 河水	1.
尼連禪河	1 河水	1.
尼丘山南泉	25 泗水	11.
左岡	7 濟水	佚.
左亭	22 洧水	50.57.
	22 渠	
左郡	30 淮水	49.
左城	7 濟水	53.
左桑	28 沔水	65.
左人亭	11 滱水	57.
左人城	11 滱水	53.
左谷水	20 漾水	1.
	27 沔水	
左邑縣	6 涑水	50.
左阜水	8 濟水	1.
左亭縣	22 渠	50.
左南津	2 河水	30.
左南城	2 河水	53.
左幽亭	19 渭水	57.
左郡治	30 淮水	53.
左部城	6 汾水	53.
左陽水	18 渭水	1.
左陽門	24 睢水	41.

地名	卷次	類别
左陽溪	18 渭水	1.
左隊郡	22 潁水	49.
左馮翊	24 睢水	49.
	32 沮水	
左澗水	15 洛水	1.
左州侯國	35 江水	51.
左谷水南山	20 漾水	18.
左邑縣故城	6 涑水	53.
左輔都尉治	19 渭水	53.
巨里	8 濟水	58.
巨昧	26 巨洋水	1.
巨海	14 濡水	14. 佚.
	26 膠水	
	37 泿水	
巨淀	26 淄水	6.
巨馬	11 易水	1.
巨野	24 瓠子河	6.
巨蔑	26 巨洋水	6.
巨橋	10 濁漳水	29.
巨澤	37 葉榆水	6.
巨公山	26 沭水	佚.
巨平山	26 濰水	18.
巨合水	8 濟水	1.
巨合城	8 濟水	53.
巨良水	24 汶水	1.
巨武縣	5 河水	50.
巨亮水	28 沔水	1.
巨亮湖	28 沔水	6.
巨洋水	26 巨洋水	1.
巨馬水	11 易水	1. 佚.
	12 巨馬水	
巨馬河	12 聖水	1.
	12 巨馬水	
巨梁水	14 鮑丘水	1.

地名	卷次	類别
巨淀湖	26 巨洋水	6.
	26 淄水	
巨淀縣	26 淄水	50.
巨野溝	24 汶水	1.
巨野澤	24 泗水	6.
巨陵亭	22 潩水	57.
巨陵城	22 潩水	53.
巨魚石	11 滱水	21.
巨圍水	25 沂水	1.
巨漯亭	5 河水	57.
巨橋倉	10 濁漳水	35.
巨駿山	9 沁水	18.
巨公之山	26 沭水	18.
巨合侯國	8 濟水	51.
巨合故城	8 濟水	53.
巨良水口	28 沔水	3.
巨野之垌	25 泗水	26.
巨圍之山	25 沂水	18.
巨橋邸閣	10 濁漳水	35. 38.
巨淀縣故城	26 淄水	53.
巨駿山瀑布	9 沁水	5.
市橋	33 江水	29.
市丘城	19 渭水	53.
市橋門	33 江水	41.
布城	8 濟水	53.
布山縣	36 温水	50.
布恩亭	19 渭水	57.
布僕水	33 江水	1.
平山	4 河水	18. 佚.
	37 沅水	
	10 濁漳水	
平水	3 河水	1.
	6 汾水	
平丘	22 渠	19. 65.

地名	卷次	類别
平原城	5 河水	53.
平原郡	5 河水	49.
平原縣	5 河水	50.
平原鎮	5 河水	55.
平城門	16 穀水	41.
平城亭	26 濰水	57.
平城宫	3 河水	37.
平城縣	13 瀔水	50. 佚.
	11 補滱沱水	
平恩縣	9 淇水	50.
	10 濁漳水	
平桃城	7 濟水	53.
平望亭	26 巨洋水	57.
平望觀	16 穀水	46.
平臯城	7 濟水	53.
平臯縣	5 河水	50.
	7 濟水	
平陰城	8 濟水	53.
平陰縣	4 河水	50.
	5 河水	
	16 穀水	
平陵亭	21 汝水	57.
平陵城	8 濟水	53.
平陵縣	8 濟水	50.
	19 渭水	
平陶縣	6 文水	50.
平陸城	14 鮑丘水	53.
平陸縣	22 渠	50.
	24 汶水	
平野縣	9 沁水	50.
平善縣	29 比水	50.
	30 淮水	
平棘城	10 濁漳水	佚.
平棘縣	10 濁漳水	50.

地名	卷次	類别
平舒城	10 濁漳水	53.
	12 巨馬水	
	13 瀔水	
	19 渭水	
平舒置	19 渭水	18.
平舒道	19 渭水	31.
平舒縣	11 易水	50.
	13 瀔水	
平都縣	33 江水	50.
平陽川	28 沔水	26.
平陽水	27 沔水	1.
平陽戍	27 沔水	62.
平陽亭	5 河水	57.
	17 渭水	
平陽城	6 汾水	53.
	10 濁漳水	
	25 洙水	
平陽郡	6 汾水	49.
平陽鄉	32 涪水	佚.
平陽縣	6 汾水	50.
	25 泗水	
	25 洙水(2)	
平順縣	13 瀔水	50.
平葆縣	13 瀔水	50.
平虜城	10 濁漳水	53.
平虜縣	14 大遼水	50.
平路渠	28 沔水	1.
平道縣	37 葉榆河	50.
平鄉川	13 瀔水	26.
平鄉江	36 青衣水	1.
平鄉亭	13 瀔水	57.
平壽縣	26 巨洋水	50.
平寧縣	30 淮水	50.
平齊郡	13 瀔水	49.

地名	卷次	類別
平度縣鹽坑	26 膠水	6.
平春縣故城	30 淮水	53.
平原縣故城	5 河水	53.
平城兩石橋	13 㶟水	29.
平城縣西苑	13 㶟水	42.
平城縣故城	13 㶟水	53.
平恩縣故城	9 淇水	53.
	10 濁漳水	
平陵縣故城	19 渭水	53.
平陸縣故城	22 渠	53.
平陶縣故城	6 文水	53.
平棘城南門	10 濁漳水	41.
平棘縣石橋	10 濁漳水	29.
平舒縣南澤	13 㶟水	6.
平舒縣故城	10 濁漳水	53.
	13 㶟水	
平陽縣故城	6 汾水	53.
平壽縣故城	26 巨洋水	53.
平樂水飛清	17 渭水	5.
平樂村石穴	37 夷水	22.
平樂村飛清	37 夷水	5.
平樂縣故城	25 泗水	53.
平襄縣南山	17 渭水	18.
平襄縣故城	17 渭水	53.
平輿縣故城	21 汝水	53.
平陶縣故城郭	6 文水	54.
平舒城南通衢	19 渭水	31.
平陽侯王譚墓	19 渭水	43.
平城縣故城東郭	13 㶟水	54.
平晉城五層浮圖	5 河水	39.
平陽侯相蔡昭冢	22 潁水	43.

地名	卷次	類別
平棘城南門兩石柱	10 濁漳水	21.
弗其	24 汶水	19.
弗其山	24 汶水	18.
弗樓沙國	2 河水	47.
弗樓沙國大塔	2 河水	39.
弘農	4 河水	49.
	19 渭水	
	20 丹水	
	21 汝水	
	22 洧水	
	27 沔水	
	29 均水	
	29 湍水	
	31 淯水	
弘訓里	40 漸江水	58.
弘農澗	4 河水	1.
弘農縣	4 河水	50.
弘靜鎮	3 河水	佚.
弘農郡治	4 河水	53.
弘農縣故城	4 河水	53.
斥丘	9 洹水	19.
斥丘縣	9 洹水	50.
	10 濁漳水	
斥漳縣	10 濁漳水	50.
斥丘侯國	9 洹水	51.
斥丘縣故城	9 洹水	53.
未央宮	4 河水	37.
	19 渭水	
未央殿	19 渭水	37.
末口	30 淮水	3.
末理縣	40 漸江水	50.
正月亭	19 渭水	57.
正平郡	6 汾水	49.

地名	卷次	類別
正陽門	16 穀水	41.
正回之水	4 河水	1.
正陽之門	16 穀水	41.
母臼水	36 若水	1.
母臼谷	36 若水	24.
氐	3 河水	47.
	27 沔水	
氐中	27 沔水	65.
氐道縣	20 漾水	50.
	33 江水	
民市	33 江水	65.
永谷	33 江水	65.
永安宫	33 江水	37.
永安縣	6 文水	50.
永固堂	13 灅水	40.
永固縣	13 灅水	50.
永昌郡	36 若水	49.
	37 葉榆河	
永昌殿	19 渭水	37.
永昌縣	36 若水	50.
	38 資水	
	38 湘水	
永武縣	3 河水	50.
永康縣	40 漸江水	50.
永清門	19 渭水	41.
永登亭	2 河水	57.
永循縣	39 贛水	50.
永陽縣	31 溳水	50.
永壽殿	19 渭水	37.
永寧寺	16 穀水	46.
永寧郡	33 江水	49.
永寧縣	40 漸江水	50.
永興縣	40 漸江水	50.
永豐塢	9 清水	63.

地名	卷次	類別
永豐縣	38 灕水	50.
永仁三堆	21 汝水	19.
永安宫山	33 江水	18.
永安宫城	33 江水	53.
永康溪水	40 漸江水	1.
永寧郡治	33 江水	53.
永樂溪水	4 河水	1.
永樂澗水	4 河水	1.
永安縣故城	6 汾水	53.
永寧七級浮圖	13 灅水	39.
永寧寺九層浮圖	16 穀水	39.
玄水	14 濡水	1.
玄岳	13 灅水	18. 佚.
玄洲	32 肥水	16.
玄圃	1 河水	18. 42.
玄國	36 温水	47.
玄武池	9 洹水	9.
玄武圃	40 禹貢山水澤地所在	42.
玄武觀	5 河水	46.
玄注橋	23 獲水	29.
玄圃臺	1 河水	18. 36.
玄康城	32 肥水	53.
玄望山	15 伊水	18.
玄菟郡	14 大遼水	49.
玄武故苑	9 洹水	42.
玄圃之山	1 河水	18.
玄扈之山	15 洛水	18.
玄扈之水	15 洛水	1.
玄菟郡治	14 大遼水	53.
玄武池釣臺	9 洹水	36.
玄康南路馳道	32 肥水	31.
玉山	35 江水	18.

地名	卷次	類别
	36 温水	
玉水	8 濟水	1.
	38 湘水	
玉田	14 鮑丘水	27.
玉門	2 河水	32. 41.
	5 河水	
玉亭	22 洧水	57.
玉笥	40 漸江水	18.
玉溪	35 江水	1.
玉臺	22 渠	36.
玉闕	1 河水	41.
玉女池	22 潩水	9.
玉女房	18 渭水	40. 65.
	33 江水	
玉女冢	33 江水	43.
玉女臺	22 潁水	36.
	40 禹貢山水澤地所在	36.
玉田陽	14 鮑丘水	65.
玉石口	12 聖水	3.
玉石山	12 聖水	18.
玉池口	38 湘水	3.
玉門津	9 清水	30.
玉堂殿	19 渭水	37.
玉笥山	38 湘水	18.
玉符山	8 濟水	18.
玉潤水	4 河水	1.
	35 江水	
玉輪坂	33 江水	18.
玉壘山	33 江水	18.
玉女房山	18 渭水	18.
玉門土穴	5 河水	22.
玉笥精舍	40 漸江水	40.
玉石山頹波	12 聖水	5.
地名	**卷次**	**類别**
玉石山珉玉礦	12 聖水	33.
玉石山燕石礦	12 聖水	33.
玉門臨河側岸	5 河水	17.
瓜州	40 禹貢山水澤地所在	48.
瓜里	31 淯水	58.
瓜步江	35 江水	1.
瓜里津	31 淯水	1. 30.
瓜里渡	31 淯水	29. 30.
瓜州之戎	40 禹貢山水澤地所在	47.
瓦	8 濟水	65.
瓦亭	8 濟水	57.
	17 渭水	
瓦官水	38 湘水	1.
瓦亭川	17 渭水	1.
瓦亭水	17 渭水	1.
甘	19 渭水	65.
甘水	1 河水	1. 佚.
	15 洛水	
	16 甘水	
	19 渭水	
	25 沂水	
甘谷	19 渭水	24.
甘亭	19 渭水	57.
甘泉	20 漾水	11.
甘城	15 洛水	53.
	16 甘水	
甘陵	5 河水	43.
甘掌	16 甘水	65.
甘滂	40 漸江水	65.
甘夷川	2 河水	1.
甘谷水	16 補洛水	佚.
甘枳亭	2 河水	57.

地名	卷次	類別
甘泉山	19 補涇水	佚.
甘泉水	12 聖水	1. 11. 佚.
	16 補洛水	
甘泉戍	20 漾水	62.
甘泉原	12 聖水	26.
甘泉宫	6 汾水	37.
甘洛城	15 洛水	53.
甘陵郡	5 河水	49.
	9 淇水	
甘魚陂	28 沔水	10.
甘棗溝	5 河水	1.
甘水南山	19 渭水	18.
甘夷川水	2 河水	1.
甘泉市地	5 河水	65.
甘陵王國	9 淇水	51.
甘陵郡治	9 淇水	53.
甘棗之山	4 河水	18.
甘寧故壘	38 資水	32.
甘谷水造酒	16 補洛水	佚.
甘泉東原谷	12 聖水	24.
生水	3 河水	1.
生江	35 江水	1.
生墳	28 沔水	43.
生水口	35 江水	3.
生淩縣	30 淮水	50.
用成縣	39 贛水	50.
田谷	19 渭水	24.
田城	22 洧水	53.
田文冢	25 泗水	43.
田平縣	30 淮水	50.
田昌縣	10 濁漳水	50.
田渠川	4 河水	26.
田渠水	4 河水	1.
田溪水	19 渭水	1.
田辟城	3 河水	53.
田鄤谷	5 河水	24.
田豐祠	22 渠	44.
田繼泉	14 鮑丘水	11.
田氏四王冢	26 淄水	43.
田溪水枝流	19 渭水	1.
田溪水南山	19 渭水	18.
由溪	15 洛水	1.
由卷縣	29 沔水	50.
由拳縣	40 漸江水	50.
由卷縣治	29 沔水	53.
由拳西鄉	40 漸江水	56.
由卷縣故城	29 沔水	53.
甲山	8 濟水	18.
甲水	27 沔水	1.
甲谷	20 漾水	24.
甲下邑	5 河水	53.
	8 濟水	
甲下城	5 河水	53.
甲水口	27 沔水	3.
甲庚溝	22 洧水	1.
	22 渠	
申	31 淯	47.
申山	3 河水	18.
申池	26 淄水	9.
申門	26 淄水	41.
申陂	30 淮水	10.
申伯國	29 比水	47.
申伯都	29 比水	52.
	31 淯水	
申陂水	30 淮水	1.
申山南五礦	3 河水	33.
申山南金礦	3 河水	33.

地名	卷次	類别
申陂水釣臺水曲	30 淮水	4.
白土	11 滱水	65.
白山	1 河水	18.
白水	2 河水	1. 佚.
	3 河水	
	4 河水	
	6 澮水	
	9 沁水	
	14 濡水	
	17 渭水(2)	
	20 漾水(2)	
	28 沔水	
	29 潛水	
	16 補洛水	
白羽	20 丹水	65.
白狼	14 濡水	18.
白社	16 穀水	65.
	39 贛水	
白門	25 泗水	41.
白亭	19 渭水	57.
	21 汝水	
	22 渠	
	30 淮水	
	31 滍水	
白原	24 瓠子河	26.
白城	30 淮水	53.
白渠	16 沮水	1. 佚.
	19 渭水	
	19 補涇水	
白溝	9 清水	1.
	9 淇水	
	9 蕩水	
	12 巨馬水	
	22 渠	
白臺	13 㶟水	36.
白翟	3 河水	47.
白樓	13 㶟水	38.
	16 穀水	
白嶺	2 河水	18.
白土川	2 河水	26.
白土城	2 河水	53.
白土鄉	38 湘水	56.
白土縣	3 河水	50.
白木川	10 濁漳水	26.
白木溪	10 濁漳水	1.
白水口	4 河水	3.
	14 濡水	
白水交	9 沁水	3.
白水陂	28 沔水	10.
白水原	4 河水	26.
白水郡	20 漾水	49.
白水溪	17 渭水	1.
白水鄉	28 沔水	56.
白水縣	2 河水	50.
	20 漾水	
	32 羌水	
白水關	20 漾水	32.
白牛邑	29 湍水	53.
白汀陂	30 淮水	10.
白石山	2 河水	18. 佚.
	15 洛水	
	16 穀水	
	29 沔水	
	37 油水	
	40 漸江水(2)	
白石川	2 河水	26.
白石水	6 汾水	1.

地名	卷次	類别
白石戍	20 漾水	62.
	30 淮水	
白石谷	4 河水	24.
白石城	2 河水	53. 佚.
	19 補涇水	
白石縣	20 漾水	50. 佚.
	2 河水	
白石灘	27 沔水	15.
白羊水	3 河水	1.
白羊陂	24 睢水	10.
白羊淵	31 瀙水	7.
白沙口	35 江水	3.
白沙山	30 淮水	18.
白沙城	35 江水	62.
	38 湘水	
白沙江	36 若水	1.
白沙曲	28 沔水	4.
白沙浦	35 江水	8.
白沙郵	33 江水	65.
白芍亭	32 肥水	57.
白岸谷	2 河水	24.
白於山	16 補洛水	佚.
白狼山	14 大遼水	18.
白狼水	14 大遼水	1.
	26 巨洋水	
	26 淄水	
白狼堆	13 㶟水	19.
白狼縣	14 大遼水	50.
白祀山	9 淇水	18.
白祀水	12 聖水	1.
白祀陂	9 淇水	10.
白祀溝	12 聖水	1.
白虎郡	39 耒水	49.
白虎殿	19 渭水	37.
白虎磯	35 江水	18.
白虎關	16 穀水	32.
白屋水	9 清水	1.
白帝山	33 江水	18.
白帝城	33 江水	53.
白泉城	21 汝水	53.
白茅城	30 淮水	53.
白茅臺	21 汝水	36.
白面洲	35 江水	16.
白城水	17 渭水	1.
白城溪	17 渭水	1.
白桐澗	15 洛水	1.
白起祠	19 渭水	44.
白起渠	28 沔水	1.
白馬口	35 江水	3.
白馬山	5 河水	18.
	6 澮水	
	11 易水	
	28 沔水	
白馬川	6 澮水	1. 26.
白馬水	20 漾水	1. 佚.
	16 補洛水	
白馬氐	20 漾水	47.
白馬寺	16 穀水	46.
白馬戍	27 沔水	62.
白馬陂	28 沔水	10.
白馬城	3 河水	53.
	6 汾水	
	27 沔水	
白馬淵	7 濟水	7.
白馬渠	7 濟水	1. 佚.
	11 補滹沱水	
白馬湖	9 沁水	6.
	30 淮水	

地名	卷次	類别
白馬塞	5 河水	18.32.
	27 沔水	
	28 沔水	
白馬塢	15 洛水	18.63.
白馬溝	9 清水	1.
白馬溪	20 漾水	1.
白馬濟	5 河水	30.
白馬潭	40 漸江水	7.
白馬縣	5 河水	50.
	8 濟水	
	9 淇水	
白馬嶺	33 江水	18.
白馬瀆	5 河水	1.
白鹿山	9 清水	18.
	14 大遼水	
	40 漸江水	
白鹿岡	39 洭水	18.
白鹿原	19 渭水	26.
白鹿城	22 渠	53.
	39 洭水	
白鹿淵	5 河水	7.
白堤亭	11 滱水	57.
白渠口	19 渭水	3.
白渠水	3 河水	1.
	10 濁漳水(2)	
白渠田	19 補涇水	佚.
白登山	13 灅水	18.
白登臺	13 灅水	36.
白超壘	16 穀水	32.
白楊水	11 易水	1.
白楊寺	11 易水	46.
白楊谷	14 鮑丘水	24.
白楊泉	13 灅水	11.
	17 渭水	

地名	卷次	類别
白楊溪	14 鮑丘水	1.
白楊嶺	11 易水	18.
白溝水	12 巨馬水	1.
	21 汝水	
	22 渠	
	23 獲水	
	24 睢水	
白溝河	9 洹水	1.
白道城	3 河水	53.
白道嶺	3 河水	18.
白樓亭	40 漸江水	57.
白澗口	12 巨馬水	3.
白澗水	7 濟水	1.
白澗溪	12 巨馬水	1.
白澗嶺	9 沁水	18.
白鴈亭	23 汳水	57.
白鴈陂	22 渠	10.
白龍泉	17 渭水	11.
白龍堆	2 河水	19.25.
白檀縣	14 濡水	50.
白環谷	17 渭水	佚.
白螺山	35 江水	18.
白璧水	10 濁漳水	1.
白璧灣	37 沅水	4.
白雞水	10 濁漳水	1.
白騎塢	7 濟水	63.
白露水	38 湘水	1.
白鷺水	30 淮水	1.
白鹽崖	33 江水	20.
白土川水	2 河水	1.
白土城渡	2 河水	30.
白水枝水	20 漾水	1.
白水郡治	20 漾水	53.
白牛侯國	29 湍水	51.

地名	卷次	類别
白汀陂水	30 淮水	1.
白石之山	15 澗水	18.
白石山水	29 沔水	1.
	40 漸江水	
白石川水	2 河水	1.
白羊陂水	24 睢水	1.
白羊淵水	31 瀷水	1.
白社故里	16 穀水	58.
白帝山城	33 江水	53.
白娥泉水	17 渭水	1.11.
白桐澗水	15 洛水	1.
白馬之口	5 河水	3.
白馬溝水	9 沁水	1.
白馬溪水	15 洛水	1.
白起渠田	28 沔水	27.
白起臺山	9 沁水	18.
白野泉水	8 濟水	1.11.
白鹿淵水	5 河水	1.
白渠枝口	19 渭水	3.
白渠枝水	10 濁漳水	1.
	19 渭水	
白渠枝渠	16 沮水	1.
	19 渭水	
白渠故瀆	10 濁漳水	1.
白超壘山	16 穀水	18.
白超壘塢	16 穀水	63.
白楊水口	10 濁漳水	3.
白楊泉水	14 鮑丘水	1.11.
	17 渭水	
白楊寺剎	11 易水	39.
白溝石堰	9 淇水	28.
白道南谷	3 河水	24.
白道嶺泉	3 河水	11.
白璧灣泉	37 澧水	11.

地名	卷次	類别
白露水口	38 湘水	3.
白水縣故城	20 漾水	53.
	32 羌水	
白石縣西塞	2 河水	32.
白石縣故城	2 河水	53.
白狼堆故宫	13 㶟水	37.
白狼縣故城	14 大遼水	53.
白馬山南溪	11 易水	1.
白鹿山瀑布	9 清水	5.
白鹿山湖塘	40 漸江水	28.
白超壘大道	16 穀水	31.
白超壘冶官	16 穀水	34.
白楊泉飛清	17 渭水	5.
白溝水北水	22 渠	1.
白溝水南水	22 渠	1.
白道中溪水	3 河水	1.
白檀縣故城	14 濡水	53.
白石縣西山	2 河水	18.
白石縣西北山	2 河水	18.
白狼水右枝水	14 大遼水	1.
皮氏	6 汾水	65.
皮垣	9 清水	53.
皮山國	2 河水	47.
皮丘坑	26 淄水	6.
皮氏城	6 汾水	53.
皮氏縣	4 河水	50.
	6 汾水	
皮山國治	2 河水	52.
皮周谷水	17 渭水	1.
皮氏縣故城	4 河水	53.
石山	19 渭水	18.
	28 沔水	
	29 均水	
	36 温水	

地名	卷次	類別
石川	2 河水	1.26.
	19 渭水	
石水	31 淯水	1.
石汶	24 汶水	1.
石門	2 河水	41.
	6 涑水	
	10 濁漳水	
	11 滱水	
	14 鮑丘水	
	17 渭水	
	27 沔水	
石亭	13 灅水	57.
	20 漾水	
石姥	35 江水	18.
石柱	5 河水	佚.
石泉	15 洛水	11.
石冢	28 沔水	43.
石城	2 河水(2)	53.
	4 河水	
	9 淇水	
	16 甘水	
	28 沔水	
	29 沔水	
	33 江水	
石堂	11 易水	佚.
石崤	4 河水	18.
石堨	19 補豐水	佚.
石塘	6 晉水	28.
石窟	14 鮑丘水	22.
石碣	21 汝水	21.
石墩	19 渭水	21.
	19 補豐水	
石樓	9 淇水	38.
	29 沔水	

地名	卷次	類別
石澗	9 清水	1.
石潭	22 潁水	7.
石壇	27 沔水	36.佚.
	10 濁漳水	
石頭	39 贛水	21.
石龍	33 江水	65.
石鏡	33 江水	65.
石人城	13 灅水	53.
石人嶺	4 河水	18.
石子岡	35 江水	18.
石子澗	15 澗水	1.
石山水	13 灅水	1.
石川水	16 沮水	1.
	19 渭水	
石井水	26 淄水	1.
石井岡	10 濁漳水	佚.
石牛門	33 江水	41.
石穴洲	35 江水	16.
石羊水	3 河水	1.
石臼谷	6 汾水	24.
石臼河	6 汾水	1.
石夾水	9 清水	1.
石帆山	40 漸江水	18.
石邑縣	10 濁漳水	佚.
石囷峯	38 湘水	18.
石宕水	17 渭水	1.
石尚山	9 蕩水	18.
石底横	2 河水	18.
石虎口	10 濁漳水	3.
石虎山	29 比水	18.
石虎岡	11 易水	18.
石虎城	13 灅水	53.
石門口	2 河水	3.
	13 灅水	

地名	卷次	類別
石門山	3 河水	18.
	16 沮水	
	19 渭水	
石門水	2 河水	1. 佚.
	3 河水	
	7 濟水	
	14 鮑丘水	
	16 沮水	
	39 廬江水	
	19 渭水	
石門谷	10 濁漳水	24. 佚.
	19 渭水	
石門亭	7 濟水	57.
石門峽	14 鮑丘水	23.
	17 渭水	
石門陘	6 涑水	31.
石門障	3 河水	18. 32.
石門關	13 灅水	32.
石門灘	27 沔水	15.
	34 江水	
石亭戍	20 漾水	62.
石柱岡	9 淇水	18.
石柱橋	19 渭水	29.
石泉水	5 河水	1. 11.
	11 易水	
	15 洛水	
	30 淮水	
石泉固	11 易水	18.
石泉亭	26 濰水	57.
石泉縣	26 濰水	50.
石洋口	26 淄水	3.
石洋堰	26 淄水	28.
石首山	35 江水	18.
石倉城	22 渠	35. 53.

地名	卷次	類別
石城山	4 河水	18.
	5 河水	
	14 大遼水	
	15 洛水	
	30 淮水	
石城川	14 大遼水	26.
石城水	5 河水	1.
石城津	2 河水	30.
石城縣	14 大遼水	50.
	29 沔水	
石桐水	6 汾水	1.
石桐寺	6 汾水	46.
石茨圻	35 江水	18.
石紐鄉	36 沫水	56.
石馬亭	24 睢水	57.
石勒城	10 濁漳水	53.
	15 洛水	
石堂山	16 補洛水	佚.
石崖山	3 河水	18.
石崖城	3 河水	53.
石崤山	4 河水	18.
石崤水	4 河水	1.
石梁水	26 淄水	1.
石犀淵	33 江水	7.
石犀渠	33 江水	1.
石膏山	26 巨洋水	18.
石魚山	38 漣水	18. 佚.
石陽縣	39 贛水	50.
石隄山	4 河水	18.
石隄祠	4 河水	44.
石鼓山	40 禹貢山水澤地所在	18. 佚.
	10 補滏水	
石暗澗	7 濟水	1.

地名	卷次	類别
石溝口	26 巨洋水	3.
石溝水	26 巨洋水	1.
石窟城	16 補洛水	佚.
石跡阜	3 河水	19.
石匱山	40 漸江水	18.
石銘陘	11 滱水	31. 佚.
	11 補滋水	
石幢山	11 補滹沱水	佚.
石槽水	12 巨馬水	1.
石樓山	3 河水	18. 佚.
	9 沁水	
石槨口	38 湘水	3.
石澗口	26 巨洋水	3.
石澗山	29 湍水	18.
石澗水	15 伊水	1.
石潭山	38 湘水	18.
石蝦蟆	28 沔水	21.
石隥山	10 濁漳水	18.
石魯水	17 渭水	1.
石壁谷	19 補豐水	24.
石橋山	18 渭水	18.
石橋水	17 渭水	1.
	31 淯水	
石橋門	32 肥水	41.
石燕山	38 湘水	18.
石磧洲	28 沔水	16.
石盧城	3 河水	53.
石豬圻	36 若水	18.
石閭山	38 溱水	18.
石頭泉	15 洛水	11.
石頭津	39 贛水	30.
石龍山	31 溳水	18.
石濟津	5 河水	1. 30.
石竇堰	10 濁漳水	28.

地名	卷次	類别
石鍾山	35 江水	佚.
石巖山	31 溳水	18.
石山水口	13 漯水	3.
石瓜疇川	4 河水	1.
石尚山泉	9 蕩水	11.
石門口山	2 河水	18.
石門口峽	2 河水(2)	23.
石門飛水	11 滱水	5.
石門磐石	39 廬江水	21.
石門雙城	39 廬江水	53.
石城川水	14 大遼水	1.
石耽谷水	20 漾水	1.
石脆之山	19 渭水	18.
石崇故居	16 穀水	40.
石陽縣井	39 贛水	13.
石濟南津	5 河水	30.
石默溪水	16 穀水	1.
石人城石人	13 漯水	21.
石山水南山	13 漯水	18.
石井水南山	26 淄水	18.
石帆山孤石	40 漸江水	21.
石宕水北山	17 渭水	18.
石門水次水	2 河水	1.
石門水東水	2 河水	1.
石門水飛瀑	39 廬江水	5.
石門灘北岸	34 江水	15.
石泉縣故城	26 濰水	53.
石城山石窟	5 河水	22.
石城山瀑布	5 河水	5.
石城縣故城	14 大遼水	53.
	29 沔水	
石崤山北陵	4 河水	43.
石崤山南陵	4 河水	43.
石膏山石鼓	26 巨洋水	21.

地名	卷次	類别
石匱山石匱	40 漸江水	21.
石潭山石牀	38 湘水	21.
石潼縣故城	31 涢水	53.
石橋門石梁	32 肥水	29.
石燕山石燕	38 湘水	21.
石養父母祠	4 河水	44.
石豬圻石豬	36 若水	21.
石門水左三川	2 河水	1.
石門灘北岸山	34 江水	18.
石魚山玄石礦	38 漣水	33.
石鼓山南巖泉	10 補滏水	佚.
石墨山石墨礦	15 洛水	33.
石槽水白澗口伏流	12 巨馬水	2.
示縣	6 汾水	50.
禾興縣	29 沔水	50.
穴水	27 沔水	1.
穴湖	29 沔水	6.
穴湖塘	29 沔水	28.
立石山	38 漣水	18.

六劃：丞、交、亥、仰、仲、任、伊、伍、伎、伏、伐、休、充、先、光、全、共、冰、列、匈、匡、危、合、吉、同、后、吐、向、地、多、夷、夸、奸、好、如、存、宅、守、安、尖、州、戎、扞、扜、早、旬、曲、有、朱、朸、次、此、死、汜、汎、汝、江、池、灰、牟、百、竹、米、缶、羊、羽、老、考、耒、自、至、臼、艾、行、衣、西、邵、邢、邪、邛、

地名	卷次	類别
丞山	29 沔水	18.
丞山王廟	29 沔水	45.
交口	22 潁水	3.
	22 渠	
交水	15 伊水	1. 佚.
	19 渭水	
	19 補豐水	
交州	1 河水	48. 佚.
	33 江水	
	36 温水	
	37 葉榆河	
	37 泿水.	
	38 灘水	
	40 漸江水	
交趾	37 葉榆河	47.
交牙川	11 滱水	佚.
交牙城	11 補滹沱水	佚.
交州治	37 葉榆河	53.
	37 浪水	
交州城	37 泿水	53.
交河城	2 河水	53.
交津口	10 濁漳水	3.
交流口	14 濡水	3.
交趾郡	3 河水.	49.
	33 江水	
	36 温水	
	37 葉榆河	
	37 沅水	
	37 泿水	
交魚城	24 瓠子河	53.
交湖渡	28 沔水	30.
交漳口	10 濁漳水	3.
交潤水	4 河水	1.
交黎縣	14 大遼水	50.

地名	卷次	類別
交蘭水	3 河水	1.
交蘭谷	3 河水	24.
交口大堰	22 渠	28.
交口新溝	22 潁水	1.
交州海島	37 浪水	16.
交趾郡治	37 葉榆河	53.
交趾海島	37 葉榆河	16.
交觸之水	15 洛水	1.
亥谷	7 濟水	24.
亥門	19 渭水	41.
仰山	38 湘水	18.
仲山	16 沮水	18. 佚.
	19 補涇水	
仲固山	26 濰水	18.
仲郵郲	6 涑水	65.
仲虺城	25 泗水	53.
仲山甫冢	24 瓠子河	43.
仲山甫冢石廟	24 瓠子河	45.
任丘	11 滱水	19.
任城	8 濟水	53.
	22 渠	
任國	8 濟水	47.
任丘城	11 滱水	53.
任城郡	8 濟水	49.
任城縣	8 濟水	50.
任光等冢	8 濟水	43.
任姓之國	24 汶水	47.
任將軍城	38 溱水	53.
任將軍廟	38 溱水	45.
伊	7 濟水	1.
	15 洛水	
	16 穀水	
伊水	15 伊水	1.
伊闕	15 伊水	18. 32. 41

地名	卷次	類別
伊尹冢	25 泗水	43.
伊洛門	4 河水	41.
伊循城	2 河水	53.
伊闕泉	15 伊水	11.
伊闕關	15 洛水	32.
伊水之濱	15 伊水	17.
伊洛之浦	15 洛水	8.
伊闕右壁	15 伊水	20.
伊闕左壁	15 伊水	20.
伊闕西嶺	15 伊水	18.
伊闕東巖	15 伊水	20.
伊闕靈巖	15 伊水	20.
伊水左枝津	15 伊水	1.
伊水左枝渠	15 伊水	1.
伊循城屯田	2 河水	27.
伍相廟	30 淮水	45.
伍員祠	24 瓠子河	44.
伍子胥廟	5 河水	45. 佚.
	35 江水	
伍子胥壇	35 江水	佚.
伍員釣臺	23 陰溝水	36.
伍子胥壇道	35 江水	佚.
伎陵城	27 沔水	53.
伏水	29 潛水	1.
伏亭	11 滱水	57.
伏生墓	5 河水	43.
伏狄縣	14 大遼水	50.
伏流坂	15 伊水	18.
伏流嶺	15 伊水	18.
伏淩山	14 鮑丘水	18.
伏犀灘	33 江水	15.
伏睹嶺	15 伊水	18.
伏親山	28 沔水	18.
伏羲都	22 渠	52.

地名	卷次	類別
伐水	36 温水	1.
伐蠻縣	3 河水	50.
休水	15 洛水	1.
休屠澤	40 禹貢山水澤地所在	6.
休屠縣	40 禹貢山水澤地所在	50.
休循國	2 河水	47.
休水故瀆	15 洛水	1.
休屠縣故城	40 禹貢山水澤地所在	53.
休水大穴口伏流	15 洛水	2.
充縣	37 澧水	50.
	37 沅水	
充縣故治	37 澧水	53.
充縣雙白石	37 澧水	21.
先零	2 河水	47.
先賢鄉	12 巨馬水	56.
光里	8 濟水	58.
光城	24 睢水	53.
	30 睢水	
光門	18 渭水	41.
	19 渭水	
光明殿	13 㶟水	37.
光武都	15 洛水	52.
	16 穀水	
光淹城	30 淮水	53.
光華門	19 渭水	41.
光溝水	9 沁水	1.
光禄城	3 河水	53.
光禄澗	15 洛水	1.
光禮門	19 渭水	41.
光門外郭	19 渭水	54.

地名	卷次	類別
全節	4 河水	65.
全鳩澗水	4 河水	1.
全鳩水南山	4 河水	18.
共山	7 濟水	18. 佚
	9 清水	
共水	4 河水	1.
	15 洛水	
共谷	15 洛水	24.
共北山	9 清水	18.
	10 清漳水	
共谷水	17 渭水	1.
共侯國	9 清水	51.
共和之國	9 清水	47.
	10 濁漳水	
共縣故城	9 清水	53.
冰井水	18 渭水	1.
冰井門	5 河水	41.
冰室門	16 穀水	41.
冰井臺冰室	10 濁漳水	40.
冰井臺粟窖	10 濁漳水	35.
冰井臺鹽窖	10 濁漳水	35.
列人	10 濁漳水	65.
列水	2 河水	1.
列城	2 河水	53.
列人縣	10 濁漳水	50. 佚.
列治縣	10 濁漳水	50.
列人縣故城	10 濁漳水	53.
匈奴	2 河水	47.
	3 河水	
	11 易水	
	12 聖水	
	12 巨馬水	
	13 㶟水	
	14 沽河	

地名	卷次	類別
	19 渭水	
	40 禹貢山水澤地所在	
	11 補滹沱水	
匈奴城	27 沔水	53.
匈奴休屠王都	40 禹貢山水澤地所在	52.
匡	8 濟水	65.
	23 陰溝水	
匡亭	22 洧水	57.
	22 渠	
匡城	8 濟水	53.
	22 洧水	
	22 渠	
匡武縣	30 淮水	50.
匡城鄉	22 渠	56.
匡德縣	14 鮑丘水	50.
危山	24 汶水	18.
危須城	2 河水	53.
危須國	2 河水	47.
危須國治	3 河水	52.
合口	9 淇水	3. 佚.
	10 濁漳水(2)	
	13 㶟水	
	10 補滏水	
合水	15 洛水	1.
	15 伊水	
合河	10 補滏水	佚.
合城	9 清水	53.
	9 淇水	
合鄉	25 泗水	56.
合川縣	16 補洛水	佚.
合水塢	15 洛水	63.
合作口	22 濮水	3.

地名	卷次	類別
合肥縣	32 肥水	50.
	32 施水	
合浦郡	36 温水	49.
	37 葉榆河	
	37 浪水	
合浦縣	36 温水	50.
合鄉縣	25 泗水	50.
合黎山	40 禹貢山水澤地所在	18. 佚.
	40 補弱水	
合黎水	40 補弱水	佚.
合驛口	28 沔水	3.
合肥縣城	32 肥水	53.
	32 施水	
合浦郡治	36 温水	53.
合鄉侯國	25 泗水	51.
吉州	38 湘水	48.
同山	9 淇水	18.
同水	7 濟水	1.
	17 渭水	
同穴	17 渭水	18.
同亭	36 温水	50. 57.
同山陂	9 淇水	10.
同池陂	8 濟水	10.
同孝山	23 獲水	18.
同拌口	38 湘水	3.
同並縣	37 葉榆河	50.
同穴之山	40 禹貢山水澤地所在	18.
后土祠	4 河水	44.
吐文山	3 河水	18.
吐文水	3 河水	1.
吐谷渾	2 河水	47. 佚.
	40 補弱水	

地名	卷次	類别
吐京郡	3 河水	49
吐費城	20 漾水	53.
吐那孤山	2 河水	18.
吐那孤川	2 河水	1.26.
吐京郡治	3 河水	53.
向	7 濟水	65.
	22 渠	
向岡	22 渠	18.
向城	6 湛水	53.
	7 濟水	
	16 穀水	
	22 渠	
	23 陰溝水	
向國	7 濟水	47.
	23 陰溝水	
向鄉	22 渠	56.
向縣	23 陰溝水	50.
向氏口	10 濁漳水	3.
向城侯國	23 陰溝水	51.
向縣故國	23 陰溝水	53.
地門	15 洛水	41.
地脚山	38 湘水	18.
地裂溝	13 㶟水	1.
多聚	30 淮水	59.
	39 贛水	
多聚縣	30 淮水	50.
	39 贛水	
多穰縣	6 文水	50.
多摩梨軒國	1 河水	47.
夷	36 若水	47.65
	36 沬水	
	36 延江水	
	36 存水	
	36 温水	

地名	卷次	類别
	37 葉榆河	
夷山	30 淮水	18.
	34 江水	
	37 沅水	
夷川	17 渭水	1.
夷水	20 漾水(2)	1.
	28 沔水	
	33 江水	
	37 夷水	
	37 沅水佚	
夷田	22 潩水	27.
	30 淮水	
夷門	22 渠	41.
夷溪	33 江水	1.
夷道	34 江水	31.
夷儀	7 濟水	65.
	22 渠	
夷水川	17 渭水	1.26.
夷安潭	26 膠水	7.
夷安澤	26 濰水	6.
夷安縣	26 膠水	50.
夷吾井	8 濟水	13.
夷吾亭	25 沂水	57.
夷始梁	2 河水	29.
夷星橋	33 江水	29.
夷祝城	20 漾水	53.
夷望山	37 沅水	18.
夷望溪	37 沅水	1.
夷陵縣	34 江水	50.
夷道縣	34 江水	50.
	37 夷水	
夷齊墓	4 河水	43.
夷齊廟	4 河水	45.
夷儀城	7 濟水	53.

地名	卷次	類別
夷輿縣	13 灅水	50.
夷水石室	37 夷水	40.
夷水南岸	37 夷水	17.
夷安侯國	26 膠水	51.
夷城水曲	37 夷水	4.
夷城平石	37 夷水	21.
夷城石岸	37 夷水	17.
夷道故城	34 江水	53.
夷道縣淵	37 夷水	7.
夷齊之廟	5 河水	45.
夷濮之水	22 渠	1.
夷濮西田	22 潩水	27.
	30 淮水	
夷星橋南岸	33 江水	17.
夷陵縣石穴	34 江水	22.
夷陵縣故城	34 江水	53.
夷輿縣故城	13 灅水	53.
夷安縣東南阜	26 膠水	19.
夸父山	4 河水	18.
夸父山北鐵礦	4 河水	33.
夸父山南石礦	4 河水	33.
奸苗	4 河水	65.
好邑縣	18 渭水	50.
好松山	10 濁漳水	18.
好畤縣	18 渭水	50.
好陽亭	4 河水	57.
好畤侯國	18 渭水	51.
好畤縣故城	18 渭	53.
如山	23 獲水	18.
如水	24 瓠子河	1.
	26 淄水	
如口城	13 灅水	53.
如州泉	2 河水	11.
如沃宮	23 獲水	37.

地名	卷次	類別
如渾水	13 灅水	1.
如口城大道	13 灅水	31.
如渾水北苑枝水	13 灅水	1.
如渾水白登山枝水	13 灅水	1.
如渾水臨泉池枝津	13 灅水	1.
存水	36 存水	1.
宅陽	7 濟水	65.
宅陽城	7 濟水	53.
守平縣	28 沔水	50.
安山	23 獲水	18.
安丘	26 汶水	19.
安州	11 滱水	48. 佚.
	14 濡水	
	14 鮑丘水	
	11 易水	
安西	20 漾水	65.
安邑	4 河水	53.
	6 汾水	
	6 會水	
	22 渠	
安定	36 温水	65.
安門	19 渭水(2)	41.
安陂	23 獲水	10.
安亭	23 陰溝水	57.
安城	10 濁漳水	53. 佚.
	32 泄水	
	11 補滹沱水	
安息	1 河水	47.
安鄉	11 補滹沱水	佚.
安丘城	26 汶水	53.
安丘縣	26 汶水	50.

地名	卷次	類别
安市縣	14 大遼水	50.
安平郡	10 濁漳水	49.
安平城	26 淄水	53.
安平陵	7 濟水	43.
安平縣	5 河水	50.
	10 濁漳水	
	23 陰溝水	
	26 淄水	
安民山	8 濟水	18.
安民成	20 丹水	62.
	32 羌水	
安民亭	8 濟水	57.
安民縣	17 渭水	50.
安吉縣	29 沔水	50.
安夷川	17 渭水	1.
安夷城	2 河水	53.
安夷縣	2 河水	50.
安州治	14 濡水	53.
安次城	12 巨馬水	53.
安次縣	12 聖水	50.
	12 巨馬水	
	13 灅水	
安吳溪	29 沔水	1.
安吳縣	29 沔水	50.
安成郡	39 洣水	49.
	39 贛水	
安成縣	21 汝水	50.
	39 贛水	
安邑城	6 涑水	53.
安邑縣	6 涑水	50.
安定郡	2 河水	49. 佚.
	13 灅水	
	16 穀水	
	17 渭水	

地名	卷次	類别
	19 補涇水	
安定縣	36 温水	50.
	37 葉榆河	
安昌水	20 漾水	1.
安昌郡	20 漾水	49.
安昌城	9 沁水	53.
	30 淮水	
安昌縣	28 沔水	50.
	30 淮水	
安東縣	25 泗水	50.
安陂水	23 獲水	1.
安故縣	2 河水	50.
安風水	30 淮水	1.
安風津	30 淮水	30.
安風郡	32 沘水	49.
安風縣	30 淮水	50.
	32 沘水	
安息國	2 河水	47.
安城郡	10 濁漳水	49.
	39 漉水	
安城縣	11 補滱沱水	50.
安國城	7 濟水	53.
安國縣	11 滱水	50.
安康縣	27 沔水	50.
安衆堨	31 淯水	28.
安衆港	29 湍水	10.
	31 淯水	
安衆縣	29 湍水	50.
安郭亭	11 滱水	57.
安陵亭	22 潁水	57.
安陵鄉	5 河水(2)	56.
	22 潁水	
安陵縣	5 河水	50.
	19 渭水	

地名	卷次	類別
安陸縣	31 溳水	50.
	32 漻水	
	32 夏水	
	35 江水	
安復縣	39 洣水	50.
安都谷	17 渭水	24.
安陽水	13 灅水	1.
安陽陂	9 清水	10.
安陽城	4 河水	53.
	9 洹水	
安陽縣	3 河水	50.
	9 洹水	
	27 沔水	
	30 淮水	
	32 涔水	
安鄉縣	10 濁漳水	50.
安漢橋	33 江水	29.
安德城	5 河水	53.
安德縣	5 河水	50.
	13 灅水	
安樂水	33 江水	1.
安樂寺	33 江水	佚.
安樂郡	31 淯水	49.
安樂浦	35 江水	8.
安樂橋	33 江水	佚.
安樂縣	14 濕餘水	50.
	14 沽河、	
	14 濡水	
	33 江水	
安憙城	11 滱水	53.
安憙縣	11 滱水	50.
安險縣	11 滱水	50.
安豐郡	32 決水	49.
	32 沘水	

地名	卷次	類別
安豐縣	28 沔水	50.
	30 淮水	
	32 決水	
	32 沘水	
	32 泄水	
安丘侯國	26 汶水	51.
安夷川口	17 渭水	3.
安夷川水	2 河水	1.
安成侯國	21 汝水	51.
	39 贛水	
安次侯國	12 聖水	51.
安邑故城	6 涑水	53.
安邑鹽池	6 涑水	9.33.34.
安定郡治	2 河水	53.
安定屬國	2 河水	49.
安昌侯國	9 沁水	51.
安昌諸殿	13 灅水	37.
安息國城	2 河水	52.53.
安城谷水	17 渭水	1.
安康縣治	27 沔水	53.
安陸舊治	35 江水	53.
安衆縣堨	29 湍水	28.
安陽侯國	4 河水	51.
	30 淮水	
安陽溪水	4 河水	1.
安鄉侯國	10 濁漳水	51.佚.
	11 補滹沱水	
安蒲溪水	17 渭水	1.
安樂故城	14 濕餘水	53.
	14 沽河	
安憙侯國	11 易水	51.
	11 滱水	
安憙城郭	11 滱水	54.
安豐侯國	32 決水	51.

地名	卷次	類别
扜彌國治	2 河水	52.
扜泥城	2 河水	53.
早起城	13 灅水	53.
旬口	27 沔水	3.
旬山	27 沔水	18.
旬水	27 沔水	1.
旬陽縣	27 沔水	50.
旬陽縣北山	27 沔水	18.
曲水	15 伊水	1. 佚.
	35 江水	
曲池	24 汶水	9.
曲沃	4 河水	65.
	6 澮水	
	6 涑水	
曲河	14 濡水	1.
曲阜	25 泗水	19.
曲城	24 睢水	53.
曲棘	25 泗水	65.
曲蠡	22 潁水	65.
曲水亭	24 汶水	57.
曲水堂	32 肥水	40.
曲江縣	38 溱水	50.
曲成縣	7 濟水	50.
曲沃城	4 河水	
曲周縣	10 濁漳水	50.
曲沭成	26 沭水	62.
曲易縣	37 葉榆河	50.
曲洧城	22 洧水	53.
曲紅山	38 溱水	18.
曲紅縣	38 溱水	50.
曲城縣	24 睢水	50.
曲逆水	11 滱水	1.4.
曲逆城	11 滱水	53.
曲逆縣	11 滱水	50.

地名	卷次	類别
曲強城	22 潩水	53.
曲梁水	19 渭水	1.
曲梁宮	20 漾水	37.
曲梁城	16 沮水	53.
	10 補洺水	
曲梁縣	10 濁漳水	50.
曲陵縣	31 溳水	50.
曲棘里	25 泗水	58.
曲陽縣	30 淮水	50.
曲濟亭	7 濟水	57.
曲羅嶲	36 若水	18.
曲江湯泉	38 溱水	12.
曲周侯國	10 濁漳水	51.
曲沭戍城	26 沭水	53.
曲陵縣治	31 溳水	53.
曲陽侯國	19 渭水	51.
曲周縣故城	10 濁漳水	53.
曲陽縣故城	30 淮水	53.
曲阜武子臺大井	25 泗水	13.
曲逆縣西南近山	11 滱水	18.
有扈	19 渭	65.
有年亭	6 汾水	50. 57.
有年城	6 汾水	53.
有利城	26 沭水	53.
有秩縣	12 巨馬水	50.
有掇縣	36 温水	50.
有鼻墟	38 湘水	61.
有鹽亭	24 汶水	50. 57.
有鹽郡	24 汶水	49.
有利侯國	26 沭水	51.
有炎之庫	25 泗水	35.
有扈南郊	19 渭水	54.

地名	卷次	類別
有熊氏之墟	22 洧水	52.61.
有窮后羿國	5 河水	47.
朱	28 沔水	6.
朱亭	33 江水	57.
朱室	40 漸江水	65.
朱崖	36 温水	47.
朱湖	35 江水	6.
朱溝	7 濟水	1.
朱吾浦	36 温水	8.
朱吾縣	36 温水	50.
朱室塢	40 漸江水	63.
朱圉山	17 渭水	18.
	40 禹貢山水澤地所在	
朱崖州	36 温水	16.48.
朱崖郡	36 温水	49.
朱涯水	36 温水	1.
朱雀殿	19 渭水	37.
朱雀闕	16 穀水	41.
朱提山	36 若水	18.
朱提郡	36 桓水	49.
	36 若水	
朱提縣	36 若水	50.
朱湖陂	28 沔水	10.
朱虚縣	24 汶水	50.
	26 巨洋水	
	26 汶水	
朱溝水	9 沁水	1.
朱管陂	9 沁水	10.
朱龜墓	23 陰溝水	43.
朱葴縣	37 葉榆河	50.
朱鮪冢	8 濟水	43.
朱提郡治	36 若水	53.
朱湖陂田	28 沔水	27.

地名	卷次	類別
朱虚丘阜	26 巨洋水	19.
朱虚侯國	26 巨洋水	51.
朱鮪石廟	8 濟水	45.
朱溝枝津	9 沁水	1.
朱溝枝渠	9 沁水	1.
朱圉山石鼓	17 渭水	21.
朱提縣故城	36 若水	53.
朱虚侯章廟	26 淄水	45.
朱虚縣故城	26 巨洋水	53.
朱提僰道步道	36 若水	31.
枌鄉	5 河水	56.
枌縣	5 河水	50.
枌侯國	5 河水	51.
枌鄉城	5 河水	53.
枌縣故城	5 河水	53.
次浦	35 江水	8.
次塘	22 潁水	10.28.
次塘田	22 潁水	27.
此溪	29 沔水	1.
此成川	2 河水	1.26.
死水	15 澗水	1.
死汝	31 滍水	1.
死沙	22 渠	1.
死沔	28 沔水	1.
死時	24 瓠子河	1.
死濄	23 陰溝水	1.
死穀	16 穀水	1.
死汝水	22 潁水	1.
死汝縣	22 潁水	佚.
死虎亭	32 肥水	57.
死虎塘	32 肥水	28.
汜	21 汝水	47.
汜口	5 河水	3.
汜水	5 河水	1.

地名	卷次	類別
	7 濟水	
	22 渠	
汜洲	37 沅水	16.
汜城	21 汝水	53.
汜溪	33 江水	1.
汜溪口	33 江水	3.
汎口	28 沔水	3.
汎水	28 沔水	1.
汎陽縣	28 沔水	50.
汎陽縣故城	28 沔水	53.
汙水	10 濁漳水	1.
	14 濡水	
	17 渭水	
汙城	10 濁漳水	53.
汝	21 汝水	1.
	31 澧水	
	31 滍水	
汝口	21 汝水	3.
汝水	21 汝水	1. 佚.
	31 滍水	
	31 瀙水	
	22 潁水	
汝別	21 汝水	1.
汝陂	21 汝水	23.
汝口戍	21 汝水	62.
汝汾郡	21 汝水	49.
汝南郡	7 濟水	49.
	8 濟水	
	16 穀水	
	21 汝水	
	22 渠	
	24 睢水	
	30 淮水	
	31 潕水	

地名	卷次	類別
	39 贛水	
汝南縣	22 洧水	50.
汝城縣	39 耒水	50.
汝陰郡	22 潁水	49.
汝陰城	30 淮水	53.
汝陰縣	22 潁水	50.
	30 淮水	
汝陽縣	21 汝水	50.
	31 滍水	
汝瀆縣	22 洧水	50.
汝水九曲	21 汝水	4.
汝水別流	21 汝水	1.
	22 潁水	
汝水別溝	22 潁水	1.
汝水別瀆	22 潁水	1.
汝水枝別	21 汝水	1.
汝水枝津	22 潁水	1.
汝水枝流	22 潁水	1. 佚.
汝南郡治	21 汝水	53.
汝南僑郡	35 江水	49.
汝陰縣治	22 潁水	53.
汝陽之縣	22 潁水	佚.
汝南郡故治	21 汝水	53.
汝陽縣故城	31 滍水	53.
汝南僑郡故治	35 江水	53.
江	1 河水	1. 佚.
	4 河水	
	5 河水	
	16 穀水	
	20 漾水	
	28 沔水	
	29 沔水	
	32 沮水	
	32 夏水	

地名	卷次	類別
	34 江水	
	35 江水	
	37 沅水	
江陸縣	34 江水	50.
江都郡	30 淮水	49.
江都縣	30 淮水	50.
江陽郡	33 江水	49.
	36 桓水	
江陽縣	33 江水	50.
江寧縣	35 江水	佚.
江北連山	34 江水	18.
江南之梦	32 夏水	6.
江南故城	40 漸江水	53.
江南諸山	34 江水	18.
江夏郡治	35 江水	53.
江陵北門	19 渭水	41.
江都縣城	30 淮水	53.
江陽侯國	33 江水	51.
江陽郡治	33 江水	53.
江州北江岸	33 江水	17.
江州都督治	33 江水	53.
江州墮林粉	33 江水	34.
江夏郡舊治	35 江水	53.
江陵縣故城	34 江水	53.
江陵縣舊城	34 江水	53.
江關都尉治	33 江水	53.
江州縣北稻田	33 江水	27.
江水嘉吴江右岸	35 江水	17.
江陵今城楚船官	34 江水	34.
池	25 洙水	1.
池水	16 穀水	1.
	27 沔水	
	30 淮水	
池北亭	28 沔水	57.
池河口	30 淮水	3.
池河山	28 沔水	18.
池陽谷	19 渭水	24.
池陽城	19 渭水	53.
池陽縣	16 沮水	50.
	19 渭水	
池陽谷口田	19 渭水	27.
池陽縣故城	16 沮水	53.
灰野之山	36 若水	18.
牟山	26 汶水	18.
牟汶	24 汶水	1.
牟國	24 汶水	47.
牟縣	24 汶水	50.
牟縣故城	24 汶水	53.
百川	19 渭水	65.
百邑	6 汾水	53.
百官	40 漸江水	佚.
百泉	13 㶟水	11.
百祠	11 滱水	44.
百越	37 葉榆河	47.
	37 淚水	
百靈	1 河	65.
百人山	35 江水	18.
百丈山	40 漸江水	18.
百丈崖	4 河水	20.
百尺水	22 潁水	1.
	22 渠	
	26 濰	
百尺陂	22 渠	10.
百尺堤	21 汝水	28.
百尺堨	22 渠	28.
百尺堰	22 渠	28.

地名	卷次	類別
百尺溝	8 濟水	1.
	10 濁漳水	
	21 汝水	
	22 潁水	
	22 渠	
	26 巨洋水	
百谷塢	15 洛水	18.63.
百里山	2 河水	18.
百里洲	34 江水	16.
百官橋	40 漸江水	29.
百門陂	9 清水	10.佚.
百家巖	9 清漳水	佚.
百脈水	8 濟水	1.11.
百梯山	6 涑水	18.
百章郭	31 淯水	54.
百頃川	20 漾水	1.26.
百頃田	20 漾水	27.
百晦城	10 濁漳水	53.
百稱山	15 洛水	18.
百道隘	11 補滹沱水	32.佚.
百薄瀆	5 河水	1.
百尺水田	26 濰水	27.
百尺水堨	26 濰水	28.
百尺陂水	22 渠	1.
百里奚故宅	31 淯水	40.
百家巖石穴	9 清水	22.
百稱山東谷	15 洛水	24.
竹山	15 洛水	18.
	19 渭水	
竹水	19 渭水	1.佚.
竹町	35 江水	65.
竹邑	24 睢水	53.
竹林	40 漸江水	18.42.
竹圃	18 渭水	42.

地名	卷次	類別
	19 渭水	
	24 睢水	
竹縣	24 睢水	50.
竹嶺	17 渭水	18.
竹王水	36 温水	1.
竹王祠	36 温水	44.
竹邑縣	24 睢水	50.
竹嶺水	17 渭水	1.
竹林精舍	40 漸江水	40.
竹縣故城	24 睢水	53.
竹王三郎祠	36 温水	44.
米流川	18 渭水	1.26.
缶高山	15 伊水	18.
羊水	13 灅水	1.
羊角	24 瓠子河	65.
羊溪	20 漾水	1.
羊腸	11 滱水	18.
羊子城	24 瓠子河	53.
羊求川	4 河水	26.
羊求水	4 河水	1.
羊角城	24 瓠子河	53.
羊里水	24 瓠子河	1.
羊里亭	24 瓠子河	57.
羊官水	36 若水	1.
羊洪水	20 漾水	1.
羊圈浦	22 渠	8.
羊湯水	32 羌水	1.
羊腸坂	6 汾水	18.
羊腸倉	6 汾水	35.
羊膊嶺	33 江水	18.
羊摩江	33 江水	1.
羊頭山	9 沁水	18.
羊頭阜	12 聖水	19.
羊頭溪	12 聖水	1.

地名	卷次	類別
	32 肥水	
羊瀨山	38 灘水	18.
羊頭溪水	32 肥水	1.
羊頭澗水	32 肥水	1.
羊腸虎臂灘	33 江水	15.
羽山	30 淮水	18.
	40 禹貢山水澤地所在	
羽郊	40 禹貢山水澤地所在	54.
羽淵	30 淮水	7.
	40 禹貢山水澤地所在	
羽陽宫	17 渭水	37.
羽山之野	30 淮水	26.
老人山	3 河水	18.
老人谷	3 河水	24.
老子陵	19 渭水	43.
老子廟	19 渭水	45.
	23 陰溝水	
	30 淮水	
老公城	13 灅水	53.
老君廟	23 陰溝水	45.
老倒澗	15 伊水	1.
老人谷水	3 河水	1.
老倒澗水	15 伊水	1.
老彭之國	23 獲水	47.
老君廟九井	23 陰溝水	13.
老子廟雙石闕	23 陰溝水	41.
考城縣	23 汳水	50.
考城侯國	23 汳水	51.
考城縣故城	23 汳水	53.
耒口	39 耒水	3.
耒山	38 湘水	18.

地名	卷次	類別
耒水	38 湘水	1.
	39 耒水	
耒陽縣	39 耒水	50.
耒水兩岸連山	39 耒水	18.
耒水郴縣懸泉	39 耒水	5.
自延口	2 河水	3.
自延水	2 河水	1.
自來山	40 漸江水	18.
自魯水	14 大遼水	1.
自延口峽	2 河水	23.
自魯水西北遠山	14 大遼水	18.
至成縣	21 汝水	50.
臼口	20 漾水	3.
臼水	28 沔水	1.
臼衰	6 涑水	65.
臼口戍	20 丹水	62.
臼里山	14 鮑丘水	18.
艾	39 潰水	65.
艾亭	5 河水(2)	57.
艾澗	15 伊水	1.
艾縣	35 江水	50.
	38 湘水	
	39 潰水	
	39 贛水	
艾虜縣	3 河水	50.
行唐城	11 補滱沱水	佚.
行唐縣	11 補滱沱水	佚.
行唐城祠	11 補滱沱水	佚.
行唐城大井	11 補滱沱水	佚.
行唐城北門	11 補滱沱水	佚.
衣谷水	17 渭水	1.
衣連汭	13 灅水	佚.
西土	1 河水	65.

地名	卷次	類别
西安門	19 渭水	41.
西安城	24 瓠子河	53.
	26 淄水	
西安縣	26 淄水	50.
	39 贛水	
西戎縣	32 夏水	50.
西江口	35 江水	3.
西谷水	20 漾水(2)	1.
西京湖	28 沔水	6.
西垂宫	20 漾水	37.
西昌寺	32 肥水	46.
西明門	16 穀水	41.
西武功	17 渭水	65.
西武亭	22 潩水	57.
西河亭	3 河水	57.
西河郡	2 河水	49.
	3 河水	
	4 河水	
	6 汾水	
	6 文水	
	6 原公水	
	9 淇水	
西治縣	20 漾水	50.
西長湖	21 汝水	6.
西長溪	40 漸江水	1.
西門城	22 潁水	53.
西南夷	34 江水	47.
	36 若水	
西南海	40 禹貢山水澤地所在	14.
西度水	15 洛水	1.
西流水	9 淇水	1.
	23 獲水	
西流泉	8 濟水	11.
西苑城	2 河水	53.
西海郡	2 河水	49.
	40 禹貢山水澤地所在	49.
西城門	19 渭水	41.
西城郡	27 沔水	49.
西城湖	40 漸江水	6.
西城縣	27 沔水	50.
西掖門	13 灅水	41.
西梁城	10 濁漳水	53.
西陵亭	31 潕水	57.
西陵峽	34 江水	23.
西陵湖	40 漸江水	6.
西陵縣	34 江水	50.
	35 江水	
西屠國	36 温水	47.
西捲縣	36 温水	50.
西湯水	10 濁漳水	1.
西華縣	22 潁水	50.
	22 渠	
	31 㶏水	
西鄂縣	31 淯水	50.
西陽水	19 渭水	1. 佚.
	26 淄水	
西陽門	16 穀水	41
西陽郡	35 江水	49.
西陽城	30 淮水	53.
西陽溪	3 河水	佚
西陽縣	32 蘄水	50.
	35 江水	
西順郡	33 江水	49.
西傾山	2 河水	18.
	20 漾水	
	36 桓水	

地名	卷次	類別
西温溪	6 汾水	1.
西源水	31 溳水	1.
西溪水	20 漾水	1.
西鄉水	36 延江水	1.
西鄉城	12 聖水	53.
西鄉溪	36 沅水	1.
西鄉縣	12 聖水	50.
	27 沔水	
西滁水	25 泗水	1.
西漢水	20 漾水	1.
	27 沔水	
	29 潛水	
西樂城	27 沔水	53.
西虢都	18 渭水	52.
西虢縣	18 渭水	50.
西蓮湖	30 淮水	6.
西潞水	14 沽河	1.
西遼水	31 潕水	1.
西隨水	37 葉榆河	1.
西隨縣	37 葉榆河	50.
西歸水	32 蘄水	1.
西藏水	14 濡水	1.
西露溪	3 河水	1.
西山石穴	28 沔水	22.
西川枝川	2 河水	1.
西不羹亭	31 溳水	57.
西太武殿	10 濁漳水	37.
西王母祠	15 伊水	44.
西平北山	2 河水	18.
西平昌縣	5 河水	50.
西平侯國	2 河水	51.
	31 潕水	
西平郡治	2 河水	53.
西石橋水	19 渭水	1.

地名	卷次	類別
西安陽縣	3 河水	50.
	13 㶟水	
西戎之國	23 汳水	47.
	36 桓水	
西曲陽縣	30 淮水	50.
西伺道城	13 㶟水	53.
西武功邑	17 渭水	53.
西武亭城	22 溴水	53.
西承雲水	22 洧水	1.
西河郡治	3 河水	53.
西門侯國	22 潁水	51.
西門豹祠	10 濁漳水	44.
西故安城	11 易水	53.
西流泉水	8 濟水	1.
西射魚城	12 巨馬水	53.
西晉壽城	20 漾水	53.
西晉壽縣	20 漾水	50.
西海亥地	1 河水	65.
西海郡治	2 河水	53.
西海鹽池	2 河水	9. 33.
西高苑縣	24 瓠子河	50.
西馬頭山	4 河水	18.
西陵侯國	35 江水	51.
西捲縣城	36 温水	53.
西鄂故城	31 淯水	53.
西華侯國	22 潁水	51.
西陽郡治	35 江水	53.
西鄉溪口	36 延江水	3.
	37 沅水	
西鄉縣治	27 沔水	53.
西壽光城	26 巨洋水	53.
西廣武城	7 濟水	53.
西樂城山	27 沔水	18.
西縣故城	20 漾水	53.

地名	卷次	類别
西縣鹽官	20 漾水	33.34.
西隨三水	36 温水	1.
西巖大泉	9 沁水	11.
西王母石室	2 河水	40.
西王母石釜	2 河水	21.
西平昌侯國	5 河水	51.
西平郡北城	2 河水	53.
西平郡西城	2 河水	53.
西平郡南城	2 河水	53.
西平縣刀劍	31 潕水	34.
西平縣鐵官	31 潕水	34.
西平縣鐵礦	31 潕水	33.
西谷水西溪	20 漾水	1.
西梁縣故城	10 濁漳水	53.
西部都尉治	3 河水	53.
西陵縣東山	35 江水	18.
西陵縣故城	35 江水	53.
西華縣故城	31 㶏水	53.
西溪水飛波	20 漾水	5.
西鄉縣故城	12 聖水	53.
西平昌縣故城	5 河水	53.
西平郡左二川	2 河水	1.
西安平縣故城	26 淄水	53.
西安陽縣故城	3 河水	53.
西海郡縣屯田	2 河水	27.
西高苑縣故城	24 瓠子河	53.
西陽郡江右岸	35 江水	17.
邙縣	28 沔水	50.
	40 禹貢山水澤地所在	
邙侯國	28 沔水	51.
邗城	30 淮水	53.
邗溟溝	30 淮水	1.
邘水	9 沁水	1.

地名	卷次	類别
邘亭	9 沁水	57.
邘城	9 沁水	53.
邘國	9 沁水	47.
邘臺	9 沁水	36.
邘城侯國	9 沁水	51.
邛	36 若水	47.
邛水	36 青衣水	1.
邛池	36 若水	9.
邛河	36 若水	1.
邛崍	11 滱水	18.
邛莋	33 江水	65.
邛蜀	33 江水	65.
邛來山	35 江水	18.
邛原縣	33 江水	50.
邛崍山	35 江水	18.
邛都國	36 若水	47.
邛都縣	33 江水	50.
	36 若水	
邛都温水	36 若水	12.
邛都縣東高山	36 若水	18.

七劃：伯、伽、佐、何、余、佛、作、冶、冷、初、删、别、利、君、含、吴、吹、吾、告、吕、困、坂、均、坊、坎、夾、妖、孝、宋、宏、岐、岑、巫、希、序、延、弄、役、忌、忻、成、扶、折、攸、旱、旴、更、李、杜、杞、步、求、汨、汭、汲、汴、汶、決、汾、沁、沂、沃、沅、沇、沈、沌、没、沔、沖、泚、沙、沛、汳、汪、災、牢、狂、狄、甫、町、阜、祀、秀、私、系、紀、罕、良、

芒、芍、角、谷、豆、貝、赤、走、車、辰、邑、邠、那、邱、邩、邪、邦、酉、阪、阮、防

地名	卷次	類別
伯谷	17 渭水	24.
伯丘浦	22 渠	8.
伯姬冢	24 睢水	43.
伯禽城	22 渠	53.
伯陽川	17 渭水	1.26.
伯陽城	17 渭水	53.
伯姬黄堂	24 睢水	40.
伯陽谷水	17 渭水(2)	1.
伯陽東溪水	17 渭水	1.
伽那調御	1 河水	47.
伽舍羅逝國城	2 河水	52.
佐喪	28 沔水	65.
何宕川水	17 渭水	1.
何進故宅	31 淯水	40.
何次道精廬	40 漸江水	40.
余吾	20 漾水	1.
余吾縣	10 濁漳水 20 漾水	50.
余吾侯國	10 濁漳水	51.
余吾縣故城	10 濁漳水	53.
佛袈裟王城	2 河水	53.
佛樹東河岸	1 河水	17.
作唐縣	37 澧水	50.
冶水	7 濟水	1.
冶父	28 沔水	65.
冶城	7 濟水	53.
冶父城	28 沔水	53.
冶谷水	16 沮水	1.
冶坂城	5 河水	53.
冶泉祠	26 巨洋水	44.
冶嶺山	26 淄水	18.
冷池	14 濡水	9.
冷溪	14 濡水	1.
初丘	10 濁漳水	19.
删丹縣	40 補弱水	佚.
别汝	31 澺水	1.
别谷	24 汶水	24.
别濟	8 濟水	1.
别濮	8 濟水	1.
别畫湖	26 巨洋水	6.
别谷山田	24 汶水	27.
别谷石穴	38 湘水	22.
利水	35 汗水 38 溱水	1.
利鄉	30 淮水	56.
利縣	8 濟水	50.
利山湖	39 洭水	6.
利父縣	25 泗水	50.
利丘縣	9 洹水	50.
利平縣	3 河水	50.
利成縣	30 淮水	50.
利刹寺	2 河水	46.
利治縣	8 濟水	50.
利城門	19 渭水	41.
利望亭	23 汳水	57.
利喬山	20 漾水	18.
利陽縣	16 穀水	50.
利慈池	36 沫水	9.
利慈渚	36 沫水	9.
利漕口	9 淇水	3.
利漕渠	10 濁漳水	1.
利盧城	26 膠水	53.
利成侯國	30 淮水	51.
利成縣故城	30 淮水	53.

地名	卷次	類別
利刹寺石革華	2 河水	21.
君山	38 湘水	18.
君亭	20 丹水	50. 57.
君子岸	11 滱水	17.
君子濟	3 河水	30.
君山石穴	38 湘水	22.
含春門	16 穀水	41.
含洭縣	39 洭水	50.
含章殿	19 渭水	37.
吴	21 汝水	47. 佚.
	22 潁水	
	24 汶水	
	25 泗水	
	25 沂水	
	26 沭水	
	26 巨洋水	
	16 濰水	
	28 沔水(2)	
	29 沔水	
	30 淮水	
	31 灈水	
	31 溳水	
	32 決水	
	32 沘水	
	32 夏水	
	32 肥水	
	33 江水	
	34 江水	
	35 江水(2)	
	37 澧水、	
	37 沅水	
	37 淈水、	
	38 資水	
	38 湘水、	

地名	卷次	類別
	38 灕水	
	38 溱水、	
	39 潤水	
	40 漸江水(2)	
吴山	4 河水	18.
	16 穀水	
	17 渭水	
吴陂	9 清水	10.
吴亭	9 清水	57.
吴城	21 汝水	53.
	30 淮水	
吴郡	2 河水	49.
	16 穀水	
	29 沔水	
	30 淮水	
	39 廬江水	
	40 漸江水	
吴國	29 沔水	47.
吴陽	18 渭水	65.
吴澤	9 清水	6.
吴瀆	9 精水	1.
	40 漸江水	
吴小湖	29 沔水	6.
吴平縣	39 贛水	50.
吴昌縣	38 湘水	50.
吴房縣	31 灈水	50.
	31 溵水	
吴芮冢	38 湘水	43.
吴城郡	30 淮水	49.
吴寧縣	40 漸江水	50.
吴澗水	15 伊水	1.
吴興郡	40 漸江水	49.
吴澤水	9 清水	1.
吴山石穴	17 渭水	22.

地名	卷次	類别
吴山懸波	17 渭水	5.
吴房侯國	31 瀙水	51.
吴越之國	29 沔水	47.
吴陽上畤	18 渭水	46.
吴陽下畤	18 渭水	46.
吴寧溪水	40 漸江水	1.
吴澤陂水	9 清水	1.
吴昌縣故城	38 湘水	53.
吴季扎子墓	24 汶水	43.
吹臺	22 渠	36.
	24 睢水	
吾山	8 濟水	18.
	24 瓠子河	
吾城	10 濁漳水	53.
吾城縣	10 濁漳水	50.
吾符亭	24 睢水	50. 57.
吾雒縣	33 江水	50.
吾離之國	31 淯水	47.
告平城	19 渭水	53.
告成縣	25 泗水	50.
吕	25 泗水	65.
	31 淯水	
吕城	3 河水	53.
	31 淯水	
吕留	8 濟水	65.
	25 泗水	
吕梁	25 泗水	29.
吕都	8 濟水	52.
吕墟	31 潕水	61.
吕縣	25 泗水	50.
吕泉水	14 濡水	1. 11.
吕泉塢	14 濡水	18.
吕梁山	4 河水	18.
吕梁洪	3 河水	5.

地名	卷次	類别
吕蒙城	35 江水	53. 佚.
吕仲悌墓	8 濟水	43.
吕城侯國	31 淯水	51.
吕梁之山	3 河水	18.
吕梁懸濤	25 泗水	5.
吕望賣漿臺	5 河水	36.
吕都縣故城	7 濟水	53.
困冢川	20 漾水	1. 26.
坂月川	27 沔水	1. 26.
坂月川水田	27 沔水	27.
均口	28 沔水	3.
	29 沔水	
均水	20 丹水	1.
	28 沔水	
	29 均水	
	31 溳水	
均夏縣	30 淮水	50.
坊州	16 補洛水	佚.
坊新里	16 補洛水	佚.
坎欿	15 洛水	65.
坎欿聚	15 洛水	59.
夾谷	30 淮水	24. 65.
夾邪	30 淮水	65.
夾口浦	30 淮水	8.
妖皐溪	40 漸江水	1.
孝水	15 澗水	1.
	16 穀水	
孝祠	5 河水	44.
孝子石	36 若水	21.
孝子堂	8 濟水	40.
孝里亭	19 渭水	57.
孝子夏先墓	40 漸江水	43.
孝子楊威墓	40 漸江水	43.
宋	7 濟水	47. 佚.

地名	卷次	類別
	8 濟水	
	22 洧水	
	22 渠	
	23 陰溝水	
	23 汳水	
	23 獲水	
	24 睢水	
	24 瓠子河	
	25 泗水	
	26 沭水	
	29 比水	
	30 淮水	
宋水	16 穀水	1.
宋城	24 睢水	53.
宋都	8 濟水	52.
	24 睢水	
宋溝	22 渠	1.
宋縣	22 潁水	50.
宋子河	10 濁漳水	1.
宋子縣	10 濁漳水	50.
宋大水	23 獲水	1.
宋公國	22 潁水	51.
宋玉宅	28 沔水	40.
宋别都	25 泗水	52.
宋城縣	7 濟水	50.
宋熙郡	20 漾水	49.
宋子侯國	10 濁漳水	51.
宋共公都	24 睢水	52.
宋城南門	24 睢水	41.
宋縣故城	22 潁水	53.
宋子縣故城	10 濁漳水	53.
宏休水	20 漾水	1.
宏農郡	21 汝水	佚.
宏静鎮	3 河水	佚.

地名	卷次	類別
岐下	16 漆水	65.
岐山	11 滱水	18.
	16 漆水	
	18 渭水	
岐水	16 漆水	1.
	18 渭水	
岐州	18 渭水	48.
岐沙	2 河水	25.
岐州治	18 渭水	53.
岐州城	18 渭水	53.
岐沙谷	2 河水	24.
岐棘山	29 湍水	18.
岐山之水	11 滱水	1.
岐沙谷二水	2 河水	1.
岑水	17 渭水	1.
岑峽	17 渭水	23.
巫山	8 濟水	18.
	33 江水	
	34 江水	
巫沙	7 濟水	65.
巫城	34 江水	53.
巫峽	34 江水	23.
巫郡	34 江水	49.
巫縣	34 江水	50.
巫黔	37 沅水	65.
巫山峽	33 江水	23.
巫咸山	6 涑水	18.
巫咸祠	6 涑水	44.
巫咸國	6 涑水	47.
巫城山	34 江水	18.
巫城水	37 夷水	1.
巫溪水	34 江水	1.
巫山石室	8 濟水	40.
巫山瀑布	34 江水	5.

地名	卷次	類別
成鄉	9 沁水	56.
成縣	8 濟水	50.
成功嶠	40 漸江水	18.
成平縣	3 河水	50.
	10 濁漳水	
成安縣	21 汝水	50.
	23 汳水	
	25 泗水	
成周聚	18 渭水	59.
成固縣	27 沔水	50.
	32 涔水	
成宜縣	3 河水	50.
成武城	8 濟水	53.
成武縣	8 濟水	50.
	25 泗水	
成林渠	19 渭水	1.
成信縣	30 淮水	50.
成紀水	17 渭水	1.
成紀縣	17 渭水	50.
成郎橋	10 濁漳水	29.
成國渠	19 渭水	1.
成皋縣	7 濟水	50.
	15 洛水	
	16 穀水	
	23 陰溝水	
成富縣	24 睢水	50.
成湍灘	33 江水	15.
成都城	33 江水	53.
成都郡	32 夏水	49.
成都縣	32 涪水	50.
	33 江水	
成陽城	24 瓠子河	53.
成陽縣	24 瓠子河	50.
成鄉城	9 沁水	53.

地名	卷次	類別
成德縣	32 肥水	50.
	32 施水	
成樂城	3 河水	53.
成樂縣	3 河水	50.
成閭亭	30 淮水	57.
成平侯國	10 濁漳水	51.
成安侯國	21 汝水	51.
	23 汳水	
成周之城	15 洛水	53.
成周大邑	15 洛水	53.
成固北城	32 涔水	53.
成固南城	32 涔水	53.
成帝延陵	19 渭水	43.
成國故渠	19 渭水	1.
成國渠田	19 渭水	27.
成都王國	32 夏水	51.
成都南城	32 江水	53.
成功橋欹路	40 漸江水	31.
成平縣故城	10 濁漳水	53.
成安縣故城	21 汝水	53.
成固南城山	32 涔水	18.
成固南城桁	32 涔水	29.
成武縣故城	25 泗水	53.
成宜縣故城	3 河水	53.
成皋西大坂	5 河水	18.
成皋縣故城	5 河水	53.
成都兩江田	33 江水	27.
成都郡故城	32 夏水	53.
成都縣錦官	33 江水	34.
成都縣舜井	24 瓠子河	13.
成德縣故城	32 肥水	53.
成固南城東門	32 涔水	41.
成功嶠十二方石	40 漸江水	21.

地名	卷次	類别
成紀水成紀縣伏流	17 渭水	2.
扶亭	17 渭水	50. 57.
	22 渠	
扶南	1 河水	47.
扶風	17 渭水	49. 佚.
	19 渭水	
	23 汳水	
	31 淯水	
	19 補涇水	
扶鄉	38 灕水	56.
扶縣	26 膠水	50.
	38 資水	
扶光山	30 淮水	18.
扶侯國	10 濁漳水	51.
扶柳縣	10 濁漳水	50.
扶風郡	6 汾水	49.
扶風縣	19 渭水	佚.
扶溝縣	22 渠	50.
	23 陰溝水	50.
扶嚴究	37 葉榆河	1. 15.
扶蘇水	4 河水	1.
扶南諸國	36 温水	47.
扶柳侯國	10 濁漳水	51.
扶淇之水	26 濰水	1.
扶陽之山	37 沅水	18.
扶溝之亭	22 渠	57.
扶溝侯國	22 渠	51.
扶樂侯國	22 渠	51.
扶樂故城	22 渠	53.
扶縣故城	26 膠水	53.
扶豬之山	15 洛水	18.
扶柳縣故城	10 濁漳水	53.
扶溝縣故城	22 渠	53.

地名	卷次	類别
扶南林邑步道	36 温水	31.
折里溪水	17 渭水	1.
攸水	39 洣水	1.
攸溪	39 洣水	1.
攸縣	39 洣水	50.
攸輿侯國	39 洣水	51.
旱山	27 沔水	18.
	31 溳水	
旱溪	17 渭水	1.
旱山下祠	27 沔水	44.
旱山下十二石	27 沔水	21.
盱水	39 贛水	1.
更生鄉	38 湘水	56.
更始水	36 延江水	1.
李陂	7 濟水	10.
李城	7 濟水	53.
	9 洹水	
李溪	15 洛水	1.
李澤	7 濟水	6.
李母冢	23 陰溝水	43.
李母廟	23 陰溝水	45.
李君祠	7 濟水	44.
李谷水	15 洛水	1.
李典營	4 河水	32.
李固墓	27 沔水	43.
李姥浦	35 江水	8.
李剛祠	8 濟水	44.
李剛墓	8 濟水	43.
李雲墓	9 淇水	43.
李温冢	29 潛水	43.
李熹墓	10 濁漳水	43.
李聰渙	10 濁漳水	8.
李鵲城	29 沔水	53.
李夫人冢	19 渭水	43.

地名	卷次	類別
李氏石柱	9 淇水	21.
李嚴大城	33 江水	53.
李君祠石的	7 濟水	21.
李君祠石蹠	7 濟水	21.
李剛墓石室	8 濟水	40.
李剛墓石闕	8 濟水	41.
杜山	26 淄水	18.
杜川	2 河水	1. 26.
杜水	18 渭水	1.
杜門	19 渭水	41.
杜城	31 湞水	53.
杜縣	19 渭水	50.
杜伯國	19 渭水	47.
杜東原	19 渭水	26.
杜武溝	25 洙水	1.
杜伯冢	19 渭水	43.
杜衍縣	31 淯水	50.
杜郵亭	19 渭水(2)	57.
杜陵縣	19 渭水	50.
杜陽山	18 渭水	18.
杜陽川	18 渭水	1. 26.
杜陽谷	18 渭水	24.
杜陽溪	15 洛水	1.
杜陽縣	16 漆水	50.
	18 渭水	
杜衍侯國	31 淯水	51.
杜陽澗水	15 洛水	1.
杜縣故城	19 渭水	53.
杜衍縣故城	31 淯水	53.
杜陽谷地穴	18 渭水	22.
杜陽縣大嶺	18 渭水	18.
杜陽縣故城	18 渭水	53.
杞	24 汶水	47.
	26 淄水	
	30 淮水	
杞國	24 睢水	47.
杞縣	24 睢水	50.
步和川	2 河水	26.
步和亭	2 河水	57.
步高宮	19 渭水	37.
步壽宮	19 渭水	37.
步廣里	16 穀水	58.
步和川水	2 河水	1.
步闡故城	34 江水	53.
步和亭西山	2 河水	18.
求厥川	2 河水	1. 26.
求厥川西北溪	2 河水	1.
汨水	38 湘水	1.
汨羅口	38 湘水	3.
汨羅成	38 湘水	62.
汨羅淵	38 湘水	7.
汭川	19 補涇水	佚.
汭水	4 河水	1. 佚.
	19 補涇水	
汲	9 清水	65.
汲冢	4 河水	43.
	21 汝水	
	26 巨洋水	
汲城	9 清水	53.
汲郡	4 河水	49. 佚.
	5 河水	
	9 清水	
	22 渠	
	26 巨洋水	
	31 溠水	
汲鄉	22 洧水	56.
汲縣	9 清水	50.
	22 洧水	

地名	卷次	類别
汾州治	3 河水	53.
汾陰城	4 河水	53.
汾陰脽	4 河水	19.
	6 汾水	
汾陰縣	4 河水	50.
	16 沮水	
汾陽縣	6 汾水	50.
	13 灅水	
汾關山	33 江水	18.
汾山神廟	6 汾水	45.
汾水東原	6 汾水	26.
汾水故渠	6 汾水	1.
汾陰侯國	4 河水	51.
汾陽侯國	6 汾水	51.
汾陽縣北山	6 汾水	18.
汾陽縣故城	6 汾水	53.
汾水東原小臺	6 汾水	36.
沁	23 汳水	1.
沁口	9 沁水	3.
沁水	9 沁水	1.
沁水亭	9 沁水	57.
沁水城	9 沁水	53.
沁水縣	7 濟水	50. 佚.
	9 沁水	
	4 河水	
沁陽城	9 沁水	53.
沁口石門	9 沁水	28. 41.
沁水枝渠	9 沁水	1.
沁河北岸	9 沁水	17.
沁水南三水	9 沁水	1.
沁水縣故城	9 沁水	53.
沁水沿流步陘	9 沁水	31.
沂	25 泗水	1. 65.
	25 沂水	

地名	卷次	類别
	26 沭水	
	26 淄水	
沂山	25 沂水	18.
沂水	25 泗水	1.
	25 沂水	
沂平縣	25 沂水	50.
沂西田	25 泗水	27.
沂水北水	25 沂水	1.
沂水南源	25 沂水	1.
沃水	10 濁漳水	1. 佚.
	33 河水	
沃州	10 濁漳水	佚.
沃湖	10 濁漳水	6.
沃州城	10 濁漳水	53.
沃野田	3 河水	27.
沃野縣	3 河水	50.
沃陽城	3 河水	53.
沃陽縣	3 河水	50.
沃野縣南河	3 河水	1.
沃野縣故城	3 河水	53.
沃陽縣故城	3 河水	53.
沃陽縣鹽池	3 河水	9. 33. 34.
沃陽城東南山	3 河水	18.
沃陽縣東北山	3 河水	18.
沅	4 河水	1.
	39 洭水	
沅川	36 沅水	26.
沅水	35 江水	1.
	37 澧水	
	37 沅水	
	38 湘水	
沅南縣	37 沅水	50.
沅陵縣	37 沅水	50.
	38 資水	

地名	卷次	類别
沘水	30 淮水	1. 佚.
	32 沘水	
	32 泄水	
沘泄	29 比水	1.
沙	22 潁水	1. 佚.
	22 洧水	
	22 潩水	
	22 渠	
	23 陰溝水	
	10 濁漳水	
沙口	37 澧水	3.
沙山	2 河水	18.
沙川	21 汝水	26.
沙屯	35 江水	3.
沙州	2 河水	25. 48.
	40 禹貢山水澤地所在	
沙汭	22 渠	1. 3. 4.
沙岡	22 渠	18.
沙河	22 渠	1. 佚.
	10 濁漳水	
沙門	32 肥水	41.
沙阜	16 補洛水	佚.
沙亭	5 河水	57.
	21 汝水	
沙苑	19 渭水	42. 佚.
	16 補洛水	
沙城	7 濟水	53.
	21 汝水	
沙浦	35 江水	佚.
沙野	14 濡水	26.
沙鹿	5 河水	18.
沙渠	31 淯水	1.
沙溪	3 河水	1.

地名	卷次	類别
沙隨	23 汳水	65.
沙丘堰	5 河水	28.
沙丘臺	10 濁漳水	36.
沙谷水	14 鮑丘水	1.
沙河口	10 濁漳水	佚.
沙河縣	10 濁漳水	佚.
沙邱堰	5 河水	佚.
沙南縣	3 河水	50.
沙祇城	1 河水	53.
沙祇國	1 河水	47.
沙陵湖	3 河水	6.
沙陵縣	3 河水	50.
	13 灅水	
沙渠水	6 涑水	1.
	19 渭水	
沙渠縣	34 江水	50.
	37 夷水	
沙陽亭	23 汳水	57.
沙陽洲	35 江水	16.
沙陽縣	35 江水	50.
沙溝水	5 河水	1. 佚.
	8 濟水	
	9 沁水	
	12 巨馬水	
	10 濁漳水	
沙羨縣	35 江水	50.
沙澗水	4 河水	1.
沙隨國	23 汳水	47.
沙水枝水	23 陰溝水	1.
沙水枝津	22 渠(2)	1.
沙水枝瀆	22 渠	1.
沙水南水	22 渠	1.
沙陽縣治	35 江水	53.
沙祇城南門	1 河水	41.

地名	卷次	類别
沙陵縣故城	3 河水	53.
沙澗水枝水	4 河水	1.
沙羨縣右岸	35 江水	17.
沙南縣西大山	3 河水	18.
沙南縣東大山	3 河水	18.
沙陽洲江右岸	35 江水	17.
沙門竺曇顯精舍	39 贛水	40.
沛岸	35 江水	17.
沛宫	25 泗水	37.
沛郡	22 潁水	49.
	22 渠	
	23 陰溝水	
	23 獲水	
	24 睢水	
	25 泗水	
	30 淮水	
沛國	9 清水	47.
	14 鮑丘水	
	23 陰溝水	
	23 獲水	
	27 沔水	
	28 沔水	
	30 淮水	
	32 施水	
	33 江水	
	40 漸江水	
沛澤	25 泗水	6.
沛公壘	21 汝水	32.
沛侯國	25 泗水	51.
沛郡治	23 獲水	53.
	24 睢水	
沛縣故城	25 泗水	53.
汳	22 渠	1.
	23 汳水	
	23 獲水	
汳水	7 濟水	1.
	23 陰溝水	
	23 汳水	
	23 獲水	
	24 睢水	
汳渠	5 河水	1.
汳溝	7 濟水	1.
汳水枝津	23 汳水	1.
汳水故渠	23 汳水	1.
汳水睢陽城小水	23 汳水	1.
汿口	38 湘水	3.
汿水	38 湘水	1.
災豆渾水	3 河水	1.
牢山	37 葉榆河	18.
牢水	36 温水	1.
牢蘭海	2 河水	6. 14.
狂水	15 伊水	1.
狄	6 汾水	47.
	6 涧過水	
	6 晉水	
	7 濟水	
	9 清水	
	22 渠	
狄山	24 瓠水河	18.
狄水	5 河水	1.
狄城	28 沔水	53.
狄道	2 河水	50. 佚.
	16 補洛水	
狄周峽	2 河水	23.
狄道故城	2 河水	53.
甫水	22 渠	1.

地名	卷次	類别
甫田	7 濟水	6.
	22 渠	
甫田之路	7 濟水	31.
町湖	39 瀆水	6.
皁澗水	16 穀水	1.
祀山	6 汾水	18.
祀水	6 汾水	1.
祀下泉	8 濟水	11.
祀下泉右水	8 濟水	1.
祀下泉左水	8 濟水	1.
秀水	39 贛水	佚.
秀延水	3 河水	1.
秀容城	6 汾水	53.
秀容護軍治	6 汾水	53.
私訶條國	2 河水	47.
系水	26 淄水	1.
紕尸羅國	2 河水	47.
紕尸羅國東塔	2 河水	39.
罕幵渡	2 河水	佚.
罕幵溪	2 河水	1.
罕幵南溪水	2 河水	1.
良	25 沂水	65.
良城	25 沂水	53.
良鄉	11 易水	56.
	12 聖水	
	13 濕水	
良縣	24 汶水	50.
良父口	35 江水	3.
良城縣	25 沂水	50.
良鄉縣	11 易水	50.
	12 聖水	
	13 濕水	
良餘山	15 洛水	18.
	32 肥水	

地名	卷次	類别
良餘西山	12 聖水	18.
良城縣故城	12 聖水	53.
芒中	3 河水	65.
芒水	18 渭水	1.
	19 渭水	
芒卯	7 濟水	65.
	22 洧水	
芒竹	18 渭水	65.
芒谷	18 渭水	24.
芒垂	5 河水	65.
芒門	16 穀水	41.
芒縣	24 睢水	50.
芒干水	3 河水	1.
芒侯國	24 睢水	51.
芒水枝流	18 渭水	1.
	19 渭水	
芒水南山	18 渭水	18.
芒縣故城	24 睢水	53.
芍陂	32 沘水	10.
	32 肥水	
芍磯	35 江水	18.
芍陂門	32 肥水	41.
芍陂瀆	32 肥水	1.
角城	8 濟水	53.
	25 泗水	
	30 淮水	
角林山	26 巨洋水	18.
角飛城	9 淇水	53.
角崩山	26 巨洋水	18.
角逐城	24 瓠子河	53.
角飛城鹽場	9 淇水	33.34.
谷口	9 洹水	3.佚.
	19 渭水	
	30 淮水	

地名	卷次	類别
	19 補涇水	
谷水	13 瀔水(2)	
	22 潁水	
	22 渠	
	23 陰溝水	
	29 沔水	
	30 淮水(2)	
	40 禹貢山水澤地所在	
谷口嶺	6 涑水	18.
谷春祠	18 渭水	44.
谷鹿洲	39 贛水	16.
谷陽臺	23 陰溝水	36.
谷里袁口	35 江水	3.
豆山	11 滱水	18.
豆山泉	11 滱水	11.
貝丘	5 河水	19.65.
	26 淄水	
貝磯	35 江水	18.
貝中聚	5 河水	59.
貝丘田	26 淄水	27.
貝丘城	5 河水	53.
貝丘縣	5 河水	50.
貝磯江右岸	35 江水	17.
赤水	1 河水	1.佚.
	4 河水	
	17 渭水	
	19 渭水(2)	
	33 江水	
	36 若水	
赤狄	7 濟水	47.
	11 滱水	
赤谷	17 渭水	24.
	19 渭水	

地名	卷次	類别
赤亭	7 濟水	57.
	35 江水	
赤岸	2 河水	17.
赤城	2 河水	18.53.
	9 蕩水	
	9 洹水	
	14 沽河	
	19 渭水	
	22 洧水	
赤崖	27 沔水	20.
赤湖	28 沔水	6.
赤溪	35 江水	1.
赤鄉	28 沔水	56.
赤翟	4 河水	47.
	9 沁水	
赤瀨	40 漸江水	15.
赤水城	2 河水	53.
赤水浦	35 江水	8.
赤石山	31 淯水	18.
赤石川	4 河水	1.26.
赤沙山	2 河水	18.
赤沙阜	3 河水	19.
赤沙湖	37 澧水	6.
赤岬山	33 江水	18.
赤岬城	33 江水	53.
赤岸水	15 瀾水	1.佚.
	40 漸江水	
赤岸固	5 河水	18.
赤松澗	40 漸江水	佚.
赤泥峴	18 渭水	18.
赤亭水	17 渭水	1.
	32 蘄水	
	35 江水	
赤眉城	15 伊水	53.

地名	卷次	類別
赤城山	14 沽河	18.
赤城河	14 沽河	1.
赤崖口	27 沔水	3.
赤湖水	28 沔水	1.
赤須水	19 補涇水	佚.
赤須谷	19 補涇水	24.
赤蒿谷	2 河水	24.
赤鼻山	35 江水	18.
赤壁山	35 江水	18.
赤澗水	22 洧水	1.
赤曄川	2 河水	26.
赤沙湖水	37 澧水	1.
赤崖閣道	27 沔水	31.
赤溪夏浦	35 江水	8.
赤湖水口	28 沔水	3.
赤翟之都	4 河水	52.
赤曄川水	2 河水	1.
赤松子之祠	40 漸江水	佚.
赤翟潞子國	10 濁漳水	47.
赤土身熱之阪	2 河水	18.
赤松羽化處廟	40 漸江水	45.
赤溪夏浦浦口	35 江水	3.
赤蒿二水南山	17 渭水	18.
走狗臺	19 渭水	36.
走馬水	3 河水	1.
車師	2 河水	47.
車牛城	22 渠	53.
車輂水	14 鮑丘水	1.
車箱山	29 沔水	18.
車箱水	29 沔水	1.
車箱渠	14 鮑丘水	1.
車輪淵	7 濟水	7.
車箱渠田	14 鮑丘水	27.
車輪淵水	7 濟水	1.

地名	卷次	類別
車箱山瀑布	29 沔水	5.
車箱渠水門	14 鮑丘水	41.
車箱渠北岸	14 鮑丘水	17.
車箱渠長岸	14 鮑丘水	17.
車箱渠北岸水門	14 鮑丘水	41.
辰水	37 沅水	1.
辰亭	22 洧水	57.
辰陵	22 洧水	43.
辰溪	37 沅水	1.
辰陽縣	36 延江水 37 沅水	50.
辰溪口	37 沅水	3.
邑中	40 漸江水	65.
邑城	22 潁水 28 沔水	53.
邑州城	4 河水	53.
邑川二水	4 河水	1.
邠	16 漆水	65.
邠州	17 渭水	48.
那處	28 沔水	65.
那口城	28 沔水	53.
邔	28 沔水	65.
邔亭	28 沔水	57.
郕垂	15 伊水	65.
郕垂亭	15 伊水	57.
邪溪	40 漸江水	1.
邪階山	38 溱水	18.
邪階水	38 溱水	1.
邪龍縣	36 温水 37 葉榆河	50.
邪薑山	38 溱水	18.
邞縣	26 膠水	50.
酉口	27 沔水	3.

地名	卷次	類别
	37 沅水	
酉山	37 沅水	18.
酉水	27 沔水	1.
	36 延江水	
	37 沅水	
酉陽縣	36 延江水	50.
	37 沅水	
酉水北岸	36 延江水	17.
酉水重山	27 沔水	18.
阪泉	13 㶟水	11.
阪泉水	13 㶟水	1.
阮曲	16 穀水	4.
阮嗣宗故居	16 穀水	40.
防山	40 漸江水	18.
防水	9 蕩水	1.
	12 聖水	
防門	8 濟水	32.41.
防城	9 蕩水	53.
防海大塘	40 漸江水	28.

八劃：乳、亞、京、佷、使、來、依、兔、兩、具、典、函、到、刑、剞、制、刺、卑、卓、協、卷、取、受、周、味、呼、命、和、固、坰、坶、垂、夜、奄、奇、奉、姤、始、姑、委、孟、季、孤、宕、官、定、宛、宜、尚、居、屈、岡、峋、岩、岱、岳、岷、岸、岝(岝)、甾、帛、并、庚、弦、征、徂、怪、戾、房、承、拂、抱、拒、拓、拘、招、放、於、昆、昇、昌、明、易、昔、東、杼、松、板、枉、枋、析、林、枚、果、枝、欣、武、沬、沭、沮、沱、河、泺、油、治、沼、沽、沾、泂、泃、泄、泌、泑、泒、泗、泜、泠、泡、波、泥、注、泫、泮、沸、泇、泬、洰、牧、狋、狐、狗、盂、盱、盲、直、祁、季、空、穹、罙、羌、肥、肩、育、肴、肸、肺、臥、芙、芣、芬、芮、芳、芷、芹、虎、表、迎、返、邯、邰、邲、邳、邴、邵、邶、邸、金、長、門、阜、阼、阿、陂、附、青、非、

地名	卷次	類别
乳水	15 洛水	1.
乳樓城	14 大遼水	53.
亞夫冢	19 渭水	43.
亞父井	25 泗水	13.
亞父冢	25 泗水	43.
亞父祠	25 泗水	44.
亞谷城	11 易水	佚.
亞谷侯國	11 易水	佚.
京水	7 濟水	1.
	26 淄水	
京丘	11 滱水	19.65.
京兆	19 渭水	52.
京城	2 河水	52.53.
	3 河水	
	7 濟水	
	10 濁漳水	
	13 㶟水	
	19 渭水	

地名	卷次	類别
京陵	11 滱水	19.
京師	5 河水	52. 53.
	16 穀水	
	19 渭水	
	27 沔水	
	31 淯水	
	33 江水	
	36 桓水	
	37 葉榆河	
京縣	7 濟水	50.
	22 渠	
京兆尹	4 河水	49.
	19 渭水	
	20 丹水	
京陵縣	6 汾水	50.
京城南淵	7 濟水	7.
京縣故城	7 濟水	53.
京陵縣故城	6 汾水	53.
佷山	37 夷水	18.
佷子潭	28 沔水	7.
佷山縣	37 夷水	50.
佷山清江	33 江水	1.
佷山諸溪	34 江水	1.
佷山北溪水	37 夷水	1.
佷山縣故城	37 夷水	53.
佷山縣温泉	37 夷水	12.
佷山北溪石山	37 夷水	18.
佷山北溪水飛清	37 夷水	5.
使君灘	33 江水	15.
來淵	20 漾水	7.
來谷水	2 河水	1.
來細水	36 温水	1.
來唯縣	33 江水	50.

地名	卷次	類别
來惟縣	36 温水	50.
來儒之水	15 伊水	1.
依城	11 滱水	53.
依耐國	2 河水	47.
依城河	11 滱水	1.
兔川	16 補洛水	佚.
兔氏	22 渠	65.
兔園	24 睢水	42.
兔氏亭	22 渠	57.
兔和山	20 丹水	18.
兩溝	25 泗水	1.
兩女陵	11 滱水	43.
兩期城	10 濁漳水	53.
兩溝田	25 泗水	27.
兩當水	20 漾水	1.
兩當縣	20 漾水	50.
兩嶺溪水	11 滱水	1.
兩部都尉治	36 青衣水	53.
具山	30 淮水	18.
具水	26 巨洋水	1.
具圃	22 渠	42.
具區	29 沔水	6.
具茨山	22 潩水	18.
具茨之山	22 潩水	18.
典由	36 温水	65.
典冲城	36 温水	53.
典農城	3 河水(2)	53.
典冲城西南山	36 温水	18.
函谷	16 穀水	24.
函里	19 渭水	58.
函道	4 河水	31.
函谷山	4 河水	18.
函谷關	4 河水	32.
	15 洛水	

地名	卷次	類別
	16 穀水	
	21 汝水	
函谷東坂	15 澗水	18.
函道舊城	4 河水	53.
函谷關西路	16 穀水	31.
函谷關澗道	4 河水	31.
函谷關校尉舊治	4 河水	53.
到刺山	13 漯水	18.
到刺山水	13 漯水	1.
刑馬之山	17 渭水	18.
刳首	6 涑水	65.
刳首水	4 河水	佚.
制	5 河水	65.
制田	22 渠	6.
制鄉	15 洛水	56.
制澤	22 渠	6.
制昌縣	19 渭水	50.
制城西梁	16 穀水	29.
刺史山	29 沔水	18.
刺稽水	20 漾水	1.
刺稽水口	20 漾水	3.
卑水	36 若水	1.
卑耳	13 漯水	65.
卑水縣	36 若水	50.
卑移山	3 河水	18.
卑禾羌海	2 河水	6. 14.
卑耳之川	14 濡水	26.
卑耳之溪	14 濡水	1.
卑耳之溪渡	14 濡水	30.
卓水陂	9 清水	10.
卓茂祠	22 洧水	44.
協溪	13 漯水	1.
協陽關	13 漯水	32.

地名	卷次	類別
協陽關水	13 漯水	1.
協陽關道	13 漯水	31.
卷水	9 淇水	佚.
卷城	31 潕水	53.
卷縣	5 河水	50.
	7 濟水	
	23 陰溝水	
	29 沔水	
卷縣故城	7 濟水	53.
	23 陰溝水	
取陽交	17 渭水	3.
取慮縣	24 睢水	50.
取慮縣故城	24 睢水	53.
受水	37 沅水	1.
受降郡	3 河水	49.
受渠水	17 渭水	1.
受渠亭	17 渭水	57.
受陽縣	6 洞過水	50.
受陽縣故城	6 洞過水	53.
周山	15 洛水	18.
周水	36 存水	1.
	36 温水	
周市	40 漸江水	65.
周南	15 洛水	65.
周首	8 濟水	65.
周原	18 渭水	26.
周城	18 渭水	53.
周塢	23 汳水	63.
周陽	6 涑水	65.
周公渡	21 汝水	30.
周公臺	25 泗水	36.
周公廟	5 河水	45.
周氏曲	19 渭水	4.
周平城	21 汝水	53.

地名	卷次	類别
周勃冢	19 渭水	43.
周苛冢	7 濟水	43.
周首邑	8 濟水	53.
周首亭	8 濟水	57.
周陽城	6 涑水	53.
周瑜廟	35 江水	佚.
周墓地	16 穀水	43.
周襄館	5 河水	40.
周天子祠	4 河水	44.
周承休邑	21 汝水	53.
周承休縣	21 汝水	50.
周武王都	19 渭水	52.
周首北門	8 濟水	41.
周陽侯國	6 涑水	51.
周畿内國	7 濟水	47.
周盧溪水	14 鮑丘水	1.
周懿王都	19 渭水	52.
周靈王冢	15 洛水	43.
周承休侯國	21 汝水	51.
周威烈王冢	16 穀水	43.
周梁伯故居	22 渠	40.
周陽邑北山	6 涑水	18.
周承休縣故城	21 汝水	53.
味縣	36 温水	50.
呼沱	2 河水	1.
呼咜之水	6 汾水	1.
命子窟	10 濁漳水	22.
和	36 桓水	65.
和山	5 河水	18.
和城	10 濁漳水	53.
和溪	20 漾水	1.
和灘	33 江水	15.
和城聚	28 沔水	59.
和城縣	10 濁漳水	50.
和堆城	13 灅水	53.
和博川	2 河水	26.
和博城	2 河水	53.
和樂亭	25 泗水	57.
和樂郡	23 獲水	49.
和龍宫	14 大遼水	37.
和城侯國	10 濁漳水	51.
和博川水	2 河水	1.
和山瑶碧礦	5 河水	33.
和山南蒼玉礦	5 河水	33.
和博城西南山	2 河水	18.
固	24 瓠子河	65.
固城	28 沔水	53.
固嶺	17 渭水	18.
固安縣	11 易水 12 巨洋水	50. 佚.
固成山	30 淮水	18.
固始縣	22 潁水	50.
固陰縣	3 河水	50.
固陵城	40 漸江水	53.
固成山巨井	30 淮水	13.
固成山瀑布	30 淮水	5.
固始縣故城	22 潁水	53.
坰溝	9 洹水	1.
坶野	9 清水	26.
垂	24 瓠子河	65.
垂山	35 江水	18.
垂亭	24 瓠子河	57.
垂隴	7 濟水	65.
垂惠聚	23 陰溝水	59.
垂隴城	7 濟水	53.
垂山之水	35 江水	1.
夜清	33 江水	65.
夜郎縣	36 温水	50.

地名	卷次	類别
委粟山	26 巨洋水	18.
委粟津	5 河水	1.30.
委粟關	11 滱水	32.
孟山	3 河水	18.
孟丙	6 汾水	65.
孟谷	19 渭水	24.
孟門	3 河水	23.41.
	4 河水	
	13 灅水	
孟津	4 河水	1.30.
	5 河水	
	16 穀水	
孟諸	30 淮水	6.
孟豬	8 濟水	6.
孟谷水	19 渭水	1.
孟門山	4 河水	18.
孟門津	4 河水	1.30.
孟津河	4 河水	1.
	5 河水	
孟津岸	4 河水	17.
孟津關	15 洛水	32.
孟家涹	35 江水	8.
孟廣岬	14 鮑丘水	18.
孟諸澤	25 泗水	6.
孟門懸流	4 河水	5.
孟津南岸	5 河水	17.
孟廣岬水	14 鮑丘水	1.
孟霜之山	24 睢水	18.
孟門山玉礦	4 河水	33.
孟門山金礦	4 河水	33.
孟門山涅石礦	4 河水	33.
孟門山黄堊礦	4 河水	33.
孟家涹江右岸	35 江水	17.
季氏宅	25 泗水	40.

地名	卷次	類别
季睦縣	26 濰水	50.
季氏之宫	25 泗水	37.
孤山	11 滱水(2)	18.
	14 濡水	
	15 伊水	
	31 溠水	
孤竹城	14 濡水	53.
孤竹國	14 濡水	47.
孤竹縣	9 淇水	50.
孤村觜	5 河水	佚.
孤柏原	19 渭水	26.
孤山之水	14 濕餘水	1.
孤竹君祠	14 濡水	44.
孤竹君祠山	14 濡水	18.
宕水	28 沔水	1.
宕谷水	17 渭水	1.
宕昌城	32 羌水	53.
宕備水	20 漾水	1.
宕備戍	20 漾水	62.
宕渠水	20 漾水	1.
	33 江水	
宕渠郡	29 潛水	49.
宕渠縣	20 漾水	50.
	29 潛水	
宕婆川城	32 羌水	53.
宕渠汎口别道	28 沔水	31.
官倉	29 沔水	35.
官渡	5 河水	30.
	22 渠水	
官渡水	22 渠	1.
官渡臺	22 渠	36.
官塞浦	36 温水	8.
官荔枝園	33 江水	42.
官渡臺土山	22 渠	18.

地名	卷次	類别
定山	40 漸江水	18.
定水	3 河水	1.
定州	11 滱水	48.
	35 江水	
定城	19 渭水	53.
定陵	21 汝水	43.
定鄉	5 河水	56.
定縣	5 河水	50.
定水谷	3 河水	24.
定安縣	30 淮水	50.
定州治	11 滱水	53.
	35 江水	
定固縣	36 存水	50.
定侯國	5 河水	47.
定軍山	27 沔水	18.
定城縣	21 汝水	50.
定陵城	21 汝水	53.
	31 滍水	
定陵縣	21 汝水	50.
	31 滍水	
定陶國	7 濟水	49.
定陶縣	4 河水	50.
	5 河水	
	7 濟水	
	8 濟水	
	25 泗水	
定陽縣	3 河水	50.
	40 漸江水	
定鄉城	5 河水	53.
定遠城	27 沔水	53.
定穎縣	31 潕水	50.
定興縣	24 睢水	50.
定襄郡	3 河水	49.
	9 淇水	

地名	卷次	類别
定襄縣	11 補滹沱水	50.
定陵侯國	21 汝水	51.
定陽溪水	40 漸江水	1.
定潁侯國	31 潕水	51.
定縣故城	5 河水	53.
定襄郡治	8 濟水	53.
定陵縣故城	21 汝水	53.
定陶恭王廟	19 渭水	45.
定陶縣故城	7 濟水	53.
	8 濟水	
定陽縣西山	3 河水	18.
定陽縣南山	3 河水	18.
定陽縣故城	3 河水	53.
定陽縣西山瀑布	3 河水	5.
宛口	28 沔水	3.
宛丘	22 渠	19.65.
宛亭	22 潩水	57.
宛城	31 淯水	53.
宛縣	8 濟水	50.
	22 洧水	
	29 湍水	
	31 滍水	
	31 淯水	
宛濮	8 濟水	65.
宛西鄉	29 湍水	56.
宛城縣	31 淯水	50.
宛陵縣	29 沔水	50.
宛濮亭	8 濟水	57.
宛城方城道	31 淯水	31.
宛城堵陽道	31 淯水	31.
宜安	10 濁漳水	佚.
	28 沔水	
宜城	34 江水	53.

地名	卷次	類別
宜鄉	13 㶟水	56.
宜子縣	10 濁漳水	50.
宜川水	2 河水	1.
宜生縣	39 贛水	50.
宜禾縣	28 沔水	50.
宜安城	10 濁漳水	53.
宜君川	16 沮水	26.
宜君水	16 沮水	1.
宜君縣	16 補洛水	50.
宜昌縣	34 江水	50.
宜直湖	29 沔水	6.
宜春城	19 渭水	53.
宜春縣	19 渭水	50.
	21 汝水	
	39 贛水	
宜春觀	19 渭水	46.
宜秋城	16 沮水	53.
宜城縣	28 沔水	50.
	38 湘水	
宜師溝	9 蕩水	1.
宜梁縣	3 河水	50.
宜都郡	34 江水	49.
	37 夷水	
宜陽山	15 洛水	18.
宜陽城	15 洛水	53.
宜陽縣	15 洛水	50.
	16 穀水	
宜善縣	39 贛水	50.
宜歲郊	6 汾水	54.
宜溪水	38 湘水	1.
宜禄川	19 補涇水	佚.
宜禄水	19 補涇水	1.
宜禄縣	22 渠	50. 佚.
	19 補涇水	

地名	卷次	類別
宜都縣	37 夷水	50.
宜樂城	3 河水	53.
宜樂縣	31 淯水	50.
宜蘇山	4 河水	18.
宜昌南岸	34 江水	17.
宜昌縣治	34 江水	53.
宜春侯國	39 贛水	51.
宜城西山	28 沔水	18.
	34 江水	
宜都郡治	34 江水	53.
宜都溪水	17 渭水	1.
宜陽北山	15 洛水	18.
宜陽侯國	15 洛水	51.
宜陽縣治	15 洛水	53.
宜禄川水	19 補涇水	佚.
宜諸之山	32 漳水	18.
宜昌江左岸	34 江水	17.
宜城縣南門	28 沔水	41.
宜陽北山水	15 洛水	1.
宜陽縣西門	15 洛水	41.
宜陽縣故城	15 洛水	53.
宜禄縣故城	23 陰溝水	53.
尚子	10 濁漳水	65.
尚子縣	10 濁漳水	50.
尚婆川	20 漾水	26.
尚婆水	20 漾水	1.
尚婆城	20 漾水	53.
居利縣	34 江水	50.
居延澤	40 禹貢山水澤地所在	6.
居延縣	40 禹貢山水澤地所在	50.
居風縣	37 葉榆河	50.
居庸山	14 濕餘水	佚.

地名	卷次	類別
并州	3 河水	48.
	6 汾水	
	6 洞過水	
	14 沽河	
	14 鮑丘水	
并溝	11 易水	1.
并州藪	6 汾水	6.
并陽城	9 淇水	53.
并陽聚	9 淇水	59.
庚水	14 鮑丘水	1.
	14 濡水	
庚門	22 洧水	41.
弦國	30 淮水	47.
弦子國	35 江水	47.
弦中谷	17 渭水	24.
弦蒲藪	17 渭水	6.
弦歌之山	19 補涇水	18.
征羌城	31 灈水	53.
征羌縣	22 潁水	50.
徂徠山	24 汶水	18.
怪山	37 沅水	18.
	40 漸江水	
戾陵	14 鮑丘水	43.
戾園	19 渭水	42.
戾盂水	26 巨洋水	1.
戾陵堰	14 鮑丘水	28.
房	7 濟水	65.
房城	7 濟水	53.
房淵	11 補滹沱水	佚.
房縣	14 大遼水	50.
房子城	10 濁漳水	佚.
房子國	31 灈水	47.
房子縣	7 濟水	50.
房邑城	7 濟水	53.

地名	卷次	類別
房陵郡	28 沔水	49.
房陽川	31 淯水	1.26.
	31 澧水	
房陽城	31 淯水	53.
房子之纊	10 濁漳水	佚.
房陵侯國	28 沔水	51.
房陽川水	31 澧水	1.
房陽侯國	31 淯水	51.
房子城白土	10 濁漳水	33.
承口	38 湘水	3.
承水	22 渠	1.
	38 湘水	
承匡	23 陰溝水	65.
	30 淮水	
承休水	21 汝水	1.
承匡城	23 陰溝水	53.
	30 淮水	
承州縣	9 清水	50.
承受石	28 沔水	21.
承淵山	1 河水	18.
承雲山	22 洧水	18.
	22 潧水	
承賢門	13 㶟水	41.
承翰縣	25 沂水	50.
承淵之谷	1 河水	18.24.
承雲山水	22 潧水	1.
捬鹿縣	13 㶟水	50.
抱犢固	10 濁漳水	18.
	14 鮑丘水	
拒艾山	26 膠水	18.
拒艾水	26 膠水	1.
拒陵岡	22 潁水	18.
拒陽城	4 河水	53.
	15 洛水	

地名	卷次	類別
昌國縣	24 瓠子河	50.
昌陵縣	19 渭水	50.
昌富縣	15 洛水	50.
昌陽縣	26 淄水	50.
昌鄉亭	5 河水	57.
昌澗水	15 洛水	1.
昌黎郡	13 㶟水	49.
昌黎縣	14 大遼水	50.
昌遼道	14 大遼水	50.
昌安侯國	26 濰水	51.
昌城侯國	10 濁漳水	51.
昌縣故城	26 淄水	53.
昌平縣故城	13 㶟水	53.
	14 濕餘水	53.
昌安縣故城	26 淄水	53.
昌邑縣故城	8 濟水	53.
昌城縣故城	10 濁漳水	53.
	14 濡水	
昌國縣故城	24 瓠子河	53.
昌黎縣故城	14 大遼水	53.
昌黎西北平川	14 大遼水	26.
明山	3 河水	18.
明水	15 伊水	1.
	22 渠	
	24 睢水	
明堂	16 穀水	40.
明渠	19 渭水	1.
明溪	15 洛水	1.
明月池	27 沔水	9.
	37 沅水	
明月峽	33 江水	23.
明光殿	19 渭水	37.
明谷水	17 渭水	1.
明溝水	30 淮水	1.

地名	卷次	類別
明溪泉	15 洛水	11.
明聖湖	40 漸江水	6.
明樂泉水	15 洛水	1. 11.
易	11 易水	1. 65.
	11 滱水	
易水	11 易水	1. 佚.
	11 滱水	
	12 巨馬水	
易城	11 易水	53.
易縣	11 易水	50.
易京城	11 易水	53.
易京樓	11 易水	38.
易陽縣	10 補洺水	佚.
易京城井	11 易水	13.
易縣故城	11 易水	53.
昔陽	10 清漳水	65.
昔陽亭	10 濁漳水	57.
昔陽城	10 濁漳水	53.
	10 清漳水	
東山	4 河水	18.
東川	2 河水	1. 26.
	9 清水	
東丘	7 濟水	19.
東代	13 㶟水	65.
東氾	22 渠	65.
東州	26 巨洋水	48.
東江	29 沔水	1.
	38 溱水	
	40 漸江水	
東汶	24 汶水	1.
東陂	6 涑水	10.
	31 淯水	
東亭	29 沔水	57.
	38 溱水	

地名	卷次	類別
	40 漸江水	
東泉	13 灅水	11.
東苑	24 睢水	42.
東胡	11 易水	47.
東城	13 灅水	53.
	30 淮水	
	32 沮水	
東洮	2 河水	65.
東圃	11 滱水	6.42.
	40 禹貢山水澤地所在	
東海	1 河水	14.
	5 河水	
	24 瓠子河	
	37 淚水	
	40 禹貢山水澤地所在	
東郡	5 河水	49.
	7 濟水	
	8 濟水	
	9 沁水	
	9 淇水	
	22 渠	
	24 瓠子河	
	26 巨洋水	
東峭	4 河水	18.
東張	6 涑水	65.
東湖	35 江水	6.
	36 温水	
	38 湘水	
東鄂	35 江水	65.
東陽	5 河水	65.
	9 清水	
	10 濁漳水	

地名	卷次	類別
東塢	14 濡水	18.63.
東楚	23 獲水	65.
東溪	6 澮水	1.
	14 濡水	
	20 漾水	
	38 溱水	
東臺	32 肥水	36.
東齊	5 河水	65.
	26 淄水	
東虢	5 河水	65.
東橋	36 温水	29.
東潞	14 沽河	1.
東燕	2 河水	47.
東蕃	36 温水	47.
東霍	18 渭水	65.
東關	29 沔水	32.
東土城	22 潁水	53.
東土樓	2 河水	38.
東大湖	39 贛水	6.
東大嶺	9 淇水	18.
東川水	2 河水	1.
	19 渭水	
東丹水	26 巨洋水	1.
東水口	20 漾水	3.
東丘城	7 濟水	53.
東平郡	24 瓠子河	49.
東平國	24 汶水	49.
東白沙	28 沔水	16.25.
東光縣	5 河水	50.
	9 淇水	
東安城	25 沂水	53.
東安郡	40 漸江水	49.
東安縣	25 沂水	50.
東江口	38 溱水	3.

地名	卷次	類别
東江浦	35 江水	8.
東西谷	13 㶟水	24.
東町口	38 湘水	3.
	39 湄水	
東昌縣	10 濁漳水	50.
東明里	40 漸江水	58.
東明觀	9 洹水	46.
	10 濁水	
東武亭	22 潩水	57.
東武城	5 河水	53.
	9 淇水	
東武海	40 漸江水	14.
東武郡	37 沅水	49.
東武縣	24 睢水	50.
	26 濰水	
	29 沔水	
	40 漸江水	
東長湖	21 汝水	6.
東長溪	40 漸江水	1.
東阿城	8 濟水	53.
	24 瓠子河	
東阿縣	5 河水	50.
	8 濟水	
	24 瓠子河	
東亭水	17 渭水	1.
東亭村	37 夷水	60.
東亭城	15 伊水	53.
東津亭	39 贛水	57.
東流水	7 濟水	1.
	20 漾水	
	31 潕水	
東界峽	34 江水	23.
東相縣	10 濁漳水	50.
東首山	12 聖水	18.

地名	卷次	類别
東城縣	30 淮水	50.
東宫池	16 穀水	9.
東宫街	16 穀水	31.
東徑山	6 汾水	18.
東海郡	25 泗水	49.
	25 沂水	
	26 沭水	
	30 淮水	
東狼谷	20 漾水	24.
東郡治	5 河水	53.
	24 瓠子河	
東密雲	14 鮑丘水	65.
東掖門	13 㶟水	41.
東望峽	33 江水	23.
東條山	40 禹貢山水澤地所在	18.
東莞城	25 沂水	53.
東莞郡	25 沂水	49.
東莞縣	25 沂水	50.
	26 沭水	
東部水	17 渭水	1.
東陵鄉	32 決水	56.
	35 江水	
東廂石	4 河水	21.
東湖口	35 江水	3.
東湖水	38 湘水	1.
東華縣	22 潁水	50.
東萊亭	26 膠水	50.57.
東萊郡	7 濟水	49.
	8 濟水	
	23 汳水	
	24 睢水	
	26 淄水	
東荆州	29 比水	48.

地名	卷次	類别
東都門	19 渭水	41.
東都街	32 肥水	31.
東鄂縣	35 江水	50.
東陽水	19 渭水	1.
東陽門	16 穀水	41.
東陽城	26 淄水	53.
東陽郡	25 泗水	49. 佚.
	30 淮水	
	40 漸江水	
東陽縣	5 河水	50.
	25 泗水	
東陽灘	33 江水	15.
東順亭	5 河水	50. 57.
東温溪	6 汾水	1.
東溪口	38 溱水	3.
東溪水	29 沔水	1.
東農山	36 若水	18.
東遊水	20 漾水	1.
東鄒城	5 河水	53.
東鄒縣	5 河水	50.
東雍州	6 汾水	48.
東寧縣	26 淄水	50.
東臺湖	32 肥水	6.
東維水	20 漾水	1.
東嶠山	38 溱水	18.
東緡縣	7 濟水	1.
	8 濟水	
東蓮湖	30 淮水	6.
東燕縣	5 河水	50.
東興堤	29 沔水	28.
東諸城	26 淄水	53.
東豫州	30 淮水	48.
東遼水	31 潕水	1.
東藏水	14 濡水	1.

地名	卷次	類别
東關水	5 河水	1.
	7 濟水	
東關城	29 沔水	53.
東瀼溪	33 江水	1.
東露溪	3 河水	1.
東山赤谷	17 渭水	24.
東太山郡	8 濟水	49.
東太武殿	10 濁漳水	37.
東太原郡	8 濟水	49.
東方朔冢	5 河水	43.
東方朔祠	5 河水	44.
東平侯國	24 汶水	51.
東平陸縣	8 濟水	50.
	24 汶水	
東平舒縣	10 濁漳水	50.
東平陽縣	25 洙水	50.
東石橋水	19 渭水	1.
東光侯國	9 淇水	51.
東安平城	26 淄水	53.
東安平縣	26 淄水	50.
東安侯國	25 沂水	51.
東安陽縣	13 灅水	50.
東冶之山	2 河水	18.
東承雲水	22 洧水	1.
東武侯國	26 濰水	51.
東武城縣	5 河水	50.
	9 淇水	
東武陽城	22 渠	53.
東武陽縣	5 河水	50.
東武縣山	40 漸江水	18.
東武縣岡	26 濰水	18.
東門之池	22 渠	9.
東阿大城	5 河水	53.
東阿王國	5 河水	49.

地名	卷次	類別
東首陽山	5 河水	18.
東城侯國	30 淮水	51.
東城故亭	2 河水	57.
東射魚城	12 巨馬水	53.
東晉壽縣	20 漾水	50.
東海之濱	5 河水	17.
東海王國	5 河水	49.
東海北岸	1 河水	17.
東海西岸	1 河水	17.
東海東岸	1 河水	17.
東海南岸	1 河水	17.
東海郡治	25 沂水	53.
東高苑城	24 瓠子河	53.
東莞侯國	25 沂水	51.
東莞縣城	26 沭水	53.
東都門郭	19 渭水	54.
東朝陽縣	5 河水	50.
東荆州治	29 比水	53.
東都尉治	24 瓠子河	53.
東陽郡治	25 泗水	53.
東雍州治	6 汾水	53.
東壽光城	26 巨洋水	53.
東緡侯國	8 河水	51.
東巖穴口	39 洭水	22.
東大湖水門	39 贛水	41.
東大湖南塘	39 贛水	28.
東太原郡治	8 濟水	53.
東光縣故城	9 淇水	53.
東安平侯國	26 淄水	51.
東安縣故城	25 沂水	53.
東昌縣故城	10 濁漳水	53.
東武城侯國	9 淇水	51.
東武縣故城	26 淄水	53.
東阿縣阿膠	5 河水	34.

地名	卷次	類別
東阿縣故城	5 河水	53.
	24 瓠子河	
東阿縣繒縑	5 河水	34.
東亭村石牀	37 夷水	21.
東昏縣故城	7 濟水	53.
	8 濟水	
東首山石穴	12 聖水	22.
東城縣故城	30 淮水	53.
東晉壽故城	20 漾水	53.
東條山玉礦	40 禹貢山水澤地所在	33.
東部都尉治	3 河水	53.
	13 㶟水	
	14 沽河	
	14 大遼水	
東陽門石橋	16 穀水	29.
東陽縣故城	5 河水	53.
東陽灘破石	33 江水	21.
東燕縣故城	5 河水	53.
東遼水北山	31 潕水	18.
東關城浮梁	29 沔水	29.
東川水右枝水	2 河水	1.
東平陵縣故城	8 濟水	53.
東平陸縣故城	24 汶水	53.
東平憲王倉冢	24 汶水	43.
東安平縣故城	26 淄水	53.
東安陽縣故城	13 㶟水	53.
東武城縣故城	5 河水	53.
	9 淇水	
東武陽縣故城	5 河水	53.
東朝陽縣故城	5 河水	53.
東武縣海中山	40 漸江水	18.
東門之池故臺	22 渠	36.
東阿大城北門	5 河水	41.

地名	卷次	類别
林慮縣	10 濁漳水	50.
林歷山	40 漸江水	18.
林蘭陘	14 濡水	31.
林邑小城	36 温水	53.
林邑白田	36 温水	27.
林邑赤田	36 温水	27.
林邑東城	36 温水	53.
林邑海岸	36 温水	17.
林邑都城	36 温水	53.
林鄉故城	22 渠	53.
林邑城北門	36 温水	41.
林邑城西門	36 温水	41.
林邑城南門	36 温水	41.
林邑城前門	36 温水	41.
林邑國冶鐵	36 温水	34.
林慮山北澤	9 洹水	6.
林邑西南高山	36 温水	18.
林楊金陳步道	1 河水	31.
枝迴洲	34 江水	16.
枝迴嶺	11 補滋水	18.
果州	32 涔水	48.
果城	3 河水	53.
果州治	32 涔水	53.
枝江	39 瀷水	65.
枝江亭	34 江水	57.
枝江縣	32 夏水	50.
	34 江水	
枝陽縣	2 河水	50.
枝江縣治	34 江水	16. 53.
枝江縣洲	34 江水	16.
枝陽縣故城	2 河水	53.
枝扈黎大江	1 河水	1.
枝扈黎大江口	1 河水	3.
欣中口	11 補滹沱水	3.

地名	卷次	類别
武口	35 江水	3.
武山	10 濁漳水	18.
	31 沅水	
武川	3 河水	26.
武水	5 河水	1. 佚.
	11 易水	
	18 渭水	
	25 泗水	
	25 沂水	
	37 沅水	
	38 湘水	
武丘	22 潁水	19. 65.
武州	6 汾水	48.
武洲	35 江水	16.
武城	9 淇水	53.
	10 濁漳水	
	30 淮水	
	35 江水	
武宫	26 沭水	37.
武陽	11 易水	65.
武溪	37 沅水	1.
	38 溱水	
	39 耒水	
武鄉	6 原公水	56.
	10 濁漳水	
武墜	11 易水	65.
武關	19 渭水	32.
	20 丹水	
武口水	35 江水	1.
武子臺	25 泗水	36.
武川鎮	3 河水	55.
武夫關	11 易水	32.
武父城	7 濟水	53.
武功山	18 渭水	18.

地名	卷次	類别
武功水	18 渭水	1.
武功縣	17 渭水	50.
	18 渭水	
	19 渭水	
	36 桓水	
武平城	19 渭水	53.
武平縣	23 陰溝水	50.
武列水	14 濡水	1.
武列溪	14 濡水	1.
武州川	13 灅水	1.26.
武州塞	13 灅水	32.
武州縣	3 河水	50.
	13 灅水	
武步驛	39 洭水	65.
武邑郡	10 濁漳水	49.
武邑縣	10 濁漳水	50.
武里山	15 洛水	18.
武里水	15 洛水	1.
武始城	2 河水	53.
武始澤	40 禹貢山水澤地所在	6.
武始縣	2 河水	50.
武定水	22 洧水	1.
武定岡	22 洧水	18.
武岡城	13 灅水	53.
武岡縣	38 資水	50.
武昌城	35 江水	53.
武昌郡	35 江水	49.
武昌縣	5 河水	50.
	35 江水	
武林山	40 漸江水	18.
武林水	40 漸江水	1.
武林亭	15 伊水	57.
武侯臺	9 淇水	36.

地名	卷次	類别
武侯壘	27 沔水	32.
武垣縣	12 聖水	50.
武威郡	40 禹貢山水澤地所在	49.
武威縣	40 禹貢山水澤地所在	50.
武帝臺	9 淇水	36.
武泉水	3 河水	1.11.
武泉縣	3 河水	50.
武原水	8 濟水	1.
	25 泗水	
武源淵	8 濟水	7.
武原鄉	28 沔水	56.
武原縣	8 濟水	50.
	25 泗水	
	29 沔水	
武城口	35 江水	3.
武城川	17 渭水	26.
武城縣	9 淇水	50.
	17 渭水	
	19 渭水	
	30 淮水	
武脩亭	7 濟水	57.
武強城	22 渠	53.
武強淵	10 濁漳水	7.
武強縣	10 濁漳水	50.
武皐縣	3 河水	50.
武陵江	38 湘水	1.
武陵郡	33 江水	49.
	35 江水	
	36 延江水	
	36 温水	
	37 夷水	
	37 沅水	

地名	卷次	類別
	38 資水	
	39 洭水	
武陵城	22 渠	53.
武棠亭	8 濟水	57.
武植戍	20 漾水	62.
武街水	20 漾水	1.
武街城	2 河水	53.
	20 漾水	
	32 羌水	
武街郡	20 渠	49.
武進縣	3 河水	50.
武陽水	17 渭水	1.
武陽城	10 濁漳水	53. 佚.
	11 易水	
	33 江水	
武陽鄉	39 贛水	56.
武陽臺	5 河水	36.
	11 易水	
武陽縣	5 河水	50.
	10 濁漳水	
	33 江水	
武溪水	38 溱水	1.
武溪蠻	37 沅水	47.
武當山	28 沔水	18.
武當縣	28 沔水	50.
武鄉縣	10 濁漳水	50.
武遂川	20 漾水	1. 26.
武都郡	20 漾水	49.
	23 陰溝水	
	27 沔水	
	35 江水	
武寧縣	37 葉榆河	50.
武廣湖	30 淮水	6.
武德郡	23 汳水	49.

地名	卷次	類別
武德縣	5 河水	50.
	9 沁水	
武興城	20 漾水	53.
武隧津	11 易水	30.
武隧縣	10 濁漳水	50.
	11 易水	
武鍾山	37 夷水	18.
武灌城	6 洞過水	53.
武安縣山	10 濁漳水	18.
武公之國	11 滱水	47.
武州川水	13 㶟水	1.
武州火井	13 㶟水	13.
武州北塞	3 河水	32.
武州湯井	13 㶟水	12. 13.
武州塞口	13 㶟水	3.
武州塞水	13 㶟水	1.
武邑侯國	10 濁漳水	51.
武邑郡治	10 濁漳水	53.
武始東山	10 濁漳水	18.
武昌郡治	35 江水	53.
武威郡治	40 禹貢山水澤地所在	53.
武原水口	25 泗水	3.
武城川水	17 渭水	1.
武強侯國	10 濁漳水	51.
武強淵水	10 濁漳水	1.
武強縣治	10 濁漳水	53.
武陵東山	36 延江水	18.
武陵郡治	36 延江水	53.
武棠亭臺	8 濟水	36.
武植成水	20 漾水	1.
武街南溪	20 漾水	1.
武進侯國	3 河水	51.
武陽大城	11 易水	53.

地名	卷次	類别
武陽冰井	5 河水	13.
武陽侯國	11 易水	51.
武陽新城	5 河水	53.
武陽溝水	26 沭水	1.
武陽溪水	17 渭水	1.
武當侯國	28 沔水	51.
武德侯國	5 河水	51.
武德縣陂	9 清水	10.
武興東溪	20 漾水	1.
武隧方城	11 易水	53.
武鍾山泉	37 夷水	11.
武館之郛	6 洞過水	54.
武功水竹橋	18 渭水	29.
武功縣故城	18 渭水	53.
武平縣故城	23 陰溝水	53.
武列水石挻	14 濡水	21.
武州川枝渠	13 㶟水	1.
武州縣火井	13 㶟水	13.
武州縣西山	13 㶟水	18.
武州縣故城	3 河水	53.
	13 㶟水	
武邑縣故城	10 濁漳水	53.
武岡縣右崗	38 資水	18.
武岡縣左崗	38 資水	18.
武帝臺北臺	9 淇水	36.
武帝臺南臺	9 淇水	36.
武泉縣故城	3 河水	53.
武原縣東山	8 濟水	18.
武強縣故治	10 濁漳水	53.
武進縣故城	3 河水	53.
武陽新城石	5 河水	21.
武陽城舊堨	11 易水	28.
武陽縣大堰	33 江水	28.
武陽龍尾山	39 洣水	18.

地名	卷次	類别
武當縣故城	28 沔水	53.
武鄉縣故城	10 濁漳水	53.
武隧縣故城	10 濁漳水	53.
武州南崖風穴	13 㶟水	22.
武州縣石炭礦	13 㶟水	33.
武州縣西南山	13 㶟水	18.
武昌城東故城	35 江水	53.
武植戍水北山	20 漾水	18.
武陽東門石竇	5 河水	22.
武陽縣新城東門	5 河水	41.
沬	26 巨洋水	佚.
沬山	22 渠	18.
沬水	22 渠	1.
	36 青衣水	
	36 沬水	
沬之鄉	9 淇水	56.
沭	26 沭水	1.
	30 淮水	
沭水	26 沭水	1.
沭水左瀆	26 沭水	1.
沭水故瀆	26 沭水	1.
沭水舊瀆	26 沭水	1.
沭水故瀆下堰	26 沭水	28.
沭水故瀆大堰	26 沭水	28.
沮	16 漆水	1.
	16 沮水	
	24 瓠子河	
	34 江水	
沮口	27 沔水	3.
	32 沮水	
	34 江水	
沮川	32 沮水	1. 26.
沮中	34 江水	65.

地名	卷次	類别
沮水	14 濡水	1. 佚.
	16 沮水	
	18 渭水	
	27 沔水	
	28 沔水	
	32 沮水	
	32 漳水	
	16 補洛水	
沮丘	24 瓠子河	19.
沮縣	20 漾水	50.
	27 沔水	
沮水戍	27 沔水	62.
沮水瀆	20 漾水	1.
沮丘城	24 瓠子河	53.
沮東澤	16 沮水	6.
沮洳山	9 淇水	18.
沮陰縣	13 灅水	50.
沮陽城	13 灅水	53.
	14 濕餘水	
沮陽郡	32 沮水	49.
沮陽縣	13 灅水	50.
	32 沮水	
沮水枝津	20 漾水	1.
沮陽郡治	32 沮水	53.
沮漾枝津	36 桓水	1.
沮洳山頹波	9 淇水	5.
沮陽縣故城	13 灅水	53.
沮縣下辨山道	20 漾水	31.
沱	22 潁水	1.
	29 潛水	
	33 江水	
	36 桓水	
河	1 河水	1. 佚.
	2 河水	

地名	卷次	類别
	3 河水	
	4 河水	
	5 河水	
	6 汾水	
	6 湛水	
	7 濟水	
	8 濟水	
	9 清水	
	9 沁水	
	9 淇水	
	10 濁漳水	
	11 滱水	
	12 巨馬水	
	15 洛水	
	16 穀水	
	16 甘水	
	16 漆水	
	19 渭水	
	21 汝水	
	22 漕水	
	22 渠	
	23 陰溝水	
	23 汳水	
	24 睢水	
	24 瓠子河	
	36 桓水	
	36 温水	
	40 禹貢山水澤地所在	
河上	5 河水	65.
河水	1 河水	1.
	2 河水	
	3 河水	
	4 河水	

地名	卷次	類别
	5 河水	
	7 濟水	
	24 瓠子河	
	40 禹貢山水澤地所在	
河外	6 涑水	65.
河曲	4 河水	4.
	6 涑水	
河池	20 漾水	9.
河西	3 河水	65.
河汭	26 巨洋水	1.3.4.
河直	5 河水	65.
河亭	5 河水	50.57.
河南	3 河水	65.
河首	1 河水	65.
河峽	2 河水	23.
河陽	5 河水	65.
河溝	2 河水	1.
河雍	7 濟水	65.
河厲	2 河水	29.
河頭	13 灅水	1.
河關	2 河水	32.
河上塞	3 河水	32.
河内郡	5 河水	49.
	7 濟水	
	9 清水	
	10 濁漳水	
	22 洧水	
	23 陰溝水	
河北岸	5 河水(2)	17.
河北城	4 河水	53.
河北郡	4 河水	49.
河北縣	4 河水	50.
	5 河水	
河平亭	5 河水	50.57.
河平縣	5 河水	50.
河曲羌	2 河水	47.
河池水	20 漾水	1.
河池戍	20 漾水	62.
河池陂	19 渭水	10.
河池縣	20 漾水	50.
	27 沔水	
河夾岸	2 河水	1.26.
河東岸	5 河水	17.
河東郡	2 河水	49.
	4 河水	
	6 汾水	
	6 涑水	
	8 濟水	
	9 沁水	
	14 鮑丘水	
	19 渭水	
	23 獲水	
	25 洙水	
河東縣	4 河水	50.佚.
	6 涑水	
河牧城	5 河水	53.
河南山	6 澮水	18.
河南尹	5 河水	49.
	9 清水	
	15 洛水	
	16 穀水	
河南岸	5 河水(2)	17.
河南城	15 洛水	53.
	16 穀水	
	16 甘水	
河南郡	5 河水	49.
	9 沁水	

地名	卷次	類別
	15 洛水	
	15 伊水	
	16 甘水	
	21 汝水	
	22 潁水	
	22 洧水	
	24 睢水	
	26 巨洋水	
	28 沔水	
河南縣	15 洛水	50.
	16 穀水	
	16 甘水	
	26 巨洋水	
	28 沔水	
河峽崖	2 河水	20.
河峽橋	2 河水	29.
河桃谷	18 渭水	24.
河連城	14 大遼水	53.
河陰縣	3 河水	50.
河間郡	5 河水	49.
	7 濟水	
	10 濁漳水	
	11 滱水	
	26 淄水	
河陽城	5 河水	53.
河陽郡	36 温水	49.
河源洲	36 温水	16.
河雍城	7 濟水	53.
河關縣	1 河水	50.
	2 河水	
河之九都	5 河水	52.
河内郡治	9 沁水	53.
河水之洲	2 河水	16.
河水枝津	3 河水(2)	1.

地名	卷次	類別
	5 河水	
	8 濟水	
河水故渠	5 河水	1.
河水故瀆	5 河水(2)	1.
河北郡治	4 河水	53.
河北側岸	5 河水	17.
河平侯祠	5 河水	44.
河池北谷	20 漾水	24.
河宗之邦	1 河水	65.
河東鹽池	6 涑水	9.33.34.
河南王國	16 穀水	49.
河南尹治	15 洛水	53.
河南故城	16 甘水	53.
河南縣湖	16 穀水	6.
河津之隘	5 河水	32.
河間王國	10 濁漳水	49.
河間侯國	10 濁漳水	51.
河間郡治	10 濁漳水	53.
河陽郡治	36 温水	53.
河水北枝津	3 河水	1.
河水右二水	2 河水	1.
河水右枝水	3 河水	1.
河水左枝水	3 河水(2)	1.
	4 河水	
河水東枝水	3 河水	1.
河水東枝渠	3 河水	1.
河北縣故城	4 河水	53.
河目縣西河	3 河水	1.
河池縣故城	20 漾水	53.
河步羅龍淵	2 河水	7.
河南摩強水	1 河水	1.
河桃谷東水	18 渭水	1.
河陰縣故城	3 河水	53.
河陽縣故城	5 河水	53.

地名	卷次	類別
	7 濟水	
	8 濟水	
	22 潩水	
	23 獲水	
	24 睢水	
	24 瓠子河	
	24 泗水	
	25 沂水	
	25 洙水	
	26 沭水	
泗口	30 淮水	3.
泗川	25 泗水	1.
泗水	8 濟水	1.
	23 獲水	
	25 泗水	
	25 洙水	
	26 沭水	
	30 淮水	
泗州	26 沭水	佚.
泗洲	8 濟水	16.
泗淵	25 泗水	7.
泗水亭	25 泗水	57.
泗水郡	25 睢水	49.
	25 泗水	
	30 淮水	
泗水國	30 淮水	49.
泗陽縣	25 泗水	50.
泗水七拕	25 泗水	28.
泗水郡治	21 汝水	53.
泗陽縣故城	25 泗水	53.
泜上	10 濁漳水	65.
泜水	10 濁漳水	1. 佚.
泠水	19 渭水	1.
	38 湘水	

地名	卷次	類別
	38 灕水	
泠君山	38 溱水	18.
泠陵縣	38 湘水	50.
泠道縣	38 湘水	50.
泠君山懸澗	38 溱水	5.
泠道縣舜廟	38 湘水	45.
泡	25 泗水	1.
泡水	25 泗水	1.
泡橋	25 泗水	29.
波	15 洛水	1.
	25 洙水	
波水	16 穀水	1.
	31 滍水	
波亭	22 渠	57.
波鄉	22 渠	56.
波縣	7 濟水	50.
波侯國	7 濟水	51.
波麗國	1 河水	47.
波縣故城	7 濟水	53.
波羅奈城	1 河水	53.
波羅奈國	1 河水	47.
泥水	39 洣水	1. 佚.
	19 補涇水	
泥牛邑	24 瓠子河	53.
泥母亭	8 濟水	57.
泥谷水	16 補洛水	佚.
泥泉水	19 渭水	1. 11.
泥犂城	1 河水	53.
泥黎城	37 葉榆河	53.
泥中小阜	24 瓠子河	19.
泥泉水南山	19 渭水	18.
泥犂城石柱	1 河水	21.
注	21 汝水	26.
注城	21 汝水	53.

地名	卷次	類别
	30 淮水	
注賓河	2 河水	1.
注城東坂	21 汝水	18.
洨水	9 沁水	1.
洨氏	9 沁水	26.
洨谷	9 沁水	24.
洨氏縣	9 沁水	50.
洨氏侯國	9 沁水	51.
洨氏縣故城	9 沁水	53.
泮宫	25 泗水	37.
泮宫臺	25 泗水	36.
沸	24 瓠子河	1.
泇水	25 泗水	1.
汧水	19 渭水	1.
汧水枝津	19 渭水	1.
汧水枝渠	19 渭水	1.
汧水故渠	19 渭水	1.
汧水北枝水	19 渭水	1.
汧水東枝水	19 渭水	1.
洰水	35 江水	1.
牧野	9 清水	26.
	24 睢水	
牧澤	22 渠	6.
牧牛山	13 㶟水	18.
牧牛泉	13 㶟水	11.
牧師苑	2 河水	42.
牧馬川	3 河水	1.26.
牧靡山	36 若水	18.
牧靡縣	36 若水	50.
	36 存水	
牧牛山水	13 㶟水	1.
牧靡南山	36 若水	18.
狋聚	13 㶟水	59.
狋氏縣	13 㶟水	50.
狋聚縣	13 㶟水	50.
狋氏縣故城	13 㶟水	53.
狐丘	16 穀水	19.26.
狐奴	3 河水	47.
狐厨	6 汾水	26.
狐人亭	22 潩水	57.
狐奴山	14 沽河	18.
狐奴城	14 沽河	53.
	14 鮑丘水	
狐奴縣	14 沽河	50.
	14 鮑丘水	
狐白川	21 汝水	26.
狐谷亭	6 汾水	57.
狐宗鄉	22 潩水	56.
狐狸淀	11 補滱沱水	佚.
狐白溪水	21 汝水	1.
狐岐之山	6 文水	18.
狐奴縣故城	14 沽河	53.
狐奴縣稻田	14 沽河	27.
狗山	10 補洺水	佚.
	11 補滱沱水	
狗峽	34 江水	23.
狗枷川	19 渭水	1.
狗枷堡	19 渭水	64.
狗山狗跡	10 補洺水	佚.
狗枷川水	19 渭水	1.
狗枷西川	19 渭水	1.26.
狗枷東川	19 渭水	1.26.
盂	6 洞過水	65.
盂縣	6 汾水	50.
	6 晉水	
盂縣故城	5 河水	53.
盱眙縣	30 淮水	50.
盱眙侯國	30 淮水	51.

地名	卷次	類別
盱眙縣故城	30 淮水	53.
盱眙縣都尉治	30 淮水	53.
盲陂	8 濟水	10.
直水	27 沔水	1.
直谷	27 沔水	24.
直門	19 渭水	41.
直城	27 沔水	53.
直谷水	15 洛水	1. 佚.
	19 補豐水	
直周縣	10 濁漳水	50.
直城門	19 渭水	41.
直陽城	10 濁漳水	53.
直陽鄉	23 陰溝水	56.
直路縣	16 沮水	50.
直道門	19 渭水	41.
直水枝水	27 沔水	1.
直谷水南山	15 洛水	18.
祁山	20 漾水	18.
祁縣	6 汾水	50.
	16 沽河	
祁藪	6 汾水	6.
祁山軍	20 沔水	49.
祁山城	20 漾水	53.
祁氏郡	6 汾水	49.
祁氏縣	6 汾水	50.
祁夷水	13 灅水	1.
祁都縣	8 濟水	50.
祁陽縣	38 湘水	50.
祁山蹊徑	20 漾水	31.
祁縣故城	6 汾水	53.
季扎兒冢	24 汶水	43.
空同	2 河水	18.
空桐	23 獲水	65.
空澤	23 獲水	6.

地名	卷次	類別
空石口	35 江水	3.
空石山	35 江水	18.
空泠水	20 漾水	1.
空泠峽	34 江水	23.
	38 湘水	
空侯城	13 灅水	53.
空桐澤	23 獲水	6.
空陵城	9 淇水	53.
空泠峽峯	34 江水	18.
空泠峽奇石	34 江水	21.
空石口右江浦	35 江水	8.
穹隆	29 沔水	18.
穹窿山	35 江水	佚.
罕幵	2 河水	65.
罕虜縣	2 河水	50.
羌	3 河水	47.
羌中	2 河水	65.
	20 漾水	
	36 桓水	
羌水	2 河水	1.
	17 渭水	
	20 漾水	
	29 潛水	
	32 羌水	
	33 江水	
羌谷	17 渭水	24.
羌城	9 淇水	53.
羌道	32 羌水	50.
羌壘	9 淇水	32.
羌谷水	40 補弱水	佚.
肥	10 濁漳水	1. 65.
	19 渭水	
	24 汶水	
	32 施水	

地名	卷次	類別
肥口	30 淮水	3.
	32 肥水	
肥川	39 耒水	1.
肥水	2 河水	1.
	30 淮水	
	32 肥水	
肥泉	9 淇水	11.
肥鄉	10 濁漳水	56.
肥壘	10 濁漳水	32.
肥子國	14 濡水	47.
肥水峽	2 河水	23.
肥牛亭	9 沁水	57.
肥如水	14 濡水	1.
肥如城	14 濡水	53.
肥如縣	14 濡水	50.
肥城縣	24 汶水	50.
肥鄉縣	10 濁漳水	50.
肥纍縣	10 濁漳水	50.
肥水北溪	32 肥水	1.
肥水東溪	32 肥水	1.
肥水故瀆	32 肥水	1.
肥如侯國	14 濡水	51.
肥如縣故城	14 濡水	53.
肥成縣故城	24 汶水	53.
肥鄉縣故城	10 濁漳水	53.
肥纍縣故城	10 濁漳水	53.
肥水舊瀆橫塘	30 淮水	28.
肩髀冢	8 濟水	43.
育溪	27 沔水	1.
肴城	30 淮水	53.
肴城縣	30 淮水	50.
肸子尋羅宿居	15 洛水	40.
肺浮山	19 渭水	18.

地名	卷次	類別
卧龍城	40 禹貢山水澤地所在	53.
芙容峯	38 湘水	18.
芣	22 潧水	65.
芣騩	22 潧水	18.
芬山	20 丹水	18.
芮	4 河水	47.
芮水	19 補涇水	佚.
芮郊	4 河水	54.
芮城	4 河水	53.
芳林園	16 穀水	42.
芳菊溪	29 湍水	1.
芷陽	19 渭水	65.
芹水	19 補涇水	佚.
芹城	14 濕餘水	53.
芹谷水	19 補涇水	佚.
芹城水	14 濕餘水	1.
芹溝水	8 濟水	1.
	21 汝水	
虎牙	34 江水	18.
虎門	16 穀水	41.
虎洲	35 江水	16.
虎圈	13 㶟水	42.
虎鄉	23 陰溝水	56.
虎灘	37 夷水	15.
虎山城	29 沔水	53.
虎牙灘	34 江水	佚.
虎市山	38 溱水	18.
虎牢城	5 河水	53. 佚.
虎牢縣	5 河水	50.
虎牢關	5 河水	32.
虎郡山	38 溱水	18.
虎圈臺	24 睢水	36.
虎眼泉	14 濕餘水	11.

地名	卷次	類別
虎𢈔戍	20 漾水	62.
虎溪水	22 渠	1.
虎鄉城	23 陰溝水	53.
虎牘山	22 洧水	18.
虎牘溪	22 洧水	1.
虎灘岸	37 夷水	17.
虎鬚灘	33 江水	15.
虎牢城井	5 河水	13.
虎牢縣城	5 河水	53.
虎眼泉水	14 濕餘水	1.
虎牘山水	22 洧水	1.
虎牘山水南山	22 洧水	18.
表德溝	27 沔水	1.
迎河亭	9 淇水	57.
返眼泉	18 渭水	11.
邯山	10 濁漳水(2)	18.
邯水	10 濁漳水	1.
邯亭	2 河水	57.
邯會	10 濁漳水	3.
邯溝	10 濁漳水	1.
邯鄲	5 河水	65.
	6 洞過水	
	7 濟水	
	8 濟水	
	9 淇水	
	10 濁漳水	
	16 穀水	
	22 渠	
邯川城	2 河水	53.
邯會縣	10 濁漳水	50.
邯溝城	10 濁漳水	53.
邯溝縣	10 濁漳水	50.
邯鄲阜	10 濁漳水	19.
邯鄲城	10 濁漳水	53.
邯鄲道	19 渭水	31.
邯鄲縣	10 濁漳水	50.
	19 渭水	
	40 漸江水	
邯山之水	10 濁漳水	1.
邯會侯國	10 濁漳水	51.
邯川城右水	2 河水	1.
邯川城左水	2 河水	1.
邯會縣故城	10 濁漳水	53.
邯溝縣故城	10 濁漳水	53.
邯鄲城東渚	10 濁漳水	9.
邯鄲城東渚水	10 濁漳水	1.
郃城	18 渭水	53.
郯	7 濟水	1.
邳	25 泗水	65.
邳圯	23 獲水	29.
邳國	16 穀水	49.
邳鄉	25 沂水	56.
	26 沭水	
邳嶧	25 泗水	18.
邳泉口	26 巨洋水	3.
邴里洲	34 江水	16.
邵水	38 資水	1.
邵陵水	38 資水	1.
邵陵郡	38 資水	49.
	38 湘水	
邵陵縣	38 資水	50.
	38 湘水	
	38 灘水	
邵陽水	38 資水	1.
邵陽縣	38 資水	50.
邵陵縣治	38 資水	53.
邵陽水口	38 資水	3.
邵陵浦水口	38 資水	3.

地名	卷次	類別
邶	9 淇水	47.
邸水	38 溱水	1.
邸鄉	22 潁水	56.
邸瓠口	16 沮水	3.
邸鄉城	22 潁水	53.
邸閣城	5 河水	35. 53.
	9 淇水	
金山	28 沔水	18. 佚.
	30 淮水	
	35 江水	
	36 温水	
	11 補滱沱水	
金市	10 濁漳水	65.
金谷	9 淇水	24.
	16 穀水	
金河	2 河水	佚.
金門	15 洛水	41.
金亭	7 濟水	57.
	9 沁水	
金城	2 河水	53.
	4 河水	
	5 河水(2)	
	8 濟水	
	23 獲水	
	28 沔水	
	32 肥水	
	34 江水	
	35 江水	
金堤	7 濟水	28.
	33 江水	
	34 江水	
金隄	5 河水	28.
金鄉	8 濟水	56.
金臺	1 河水	36.

地名	卷次	類別
	11 易水(2)	
金蒲	2 河水	65.
金潾	36 温水	47.
金壇	5 河水	36.
金女治	35 江水	53.
金井城	27 沔水	53.
金氏陂	19 渭水	10.
金牛縣	27 沔水	佚.
金谷水	9 淇水	1.
	16 穀水	
金谷澗	16 穀水	1.
金明門	10 濁漳水	41.
金虎臺	10 濁漳水	36.
金門山	15 洛水	18.
金門塢	15 洛水	18. 63.
金城河	38 湘水	1.
金城郡	2 河水	49.
	3 河水	
	36 温水	
金城縣	2 河水	50.
金浦水	38 湘水	1.
金浦戍	38 湘水	62.
金紐城	2 河水	53.
金堂水	32 涪水	1.
金屏縣	2 河水	50.
金梁洲	35 江水	16.
金陳國	1 河水	47.
金華山	40 漸江水	佚.
金黑水	17 渭水	1.
金溪究	37 葉榆河	1. 15.
金鄉山	8 濟水	18.
金鄉縣	8 濟水	50.
金臺山	33 江水	佚.
金臺陂	11 易水	10.

地名	卷次	類別
金盤軍	20 漾水	49.
金雞石	39 贛水	15.21.
金鏞城	16 穀水	53.
金鏞宫	16 穀水	37.
金蘭縣	32 決水	50.
金里谷水	17 渭水	1.
金門溪水	15 洛水	1.
金城北門	2 河水	41.
金城西門	32 肥水	41.
金城金礦	2 河水	33.
金城南山	2 河水	18.
金城郡治	2 河水	53.
金城墟郭	5 河水	54.
金紐大嶺	2 河水	18.
金連鹽澤	3 河水	6.33.
金盤軍山	20 漾水	18.
金城縣故城	2 河水	53.
金鄉山石穴	8 濟水	22.
金鄉山石牀	8 濟水	21.
金鄉山石祠	8 濟水	44.
金鄉山石廟	8 濟水	45.
金鄉山金礦	8 濟水	33.
金鄉縣故城	8 濟水	53.
金臺陂釣臺	11 易水	36.
金玉琉璃之宫	1 河水	37.
金城西部都尉屯田	2 河水	27.
金紐大嶺東北故城	2 河水	53.
長子	10 濁漳水	65.
長山	10 濁漳水	18.佚.
	19 渭水	
	31 潕水	
	10 清漳水	

地名	卷次	類別
長水	19 渭水	1.佚.
	23 陰溝水	
	16 瀍水	
長丘	7 濟水	19.65.
長平	9 清水	65.
長安	4 河水	52.53.
	8 濟水	
	10 濁漳水	
	15 洛水	
	16 穀水	
	16 沮水	
	18 渭水	
	27 沔水	
	29 比水	
	33 江水	
長坂	32 沮水	18.
長岡	21 汝水	18.
	29 比水	
長河	9 淇水	1.
長洲	38 湘水	16.
長城	3 河水(3)	32.53.佚.
	7 濟水	
	8 濟水	
	18 渭水	
	19 渭水	
	22 渠	
	23 陰溝水	
	26 汶水	
	31 潕水	
	32 沮水	
	19 補涇水	
長陵	19 渭水	43.
長湖	40 漸江水	6.
長隄	5 河水	28.

地名	卷次	類别
長楊	19 渭水	65.
長溪	3 河水	1.
	11 滱水	
	40 漸江水	
長葛	22 洧水	65.
長鄉	12 聖水	56.
長潭	12 巨馬水	7.
長縣	7 濟水	50.
長嶺	6 汾水	18.
長子城	10 濁漳水	53.
長子縣	9 洹水	50.
	10 濁漳水	
長山縣	40 漸江水	50.
長川城	13 灅水	53.
長水祠	16 滻水	佚.
長水縣	29 沔水	50.
長仙縣	40 漸江水	50.
長平水	9 沁水	1.
長平亭	9 沁水	57.
長平城	22 洧水	53.
長平縣	9 沁水	50.
	22 洧水	
長平觀	19 補涇水	46.
長正縣	22 洧水	50.
長白山	8 濟水	18.
長存橋	19 渭水	29.
長安城	17 渭水	53.
長安縣	3 河水	50.
	18 渭水	
	19 渭水	
	27 沔水	
	29 比水	
	32 肥水	
長利谷	27 沔水	24.

地名	卷次	類别
長沙水	26 淄水	1.
長沙城	38 湘水	53.
長沙郡	2 河水	49.
	4 河水	
	8 濟水	
	30 淮水	
	31 淯水	
	35 江水	
	38 湘水	
	39 耒水	
	39 贛水	
長谷水	17 渭水	1.
	28 沔水	
長固縣	8 濟水	50.
長昇橋	33 江水	29.
長昌縣	13 灅水	50.
長明溝	9 清水	1.
	10 濁漳水	
長松水	4 河水	1.
長松縣	20 漾水	50.
長社城	22 洧水	53.
	22 潩水	
長社縣	22 洧水	50.
	22 潩水	
	22 渠	
長門川	2 河水	1.26.
長門亭	19 渭水	57.
長信殿	19 渭水	37.
長垣縣	8 濟水	50.
	22 渠	
長思水	17 渭水	1.
長思溪	17 渭水	1.
長星水	11 滱水	1.
長星渚	11 滱水	9.

地名	卷次	類别
長星溝	11 瀍水	1.
長柳村	27 沔水	60.
長柳渡	27 沔水	30.
長泉水	4 河水	1. 11.
	9 清水	
	40 禹貢山水澤地所在	
長秋殿	19 渭水	37.
長茂亭	19 渭水	57.
長風口	35 江水	3.
長風山	35 江水	18.
長城門	3 河水	41.
長城窟	3 河水	22.
長脩縣	6 汾水	50.
長清河	9 清水	1.
長蛇水	17 渭水	1.
長蛇戍	17 渭水	62.
長陵戍	30 淮水	62.
長湖口	40 漸江水	3.
長湖田	40 漸江水	27.
長楊宫	13 濕水	37.
	19 渭水	
長葛鄉	22 洧水	56.
長鄉縣	12 聖水	50.
長壽津	5 河水	1. 30.
長寧川	2 河水	26.
長寧亭	2 河水	57.
長説縣	14 大遼水	50.
長廣郡	26 膠水	49.
長樂固	23 獲水	18.
長樂宫	19 渭水	37.
長樂郡	5 河水	49.
長樂廐	22 渠	65.
長樂縣	9 洹水	50.
長澗水	15 洛水	1.
長箱坂	19 補涇水	佚.
長興城	12 聖水	53.
長蕩湖	29 沔水	6.
長隧陵	7 濟水	43.
長叢溝	5 河水	1.
長瀨津	32 肥水	30.
長羅川	15 洛水	1. 26.
長羅岡	8 濟水	18.
長羅津	29 沔水	30.
長羅縣	8 濟水	50.
長離川	17 渭水	1. 26.
長蘆水	10 濁漳水	1. 佚.
長山縣城	40 漸江水	53.
長水城門	29 沔水	41.
長平北山	9 沁水	18.
長平侯國	9 沁水	51.
長平城山	9 沁水	18.
長白沙口	21 汝水	3.
長石之山	15 洛水	18.
長安南郊	19 渭水	54.
長利故城	27 沔水	53.
長沙王國	38 湘水	49.
長沙郡治	38 湘水	53.
長沙溝水	9 蕩水	1.
長谷渚水	10 濁漳水	佚.
長明溝水	22 渠	1.
長直故溝	30 淮水	1.
長直故瀆	24 睢水	1.
長直溝水	24 汶水	1.
長垣侯國	8 濟水	51.
長城西山	2 河水	18.
長脩侯國	6 汾水	51.
長塹谷水	17 渭水	1.

地名	卷次	類别
長寧川水	2 河水	1.
長廣郡治	38 湘水	53.
長箱坂泉	19 補涇水	11.
長羅侯國	8 濟水	51.
長子縣故城	10 濁漳水	53.
長平縣故城	9 沁水	53.
	22 洧水	
	22 渠	
長安城北門	19 渭水	41.
長沙郡船官	38 湘水	34.
長沙郡舊治	38 湘水	53.
長谷水舊堨	28 沔水	28.
長社城北門	22 洧水	41.
長社縣故城	22 洧水	53.
長垣縣故城	8 濟水	53.
長風口江浦	35 江水	8.
長城北平原	19 渭水	26.
長脩縣故城	6 汾水	53.
長陽公主廟	29 沔水	45.
長寧亭西門	2 河水	41.
長寧亭東門	2 河水	41.
長樂縣故城	9 洹水	53.
長澗水北山	15 洛水	18.
長山縣北高山	40 漸江水	18.
長川城南小山	13 灅水	18.
長城北平原井	19 渭水	13.
長嶺東西通道	22 洧水	31.
長平縣西北小山	9 沁水	18.
長社城茅岡堤道	22 洧水	31.
長泉水鄧城伏流	9 清水	2.

地名	卷次	類别
長寧水枝水西山	2 河水	18.
長寧水長寧枝水	2 河水	1.
門川	27 沔水	26.
門水	4 河水	1.
	15 洛水	
	27 沔水	
	38 湘水	
門浦	36 温水	8.
門溼	38 湘水	1.
門溼口	38 湘水	3.
門水右枝山	4 河水	1.
門水左枝山	4 河水	1.
阜山	9 沁水	18.
	24 汶水	
阜城	10 濁漳水(2)	53.
阜城縣	10 濁漳水(2)	50.
阜漿水	10 濁漳水	佚.
阜城侯國	10 濁漳水	51.
阜城縣故城	10 濁漳水	53.
阼湖	40 漸江水	6.
阿井	5 河水	13.
阿房	19 渭水	37.
阿城	19 渭水	37. 53.
阿澤	5 河水	6.
阿房宫	4 河水	37.
	19 渭水	
阿房殿	19 渭水	37.
阿林縣	36 温水	50.
阿陵縣	11 滱水	50.
阿陸縣	11 滱水	50.
阿陽郡	17 渭水	49.
阿陽鄉	5 河水	56.

地名	卷次	類別
阿陽縣	5 河水	50.
	17 渭水	
	20 漾水	
阿賁浦	36 温水	8.
阿養城	3 河水	53.
阿難河	9 淇水	1.
阿育王寺	23 獲水	46.
阿計頭殿	3 河水	37.
阿城閣道	17 渭水	31.
阿陵侯國	11 滱水	51.
阿陽侯國	5 河水	51.
阿陽郡治	17 渭水	53.
阿耨達山	2 河水	18.
阿耨達宮	1 河水	37.
阿房宮南山	19 渭水	18.
阿育王浮屠	1 河水	39.
阿陵縣故城	11 滱水	53.
阿陽縣故城	5 河水	53.
	17 渭水	
阿耨達大水	2 河水	1.
阿耨達太山	1 河水	18.
阿步干鮮卑山	2 河水	18.
阿育王寶階塔	1 河水	39.
阿闍世王阿難舍利塔	1 河水	39.
陂水	21 汝	1.
附農山	29 沔水	18.
青口	38 湘水	佚.
青山	26 巨洋水	18.
	29 沔水	
	30 淮水	
	32 沮水	
	40 漸江水	
青州	5 河水	48.

地名	卷次	類別
	9 淇水	
	16 穀水	
	26 淄水	
	26 汶水	
青邱	14 溳水	佚.
青門	19 渭水	41.
青陂	21 汝水	10.
	30 淮水	
青海	2 河水	6. 14.
青陽	38 湘水	65.
青山峽	3 河水	23.
青山堤	10 濁漳水	28.
青牛淵	13 灅水	7.
青州治	26 淄水	53.
青州城	26 淄水	53.
青衣山	21 汝水	18.
青衣水	21 汝水	1.
	36 青衣水	
	36 沫水	
青衣江	33 江水	1.
青衣縣	33 江水	50.
	36 若水	
	36 沫水	
青林山	35 江水	18.
青林水	35 江水	1.
青林湖	35 江水	6.
青門橋	19 渭水	29.
青陂水	30 淮水	1.
青陂廟	21 汝水	45.
青要山	4 河水	18.
青城山	33 江水	18.
青城門	19 渭水	41.
青草山	38 湘水	18.
青草湖	38 湘水	6.

地名	卷次	類别
青逕城	19 渭水	53.
青蛉水	33 江水	1.
	36 若水	
青蛉縣	33 江水	50.
	36 若水	
	37 淹水	
青陵陂	22 潁水	10.
	31 灑水	
青陵亭	22 潁水	57.
青溢山	35 江水	18.
青陽門	16 穀水	41.
青陽縣	38 湘水	50.
青溪水	32 沮水	1.
青綺門	19 渭水	41.
青鹽池	3 河水	9.
青鹽澤	3 河水	6.
青衣羌國	36 青衣水	47.
青泥西山	27 沔水	18.
青陂東塘	21 汝水	28.
青陂東瀆	30 淮水	1.
青陵陂水	31 灑水	1.
青陵亭城	22 潁水	53.
青州刺史治	5 河水	53.
非山	5 河水	18.
	15 洛水	
	16 甘水	
非山水	16 甘水	1.
非山東谷	16 甘水	24.
非理之溝	12 聖水	1.

九劃：亭、亮、侯、侵、便、俊、保、俠、信、俞、冒、冠、前、勃、勇、南、即、厚、咸、哀、垓、垣、垞、契、姚、姜、姦、威、客、宣、封、⿰山兆、帝、幽、度、建、弈、律、後、怒、思、急、恒、扁、持、故、斫、施、星、春、昭、昬、枯、枲、枳、枹、柏、染、柔、柘、柜、柞、柤、查、柯、柰、柱、柳、柴、柵、段、毖、毗、泉、浪、洄、洋、洑、洗、洙、洛、洞、津、洧、洨、洴、洩、洪、洭、洮、洱、洳、洵、洸、洹、洺、派、流、洣、洈、炭、珊、界、皇、相、祇、祈、祊、祋、禹、禺、秋、科、秔、突、竿、紀、紂、紅、紇、美、姜、耏、朐、胏、胙、胡、胥、苑、苕、苗、苞、苟、若、苦、英、苴、茂、范、茅、茈、茌、虵、虹、衍、表、要、計、貞、負、軍、迤、迦、邢、邽、郙、郁、郃、郇、郈、郊、郝、酋、重、降、韋、風、飛、食、首、香

地名	卷次	類别
亭山	40 漸江水	18.
亭亭山	24 汶水	18.
亭下石穴	37 夷水	22.
亭亭山石門	24 汶水	28.41.
亭亭山神廟	24 汶水	45.
亮城	17 渭水	53.
亮壘	27 沔水	32.
亮壘小城	27 沔水	53.
亮壘南山	27 沔水	18.
侯山	40 漸江水	18.

地名	卷次	類别
侯水	14 大遼水	1.
侯塘	11 滱水	28.
侯溪	15 伊水	1.
侯世縣	11 滱水	50
侯甲水	6 汾水	1.
侯甲邑	6 汾水	53.
侯谷水	15 洛水	1.
侯計水	39 耒水	18.
侯臺水	35 江水	1.
侯澗水	15 伊水	1.
侯曇山	6 汾水 39 洣水	18.
侯城縣治	9 淇水	53.
侯莫干城	6 汾水	53.
侯世縣故城	11 滱水	53.
侯谷水南山	15 洛水	18.
侯計山温泉	39 耒水	12.
侯曇山石井	6 汾水	13.
侯臺水口江浦	35 江水	8.
侵水	7 濟水	1.
侵離水	36 温水 40 禹貢山水澤地所在	1.
便水	10 濁漳水	佚.
便州	36 温水	48.
便門	19 渭水(2)	41.
便縣	39 耒水	50.
便門橋	19 渭水	29.
便侯國	39 耒水	51.
便屏縣	39 耒水	50.
便縣郴縣田	39 耒水	27.
便縣温泉水	39 耒水	12.
俊麻縣	14 鮑丘水	50.
俊靡縣	14 鮑丘水	50.

地名	卷次	類别
保忠信卿	16 穀水	49
俠河	12 聖水	1.
俠公山	39 耒水	18.
俠活河	12 聖水	1.
信鄉	5 河水 9 淇水	56.
信支水	3 河水	1.
信平門	19 渭水	41.
信安縣	40 漸江水	50.
信武亭	9 淇水	57.
信成縣	5 河水 9 淇水	50.
信陵縣	34 江水	50.
信都城	10 濁漳水	53.
信都城	5 河水 9 淇水 10 濁漳水	49.
信都縣	5 河水 10 濁漳水	50.
信鄉縣	5 河水 9 淇水	50.
信德縣	5 河水	50.
信成縣故城	5 河水 9 淇水	53.
信都縣故城	10 濁漳水	53.
信鄉縣故城	5 河水	53.
俞口	35 江水	3.
俞縣	26 巨洋水	50.
俞元縣	36 温水	50.
俞隨之水	16 穀水	1.
俞口江北岸	35 江水	17.
俞口江北岸小城	35 江水	53.
冒山	23 獲水	18.

地名	卷次	類別	地名	卷次	類別
冠氏	9 淇水	65.		34 江水	
冠軍縣	28 沔水	50.	南池	13 灄水	9.
	29 湍水		南岈	20 漾水	18.
	31 淯水		南屈	4 河水	65.
冠蓋里	28 沔水	58.	南易	11 易水	1.
冠爵津	6 汾水	29.	南門	13 灄水	41.
冠軍縣故城	29 湍水	53.		25 泗水	
前亭	15 伊水	50.57	南津	5 河水	1.30.
	29 湍水		南洲	35 江水	16.
前城	15 伊水	53.	南郊	21 汝水	54.
前隊郡	31 淯水	49.	南亳	24 睢水	65.
勃海郡	10 濁漳水	49.		30 淮水	
	11 易水		南原	6 㴲水	26.
	12 聖水			7 濟水	
勇士縣	2 河水	50.		15 洛水	
南土	21 汝水	65.	南城	33 江水	53.
南山	2 河水(2)	18.	南宮	16 穀水	37.
	4 河水		南海	1 河水	14.
	17 渭水			36 若水	
	20 丹水			36 溫水	
	33 江水			37 浪水	
	37 沅水			40 漸江水	
	38 湘水			40 禹貢山水澤地所在	
	19 補豐水			40 補黑水	
	19 補涇水				
南川	17 渭水	26.	南鄗	25 泗水	65.
南中	33 江水	65.	南郡	28 沔水	49.
	36 若水			30 淮水	
	36 溫水			34 江水	
	37 葉榆河			35 江水	
				38 湘水	
南水	39 贛水	1.	南國	34 江水	47.
南州	35 江水	佚.	南崖	13 灄水	20.
南江	29 沔水	1.	南梁	21 汝水	65.
	33 江水

地名	卷次	類别
南莒	30 淮水	65.
南越	3 河水	47.
	21 汝水	
	36 温水	
	37 葉榆河	
	37 浪水	
	39 洭水	
南都	29 比水	52.
南陽	9 清水	65.
南楚	23 獲水	65.
南極	36 温水	65.
南鄉	20 丹水	56.
	29 均水	
南濟	7 濟水	1.
南虢	4 河水	65.
	18 渭水	
南鄭	4 河水	65.
	6 涑水	
南鄩	15 洛水	65.
南墳	13 㶟水	18.43
南嶺	39 廬江水	18.
南嶽	38 湘水	18.
南濡	11 易水	1.
南巖	10 補滏水	佚.
南蠻	20 丹水	47.
	28 沔水	
	29 沔水	
	35 江水	
	38 湘水	
南八蠻	37 葉榆河	47.
南口戍	35 江水	62.
南川水	17 渭水	1.
南平亭	39 耒水	50.57.
南平郡	35 江水	49.

地名	卷次	類别
	39 耒水	
南平縣	39 深水	50.
	39 鍾水	
南田縣	20 漾水	50.
南由縣	17 渭水	50.佚.
	16 補洛水	
南白沙	28 沔水	15.25.
南皮縣	9 淇水	50.
	10 濁漳水	
南安郡	17 渭水	49.
	20 漾水	
	32 涪水	
南安縣	17 渭水	50.
	33 江水	
	36 青衣水	
	36 沫水	
	37 沅水	
南曲亭	10 濁漳水	57.
南曲縣	10 濁漳水	50.
南江橋	33 江水	佚.
南池水	13 㶟水	1.
南池縣	36 温水	50.
南利城	22 潁水	53.
南利縣	3 河水	50.
南岈城	20 漾水	53.
南沙溝	12 聖水	1.
南邪山	3 河水	18.
南里山	29 沔水	18.
南和縣	10 濁漳水	50.
南垂山	30 淮水	18.
南庚郡	28 沔水	49.
南庚縣	28 沔水	50.
南昌縣	39 贛水	50.
南河城	16 甘水	53.

地名	卷次	類別
南河縣	3 河水	50.
南舍亭	13 灅水	57.
南長水	29 比水	1.
南青州	25 沂水	48.
南室水	17 渭水	1.
南津洲	38 湘水	16.
南津城	38 湘水	53.
南流川	2 河水	26.
南香水	16 補洛水	佚.
南亳城	23 汳水	53.
南城郡	28 沔水	49.
南城縣	10 濁漳水	50.
南宫城	10 濁漳水	53.
南官縣	5 河水	50.
	10 濁漳水	
南宫闕	16 穀水	41.
南徐州	25 泗水	48.
南浦縣	33 江水	50.
	36 延江水	
南海亭	37 泿水	50. 57.
南海郡	28 沔水	49.
	36 温水	
	37 葉榆河	
	37 泿水	
	38 溱水	
南郡治	35 江水	53.
南康郡	39 贛水	49.
南康縣	38 溱水	50.
南梁山	10 濁漳水	18.
南梁水	25 泗水	1.
南條山	40 禹貢山水澤地所在	18.
南野縣	39 贛水	50.
南陵究	36 温水	1. 15.

地名	卷次	類別
南陵縣	16 漥水	50.
	36 温水	
南就聚	31 淯水	59.
南華城	22 渠	53.
南陽山	35 江水	18.
南陽水	26 淄水	1.
南陽圻	35 江水	18.
南陽城	9 清水	53.
南陽郡	5 河水	49.
	16 穀水	
	20 丹水	
	21 汝水	
	22 洧水	
	28 沔水	
	29 湍水	
	29 粉水	
	30 淮水	
	31 滍水	
	31 淯水	
	34 江水	
	39 贛水	
南陽縣	28 沔水	50.
	31 滍水	
	31 淯水	
	40 禹貢山水澤地所在	
南陽磯	35 江水	18.
南集渠	33 江水	1.
南順郡	34 江水	49.
南黄水	14 鮑丘水	1.
南溪水	4 河水	1.
	6 洞過水	
	15 洛水	
南鄉峽	33 江水	23.

地名	卷次	類别
南鄉郡	27 沔水	49.
南鄉縣	20 丹水	50.
	29 均水	
南頓縣	22 潁水	50.
南僕水	22 洧水	1.
	22 潩水	
南鄚縣	11 易水	50
南廣口	33 江水	3.
南廣郡	33 江水	49.
南廣縣	33 江水	50.
南虢都	18 渭水	52.
南鄭縣	20 漾水	50.
	27 沔水	
	36 桓水	
南燕縣	7 濟水	50.
	8 濟水	
南嶽廟	35 江水	45.
南興縣	3 河水	50.
南隸城	8 濟水	53.
南羅川	9 淇水	1.26.
南山北谷	4 河水	24.
南山石室	37 沅水	40.
南天竺國	1 河水	47.
南水右水	22 渠	1.
南水左水	22 渠	1.
南水枝渠	22 渠	1.
南平陽縣	25 洙水	50.
	25 泗水	
南皮侯國	9 淇水	51.
南安城谷	17 渭水	24.
南安郡治	33 江水	53.
南江枝分	29 沔水	1.
南池縣治	36 温水	
南行唐縣	6 汾水	50.

地名	卷次	類别
南和官冶	10 濁漳水	34.
南武城縣	22 渠	50.
南武陽縣	25 沂水	50.
南河沙阜	3 河水	19.
南青州治	25 沂水	53.
南流川水	2 河水	1.
南城石室	33 江水	40.
南城講堂	33 江水	40.
南宫侯國	10 濁漳水	51.
南徐州戍	25 泗水	62.
南徐州治	25 泗水	53.
南格馬山	8 濟水	18.
南浦僑縣	33 江水	50.
南浦縣治	33 江水	53.
南神谷水	17 渭水	1.
南康郡治	39 贛水	53.
南莒鹽官	30 淮水	34.
南單之臺	9 淇水	36.
南陽郡治	31 淯水	53.
南陽僑郡	20 漾水	49
南集渠口	33 江水	3.
南塘南路	39 贛水	31.
南新市縣	31 溳水	50.
南鄉縣治	20 丹水	53.
南頓故城	22 潁水	50.
南鄭小城	27 沔水	53.
南鄭大城	27 沔水	53.
南鄭縣治	27 沔水	53.
南嶽舜廟	38 湘水	45.
南譙僑郡	29 沔水	49.
南蠻府治	28 沔水	53.
南山五溪水	17 渭水	1.
南山巴嶺泉	27 沔水	11.
南平縣南山	39 深水	18.

地名	卷次	類别
南皮縣故城	9 淇水	53.
南安郡東山	17 渭水	18.
南曲縣故城	10 濁漳水	53.
南谷水南山	20 漾水	18.
南昌縣故城	39 贛水	53.
南門二石闕	13 瀔水	41.
南宫縣故城	10 濁漳水	53.
南流川北山	2 河水	18.
南海郡昔治	37 泿水	53.
南梁水北水	25 泗水	1.
南陽典農治	31 淯水	53.
南溪水南山	6 洞過水	18.
南鄉縣故城	20 丹水	53.
南鄉縣舊治	20 丹水	53.
南頓縣故城	22 潁水	53.
南鄭黑水道	27 沔水	31.
南嶺南大道	39 廬江水	31.
南譙僑郡城	29 沔水	53.
南川水西南山	17 渭水	18.
南中建寧山道	33 江水	31.
南平陽縣故城	25 泗水	53.
南浦故縣陂湖	33 江水	6.
南浦僑縣鹽井	33 江水	13.33.34
南鄉縣故城門	20 丹水	41.
南燕姞姓之國	8 濟水	47.
南山巴嶺北飛清	27 沔水	5.
南山巴嶺南飛清	27 沔水	5.
南昌縣故城南門	39 贛水	41
即水	33 江水	1.
即丘縣	26 沭水	50.
即是縣	10 濁漳水	50.

地名	卷次	類别
厚丘	26 沭水	19.
厚丘縣	26 沭水	50.
咸丘	8 濟水	19.65
咸河	5 河水	1.
咸亭	8 濟水	57.
咸陽	16 瀍水	53.佚
	19 渭水	
咸驩	36 温水	65.
咸陽宫	19 渭水	37.
咸陽縣	3 河水	50.
	19 渭水	
咸陽澗水	4 河水	1.
咸陽縣故城	3 河水	53.
哀王陵	8 濟水	43.
	11 滱水	
哀牢之國	37 葉榆河	47.
哀帝義陵	19 渭水	43.
垓下	23 獲水	65.
	30 淮水	
垓下聚	30 淮水	59
垣雍	23 陰溝水	65.
垣縣	4 河水	50
	12 聖水	
垣曲縣	4 河水	佚.
垣侯國	12 聖水	51.
垣苗城	8 濟水	53.
垣雍城	23 陰溝水	53.
垣翰亭	12 聖水	50.57.
垣翰縣	12 聖水	50.
垣雝城	23 陰溝水	53.
垣縣故城	4 河水	53.
	12 聖水	
垞城	25 泗水	53.
契水	18 渭水	1.

地名	卷次	類别
契吴亭	3 河水	57.
契吴東山	3 河水	18.
姚方	27 沔水	65.
姚城	24 瓠子河	53.
姚墟	30 淮水	61.
姚氏關	4 河水	31.
姚武壁	4 河水	佚.
姚虚灘	27 沔水	15.
姚氏之營	4 河水	31.
姚氏故居	9 淇水	40.
姜水	18 渭水	1.
姜原	19 渭水	26.
姜氏城	18 渭水	53.
姜嫄祠	18 渭水	44.
姜士遊居	33 江水	40.
姜賴之墟	2 河水	43.52.61.
姦梁陂	24 睢水	10.
姦梁陂水	24 睢水	1.
威戎郡	3 河水	49.
威武戍	20 漾水	62.
客山	30 淮水	18.
客亭	8 濟水	57.
客舍門	19 渭水	41.
宣山	31 溳水	18.
宣水	19 渭水	1.
宣防	24 瓠子河	65.
宣平門	19 渭水	41.
宣房堰	5 河水	28.
	24 瓠子河	
宣武觀	16 穀水	46.
宣威縣	40 禹貢山水澤地所在	50.
宣室殿	19 渭水	37.
宣風縣	19 渭水	50.
宣城郡	29 沔水	49.
	40 漸江水	
宣城縣	19 渭水	50.
宣梁陂	22 潩水	10.
宣孱縣	21 汝水	50.
宣陽門	16 穀水	41.
宣漢縣	33 江水	50.
	34 江水	
宣德門	19 渭水	41.
宣梁陂水	22 潩水	1.
宣陽冰室	16 穀水	40.
宣威縣故城	40 禹貢山水澤地所在	53.
宣帝許后陵	19 渭水	43.
封水	36 温水	1.
封丘	24 瓠子河	19.
封大水	14 濡水	1.
封丘縣	7 濟水	50.
	8 濟水	
	23 陰溝水	
	24 瓠子河	
封侯山	39 洣水	18.
封陽縣	36 温水	50.
封溪水	17 渭水	1.
封溪縣	37 葉榆河	50.
封溪水口	36 温水	3.
峣山	40 漸江水	18.
帝丘	24 瓠子河	19.65.
	26 巨洋水	
帝原水	3 河水	1.
帝嚳泉	16 補洛水	佚.
帝嚳冢	9 淇水	43.
帝嚳都	16 穀水	52.
帝之下都	1 河水	52.

地名	卷次	類別
帝嚳之墟	23 汳水	52.61.
幽州	11 滱水	48.
	12 巨馬水	
	14 鮑丘水	
	23 陰溝水	
	26 巨洋水	
度水	27 沔水	1.
度索	35 江水	佚.
度口水	27 沔水	1.
度支步	39 贛水	16.
度支校尉治	39 贛水	53.
建城	31 潕水	53.
建業	28 沔水	53.
	40 漸江水	
建子門	19 渭水	41.
建平郡	34 江水	49.
	37 夷水	
	37 澧水	
	37 沅水	
建平縣	30 淮水	50.
	37 沅水	
建安川	20 漾水	26.
建安城	20 漾水	53.
建城縣	10 濁漳水	50.
	39 贛水	
建始水	32 涪水	1.
建始縣	5 河水	50.
建昌城	39 贛水	佚.
建昌郡	20 漾水	49.
	38 湘水	
建昌縣	39 贛水	50.
建信城	5 河水	53.
建信郡	5 河水	49.
建信縣	5 河水	50.

地名	卷次	類別
建威城	20 漾水	53.
建春門	9 洹水	41.
	10 濁漳水	
	16 穀水	
建城縣	30 淮水	50.
建章宮	19 渭水	37.
建陵山	26 沭水	18.
建陵縣	26 沭水	50.
建陽門	16 穀水	41.
建睦縣	24 瓠子河	50.
建寧郡	33 江水	49.
	36 若水	
	36 温水	
建寧縣	38 湘水	50.
建德水	26 巨洋水	1.
建興郡	5 河水	49.
	9 沁水	
	9 淇水	
建興縣	38 資水	50.
建平侯國	30 淮水	51.
建平郡治	34 江水	53.
建安川水	20 漾水	1.
建信侯國	5 河水	51.
建城侯國	30 淮水	51.
建陵侯國	26 沭水	51.
建興郡治	9 沁水	53.
	9 淇水	
建平縣故城	30 淮水	53.
建成縣故城	10 濁漳水	53.
建信縣故城	5 河水	53.
建威西北山	20 漾水	18.
建春門石梁	9 洹水	29.
建春門石橋	16 穀水	29.
建城縣故城	30 淮水	53.

地名	卷次	類別
建章宫圓闕	19 渭水	41.
建陵山大堨	26 沭水	28.
建陵縣故城	26 沭水	53.
建寧郡高山	36 温水	18.
建寧縣故城	38 湘水	53.
建信縣都尉治	5 河水	53.
建城縣燃石	39 贛水	33.
弈山	26 濰水	18.
律高縣	36 温水	50.
	37 葉榆河	
後塘	29 沔水	28.
後部亭	5 河水	57.
後隊郡	9 沁水	49.
後燕都	11 滱水	52.
後塘北湖	29 沔水	6.
怒特祠	17 渭水	44.
思鄉	19 渭水	56.
	22 洧水	
思善縣	23 陰溝水	50.
	30 淮水	
思陽川	11 補滹沱水	佚.
思鄉城	19 渭水	53.
	22 洧水	
思賢亭	39 贛水	57.
思遠靈圖	13 灅水	39.
思善縣故城	30 淮水	53.
急勢	27 沔水	18.
恒山	11 滱水	18.
	13 灅水	
	37 夷水	
恒水	1 河水	1.
	11 滱水	
恒北	1 河水	65.

地名	卷次	類別
恒州	13 灅水	48.
恒曲	1 河水	4.
恒伽水	1 河水	1.
恒山下廟	11 滱水	45.
恒山西廟	11 滱水	45.
恒山東廟	11 滱水	45.
恒水南岸	1 河水	17.
恒山兩嶺石隥	11 滱水	31.
扁鵲城	27 沔水	53.
持武城	3 河水	50.
故丘	4 河水	19.
故沙	22 渠	1.
故里	3 河水	58.
故亭	13 灅水(2)	57.
	14 沽河(2)	
	15 伊水	
故陵	33 江水	43.
故溝	6 汾水	1.
故丘亭	4 河水	57.
故市口	35 江水	3.
故市亭	7 濟水	57.
故市縣	7 濟水	50.
故安河	11 易水	1
故安城	11 易水	53.
故安縣	11 易水	50.
	12 巨馬水	
故門水	29 比水	1.
故亭谷	28 沔水	24.
故城川	2 河水	26.
故城洲	34 江水	16.
故郡城	26 巨洋水	53.
故陵村	33 江水	60.
故棧道	27 沔水	31.
故陵郡	33 江水	49.

地名	卷次	類別
故道水	20 漾水	1.
故道城	20 漾水	53.
故道郡	20 漾水	49.
故道縣	17 渭水	50.
故鄉洲	34 江水	16.
故雍城	9 清水	53.
故鄣縣	29 沔水	50.
故壁城	10 濁漳水	53.
故縣川	18 渭水	1.
故縣灘	28 沔水	15.
故市口水	35 江水	1.
故市侯國	7 濟水	51.
故安侯國	11 易水	51.
故城川水	2 河水	1.
故城溪水	17 渭水	1.
故道城戍	20 漾水	62.
故槃迴城	3 河水	53.
故鄣南鄉	29 沔水	56.
故市縣故城	7 濟水	53.
故平原郡治	5 河水	53.
故安縣西山	11 易水	18.
故安縣故城	11 易水	53.
故城川北水	2 河水	1.
故城川南水	2 河水	1.
故城洲北岸	34 江水	17.
故秦德公居	18 渭水	40.
故高密郡治	26 巨洋水	53.
故陵舊郡治	33 江水	53.
故義陽郡治	30 淮水	53.
故道侯尉治	17 渭水	53.
故道縣故城	17 渭水	53.
故潁川郡治	22 潁水	53.
故安城二鈞	11 易水	36.
斫槃谷	20 漾水	24.
施口	32 施水	3.
施山	37 沅水	18.
施水	32 肥水	1.
	32 施水	
施水枝水	32 施水	1.
施水枝津	32 施水	1.
星月巖	11 易水	佚.
星月巖西谷	11 易水	佚.
星月巖東穴	11 易水	佚.
星月巖仙人石	11 易水	佚.
星月巖西谷	11 易水	佚.
星月巖龍跡石	11 易水	佚.
星月巖鍾乳石	11 易水	佚.
春亭	24 汶水	57.
春王門	19 渭水	41.
昭山	38 湘水	18.
昭丘	32 沮水	19.43.
昭王廟	19 渭水	45.
昭陵縣	38 資水	50.
昭陽殿	19 渭水	37.
昭陽縣	38 資水	50.
昭餘祁	6 汾水	6.
昬官湖	28 沔水	6.
枯沭	26 沭水	1.
枯渠	21 汝水	1.
臬水	17 渭水	1.
枳道	5 河水	31.65.
	19 渭水	
枳縣	33 江水	50.
	36 延江水	
枳縣治	33 江水	53.
枹罕原	2 河水	26.
枹罕縣	24 睢水	50.
枹罕縣	2 河水	50.

地名	卷次	類別
枹罕侯邑	2 河水	53.
枹罕飛橋	2 河水	29.
枹罕城南門	2 河水	41.
枹罕縣故城	2 河水	53.
柏山	33 江水	18.
柏谷	4 河水	24.
柏亭	15 洛水	57.
柏城	16 補洛水	佚.
柏冢	11 易水	43.
柏祠	22 潁水	44.
柏國	31 潕水	47.
柏華	21 汝水	65.
柏舉	31 溳水	65.
	35 江水	
柏谷水	4 河水	1.
柏谷亭	4 河水	57.
柏谷關	19 渭水	32.
柏枝山	33 江水	18.
柏祠曲	22 潁水	4.
柏梁口	10 濁漳水	3.
柏梁溠	10 濁漳水	1.
柏梁臺	13 㶟水	36.
	19 渭水	
柏華聚	21 汝水	佚.
柏暢亭	10 濁漳水	佚.
柏樹溪水	31 滍水	1.
柏枝山丙穴	33 江水	22.
染澤陂	22 渠	10.
柔縣	24 汶水	50.
柔玄鎮	13 㶟水	55.
柘口	13 㶟水	3.
	32 夏水	
柘水	14 鮑丘水	1.
	28 沔水	

地名	卷次	類別
柘湖	29 沔水	6.
柜縣	26 膠水	50.
柜縣故城	26 膠水	53.
柞水	27 沔水	1.
柞泉	25 沂水	11.
柞溪	27 沔水	1.
柞溪水	28 沔水	1.
柤	26 沭水	65.
柤口	26 沭水	3.
柤水	26 沭水	1.
柤塘	40 漸江水	28.
柤瀆	40 漸江水	1.
柤口城	26 沭水	53.
柤水溝	26 沭水	1.
查浦	38 湘水	8.
	40 漸江水	
查浦良田	40 漸江水	27.
柯	24 瓠子河	65.
柯山	36 温水	18.
柯水	40 漸江水	1.
柯城	24 瓠子河	53.
柯澤	5 河水	6.
柰榆溝	7 濟水	1.
柱州	1 河水	48.
柱蒲關	36 温水	32.
柳中	2 河水	65.
柳池	33 江水	9.
柳亭	9 淇水	57.
柳泉	7 濟水	11.
	8 濟水	
	19 渭水	
柳城	14 濡水	53.
	14 大遼水	
柳縣	9 淇水	50.

地名	卷次	類別
柳子山	28 沔水	18.
柳侯國	9 淇水	51.
柳泉口	8 濟水	3.
柳泉水	7 濟水	1. 11.
	19 渭水	
	22 潧水	
柳舒城	8 濟水	53.
柳縣故城	9 淇水	53.
柴口	30 淮水	3.
柴水	30 淮水	1.
柴汶	24 汶水	1.
柴亭	30 淮水	57.
柴辟	40 漸江水	65.
柴縣	24 汶水	50.
柴阜山	26 汶水	18.
柴辟亭	29 沔水	57.
柴縣故城	24 汶水	53.
栅口	29 沔水	3.
栅水	29 沔水	1.
段溪水	17 渭水	1.
段干木冢	4 河水	43.
毖水	11 易水	1.
毗舍利	1 河水	47.
毗荼國	1 河水	47.
毗陵郡	29 沔水	49.
毗陵縣	29 沔水	50.
毗舍利城	1 河水	53.
毗陵郡治	29 沔水	53.
泉亭	40 漸江水	50. 57.
泉陽	24 睢水	65.
泉上岸	11 滱水	11. 17.
泉水渠	14 鮑丘水	1.
泉州口	13 灅水	3.
泉州渠	9 淇水	1.

地名	卷次	類別
泉州縣	9 淇水	50.
	12 巨馬水	
	14 沽河	
	14 鮑丘水	
泉陵縣	38 湘水	50.
泉街水	27 沔水	1.
泉源水	9 淇水	1.
泉溝水	13 灅水	1. 11.
泉調縣	14 沽河	50.
泉頭水	11 滱水	1.
泉陵侯國	38 湘水	51.
泉川縣故城	12 巨馬水	53.
	14 沽河	
浪	37 浪水	1.
浪水	36 温水	1.
	37 浪水	
浪鬱	37 葉榆河	1.
浪水枝津	37 浪水	1.
洄湖	28 沔水	6.
洋口	35 江水	3.
洋川	27 沔水	1. 26.
洋水	17 渭水	1. 佚.
	20 漾水	
	26 巨洋水	
	26 淄水	
	26 膠水	
	27 沔水	
洋郡	27 沔水	佚.
洋湖	39 洣水	6.
洋湖口	39 洣水	3.
洑浦	35 江水	8.
洗馬溝水	13 灅水	1.
洙	22 渠	1.
	25 泗水	

地名	卷次	類别
	25 洙水	
洙水	8 濟水	1.
	25 泗水	
	25 洙水	
洙瀆	25 泗水	1.
洙水枝津	25 洙水(2)	
洛	1 河水	1. 佚.
	7 濟水	
	10 濁漳水	
	15 洛水	
	15 伊水	
	15 瀍水	
	16 穀水	
	16 甘水	
	16 沮水	
	20 丹水	
	21 汝水	
	22 洧水	
	22 溍水	
	25 洙水	
	16 補洛水	
洛口	5 河水	3.
	15 伊水	
	30 淮水	
洛川	30 淮水	1. 26.
洛中	5 河水	65.
洛水	3 河水	1. 佚.
	4 河水	
	5 河水	
	12 聖水	
	14 濡水	
	15 洛水	
	15 伊水	
	16 穀水	
	16 漆水	
	16 沮水	
	19 渭水	
	27 沔水	
	30 淮水	
	32 肥水	
	32 沮水	
	33 江水	
	16 補洛水	
洛汭	10 濁漳水	1. 3. 4.
	15 洛水	
洛谷	18 渭水	24.
	20 漾水	
	27 沔水	
洛邑	7 濟水	53.
	15 洛水	
洛門	19 渭水	41.
洛城	16 甘水	53.
洛堰	16 穀水	28.
洛陽	4 河水	52. 53.
	10 濁漳水	
	11 滱水	
	13 㶟水	
	15 洛水	
	21 汝水	
	27 沔水	
洛溪	28 沔水	1.
	38 灕水	
洛橋	30 淮水	29.
洛澗	30 淮水	1.
	32 肥水	
洛溢	15 洛水	17.
洛縣	33 江水	50.
洛川縣	3 河水	50. 佚.

地名	卷次	類别
	16 補洛水	
洛光水	11 滱水	1.
洛光溝	11 滱水	1.
洛至圻	35 江水	18.
洛至城	20 漾水	53.
洛谷水	20 漾水	1.
	27 沔水	
洛和水	20 漾水	1.
洛架口	24 睢水	3.
洛泉水	15 洛水	1.
洛陰水	6 汾水	1.
洛陰城	6 汾水	53.
洛陽山	15 伊水	18.
洛陽城	15 洛水	53.
	16 穀水	
	28 沔水	
洛陽宫	16 穀水	37.
	21 汝水	
洛陽郡	21 汝水	49.
洛陽溝	16 穀水	1.
洛陽殿	13 灅水	37.
洛陽縣	5 河水	50.
	9 沁水	
	13 灅水	
	14 鮑丘水	
	15 洛水	
	15 伊水	
	16 穀水	
	27 沔水	
洛陽壘	16 穀水	32.
洛溪口	28 沔水	3.
洛溪山	38 灕水	18.
洛溪水	20 漾水	1.
洛當城	8 濟水	53.

地名	卷次	類别
洛預山	25 沂水	18.
洛預水	25 沂水	1.
洛縣城	33 江水	53.
洛水九曲	15 洛水	4.
洛水北溪	15 洛水	1.
洛水枝津	15 洛水	1.
洛水枝流	16 穀水	1.
洛水故瀆	15 洛水	1.
洛水浮桁	16 穀水	29.
洛谷之水	18 渭水	1.
洛陽小城	16 穀水	53.
洛陽太倉	15 洛水	35.
	16 穀水	
洛陽南宫	16 穀水	37.
洛陽縣湖	15 伊水	6.
洛縣沃野	33 江水	26.
洛縣故城	33 江水	53.
洛陽故玉井	16 穀水	13.
洛谷之水南山	18 渭水	18.
洛陽都典農治	15 洛水	53.
洞口	28 沔水	3. 佚.
	35 江水	
洞浦	24 瓠子河	8.
洞庭	29 沔水	6. 22.
	38 湘水	
洞過水	6 汾水	1.
	6 洞過水	
洞過澤	6 洞過水	6.
洞庭湖	37 澧水	6.
	38 資水	
洞庭之山	38 湘水	18.
洞庭五渚	38 湘水	1. 9.
洞庭南口	29 沔水	3.
洞庭湖右岸	38 湘水	17.

地名	卷次	類别
津門	16 穀水	41.
津鄉	34 江水	56.
津渠戍	20 漾水	62.
津湖渡	30 淮水	30.
津陽門	16 穀水	41.
津鄉里	34 江水	58.
洧	22 洧水	1.
	22 潩水	
	22 潧水	
洧上	7 濟水	65.
	22 洧水	
洧水	3 河水	1.
	7 濟水	
	22 潁水	
	22 洧水	
	22 渠	
洧淵	22 洧水	7.
洧堤	22 洧水	28.
洧水溝	22 渠	1.
洧淵水	22 洧水	1.
洧陽城	22 洧水	53.
洧水枝水	22 洧水(2)	1.
洧水南堤	22 洧水	28.
洧水故溝	22 洧水	1.
洧陽侯國	22 洧水	51.
洧陽故城	22 洧水	53.
洨水	30 淮水	1. 佚.
	10 濁漳水	
洨縣	30 淮水	50.
洨縣故城	30 淮水	53.
汧山	17 渭水	18.
汧水	17 渭水	1.
	18 渭水	
	19 渭水	

地名	卷次	類别
汧田	17 渭水	27.
	18 渭水	
汧縣	17 渭水	50.
汧水祠	17 渭水	44.
汧縣故城	17 渭水	53.
汧水東枝水	17 渭水	1.
洩溪	40 漸江水	1.
洪口	8 濟水	3.
洪水	8 濟水	1.
洪堤	22 潩水	28.
洪溝	23 獲水	1.
洪瀆	24 汶水	1.
洪和山	2 河	18.
洪洞縣	6 汾水	50.
洭口	39 洭水	3.
洭水	38 溱水	1.
	39 洭水	
洭浦關	39 洭水	32.
洮	6 涑水	1. 65.
	24 瓠子河	
洮水	2 河水	1.
	6 涑水	
	38 湘水	
洮亭	6 涑水	50. 57
洮城	24 瓠子河	53.
洮強	2 河水	65.
洮陽	2 河水	65.
洮治縣	38 湘水	50.
洮陽郡	2 河水	49.
	6 涑水	
洮陽城	2 河水	53.
洮陽縣	38 湘水	50.
洮陽侯國	38 湘水	51.
洮水北三水	2 河水	1.

地名	卷次	類別
皇女湯	31 滍水	12.
皇女臺	16 穀水	36.
皇子陂	19 渭水	10.
皇母泉	9 清水	11.
皇后水	10 濁漳水	1.
皇后城	31 淯水	53.
皇后湖	35 江水	6.
皇陂水	22 潩水	1.
皇信堂	13 灅水	40.
皇室山	7 濟水	18.
皇舅寺	13 灅水	46.
皇臺岡	22 洧水	18.
皇母泉水	9 清水	1.
皇舅寺五層浮圖	13 灅水	39.
相	6 汾水	65.
	23 陰溝水	
相水	24 睢水	1.
相州	10 濁漳水	48.
相城	24 睢水	53.
相縣	23 陰溝水	50.
	24 睢水	
相州治	10 濁漳水	53.
相威縣	24 汝水	50.
相侯國	24 睢水	51.
相國城	32 肥水	53.
相陽縣	28 沔水	50.
相縣故城	23 陰溝水	53.
	24 睢水	
祇洹精廬	11 滱水	40.
祈年宮	18 渭水	37.
祈年觀	18 渭水	46.
祊城	25 沂水	53.
祋祤城	16 沮水	53.

地名	卷次	類別
祋祤縣	16 沮水	50.
	19 渭水	
祋祤縣故城	16 沮水	53.
禹井	8 濟水	13.
	40 漸江水	
禹穴	40 漸江水	22.43.
禹冢	40 漸江水	43.
禹都	6 涑水	52.
禹墟	30 淮水	61.
禹廟	2 河水	45.
	40 漸江水	
禹瀆	5 河水	1.
禹斷江	34 江水	1.23.
禺水	19 渭水	1.
禺中浦	22 渠	8.
禺同山	37 淹水	18.
秋口	35 江水	3.
秋水	31 滍水	1.
秋口江浦	35 江水	8.
科城	23 汳水	53.
科禀亭	23 汳水	57.
秔陂	21 汝水	10.
秔陂港水	21 汝水	1.
突門	19 渭水	41.
竿城	5 河水	53.
紀	26 沭水	65.
	30 淮水	
紀城	30 淮水	53.
紀國	26 巨洋水	47.
紀郢	28 沔水	65.
	34 江水	
紀粟	36 温水	65.
	37 葉榆河	
紀鄀	28 沔水	65.

地名	卷次	類別
紀鄣	30 淮水	65.
紀氏城	21 汝水	53.
紀氏臺	21 汝水	36.
紀信冢	7 濟水	43.
紀南城	28 沔水	53.
紀德縣	2 河水	50.
紀鄣故城	30 淮水	53.
紀子帛之國	30 淮水	47.
紀鄣故城西門	30 淮水	41.
紂都	9 淇水	
紅	23 獲水	65.
紅亭	23 獲水	57.
紅澤	22 渠	6.
紅花水	26 沭水	佚.
紅花水田	26 沭水	佚.
紘真山	13 灅水	佚.
美溝	9 淇水	1.
美人廟	29 沔水	45.
美陂水	19 渭水	1.
美信縣	33 江水	50.
美陽縣	18 渭水	50.
美稷縣	3 河水	50.
美豐縣	32 決水	50.
美稷縣郭	3 河水	54.
羑水	9 蕩水	1.
羑里	9 蕩水	58.
羑城	9 蕩水	53.
彨	24 瓠子河	1.
彨水	24 瓠子河	1.
朐山	30 淮水	18.
朐川	26 巨洋水	1. 26.
朐城	8 濟水	53.
朐縣	26 沭水 30 淮水	50. 佚.
朐劇	26 巨洋水	65.
朐瀰	26 巨洋水	1.
朐忍縣	33 江水	50.
朐忍縣治	33 江水	53.
朐縣故城	30 淮水	53.
朐忍東北海	30 淮水	佚.
朐忍縣尉治	33 江水	53.
朐忍縣鹽井	33 江水	33. 34.
朐忍縣故城江南岸	33 江水	17.
胏浮	19 渭水	佚.
胙亭	8 濟水	57.
胙國	8 濟水	47.
胡山	3 河水	18.
胡谷	17 渭水 20 漾水	24.
胡邑	10 濁漳水	53.
胡泉	11 滱水	11.
胡城	3 河水 18 渭水 22 潁水 22 潩水 27 沔水	53.
胡陽	30 淮水	65.
胡縣	4 河水	50.
胡蘇	5 河水	1.
胡子國	29 沔水	47.
胡公陵	26 淄水	43.
胡木山	31 溠水	18.
胡甲山	6 汾水	18.
胡甲嶺	6 汾水	18.
胡谷水	20 漾水	1.
胡罔家	23 汳水	40.
胡泉水	11 滱水	1.

地名	卷次	類别
胡泉城	22 潩水	53.
胡城陂	22 潩水	10.
胡越寺	4 河水	46.
胡鼻山	27 沔水	18.
胡盧堆	24 汶水	19.
胡寵墓	32 夏水	43.
胡城北山	27 沔水	18.
胡城陂水	22 潩水	1.
胡景略城	29 沔水	53.
胡瑒母祠	29 比水	44.
胡瑒母墓	29 比水	43.
胡木山温泉	31 滍水	12.
胡越寺懸崖	4 河水	20.
胡城北山石穴	27 沔水	22.
胥山	29 沔水	18.
	40 漸江水	
胥江	40 漸江水	1.
胥浦縣	36 温水	50.
胥陵縣	5 河水	50.
胥山王廟	29 沔水	45.
胥山壇石	29 沔水	21.
苑門	16 穀水	41.
苑亭	20 漾水	57.
苑鄉	9 沁水	56.
	9 淇水	
苑川水	2 河水	1.
苑馬塘	32 肥水	佚.
苑陵縣	22 洧水	50.
	22 渠	
苑鄉城	9 沁水	53
	9 淇水	
苑鄉縣	9 淇水	50.
苑川水地	2 河水	
苑陵縣故城	22 渠	53.
苑鄉縣故城	9 淇水	53.
苑陵城西北平地	22 渠	26.
苑陵故城西北平地	22 渠	26.
苕水	29 沔水	1.
苕亭	10 濁漳水	57.
	37 澧水	
苗谷	17 渭水	24.
苗邑	4 河水	53.
苗亭	4 河水	57.
苗谷水	17 渭水	1.
苞山	29 沔水	18.
苞水	30 淮水	1.
苞山旁小山	29 沔水	18.
苟泉水	9 清水	1.11.
苟導涇	38 湘水	1.
苟導涇北口	38 湘水	3.
若	36 若水	1.
若水	36 若水	1.
若城	35 江水	53.
若縣	29 比水	50.
若邪溪	40 漸江水	1.
若勃溪	2 河水	1.
若水之野	36 若水	26.
若邪溪製劍	40 漸江水	34.
若邪溪銅礦	40 漸江水	33.
苦川	2 河水	1.
苦谷	19 渭水	24.
苦泉	16 補洛水	佚.
苦菜	31 潕水	18.
苦縣	23 陰溝水	50.
苦水谷	2 河水	24.
苦竹里	40 漸江水	58.

地名	卷次	類別
苦菜山	21 汝水	18.
	35 江水	
苦菜水	35 江水	1.
苦菜城	31 潕水	53.
苦力干城	13 灅水	53.
苦谷二水	19 渭水	1.
苦陘侯國	11 補滹沱水	51.
苦菜夏浦	35 江水	8.
苦縣故城	23 陰溝水	53.
苦竹里舊城	40 漸江水	53.
苦菜水口夏浦	35 江水	8.
苦縣北門馳道	23 陰溝水	31.
苦縣西門馳道	23 陰溝水	31.
苦縣東門列道	23 陰溝水	31.
苦縣故城北門	23 陰溝水	41.
苦縣故城西門	23 陰溝水	41.
苦縣故城南門	23 陰溝水	41.
苦縣故城故臺	23 陰溝水	36.
苦菜水口江右岸	35 江水	17.
英山	19 渭水	18.
英陵	19 渭水	43.
苴	33 江水	65.
茂陵	19 渭水	43.
茂鄉	19 渭水	56.
茂陵縣	19 渭水	50.
茂都淀	24 汶水	6.
茂陵縣故城	19 渭水	53.
范城	24 瓠子河	53.
范塢	15 伊水	63.
范壁	6 澮水	20.
范縣	5 河水	50.
	24 瓠子河	
范陽戍	11 易水	62.
范陽陂	11 易水	10.
范陽郡	6 汾水	49.
	9 清水	
	12 聖水	
范陽縣	11 易水	50.
	11 滱水	
	12 巨馬水	
范壁水	6 澮水	1.
范蠡祠	31 淯水	44.
范巨卿冢	8 濟水	43.
范西戎墓	32 夏水	43.
范陽侯國	11 易水	51.
范儕精廬	34 江水	40.
范縣故城	24 瓠子河	53.
范蠡故宅	31 淯水	40.
范陽縣故城	11 易水	53.
	12 巨馬水	
茅山	8 濟水	18.
	40 漸江水	
茅川	20 漾水	26.
茅邑	22 洧水	53.
茅岡	22 洧水	18.
茅陂	30 淮水	10.
茅亭	4 河水	57.
茅津	4 河水	30.
茅城	4 河水	53.
茅鄉	25 洙水	56.
茅川水	20 漾水	1.
茅茨堂	16 穀水	40.
茅城邑	22 洧水	53.
茅鄉城	25 沂水	53.
茈丘山	29 比水	18.
茌山	5 河水	18.
茌平城	5 河水	53.

地名	卷次	類别
茌平縣	5 河水	50.
茌平城故臺	5 河水	36.
蚳城	30 淮水	53.
虹城	30 淮水	53.
虹縣	23 獲水	50.
虹侯國	23 獲水	51.
衍水	7 濟水	1.
表山	38 湘水	18.
要水	14 濡水	1.
	15 洛水	
要術縣	14 濡水	50.
要陽縣	14 濡水	50.
要陽縣故城	14 濡水	53.
要陽縣都尉治	14 濡水	53.
計斤縣	30 淮水	50.
計素渚	15 洛水	9. 16.
計斤縣故城	30 淮水	53.
貞女山	39 洭水	18.
貞女峽	39 洭水	21. 23.
貞女峽西岸	39 洭水	17.
負夏	25 泗水	65.
負黍	22 潁水	65.
負瑕	25 泗水	65.
負黍亭	22 潁水	57.
軍都山	14 濕餘水	18.
軍都縣	14 濕餘水	50.
軍都關	14 濕餘水	32. 佚.
軍都縣故城	14 濕餘水	53.
迤洲	34 江水	16.
迦尸國	1 河水	47.
迦那城	1 河水	53.
迦那石窟	1 河水	22.
迦那調洲	1 河水	16.
迦舍羅國	2 河水	47.
迦維衛國	1 河水	47.
迦維羅衛城	1 河水	53.
迦梨郊龍王宫	1 河水	37.
迦維羅越國浮圖	1 河水	39.
迦維羅越國温池	1 河水	12.
迦維羅衛城泉水	1 河水	11.
迦維羅衛城王園池	1 河水	9.
邢	7 濟水	47.
邢丘	7 濟水	18.
	9 沁水	
邢安城	11 滱水	53.
邢丘侯國	7 濟水	51.
邽	19 渭水	65.
邽山	17 渭水	18.
邽戎	19 渭水	47.
邽戎國	17 渭水	47.
郏	25 泗水	1. 47.
	25 沂水	
	30 淮水	
	35 江水	
郏縣	35 江水	50.
郏婁之國	25 泗水	47.
郏縣故城	35 江水	53.
郁山	14 濕餘水	18.
	30 淮水	
郁州	30 淮水	48. 佚.
	37 沅水	
郁洲	30 淮水	16. 佚.
	37 沅水	
郁平縣	17 渭水	50.

地名	卷次	類别
郁夷縣	17 渭水	50.
郁州治	30 淮水	53.
郁秩縣	26 膠水	50.
郁夷縣故城	17 渭水	53.
郃水	4 河水	1.
郃陽城	4 河水	53.
郃陽縣	4 河水	50.
郃陽侯國	4 河水	51.
郇城	6 涑水	53.
郇國	6 涑水	47.
郇瑕	6 澮水	65.
郇瑕氏之墟	6 涑水	52. 61.
郈	24 汶水	65.
郈城	8 濟水	53.
郈亭	24 汶水	57.
郈鄉	24 汶水	56.
郈鄉城	24 汶水	53.
郊天壇	13 㶟水	36.
郍郍	36 温水	65.
酋水	19 渭水	1.
重	9 淇水	65.
重山	32 溇水	18.
	40 漸江水	
重丘	5 河水	19. 65.
重野	1 河水	26.
重館	8 濟水	65.
重丘鄉	5 河水	56.
重丘縣	5 河水	50.
重平鄉	5 河水	56.
重平縣	5 河水	50.
重合縣	5 河水	50.
重安縣	38 湘水	50.
重泉水	7 濟水	1. 11.
	9 清水	
	22 渠	
重門城	9 清水	53.
重鄉城	8 濟水	53.
重嶺山	21 汝水	18.
重巖堡	27 沔水	64.
重丘縣故城	5 河水	53.
重平縣故城	5 河水	53.
重安縣舜廟	38 湘水	45.
降水	5 河水	1.
	10 濁漳水	
降隴城	17 渭水	53.
降隴城	17 渭水	50.
降隴縣故城	17 渭水	53.
韋津	5 河水	30.
韋城	8 濟水	53.
韋鄉	5 河水	56.
	8 濟水	
韋城六大井	8 濟水	13.
韋城長垣馳道	8 濟水	31.
風山	4 河水	18.
風堆	2 河水	19.
風陵	4 河水	19.
風塠	4 河水	19.
風山穴	5 河水	22.
風井山	37 夷水	18.
風伯祠	2 河水	44.
風伯壇	2 河水	36.
風門山	10 濁漳水	18.
風雨池	39 贛水	9.
風涼原	19 渭水	
風陵對岸	4 河水	17.
風井山穴口	37 夷水	22.
風伯祠南山	2 河水	18.
飛狐	11 補滱沱水	佚.

地名	卷次	類别
飛渠	19 渭水	1.
飛狐口	13 灅水	
飛狐谷	13 灅水	24.
飛狐關	13 灅水	32.
飛廉墓	6 汾水	43.
飛龍山	10 濁漳水	佚.
飛狐口安次道	13 灅水	31.
食時城	13 灅水	53.
首山	4 河水	18.
首垣	8 濟水	65.
首陽	14 濡水	18.65.
首戴	5 河水	18.
首山田	4 河水	27.
首山祠	4 河水	44.
首垣城	5 河水	53.
首望山	38 資水	18.
首陽山	5 河水	18.
	17 渭水	
首陽岑	16 穀水	18.
首陽縣	2 河水	50.
	17 渭水	
首禪山	39 瀏水	18.
首積水	3 河水	1.
首陽冰室	5 河水	40.
首陽東山	5 河水	18.
香川	16 補洛水	佚.
香城	23 獲水	53.
香谷	17 渭水	24.
香爐	28 沔水	18.
香川水	16 補洛水	佚.
香門陂	32 肥水	10.
香陘山	14 鮑丘水	18.
香門陂水	32 肥水	1.

十劃: 乘、亳、修、俱、倉、倍、倒、候、倚、倭、冢、冤、冥、凌、剛、剡、勑、厝、原、員、哈、唐、圃、圁、埋、城、埏、夏、奚、娥、孫、宮、害、宵、家、客、射、展、峩、峨、峭、峴、峽、峿、師、庫、迴、弱、徐、徒、恭、息、振、挾、捍、捕、旃、旅、時、晉、晏、朔、朕、栒、栖、栗、根、格、桂、桃、桐、桑、桓、殊、殷、泰、浙、浚、浢、浣、浦、浩、浪、浮、浯、浴、海、涓、涀、涂、涅、涇、消、涉、涌、涐、涑、涓、涔、浧、烈、烏、牂、狼、珠、班、留、畛、益、砥、破、祓、祖、祚、祝、神、秦、秭、粉、純、素、索、缺、翁、耆、耿、骨、臭、般、芻、茗、荔、茱、茲、茹、荀、草、荒、莯、虒、蚤、蚩、袁、託、豈、貢、軑、軒、辱、迷、追、送、逃、逄、逆、郟、郗、郚、郜、郎、郟、郢、郤、酒、釜、陘、陜、除、馬、高、鬲、鬼

地名	卷次	類别
乘丘	8 濟水	19.65.
	25 洙水	
乘鄉	33 江水	56.
乘氏縣	8 濟水	50.
	24 瓠子河	
	25 泗水	

地名	卷次	類别
	25 洙水	
剛氏道	32 涪水	50.
剛亭城	25 泗水	53.
剛縣治	24 汶水	53.
剡縣	4 河水	50.
	8 濟水	
	40 漸江水	
剡縣城	40 漸江水	53.
剡縣西渡	40 漸江水	30.
剡縣東門	40 漸江水	41.
剡縣東渡	40 漸江水	30.
剡縣南門	40 漸江水	41.
剡縣橋航	40 漸江水	29.
剡縣瀑布	40 漸江水	5.
粅水	22 溳水	1.
粅丘	9 清水	19.
厝治縣	5 河水	50.
原	7 濟水	65.
原山	7 濟水	18.
	24 汶水	
	26 淄水	
原亭	3 河水	50. 57.
	26 膠水	
原泉	26 淄水	11.
原圃	7 濟水	6.
	22 渠	
原城	7 濟水	53.
原鄉	7 濟水	56.
原公水	6 原公水	1.
原武縣	7 濟水	50.
原亭城	3 河水	53.
原泉祠	25 泗水	44.
原鹿縣	21 汝水	50.
	30 淮水	

地名	卷次	類别
原陽縣	3 河水	50.
原過水	6 洞過水	1.
原過祠	6 洞過水	44.
原鹿侯國	30 淮水	51.
原過祠丘	6 洞過水	19.
原武縣故城	7 濟水	53.
原鹿縣故城	21 汝水	53.
原陽縣故城	3 河水	53.
員丘	40 禹貢山水澤地所在	19.
員亭	25 沂水	57.
員渠城	2 河水	53.
唅口	6 涑水	3.
唐	11 滱水	65.
唐山	21 汝水	18.
唐水	11 滱水	1. 11. 佚.
	11 補滋水	
唐池	11 滱水	9. 佚.
	11 補滋水	
唐城	6 汾水	53.
	11 滱水	
	21 汝水	
唐祠	31 溠水	44.
唐國	6 晉水	47.
唐縣	6 晉水	50.
	11 滱水	
唐子山	29 比水	18.
唐子陂	29 比水	10.
唐子亭	29 比水	57.
唐子鄉	29 比水	56.
	31 淯水	
唐公祠	27 沔水	44.
唐糺山	38 資水	18.
唐侯冢	5 河水	43.

地名	卷次	類別
唐侯國	11 易水	47.51.
	31 溳水	
唐述山	2 河水	18.
唐述水	2 河水	1.
唐述窟	2 河水	22.
唐倉城	20 漾水	35.53.
唐城堨	11 滱水	28.佚.
	11 補滋水	
唐頭坂	11 滱水	18.
唐水之曲	11 滱水	4.
唐叔虞祠	6 晉水	44.
唐縣故城	11 滱水	53.
唐姬子發都	38 湘水	52.
唐叔虞祠飛梁	6 汾水	29.
唐叔虞祠涼堂	6 晉水	40.
唐縣西北平地	11 滱水	26.
圃田	22 渠	佚.
圃鄭	7 濟水	65.
圃田澤	22 渠	6.
圃田之水	22 渠	1.佚.
圁水	3 河水	1.
圁谷	3 河水	24.
圁陰縣	3 河水	50.
圁陽縣	3 河水	50.
圁陰縣火井	3 河水	13.
埋蒲水	17 渭水	1.
城川	14 大遼水	26.
城父	22 潩水	65.
	30 淮水	
城隸	8 濟水	65.
城潁	22 洧水	65.
城父縣	22 渠水	50.
	23 陰溝水	
	30 淮水	

地名	卷次	類別
	31 滍水	
	32 施水	
城陵山	35 江水	18.
城陽水	27 沔水	1.
城陽郡	25 沂水	49.
	30 淮水	
城陽國	26 沭水	49.
城陽縣	30 淮水	50.
城穀縣	24 瓠子河	50.
城父侯國	30 淮水	51.
城東大陂	11 易水	10.
城南大池	24 睢水	9.
城陽水口	27 沔水	3.
城陽侯國	30 淮水	51.
城陽郡治	30 淮水	53.
城父縣故城	23 陰溝水	53.
	30 淮水	
城陵山故城	35 江水	53.
城陽縣故城	30 淮水	53.
埏門	8 濟水	41.
夏口	28 沔水	3.
夏水	32 施水	1.
	32 夏水	
	34 江水	
	35 江水	
夏丘	30 淮水	19.
夏州	3 河水	48.
	22 渠	
夏肥	30 淮水	1.
夏亭	21 汝水	57.
	22 潁水	
夏屋	11 滱水	65.
	13 㶟水	
夏郊	30 淮水	54.

地名	卷次	類别
夏首	32 夏水	3.
夏國	22 潁水	47.
夏臺	9 蕩水	36.
	16 穀水	
夏澤	14 鮑丘水	6.
夏口城	35 江水	53.
夏丘縣	25 泗水	50.
	30 淮水	
夏后祠	24 睢水	44.
夏州城	3 河水	53.
夏肥水	30 淮水	1.
夏亭城	21 汝水	53.
	22 潁水	
夏侯塢	23 汳水	63.
夏屋山	13 灅水	18.
夏架山	29 沔水	18.
	40 漸江水	
夏陽城	4 河水	53.
夏陽縣	4 河水	50.
夏暉城	24 汶水	53.
夏楊水	32 夏水	1.
夏后臯墓	4 河水	43.
夏后長塢	23 汳水	63.
夏后嬰冢	19 渭水	43.
夏屋山水	13 灅水	1.
夏屋故城	11 滱水	53.
夏口城對岸	35 江水	17.
夏丘縣故城	30 淮水	53.
夏伯昆吾都	24 瓠子河	52.
夏屋山東溪	13 灅水	1.
夏架山石鼓	29 沔水	21.
夏澤南曲渚	14 鮑丘水	9.16.
夏伯豕韋之國	8 濟水	47.
夏屋山水故城	13 灅水	53.

地名	卷次	類别
夏陽縣故城渡	4 河水	30.
奚川	3 河水	1.
奚仲冢	25 泗水	43.
奚谷水	3 河水	1.
奚仲之國	25 泗水	47.
娥姜水	8 濟水	1.11.
孫水	36 若水	1.
孫水橋	36 若水	29.
孫堅廟	38 湘水	45.
孫嵩墓	26 汶水	43.
孫權都	35 江水(2)	52.
孫叔敖祠	32 肥水	44.
孫叔敖廟	30 淮水	45.
孫權父冢	40 漸江水	43.
孫武皇先墓	40 漸江水	43.
孫賓石兄弟墓	26 汶水	43.
宫亭	39 廬江水	6.
宫亭湖	29 沔水	6.
宫亭廟	39 廬江水	45.
宫亭之山	39 廬江水	18.
害水	4 河水	佚.
宵城縣	28 沔水	50.
家桑谷水	26 淄水	1.
容口	39 洣水	3.
容水	39 洣水	1.
容城	11 易水	53.
	12 巨馬水	
	32 夏水	
容丘縣	25 泗水	50.
容城縣	11 易水	50.
	12 巨馬水	
容容水	40 禹貢山水澤地所在	1.
容裘谷	27 沔水	24.

地名	卷次	類别
容吠穴	39 洣水	22.
容城侯國	11 易水	51.
容裘谷道	27 沔水	31.
容裘溪水	27 沔水	1.
容城縣故城	11 易水	53.
	12 巨馬水	
容裘溪故城	27 沔水	53.
射水	30 淮水	1. 佚.
射江	32 涪水	佚.
射城	30 淮水	53.
射堂	40 漸江水	40.
射湖	29 沔水	6.
射獵	38 湘水	65.
射犬城	9 清水	53.
	22 渠水	
射的山	40 漸江水	18.
射堂村	37 夷水	60.
射陽湖	30 淮水	6.
射陽縣	30 淮水	50.
射雉觀	16 穀水	佚.
射陽侯國	30 淮水	51. 佚.
射的山石室	40 漸江水	40.
射堂村石穴	37 夷水	22.
射堂村清泉	37 夷水	11.
射陽縣故城	30 淮水	53.
展武縣	29 沔水	50.
峩山	39 洣水	18.
峨	34 江水	18.
峨山縣	39 洣水	50.
峨眉山	33 江水	18.
	35 江水	
峭澗	37 澧水	1.
峴山	21 汝水	18.
	26 沭水	

地名	卷次	類别
峴山水	28 沔水	1.
峴山城	28 沔水	53.
峽口	19 補涇水	佚.
峽石	16 穀水	21. 31.
峽石水	20 漾水	1.
峽石之阿	5 河水	17.
峽石水口	20 漾水	3.
峿山	26 濰水	18.
師亭	19 渭水	50. 57.
師氏縣	16 穀水	50.
師曠城	22 渠	53.
庫門	16 穀水	41.
庫谷水	15 洛水	1.
迴復水	33 江水	1.
迴渠亭	23 汳水	57.
弱水	1 河水	1. 佚.
	2 河水	
	40 禹貢山水澤地所在	
	40 補弱水	
弱關	34 江水	32.
弱溝水	31 淯水	1.
徐山	8 濟水	18.
徐水	4 河水	1.
	11 滱水	
徐州	5 河水	48.
	11 滱水	
	23 獲水	
	24 瓠子河	
	25 泗水	
	26 沭水	
徐村	29 沔水	60.
徐狼	36 温水	47.
徐陂	30 淮水	10.
徐城	8 濟水	53.

地名	卷次	類别
	12 聖水	
	12 巨馬水	
	30 淮水	
徐國	8 濟水	47.
徐廟	25 泗水	45.
徐縣	8 濟水	50.
	30 淮水	
徐山廟	8 濟水	45.
徐州治	23 獲水	53.
	25 泗水	
徐君墓	8 濟水	43.
徐陂水	30 淮水	1.
徐無山	14 鮑丘水	18.
徐無城	14 鮑丘水	53.
徐無縣	14 鮑丘水	50.
徐聞縣	36 温水	50.
徐廟山	25 泗水	18.
徐調縣	8 濟水	50.
徐山石室	8 濟水	40.
徐水東山	11 滱水	18.
徐孺子墓	39 贛水	43.
徐元直故宅	28 沔水	40.
徐州城南山	25 泗水	18.
徐無縣北塞	14 鮑丘水	32.
徐無縣故城	14 鮑丘水	53.
徐廟山石室	25 泗水	40.
徐聞朱崖州渡	36 温水	30.
徐無山不灰之木礦	14 鮑丘水	33.
徐無山生火之石礦	14 鮑丘水	33.
徒駭	5 河水	1.
徒駭河	10 濁漳水	1.
恭王陵	7 濟水	43.

地名	卷次	類别
恭王之園	7 濟水	42.
息	30 淮水	47.
息城	30 淮水	53.
息縣	30 淮水	50.
息吾縣	26 沭水	50.
振武縣	3 河水	50.
挾崖	20 漾水	20.
挾崖水	20 漾水	1.
捍關	34 江水	32.
	37 夷水	
捕獐山	22 洧水	18.
捕獐山水	22 洧水	1.
旃然	23 汳水	1.
旃然水	7 濟水	1.
	23 汳水	
旄牛道	33 江水	50.
	36 若水	
旅人橋	16 穀水	29.
旅津渡	10 濁漳水	30.
時	24 瓠子河	1.
時水	8 濟水	1.
	24 瓠子河	
	26 淄水	
時來	7 濟水	65.
時門	22 洧水	41.
時平城	5 河水	53.
時亮窟	2 河水	22.
時密山	25 沂水	18.
時水枝津	24 瓠子河	1.
	26 淄水	
時水故瀆	24 瓠子河	1.
時密之水	25 沂水	1.
時澠之水	26 淄水	1.
晉	4 河水	47. 佚.

地名	卷次	類別
	5 河水	
	6 澮水	
	6 涑水	
	6 洞過水	
	6 晉水	
	7 濟水	
	9 清水	
	9 沁水	
	9 洹水	
	9 淇水	
	10 濁漳水	
	10 清漳水	
	11 滱水	
	14 鮑丘水	
	14 濡水	
	15 洛水	
	15 伊水	
	17 渭水	
	19 渭水	
	20 丹水	
	22 洧水	
	22 渠	
	23 陰溝水	
	24 睢水	
	24 瓠子河	
	25 泗水	
	26 淄水	
	26 汶水	
	31 滍水	
	16 補洛水	
晉水	6 汾水	1. 佚.
	6 晉水	
	27 沔水	
晉國	6 汾水	47.

地名	卷次	類別
晉祠	6 晉水	佚.
晉陽	6 涑水	65.
	6 晉水	
	7 濟水	
晉澤	6 晉水	6.
晉水堨	6 晉水	28.
晉昌川	2 河水	26.
晉昌城	2 河水	53.
晉昌郡	2 河水	49.
	27 沔水	
	33 江水	
晉故京	6 汾水	52.
晉城縣	9 沁水	50.
晉陽城	6 汾水	53.
	6 洞過水	
	6 晉水	
晉陽縣	6 汾水	50.
	6 晉水	
晉壽城	20 漾水	53.
晉壽縣	20 漾水	50.
	29 潛水	
	36 桓水	
晉寧縣	39 鍾水	50.
晉鄙城	9 蕩水	53.
晉興郡	34 江水	49.
	40 江以南至日南郡二十水	
晉興澤	6 涑水	6.
晉舊都	6 澮水	52.
晉昌川水	2 河水	1.
晉昌郡治	33 江水	53.
晉景公都	6 澮水	52.
晉鄙故壘	9 蕩水	32.
晉穆侯都	6 澮水	52.

地名	卷次	類别
晉襄公陵	6 汾水	43.
晉惠帝石梁	16 穀水	29.
晉梁王妃王氏陵	24 睢水	43.
晉陽城東汾水梁	6 汾水	29.
晏然亭	40 禹貢山水澤地所在	57.
晏嬰冢	26 淄水	43.
晏嬰之宅	26 淄水	40.
晏嬰冢宅	26 淄水	40.
朔北	3 河水	65.
朔州	13 漯水	佚.
朔方水	3 河水	1.
朔方城	3 河水	53.
朔方郡	3 河水	49.
	37 葉榆河	
朔方縣	3 河水	50. 佚.
朔平縣	11 滱水	50.
朔定亭	10 濁漳水	50. 57.
朔定郡	10 濁漳水	49.
朔寧縣	11 滱水	50.
朔調亭	13 漯水	50. 57.
朔調郡	12 聖水	49.
	13 漯水	
朔方郡治	3 河水	53.
朔方縣故城	3 河水	53.
朔方縣鹽官	3 河水	34.
朕北縣	4 河水	50.
朕懷湖	26 巨洋水	6.
栒邑	16 補洛水	佚.
栒邑縣	16 補洛水	佚.
栒邑故城	16 補洛水	佚.
栖霞嶺	34 江水	18.

地名	卷次	類别
栗州	21 汝水	16. 48.
栗池	21 汝水	9.
栗門	22 渠	41.
栗堂	21 汝水	40.
栗園	21 汝水	42.
根水	3 河水	1.
根艾水	26 膠水	1.
格虎山	29 沔水	18.
格馬口	8 濟水	3.
桂水	39 洭水	1.
	39 鍾水	
	39 耒水	
桂城	8 濟水	53.
桂宫	19 渭水	37.
桂陽	8 濟水	65.
桂林郡	35 江水	49.
	36 温水	
	38 溱水	
桂陽郡	9 清水	49.
	29 潛水	
	29 比水	
	38 湘水	
	38 溱水	
	39 洭水	
	39 深水	
	39 鍾水	
	39 耒水	
桂陽縣	39 洭水	50.
	39 鍾水	
	39 耒水	
桂陽郡治	39 耒水	53.
桂陽西北山	38 溱水	18.
桂陽郡故城	39 洭水	53.
桃	25 泗水	65.

地名	卷次	類別
桃水	10 濁漳水	1.
	12 聖水	
	12 巨馬水	
桃丘	7 濟水	65.
	8 濟水	
桃原	4 河水	26.
桃城	8 濟水(2)	53.
	24 瓠子河	
桃鄉	24 汶水	56.
	39 洭水	
桃墟	25 泗水	61.
桃縣	10 濁漳水	50.
桃闕	33 江水	32.
桃仁墟	12 聖水	61.
桃林亭	28 沔水	57.
桃林塞	4 河水	32.
桃花水	17 渭水	1.
桃侯國	10 濁漳水	51.
桃班治	35 江水	53.
桃鄉縣	24 汶水	50.
桃城侯國	8 濟水	51.
桃縣故城	10 濁漳水	53.
桃鄉縣故城	24 汶水	53.
桐	6 涑水	65.
桐水	25 泗水	1.
	29 沔水	
桐丘	22 洧水	19. 65.
桐池	19 補豐水	佚.
桐柏	21 汝水	18. 佚.
	30 淮水	
桐城	16 穀水	佚.
桐浦	35 江水	佚.
桐溪	15 洛水	1.
	40 漸江水	

地名	卷次	類別
桐鄉	6 涑水	56.
桐丘城	22 洧水	53.
桐門亭	22 洧水	57.
桐門橋	22 洧水	29.
桐亭樓	40 漸江水	38.
桐柏山	29 比水	18.
	31 溳水	
	38 溱水	
桐柱灘	33 江水	15.
桐溪水	40 漸江水	1.
桐過縣	3 河水	50.
桐鄉城	6 涑水	53.
桐廬縣	40 漸江水	50.
桐柏之流	30 淮水	佚.
桑步	35 江水	16.
桑里	12 巨馬水	58.
桑林	13 㶟水	42.
桑泉	6 涑水	65.
桑城	2 河水	53.
桑溪	3 河水	1.
	12 巨馬水	
	14 鮑丘水	
桑中縣	10 濁漳水	50.
桑谷水	3 河水	1.
	12 巨馬水	
	14 鮑丘水	
桑社淵	10 濁漳水	7.
桑社溝	10 濁漳水	1.
桑泉水	25 沂水	1. 11.
桑乾水	13 㶟水	1. 11.
桑乾城	13 㶟水	53.
桑乾郡	13 㶟水	49.
桑乾縣	13 㶟水	50.
桑梓苑	10 濁漳水	42.

地名	卷次	類别
桑堰水	26 沭水	1.
桑嵐川	2 河水	26.
桑預山	25 沂水	18.
桑預水	25 沂水	1.
桑犢亭	26 巨洋水	57.
桑犢縣	26 巨洋水	50.
桑中侯國	10 濁漳水	51.
桑社枝津	10 濁漳水	1.
桑社淵堤	10 濁漳水	28.
桑乾枝水	12 巨馬水	1.
桑乾河水	13 㶟水	佚.
桑嵐西溪	2 河水	1.
桑中縣故城	10 濁漳水	53.
桑乾河枝津	13 㶟水	1.
桑乾城温湯	13 㶟水	12.
桑乾縣故城	13 㶟水	53.
桑乾水南故城	13 㶟水	53.
桑乾水燕京山伏流	13 㶟水	2.
桓山	38 湘水	18.
桓水	21 汝水	1.
	36 桓水	
桓州	13 㶟水	48.
桓坂	36 桓水	18.
桓亭	36 温水	50. 57.
	39 贛水	
桓公河	24 汶水	1.
桓公泉	13 㶟水	11.
桓公祠	26 淄水	44.
桓公溝	8 濟水	1.
桓公瀆	8 濟水	1.
桓分縣	10 濁漳水	50.
桓合郡	36 温水	49.
桓成縣	19 渭水	50.

地名	卷次	類别
桓章縣	9 淇水	50.
桓都山	13 㶟水	18.
桓隧縣	10 濁漳水	50.
桓魋冢	25 泗水	43.
桓公泉水	13 㶟水	1.
桓温故壘	31 淯水	32.
殊川	19 補涇水	佚.
殷	9 沁水	65.
殷州	9 沁水	48.
殷城	9 沁水	53.
殷國	9 清水	47.
	9 沁水	
殷都	6 汾水(2)	52.
	7 濟水	
	9 淇水	
	9 洹水	
殷墟	9 洹水	52. 61.
殷王陵	9 淇水	43.
殷州治	9 沁水	53.
殷湯都	16 穀水	52.
殷仲丁都	7 濟水	52.
殷相土都	24 瓠子河	52.
殷濟精廬	4 河水	40.
泰山	24 汶水	18.
	25 沂水	
	26 巨洋水	
	26 淄水	
	26 汶水	
	40 禹貢山水澤地所在	
泰澤	7 濟水	6.
泰山郡	8 濟水	49.
	22 渠	
	23 汳水	

地名	卷次	類別
	10 濁漳水	
浮戲山	5 河水	18.
浮水故瀆	5 河水	1.
	9 淇水	
浮玉之山	29 沔水	18.
浮來之山	25 沂水	18.
浮來之水	25 沂水	1.
浮陽侯國	9 淇水	51.
浮陽郡治	9 淇水	53.
浮豪之水	15 洛水	1.
浮圖澄墓	10 濁漳水	43.
浮圖溝水	13 㶟水	1.
浮戲之山	22 洧水	18.
浮光山玉礦	30 淮水	33.
浮陽縣故城	9 淇水	53.
浮山巉石山堰	30 淮水	28.
浮光山黑石礦	30 淮水	33.
浯山	26 濰水	18.
浯水	26 濰水	1.
浯汶	26 濰水	1.
浴池釣臺	25 泗水	36.
海口	1 河水	3.
	35 江水	
海岱	26 巨洋水	65.
	26 淄水	
海曲縣	26 濰水	50.
海岱郭	26 淄水	54.
海昏江	39 贛水	1.
海昏縣	39 贛水	50.
海陽城	14 濡水	53.
海陽縣	14 濡水	50.
海鹽縣	29 沔水	50.
海陽侯國	14 濡水	51.
海鹽縣治	29 沔水	53.

地名	卷次	類別
海昌都尉治	29 沔水	53.
海昏縣東津	39 贛水	30.
海陽縣故城	29 湍水	53.
涓水	14 涓水	1.
涓水縣	14 涓水	50.
涀水	21 汝水	1.
涂水	6 洞過水	1.
	36 若水	
涂谷	6 洞過水	24.
涂水鄉	6 原公水	56.
涂陽縣	6 洞過水	50.
涅	10 濁漳水	65.
涅水	9 沁水	1.
	10 濁漳水	
	29 湍水	
涅池	21 汝水	9.
涅縣	10 濁漳水	50.
	10 清漳水	
涅陽縣	29 湍水	50.
	31 淯水	
涅陽侯國	29 湍水	51.
涅陽故城	10 濁漳水	53.
涅縣西山	10 濁漳水	18.
涅陽縣故城	29 湍水	53.
涇	8 濟水	1. 佚.
	16 漆水	
	16 滻水	
	16 沮水	
	37 夷水	
	16 補洛水	
	19 補涇水	
涇水	16 沮水	1. 佚.
	17 渭水	
	19 渭水	

地名	卷次	類別
烏壘城	2 河水	53.
烏壘國	2 河水	47.
烏雞水	16 補洛水	佚.
烏山大石	40 漸江水	21.
烏伏真山	3 河水	18.
烏孫赤谷	2 河水	24.
烏傷溪水	40 漸江水	1.
烏頭川水	2 河水	1.
烏壘國治	3 河水	52.
烏帝于闐道	2 河水	31.
烏帝西南沙	2 河水	25.
烏黎口夏浦	35 江水	8.
烏龍白騎山	39 耒水	18.
烏長國曬衣石	1 河水	21.
牂山	36 温水	18.
牂柯	37 泿水	1.
牂柯水	36 存水	1.
	36 温水	
牂柯郡	20 漾水	49.
	33 江水	
	36 存水	
	36 温水	
	37 葉榆河	
牂柯郡治	36 温水	53.
牂柯南部都尉治	37 葉榆河	53.
狼山	14 沽河	18.
狼水	8 濟水	1.
狼陂	22 潁水	10.
	30 淮水	
狼月荒	36 温水	47.
狼牙固	8 濟水	18.
狼尾灘	34 江水	15.
狼孟縣	6 汾水	50.

地名	卷次	類別
狼馬澗	6 汾水	1.
狼皋山	15 伊水	18.
	21 汝水	
狼湯水	24 睢水	1.
狼調縣	6 汾水	50.
狼山温泉	14 沽河	12.
狼孟縣故城	6 汾水	53.
狼孟縣故城北門	6 汾水	41.
狼孟縣故城南門	6 汾水	41.
珠光穴	36 若水	22.
珠官郡	36 温水	49.
班口	33 江水	3.
班氏縣	13 灅水	50.
班副縣	13 灅水	50.
班氏縣故城	13 灅水	53.
留山	8 濟水	18.
留水	36 温水	1.
留鄉	8 濟水	56.
留縣	8 濟水	50.
	25 泗水	
留吁國	10 濁漳水	47.
留縣故城	8 濟水	53.
眕水	4 河水	1.
益水	38 資水	1.
益州	15 瀍水	48.
	20 漾水	
	27 沔水	
	28 沔水	
	33 江水	
	37 葉榆河	
	37 沅水	
益谷	27 沔水	24.

地名	卷次	類別
益城	26 淄水	53.
益園	19 渭水	42.
益口水	27 沔水	1.
益州治	33 江水	53.
益州郡	33 江水	49.
	36 若水	
	36 温水	
	37 葉榆河	
益昌城	12 巨馬水	53.
益昌縣	12 巨馬水	50.
益陽江	38 資水	1.
	38 湘水	
益陽縣	38 資水	50.
	38 湘水	
益州郡治	36 温水	53.
益昌侯國	12 巨馬水	51.
益陽江口	38 資水	3.
益縣故城	26 巨洋水	53.
益昌縣故城	12 巨馬水	53.
益陽縣金沙	38 資水	33.
益陽資水南井	38 資水	13.
砥柱	4 河水	15. 18.
	9 沁水	
砥石山	14 大遼水	18.
砥柱山	4 河水	18.
破石峽	17 渭水	23.
破石灘	33 江水	15.
破車峴	26 巨洋水	18.
破羌川	2 河水	26.
破羌水	2 河水	1.
破羌縣	2 河水	50.
破虜磯	35 江水	佚.
破社谷水	17 渭水	1.
破羅谷水	16 補洛水	佚.

地名	卷次	類別
破羌縣故城	2 河水	53.
破羌縣故城南門	2 河水	41.
祓同縣	26 膠水	50.
祖厲川	2 河水	26.
祖厲河	2 河水	1.
祖厲縣	2 河水	50.
祖厲川水	2 河水	1.
祖厲南山	2 河水	18.
祖厲縣故城	2 河水	53.
祚亭	13 灅水	57.
祝丘	26 沭水	19. 65.
祝其	30 淮水	65.
祝柯	8 濟水	65.
祝丘城	26 沭水	53.
祝其亭	26 沭水	50. 57.
祝其縣	40 禹貢山水澤地所在	50.
祝社里	21 汝水	58.
祝阿縣	5 河水	50.
	8 濟水	
	24 瓠子河	
祝茲縣	26 膠水	50.
祝融冢	38 湘水	43.
祝龍泉	7 濟水	12.
祝阿侯國	8 濟水	51.
祝阿澗水	8 濟水	1.
祝茲侯國	26 膠水	51.
祝其縣故城	30 淮水	53.
祝阿縣故城	8 濟水	53.
祝茲縣故城	26 膠水	53.
神穴	37 夷水	22.
神泉	3 河水	12. 佚.
	26 淄水	

地名	卷次	類別
	19 補溼水	
神淵	26 濰水	7.
	33 江水	
神女廟	11 補滹沱水	45.
神穴泉	37 夷水	12.
神坑塢	23 汳水	63.
神明臺	19 渭水	36.
神虎門	13 灅水	41.
	16 穀水	
神泉水	13 灅水	1. 11.
神泉障	3 河水	32.
神馬山	20 漾水	18.
神馬寺	5 河水	46.
神馬亭	5 河水	57.
神蛇戍	20 漾水	62.
神跡亭	32 肥水	57.
神農都	22 渠	52.
神銜山	3 河水	18.
神銜水	3 河水	1.
神澗水	17 渭水	1. 11.
神讜山	10 補滏水	佚.
神囷之山	9 洹水	18.
神銜之峽	3 河水	23.
神泉障北山	3 河水	18.
秦	6 汾水	47.
	6 涑水	
	6 原公水	
	7 濟水	
	8 濟水	
	9 清水	
	9 沁水	
	10 濁漳水	
	10 清漳水	
	11 易水	

地名	卷次	類別
	12 巨馬水	
	13 灅水	
	14 大遼水	
	15 洛水	
	15 伊水	
	16 穀水	
	16 沮水	
	17 渭水	
	19 渭水	
	20 漾水	
	20 丹水	
	21 汝水	
	22 潁水	
	22 洧水	
	22 渠	
	23 陰溝水	
	23 汳水	
	27 沔水	
	28 沔水	
	30 淮水	
	31 淯水	
	32 決水	
	33 江水	
	34 江水	
	35 江水	
	37 沅水	
	38 湘水	
	16 補洛水	
秦土	40 禹貢山水澤地所在	65.
秦川	17 渭水	26.
秦水	17 渭水	1.
秦州	4 河水	48.
	17 渭水	

地名	卷次	類別
秦谷	17 渭水	24.
秦門	30 淮水	41.
秦亭	5 河水	57.
	17 渭水	
	24 瓠子河	
秦洲	28 沔水	16.
秦城	16 穀水	53.
秦國	14 鮑丘水	47.
秦望	29 沔水	65.
秦梁	8 濟水	29.
秦都	19 渭水	52.
秦聚	10 濁漳水	59.
秦墟	30 淮水	61.
秦嶺	27 沔水	18.
秦壘	9 沁水	32.
秦藪	1 河水	6.
秦川水	9 沁水	1.
秦王陵	8 濟水	43.
秦州治	4 河水	53.
秦延山	29 沔水	18.
秦岡山	20 漾水	18.
秦長城	2 河水	32.
秦皇陵	19 渭水	43.
秦望山	29 沔水	18.
	40 漸江水	
秦臧縣	33 江水	50.
	37 葉榆河	
秦頡墓	28 沔水	43.
秦之東門	30 淮水	41.
秦文公都	17 渭水	52.
秦孝子墓	28 沔水	43.
秦孝公陵	19 渭水	43.
秦孝公都	19 渭水	52.
秦長樂宮	19 渭水	37.

地名	卷次	類別
秦通六墓	19 渭水	65.
秦穆公冢	18 渭水	43.
秦襄王陵	19 渭水	43.
秦獻公都	19 渭水	52.
秦孝公離宮	19 渭水	37.
秦始皇石橋	14 濡水	29.
秦始皇碑山	30 淮水	18.
秦始皇離宮	19 渭水	37.
秦皇陵冢口	8 濟水	22.
秦望山懸隥	40 漸江水	31.
秦惠公故居	18 渭水	40.
秭歸城	37 沅水	53.
秭歸縣	34 江水	50.
秭歸縣城	34 江水	53.
秭歸縣東北山	34 江水	18.
粉口	29 粉水	3.
粉水	28 沔水	1.
	29 粉水	
	33 江水	
純山	38 湘水	18.
純水	38 湘水	1.
純留	10 濁漳水	65.
純德縣	26 膠水	50.
素河	14 濡水	1.
素和細越	2 河水	56.
索山	35 江水	佚.
索水	5 河水	1.
	7 濟水	
索城	37 沅水	53.
索縣	37 沅水	50.
索西城	2 河水	53.
索頭川	14 濡水	26.
索頭水	14 濡水	1.
索縣故城	37 沅水	53.

地名	卷次	類別
缺門山	16 穀水	18.
翁山	40 漸江水	18.
翁水	39 洭水	1.
翁湖	38 湘水	6.
翁水口	39 洭水	3.
翁陵山	39 溓水	18.
翁湖口	38 湘水	3.
翁同之山	14 鮑丘水	18.
翁水口已下東岸	39 洭水	17.
耆闍崛山	1 河水	18.
耆闍崛山石窟	1 河水	22.
耆闍崛山青石	1 河水	21.
耿	6 汾水	65.
耿	22 渠	65.
耿谷	19 渭水	24.
耿鄉	6 汾水	56.
耿鄉	10 濁漳水	56.
耿谷水	19 渭水	1.
耿鄉城	6 汾水	53.
耿鄉侯國	10 濁漳水	51.
耿谷水南山	19 渭水	18.
骨律鎮城	3 河水	53.
臭池	28 沔水	9.
臭池田	28 沔水	27.
般水	8 濟水	1.
般河	5 河水	1.
般河	10 濁漳水	1.
般城	5 河水	53.
般祠	5 河水	44.
般縣	5 河水	50.
般陽縣	8 濟水	50.
般樂故城	5 河水	53.
般陽縣故城	8 濟水	53.

地名	卷次	類別
芻溪	5 河水	佚.
茗山	37 沅水	18.
荔枝灘	33 江水	佚.
荔浦縣	38 灕水	50.
茱萸江	38 資水	1.
茱萸峽	38 資水	23.
茲谷	17 渭水	24.
茲泉	17 渭水	12.
茲氏縣	6 文水	50.
茲氏縣	6 原公水	50.
茲同縣	6 原公水	50.
茲氏侯國	6 原公水	51.
茲谷瀑布	17 渭水	5.
茲氏縣故城	6 文水	53.
茹水	37 澧水	1.
茹縣	13 㶟水	50.
茹縣故城	13 㶟水	53.
荀	4 河水	47.
荀城	6 汾水	53.
荀國	6 汾水	47.
荀公谷	15 洛水	24.
荀公澗	15 洛水	1.
荀渠山	15 洛水	18.
荀公溪口	15 洛水	3.
荀公溪水	15 洛水	1.
荀公溪南山	15 洛水	18.
草市門	32 肥水	41.
草黑谷	20 漾水	24.
荒中	3 河水	65.
荒谷	28 沔水	24.
荒谷東岸	28 沔水	17.
莯山	40 漸江水	18.
虒祁宮	6 汾水	37.
虒祁宮	6 澮水	37.

地名	卷次	類别
虒祁之宫	6 涑過水	37.
虒祁宫北汾水梁	6 汾水	29.
蚤谷水	15 伊水	1.
蚩尤泉	13 㶟水	11.
蚩尤冢	8 濟水	43.
蚩尤城	13 㶟水	53.
蚩尤祠	8 濟水	44.
蚩尤泉水	13 㶟水	1.
袁山	35 江水	18. 佚.
袁水	8 濟水	1.
袁州	39 贛水	佚.
袁公水	26 沭水	1.
袁公塢	15 洛水	63.
袁術固	15 洛水	18.
袁譚渡	10 濁漳水	30.
託台水	13 㶟水	1.
託台谷	13 㶟水	24.
託台亭	13 㶟水	57.
託里水	17 渭水	1.
託台谷水	13 㶟水	1.
豈山	14 濡水	18.
貢水	39 贛水	1.
貢縣	23 獲水	50.
軑縣	35 江水	50.
軑侯國	35 江水	51.
軑縣故城	35 江水	53.
軒谷	17 渭水	24.
軒車嶺	6 涑過水	18.
軒轅谷水	17 渭水	1.
軒轅谷南山	17 渭水	18.
軒轅避暑洞	22 潩水	佚.
辱水	3 河水	1.
迷水	36 温水	1.
迷唐	2 河水	47.
迷和城	2 河水	53.
追明寺	24 睢水	46.
追語川水	19 補涇水	1.
追明寺故宫	24 睢水	37.
送客觀	33 江水	46.
送荆陘	11 易水	31.
逃石	38 溱水	21.
逢萌墓	26 濰水	43.
逆水	2 河水	1.
	13 㶟水	
逆流水	14 濡水	1.
逆旅亭	4 河水	57.
郕	10 濁漳水	65.
	24 瓠子河	
	24 汶水	
郕縣	24 汶水	50.
郕之野	24 瓠子河	26.
郕都城	24 瓠子河	53.
郕都縣	24 瓠子河	50.
郕都侯國	24 瓠子河	51.
郕縣侯國	24 汶水	51.
郗公嶧	25 泗水	18.
郗鑒所築城	25 泗水	53.
郚城	25 泗水	53.
	26 汶水	
郚城亭	26 汶水	57.
郜城	25 泗水	53.
郜成縣	25 泗水	50.
郜成縣故城	25 泗水	53.
郎山	11 易水	18.
	11 滱水(2)	
	23 陰溝水	
	29 沔水	

地名	卷次	類别
郎丘	26 沭水	19.
郎谷	20 漾水	24.
郎阜	11 滱水	19.
郎究	36 温水	1.15.
郎湖	36 温水	6.
郎君淵	10 濁漳水	7.
郎究浦	36 温水	8.
郎山君中子觸鋒將軍廟	11 滱水	45.
郟山	15 洛水	18.
	15 澗水	
	16 穀水	
郟城	16 穀水	53.
	21 汝水	
郟鄏	16 穀水	65.
郟縣	21 汝水	50.
	22 潁水	
郟城陂	7 濟水	10.
郟鄏陌	15 洛水	31.
郟縣故城	21 汝水	53.
郢	28 沔水	65.
	31 淯水	
	34 江水	
郢州	30 淮水	48.
郢亭	34 江水	57.
郢城	28 沔水	53.
	32 夏水	
	34 江水	
郢城東門	32 夏水	41.
郚川	15 洛水	1.26.
郚城	22 渠	53.
郚月城	35 江水	53.
郚胡門	19 渭水	41.
酒池	19 渭水	9.

地名	卷次	類别
酒泉	2 河水	11.
酒泉郡	2 河水	49.佚.
	3 河水	
	40 禹貢山水澤地所在	
	40 補弱水	
酒泉縣	40 禹貢山水澤地所在	50.
酒池層臺	19 渭水	36.
釜丘	7 濟水	19.65.
釜瀨	37 夷水	15.
陘山	22 潩水	18.
陝津	4 河水	30.
陝城	4 河水	53.
陝縣	4 河水	50.
陝城懸水	4 河水	5.
陝縣故城	4 河水	53.
除水	20 漾水	1.
除泉	39 耒水	11.
除溪	20 漾水	1.
除泉水	39 耒水	1.11.
除虜縣	38 溱水	50.
馬山	24 汶水	18.
馬市	16 穀水	65.
馬邑	13 灅水	53.
馬流	36 温水	47.
馬穿	34 江水	22.
馬冢	18 渭水	18.43.
	19 渭水	
馬城	40 禹貢山水澤地所在	53.
馬陘	34 江水	31.
馬陵	26 巨洋水	43.
馬頰	5 河水	1.

地名	卷次	類别
馬嶺	33 江水	18.
馬瀨	30 淮水	15.
馬關	22 洧水	32.
馬灣	21 汝水	4.
馬子硯	29 沔水	18.
馬井城	26 淄水	53.
馬仁陂	29 比水	10.
	31 潕水	
馬目山	40 漸江水	18.
馬穴山	28 沔水	18. 22.
馬耳山	8 濟水	18.
	26 濰水	
馬池川	20 漾水	1. 26.
馬池水	20 漾水	1.
馬亨城	32 沘水	53.
馬邑川	13 㶟水	26.
馬邑縣	13 㶟水	50. 佚.
	11 補滋水	
馬昌城	8 濟水	53.
馬牧口	34 江水	3.
馬牧城	34 江水	53.
馬門原	4 河水	佚.
馬門溪	17 渭水	1.
馬香城	21 汝水	53.
馬城河	40 禹貢山水澤地所在	1.
馬城陂	21 汝水	10.
馬城縣	13 㶟水	50.
馬陘山	13 㶟水	18.
馬骨湖	28 沔水	6.
馬常坑	5 河水	6.
馬皐城	29 沔水	53.
馬陰山	3 河水	18.
馬湖江	36 若水	1.
馬湖縣	36 若水	50.
馬援墓	24 睢水	43.
馬溝水	9 淇水	1.
馬溺山	11 滱水	18.
馬溺水	11 滱水	1.
馬溺關	11 滱水	32.
馬跡山	27 沔水	18.
	30 淮水	
馬鳴泉	9 清水	11.
馬領山	22 洧水	18.
馬嶺塢	22 洧水	63.
馬鞍山	20 漾水	18.
	28 沔水	
馬鞍岡	37 泿水	18.
馬頭山	4 河水	18.
	13 㶟水	
	16 穀水	
	38 湘水	
馬頭水	14 濡水	1.
馬頭岸	35 江水	17.
馬頭治	35 江水	53.
馬頭亭	13 㶟水	57.
馬頭城	30 淮水	53.
馬頭郡	30 淮水	49.
馬頭崖	35 江水	佚.
馬頭澗	9 蕩水	1.
馬頰口	8 濟水	3.
馬嶺山	19 渭水	18.
	39 耒水	
馬嶺水	16 補洛水	佚.
馬嶺城	5 河水	53.
馬蹏谷	2 河水	24.
馬鞞城	7 濟水	53.
馬懷橋	15 伊水	29.

地名	卷次	類別	地名	卷次	類別
馬關水	22 洧水	1.	高山	35 江水	18.佚.
馬髻山	26 沭水	佚.		19 補豐水	
馬仁陂水	29 比水	1.	高水	35 江水	1.
馬仁陂田	29 比水	27.		38 湘水	
	31 潕水		高平	7 濟水	65.
馬市石橋	16 穀水	29.		27 沔水	
馬車瀆水	26 淄水	1.	高奴	19 渭水	65.
馬邑川水	13 灅水	1.	高邑	10 濁漳水	佚.
馬邑西川	13 灅水	26.	高門	4 河水	41.
馬搏頰坂	36 若水	18.		15 洛水	
馬領川水	16 補洛水	佚.		19 渭水	
馬領塢山	22 洧水	18.		25 泗水	
馬領塢泉	22 洧水	11.	高陂	22 渠	10.
馬鳴泉水	9 清水	1.		30 淮水	
馬鞍山水	20 漾水	1.	高苑	24 瓠子河	42.
馬頭郡治	30 淮水	53.	高唐	5 河水	65.
馬嶺川水	16 補洛水	佚.	高城	30 淮水	53.
馬蘭西澤	13 灅水	6.	高陵	19 渭水	43.
馬蘭溪水	13 灅水	1.	高魚	24 瓠子河	65.
馬子硯清溪	29 沔水	1.	高都	15 伊水	65.
馬耳山二石	26 濰水	21.	高鄉	24 睢水	56.
馬邑縣故城	13 灅水	53.	高臺	21 汝水	36.
馬城縣西山	13 灅水	18.	高闕	3 河水	41.
馬城縣故治	13 灅水	53.	高口戍	38 湘水	62.
馬溺關尉治	11 滱水	53.	高句麗	14 大遼水	47.
馬嶺山懸流	19 渭水	5.	高氏山	11 滱水	18.
馬蹏谷盤石	2 河水	21.	高功城	10 濁漳水	53.
馬懷橋長水	15 伊水	1.	高平山	25 泗水	18.
馬仁陂水故瀆	29 比水	1.	高平川	2 河水	26.
馬仁陂西南堨	29 比水	28.		14 大遼水	
馬氏兄弟故居	16 穀水	40.	高平水	38 資水	1.
馬頭山鍾乳穴	13 灅水	22.	高平城	7 濟水	53.
高口	35 江水	3.	高平渠	24 瓠子河	1.
	38 湘水		高平郡	8 濟水	49.

地名	卷次	類別
高平縣	25 泗水	50.
	25 洙水	
	38 資水	
高奴縣	3 河水	50.
高石水	14 濡水	1.
高安縣	32 沮水	50.
高成縣	9 淇水	50.
高沙湖	34 江水	6.
高車嶺	20 丹水	18.
高邑亭	13 灅水	57.
高岡亭	3 河水	57.
高昌壁	2 河水	65.
高昌縣	8 濟水	50.
	11 滱水	
高門水	15 洛水	1.
高門原	4 河水	佚.
高門城	15 洛水	53.
高亭山	28 沔水	18.
高柳山	13 灅水	18.
高柳縣	13 灅水	50.
高枽山	26 濰水	18.
高泉山	19 補涇水	佚.
高泉水	6 澮水	1. 11.
高苑城	24 瓠子河	53.
高要峽	37 浪水	23.
高要縣	36 温水	50.
	37 浪水	
高唐城	5 河水	53.
高唐縣	5 河水	50.
高城亭	9 淇水	57.
高城嶺	2 河水	18.
	17 渭水	
高城縣	9 淇水	50.
	37 油水	
高密郡	26 巨洋水	49.
	26 膠水	
高密國	26 濰水	49.
高密縣	26 濰水	50.
高峯水	14 沽河	1.
高峯戍	14 沽河	62.
高祖陵	13 灅水	43.
高祖廟	8 濟水	45.
	25 泗水	
高梁山	33 江水	18.
高梁水	13 灅水	1.
	14 鮑丘水	
高梁陂	8 濟水	10.
高梁城	6 汾水	53.
高陵城	9 洹水	53.
高陵縣	19 渭水	50.
高陸縣	19 渭水	50.
高魚城	24 瓠子河	53.
高都水	19 渭水	1.
高都城	15 伊水	53.
高都縣	9 沁水	50.
	15 伊水	
高陽山	33 江水	18.
高陽池	28 沔水	9.
高陽亭	7 濟水	57.
高陽原	19 渭水	26.
高陽城	19 渭水	53.
	32 漳水	
高陽官	4 河水	37.
高陽溪	33 江水	1.
高陽鄉	22 渠	56.
高陽縣	11 滱水	50.
	24 睢水	
高陽關	11 易水	32.

地名	卷次	類別
高塘陂	30 淮水	10.
高鄉亭	24 睢水	57.
高楡淵	22 渠	7.
高樓城	3 河水	53.
高黎郭	5 河水	54.
高豬嶺	20 丹水	18.
高橋溪	27 沔水	1.
高關戍	14 沽河	62.
高闕塞	3 河水	32.
高口江浦	35 江水	8.
高句麗縣	14 小遼水	50.
高平川水	2 河水	1.
	14 大遼水	
高平水口	38 資水	3.
高平侯國	25 泗水	51.
高江産城	29 沔水	53.
高昌侯國	8 濟水	51.
高昌縣城	11 滱水	53.
高門木城	15 洛水	53.
高柳侯國	13 灅水	51.
高唐之郭	5 河水	54.
高峯戍山	14 沽河	18.
高望谷水	20 漾水	1.
高密侯國	26 濰水	51.
高密南都	26 濰水	52.
高梁之墟	6 汾水	61.
高梁侯國	6 汾水	51.
高梁故城	6 汾水	53.
高陵縣井	19 渭水	13.
高陽侯國	24 睢水	51.
高陽故亭	24 睢水	57.
高陽僑郡	26 淄水	49.
高橋溪口	27 沔水	3.
高闕連山	3 河水	18.

地名	卷次	類別
高句麗之國	14 浿水	47.
高句麗國治	14 浿水	52.
高平第一城	2 河水	53.
高平縣故城	2 河水	53.
	25 泗水	
高平縣衆山	25 泗水	18.
高昌縣故城	8 濟水	53.
高門水北山	15 洛水	18.
高柳縣故城	13 灅水	53.
高唐縣故城	5 河水	53.
高城縣故城	9 淇水	53.
高密南都田	26 濰水	27.
高密南都塘	26 濰水	28.
高密縣故城	26 濰水	53.
高陵縣故城	19 渭水	53.
高都城曲水	15 伊水	4.
高都縣故城	9 沁水	53.
高奴縣石漆礦	3 河水	33.
高平縣西南山	2 河水	18.
高門原南層阜	4 河水	佚.
高望谷水飛波	20 漾水	5.
高平川水枝水次水	2 河水(4)	1.
高平川水枝水東水	2 河水	1.
高都縣故城東北阜	9 沁水	19.
高平川水土樓故城門北枝水	2 河水	1.
鬲氏	26 巨洋水	65.
鬲河	10 濁漳水	1.
鬲津	5 河水	1.30.
鬲城	5 河水	53.
鬲縣	5 河水	50.

地名	卷次	類別
	26 巨洋水	
鬲城橋	9 淇水	29.
鬼方	22 洧水	65.
鬼塔	36 温水	39.
鬼方氏	22 洧水	47.
致城	6 汾水	53.
致城縣	6 汾水	50.
致密城	24 汶水	53.

十一劃：乾、偃、偏、偪、偶、勒、區、參、商、問、啓、圉、國、域、埤、堂、堊、婁、宿、密、將、專、尉、崇、䆄、崛、崍、崑、崔、崖、崛、崞、崢、崤、崦、崧、崓、崟、巢、常、康、庸、庲、庣、張、強、彫、得、徘、從、御、悼、惇、戚、扈、捨、掖、掘、採、推、教、敖、敗、斛、斜、旋、晝、曹、朗、望、梁、梅、梓、梗、條、梧、梯、梵、梨、欵、殺、涪、涷、涼、涿、淄、淆、淇、淋、淑、淠、淡、淥、淦、淨、淩、淪、淫、淬、淮、淯、深、淳、淵、淶、清、淹、淺、淠、渏、烽、焉、爽、牽、猗、猛、琅、瓠、畢、略、畦、祭、皋、眴、衆、研、祥、移、竟、章、笛、笠、笥、符、笮、粒、粦、紫、累、細、紵、紺、終、絃、紻、習、聊、脩、舂、船、荻、荼、莎、莒、莘、莞、莠、莨、莫、莋、蛇、袈、被、許、豚、貪、貫、逋、逍、通、逡、逢、連、逎、鄀、郪、郭、郯、郴、野、釣、陪、陰、陳、陵、陶、陸、陭、雀、雩、頃、魚、鳥、鹿、麥、麻

地名	卷次	類別
乾河	6 澮水	1.
乾侯	9 洹水	65.
乾澗	4 河水	1.
乾光門	16 穀水	41.
乾河里	4 河水	58.
乾祭門	16 穀水	41.
乾溪水	14 沽河	1.
乾棗澗水	4 河水	1.
偃城	20 漾水	53.
偃月壘	35 江水	32.
偃師城	15 洛水.	53.
	16 穀水	
	23 汳水	
偃師縣	15 洛水.	50.
	16 穀水	
	23 汳水	
偃溪水	20 漾水	1.
偃鄉澗水	4 河水	1.
偏橋	2 河水	29.
	10 濁漳水	
偏橋峽	2 河水	23.
偪陽國	26 沭水	49.
偪陽縣	26 沭水	50.

地名	卷次	類别
偪陽侯國	26 沭水	51.
偶亭	39 贛水	50. 57.
勒且溪水	2 河水	1.
區水	3 河水	1.
區粟城	36 温水	53.
區落水	14 鮑丘水	1.
區粟故城	36 温水	53.
區粟城南高山	36 温水	18.
參山	3 河水	18.
參合	3 河水	65.
參户亭	10 濁漳水	57.
參户縣	10 濁漳水	50.
參合口	3 河水	3.
參合陘	3 河水	31.
參合鄉	13 㶟水	56.
參合縣	3 河水	50.
	13 㶟水	
參辰口	22 洧水	3. 30.
參街谷	2 河水	24.
參合縣故城	13 㶟水	53.
商	5 河水.	1. 65.
	10 濁漳水	
	20 丹水	
商丘	6 涑水	19. 65
	24 瓠子河	
商於	5 河水	65.
商原	16 補洛水	佚.
商縣	20 丹水	50.
商均墓	38 湘水	43.
商河南水	5 河水	1.
商河馬嶺城河曲	5 河水	4.
商河張公城伏流	5 河水	2.

地名	卷次	類别
問亭	9 淇水	57.
啓陽城	25 沂水	53.
啓筮亭	22 潁水	57.
圉縣	22 渠	50.
圉縣故城	22 渠	53.
國子堂	16 穀水	40.
域谷水	3 河水	1.
域谷水荒原	3 河水	26.
埤中	40 漸江水	65.
堂水	10 濁漳水	1.
堂丘	25 沂水	19.
堂池	5 河水	9.
堂城	23 汳水	53.
堂阜水	25 沂水	1.
堂琅縣	36 若水	50.
堂陽縣	10 濁漳水	50.
堂陽縣故城	10 濁漳水	53.
堂琅縣西北山道	36 若水	31.
堊水	11 易水	1.
	19 渭水	
堊谷	20 漾水	24.
堊泉	22 渠	11.
堊峽	17 渭水	23.
堊洞口	10 濁漳水	3.
堊渠水	17 渭水	1.
堊陽水	20 漾水	1.
堊溝水	22 渠	1.
堊渠水南山	17 渭水	18.
婁	26 濰水	65.
婁山	5 河水	18.
婁水	37 澧水	1.
婁江	29 沔水	1.
婁城	12 聖水	53.

地名	卷次	類別
婁鄉	26 濰水	56.
婁中縣	37 澧水	50.
婁城水	12 聖水	1.
婁涿山	16 穀水	18.
婁鄉城	26 濰水	53.
宿胥口	5 河水	3.
宿留水	26 淄水	1.
宿留縣	25 泗水	50.
宿御水	19 補豐水	佚.
宿須水	7 濟水	1.
宿預城	25 泗水	53.
宿預縣	26 沭水	50.
宿胥之口	9 淇水	3.
宿胥水口	7 濟水	3.
宿胥故瀆	9 淇水	1.
宿留縣邸閣	25 泗水	35. 38.
密	25 沂水	65.
密山	15 洛水	18.
密水	25 濰水	1.
密阜	26 濰水	19.
密畤	18 渭水	46.
密鄉	26 濰水	56.
密縣	22 洧水	50.
密陽鄉	20 丹水	56.
密雲戍	14 鮑丘水	62.
密鄉亭	26 濰水	57.
密之梅山	22 渠	18.
密縣故城	14 鮑丘水 22 洧水	53.
密縣東城門	22 渠	41.
將陂	31 溳水	10.
將城	13 濕水	53.
將梁	11 滱水	29.
將渠	5 河水 24 瓠子河	1.
將孤山	21 汝水	18.
將龜溪	33 江水	1.
將渠故瀆	24 瓠子河	1.
將龜溪口	33 江水	3.
専池水	10 濁漳水	1.
尉氏縣	22 渠	50.
尉佗墓	37 浪水	43.
尉李城	16 補洛水	佚.
尉犂城	2 河水	53.
尉犂國	2 河水	47.
尉氏小城	22 渠	53.
尉犂國治	3 河水	52.
尉氏縣故城	22 渠	53.
崇山	24 瓠子河	18.
崇仁鄉	24 瓠子河	56.
崇天堂	16 穀水	40.
崇陽亭	24 汶水	57.
崇德殿	16 穀水	37.
崇岳之山	2 河水	18.
崇侯虎廟	25 泗水	45.
崈高縣	22 潁水	50.
崌山	33 江水	18.
崌谷水	4 河水	1.
崌谷側溪	4 河水	1.
崍山	33 江水	18.
崑山	1 河水. 40 禹貢山水澤地所在	18.
崑崙	2 河水. 5 河水 36 温水	18. 47. 佚.
崑承湖	35 江水	佚.
崑崙山	1 河水.	18.

地名	卷次	類別
	20 漾水	
	36 若水	
崑崙丘	1 河水	18. 19.
崑崙邱	4 河水	19.
崑崙宮	1 河水	18. 37.
崑崙祠	15 伊水	44.
崑山伏流	1 河水	2.
崑崙山廟	5 河水	45.
崑崙之山	1 河水	18.
崑崙之墟	1 河水	18. 61.
崑崙虛下池	1 河水	9.
崑崙墟九井	1 河水	13.
崑崙四百四十門	1 河水	41.
崔	5 河水	65.
崔氏城	5 河水	53.
崔州平故宅	28 沔水	40.
崖口	15 伊水	3.
崖水	4 河水	1.
崖峽	4 河水	23.
崖上塢	15 伊水	63.
崖口峽	15 伊水	23.
崖水南山	4 河水	18.
崛溝	11 滱水	1.
崞口	13 㶟水	3.
崞山	13 㶟水	18.
崞川	13 㶟水	26.
崞縣	13 㶟水	50.
崞川水	13 㶟水	1.
崞張縣	13 㶟水	50.
崞縣故城	13 㶟水	53.
崢嶸洲	35 江水	16.
崤水	4 河水	1.
崤澠	15 伊水	18.

地名	卷次	類別
崤嶺	27 沔水	18.
崦嵫之山	40 禹貢山水澤地所在	18.
崧	27 沔水	18.
崧高	40 禹貢山水澤地所在	18.
崧陽城	22 潁水	53.
崱山	26 巨洋水	18.
崟原丘	5 河水	19.
巢	5 河水	47.
巢山	6 汾水	18.
巢亭	25 泗水	57.
巢國	29 沔水	47.
巢湖	29 沔水	6.
	32 施水	
巢澤	29 沔水	6.
巢山水	6 汾水	1.
巢父廟	24 汶水	45.
巢山東谷	6 汾水	24.
巢頭衿瀧	38 溱水	5.
常山	26 濰水	18.
常鄉	24 瓠子河	56.
常山亭	11 滱水	50. 57.
常山城	11 補滱沱水	佚.
常山郡	6 汾水.	49. 佚.
	7 濟水	
	10 濁漳水.	
	11 滱水	
常氏堤	33 江水	28.
常安城	19 渭水	53.
常道城	12 聖水	53.
	12 巨馬水	
常鄉縣	24 瓠子河	50.
常丞之山	4 河水	18.

地名	卷次	類別
從化縣	36 温水	50.
從德縣	25 泗水	50.
從極之淵	1 河水	7.
御街	16 穀水	31.
御溝	19 渭水	1.
御射臺	13 灅水	36.
御射碑石柱	11 滱水	21.
悼園	19 渭水	42.
惇物山	40 禹貢山水澤地所在	18.
戚	5 河水	65.
戚亭	5 河水	57.
戚城	5 河水	53.
戚侯國	5 河水	51.
戚南河	5 河水	1.
戚南河北岸	5 河水	17.
戚南河南岸	5 河水	17.
扈	5 河水	65.
扈水	19 渭水	佚.
扈亭	5 河水	57.
扈亭水	7 濟水	1.
扈陽池	19 渭水	佚.
扈澗水	21 汝水	1.
捨車宫	16 沮水	37.
掖門	16 穀水	41.
掘鯉淀	11 補滱沱水	佚.
採桑	4 河水	65.
採桑津	4 河水	1. 30.
推武縣	3 河水	50.
教山	4 河水	18.
教水	4 河水 6 澮水	1.
教水枝川	6 澮水	1.

地名	卷次	類別
教水西馬頭山伏流	4 河水	2.
教水鼓鍾下峽伏流	4 河水	2.
敖	7 濟水	65.
敖口	28 沔水	3.
敖山	7 濟水	18.
敖水	28 沔水	1.
敖前	7 濟水	65.
敖城	7 濟水	53.
敖頭	27 沔水	65.
敖倉城	7 濟水	35. 53.
敖頭山	27 沔水	18.
敖水枝水	28 沔水	佚.
敖水枝津	28 沔水	1.
敖城石門	7 濟水	41.
敖頭倉儲	27 沔水	35.
敖頭旁山通道	27 沔水	31.
敗舶灣	35 江水	
斛鹽城	14 鮑丘水	53.
斜川	36 桓水	1. 26.
斜水	17 渭水 18 渭水	1.
斜谷	17 渭水	24.
斜亭	23 汳水	57.
斜城	23 汳水	53.
旋門	5 河水	41.
旋泉	38 湘水	11.
旋門坂	5 河水	18.
旋門關	15 洛水	32.
旋溪水	29 沔水	1.
旋鴻池	13 灅水	9.
旋鴻縣	13 灅水	50.
旋鴻池水	13 灅水	1.

地名	卷次	類別
旋鴻縣東山	13 㶟水	18.
晝門	25 泗水	41.
曹	5 河水	47.
	8 濟水	
	24 睢水	
	24 瓠子河	
	26 汶水	
	30 淮水	
曹水	4 河水	1.
	11 滱水	
曹奴	20 漾水	47.
曹邑	8 濟水	53.
曹國	7 濟水	47.
曹公壘	4 河水	32.
	22 渠	
曹河澤	11 滱水	6.
曹胤冢	23 陰溝水	43.
曹娥江	40 漸江水	佚.
曹陽坑	4 河水	6.
曹陽亭	4 河水	57.
曹嵩冢	23 陰溝水	43.
曹嵩廟	23 陰溝水	45.
曹熾冢	23 陰溝水	43.
曹公壘道	4 河水	31.
曹太祖壘	22 渠	32.
曹水南山	4 河水	18.
曹娥江濱	40 漸江水	佚.
曹爽故宅	16 穀水	40.
曹陽之墟	4 河水	61.
曹騰兄冢	23 陰溝水	43.
曹公壘東原	4 河水	26.
曹太祖舊宅	23 陰溝水	40.
朗公谷	8 濟水	24.
朗陵公	21 汝水	18.

地名	卷次	類別
朗陵縣	21 汝水	50.
朗陵侯國	21 汝水	51.
朗陵縣故城	21 汝水	53.
望曲	2 河水	65.
望堂	34 江水	40.
望都	36 温水	65.
望川原	33 江水	26.
望夫山	10 濁漳水	18.
	35 江水	
望屯浦	38 湘水	8.
望仙宮	19 渭水	37.
望平縣	14 大遼水	50.
望先寺	16 穀水	46.
望夷官	19 補涇水	37.
望州山	37 夷水	18.
望松水	17 渭水	1.
望海臺	26 巨洋水	36.
望海縣	37 葉榆河	50.
望都城	11 滱水	53.
望都縣	11 滱水	50.
望楚山	28 沔水	18. 佚.
望蔡縣	39 贛水	50.
望夫山石人	10 濁漳水	21.
望州山故城	37 夷水	53.
望都縣故城	11 滱水	53.
梁	6 汾水	47. 佚.
	6 洞過水	
	7 濟水	
	8 濟水	
	21 汝水	
	22 渠	
	16 補洛水	
梁山	4 河水	18.
	8 濟水	

地名	卷次	類別
	13 灅水	
	14 鮑丘水	
	16 漆水	
	18 渭水	
	21 汝水	
梁水	3 河水	1.
	10 濁漳水	
	14 小遼水	
	36 温水	
梁丘	8 濟水	19. 65.
梁州	27 沔水	48.
	28 沔水	
	33 江水	
	36 桓水	
梁谷	3 河水	24.
梁河	14 鮑丘水	1.
梁門	10 濁漳水	41.
	16 穀水	
梁泉	2 河水	11.
梁原	4 河水	26.
梁城	21 汝水	53.
	30 淮水	
梁郡	39 贛水	49.
梁國	8 濟水	49
	23 陰溝水	
	23 汳水	
	23 獲水	
	24 睢水	
	25 泗水	
	30 淮水	
梁溝	22 渠	1.
	23 陰溝水	
梁臺	22 渠	36.
梁赫	22 渠	65.

地名	卷次	類別
梁縣	15 伊水	50.
	21 汝水	
梁山原	4 河水	26.
梁山宫	18 渭水	37.
梁水郡	36 温水	49.
	37 葉榆河	
梁水縣	36 温水	50.
梁父山	24 汶水	18.
梁父縣	36 温水	50.
梁丘城	8 濟水	53.
梁丘鄉	8 濟水	56.
梁州治	27 沔水	53.
梁甫縣	24 汶水	50.
梁門陂	11 易水	10.
梁門淀	11 易水	6.
梁侯城	9 淇水	53.
梁期城	10 濁漳水	53.
梁榆水	10 清漳水	1.
梁榆城	10 清漳水	53.
梁鄒城	24 瓠子河	53.
梁鄒縣	8 濟水	50.
	24 瓠子河	
梁瞿鄉	21 汝水	56.
梁嚴冢	19 渭水	43.
梁大夫池	31 湞水	9.
梁王竹園	24 睢水	42.
梁州大路	28 沔水	31.
梁孝王祠	23 獲水	44.
梁孝王墓	23 獲水	43.
梁邱谷水	19 補涇水	佚.
梁國池沼	22 渠	9.
梁渠之山	13 灅水	18.
梁榆水口	10 濁漳水	3.
梁榆北水	10 清漳水	1.

地名	卷次	類別
梁榆侯國	10 清漳水	51.
梁榆南水	10 清漳水	1.
梁榆虛郭	10 清漳水	54.
梁鄒侯國	8 濟水	51.
梁縣故城	21 汝水	53.
梁父縣故城	24 汶水	53.
梁州督護治	27 沔水	53.
梁鄒縣故城	8 濟水	53.
梁渠之山玉礦	13 灅水	33.
梁渠之山金礦	13 灅水	33.
梅山	22 渠	18.
梅溪	31 淯水	1.
梅溪水	31 淯水	1.
梅山北溪	22 渠	1.
梓嶺	3 河水	18.
梓澤	15 瀍水	6.
梓潼郡	20 漾水	49.
	32 梓水	
	36 桓水	
梓潼縣	32 梓水	50.
	33 江水	
梓潼漢壽大穴	20 漾水	22.
梗陽邑	6 汾水	53.
梗陽鄉	6 汾水	56.
梗陽縣	6 汾水	50.
梗陽縣故城	6 汾水	53.
條支	2 河水	47.
條王彌浮圖	1 河水	39.
梧宮	26 淄水	37.
梧中聚	17 渭水	59.
梧桐山	24 睢水	18.
梧桐谷	7 濟水	24.
梧臺里	26 淄水	58.
梧宮之臺	26 淄水	36.

地名	卷次	類別
梧桐陂水	23 獲水	1.
	24 睢水	
梧桐澗水	7 濟水	1.
梯山	10 濁漳水	佚.
梵天來詣佛處塔	1 河水	39.
梨丘	28 沔水	19.
梨軒	1 河水	47.
	2 河水	
梨鄉	33 江水	56.
梨車阿難舍利塔	1 河水	39.
欹水	15 洛水	1.
殺水	31 溳水	1.
涪水	20 漾水	1.
	32 涪水	
	32 梓潼水	
	33 江水	
涪城	32 涪水	53.
	32 梓潼水	
	33 江水	
涪縣	18 渭水	50.
	32 涪水	
涪內水	20 漾水	1.
	33 江水	
涪江水	32 涪水	佚.
涪陵水	33 江水	1.
	36 延江水	
涪陵郡	36 桓水	49.
	36 延江水	
涪陵縣	33 江水	50.
	36 延江水	
涪內水口	33 江水	3.
涪水枝津	32 涪水	1.

地名	卷次	類別
涪縣金銀	32 涪水	33.
涑水	10 濁漳水	1.
涼州	2 河水	48.
	17 渭水	
	24 睢水	
	32 決水	
	40 禹貢山水澤地所在	
涼風	1 河水	18.
涼城	3 河水	53.
	5 河水	
	13 㶟水	
涼川城	13 㶟水	53.
涼州城	40 禹貢山水澤地所在	53.
涼城泉	3 河水	11.
涼城郡	3 河水	49.
	13 㶟水	
涼城縣	5 河水	50.
涼馬臺	24 睢水	36.
涼熱山	38 溱水	18.
涼州中城	40 禹貢山水澤地所在	53.
涼州北城	40 禹貢山水澤地所在	53.
涼州東城	40 禹貢山水澤地所在	53.
涼州舊城	40 禹貢山水澤地所在	53.
涼州郡治	3 河水	53.
涼城縣治	5 河水	53.
涼風之山	1 河水	18.
涼城西小阜	3 河水	19.

地名	卷次	類別
涼州城西雙闕	40 禹貢山水澤地所在	41.
涿水	12 聖水	1.
	13 㶟水	
涿郡	11 易水	49.
	12 聖水	
	12 巨馬水	
	13 㶟水	
	23 陰溝水	
	24 睢水	
涿鹿	24 睢水	65.
涿縣	12 聖水	50.
涿水郡	12 聖水	49.
涿邪水	13 㶟水	1.
涿侯國	24 睢水	51.
涿耶水	12 聖水	1.
涿鹿山	13 㶟水	18.
涿鹿城	13 㶟水	53.
涿鹿縣	12 聖水	50.
	13 㶟水	
涿鹿之阿	13 㶟水	17.
涿鹿之野	8 濟水	26.
	13 㶟水	
涿縣故城	12 聖水	53.
	12 巨馬水	
涿鹿縣故城	13 㶟水	53.
淄	26 濰水	1.
淄水	24 汝水	1.
	26 淄水	
淄河鋪	26 淄水	佚.
淄澠之水	26 淄水	1.
淆澠之池	16 穀水	9.
淇	14 沽河	1.
淇川	9 淇水	26.

地名	卷次	類别
淇水	5 河水	1.
	9 清水	
	9 淇水	
	10 濁漳水	
	28 沔水	
淇河	9 淇水	1.
淇園	9 淇水	42.
淇水口	5 河水	3.
	9 淇水	
淇河口	9 清水	3.
淇陽川	9 淇水	1.26.
淇陽城	9 淇水	53.
淋陂	22 洧水	10.
淋陂北阜	22 洧水	19.
淑武縣	14 濡水	50.
淠	32 泄水	1.
淠山	32 沘水	18.
淠水	30 淮水	1.
	32 沘水	
淡淵	14 小遼水	7.
淥	39 瀧水	1.
淥水	39 深水	1.
淦水	39 贛水	1.
淨灘	28 沔水	15.
淨王宫	1 河水	37.
淨淨溝水	23 獲水	1.
淩口	30 淮水	3.
淩水	30 淮水	1.
淩縣	30 淮水	50.
淩縣故城	30 淮水	53.
淪口	35 江水	3.
淪水	31 溳水	1.
	35 江水	
淪口東諸陂湖	35 江水	6.

地名	卷次	類别
淫預石	33 江水	15.21.
淬空水	18 渭水	1.
淮	1 河水	1.
	5 河水	
	7 濟水	
	8 濟水	
	16 穀水	
	19 渭水	
	21 汝水	
	22 潁水	
	22 渠	
	23 陰溝水	
	24 瓠子河	
	25 泗水	
	28 沔水	
	29 比水	
	30 淮水	
	32 肥水	
淮水	29 沔水	1.
	30 淮水	
	32 決水	
淮州	30 淮水	48.
淮曲	30 淮水	4.
淮肥	19 渭水	65.
淮津	32 決水	1.
淮浦	5 河水	8.
淮崖	30 淮水	17.20.
淮湖	30 淮水	6.
淮平郡	8 濟水	49.
淮東岸	30 淮水	17.
淮南郡	30 淮水	49.佚.
	32 沘水	
	35 江水	
淮浦縣	30 淮水	50.

地名	卷次	類别
淮陰亭	30 淮水	57.
淮陰城	30 淮水	53.
淮陰縣	30 淮水	50.
淮陽成	30 淮水	62.
淮陽城	22 渠	53.
	25 泗水	
	30 淮水	
淮陽城	8 濟水	49.
	22 渠	
	26 沭水	
	30 淮水	
淮陽國	22 渠	49.
	23 陰溝水	
淮陽縣	30 淮水	50.
淮敬縣	30 淮水	50.
淮源廟	30 淮水	45.
淮睦縣	40 漸江水	50.
淮川别流	21 汝水	1.
淮水右岸	30 淮水	17.
淮水枝水	30 淮水	1.
淮水高橋	36 温水	29.
淮北之田	30 淮水	27.
淮陵侯國	30 淮水	51.
淮陽郡治	30 淮水	53.
淮浦縣故城	30 淮水	53.
淮陰縣故城	30 淮水	53.
淮水大復口伏流	30 淮水	2.
淯	28 沔水	1.
	31 淯水	
淯水	29 均水	1.
	29 比水	
	31 淯水	
	40 禹貢山水澤地所在	
淯陽郡	31 淯水	49.
淯陽縣	31 淯水	50.
	40 禹貢山水澤地所在	
淯水三梁	31 淯水	29.
淯水之濱	40 禹貢山水澤地所在	17.
淯水北溢	31 淯水	17.
	40 禹貢山水澤地所在	
淯水枝津	31 淯水	1.
淯水南溢	31 淯水	17.
	40 禹貢山水澤地所在	
淯陽侯國	31 淯水	51.
淯陽縣故城	31 淯水	53.
深水	39 深水	1.
深丘	30 淮水	19.
深坑	8 濟水	6.
深澤縣	11 易水	50.
深澤侯國	11 易水	51.
淳湖	6 洞過水	6.
淳于國	26 汶水	49.
淳于縣	26 汶水	50.
	26 濰水	
淳于縣故城	26 汶水	53.
淵水	16 穀水	1.
	22 渠	
淵洲	35 江水	16.
淵步洲	35 江水	16.
淶	11 易水	1.
	14 沽河	

地名	卷次	類別	地名	卷次	類別
淶山	12 巨馬水	18.	清河	5 河水	1. 佚.
淶水	12 聖水	1.		8 濟水	
	12 巨馬水			9 淇水	
淶谷	12 巨馬水	24.		14 沽河	
淶水故瀆	12 巨馬水	1.	清亭	8 濟水	57.
淶水遒縣伏流	12 巨馬水	2.	清原	6 汾水	26.
清	8 濟水	65.	清陘	14 濡水	31.
清口	8 濟水	3.	清淵	9 淇水	7.
	9 清水		清發	31 溳水	65.
清山	26 沭水	18.	清溝	22 渠	1.
清川	9 清水	1.	清溪	17 渭水	1.
清水	3 河水	1.	清漳	5 河水	1.
	4 河水			9 淇水	
	5 河水(3)			10 清漳水	
	8 濟水		清濟	8 濟水	1.
	9 清水		清檢	27 沔水	1.
	10 濁漳水		清人城	22 渠	53.
	14 濡水		清口水	22 渠	1.
	16 沮水		清口澤	22 渠	6.
	17 渭水		清女冢	15 洛水	43.
	19 渭水		清川水	2 河水	1.
	20 漾水(2)		清人口	17 渭水	3.
	22 渠			19 渭水	
	23 獲水			30 淮水	
	25 泗水			33 江水	
	30 淮水			38 湘水	
	31 溳水		清水川	2 河水	26.
	33 江水		清水穴	33 江水	22.
	35 江水		清水泊	26 淄水	佚.
	38 湘水		清水城	17 渭水	53.
清丘	24 瓠子河	19.65.	清水縣	17 渭水	50.
清江	34 江水	1.	清夷水	13 㶟水	1.
	37 夷水		清池山	15 洛水	18.
清谷	10 濁漳水	24.		20 丹水	

地名	卷次	類別
清池水	20 丹水	1.
	22 渠	
清池谷	17 渭水	24.
清池縣	10 濁漳水	佚.
清谷口	10 濁漳水	3.
清谷水	10 濁漳水	1. 佚.
清明門	16 穀水	41.
	19 渭水	
清河城	5 河水	53.
清河郡	5 河水	49.
	9 淇水	
清治縣	5 河水	50.
清泠臺	19 渭水	36.
	24 睢水	
清侯國	5 河水	51.
清泉河	13 灅水	1. 11.
清原城	6 汾水	53.
清崖峽	26 漾水	23.
清梁陂	11 滱水	10.
清梁亭	11 滱水	57.
清涼城	11 滱水	53.
清淵水	9 沁水	1.
清淵城	9 淇水	53.
清淵縣	9 淇水	50.
清淀水	12 聖水	1.
清野山	6 涑水	18.
清廉山	4 河水	18.
清廉城	4 河水	53.
清發水	31 溳水	佚.
清陽口	35 江水	3.
清陽亭	22 渠	57.
	23 陰溝水	
清陽縣	5 河水	50.
	9 淇水	

地名	卷次	類別
清暑臺	28 沔水	36.
清溝口	22 渠	3.
清溪口	29 沔水	3.
清溪城	9 沔水	53.
清漳水	10 濁漳水	1.
清節里	26 淄水	58.
清賓溪	17 渭水	1.
清澗水	40 禹貢山水澤地所在	1.
清縣亭	6 汾水	57.
清營山	4 河水	18.
清襄山	6 涑水	18.
清水石梁	9 清水	29.
清水枝津	22 渠	1.
清夷水口	13 灅水	3.
清谷水口	10 清漳水	3.
清河王國	9 淇水	49.
清河侯國	5 河水	49.
清河故城	5 河水	53.
清河故瀆	9 清水	1.
清河郡治	9 淇水	53.
清涼侯國	11 滱水	51.
清廉山峽	4 河水	23.
清陽侯國	9 淇水	51.
清溪水口	39 耒水	3.
清漳故瀆	10 濁漳水	1.
清水縣故城	17 渭水	53.
清河縣故城	5 河水	53.
清淵縣故城	9 淇水	53.
清陽口江浦	35 江水	8.
清陽縣故城	5 河水	53.
	9 淇水	
清廉山峽左城	4 河水	53.

地名	卷次	類别
清營山峽左古關防	4 河水	32.
淹水	36 若水	1.
	37 淹水	
	37 葉榆河	
淺水原	19 補涇水	佚.
淺石川	16 補洛水	佚.
淠水	35 江水	1.
淠陂	24 睢水	10.
渏水	26 巨洋水	1.
渏薄澗	26 巨洋水	1.
烽火	36 温水	18.
烽村	32 肥水	60.
烽水瀆	32 肥水	1.
烽火洲	35 江水	16.
焉下	36 温水	65.
焉耆國	2 河水	47.
焉耆之野	2 河水	26.
焉耆近海	2 河水	14.
焉耆國治	2 河水	52.
焉耆國城	2 河水	52.
焉耆東北大山	2 河水	18.
爽水	16 穀水	1.
牽	9 淇水	65.
牽山	29 沔水	18.
牽水	39 贛水	1.
牽城	9 淇水	53.
牽牛墟	22 潁水	61.
牽條山	2 河水	18.
牽山之溝	29 沔水	1.
猗氏	6 涑水	65.
猗氏縣	6 涑水	50.
猗氏鹽池	6 涑水	9.33.
猗頓故居	6 涑水	40.

地名	卷次	類别
猗氏縣故城	6 涑水	53.
猛山	21 汝水	18.
猛陵縣	36 温水	50.
	37 泿水	
猛陸縣	37 泿水	50.
琅邪山	26 濰水	18.
琅邪郡	9 清水	49.
	23 獲水	
	25 沂水	
	26 汶水	
	26 濰水	
	26 膠水	
	29 沔水	
	30 淮水	
	40 漸江水	
琅邪國	26 沭水	49.
琅邪渚	5 河水	9.16.
琅邪臺	26 濰水	36.
琅琊郡	16 穀水	49.
琅槐鄉	8 濟水	56.
琅槐縣	8 濟水	50.
	26 淄水	
琅邪王國	26 濰水	49.
琅邪巨海	26 汶水	14.
琅邪郡治	25 沂水	53.
琅邪郡城	26 濰水	53.
琅槐故城	26 淄水	53.
琅邪山神廟	26 濰水	45.
琅槐縣故城	8 濟水	53.
琅邪王所修城	23 獲水	53.
瓠子	24 瓠子河	1.
瓠山	24 汶水	18.
瓠中	16 沮水	6.65.
瓠河	24 瓠子河	1.

地名	卷次	類別
瓠瀆	24 瓠子河	1.
瓠子口	24 瓠子河	3.
瓠子河	5 河水	1.
瓠子堰	24 瓠子河	28.
瓠河口	5 河水	3.
	24 瓠子河	
瓠溝水	14 濡水	1.
瓠子之水	24 瓠子河	1.
瓠子故瀆	24 瓠子河	1.
瓠山立石	24 汶水	21.
瓠河故瀆	24 瓠子河	1.
瓠盧溝水	25 泗水	1.
畢門	16 穀水	41.
畢發水	10 濁漳水	佚.
略塘	38 湘水	28.
略陽川	17 渭水	26.
略陽城	17 渭水	53.
略陽道	17 渭水	50.
略陽川水	17 渭水	1.
略陽道故城	17 渭水	53.
畦畤	18 渭水	46.
祭陌	10 濁漳水	31.
祭城	8 濟水	53.
祭隅城	11 溵水	53.
皐山	21 汝水	18.
皐水	21 汝水	1.
皐門	16 穀水	41.
皐鼬	22 潁水	65.
皐口山	38 溱水	18.
皐門橋	16 穀水	29.
皐城亭	22 潁水	57.
皐陶冢	32 沘水	43.
皐陶國	32 沘水	47.
皐落氏	4 河水	47.

地名	卷次	類別
皐落城	4 河水	53.
皐蘭山	2 河水	18.
皐蘭山水	2 河水	1.
眴卷縣	2 河水	50.
眴卷縣故城	2 河水	53.
眔風之門	4 河水	41.
研川	2 河水	26.
研川水	2 河水	1.
祥川	27 沔水	1. 26.
祥善縣	26 灅水	50.
祥檻谷	2 河水	24.
移山	37 沅水	18.
移溪	37 浪水	1.
移風縣	12 聖水	50.
竟安縣	13 灢水	50.
竟陵郡	28 沔水	49.
	31 溳水	
竟陵縣	28 沔水	50.
	32 夏水	
	40 禹貢山水澤地所在	
竟陵大城	28 沔水	53.
竟陵侯國	28 沔水	51.
竟陵郡治	28 沔水	53.
章	24 汶水	47. 65.
	29 比水	
章山	21 汝水	18.
	28 沔水	
	40 禹貢山水澤地所在	
章水	22 渠	1.
	23 陰溝水	
	31 溳水	
	39 贛水	

地名	卷次	類别
紫谷水	6 澮水	1.
紫宫寺	13 㶟水	46.
紫蓋峯	38 湘水	18.
紫山湯谷	31 淯水	24.
紫石溪口	12 巨馬水	3.
紫光溝水	22 渠	1.
紫陌浮橋	10 濁漳水	29.
紫溪磐石	40 漸江水	21.
累石山	39 瀖水	18.
累頭山	13 㶟水	18.
累頭山泉	13 㶟水	11.
細水	22 潁水	1.
	22 渠	
細陂	22 潁水	10.
細川水	19 補涇水	佚.
細谷水	2 河水	1.
細侯水	3 河水	1.
細野谷	17 渭水	24.
細野峽	17 渭水	23.
細越川	2 河水	1.26.56.
細陽縣	22 潁水	50.
細柳諸原	19 補豐水	26.
細陽侯國	22 潁水	51.
細越西北山	2 河水	18.
細陽縣故城	22 潁水	53.
紵姑邑	9 淇水	53.
紵麻澗	16 穀水	1.
紺峻山	40 補弱水	佚.
終南	18 渭水	18.
終仁故居	12 聖水	40.
絃歌之山	19 補豐水	佚.
紩城	14 鮑丘水	53.
習郁宅	28 沔水	40.
習郁墓	28 沔水	43.

地名	卷次	類别
習陽城	22 潁水	53.
	22 洧水	
習溪水	17 渭水	1.
習郁魚池	28 沔水	9.
習郁小魚池	28 沔水	9.
習郁魚池釣臺	28 沔水	36.
習郁魚池石洑逗	28 沔水	2.28.
習郁魚池西大道	28 沔水	31.
聊城	5 河水	53.
聊攝	5 河水	65.
聊屈山	28 沔水	18.
聊城縣	5 河水	50.
聊城内金城	5 河水	53.
聊城縣故城	5 河水	53.
聊城南門馳道	5 河水	31.
聊城縣故城南門	5 河水	41.
聊城縣故城東門層臺	5 河水	36.
脩水	6 汾水	1.
	13 㶟水	
脩武	9 清水	65.
脩澤	7 濟水	6.
脩縣	5 河水	50.
	9 淇水	
	10 濁漳水	
脩仁水	38 溱水	佚.
脩市城	10 濁漳水	53.
脩市縣	10 濁漳水	50.
脩武鄉	9 清水	56.
脩武縣	5 河水	50.
	9 清水	

地名	卷次	類別
脩治縣	5 河水	50.
	9 淇水	
脩侯國	9 淇水	51.
脩城道	20 漾水	50.
脩陽縣	20 丹水	50.
	29 均水	
脩遠亭	2 河水	50. 57.
脩遠縣	2 河水	50.
脩曉縣	39 贛水	50.
脩縣治	9 淇水	53.
脩市侯國	10 濁漳水	51.
脩武侯國	9 清水	51.
脩國故城	9 淇水	53.
脩縣故城	9 淇水	53.
	10 濁漳水	
脩市縣故城	10 濁漳水	53.
脩武縣故城	9 清水	53.
脩陽縣故城	20 丹水	53.
舂山	20 漾水	18.
舂溪	38 湘水	1.
舂水口	38 湘水	3.
舂陵鄉	38 湘水	56.
舂陵縣	28 沔水	50.
	38 湘水	
舂陵侯國	38 湘水	51.
舂陵縣東城	38 湘水	53.
舂城縣故城	38 湘水	53.
舂陵縣漢家舊城	38 湘水	53.
船官	38 湘水	16.
船塘	7 濟水	10. 28.
船槃	17 渭水	65.
船利縣	19 渭水	50.
船官口	36 温水	3.

地名	卷次	類別
船官川	36 温水	1.
船官浦	35 江水	8.
船官湖	28 沔水	6.
	32 肥水	
船司空縣	4 河水	50.
	19 渭水	
船官湖堨	30 淮水	28.
荻丘	32 肥水	19.
荻城	32 肥水	53.
荼陵縣	39 洣水	50.
荼陵侯國	39 洣水	51.
莎溪	17 渭水	1.
莎谷水	17 渭水	1.
莎車城	2 河水	53.
莎車國	2 河水	47.
莎泉水	11 滱水	1. 11.
莎泉亭	11 滱水	57.
莎車屯田	2 河水	27.
莎車國治	3 河水	52.
莎谷水南山	17 渭水	18.
莎車國鐵山	2 河水	33.
莎車國青玉礦	2 河水	33.
莒	24 汶水	47.
	25 沂水	
	26 淄水	
	26 濰水	
	30 淮水	
莒縣	26 沭水	50.
莒陵縣	26 沭水	50.
莒縣城	26 沭水	53.
莒子之國	26 沭水	47.
莒縣南門	26 沭水	41.
莘	5 河水	65.
莘亭	5 河水	57.

地名	卷次	類别
莘道城	5 河水	53.
莞谷	9 沁水	24.
莠倉	23 汳水	35.
莠倉城	23 汳水	53.
莨蕩渠	22 渠	佚.
莫水	18 渭水	1.
莫邪山	30 淮水	18.
莫吾南川水	17 渭水	1.
莫邪山東北溪	30 淮水	1.
莋	36 若水	47.
莋道	33 江水	50. 65.
蛇水	24 汶水	1. 佚.
蛇丘	23 陰溝水	19.
	24 汶水	
蛇丘亭	23 陰溝水	57.
蛇丘城	24 汶水	53.
蛇丘縣	24 汶水	50.
蛇淵囿	24 汶水	42.
蛇頭山	26 淄水	18.
袈裟水	11 補滱沱水	佚.
被陽縣	8 濟水	50.
被陽侯國	8 濟水	51.
被陽縣故城	8 濟水	53.
許	24 睢水	47. 65.
	30 淮水	
	32 夏水	
許山	37 沅水	18.
許田	25 泝水	27.
許州	23 陰溝水	48.
許昌	10 濁漳水	52. 53.
許原	16 補洛水	佚.
許由冢	22 潁水	43.
許由廟	22 潁水	45.
許男田	30 淮水	27.

地名	卷次	類别
許男國	30 淮水	47.
許昌城	22 洧水	53.
	22 潩水	
許昌縣	22 潁水	50.
	22 洧水	
	22 潩水	
許昌長堤	22 洧水	28.
許昌侯國	22 洧水	51.
許昌故城	22 洧水	53.
許茂故城	32 梓潼水	53.
許昌典農故尉治	22 潁水	53.
豚水	36 温水	1.
貪水	33 江水	1.
	36 若水	
貪泉	39 耒水	11.
貪流	39 耒水	1.
貫城	23 汳水	53.
貫澤	23 汳水	6.
通澤	8 濟水	6.
逍遥津	32 施水	30.
逍遥園	19 渭水	42.
逍遥樓	32 肥水	38.
逍遥津舊梁	32 施水	29.
通谷	4 河水	24.
	40 漸江水	
通門	16 穀水	41.
	19 渭水	
通阜	22 潁水	19.
通溪	20 漾水	1.
通杜縣	18 渭水	50.
通谷水	4 河水	1.
	20 漾水	
通濟渠	8 濟水	1.

地名	卷次	類别
通潞亭	14 鮑丘水	50. 57.
通潞郡	14 鮑丘水	49.
通關勢	27 沔水	18. 32.
逡遒縣	35 江水	佚.
逢山	26 巨洋水	18.
	26 淄水	
逢池	22 渠	9.
逢澤	22 渠	6.
逢山阜	26 巨洋水	19.
逢山祠	26 巨洋水	44.
逢洪陂	24 睢水	10.
逢留河	2 河水	1.
逢山北阜	26 淄水	19.
逢陵故城	8 濟水	53.
逢洪陂西南陂	24 睢水	10.
連山	21 汝水	18.
連水	13 瀔水	1.
	38 溱水	
連城	2 河水	53.
連溪	38 溱水	1.
連巫山	37 澧水	18.
連枷山	32 肥水	18.
連淵水	14 濡水	1.
連淵浦	14 濡水	8.
連然縣	37 葉榆河	50.
連綿山	25 沂水	18.
連道縣	38 漣水	50.
連綿之水	25 沂水	1.
連城西屯田	2 河水	27.
連道縣故城	38 漣水	53.
連巫山採雄黄	37 澧水	34.
連巫山雄黄礦	37 澧水	33.
遒縣	12 聖水	50.
	12 巨馬水	
遒侯國	12 巨馬水	51.
遒屏縣	12 巨馬水	50.
遒縣北山	12 聖水	18.
遒縣故城	12 巨馬水	53.
鄎丘	22 潁水	19. 65.
鄎丘縣	22 潁水	50.
郫江	33 江水	1.
郫縣	33 江水	50.
郭口	35 江水	3.
郭水	5 河水	1.
郭洲	34 江水	16.
郭城	5 河水	53.
郭口津	5 河水	30.
郭公城	20 漾水	53.
郭文宅	40 漸江水	40.
郭文墓	40 漸江水	43.
郭菽城	16 沮水	53.
郭口夏浦	35 江水	8.
郭文故居	15 伊水	40.
郭僧坎城	29 沔水	53.
郯郡	25 沂水	49.
郯縣	25 沂水	50.
郴口	39 耒水	3.
郴縣	38 湘水	50.
	38 溱水	
	39 耒水	
郴縣南山	39 耒水	18.
野井	8 濟水	13.
野牛	20 漾水	65.
野王	9 沁水	65.
	24 瓠子河	
野亭	2 河水	57.
野城	11 滱水	53.
野虜	2 河水	47.

地名	卷次	類別
野井亭	8 濟水	57.
野王城	7 濟水	53.
	9 沁水	
野王道	9 沁水	31.
野王縣	9 清水	50.
	9 沁水	
野兔水	22 渠	1.
野兔陂	22 潁水	10.
野亭口	2 河水	3.
野兔水口	22 渠	3.
野王縣故城	9 沁水	53.
釣臺	24 睢水	36.
	30 淮水	
	35 江水	
釣頭泉	29 沔水	11.
釣圻邸閣	39 贛水	35.38.
釣頭泉瀑布	29 沔水	5.
釣圻邸閣前洲	39 贛水	16.
陪尾	25 泗水	18.19.
陪尾山	31 溳水	18.
陰	4 河水	65.
	28 沔水	
陰口	22 洧水	3.
陰山	2 河水	18.
	3 河水	
	4 河水	
陰戎	4 河水	47.
陰坂	22 洧水	18.
陰晉	19 渭水	65.
陰溝	7 濟水	1.
	22 渠	
	23 陰溝水	
陰鄉	19 渭水	56.
陰縣	28 沔水	50.

地名	卷次	類別
陰山縣	4 河水	50.
	6 汾水	
	39 洣水	
陰山關	30 淮水	32.
陰平道	20 漾水	31.50.
陰平郡	20 漾水	49.
	27 沔水	
	32 涪水	
	36 桓水	
陰平縣	32 羌水	50.
陰安縣	5 河水	50.
陰坂梁	22 洧水	29.
陰莫亭	13 灅水	57.
陰陵縣	30 淮水	50.
陰陸縣	30 淮水	50.
陰陽石	37 夷水	15.21.
陰陽圻	36 温水	18.
陰塘水	35 江水	佚.
陰溝水	23 陰溝水	1.
陰槃水	19 渭水	1.
陰槃原	19 渭水	26.
陰槃城	19 渭水	53.
陰館縣	3 河水	50.
	13 灅水	
陰纏山	26 沭水	佚.
陰山北溪	4 河水	1.
陰山河曲	3 河水	4.
陰山南水	4 河水	1.
陰平大城	20 漾水	53.
陰安侯國	5 河水	51.
陰溝故瀆	23 陰溝水	1.
陰縣故城	28 沔水	53.
陰山關二城	30 淮水	53.
陰平道故城	20 漾水	53.

地名	卷次	類别
陰安縣故城	5 河水	53.
陰陵縣故城	30 淮水	53.
陰溝水右瀆	23 陰溝水	1.
陰溝水左瀆	23 陰溝水	1.
陰館縣故城	13 灅水	53.
陰平景谷步道	32 涪水	31.
陳	8 濟水	47.
	21 汝水	
	22 潁水	
	23 洧水	
	22 渠水	
	22 渠	
	24 睢水	
	25 泗水	
	35 江水	
陳山	17 渭水	18.
陳倉	17 渭水	35.
陳城	22 渠	53.
陳郡	2 河水	49.
	22 渠	
	30 淮水	
陳國	17 渭水	47. 49.
	22 渠	
	23 陰溝水	
陳臺	10 濁漳水	36.
陳縣	22 潁水	50.
	22 渠	
	23 獲水	
陳定亭	23 獲水	50. 57.
陳音山	40 漸江水	18.
陳音冢	40 漸江水	43.
陳倉山	17 渭水	18.
陳倉水	17 渭水	1.
陳倉坂	17 渭水	18.

地名	卷次	類别
陳倉城	17 渭水	53.
陳倉道	17 渭水	31.
陳倉縣	17 渭水	50.
	20 漾水	
陳宫山	14 鮑丘水	18.
陳留郡	6 汾水	49.
	7 濟水	
	9 清水	
	9 淇水	
	9 蕩水	
	10 濁漳水	
	23 陰溝水	
	23 汳水	
	24 睢水	
	30 淮水	
	34 江水	
陳留縣	22 渠	50.
	23 汳水	
	24 睢水	
	30 淮水	
陳球墓	25 泗水	43.
陳陵縣	22 渠	50.
陳陶正	22 渠	34.
陳勝墓	23 獲水	43.
陳敦戍	8 濟水	62.
陳蔡城	21 汝水	53.
陳餘壘	10 濁漳水	32.
陳城東門	22 渠	41.
陳城南郭	22 渠	54.
陳城南道	22 渠	31.
陳留北城	24 睢水	53.
陳倉縣西山	17 渭水	18.
陳餘壘間道	10 濁漳水	31.
陳留縣故城	22 渠	53.

地名	卷次	類別
陳寶雞鳴祠	17 渭水	44.
陳留王子香廟	34 江水	45.
陵川	3 河水	26.
陵水	3 河水	7. 佚.
	19 補涇水	
陵丘	22 渠	19.
陵柵	25 泗水	65.
陵城	8 濟水	53.
陵鄉	5 河水	56.
	9 淇水	
陵縣	25 泗水	50.
陵子口	38 湘水	3.
陵子潭	38 湘水	7.
陵丘亭	22 渠	57.
陵陽山	29 沔水	18.
陵陽水	9 洹水	1.
陵陽亭	11 滱水	57.
陵陽縣	29 沔水	50.
陵雲臺	16 穀水	36.
陵鄉縣	9 淇水	50.
陵樹亭	22 渠	57.
陵樹鄉	22 渠	56.
陵縣治	25 泗水	53.
陵川北溪	3 河水	1.
陵縣故城	8 濟水	53.
陶	7 濟水	65.
陶水	4 河水	1.
	9 清水	
	10 濁漳水	
	39 洭水	
陶丘	7 濟水	19. 65.
	24 瓠子河	
陶河	4 河水	1.
	5 河水	

地名	卷次	類別
陶陂	22 潩水	10.
陶城	4 河水	53.
	22 潩水	
陶鄉	10 濁漳水	56.
陶墟	24 瓠子河	61.
陶丘亭	7 濟水	57.
陶丘鄉	22 潁水	56.
陶朱冢	32 夏水	43.
陶侃廟	38 湘水	45.
陶渠水	4 河水	1.
陶樞陂	31 灈水	10.
陶丘鄉城	22 潁水	53.
陶侃廟石牀	38 湘水	21.
陸口	35 江水	3.
陸水	35 江水	1.
陸城	35 江水	53.
陸海	35 江水	14. 26.
陸渾	5 河水	47.
	15 伊水	
	16 穀水	
	21 汝水	
陸口水	35 江水	1.
陸成縣	11 滱水	50.
陸抗城	34 江水	53.
陸信縣	10 濁漳水	50.
陸真阜	9 清水	19.
陸渾都	15 伊水	52.
陸渾縣	15 伊水	50.
	16 甘水	
	40 漸江水	
陸陽湖	30 淮水	6.
陸抗城山	34 江水	18.
陸渾西山	15 洛水	18.
	15 伊水	

地名	卷次	類別
陸渾故城	15 伊水	53.
陸抗城南岸	34 江水	17.
陸渾縣故城	16 甘水	53.
陸抗城江南山	34 江水	18.
陸道士解南精廬	32 肥水	40.
陭氏縣	9 沁水	50.
陭氏關	9 沁水	32.
陭氏縣故城	9 沁水	53.
雀谷	6 汾水	24. 佚.
	19 渭水	
雀津	6 汾水	佚.
雀梁	7 濟水	29.
雀臺	24 睢水	36.
雀目城	14 大遼水	53.
雀谷水	19 渭水	1.
雀富谷	17 渭水	24.
雀鼠谷	6 汾水	24.
雀鼠谷道	6 汾水	31.
雀離大清淨寺	2 河水	46.
雩門	25 泗水	41.
雩壇	25 泗水	36.
雩婁縣	32 決水	50.
	35 江水	
雩都縣	39 贛水	50.
頃	12 聖水	65.
頃上	12 聖水	65.
頃城	10 濁漳水	53.
	12 聖水	
頃前河	12 聖水	1.
魚山	8 濟水	18.
	11 滱水	
魚水	7 濟水	1.
	11 滱水	

地名	卷次	類別
	13 㶟水	
魚陂	28 沔水	10.
魚國	33 江水	47.
魚陵	31 滍水	65.
魚合口	26 巨洋水	3.
魚池水	19 渭水	1.
魚池城	9 淇水	53.
魚窮泉	25 沂水	11.
魚齒山	21 汝水	18.
	31 滍水	
魚嶽山	35 江水	18.
魚鮑泉	9 清水	11.
魚子溝水	7 濟水	1.
	8 濟水	
魚脯谷口	27 沔水	3.
魚復縣山	33 江水	18.
魚齒山渡	31 滍水	30.
魚復縣故城	33 江水	53.
鳥山	3 河水	18.
	40 禹貢山水澤地所在	
鳥道山	29 沔水	18.
鳥鼠山	2 河水	18.
	17 渭水	
	20 漾水	
	40 禹貢山水澤地所在	
鳥鼠之山	40 禹貢山水澤地所在	18.
鳥山北鐵礦	3 河水	33.
鳥山南玉礦	3 河水	33.
鹿上	8 濟水	65.
	30 淮水	
鹿水	11 補滋水	佚.

地名	卷次	類别
鹿苑	16 穀水	42.
鹿城	8 濟水	53.
鹿茤	37 葉榆河	47.
鹿臺	9 淇水	36.
	22 渠	
鹿鳴	23 陰溝水	65.
鹿角口	38 湘水	3.
鹿角山	38 湘水	18.
鹿角津	5 河水	30.
鹿谷山	10 濁漳水	18.
	10 清漳水	
鹿邑亭	23 陰溝水	57.
鹿邑城	23 陰溝水	53.
鹿孟水	26 巨洋水	1.
鹿泉水	10 濁漳水	1.
鹿城鄉	8 濟水	56.
鹿部水	17 渭水	1.
鹿野山	40 漸江水	18.
鹿野苑	1 河水	42.
鹿臺山	9 沁水	18.
	10 濁漳水	
鹿鳴津	5 河水	30.
鹿鳴城	5 河水	53.
鹿鳴臺	5 河水	36.
鹿嶺山	25 沂水	18.
鹿蹏山	4 河水	18.
	16 甘水	
鹿體山	15 伊水	18.
鹿臺南岡	22 渠	18.
鹿蹏之山	15 洛水	18.
鹿野山石室	40 漸江水	40.
麥邑	32 沮水	53.
麥城	32 沮水	53.
	32 漳水	

地名	卷次	類别
麥田山	2 河水	18.
麥田城	2 河水	53.
麥田泉水	2 河水	1.11.
麥田山西谷	2 河水	24.
麻城	31 溠水	53.
麻潭	40 漸江水	7.
麻屯口	35 江水	3.
麻步川	32 泄水	1.26.
麻溪水	38 湘水	1.
麻解城	21 汝水	53.
麻溪水口	38 湘水	3.
麻溪潭孤石	40 漸江水	21.

十二劃：傅、備、傂、凱、勝、勞、博、厥、善、喬、單、圍、堨、堯、堰、報、堵、壺、堷、奢、媚、嫣、孱、富、寒、尋、就、屠、嵇、嵎、嵐、嵬、嵋、崿、嵒、彭、復、循、惠、插、揚、握、揭、援、揵、揗、敧、散、敦、斌、斯、景、智、晉、曾、朝、期、棐、棗、棘、楝、棠、椅、椒、欽、渙、渚、渝、渟、渠、渤、渦、渫、渭、菏、港、游、渾、湄、湍、湔、湖、湘、湛、湞、湟、湨、湫、湮、湯、湡、湬、滋、湳、湋、無、焦、然、爲、犂、犀、猴、猶、猪、琦、琨、琴、琵、瓶、番、畫、異、疎、疏、登、發、盛、盜、短、

硤、程、税、窖、筑、笄、粟、結、絶、絫、統、絳、善、翔、脽、舒、舜、莽、菀、菅、菊、菑、菟、堇、華、萇、萊、萌、萑、荆、虛、虜、蛩、街、覃、視、袴、訾、詔、象、貰、貴、貸、費、賀、賁、越、軨、軹、逯、進、都、鄅、郿、鄀、鄂、鄃、鄄、鄗、鄆、鄈、酢、鈞、開、閏、閑、陽、隃、隅、隆、隍、階、雁、雄、集、雲、項、順、須、飯、馮、梟、黄、黍、黑

地名	卷次	類别
傅山	15 洛水	18.
	16 穀水	
傅巖	4 河水	20.
傅子宫	19 渭水	37.
傅陽縣	26 沭水	50.
傅山大陂	15 洛水	10.
傅太后陵	19 渭水	43.
傅太后墳	7 濟水	43.
傅説隱室	4 河水	40.
傅陽縣故城	26 沭水	53.
備水	15 洛水	1.
傂奚縣	14 鮑丘水	50.
傂奚縣故城	14 鮑丘水	53.
凱門	19 渭水	41.
勝水	6 文水	1.
勝休縣	36 温水	50.
勝棘縣	36 温水	50.

地名	卷次	類别
勞口	38 湘水	3.
勞水	6 汾水	1.
	33 江水	
博	24 汶水	65.
博山	40 漸江水	18.
博水	11 滱水	1.
博村	33 江水	60.
博亭	8 濟水	57.
博浪	22 渠	65.
博陵	11 滱水	43.
博鄉	32 泄水	56.
博縣	24 汶水	50.
博山石	40 漸江水	21.
博山縣	28 沔水	50.
	29 均水	
博平縣	5 河水	50.
	23 陰溝水	
博安縣	32 沘水	50.
	32 泄水	
博昌城	26 淄水	53.
博昌縣	5 河水	50.
	8 濟水	
	24 瓠子河	
	26 淄水	
博芝湖	30 淮水	6.
博亭城	8 濟水	53.
博南山	36 若水	18.
博南縣	36 若水	50.
博浪亭	22 渠	57.
博浪澤	22 渠	6.
博康縣	13 灅水	50.
博望苑	19 渭水	42.
博望縣	31 淯水	50.
博望灘	33 江水	15.

地名	卷次	類别
博陵郡	11 滱水	49.
	24 睢水	
	26 淄水	
博陵縣	11 滱水	50.
博陸城	14 鮑丘水	53.
博陽縣	22 潁水	50.
博鄉縣	32 泄水	50.
博廣池	10 濁漳水	9.
博南山道	36 若水	31.
博望侯國	31 淯水	51.
博陵侯國	11 滱水	51.
博陸侯國	14 鮑丘水	51.
博陸故城	14 鮑丘水	53.
博陽侯國	22 潁水	51.
博縣故城	24 汶水	53.
博平縣故城	5 河水	53.
博昌縣故城	26 淄水	53.
博望縣故城	31 淯水	53.
博陵縣故城	11 滱水	53.
博陸城北山	14 鮑丘水	18.
博陽縣故城	22 潁水	53.
博陽二村盤石	33 江水	15. 21.
博水望都縣伏流	11 滱水	2.
博水清梁亭伏流	11 滱水	2.
博平縣故城層臺	5 河水	36.
厥亭	24 汶水	57.
厥國	24 汶水	47.
善丘	24 睢水	19.
善丘縣	24 睢水	50.
善利泉	6 晉水	佚.
善治縣	17 渭水	50.

地名	卷次	類别
善陸縣	5 河水	50.
善無城	3 河水	53.
善無縣	3 河水	50.
善無縣故城	3 河水	53.
喬亭	9 淇水	57.
喬亭城	9 淇水	53.
單城	30 淮水	53.
單溪	17 渭水	1.
單父縣	24 睢水	50.
	25 泗水	
單城縣	30 淮水	50.
單于苑囿	3 河水	42.
單父侯國	25 泗水	51.
單父縣故城	25 泗水	53.
圍川水	16 補洛水	佚.
堨水	6 涑水	1.
堨水陂	19 渭水	10.
堨水陂水	19 渭水	1.
堯山	4 河水	18.
	11 滱水	
	21 汝水	
	26 淄水	
	31 溠水	
	39 洭水	
堯水	10 濁漳水	1.
	26 巨洋水	
堯冢	24 瓠子河	43.
堯城	4 河水	53.
	6 汾水	
堯祠	9 沁水	44.
	31 溠水	
堯堂	24 瓠子河	40.
堯陵	24 瓠子河	43.
堯都	4 河水	52.

地名	卷次	類别
	6 汾水(2)	
堯墟	1 河水	61.
堯廟	6 汾水	45.
	10 濁漳水	
	11 滱水	
	13 㶟水	
	24 瓠子河	
堯山祠	26 淄水	44.
堯妃祠	24 瓠子河	44.
堯行宫	39 洭水	37.
堯姑亭	11 滱水	57.
堯姑城	11 滱水	53.
堯神屋	6 汾水	40.
堯山上祠	26 淄水	44.
堯山西嶺	21 汝水	18.
堯山赭岊	39 洭水	20.
堯水西山	10 濁漳水	18.
堯陵東城	24 瓠子河	53.
堯母慶都陵	24 瓠子河	43.
堯母慶都廟	24 瓠子河	45.
堯山白石英磺	39 洭水	33.
堯母慶都陵泉	24 瓠子河	11.
堰陵澤	10 濁漳河	6.
報山	24 汶水	18.
報山祠	24 汶水	44.
報山廟	31 滍水	45.
報山立石	24 汶水	21.
堵口	28 沔水	3.
	32 夏水	
堵山	10 濁漳水	18.
堵水	19 渭水	1.
	28 沔水	
	31 淯水	
	31 潕水	

地名	卷次	類别
堵鄉	31 淯水	56.
堵水灣	31 淯水	4.
堵陽縣	28 沔水	50.
	31 淯水	
堵水别溪	28 沔水	1.
堵水枝津	29 比水	1.
堵陽侯國	31 淯水	51.
壺口	4 河水	3.
	6 汾水	
壺山	26 濰水	18.
壺丘	4 河水	19.65.
	21 汝水	
壺口山	6 汾水	18.
壺口關	10 濁漳水	32.
壺丘亭	4 河水	57.
壺丘城	21 汝水	53.
壺頭山	37 沅水	18.
壺關縣	9 淇水	50.
	10 濁漳水	
壺關侯國	10 濁漳水	51.
壺關縣故城	10 濁漳水	53.
壺頭三十三渡	37 沅水	4.
堉水	27 沔水	1.
堉鄉	27 沔水	56.
堉鄉溪	27 沔水	1.
堉鄉平川	27 沔水	26.
奢延水	3 河水	1.
奢延澤	3 河水	6.
奢延縣	3 河水	50.
奢節縣	3 河水	50.
奢延水温泉	3 河水	12.
奢延縣故城	3 河水	53.
媚加谷	19 渭水	24.
媯亭	25 泗水	57.

地名	卷次	類別
媯墟	27 沔水	61.
孱陵澤	37 油水	6.
孱陵縣	35 江水	50.
	37 油水	
	37 澧水	
孱陵縣	37 油水	50.
孱䣓縣	36 存水	50.
孱陵縣治	37 油水	53.
孱陵縣故城	37 油水	53.
富口	35 江水	3.
富水	21 汝水	1.
	30 淮水	
	31 溳水	
	35 江水	
富陂	30 淮水	10.
富城	22 渠	53.
富川縣	38 灕水	50.
富水河	31 溳水	佚.
富丘城	8 濟水	53.
富平田	3 河水	27.
富平津	5 河水	1. 30.
富平城	3 河水	53.
富平縣	2 河水	50.
	3 河水	
	5 河水	
富成縣	3 河水	50.
	24 汶水	
富昌縣	3 河水	50.
富陂縣	30 淮水	50.
富春縣	40 漸江水	50.
富城洲	34 江水	16.
富陽縣	40 漸江水	50.
富臧縣	13 灅水	50.
富平侯國	5 河水	51.

地名	卷次	類別
富平津橋	5 河水	29.
富平縣城	3 河水	53.
富陂侯國	30 淮水	51.
富陂稻田	30 淮水	27.
富平縣故城	3 河水	53.
	5 河水	
富成縣故城	24 汶水	53.
富昌縣故城	3 河水	53.
富陂縣故城	30 淮水	53.
富春縣江南山	40 漸江水	18.
富平縣河側西山	3 河水	18.
寒川	20 漾水	26.
寒水	20 漾水	1.
寒門	19 補涇水	佚.
寒亭	26 巨洋水	57.
寒泉	24 瓠子河	11.
	26 淄水	
	27 沔水	
	31 滍水	
寒溪	35 江水	1. 佚.
	40 漸江水	
寒泉水	9 清水	1. 11.
	27 沔水	
寒泉岡	24 瓠子河	18.
寒泉嶺	27 沔水	18.
寒渡水	14 鮑丘水	1.
寒號城	12 聖水	53.
寒溪水	35 江水	佚.
寒泉嶺瀑布	27 沔水	5.
尋	26 巨洋水	65.
尋陽郡	35 江水	49.
	39 廬江水	
就水	19 渭水	1.

地名	卷次	類别
就谷	19 渭水	24.
	27 沔水	
就李鄉	28 沔水	56.
就信縣	26 沭水	50.
就都郡	33 江水	49.
就都亭	33 江水	50. 57.
就水南山	19 渭水	18.
屠申澤	3 河水	6.
嵇山	30 淮水	18.
嵇公故居	9 清水	40.
嵇氏故居	30 淮水	40.
嵎水	22 潁水	1.
嵐谷	27 沔水	24.
嵐谷北口	27 沔水	3.
嵬崮水	25 沂水	1.
嵋山	33 江水	18.
嵎谷	4 河水	24.
彘	6 汾水	65.
彘水	6 汾水	1.
彘縣	6 汾水	50.
彭	22 渠	65.
彭山	31 滍水	18.
彭水	28 沔水	1.
	31 滍水	
	33 江水	
	39 贛水	
彭池	16 穀水	9.
彭冢	33 江水	43.
彭城	23 汳水	53.
	23 獲水	
	24 睢水	
	25 泗水	
彭湖	39 廬江水	6.
彭溪	27 沔水	1.

地名	卷次	類别
彭澤	39 贛水	6.
彭蠡	29 沔水	6. 佚.
	35 江水	
	39 贛水	
	40 禹貢山水澤地所在	
彭山廟	31 滍水	45.
彭亡聚	33 江水	59.
彭池縣	16 穀水	50.
彭城口	35 江水	3.
彭城郡	8 濟水	49.
	13 㶟水	
	23 陰溝水	
	23 獲水	
	24 睢水	
	25 泗水	
	30 淮水	
彭城縣	8 濟水	50.
	23 獲水	
	25 泗水	
彭城磯	35 江水	18.
彭祖冢	23 獲水	43.
	33 江水	
彭祖國	23 獲水	47.
彭祖樓	23 獲水	38.
彭溪口	33 江水	3.
彭溪灘	27 沔水	15.
彭澤縣	39 廬江水	50.
彭龍灣	36 温水	4. 14.
彭蠡湖	39 贛水	佚.
彭蠡澤	29 沔水	6.
	39 廬江水	
彭澤之山	39 廬江水	18.
彭蠡之澤	39 廬江水	6.

地名	卷次	類别
彭城縣故城	8 濟水	53.
	25 泗水	
彭龍區粟通逵	36 温水	31.
復水	37 淹水	1.
復陽亭	9 淇水	57.
復陽城	22 洧水	53.
復陽縣	9 淇水	50.
	30 淮水	
復陽侯國	9 淇水	51.
復陽縣故城	9 淇水	53.
循水	39 贛水	1.
循虜縣	20 漾水	50.
循鮮城	2 河水	53.
惠水	15 洛水	1.
	15 澗水	
惠懷縣	32 夏水	50.
惠帝安陵	19 渭水	43.
插竈	34 江水	20.
揚口	28 沔水	3.
揚水	28 沔水	1.
揚母	33 江水	65.
揚州	23 陰溝水	48. 佚.
	29 沔水	
	30 淮水	
	40 漸江水	
	35 江水	
揚越	37 泿水	65.
揚子州	35 江水	16.
揚陸縣	32 泚水	50.
揚州之鎮	40 漸江水	55.
揚母閣路	33 江水	31.
握符縣	11 易水	50.
揭石縣	14 濡水	50.
揭陽縣	37 泿水	50.

地名	卷次	類别
援城	5 河水	53.
援縣	5 河水	50.
援縣故城	5 河水	53.
揵陀衛國	2 河水	50.
揵陀越王城	2 河水	52. 53.
揵陀衛國大塔	2 河水	39.
揟次縣	40 禹貢山水澤地所在	50.
鼓城	11 滱水	53.
散關	15 洛水	32.
	17 渭水	
散原山	39 贛水	18.
散嚇浦	22 渠	8.
散關城	17 渭水	53.
散關南山	15 洛水	18.
散原山洪井	39 贛水	13.
散原山飛流	39 贛水	5.
敦水	13 㶟水	1.
敦浦	38 溱水	8.
敦煌郡	1 河水	49.
	2 河水	
敦德縣	14 鮑丘水	50.
敦煌北塞	2 河水	32.
敦薨之山	2 河水	18.
敦薨之水	2 河水	1.
敦薨之浦	2 河水	8.
敦薨之渚	2 河水	9.
敦薨之藪	2 河水	6.
敦薨西源右水	2 河水	1.
敦薨西源左水	2 河水	1.
敦薨連城别注	2 河水	1.
斌輪城	15 伊水	53.
斯洨水	10 濁漳水	1.
斯洨故瀆	10 濁漳水	1.

地名	卷次	類别
斯洨枝津	10 濁漳水	1.
景口	35 江水(2)	3.
景山	6 涑水	18.
	8 濟水	
	32 沮水	
	32 漳水	
景水	6 涑水	1.
	35 江水	
景谷	32 涪水	24.65.
景王冢	16 穀水	43.
景王祠	26 淄水	44.
景升臺	28 沔水	36.
景侯港	34 江水	佚.
景陽山	16 穀水	18.
景福殿	22 洧水	37.
景山北谷	6 涑水	24.
景山玉礦	32 沮水	33.
景山金礦	32 沮水	33.
景帝陽陵	19 渭水	43.
景山北赭礦	6 涑水	33.
景山南玉礦	6 涑水	33.
景陽山方湖	16 穀水	6.
智氏故渠	6 晉水	1.
晉亭	15 瀍水	57.
曾口	28 沔水	3.
	34 江水	
曾水	28 沔水	1.
曾城	2 河水	53.
曾口水	34 江水	1.
曾席水	17 渭水	1.
朝水	29 白水	1.
	31 淯水	
朝門	19 渭水	41.
朝陽	30 淮水	65.
朝臺	37 泿水	36.
朝歌	5 河水	65.
	9 清水	
朝鮮	14 涅水	47.
朝二浦	35 江水	8.
朝夕塘	38 灕水	10.28.
朝平溝	8 濟水	1.
朝那城	19 補涇水	佚.
朝那縣	13 灅水	50.佚.
	19 補涇水	
朝鄃縣	19 補涇水	50.
朝陽橋	8 濟水	8
朝陽縣	5 河水	50.
	29 白水	
	31 淯水	
朝雲國	40 禹貢山水澤地所在	47.
朝雲廟	34 江水	45.
朝解亭	24 睢水	57.
朝歌城	9 淇水	53.
朝歌縣	9 淇水	50.佚.
	23 陰溝水	
朝鮮都	14 涅水	52.
朝鮮縣	14 涅水	50.
朝水枝水	31 淯水	1.
朝那湫淵	13 灅水	7.
朝宫前殿	19 渭水	37.
朝陽侯國	5 河水	51.
朝陽道口	33 江水	3.
朝陽橋渡	8 濟水	30.
朝歌之山	31 潕水	18.
朝夕塘東山	38 灕水	18.
朝陽縣故城	31 淯水	53.
朝陽道口縣治	33 江水	53.

地名	卷次	類别
朝歌西北大嶺	9 淇水	18.
期水	22 渠	1.
期城	9 沁水	53.
	10 濁漳水	
	21 汝水	
	22 渠	
期思縣	30 淮水	50.
期頓山	2 河水	18.
期頓水	2 河水	1.
期思侯國	30 淮水	51.
期城西北平地	22 渠	26.
棐	22 渠	65.
棐林	22 渠	42.
棐城	22 渠	53.
棗野	5 河水	26.
	8 濟水	
棗澗	6 汾水	佚.
棗強縣	5 河水	佚.
棗疆城	9 淇水	53.
棗彊縣	5 河水	50.
	9 淇水	
棗疆侯國	9 淇水	51.
棗強縣故城	5 河水	佚.
棗疆縣故城	5 河水	53.
	9 淇水	
棘	5 河水	65.
	24 汶水	
棘下	26 淄水	65.
棘口	31 淯水	3.
棘水	31 淯水	1.
棘門	19 渭水	41.
棘亭	5 河水	57.
	24 汶水	
棘津	5 河水(3)	1. 30. 佚.

地名	卷次	類别
	6 汾水	
棘城	22 洧水	53.
棘櫟	21 汝水	65.
棘津亭	5 河水	57.
棘津城	5 河水	53.
棘陽城	29 比水	53.
棘陽縣	29 比水	50.
	31 淯水	
棘陽侯國	31 淯水	51.
棘陽縣治	29 比水	53.
棘陽縣北山	31 淯水	18.
棘陽縣故城	31 淯水	53.
棟山	40 漸江水	18.
棠	8 濟水	65.
	31 瀷水	
棠谿城	31 瀷水	53.
棠谿侯國	31 瀷水	51.
椅桐縣	3 河水	50.
椒水	30 淮水	1.
椒丘城	39 贛水	53.
欽口山	10 濁漳水	18.
渙	22 渠	1.
	24 睢水	
渙水	23 陰溝水	1. 佚.
	24 睢水	
	30 淮水	
渚水	33 江水	1.
渚宮	34 江水	37.
渝	14 大遼水	1.
渝水	14 大遼水	1.
	29 潛水	
	33 江水	
渟水	38 資水	1.
渟灊水	29 比水	1.

地名	卷次	類别
渟灣戍	29 比水	62.
渠	11 易水	1.
	22 渠	
渠口	5 河水	3.
渠水	12 巨馬水	1. 佚.
	22 渠	
	30 淮水	
渠丘	26 淄水	19. 65.
	26 汶水	
渠搜	3 河水	65.
渠丘亭	26 汶水	57.
渠谷水	17 渭水	1.
渠犂城	2 河水	53.
渠犂國	2 河水	47.
渠搜縣	3 河水	50.
渠水故瀆	22 渠	1.
渠犂屯田	2 河水	27.
渠犂國治	2 河水	52.
渠豬之山	4 河水	18.
渠搜縣故城	3 河水	53.
渠水石逗伏流	16 穀水	2.
渤海	1 河水	14.
	5 河水	
	8 濟水	
渤海郡	5 河水	49.
	9 淇水	
	16 穀水	
渤海僑郡	8 濟水	49.
渤海僑郡治	8 濟水	53.
渦	22 渠	1.
渦水枝津	22 渠	1.
渫口	37 澧水	3.
渫水	37 澧水	1.
渫陽縣	37 澧水	50.
渭	8 濟水	1. 佚.
	9 清水	
	16 漆水	
	16 滻水	
	16 沮水	
	16 補洛水	
	17 渭水	
	18 渭水	
	19 渭水	
	19 補豐水	
	19 補涇水	
	36 桓水	
	37 夷水	
渭水	4 河水	1.
	16 漆水	
	17 渭水	
	18 渭水	
	19 渭水	
渭州	19 補涇水	佚.
渭汭	19 渭水	3. 4.
渭谷	16 補洛水	佚.
渭南	17 渭水	65.
	18 渭水	
	19 渭水	
渭城	19 渭水	53.
渭祠	16 滻水	佚.
渭陵	19 渭水	43.
渭隊	19 渭水	3. 4. 65.
渭溪	4 河水	1.
渭橋	19 渭水	29.
渭水谷	17 渭水	24.
渭南縣	19 渭水	50.
渭首亭	17 渭水	57.
渭源城	17 渭水	53.

地名	卷次	類别
渭水南原 .	17 渭水	26.
渭谷北川	16 補洛水	佚.
渭南朝宫	19 渭水	37.
渭水鄭縣渡	19 渭水	30.
渭首亭南谷	17 渭水	24.
菏	25 泗水	1.
菏水	7 濟水	1.
	8 濟水	
	25 泗水	
菏澤	8 濟水	6.
港口	35 江水	3.
游	26 沭水	1.
游水	30 淮水	1.
渾波	11 易水	1.
渾子岡	22 增水	18.
渾波水	3 河水	1.
渾泥城	11 易水	53.
渾懷障	3 河水	18. 32.
渾塘溝水	11 易水	1.
渾懷都尉治	3 河水	53.
湄城	30 淮水	53.
湄湖	8 濟水	6.
	30 淮水	
湍水	29 湍水	1.
	31 淯水	
湍波	3 河水	1.
湔	33 江水	1.
湔水	33 江水	1.
湔堋	33 江水	28.
湔堰	33 江水	28.
湖口	35 江水	3.
湖水	4 河水	1.
	30 淮水	
	33 江水	

地名	卷次	類别
湖戍	32 施水	62.
湖陽	29 比水	65.
湖溝	16 穀水	1.
湖縣	4 河水	50.
	19 渭水	
湖口水	35 江水	1.
湖戍口	32 施水	3.
湖里淵	34 江水	7.
湖陂城	35 江水	53.
湖城山	40 漸江水	18.
湖陵城	25 泗水	53.
湖陵郡	8 濟水	49.
湖陵縣	8 濟水	50.
	25 泗水	
湖陸縣	25 泗水	50.
湖陽田	29 比水	27.
湖陽縣	29 比水	50.
湖塘亭	40 漸江水	57.
湖漢水	39 贛水	1.
湖陸侯國	25 泗水	51.
湖陽北山	29 比水	18.
湖陽侯國	29 比水	51.
湖陽縣陂	29 比水	10.
湖縣故城	4 河水	53.
湖陽縣故城	29 比水	53.
湘川	38 湘水	1.
湘水	35 江水	1.
	38 漣水	
	38 湘水	
	38 灕水	
	39 洭水	
	39 鍾水	
	39 耒水	
湘州	38 湘水	48.

地名	卷次	類別
湯亭	17 渭水	57.
湯冢	23 汳水	43.
湯都	24 睢水	52.
	30 淮水	
湯陰縣	10 補洛水	佚.
湯溪水	33 江水	1.
湯口火井煮鹽	33 江水	34.
渪	10 濁漳水	佚.
渪水	10 濁漳水	佚.
溅水	33 江水	1.
湤水	13 灅水	1.
	17 渭水	
	22 潧水	
湳水	3 河水	1.
湳水口	3 河水	3.
湡水	10 濁漳水	佚.
無口	37 沅水	3.
無山	26 淄水	18.
無水	37 沅水	1.
無終	14 鮑丘水	65.
無棣	9 淇水	65.
無溪	37 沅水	1.
無鄉	13 灅水	56.
無變	36 温水	65.
無切縣	37 葉榆河	50.
無終山	14 鮑丘水	18. 佚.
無終城	14 鮑丘水	53.
無終縣	14 鮑丘水	50.
	14 濡水	
無累水	20 漾水	1.
無勞究	36 温水	1. 15.
無棣溝	9 淇水	1.
無陽縣	37 沅水	50.

地名	卷次	類別
	37 浪水	
	38 資水	
無雷國	2 河水	47.
無鄉城	13 灅水	53.
無熱丘	1 河水	19.
無餘國	40 漸江水	47.
無錫縣	29 沔水	50.
無疆亭	19 渭水	57.
無鹽城	24 汶水	53.
無鹽縣	7 濟水	50.
	8 濟水	
	24 汶水	
無外之山	1 河水	18.
無終子國	14 鮑丘水	47.
無終山泉	14 鮑丘水	佚.
無雷國治	2 河水	52.
無終山玉礦	14 鮑丘水	33.
無終山金礦	14 鮑丘水	33.
無終縣西山	14 鮑丘水	18.
無終縣故城	14 鮑丘水	53.
無棣溝故瀆	9 淇水	1.
無餘國南山	40 漸江水	18.
無鹽縣故城	24 汶水	53.
無棣溝東二瀆	9 淇水	1.
焦夷	30 淮水	47.
焦泉	9 清水	1. 11.
焦城	22 渠	53.
焦國	4 河水	47.
焦湖	30 淮水	6.
焦濩	16 沮水	6.
焦氏山	8 濟水	18.
焦陵陂	30 淮水	10.
焦溝水	22 渠	1.
焦澗水	22 渠	1.

地名	卷次	類别
焦陵陂水	30 淮水	1.
然侯水	28 沔水	1.
爲山	26 淄水	18.
犂	5 河水	65.
犂邑	5 河水	53.
犂丘城	28 沔水	53.
犂丘故城	28 沔水	53.
犀牛里	33 江水	58.
猴徑灘	27 沔水	15.
猴徑灘山	27 沔水	18.
猶亭	30 淮水 40 禹貢山水澤地所在	50. 57.
猶預	33 江水	佚.
猪水	16 補洛水	佚.
琦城	13 㶟水	53.
琨瑞山	8 濟水	18.
琨瑞溪	8 濟水	1.
琴臺	30 淮水	36.
琵琶山	35 江水	18.
琵琶圻	40 漸江水	18.
琵琶谷	28 沔水	24.
琵琶界	28 沔水	65.
琵琶灣	35 江水	4.
琵琶谷口	28 沔水	3.
琵琶圻古冢	40 漸江水	43.
瓶沙國	1 河水	47.
番山	37 泿水	18.
番須	17 渭水	65.
番禺城	37 泿水	53.
番禺縣	37 泿水 38 溱水	50.
番禺城東南水坑	37 泿水	6.

地名	卷次	類别
畫石山	3 河水	18.
異赤縣	16 沮水	50.
踈口	28 沔水	3.
踈水	28 沔水	1.
踈虜縣	40 漸江水	50.
疏圃	1 河水 16 穀水	42.
疏勒城	2 河水	53.
疏勒國	2 河水	47.
疏勒北山	2 河水	18.
疏勒北溪	2 河水	1.
疏勒城井	2 河水	13.
疏勒國城	2 河水	52.
疏勒北山水	2 河水	1.
登泉	10 補洛水	佚.
登葆山	6 涑水	18.
發干縣	5 河水	50.
發阿山	32 沮水	18.
發苞山	10 濁漳水	18.
發鳩山	10 濁漳水	18.
發干侯國	5 河水	51.
發鳩之國	10 濁漳水	47.
盛允墓	23 獲水	43.
盛唐戍	35 江水	佚.
盛鄉城	25 洙水	53.
盛牆亭	4 河水	57.
盜泉水	25 洙水	1. 11.
短陰山	19 渭水	18.
硤石	30 淮水	21. 24.
硤石對岸山	30 淮水	18.
硤石對岸二城	30 淮水	53.
程侯山	11 補滹沱水	18.
程鄉溪	39 耒水	1.
程鄉溪山	39 耒水	18.

地名	卷次	類别
程侯山採金	11 補滹沱水	34.
程鄉溪酒官	39 耒水	34.
税門	16 穀水	41.
窖陂	21 汝水	10.
筑口	28 沔水	3.
筑水	28 沔水	1.
筑陽縣	28 沔水	50.
	29 粉水	
筑陽侯國	28 沔水	51.
筑陽縣故城	28 沔水	53.
筓頭山	13 灅水	18. 佚.
	19 補涇水	
粟水	13 灅水	1.
	17 渭水	
粟城	10 清漳水	53.
	16 沮水	
粟縣	24 睢水	50.
粟邑縣	16 沮水	50.
粟侯國	24 睢水	51.
粟城縣	16 沮水	50.
粟邑侯國	16 沮水	51.
粟縣故城	24 睢水	53.
粟邑縣故城	16 沮水	53.
結絀山	6 晉水	18.
絶水	9 沁水	1.
絶溪	40 漸江水	1.
絫縣	14 濡水	50.
絫縣碣石	14 濡水	21.
統睦縣	32 涪水	50.
統萬城	3 河水	53.
絳	6 澮水	65.
	6 涑水	
絳中	6 汾水	65.
絳山	6 澮水	18.

地名	卷次	類别
絳水	6 澮水	1.
	10 濁漳水(2)	
絳城	6 澮水	53.
絳都	6 澮水	52.
絳陽	6 澮水	65.
絳縣	6 汾水	50.
	6 澮水	
絳瀆	10 濁漳水	1.
絳高山	6 澮水	18.
絳瀆水	5 河水	1.
絳山寒泉	6 澮水	11.
絳山懸流	6 澮水	5.
絳水故瀆	10 濁漳水	1.
絳陽侯國	6 澮水	51.
絳縣故城	6 汾水	53.
	6 澮水	
絳瀆水故道	5 河水	1.
羛陽聚	9 淇水	59.
翔鳳林	40 漸江水	42.
翔鳳林東瀑布	40 漸江水	5.
腓丘	4 河水	19.
舒丘	19 渭水	19. 65.
舒國	21 汝水	47.
舒蓼	32 決水	47.
舒縣	32 沘水	50.
舜井	8 濟水	13.
舜祠	8 濟水	44.
	27 沔水	
舜都	4 河水(2)	52.
	6 汾水	
	13 灅水	
舜廟	4 河水	45.
舜氏甘泉	11 滱水	11.
舜所耕田	4 河水	27.

地名	卷次	類别
華岳下廟	4 河水	45.
華岳中祠	4 河水	44.
華岳河曲	4 河水	4.
華岳南祠	4 河水	44.
華容諸城	32 夏水	53.
華城南岡	22 洧水	18.
	22 渠	
華嶽三峯	19 渭水	18.
華城南岡泉	22 洧水	11.
華陰縣故城	19 渭水	53.
華容縣舊尉治	35 江水	53.
萇弘城	16 穀水	53.
萊	26 膠水	65.
萊夷	26 淄水	47.
	26 膠水	
萊門	24 汶水	41.
萊柞山	26 淄水	18.
萊柞邑	26 淄水	53.
萊蕪谷	24 汶水	24.
	26 淄水	
萊蕪縣	8 濟水	50.
	24 汶水	
	26 淄水	
萊蕪谷懸渡	24 汶水	29.
萊蕪縣故城	26 淄水	53.
萊蕪别谷清泉	24 汶水	11.
萊蕪縣故城北門	26 淄水	41.
萊蕪縣故城南門	26 淄水	41.
萌山	8 濟水	18.
萌水	8 濟水	1.
萌水口	8 濟水	3.
萌渚嶠	36 温水	18.

地名	卷次	類别
萌渚之水	38 湘水	1.
萌渚之嶠	38 湘水	18.
萌渚之嶠錫礦	38 湘水	33.
萑蒲	22 渠	6.65.
荆	29 比水	47.
荆山	4 河水	18.佚.
	15 伊水	
	16 穀水	
	23 陰溝水	
	28 沔水	
	30 淮水	
	32 沮水	
	32 漳水	
	35 江水	
	34 江水	
荆水	26 濰水	1.
荆州	8 濟水	48.
	12 聖水	
	16 穀水	
	19 渭水	
	21 汝水	
	28 沔水	
	31 淯水	
	33 江水	
	34 江水	
	37 葉榆河	
	38 湘水	
荆谷	17 渭水	24.
荆門	34 江水	18.
荆亭	30 淮水	57.
荆城	28 沔水	53.
荆國	30 淮水	49.
荆溪	19 渭水(2)	1.
荆蠻	21 汝水	47.

地名	卷次	類别
荆山阜	26 濰水	19.
荆州治	28 沔水	53.
	31 淯水	
	34 江水	
荆州城	31 淯水	53.
荆軻館	11 易水	40.
荆頭川	17 渭水	26.
荆頭川水	17 渭水	1.
荆州城舊殿	31 淯水	37.
荆州城西古臺	31 淯水	36.
荆門虎牙陸道	34 江水	31.
虚桃	8 濟水	65.
虜城	26 淄水	53.
蛩山	24 瓠子河	18.
街河水	13 漯水	佚.
街亭城	2 河水	53.
覃懷	10 濁漳水	65.
視水	31 溳水	1.
袴山	9 洹水	佚.
訾城	15 洛水	53.
訾聚	15 洛水	59.
詔息湖	40 漸江水	6.
詔虞水	30 淮水	1.
詔虞亭	30 淮水	57.
詔虞水口	30 淮水	3.
詔虞水南山	30 淮水	18.
象門	32 肥水	41.
象浦	36 温水	8.
象郡	36 温水	49.
	37 葉榆河	
象廟	38 湘水	45.
象林縣	36 温水	50.
象林縣治	36 温水	53.
象林縣故治	36 温水	53.

地名	卷次	類别
貰	23 汳水	65.
貰城	10 濁漳水	53.
	23 汳水	
	25 泗水	
貰縣	10 濁漳水	50.
貴口	29 沔水	3.
貴湖	29 沔水	6.
貴鄉	5 河水	佚.
貴長池	29 沔水	9.
貴震山	7 濟水	18.
貴長池水	29 沔水	1.
貸敢山	3 河水	18.
貸敢水	3 河水	1.
費	25 沂水	65.
費亭	30 淮水	57.
費縣	25 沂水	50.
費侯國	25 沂水	51.
費縣故城	25 沂水	53.
賀水	6 澮水	1.
	36 温水	
賀臺	40 漸江水	36.
賁禺	37 泿水	65.
賁古縣	37 葉榆河	50.
賁武縣	3 河水	50.
越	25 沂水	47.
	27 沔水	
	29 沔水	
	32 夏水	
	36 温水	
	37 葉榆河	
	37 泿水	
	40 漸江水	
越里	40 漸江水	58.
越城	38 灕水	53.

地名	卷次	類别
越都	40 漸江水	52.
越嶺	37 葉榆河	18.
越北鄉	40 漸江水	56.
越州城	40 漸江水	53.
越城嶠	38 灕水	18.
越街郵	15 瀍水	26. 65.
越裳究	36 温水	1. 15.
越巂水	36 若水	1.
越巂郡	33 江水	49.
	36 青衣水	
	36 若水	
	37 葉榆河	
越城之嶠	38 湘水	18.
越城嶠水	38 湘水	1.
	38 灕水	
越巂郡治	36 若水	53.
越王允常冢	40 漸江水	43.
越裳氏夷國	36 温水	47.
越王句踐故國	26 濰水	47.
越王無餘舊都	40 漸江水	52.
軨水	28 沔水	1.
軨鄉	28 沔水	56.
軨橋	4 河水	30.
軹郭	7 濟水	54.
軹縣	6 湛水	50.
	7 濟水	
	9 沁水	
軹關	4 河水	32.
	7 濟水	
軹侯國	7 濟水	51.
軹南阜	7 濟水	18.
軹縣南山	7 濟水	18.
軹縣南原	6 湛水	26.
軹縣故城	7 濟水	53.

地名	卷次	類别
軹縣西南山	7 濟水	18.
軹縣西北平地	7 濟水	26.
逯明壘	5 河水	32.
進和門	19 渭水	41.
進桑縣	37 葉榆河	50.
進桑關	37 葉榆河	32.
都山	11 滱水	18.
	39 鍾水	
都門	19 渭水	41.
都陂	32 沘水	10.
都亭	15 洛水	57.
	16 穀水	
	21 汝水	
	23 汳水	
都鄉	12 聖水	56.
	19 渭水	
都野	40 禹貢山水澤地所在	6. 26.
都慮	6 汾水	65.
都嶠	39 洭水	18.
都關	24 瓠子河	32.
都安縣	33 江水	50.
都昌縣	26 濰水	50.
都尉城	3 河水	53.
	7 濟水	
都梁山	38 資水	18.
都梁縣	38 資水	50.
都粟浦	36 温水	8.
都溪水	38 湘水	1.
都鄉城	9 沁水	53.
	12 聖水	
都盧山	19 補涇水	18.
都關縣	24 瓠子河	50.
都安大堰	33 江水	28.

地名	卷次	類別
閏雋縣	35 江水	50.
閏儉縣	25 泗水	50.
閑原	4 河水	26.
陽	7 濟水	65.
	8 濟水	
陽口	14 濡水	3.
陽山	3 河水	18.
	15 伊水	
	39 洭水	
陽水	15 伊水	1.
	26 淄水	
	32 沮水	
陽丘	8 濟水	19.
	22 渠	
陽石	37 夷水	21.
陽村	33 江水	60.
陽邑	6 洞過水	53.
陽武	22 渠	65.
陽門	26 淄水	41.
陽亭	12 聖水	57.
	30 淮水(2)	
陽紆	1 河水	6.
陽城	5 河水	18. 53.
	7 濟水(2)	
	11 滱水	
	15 伊水	
	22 潁水(2)	
	31 淯水	
陽國	25 沂水	47.
陽淵	32 施水	7.
陽渠	16 穀水	1.
陽湖	32 肥水	6.
陽溪	6 文水	1.
	15 伊水	

地名	卷次	類別
	33 江水	
陽鄉	5 河水	56.
	12 聖水	
陽樊	7 濟水	65.
	14 鮑丘水	
陽穀	8 濟水	65.
陽關	2 河水	32.
	21 汝水	
	22 潁水	
	33 江水	
陽人聚	21 汝水	59.
陽口水	30 淮水	1.
陽口縣	33 江水	50.
陽子臺	22 洧水	36.
陽山縣	31 溳水	50.
	39 洭水	
陽中山	28 沔水	18. 佚.
	31 滍水	
陽中里	40 漸江水	58.
陽元口	33 江水	3.
陽元水	33 江水	1.
陽水堨	26 淄水	28.
陽丘亭	22 渠	57.
陽丘縣	8 濟水	50.
陽市邑	15 洛水	53.
陽平郡	9 淇水	49.
陽平縣	5 河水	50.
	27 沔水	
陽平關	27 沔水	32.
陽田河	14 濡水	1.
陽安亭	11 滱水	57.
陽安縣	39 鍾水	50.
陽安壙	11 滱水	1.
陽安關	11 滱水	32.

地名	卷次	類别
陽曲城	6 汾水	53.
陽岐山	35 江水	18.
陽谷水	17 渭水	1.
陽邑縣	6 洞過水	50.
陽周縣	3 河水	50.
陽武城	23 陰溝水	53.
陽武縣	7 濟水	50.
	22 渠	
	23 陰溝水	
陽門山	13 㶟水	18.
陽門水	13 㶟水	1.
陽阿川	9 沁水	26.
陽阿水	9 沁水	1.
陽阿縣	9 沁水	50.
陽非水	2 河水	1.
陽非亭	2 河水	57.
陽亭聚	27 沔水	59.
陽亭縣	27 沔水	50.
陽侯祠	19 渭水	44.
陽信縣	5 河水	50.
陽垣縣	7 濟水	50.
陽泉口	9 沁水	3.
	32 決水	
陽泉水	6 文水	1. 11.
	9 沁水	
	10 濁漳水	
	32 決水	
陽泉鄉	32 決水	56.
陽泉縣	32 決水	50.
陽原縣	13 㶟水	50.
陽城山	22 潁水	18.
	22 洧水	
陽城澱	11 滱水	6.
陽城縣	11 滱水	50.

地名	卷次	類别
	15 伊水	
	22 潁水	
	22 洧水	
	31 淯水	
	31 㶏水	
陽夏縣	23 陰溝水	50.
陽晉城	24 瓠子河	53.
陽朔山	38 湘水	18.
陽海山	38 湘水	18.
	38 灕水	
陽清湖	8 濟水	6.
陽乾山	22 潁水	18.
陽部水	32 羌水	1.
陽部溪	32 羌水	1.
陽陵城	9 沁水	53. 佚.
陽壺城	4 河水	53.
陽欺崖	37 沅水	20.
陽湖水	32 肥水	1.
陽渠水	15 洛水	1.
	16 穀水	
陽虛山	15 洛水	18.
陽都坂	27 沔水	18.
陽都陂	22 潁水	10.
	22 渠	
陽都縣	25 沂水	50.
	26 沭水	
陽新縣	35 江水	50.
陽溝水	13 㶟水	1.
陽溪口	33 江水	3.
陽羨縣	35 江水	50. 佚.
	40 漸江水	
陽遂鄉	21 汝水	56.
陽鄉亭	12 聖水	57.
陽鄉城	7 濟水	53.

地名	卷次	類别
陽鄉縣	5 河水	50.
陽端門	13 灅水	41.
陽翟縣	21 汝水	50.
	22 潁水	
陽樂水	14 沽河	1.
	14 濡水	
陽樂城	14 濡水	53.
	23 汳水	
陽樂縣	14 濡水	50.
	39 贛水	
陽樊城	7 濟水	53.
陽縻淵	10 濁漳水	7.
陽關亭	24 汶水	57.
陽關城	24 汶水	53.
陽關聚	22 潁水	59.
陽山故城	39 洣水	53.
陽山鼓杖	39 洭水	21.
陽公故居	14 鮑丘水	40.
陽公壇社	14 鮑丘水	36.
陽平北山	27 沔水	18.
陽平郡治	9 淇水	53.
陽安澗水	4 河水	1.
陽武侯國	22 渠	51.
陽阿侯國	9 沁水	51.
陽亭石穴	30 淮水	22.
陽泉侯國	32 決水	51.
陽紆之山	1 河水	18.
陽重溝水	14 沽河	1.
陽城侯國	22 潁水	51.
陽夏侯國	22 渠	51.
陽城南溪	7 濟水	1.
陽華之山	4 河水	18.
陽都侯國	25 沂水	51.
陽樂縣溪	14 濡水	1.

地名	卷次	類别
陽縻淵水	10 濁漳水	1.
陽關故城	24 汶水	53.
陽山縣故城	39 洭水	53.
陽丘縣故城	8 濟水	53.
陽平縣故城	5 河水	53.
	27 沔水	
陽曲護軍治	6 汾水	53.
陽岐山東城	35 江水	53.
陽邑縣故城	6 洞過水	53.
陽周縣故城	3 河水	53.
陽武縣故城	7 濟水	53.
	22 渠	
陽阿縣故城	9 沁水	53.
陽泉水西山	6 文水	18.
陽泉縣故城	32 決水	53.
陽原縣故城	13 灅水	53.
陽城縣故城	11 滱水	53.
	22 潁水	
陽陵城南山	9 沁水	18.
陽欺崖細泉	37 沅水	11.
陽都縣故城	25 沂水	53.
陽翟縣故城	22 潁水	53.
陽翟縣故堰	22 潁水	24.
陽安關都尉治	11 滱水	53.
陽紆陵門之山	1 河水	18.
陽原縣東北淵	13 灅水	7.
陽欺崖二石室	37 沅水	40.
陽渠水石逗枝流	16 穀水	1.
陽渠水銅駝街枝流	16 穀水	1.
隃麋縣	17 渭水	50.
隃麋侯國	17 渭水	51.
隃麋縣故城	17 渭水	53.

地名	卷次	類别
順泉縣	3 河水	50.
順夏縣	2 河水	50.
順從縣	25 沂水	50.
順陰縣	11 易水	50.
順陽郡	29 均水	49.
順陽縣	28 沔水	50.
	29 均水	
	31 淯水	
順睦縣	14 大遼水	50.
順調縣	11 滱水	50.
順礫縣	2 河水	50.
順陽侯國	29 均水	51.
須	8 濟水	65.
須水	7 濟水	1.
須句	25 泗水	65.
須城	8 濟水	53.
須陵	36 温水	43.65.
須昌城	24 汶水	53.
須昌縣	8 濟水	50.
	24 汶水	
須朐城	8 濟水	53.
須朐國	8 濟水	47.
須朐都	8 濟水(2)	52.
須導村	28 沔水	60.
飯筐下口	35 江水	3.
飯筐下口江浦	35 江水	8.
馮	22 潁水	65.
馮水	38 湘水	1.
馮岡	38 湘水	18.
馮溪	38 湘水	1.
馮翊	4 河水	49.
	16 沮水	
	16 漆水	
	19 渭水	
馮公谷	19 渭水	24.
馮夷都	1 河水	52.
馮乘縣	36 温水	50.
	38 湘水	
馮都壘	9 淇水	32.
馮緄冢	29 潛水	43.
馮德郡	14 大遼水	49.
馮逸之山	1 河水	18.
馮龍所造壇廟	10 濁漳水	佚.
嵎嶧	25 泗水	18.
黄	9 淇水	65.
	15 洛水	
	35 江水	
黄口	30 淮水	3.
黄山	9 渭水	18.
	24 瓠子河	
	26 淄水	
	31 溳水	
	40 漸江水	
黄水	1 河水	1.
	7 濟水	
	8 濟水	
	10 濁漳水	
	13 㶟水	
	15 洛水	
	20 丹水	
	21 汝水	
	22 洧水	
	22 濮水	
	23 獲水	
	25 泗水	
	30 淮水	
	31 淯水	
	37 澧水	

地名	卷次	類別
黃岑山	38 溱水	18.
	39 耒水	
黃岑水	39 耒水	1.
黃沙屯	27 沔水	60.
黃沙阜	40 禹貢山水澤地所在	19.
黃孤山	25 沂水	18.
黃武山	30 淮水	18.
	35 江水	
黃昌宅	29 沔水	40.
黃河城	2 河水	53.
黃花川	20 漾水	佚.
黃花谷	9 洹水	佚.
黃花縣	27 沔水	50.
黃金戍	27 沔水	62.
黃金谷	27 沔水	24.
黃金采	39 贛水	33.
黃金峭	27 沔水	18.
黃金浦	35 江水	8.
黃金臺	11 易水	佚.
黃金縣	27 沔水	佚.
黃金瀨	35 江水	15.
黃巷坂	4 河水	18.
黃帝宫	1 河水	37.
黃帝祠	13 㶟水	44.
黃帝都	17 渭水	52.
	22 洧水	
黃帝塚	3 河水	43.
黃律口	35 江水	3.
黃瓮澗	22 渠	1.
黃眉城	4 河水	53.
黃軍浦	35 江水	8.
黃原祠	16 補洛水	佚.
黃城山	31 潕水	18.

地名	卷次	類別
黃城縣	6 汾水	50.
黃家墓	28 沔水	43.
黃馬坂	5 河水	18.
黃馬關	5 河水	32.
黃堆山	7 濟水	18.
黃崖水	22 潧水	1.
黃洛水	14 濡水	1.
黃淳水	31 淯水	1.
黃淳聚	31 淯水	59.
黃淵水	7 濟水	1.
黃郵水	31 淯水	1.
黃郵聚	31 淯水	59.
黃聚巒	31 淯水	47.
黃陵水	38 湘水	1.
黃陵陂	21 汝水	10.
黃陵亭	38 湘水	57.
黃雀溝	7 濟水	1.
	9 蕩水	
	22 洧水	
	22 渠	
黃華川	20 漾水	佚.
黃華水	9 洹水	1. 佚.
	20 漾水	
	33 江水	
黃華谷	9 洹水	24.
黃須水	10 濁漳水	1.
黃塘泉	10 補洺水	佚.
黃葛峽	33 江水	23.
黃頒水	14 沽河	1.
黃頒谷	14 沽河	24.
黃槐川	17 渭水	1. 26.
黃蒿塢	23 汳水	63.
黃嶔水	16 沮水	1.
黃嶔谷	16 沮水	24.

地名	卷次	類别
黄盧山	20 漾水	18.
黄盧水	3 河水	1.
黄盧谷	3 河水	24.
黄龍亭	14 大遼水	57.
黄龍城	14 大遼水	53.
黄龍堆	33 江水	15. 19.
黄嶺山	19 渭水	18.
黄鵠山	35 江水	18.
黄鵠岸	35 江水	17.
黄鵠灣	35 江水	4.
黄櫨水	3 河水	佚.
黄櫨谷	3 河水	佚.
黄龕灘	33 江水	15.
黄巖山	10 清漳水	佚.
黄巖水	10 清漳水	佚.
黄土川水	17 渭水	1.
黄中澗水	15 洛水	1.
黄水右岸	32 涔水	17.
黄水枝渠	7 濟水	1.
黄瓜西谷	17 渭水	24.
黄石公圯	25 沂水	29.
黄岑溪水	38 溱水	1.
黄岡心口	36 温水	3.
黄花谷水	20 漾水	1.
黄阜泉水	24 瓠子河	11.
黄亭溪水	15 洛水	1.
黄淳水橋	31 滍水	29.
黄陵水口	38 湘水	3.
黄須水口	10 濁漳水	3.
黄華水口	33 江水	3.
黄嵚水口	16 沮水	3.
黄酸之水	19 渭水	1.
黄盧山水	20 漾水	1.
黄盧水口	3 河水	3.

地名	卷次	類别
黄牛灘江口	34 江水	3.
黄牛灘南岸	34 江水	17.
黄杜東溪水	17 渭水	1.
黄沙水遠山	27 沔水	18.
黄城山溪水	31 潕水	1.
黄華谷北崖	9 洹水	20.
黄龍南瀑布	39 廬江水	5.
黄權夫妻冢	31 淯水	43.
黄土川水南山	17 渭水	18.
黄花谷水北山	20 漾水	18.
黄花谷水飛波	20 漾水	5.
黄杜東溪水山	17 渭水	18.
黄華水谷口伏流	9 洹水	2.
黄牛灘東兩岸高山	34 江水	18.
黍良谷水	15 洛水	1.
黑山	6 汾水	18. 佚.
	9 清水	
	9 蕩水	
	40 補黑水	
黑水	1 河水	1. 佚.
	3 河水(2)	
	4 河水	
	6 汾水	
	6 澮水	
	6 洞過水	
	17 渭水(2)	
	19 渭水	
	20 漾水	
	2 淄水	
	27 沔水	
	33 江水(2)	
	27 桓水	

地名	卷次	類別
	36 若水(2)	
	40 補黑水	
黑城	2 河水(2)	53.
	17 渭水	
黑澗	3 河水	1.
黑嶺	9 沁水	18.
黑土城	13 㶟水	53.
黑水池	11 滱水	9.
黑水谷	2 河水	24.
黑水城	20 漾水	53.
黑水峽	17 渭水	23.
黑牛谷	14 鮑丘水	24.
黑石谷	2 河水	24.
黑澗水	15 洛水	1.
黑嶺水	9 沁水	1.
黑山北谷	9 蕩水	24.
黑水三泉	19 渭水	11.
黑水北山	27 沔水	18.
黑水伏流	37 葉榆河	佚.
黑水西山	6 洞過水	18.
黑水別派	37 葉榆河	佚.
黑水南山	17 渭水	18.
黑牛谷水	14 鮑丘水	1.
黑城川水	13 㶟水	1.
黑城溪水	2 河水	1.
黑水池伏流	11 滱水	2.
黑城西北山	2 河水	18.
黑城溪枝津	2 河水	1.
黑城溪左枝水	2 河水	1.

十三劃：亂、傳、僊、勤、匯、圓、塔、塗、塞、填、塢、奧、媼、寖、窬、嵊、嵩、幹、廉、廆、微、愍、愚、慎、損、搦、敬、斟、新、暄、暉、會、椹、楊、楚、榆、楢、楨、楮、極、歇、温、源、溝、溟、溠、溧、溪、溮、溱、溲、溳、溴、溷、溼、滁、滄、滇、滋、滌、溒、滏、滑、滐、滆、溾、溜、煌、煮、煖、照、犍、獅、獂、瑕、瑞、瑟、當、盟、睢、督、碑、祿、禁、禽、稟、稛、綏、經、絺、羨、義、聖、聘、肄、萬、落、葉、著、葛、董、葦、葬、葭、葰、葵、蓨、蓌、葙、葴、虞、號、蜀、蜂、衙、裘、解、試、詩、誅、豢、資、賈、路、辟、農、遂、遊、運、過、遒、道、達、違、鄒、鄔、鄉、鄖、鄗、酼、鈴、鉅、鉗、鉢、鉤、隕、隘、隙、雉、雊、雍、零、雷、雹、靖、預、頓、馳、鳩、黽、鼎、鼓

地名	卷次	類別
亂石溪水	17 渭水	1.
傳治縣	24 睢水	50.
僊士石室	30 淮水	40.
勤田縣	4 河水	50.
匯澤	29 沔水	6.
圓水	39 耒水	1. 12.
圓城	23 陰溝水	53.
塔山	26 巨洋水	18.

地名	卷次	類別
慎	22 潁水	65.
慎口	30 淮水	3.
慎水	21 汝水	1.
	30 淮水	
慎縣	22 潁水	50.
慎治縣	22 潁水	50.
慎侯國	22 潁水	51.
慎陽城	21 汝水	53.
慎陽縣	21 汝水	50.
	30 淮水	
慎陽侯國	30 淮水	51.
慎縣故城	22 潁水	53.
慎陽城塹水	21 汝水	1.
慎陽縣北陂	21 汝水	10.
慎陽縣南陂	21 汝水	10.
慎陽縣故城	21 汝水	53.
	30 淮水	
損毒之國	2 河水	47.
搦嶺	4 河水	18.
敬丘	24 睢水	19. 65.
敬丘縣	24 睢水	50.
敬武縣	10 濁漳水	50.
敬武壘	10 濁漳水	32.
敬陽縣	3 河水	50.
敬丘侯國	24 睢水	51.
敬武縣故城	10 濁漳水	53.
斟水	39 洭水	1.
斟亭	26 巨洋水	57.
斟城	26 巨洋水	53.
斟縣	26 巨洋水	50.
斟觀	5 河水	65.
斟尋國	26 巨洋水	47.
斟灌國	26 巨洋水	47.
	26 汝水	

地名	卷次	類別
新水	22 潁水	1.
新田	6 澮水	27.
新邑	16 穀水	53.
新里	16 補洛水	58. 佚
	22 渠	
新河	9 淇水	1. 佚
	9 洹水	
	14 濡水	
	40 漸江水	
新陂	28 沔水	10.
新亭	31 潕水	50. 57.
新城	5 河水(2)	53.
	9 淇水	
	11 易水	
	15 伊水	
	16 補洛水	
	19 渭水(2)	
	24 睢水	
	30 淮水	
	31 溳水	
	32 沮水	
新秦	2 河水	65.
	3 河水	
新渠	26 沭水	1.
新都	33 江水	52.
新溝	22 渠	1.
	24 瓠子河	
新鄉	8 濟水	56.
新臺	5 河水(2)	36.
新蒙	24 睢水	65.
新鄭	7 濟水	65.
	22 潁水	
	22 洧水	
新巴縣	20 漾水	50.

地名	卷次	類别
新寧縣	38 湘水	50.
新廣郡	37 泿水	49.
新德縣	30 淮水	50.
新樂城	8 濟水	53.
新樂縣	9 淇水	50.
新蔡縣	21 汝水	50.
	31 淯水	
新鄭縣	22 洧水	50.
	22 潧水	
	22 渠	
新興川	17 渭水	26.
新興治	35 江水	53.
新興郡	6 汾水	49.
新興縣	17 渭水	50.
新築城	7 濟水	53.
新遷縣	21 汝水	50.
新頭河	1 河水	1.
新豐原	19 渭水	26.
新豐城	10 濁漳水	53.
新豐塢	9 清水	63.
新豐路	19 渭水	31.
新豐縣	19 渭水	50.
新羅灣	36 温水	4.
新市侯國	11 易水	51.
新市縣治	31 涢水	53.
新平東岸	38 湘水	17.
新安平縣	14 濡水	50.
新河北水	9 洹水	1.
新河枝渠	14 濡水	1.
新河南水	9 洹水	1.
新河故瀆	14 濡水	1.
新息侯國	30 淮水	51.
新城西山	15 伊水	18.
新城郡治	28 沔水	53.

地名	卷次	類别
新野東鄉	29 比水	56.
新野郡治	31 淯水	53.
新野縣陂	31 淯水	10.
新陽下城	17 渭水	53.
新陽川水	16 補洛水	佚.
新陽侯國	22 潁水	51.
新陽崖水	17 渭水	1.
新陽縣治	28 沔水	53.
新道南山	33 江水	18.
新蔡侯國	21 汝水	51.
新興川水	17 渭水	1.
新豐侯國	19 渭水	51.
新安縣故城	16 穀水	53.
新汲縣故城	22 洧水	53.
新息縣故城	30 淮水	53.
新城縣西山	15 伊水	18.
新城縣故城	15 伊水	53.
新城縣温泉	15 伊水	12.
新野縣故城	31 淯水	53.
新都縣故城	29 比水	53.
新陽縣東澤	31 溳水	6.
新陽縣故城	22 潁水	53.
新陽縣温泉	31 溳水	12.
新蔡縣故城	21 汝水	53.
新鄭縣故城	22 洧水	53.
	22 渠	
新興縣北水	17 渭水	1.
新頭河兩岸	1 河水	17.
新頭河懸絙	1 河水	29.
新豐縣故城	19 渭水	53.
新安平縣故城	14 濡水	53.
新頭河石鹽場	1 河水	34.
新頭河石鹽礦	1 河水	33.

地名	卷次	類別
楊梁城	30 淮水	53.
楊廉川	20 漾水	26.
楊虚縣	5 河水	50.
楊儀居	28 沔水	40.
楊墟縣	5 河水	50.
楊蘭水	5 河水	1.
楊反谷水	17 渭水	1.
楊津溝水	10 濁漳水	1.
楊桂水口	35 江水	3.
楊廉川水	20 漾水	1.
楊虚侯國	5 河水	51.
楊渚溝水	8 濟水	1.
楊縣故城	6 汾水	53.
楊墟縣故城	5 河水	53.
楊子洲江右岸	35 江水	17.
楚	1 河水	47.
	3 河水	
	6 汾水	
	7 濟水	
	8 濟水	
	15 伊水	
	16 穀水	
	19 渭水	
	20 漾水	
	21 汝水	
	22 潁水	
	22 洧水	
	22 溪水	
	22 渠	
	23 陰溝水	
	23 獲火	
	24 睢水	
	24 瓠子河	
	25 泗水	
	26 沭水	
	27 沔水	
	28 沔水	
	29 沔水	
	29 比水	
	30 淮水	
	31 滍水	
	31 瀙水	
	31 淯水	
	32 決水	
	32 沘水	
	32 夏水	
	33 江水	
	34 江水	
	35 江水	
	37 沅水	
	38 湘水	
	40 漸江水	
	40 禹貢山水澤地所在	
楚山	20 丹水	18.
楚水	17 渭水	1.
	20 丹水	
楚丘	8 濟水	19.65.
	24 瓠子河	
	25 泗水	
楚郡	23 獲水	49.
楚國	8 濟水	47.49
	21 汝水	
	31 潕水	
楚堨	29 湍水	28.
楚都	28 沔水	52.
	33 江水	
楚王國	23 獲水	49.

地名	卷次	類别
楚王琴	21 汝水	43.
楚丘亭	8 濟水	57.
	25 泗水	
楚丘城	8 濟水	53.
楚郢都	28 沔水	52.
楚之西塞	34 江水	32.
楚元王冢	23 獲水	43.
楚文王都	28 沔水	52.
楚武王冢	21 汝水	43.
楚宣王都	35 江水	52.
楚昭王都	28 沔水	52.
楚昭王墓	32 沮水	43.
楚堨方塘	29 湍水	28.
楚襄王都	22 渠	52.
楚子熊繹都	34 江水	52.
楚太子建墳	23 陰溝水	43.
楚文王故都	28 沔水	52.
楚平王大城	21 汝水	53.
楚昭王故都	28 沔水	52.
楚莊王釣臺	27 沔水	36.
楚襄王別都	22 潁水	52.
楚通上洛阸道	20 丹水	31.
榆次	6 洞過水	65.
榆城	2 河水	53.
	12 巨馬水	
榆溪	3 河水	1.
榆谿	3 河水	佚.
榆子溝	7 濟水	1.
榆中縣	2 河水	50.
	3 河水	
榆交水	10 濁漳水	1.
榆次縣	6 汾水	50.
	6 洞過水	
榆林山	3 河水	18.

地名	卷次	類别
榆林塞	3 河水	32.
榆城河	12 巨馬水	1.
榆陽城	9 淇水	53.
榆栁之藪	3 河水	6.
榆城溪水	2 河水	1.
榆陽侯國	9 淇水	51.
榆溪舊塞	3 河水	32.
楕溪	36 若水	1.
楨陵縣	3 河水	50.
楮城	23 陰溝水	53.
極武縣	3 河水	50.
歇馬嶺	31 澧水	18.
温	5 河水	47.65.
	7 濟水	
温水	13 灅水	1.
	19 渭水	
	25 沂水	
	31 溳水	
	36 若水	
	36 延江水	
	36 温水	
	37 葉榆河	
温邑	5 河水	53.
温城	7 濟水	53.
	10 濁漳水	
温溪	14 鮑丘水	1.
	14 濡水	
	17 渭水	
温縣	5 河水	50.
	7 濟水	
	36 温水	
温公浦	36 温水	8.
温公壘	31 温水	33.
温谷水	17 渭水(3)	1.

地名	卷次	類别
温明殿	10 濁漳水	37.
温泉口	31 滍水	3.
温泉水	11 滱水	1.
	13 灅水	
	14 鮑丘水	
	14 濡水	
	15 洛水	
	15 伊水	
	18 渭水	
	19 渭水	
	21 汝水	
	27 沔水	
	31 滍水	
	37 澧水	
温泉陂	25 沂水	10.12.
温宿城	2 河水	53.
温宿國	2 河水	47.
温湯水	13 灅水	1.
温縣郭	7 濟水	54.
温泉三水	37 夷水	1.
温泉水口	14 濡水	3.
	27 沔水	
温宿國治	3 河水	52.
温湯水口	13 灅水	3.
温溪温泉	14 濡水	12.
温縣故城	7 濟水	53.
温泉水北山	14 鮑丘水	18.
	37 澧水	
温泉水徐無城伏流	14 鮑丘水	2.
温泉水	11 易水	1.11.
温源水	9 沁水	1.
源水	26 淄水	1.
源河	5 河水	1.

地名	卷次	類别
溝水	24 汶水	1.
溝搜亭	3 河水	50.57.
溝搜郡	3 河水	49.
溟海	26 膠水	14.
溠水	31 溳水	1.
溧陽縣	35 江水	50.
溪水	37 沅水	1.
溮口	30 淮水	3.
溮水	30 淮水	1.
溮口水	30 淮水	1.
溱	22 洧水	1.
	22 潧水	
溱水	21 汝水	1.
	38 溱水	
	39 洭水	
	39 鍾水	
	39 耒水	
溲水	29 比水	1.
溳山	31 溳水	18.
溳水	28 沔水	1.佚.
	31 溳水	
	35 江水	
溳鄉	27 沔水	56.
溴梁	7 濟水	29.
	8 濟水	
溷水	26 淄水	1.
溷崖	36 沫水	20.
溼坂	33 江水	18.
滁水	35 江水	佚.
滄水	13 灅水	1.
滄州	9 淇水	48.
滄河	13 灅水	1.
滄海	14 濡水	14.
	36 温水	

地名	卷次	類别
滄州治	9 淇水	53.
滄浪水	20 漾水	1.
滄浪洲	28 沔水	16.
滄浪溝	24 瓠子河	1.
滄海水	38 溱水	1.
滄浪之水	28 沔水	1.
	32 夏水	
滄海水島嶼	38 溱水	16.
滇州	36 温水	48.
滇池	3 河水	9.
	28 沔水	
	36 温水	
滇國	36 温水	47.
滇池城	36 温水	53.
滇池澤	37 葉榆河	6.
滇池縣	36 温水	50.
	37 葉榆河	
滇國郡	36 温水	52.
滋	11 補滋水	1. 佚.
	19 渭水	
滋水懸流	11 補滋水	佚.
滌蕩縣	26 巨洋水	50.
溠	31 溠水	1.
溠川	31 溠水	1.
溠水	21 汝水	1.
	31 溠水	
滏口	10 補滏水	佚.
滏水	10 濁漳水	1. 佚.
	10 補滏水	
	37 沅水	
滏祠	10 補滏水	佚.
滏水祠	10 補滏水	佚.
滏水崖	10 補滏水	20.
滑國	15 洛水	47.

地名	卷次	類别
滑費	15 洛水	65.
滑臺	5 河水	36.
滑國都	15 洛水	52.
滑臺城	5 河水	53.
	8 濟水	
滑鹽縣	14 鮑丘水	50.
滑鹽縣故城	14 鮑丘水	53.
溹涫水	13 㶟水	1. 11.
滆湖	29 沔水	6. 佚.
	35 江水	
溾水	28 沔	1.
溜溪	2 河水	1.
煌煌堂	3 河水	40.
煮棗城	8 濟水	53.
煮棗侯國	8 濟水	51.
煖水	36 延江水	1.
照臺	16 穀水	36.
犍山	36 延江水	18.
犍爲郡	33 江水	49.
	36 桓水	
	36 若水	
	36 延江水	
犍越國	1 河水	47.
犍爲郡治	36 延江水	53.
犍爲屬國	36 延江水	49.
獅子山	35 江水	佚.
獂	17 渭水	65.
獂道縣	17 渭水	50.
獂道縣故城	17 渭水	53.
瑕	23 陰溝水	65.
瑕丘	25 泗水	19.
	25 洙水	
瑕陂	23 陰溝水	10.
瑕城	6 涑水	53.

地名	卷次	類別
	23 陰溝水	
瑕丘城	25 洙水	53.
瑕丘縣	25 泗水	50.
瑕丘城石門	25 洙水	28.41.
瑞狐縣	8 濟水	50.
瑟水	30 淮水	1.
當亭	17 渭水	57.
當域	13 漯水	53.
當湖	29 沔水	6.
當利縣	26 膠水	50.
	30 淮水	
當亭水	17 渭水	1.
當亭縣	17 渭水	50.
當要縣	13 漯水	50.
當城縣	13 漯水	50.
當皆城	15 伊水	53.
當陽縣	28 沔水	50.
	32 沮水	
	32 漳水	
當塗縣	30 淮水	50.
	33 江水	
當道城	16 沮水	53.
當里溪水	17 渭水	1.
當亭縣治	17 渭水	53.
當塗侯國	30 淮水	51.
當縣故城	13 漯水	53.
當陽縣故城	32 沮水	53.
當塗縣故城	30 淮水	53.
當陽縣故城岡	32 沮水	18.
盟津	5 河水	1.30.
睢	22 渠	1.
	24 睢水	
	25 泗水	
睢口	24 睢水	3.

地名	卷次	類別
睢水	23 汳水	1.
	23 獲水	
	24 睢水	
	25 泗水	
睢城	23 汳水	53.
睢水口	25 泗水	3.
睢陵縣	24 睢水	50.
	25 泗水	
睢陸縣	24 睢水	50.
睢陽城	23 汳水	53.
	24 睢水	
睢陽縣	8 濟水	50.佚.
	16 穀水	
	22 渠	
	23 汳水	
	24 睢水	
睢陵侯國	24 睢水	51.
睢陽東門	24 睢水	41.
睢陵縣故城	24 睢水	53.
睢陽城西門	24 睢水	41.
睢陽城南門	24 睢水	41.
睢陽縣故城	23 汳水	53.
	24 睢水	
睢陽城東石室	23 汳水	40.
督亢	12 巨馬水	65.
督陽	8 濟水	65.
督亢水	12 巨馬水	1.
督亢亭	12 巨馬水	57.
督亢陌	12 巨馬水	31.
督亢溝	12 巨馬水	1.
督亢澤	12 巨馬水	6.
督水枝溝	12 巨馬水	1.
碑産山	26 濰水	18.
碑産山故堰	26 濰水	27.

地名	卷次	類别
禄谷	3 河水	24.
禄谷水	3 河水	1.
禄泉水	15 洛水	1. 11.
禄谷水口	3 河水	3.
禁水	36 若水	1.
禽虜縣	14 大遼水	50.
稟水	22 洧水	1.
稒陽城	3 河水	53.
稒陽縣	3 河水	50.
稒陽縣故城	3 河水	52
綏水	22 洧水	1.
綏溪	22 洧水	1.
綏戎城	2 河水	53.
綏武縣	3 河水	50.
綏陽縣	17 渭水	50.
綏陽小谷	17 渭水	24.
綏陽溪水	17 渭水	1.
經城	10 濁漳水	53.
經縣	10 濁漳水	50.
經縣故城	10 濁漳水	53.
絺城	7 濟水	53.
羨之婦墓	29 粉水	43.
義山	26 巨洋水	18.
義城	2 河水	53.
義鄉	30 淮水	56.
	32 澻水	
義井水	31 淯水	1.
義成縣	22 渠	50.
	23 陰溝水	
義帝冢	39 耒水	43.
義城縣	30 淮水	50.
義陵郡	36 延江水	49.
義陵縣	37 沅水	50.
義陽郡	28 沔水	49.
	30 淮水	
義陽縣	30 淮水	50.
	31 淯水	
義魯浦	22 渠	8.
義陵郡治	37 沅水	50.
義陽天井	30 淮水	13.
義陽侯國	28 沔水	51.
	30 淮水	
義陽郡治	28 沔水	53.
	30 淮水	
義陽縣故城	30 淮水	53.
聖水	12 聖水	1.
	26 淄水	
聖阜	11 補滱沱水	佚.
聖泉	34 江水	11.
聖聚	12 聖水	59.
聖人阜	11 補滱沱水	佚.
聖人城	12 巨馬水	53.
聖人窟	4 河水	22. 佚.
	9 洹水	
聖女陂	22 渠	10.
聖女泉	11 易水	11.
聖水谷	12 聖水	24.
聖水窟	9 洹水	佚.
聖鼓杖	39 洭水	21.
聖鼓道	39 洭水	31.
聖人阜泉	11 補滱沱水	佚.
聖山之水	13 灅水	1.
聖人城北大亘	12 巨馬水	18.
聖人阜二脚跡石	11 補滱沱水	佚.
聖水五石山伏流	12 聖水	2.

地名	卷次	類别
聖人阜十二手跡石	11 補滹沱水	佚.
聖水大防嶺石穴伏流	12 聖水	2.
聘君亭	40 漸江水	57.
肄水	31 淯水	1.
	38 溱水	
萬山	28 沔水	18.
萬城	21 汝水	53.
萬山潭	28 沔水	7.
萬石戍	38 湘水	62.
萬石城	27 沔水	53.
萬石浦	38 湘水	8.
萬石灣	17 渭水	4.9.
萬安湖	30 淮水	6.
萬年川	17 渭水	26.
萬年縣	16 沮水	50.
	19 補豐水	
萬里沙	24 瓠子河	25.
萬里橋	33 江水	29.
萬秋門	19 渭水	41.
萬頃池	33 江水	9.
萬歲山	39 耒水	18.
萬歲村	39 耒水	60.
萬歲亭	24 瓠子河	57.
萬歲宫	4 河水	37.
萬歲縣	24 瓠子河	50.
萬載宫	13 㶟水	37.
萬人散祠	22 渠	44.
萬年川水	17 渭水	1.
萬石城高原	27 沔水	26.
萬年縣故城	16 沮水	53.
萬歲山石室	39 耒水	40.
萬年川水南山	17 渭水	18.

地名	卷次	類别
落門	17 渭水	41.
落牛灘	33 江水	15.
落里坑	5 河水	6.
落門聚	17 渭水	59.
落星山	29 沔水	18.
落星石	39 廬江水	21.
落架口	23 汳水	3.
落架水	23 汳水	1.
落馬洪	13 㶟水	5.
落部西山	17 渭水	18.
落星山懸水	29 沔水	5.
葉	21 汝水	65.
葉邑	31 潕水	53.
葉陂	21 汝水	10.
葉城	21 汝水	53.
葉縣	21 汝水	50.
	31 潕水	
葉公城	21 汝水	53.
葉公廟	21 汝水	45.
葉西陂	21 汝水	10.
葉君祠	21 汝水	44.
葉榆水	37 葉榆河	1.
葉榆河	37 葉榆河	佚.
葉榆澤	37 葉榆河	6. 佚.
葉榆縣	33 江水	50.
	36 温水	
	37 葉榆河	
葉西陂水	21 汝水	1.
葉榆之國	37 葉榆河	47.
葉縣故城	21 汝水	53.
葉公廟雙闕	21 汝水	41.
葉榆水中水	37 葉榆河	1.
葉榆水左水	37 葉榆河	1.
葉榆水南水	37 葉榆河	1.

地名	卷次	類别
虞原	4 河水	26.
虞城	4 河水	53.
虞國	23 獲水	47.
虞賓	40 漸江水	65.
虞縣	23 獲水	50.
虞公廟	4 河水	45.
虞丘郭	30 淮水	54.
虞舜廟	13 瀔水	45.
虞國舊宅	29 沔水	40.
虞縣故城	23 獲水	53.
虞芮所爭田	4 河水	27.
虢山	3 河水	18.
虢咷城	7 濟水	53.
虢山泠石礦	3 河水	33.
蜀	27 沔水	65.
	33 江水	
	36 若水	
	36 温水	
	37 葉榆河	
蜀山	36 桓水	18.
蜀中	40 漸江水	65.
蜀水	27 沔水	1.
蜀郡	4 河水	49.
	23 陰溝水	
	29 沔水	
	31 淯水	
	33 江水	
	36 青衣水	
	36 桓水	
	36 沬水	
蜀錦	10 濁漳水	佚.
蜀外水	33 江水	1.
蜀由山	29 沔水	18.
蜀口棧道	17 渭水	31.

地名	卷次	類别
蜀王開明故治	33 江水	52.53.
蜂山	40 漸江水	18.
蜂山前湖	40 漸江水	6.
蜂山前湖埭	40 漸江水	27.
衙山	4 河水	18.
衙嶺	4 河水	18.
衙嶺山	18 渭水	18.
	27 沔水	
衙嶺下谷	4 河水	24.
裘氏亭	22 渠	57.
裘氏鄉	22 渠	56.
解水	30 淮水	1.
解塘	30 淮水	27.
解縣	6 涑水	50.
解瀆亭	11 滱水	57.
解縣故城	6 涑水	53.
解縣鹽池	6 涑水	9.33.
解瀆亭侯國	11 滱水	51.
試弩棚	16 穀水	佚.
詩亭	8 濟水	57.
詩國	8 濟水	47.
誅郅縣	24 汶水	50.
誅歲縣	40 漸江水	50.
豢龍城	22 潁水	佚.
豢龍氏之邑	22 潁水	佚.
資川	20 漾水	26.
資水	20 漾水	1.
	35 江水	
	38 資水	
	38 湘江	
資城	11 補滹沱水	佚.
資峽	20 漾水	23.
資中縣	33 江水	50.
賈侯渠	22 渠	1.

地名	卷次	類别
賈彪廟	30 淮水	45.
賈復水	21 汝水	1.
賈復城	21 汝水	53.
	22 潧水	
賈萌廟	39 贛水	45.
賈逵祠	32 潁水	44.
賈誼宅	38 湘水	40.
路山	38 資水	18.
路門	16 穀水	41.
路白湖	28 沔水	6.
路澗水	4 河水	1.
路白湖水	28 沔水	1.
路白湖南堤	28 沔水	28.
辟亭	9 淇水	57.
辟塞	40 漸江水	32.
辟土城	26 沭水	53.
辟陽亭	10 濁漳水	57.
辟陽城	9 淇水	53.
	26 沭水	
辟陽湖	26 沭水	6.
辟陽縣	10 濁漳水	50.
辟土侯國	26 沭水	51.
辟間渾墓	26 巨洋水	43.
辟陽亭侯國	10 濁漳水	51.
農穰縣	31 淯水	50.
遂城	24 汶水	53.
遂國	24 汶水	47.
遂鄉	21 汝水	56.
	24 汶水	
遂久縣	36 若水	50.
	37 葉榆河	
遂安縣	40 漸江水	50.
遊城	19 渭水	53.
運	24 瓠子河	65.
運水	37 沅水	1.
運城	24 瓠子河	53.
運迸塘	40 漸江水	佚.
過水	17 渭水	1.
過瀛之山	40 禹貢山水澤地所在	18.
遒縣	11 易水	50.
遒縣西山	11 易水	18.
道人縣	13 灅水	50.
道仁縣	13 灅水	50.
道左山	3 河水	18.
道西城	33 江水	53.
道人溪水	14 鮑丘水	1.
道左高山	3 河水	18.
道人縣北淵	13 灅水	7.
道人縣故城	13 灅水	53.
道武皇帝廟	13 灅水	45.
達扶西山	2 河水	18.
達扶東山	2 河水	18.
達扶西溪水	2 河水	1.
達扶東溪水	2 河水	1.
違泉水	2 河水	1. 11.
鄒山	25 泗水	18.
鄒亭	25 泗水	50. 57.
鄒縣	25 泗水	50.
鄒平縣	5 河水	50.
鄒縣城	25 泗水	53.
鄒平侯國	5 河水	51.
鄒平縣故城	5 河水	53.
鄔	6 汾水	65.
	10 濁漳水	
鄔水	6 汾水	1.
鄔阜	10 濁漳水	19.
鄔澤	6 汾水	6.

地名	卷次	類別
鄔縣	6 汾水	50.
鄔城泊	6 汾水	6.
鄔縣故城	6 汾水	53.
鄉口	34 江水	3.
鄉亭	12 聖水	50. 57.
	24 睢水	
	39 贛水	
鄉城	11 滱水	53.
鄉溪	18 渭水	1.
鄉口水	34 江水	1.
鄉谷川	18 渭水	26.
鄉谷水	18 渭水	1.
鄉禮縣	18 渭水	50.
鄖	28 沔水	65.
鄖城	31 涓水	53.
鄖鄉	28 沔水	56.
鄖關	28 沔水	32.
鄖子國	28 沔水	47.
鄖城岡	31 涓水	18.
鄖鄉縣	28 沔水	50.
鄖鄉灘	28 沔水	15.
鄖鄉縣城	28 沔水	53.
鄖鄉縣西山	28 沔水	18.
鄗	16 漆水	1.
鄗水	19 渭水	1.
鄗池	19 渭水	9.
鄗京	19 渭水	52. 53.
酰蘭那水	1 河水	1.
鈴山	35 江水	佚.
鉅澤	8 濟水	6.
鉅平縣	24 汶水	50.
鉅野郡	8 濟水	49.
鉅野澤	8 濟水	6.
鉅野縣	8 濟水	50.
鉅鹿郡	10 濁漳水	49.
	32 沘水	
鉅鹿縣	10 濁漳水	50.
鉅鹿郡治	10 濁漳水	53.
鉅鹿縣澤	10 濁漳水	6.
鉅澤諸陂	8 濟水	10.
鉅平縣故城	24 汶水	53.
鉅野縣故城	8 濟水	53.
鉅鹿縣故城	10 濁漳水	53.
鉗巖谷水	17 渭水	1.
鉗巖谷水南	17 渭水	18.
鉢吐羅越城	2 河水	53.
鉢吐羅越城東寺	2 河水	46.
鉤陳壘	5 河水	32.
隕水	24 睢水	1.
隕石水	24 睢水	1.
隕石澤	24 睢水	6.
隘門	11 滱水	32. 41.
隙侯亭	22 洧水	57.
	22 渠	
雉門	16 穀水	41.
雉縣	21 汝水	50.
	31 湍水	
	31 淯水	
雉衡山	21 汝水	18.
	31 淯水	
	31 潕水	
雉尾谷水	20 漾水	1.
雉縣故城	31 淯水	53.
雉衡山石室	31 淯水	40.
雊瞀縣	13 㶟水	50.
雊瞀縣故城	13 㶟水	53.
雍	9 清水	1. 65.

地名	卷次	類别
	19 渭水	
	21 汝水	
雍口	35 江水	3.
雍山	18 渭水	18.
雍川	20 漾水	26.
雍水	18 渭水	1. 佚.
雍丘	5 河水	19. 65.
	24 睢水	
雍州	2 河水	48.
	19 渭水	
	20 漾水	
	32 羌水	
	36 桓水	
雍門	16 穀水	41.
	19 渭水	
	26 淄水	
雍城	8 濟水	53.
雍宫	18 渭水	37.
雍野	36 桓水	26.
雍榆	9 淇水	65.
雍溪	20 漾水	1.
雍澨	40 禹貢山水澤地所在	1. 17.
雍縣	18 渭水	50.
雍川水	20 漾水	1.
雍王都	19 渭水	52.
雍丘城	24 睢水	53.
雍丘縣	23 汳水	50.
	24 睢水	
	30 淮水	
雍奴城	13 㶟水	53.
	14 鮑丘水	
雍奴縣	13 㶟水	50.
	14 鮑丘水	

地名	卷次	類别
	14 濡水	
雍奴藪	14 鮑丘水	6.
雍伏戍	35 江水	62.
雍谷溪	16 穀水	1.
雍洛城	13 㶟水	53.
雍榆城	9 淇水	53.
雍州之山	36 桓水	18.
雍門北郭	26 淄水	54.
雍門東郭	26 淄水	54.
雍無梁林	36 存水	42.
雍縣故城	18 渭水	53.
雍丘縣故城	23 汳水	53.
	24 睢水	
	30 淮水	
雍奴縣故城	14 鮑丘水	53.
雍伏戍右岸	35 江水	17.
零山	38 湘水	18.
零水	23 獲水	1.
	28 沔水	
零丁城	13 㶟水	53.
零星塢	22 洧水	18. 63.
零陵郡	35 江水	49.
	37 泿水	
	38 資水	
	38 漣水	
	38 湘水	
	38 灕水	
零陵縣	35 江水	50.
	38 資水	
	38 湘水	
	38 灕水	
零烏水	22 洧水	1.
零烏塢	22 洧水	18. 20. 63.
零陽縣	30 淮水	50.

地名	卷次	類別
	37 澧水	
零溪水	37 澧水	1.
零陵郡治	38 湘水	53.
零烏塢淵	22 洧水	7.
零陽之山	37 澧水	18.
零烏塢懸流	22 洧水	5.
雷山	13 灅水	佚.
雷水	4 河水	1. 佚.
	35 江水	
雷州	35 江水	48. 佚.
雷門	40 漸江水	41.
雷夏	24 瓠子河	6.
雷澤	24 瓠子河	6.
雷首山	4 河水	18. 佚.
	24 瓠子河	
雷翥海	2 河水	6. 14.
雷河溝水	11 補滋水	佚.
雹水	9 清水	1.
	11 滱水	
雹河	11 易水	1.
靖水	7 濟水	1.
靖城	22 渠	53.
靖陽城	10 濁漳水	53.
靖澗水	22 渠	1.
靖水枝津	7 濟水	1.
預山	31 淯水	18.
預山神廟	31 淯水	45.
頓	22 潁水	65.
頓丘	9 淇水	19. 65.
頓子國	22 潁水	47.
頓丘門	9 淇水	41.
頓丘城	9 淇水	53.
頓丘郡	5 河水	49.
	11 滱水	

地名	卷次	類別
頓丘臺	9 淇水	36.
頓丘縣	5 河水	50.
	9 沁水	
	9 淇水	
頓郎湖	36 温水	6.
頓丘縣故城	9 淇水	53.
馳水	32 梓潼水	1.
鳩溪	20 漾水	1.
黽池	16 穀水	9.
黽縣	15 洛水	50.
	16 穀水	
黽平縣	25 泗水	50.
黽池山	16 穀水	18.
黽池川	16 穀水	1. 26.
黽池城	16 穀水	53.
黽池縣治	15 洛水	53.
黽池山北溪	16 穀水	1.
鼎口	37 沅水	3.
鼎門	16 穀水	41.
鼎胡	4 河水	65.
鼎路門	19 渭水	41.
鼓城	39 洭水	53.
鼓聚	10 濁漳水	59.
	11 滱水	
鼓子國	10 濁漳水	47.
鼓吹山	40 漸江水	18.
鼓鍾川	4 河水	1.
鼓鍾城	4 河水	53.
鼓鍾上峽	4 河水	23.
鼓鍾下峽	4 河水	23.
鼓鍾之山	4 河水	18.
鼓吹山西嶺	40 漸江水	18.
鼓鍾城大泉	4 河水	11.
鼓鍾城冶官	4 河水	34.

地名	卷次	類别
鼓鍾上峽懸洪	4 河水	5.

十四劃：僕、僧、僰、匱、厭、嘉、團、墉、塾、壽、寡、寧、對、嵾、嵉、強、廏、彰、徵、慈、慨、摧、暢、槃、槎、槐、槇、榮、滮、滴、滶、滸、滹、滻、滿、漁、漂、漅、漆、漉、漊、漑、漏、漕、漚、漠、漢、漣、漫、漯、漳、漵、漷、漸、漼、漾、潙、潬、潠、滽、漻、熙、熊、熏、熒、犖、瑤、瑯、甄、疑、盡、監、盬、碣、碭、福、種、端、箕、管、精、緑、綢、綦、維、綸、綾、綿、緒、翟、聚、聞、臧、臺、舞、蒙、蒲、蒼、蒿、蓁、蓋、蒗、蓧、蜜、蜩、蜺、蜯、裴、裸、語、誠、誥、豪、賓、赫、趙、輔、遥、遠、鄘、鄭、鄜、鄠、鄡、鄢、鄣、鄤、鄌、酸、銅、銒、閣、閩、隝、雒、韶、頗、領、飴、魚、鳳、鳴、鼻、齊

地名	卷次	類别
僕水	33 江水	1.
	36 温水	
僕谷亭	15 洛水	57.
僕谷亭北水	15 洛水	1.
僕谷亭北水北山	15 洛水	18.
僧迦施國	1 河水	47.
僧迦扇奈揭城	1 河水	53.
僰	33 江水	
僰道	36 若水	50. 佚.
僰溪	33 江水	佚.
僰治縣	33 江水	50.
僰道山	33 江水	18.
僰道縣	33 江水	50.
僰道故城	33 江水	53.
匱谷	16 補洛水	24.
厭新	21 汝水	65.
厭次河	5 河水	1.
厭次津	5 河水	30.
厭戎郡	2 河水	49.
厭狄亭	13 㶟水	57.
厭狄縣	13 㶟水	50.
厭里口	35 江水	3.
厭澗水	15 伊水	1.
厭染之水	15 洛水	1.
厭次縣故城	5 河水	53.
嘉林	32 決水	42.
嘉魚	12 聖水	65.
嘉牙川	11 滱水	26.
嘉牙亭	11 滱水	57.
嘉平縣	19 渭水	50.
嘉吴江	35 江水	1.
嘉信縣	30 淮水	50.
嘉美縣	21 汝水	50.
嘉陵水	20 漾水	1.
嘉陵道	20 漾水	50.
嘉穀縣	23 汳水	50.
嘉興縣	29 沔水	50.

地名	卷次	類別
嘉靡江	35 江水	佚.
嘉牙川水	11 滱水	1.
嘉興縣城	29 沔水	53.
團亭	35 江水	佚.
團城	23 陰溝水	53. 佚.
	25 沂水	
墉城	1 河水	53.
墊江	29 潛水	1.
	32 梓潼水	
墊江水	2 河水	1.
墊江别江	29 潛水	1.
壽丘	17 渭水	19.
壽溪	37 沅水	1.
壽聚	24 汝水	59.
壽光縣	26 巨洋水	50.
壽良縣	24 汶水	50.
壽昌縣	24 漸江水	50.
壽泠水	36 温水	1.
壽泠岸	36 温水	17.
壽泠縣	36 温水	50.
壽春城	32 肥水	53.
壽春縣	5 河水	50. 佚.
	29 白水	
	30 淮水	
	32 肥水	
	33 江水	
	35 江水	
	38 湘水	
壽張縣	8 濟水	50.
	24 汶水	
壽陵亭	19 渭水	57.
壽陽縣	30 淮水	50.
壽春外郭	32 肥水	54.
壽張侯國	24 汶水	51.
壽陵亭原	19 渭水	26.
壽陽縣城	30 淮水	53.
壽光縣故城	26 巨洋水	53.
壽春縣北山	32 肥水	18.
壽春縣故城	30 淮水	53.
	32 肥水	
壽張縣故城	24 汶水	53.
寡婦水	21 汝水	1.
寡婦城	11 滱水	53.
	21 汝水	
寧	9 清水	65.
寧川	13 灅水	26.
寧州	33 江水	48.
	36 若水	
	36 温水	
寧母	8 濟水	65.
寧秦	19 渭水	65.
寧縣	13 灅水	50.
寧川水	13 灅水	1.
寧平縣	22 渠	50.
寧先宫	13 灅水	37.
寧國縣	29 沔水	50.
寧陵縣	23 汳水	50.
	24 睢水	
寧都縣	27 沔水	50.
寧陽城	25 洙水	53. 佚.
	19 補涇水	
寧陽縣	25 洙水	50.
寧順縣	25 洙水	50.
寧遠城	38 湘水	佚.
寧險縣	11 滱水	50.
寧都郡治	27 沔水	53.
寧陽侯國	25 洙水	51.
寧平縣故城	22 渠	53.

地名	卷次	類别
滮池水	19 渭水	1.
滱	11 滱水	1.
	14 沽河	
滱水	11 易水	1.
	11 滱水	
滴瀝泉	6 晉水	佚.
潵水	12 汝水	1.
滸原	16 補洛水	佚.
滹沱	11 滱水	1. 佚.
	11 補滹沱水	
	12 巨馬水	
	14 沽河	
	14 鮑丘水	
滹沱水	9 淇水	1. 佚.
	11 補滹沱水	
	14 鮑丘水	
滹沱河	10 濁漳水	1. 佚.
	11 易水	
	11 補滹沱水	
滹沱苑	17 渭水	42.
滹沱别水	10 濁漳水	1.
滹沱别瀆	9 淇水	1.
滹沱枝水	11 滱水	1.
滹沱故瀆	10 濁漳水	1.
滹沱河枯溝	12 巨馬水	1.
滹沱别河故瀆	9 淇水	1.
	10 濁漳水	
滻	16 漆水	1. 6.
	16 滻水	
	28 沔水	
滻口	28 沔水	3.
滻水	16 滻水	1.
	19 渭水	
	28 沔水	

地名	卷次	類别
滻祠	16 滻水	佚.
滻湖	29 沔水	佚.
滿福郡	2 河水	49.
滿福屬國	2 河水	50.
滿福屬國都尉治	2 河水	53.
漁水	14 沽河	1.
漁浦湖	40 漸江水	6.
漁陽戍	14 沽河	62.
漁陽城	14 沽河	53.
漁陽縣	14 沽河	50.
	14 鮑丘水	
漁浦王廟	40 漸江水	45.
漁陽郡治	14 鮑丘水	53.
漁陽縣泉	14 沽河	11.
漁陽縣北山	14 沽河	18.
漁陽縣故城	14 沽河	53.
	14 鮑丘水	
漁陽縣城南小山	14 沽河	18.
漂母冢	30 淮水	43.
漂榆邑故城	9 淇水	53.
漂榆邑鹽場	9 淇水	33. 34.
漅	28 沔水	6.
漅湖	35 江水	佚.
漆	16 漆水	1. 65.
	25 洙水	
漆水	16 漆水	1. 佚.
	16 沮水	
	18 渭水	
	19 補涇水	
漆谷	2 河水	24.
漆沮	16 漆水	1.
	32 沮水	

地名	卷次	類別
漆城	8 濟水	53.
漆峽	2 河水	23.
漆渠	16 漆水	1.
	18 渭水	
漆園	23 汳水	42.
漆溝	24 睢水	佚.
漆溪	16 漆水	1.
漆鄉	25 泗水	56.
	25 洙水	
漆縣	16 漆水	50. 佚.
	19 補涇水	
漆灘	28 沔水	15.
漆沮水	16 沮水	1. 佚.
	16 補洛水	
漆城池	16 漆水	9.
漆渠水	18 渭水	1.
漆溝水	24 汶水	1.
漆谷常溪	2 河水	1.
漆鄉故城	25 泗水	53.
漉	39 漉水	1.
漊中縣	34 江水	50.
漑水	26 巨洋水	1.
漏水	19 渭水	1.
漏澤	25 泗水	6.
漏江縣	37 葉榆河	50.
漏水南山	19 渭水	18.
漕渠	19 渭水	1.
漕渠田	19 渭水	27.
漚夷之水	11 滱水	1.
漚夷之澤	6 汾水	6.
漠北	3 河水	65.
漢	33 河水	1.
	20 漾水	
	28 沔水	

地名	卷次	類別
	29 沔水	
	29 潛水	
	34 江水	
	36 桓水	
漢川	36 桓水	26.
漢水	20 漾水	1.
	27 沔水	
	28 沔水	
	29 潛水	
	31 潕水	
	32 夏水	
	32 梓潼水	
	36 延江水	
	40 禹貢山水澤地所在	
漢北	37 沅水	65.
漢曲	20 漾水	4.
漢別	29 潛水	1.
漢東	35 江水	65.
漢南	34 江水	65.
漢津	28 沔水	30.
漢城	3 河水	53.
漢皋	28 沔水	18.
漢都	19 渭水	52.
漢川郡	20 漾水	49.
漢川縣	20 漾水	50.
漢中郡	27 沔水	49.
	32 羌水	
	34 江水	
	36 桓水	
漢水曲	32 夏水	4.
漢平縣	33 江水	50.
	39 贛水	
漢王都	27 沔水	52.

地名	卷次	類别
漢安縣	33 江水	50.
漢昌縣	11 補滱沱水	佚.
漢武堆	27 沔水	15.
漢故梁	19 補豐水	佚.
漢祖渡	5 河水	30.
漢陰城	27 沔水	53.
漢陰臺	28 沔水	36.
漢陽郡	4 河水	49.
	17 渭水	
	20 漾水	
	24 睢水	
漢陽道	36 延江水	50.
漢陽縣	20 漾水	50.
	33 江水	
漢陽灘	27 沔水	15.
漢溱水	26 淄水	1.
漢嘉郡	36 青衣水	49.
	36 桓水	
	36 若水	
	36 沬水	
漢壽水	20 漾水	1.
漢壽城	20 漾水	53.
漢壽郡	20 漾水	49.
漢壽縣	20 漾水	50.
	37 沅水	
漢廟堆	27 沔水	15.
漢興縣	37 葉榆河	50.
漢豐縣	33 江水	50.
漢中谷道	27 沔水	31.
漢中郡治	27 沔水	53.
漢文帝廟	19 渭水	45.
漢水右岸	27 沔水	17.
漢水左岸	27 沔水	17.
漢代王都	6 汾水	52.

地名	卷次	類别
漢光武廟	10 濁漳水	45.
漢孝王都	22 渠	52.
漢武帝祠	19 渭水	44.
	33 江水	
漢武帝都	19 渭水	52.
漢武帝殿	16 沮水	37.
漢東之國	31 溳水	47.
漢昭帝陵	19 渭水	43.
漢高帝都	19 渭水	52.
漢高帝廟	27 沔水	45.
漢高祖廟	25 泗水	45.
漢皐之曲	28 沔水	4.
漢陽郡治	17 渭水	53.
漢楚王都	23 汳水	52.
	25 泗水	
漢豐縣峽	33 江水	23.
漢太上皇陵	16 沮水	43.
漢水右兩溪	20 漾水	1.
漢光武故宅	28 沔水	40.
漢光武故城	16 沮水	53.
漢孝王東都	22 渠	52.
漢武帝明堂	24 汶水	40.
漢武帝故臺	9 淇水	36.
漢章帝行宫	24 汶水	37.
漢壽水東山	20 漾水	18.
漢壽縣諸湖	37 沅水	6.
漢廟堆釣臺	27 沔水	36.
漢廣野君廟	24 睢水	45.
漢中山王故宫	11 滱水	37.
漢中關中北道	27 沔水	31.
漢太尉橋玄廟	24 睢水	45.
漢司徒盛允廟	23 獲水	45.
漢武帝思子宫	4 河水	37.
漢武帝思子臺	4 河水	37.

地名	卷次	類别
	27 沔水	
	28 沔水	
漾水氐道伏流	20 漾水	2.
漾水梓潼漢壽伏流	20 漾水	2.
潙水	6 汾水	1.
潪湖水	24 睢水	1.
潩水	22 潁水	1.
	22 潩水	
潩水枝水	22 潩水	1.
潩水枝渠	22 潩水	1.
滽滽之水	15 伊水	1.
漻	32 漻水	1.
漻水	32 漻水	1.
熙平水	38 灕水	1.
熙平縣	38 灕水	50.
熙平水口	38 灕水	3.
熊耳	15 洛水(2)	18.
熊溪	37 沅水	1.
熊耳山	15 洛水	18.
	15 伊水	
	29 均水	
	31 淯水	
	40 禹貢山水澤地所在	
熊耳峽	33 江水	23.
熊耳山北林	40 禹貢山水澤地所在	42.
熊耳峽連山	33 江水	18.
熏冶泉水	26 巨洋水	1.11.
熏冶泉飛泉	26 巨洋水	5.
熒臺	13 㶟水	18.36.
熒庭城	6 澮水	53.
犖	22 渠	65.

地名	卷次	類别
犖城	22 渠	53.
瑶池	1 河水	9.
瑶溪	9 清水	1.
瑶澗	9 清水	1.
瑶華宫	16 穀水	37.
瑯琊郡	15 洛水	49.
甀鄉	30 淮水	56.
疑	34 江水	18.
盡忠縣	40 漸江水	50.
監氏城	1 河水	53.
監江縣	33 江水	50.
監邛縣	33 江水	50.
監利縣	32 夏水	50.
	35 江水	
監沅縣	37 沅水	50.
監官城	26 沭水	53.
監河縣	3 河水	50.
監羌縣	2 河水	50.
監淮亭	30 淮水	50.57.
監廛縣	36 温水	50.
監鹽縣	6 涑水	50.
監利縣尉治	35 江水	53.
監鹽縣故城南鹽池	6 涑水	33.
盬町山	37 葉榆河	18.
盬南縣	36 温水	50.
碣水	23 獲水	1.
碣石	5 河水	21.佚.
	14 濡水	
碣石山	14 濡水	18.
	40 禹貢山水澤地所在	
碣石門	14 濡水	佚.
碣石之山	5 河水	18.

地名	卷次	類别
碭山	23 獲水	18.
	24 睢水	
碭陂	23 獲水	10.
碭郡	7 濟水	49.
	23 獲水	
	24 睢水	
碭縣	23 獲水	50.
	24 睢水	
碭北山	23 獲水	18.
碭縣故城	23 獲水	53.
碭山文石礦	23 獲水	33.
福禄水	12 聖水	1.
種龍鄉	23 陰溝水	56.
端水	3 河水	1.
端門	19 渭水	41.
端氏縣	9 沁水	50.
端路亭	19 渭水	57.
端氏縣故城	9 沁水	53.
箕	6 洞過水	65.
箕山	22 潁水	18.
	26 沭水	
箕谷	23 獲水	24.
箕城	6 洞過水	53.
箕縣	26 濰水	50.
箕子冢	23 汳水	43.
箕安山	14 濡水	18.
箕谷水	23 獲水	1.
箕屋山	26 濰水	18.
箕管山	6 汾水	佚.
箕縣故城	26 濰水	53.
管水	22 渠	1.
管城	22 渠	53.
管國	22 渠	47.
管涔	6 汾水	18.

地名	卷次	類别
管叔冢	7 濟水	43.
管涔山	6 汾水	佚.
管寧冢	26 汶水	43.
管涔之山	6 汾水	18.
管涔之山玉礦	6 汾水	33.
精絶國	2 河水	47.
精舍寺石泉	9 清水	11.
緑林	32 沮水	42.
緑水池	14 濡水	9.
	16 穀水	
緑蘿山	37 沅水	18. 佚.
綢陂	21 汝水	10.
綦武縣	38 溱水	50.
維川	28 沔水	1. 26.
維谷	20 漾水	24.
維城	20 漾水	53.
維川田	28 沔水	27.
維詰家	1 河水	40.
維堆城	17 渭水	53.
維邪離國	1 河水	47.
綸氏	15 伊水	65.
綸氏縣	15 伊水	50.
	24 睢水	
綸氏縣故城	15 伊水	53.
綾羅澤	13 灅水	6. 11.
綿山	6 汾水	18.
綿水	6 汾水	1.
	33 江水	
綿洛	33 江水	65.
綿上聚	6 汾水	59.
綿水口	33 江水	3.
綿竹縣	32 涪水	50.
	33 江水	
綿延縣	10 濁漳水	50.

地名	卷次	類别
綿虒道	33 江水	50.
綿虒縣	33 江水	50.
綿蔓水	10 濁漳水	1.
綿蔓縣	10 濁漳水	50.
綿諸水	17 渭水	1.
綿諸道	17 渭水	50.
綿上之山	6 汾水	18.
綿諸水口	17 渭水	3.
綿蔓水枝津	10 濁漳水	1.
綿蔓縣故城	10 濁漳水	53.
綿諸道故城	17 渭水	53.
緒姑之水	4 河水	1.
翟	6 涑水	47.
翟泉	15 洛水	11.
	15 伊水	
翟子都	19 渭水	52.
翟道山	16 補洛水	佚.
	19 補涇水	
翟道縣	16 補洛水	佚.
	19 補涇水	
聚土佛塔	2 河水	39.
聞喜縣	4 河水	50.
	6 涑水	
臧口	35 江水	3.
臧氏臺	26 淄水	36.
臧口江浦	35 江水	8.
臺門	22 渠	41.
臺城	8 濟水	53.
臺壁	10 濁漳水	20. 32.
臺縣	8 濟水	50.
	23 陰溝水	
臺亭水	9 沁水	1.
臺侯國	8 濟水	51.
臺高縣	36 若水	50.

地名	卷次	類别
臺陰野	9 淇水	26.
臺登縣	36 若水	50.
臺陰野田	9 淇水	27.
臺縣故城	8 濟水	53
舞陽縣	31 潕水	50.
舞陽侯國	31 潕水	51.
舞陰縣故城	31 潕水	53.
蒙	36 桓水	18.
蒙山	25 沂水	18.
	35 江水	
	36 沫水	
蒙水	36 温水	1.
蒙澤	23 獲水	6.
蒙縣	23 汳水	50.
	23 獲水	
蒙亳	23 汳水	65.
蒙城	23 陰溝水	53.
蒙山水	25 沂水	1.
蒙柏谷	21 汝水	24.
蒙恩縣	25 沂水	50.
蒙陰水	25 沂水	1.
蒙陰縣	25 沂水	50.
蒙蘢戍	35 江水	62.
蒙蘢渠	19 渭水	1.
蒙山下祠	25 沂水	44.
蒙縣故城	23 汳水	53.
蒙陰縣故城	52 沂水	53.
蒲	4 河水	65.
	8 濟水	
蒲山	4 河水	18.
蒲反	4 河水	65.
蒲水	4 河水	1. 佚.
	6 洞過水	
	11 滱水	

地名	卷次	類别
	19 補涇水	
蒲池	4 河水	9. 11.
蒲坂	4 河水	18.
蒲谷	6 洞過水	24.
	17 渭水	
蒲邑	8 濟水	53.
蒲昌	1 河水	6.
蒲陂	15 洛水	10.
蒲城	3 河水	53.
	4 河水	
	8 濟水	
	11 滱水	
	21 汝水	
蒲浦	29 沔水	8.
蒲臺	5 河水	36.
蒲澤	11 補滹沱水	佚.
蒲上祠	11 滱水	44.
蒲子城	3 河水	53.
蒲子縣	3 河水	50.
蒲川水	3 河水	1. 佚.
	16 補洛水	
蒲中縣	10 濁漳水	50.
蒲水口	11 滱水	3.
蒲池水	15 洛水	1.
蒲池郊	17 渭水	54.
蒲坂城	4 河水	53.
蒲坂縣	4 河水	50.
蒲坂關	4 河水	32.
蒲圻洲	35 江水	16.
蒲圻縣	35 江水	50.
蒲谷水	17 渭水	1. 佚.
	16 補洛水	
蒲谷源	16 補洛水	佚.
蒲昌海	1 河水	6. 14.

地名	卷次	類别
	2 河水	
蒲津關	4 河水	32.
蒲城縣	4 河水	50.
蒲陰縣	11 滱水	50.
蒲犂谷	2 河水	24.
蒲犂國	2 河水	47.
蒲陽山	11 滱水	18.
蒲陽淵	11 滱水	7.
蒲領鄉	10 濁漳水	56.
蒲領縣	10 濁漳水	50.
蒲澤口	11 補滹沱水	佚.
蒲澤梁	11 補滹沱水	佚.
蒲縣口	11 補滹沱水	佚.
蒲磯口	35 江水	3.
蒲磯山	35 江水	18.
蒲闟澤	22 渠	6.
蒲坂北亭	6 汾水	57.
蒲坂溪水	4 河水	1.
蒲坂縣城	4 河水	53.
蒲圻縣治	35 江水	53.
蒲谷西川	17 渭水	1.
蒲那般河	1 河水	1.
蒲昌伏流	1 河水	2.
	2 河水	
蒲陰侯國	11 易水	51.
蒲犂國治	2 河水	52.
蒲領侯國	10 濁漳水	51. 佚.
蒲磯口水	35 江水	1.
蒲子縣故城	3 河水	53.
蒲吾縣故城	10 濁漳水	53.
蒲谷水南山	17 渭水	18.
蒲谷水飛清	17 渭水	5.
蒲昌海北隘	2 河水	32.
蒲陰縣故城	11 滱水	53.

地名	卷次	類别
蒲領縣故城	10 濁漳水	53.
蒲坂縣桑落酒	4 河水	34.
蒲谷西川飛清	17 渭水	5.
蒲那般河僧伽藍	1 河水	46.
蒼梧郡	1 河水	49. 佚.
	36 温水	
	37 葉榆河	
	37 沅水	
	37 泿水	
	38 湘水	
	38 灕水	
	30 淮水	
蒼陵城	30 淮水	53.
蒼龍門	19 渭水	41.
蒼龍闕	16 穀水	41.
蒼梧之山	30 淮水	18. 佚.
蒼梧之野	38 湘水	26.
蒼梧北鄉	38 灕水	56.
蒼梧郡治	37 泿水	53.
蒼龍白虎門	33 江水	41.
蒿水	17 渭水	1.
蓁水	15 洛水	1.
蓁谷	15 洛水	24.
蓋城	25 沂水	53.
蓋縣	25 沂水	50.
	25 洙水	
蓋侯國	25 洙水	51.
蓋野溝	24 瓠子河	1.
蓋野溝水	24 瓠子河	1.
蓋縣故城	25 沂水	53.
蒗蕩	23 陰溝水	1.
蒗蕩渠	5 河水	1.
	7 濟水	

地名	卷次	類别
	22 潁水	
	23 陰溝水	
	23 汳水	
	24 睢水	
	30 淮水	
蒗蕩渠故瀆	23 陰溝水	1.
蒢口	27 沔水	3.
密羅浦	22 渠	8.
蜩蟟郭	22 潁水	54.
蜺羅跂禘水	2 河水	1.
蜯嶲山	36 若水	18.
裴城	10 濁漳水	53.
裴縣	10 濁漳水	50.
裴巖	38 湘水	20.
裴氏墓塋	15 瀍水	43.
裴縣故城	10 濁漳水	53.
裴巖石鼓	38 湘水	21.
裸國	36 温水	47.
語兒鄉	40 漸江水	56.
誠正亭	19 渭水	57.
誥升袁河	3 河水	1.
豪水	15 洛水	1.
	30 淮水	
	32 肥水	
賓城	2 河水	53.
賓溪水	8 濟水	1.
賓溪谷	8 濟水	24.
赫連	3 河水	47.
趙	5 河水	47.
	6 晉水	
	7 濟水	
	9 清水	
	9 沁水	
	9 淇水	

地名	卷次	類别
	10 濁漳水	
	10 清漳水	
	11 易水	
	11 滱水	
	11 補滹沱水	
	12 聖水	
	16 穀水	
	22 渠	
	22 溳水	
	23 獲水	
	24 睢水	
	24 瓠子河	
	25 洙水	
	26 汶水	
趙城	6 汾水	53.
	9 淇水	
	16 穀水	
趙郡	7 濟水	49.
	10 濁漳水	
趙國	19 渭水	47.
趙堡	11 易水	佚.
趙渠	29 比水	1.
趙都	22 渠(2)	52.
趙溝	24 瓠子河	1.
趙屯城	35 江水	佚.
趙昞祠	40 漸江水	44.
趙軍城	32 涔水	53.
趙城縣	6 汾水	佚.
趙郡治	10 濁漳水	53.
趙越墓	9 清水	43.
趙溝水	8 濟水	1.
趙屯城倉	35 江水	35.
趙王之臺	10 濁漳水	36.
趙軍城桁	32 涔水	29.

地名	卷次	類别
趙臺卿冢	34 江水	43.
趙襄子都	6 汾水	52.
趙獻侯都	22 渠	52.
輔山	4 河水	18.
	9 沁水	
輔山泉	4 河水	11.
輔陽縣	26 沭水	50.
遥奴水	1 河水	1.
遠川	2 河水	26.
遠服縣	3 河水	50.
鄘	9 淇水	65.
鄚縣	11 滱水	50. 佚.
	11 補滹沱水	
鄚縣故城	11 易水	53.
鄜州	16 補洛水	48.
鄜衍	18 渭水	65.
鄜畤	18 渭水	46.
鄜梁山	37 沅水	18.
鄠縣	16 漆水	50.
	19 渭水	
鄠縣故城	19 渭水	53.
鄡陽縣	39 贛水	50.
	39 廬江水	
鄢	23 陰溝水	65.
	28 沔水	
鄢水	28 沔水	1.
鄢城	28 沔水	53. 佚.
	30 淮水	
鄢郢	28 沔水	65.
	31 淯水	
	34 江水	
鄢陵	22 洧水	43. 65.
	22 渠	
鄢縣	24 睢水	50.

地名	卷次	類別
鄢陵陂	22 洧水	10.
	22 渠	
鄢陵城	22 渠	53.
鄢陵縣	22 洧水	50.
鄢郢舊都	28 沔水	52.
鄢陵陂水	22 洧水	1.
	22 渠	
鄢陵侯國	22 洧水	51.
鄢陵縣故城	22 洧水	53.
郿	30 淮水	65.
郿亭	24 汶水	50. 57.
郿城	24 汶水	53.
郿縣	19 渭水	50.
郿日山	26 濰水	18.
郿徙縣	19 渭水	50.
郿縣故城	19 渭水	53.
鄤水	5 河水	1.
鄤鄉	21 汝水	56.
鄤聚	15 伊水	59.
鄤鄉城	21 汝水	53.
鄘	30 淮水	65.
鄘聚	30 淮水	59.
酸水	6 汾水	1.
	8 濟水	
酸棗	8 濟水	65.
酸棗寺	8 濟水	46.
酸棗郭	8 濟水	54.
酸棗縣	5 河水	50.
	7 濟水	
	8 濟水	
	22 渠	
酸陽山	2 河水	18.
酸瀆水	8 濟水	1.
酸水故瀆	8 濟水	1.

地名	卷次	類別
酸棗縣故城	8 濟水	53.
銅口	3 河水	3.
銅山	36 沫水	18.
銅水	38 湘水	佚.
銅闕	35 江水	佚.
銅于崖	9 沁水	20.
銅牛水	40 漸江水	18.
銅谷水	19 渭水	1.
銅官山	38 湘水	18.
銅官川	16 沮水	26.
銅官水	16 沮水	1.
銅官浦	38 湘水	8.
銅城山	19 補涇水	佚.
銅馬城	9 淇水	53.
銅馬祠	10 濁漳水	44.
銅雀臺	10 濁漳水	36.
銅零口	35 江水	3.
銅駝街	16 穀水	31.
銅鞮山	9 沁水	18.
銅鞮水	10 濁漳水	1.
銅鞮縣	10 濁漳水	50.
銅瀨縣	36 温水	50.
銅水雲母	38 湘水	佚.
銅城山水	19 補涇水	佚.
銅牛山冶官	40 漸江水	34.
銅牛山銅穴	40 漸江水	33.
銅零口江浦	35 江水	8.
銅鞮縣故城	10 濁漳水	53.
銅官山雲母礦	38 湘水	33.
銅鞮縣故城山	10 濁漳水	18.
鈃隥	6 汾水	18. 31.
閣川水	17 渭水	1.
閣門河	2 河水	1.
閩	40 漸江水	65.

地名	卷次	類别
	22 湞水	
	22 渠	
	23 汳水	
	24 汶水	
	24 瓠子河	
	25 泗水	
	25 洙水	
	26 沭水	
	26 巨洋水	
	26 淄水	
	26 汶水	
	26 濰水	
	28 沔水	
	29 均水	
	29 比水	
	31 潕水	
齊城	5 河水	53.
	8 濟水	
齊郡	2 河水	49.
	8 濟水	
	19 渭水	
	24 睢水	
	24 瓠子河	
齊國	9 清水	49.
	13 㶟水	
	24 瓠子河	
	26 淄水	
齊藪	26 淄水	6.
齊八祠	26 淄水	44.
齊川谷	24 汶水	24.
齊斗樓	10 濁漳水	38.
齊王城	39 贛水	53.
齊王國	26 淄水	49.
齊安郡	35 江水	49.

地名	卷次	類别
齊利縣	26 淄水	50.
齊昌郡	32 靳水	49.
齊城泉	26 淄水	11.
齊郡治	26 淄水	53.
齊陵縣	26 淄水	50.
齊王離宫	39 贛水	37.
齊昌郡治	32 蘄水	53.
齊城北門	26 淄水	41.
齊桓公冢	26 淄水	43.
齊利縣故城	26 淄水	53.
齊桓公女冢	26 淄水	43.
齊城西北平地	26 淄水	26.
齊桓公冢東山	26 淄水	18.

十五劃: 僵、億、儈、儋、劇、劉、劍、厲、嘾、增、播、墨、墮、嫣、寬、羣、層、嶓、嶕、嶢、嶠、彊、廚、廢、廣、彈、徵、德、慮、慶、摩、撫、播、敷、樂、樅、樊、樓、樗、樠、歎、歐、滕、潁、潏、潔、潕、潘、潙、潛、澗、潤、潭、潯、潺、潼、澄、澆、澇、潡、澧、潨、澅、潐、潰、熨、熱、撩、璅、磊、盤、磁、磊、磐、磈、碻、稷、稽、穀、窮、窳、箭、節、篋、緜、緡、緣、編、緩、緱、練、罷、羭、羯、膚、膠、蓬、蓮、蓱、蓰、蓼、蔑、蔓、蔡、蔣、蔥、號、蝦、蝮、談、賜、賞、

賢、賨、踐、輞、輪、遮、鄧、鄩、鄫、鄭、鄯、鄰、鄱、鄲、鋤、閬、閭、閱、隤、震、鞏、養、駕、魯、鴈、黎

地名	卷次	類别
僵人穴	15 洛水	22.
僵人峽	17 渭水	23.
億年亭	19 渭水	57.
儈	19 渭水	47.
儋耳	36 温水	47.
儋耳郡	36 温水	49.
劇	26 巨洋水	65.
劇縣	26 巨洋水	50.
劇侯國	26 巨洋水	51.
劇陽縣	13 灅水	50.
劇縣故城	26 巨洋水	53.
劇陽縣故城	13 灅水	53.
劇縣故城故臺	26 巨洋水	36.
劉水	15 洛水	1.
劉谷	19 渭水	佚.
劉聚	15 洛水	59.
劉澗	15 洛水	1.
劉子國	15 洛水	47.
劉公口	12 聖水	3.
劉仲城	4 河水	53.
劉向冢	23 獲水	43.
劉安廟	32 肥水	45.
劉谷水	19 渭水	1.
劉表祠	28 沔水	44.
劉表墓	28 沔水	43.
劉神寺	10 濁漳水	46.
劉勔廟	32 肥水	45.
劉章廟	26 淄水	45.
劉備城	34 江水	53.

地名	卷次	類别
劉琦墓	35 江水	43.
劉琦廟	35 江水	45.
劉繇城	39 贛水	53.
劉繇墓	39 沔水	43.
劉曜壘	16 穀水	佚.
劉公小城	23 獲水	53.
劉更始冢	19 渭水	43.
劉備舊里	12 巨馬水	58.
劉武王營壘	26 巨洋水	32.
劉項裂地處	4 河水	32. 65.
劉凝之故宅	34 江水	40.
劍谷	20 漾水	24.
劍閣	20 漾水	32. 38.
	32 羌水	
劍閣縣	20 漾水	50.
厲水	32 滲水	1.
厲阜	26 濰水	19.
厲鄉	32 滲水	56.
厲信縣	29 白水	50.
嘾楊國	1 河水	47.
增山郡	3 河水	49.
增地縣	14 溴水	50.
增食縣	36 温水	50.
增城縣	37 浪水	50.
墦塚林	16 穀水	42.
墦塚琱玉礦	16 穀水	33.
墨山	20 丹水	18.
墨山城	2 河水	53.
墨山國	2 河水	47.
墨山國治	2 河水	52.
墮臺	35 江水	36.
嬀口	38 湘水	3.
嬀水	2 河水	1.
	4 河水	

地名	卷次	類别
嬀汭	4 河水	3.4.17.
	27 沔水	
嬀亭山	25 泗水	18.
嬀亭水	25 泗水	1.
嬀虛灘	27 沔水	15.
嬀墟灘	27 沔水	15.
寬中	11 易水	65.
寬中谷	11 易水	24.
寯	8 濟水	65.
層山	2 河水	18.
層丘	23 陰溝水	19.
層城	1 河水	18.
層步山	37 澧水	18.
層山石室	2 河水	40.
層步山泉	37 澧水	11.
嶓	36 桓水	18.
嶓冢	27 沔水	18.
嶓冢山	20 漾水	18.
嶕峴	40 漸江水	18.
嶕嶢山	9 沁水	18.
嶕峴大城	40 漸江水	53.
嶕峴麻溪	40 漸江水	1.
嶢關	19 渭水	32.
嶢柳城	19 渭水	53.
嶢柳道	19 渭水	31.
嶠水	36 温水	1.
	39 洭水	
	39 鍾水	
	39 耒水	
嶠嶺	10 濁漳水	18.
强臺	2 河水	18.
强臺山	2 河水	18.
廚門	19 渭水	41.
廢丘	19 渭水	19.65.

地名	卷次	類别
廣川	9 淇水	26.
廣州	36 温水	48.
	37 泿水	
	39 耒水	
	40 禹貢山水澤地所在	
廣里	8 濟水	58.
廣固	25 沂水	18.65.
	26 淄水	
	2 巨洋水	
廣門	19 渭水	41.
廣城	26 淄水	53.
廣都	33 江水	52.
廣鄉	23 陰溝水	56.
廣樂	8 濟水	65.
廣縣	26 淄水	50.
廣大阪	2 河水	18.
廣川縣	5 河水	50.
	9 淇水	
	10 濁漳水	
廣世亭	19 渭水	57.
廣世城	23 陰溝水	53.
廣世鄉	23 陰溝水	56.
廣平水	20 漾水	1.
廣平城	13 㶟水	53.
廣平郡	10 濁漳水	49.
廣平縣	10 補洺水	佚.
廣有郡	13 㶟水	49.
廣利縣	19 渭水	50.
廣延亭	2 河水	50.57.
廣成澤	15 伊水	6.
	21 汝水	
廣成縣	14 大遼水	50.
廣固城	26 淄水	53.

地名	卷次	類别
廣鄉道	23 陰溝水	31.
廣寧縣	13 灅水(2)	50.
廣漕渠	22 渠	1.
廣漢郡	17 渭水	49.
	20 漾水	
	32 梓潼水	
	32 涪水	
	33 江水	
	36 桓水	
廣漢縣	20 漾水	50.
	32 涪水	
	32 梓潼水	
廣德門	10 濁漳水	41.
廣德國	40 漸江水	47.
廣德殿	3 河水	37.
廣德縣	40 漸江水	50
廣興縣	39 洣水	50.
廣魏郡	20 漾水	49.
廣魏縣	20 漾水	50.
廣饒縣	26 淄水	50.
廣靈縣	11 補滋水	佚.
廣鬱縣	36 温水	50.
廣川縣治	9 淇水	53.
廣由澗水	15 洛水	1.
廣成温泉	21 汝水	12.
廣成澤水	21 汝水	1.
廣身陪陵	32 夏水	43.
廣宗侯國	9 淇水	51.
廣昌東嶺	11 滱水	18.
廣昌侯國	12 巨馬水	51.
廣武城山	7 濟水	18.
廣武高壇	7 濟水	36.
廣相溪水	27 沔水	1.
廣香川水	20 漾水	1.

地名	卷次	類别
廣城縣治	27 沔水	53.
廣戚侯國	25 泗水	51.
廣望侯國	11 滱水	51.
廣都北泉	33 江水	11.
廣陽僑郡	14 濡水	49.
廣業郡治	20 漾水	53.
廣鄉侯國	23 陰溝水	51.
廣寧郡治	13 灅水	53.
廣漢郡治	33 江水	53.
廣漢屬國	20 漾水	49.
	24 睢水	
	32 涪水	
廣縣故城	26 淄水	53.
廣饒侯國	26 淄水	51.
廣川縣故城	5 河水	53.
	9 淇水	
廣平縣故城	10 補洺水	佚.
廣成遊獵地	21 汝水	42.
廣成縣故城	14 大遼水	53.
廣宗縣故城	9 淇水	53.
廣昌縣故城	12 巨馬水	53.
廣昌嶺東崖	11 滱水	20.
廣昌嶺南崖	11 滱水	20.
廣昌嶺瀑布	11 滱水	5.
廣武口北岸	35 江水	17.
廣武口江浦	35 江水	8.
廣武都尉治	2 河水	53.
廣牧縣故城	3 河水	53.
廣牧縣鹽官	3 河水	34.
廣戚縣故城	25 泗水	53.
廣望縣故城	11 滱水	53.
廣陽水西山	17 渭水	18.
廣陽縣故城	12 聖水	53.
	13 灅水	

地名	卷次	類别
廣溪北岸山	33 江水	18.
廣溪峽北岸	33 江水	17.
廣德殿西山	3 河水	18.
廣饒縣故城	26 淄水	53.
廣由澗水南山	15 洛水	18.
廣漢屬國都尉治	20 漾水	53.
彈丸山	38 灘水	18.
彈丸水	38 灘水	1.
彈丸山泉	38 灘水	11.
彈丸山石竇	38 灘水	22.
徵陌	23 汳水	31.
德會水	24 瓠子河	1.
德驩縣	19 渭水	50.
慮水	6 汾水	1.
慶都山	11 滱水	18.
摩陂	21 汝水	10.
摩訶河	10 濁漳水	1.
摩竭國	1 河水	47.
摩訶剌國	1 河水	47.
摩竭提國	1 河水	47.
摩頭羅國	1 河水	47.
撫父堆	15 洛水	19.
撫陸縣	38 湘水	50.
播水	7 濟水	1.
播亭	5 河水	50. 57.
播德縣	40 禹貢山水澤地所在	50.
敷水	19 渭水	1.
敷谷	19 渭水	24.
樂山	28 沔水	18.
樂水	12 聖水	1.
樂丘	10 濁漳水	19.
樂羊	11 滱水	65.
樂里	16 穀水	58.
樂亭	9 淇水	50. 57.
樂城	11 滱水	53.
樂鄉	10 濁漳水	56.
	30 淮水	
	35 江水	
樂市縣	10 濁漳水	50.
樂平亭	20 漾水	50. 57.
樂平郡	6 洞過水	49.
	10 濁漳水	
	10 清漳水	
	20 漾水	
樂平縣	5 河水	50.
	10 清漳水	
樂宅戍	31 淯水	62.
樂安亭	5 河水	50. 57.
	14 濡水	
樂安郡	5 河水	49.
	8 濟水	
	13 㶟水	
	24 瓠子河	
	26 淄水	
樂安縣	8 濟水	50.
樂羊城	11 滱水	53.
樂成亭	10 濁漳水	57.
樂成縣	5 河水	50.
	10 濁漳水	
樂昌縣	5 河水	50.
樂信縣	10 濁漳水	50.
樂城縣	27 沔水	50.
樂浪郡	5 河水	49.
	14 浿水	
樂堆泉	12 聖水	11.
樂陵郡	9 淇水	49.

地名	卷次	類别
樂陵國	9 淇水	49.
樂陵縣	5 河水	50.
樂都城	2 河水	53.
樂陽縣	10 濁漳水	50.
樂歲縣	9 淇水	50.
樂遊苑	35 江水	佚.
樂鄉城	35 江水	53.
樂嘉縣	22 潁水	50.
樂慶縣	22 潁水	50.
樂藪岡	39 洣水	18.
樂平侯國	5 河水	51.
樂平郡治	10 清漳水	53.
樂安侯國	8 濟水	51.
樂案郡治	8 濟水	53.
樂成侯國	10 濁漳水	51.
樂成故池	10 濁漳水	9.
樂成陵縣	10 濁漳水	50.
	23 陰溝水	
樂昌侯國	5 河水	51.
樂信侯國	10 濁漳水	51.
樂浪郡治	14 浿水	53.
樂堆泉水	12 聖水	11.
樂陵侯國	5 河水	51.
樂隊侯國	10 濁漳水	51.
樂廣故宅	31 淯水	40.
樂平縣故城	5 河水	53.
樂安縣城故城	8 濟水	53.
樂昌縣故城	5 河水	53.
樂信縣故城	10 濁漳水	53.
樂陵縣故城	5 河水	53.
樂陽縣故地	10 濁漳水	53.
樂鄉縣故城	10 濁漳水	53.
樂成陵縣層臺	10 濁漳水	36.
樂陵縣都尉治	5 河水	53.

地名	卷次	類别
樅陽湖	35 江水	佚.
樅陽湖水	35 江水	佚.
樊	7 濟水	47.65.
	31 淯水	
樊口	35 江水	3.
樊山	35 江水	18. 佚.
樊川	19 渭水	26.
	19 補豐水	
樊城	7 濟水	53.
	28 沔水	
樊桐	1 河水	18.
樊楚	35 江水	65.
樊鄉	19 渭水	56.
樊口水	35 江水	1.
樊川水	19 補豐水	佚.
樊氏陂	31 淯水	10.
樊石山	11 易水	18.
樊石灘	33 江水	15.
樊梁湖	30 淮水	6.
樊噲臺	27 沔水	36.
樊輿亭	11 易水	57.
樊輿縣	11 易水	50.
樊氏故宅	31 淯水	40.
樊石山水	11 易水	1.
樊於期館	11 易水	40.
樊輿侯國	11 易水	51.
樊梁湖北口	30 淮水	3.
樊梁湖南口	30 淮水	3.
樊輿縣故城	11 易水	53.
樊梁湖南口東岸	30 淮水	17.
樓林	40 禹貢山水澤地所在	42.
樓亭	12 巨馬水	57.

地名	卷次	類别
樓煩鄉	13 㶟水	56.
樓蘭城	2 河水	53.
樓蘭國	2 河水	47.
樓蘭屯田	2 河水	27.
樓蘭城屯田	2 河水	27.
樓蘭國玉礦	2 河水	33.
樗里	19 渭水	58.
樗里子墓	19 渭水	43.
樠溪	37 沅水	1.
歎州	35 江水	16. 48.
歎步	35 江水	16. 17.
歎父山	35 江水	18.
歎溝水	17 渭水	1.
歎步右岸	35 江水	17.
歐陽埭	30 淮水	28.
滕城	25 泗水	53.
滕縣	25 泗水	50.
滕侯國	25 泗水	51.
滕縣故城	25 泗水	53.
潁	21 汝水	1.
	22 潁水	
	22 洧水	
	22 渠	
潁口	30 淮水	3.
潁水	21 汝水	1. 佚.
	22 潁水	
	30 淮水	
	31 㵐水	
潁州	22 潁水	48.
潁别	22 潁水	1.
潁尾	22 潁水	3. 65.
潁谷	22 潁水	24.
潁鄉	22 潁水	56.
潁川郡	13 㶟水	49.
	20 漾水	
	21 汝水	
	22 洧水	
	22 渠	
	23 汳水	
	31 㵐水	
潁州治	22 潁水	53.
潁陰城	22 潁水	53.
	22 潩水	
潁陰縣	22 潁水	50.
	22 潩水	
	30 淮水	
潁陽縣	22 潁水	50.
潁鄉城	22 潁水	53.
潁川郡治	21 汝水	53.
	22 潁水	
潁川僑郡	29 沔水	49.
潁水中水	22 潁水	1.
潁水右水	22 潁水	1.
潁水左水	22 潁水	1.
潁水枝流	22 潁水	1.
潁水南瀆	31 㵐水	1.
潁水故瀆	22 潁水	1.
潁陰侯國	23 潁水	51.
	22 潩水	
潁陽侯國	22 潁水	51.
潁陰縣故城	22 潁水	53.
	22 潩水	
潁川僑郡故城	29 沔水	53.
潁川太守曹君墓	23 陰溝水	43.
潏水	6 汾水	1.
	19 渭水	
潔	5 河水	1.

地名	卷次	類别
潕口	27 沔水	3.
潕水	21 汝水	1.
	31 潕水	
潕陰	29 比水	65.
潕口灘	27 沔水	15.
潕陰縣	31 溳水	50.
	31 潕水	
潕陽城	21 汝水	53.
潕陽縣	21 汝水	50.
潕陰北山	29 比山	18.
潕陰縣故城	31 潕水	53.
潕陽縣故城	21 汝水	53.
潕陰縣北山冢	29 比水	43.
潘	4 河水	65.
潘水	40 漸江水	1.
潘泉	13 灅水	11.
潘城	13 灅水	53.
	30 淮水	
潘溪	30 淮水	1.
潘縣	13 灅水	50.
潘城戍	30 淮水	62.
潘源縣	19 補涇水	佚.
潘泉故瀆	13 灅水	1.
潘縣故城	13 灅水	53.
潘岳父子墓	15 洛水	43.
潙水	38 湘水	1.
	38 灕水	
潙口戍	38 湘水	62.
潛	3 河水	1. 65.
	7 濟水	
	29 潛水	
	36 桓水	
潛山	40 漸江水	18.
潛水	29 潛水	1.
	33 江水	
	36 桓水	
潛水大穴	29 潛水	22.
潛水通岡山伏流	29 潛水	2.
澗	16 穀水	1.
澗水	2 河水	1.
	6 汾水	
	15 洛水	
	15 澗水	
	16 穀水	
	21 汝水	
澗淤水	14 鮑丘水	1.
澗水北山	21 汝水	18.
澗水故瀆	15 洛水	1.
澗水	30 淮水	1.
潤光縣	35 江水	50.
潭山	38 湘水	18.
潭水	36 温水	1.
潭谷	30 淮水	24.
潭湖	35 江水	6.
潭中縣	36 温水	50.
潭溪水	30 淮水	1.
潭濱河	31 淯水	1.
潯水	24 汶水	1. 佚.
	26 沭水	
潯陽縣	35 江水	50.
潯水堨田	26 沭水	27.
潯水舊堨	26 沭水	28.
潺山	32 涪水	18. 佚.
潺水	32 涪水	1. 佚.
潺亭	32 涪水	57.
潺山石	32 涪水	21.
潺山金礦	32 涪水	33.
潺山銀礦	32 涪水	33.

地名	卷次	類別
潺山石下泉	32 涪水	佚.
潼山	31 涢水	18.
潼水	30 淮水	1. 佚.
	31 涢水	
	32 梓潼水	
潼陂	24 睢水	10.
	30 淮水	
潼縣	24 睢水	50.
	30 淮水	
潼關	4 河水	32.
	19 渭水	
潼川州	32 涪水	佚.
潼谷水	4 河水	1.
潼水故瀆	24 睢水	1.
潼縣故城	24 睢水	53.
澄湖	10 濁漳水	6.
澄城縣	16 補洛水	佚.
澄城縣温泉	16 補洛水	佚.
澆河城	2 河水	53.
澆河侯國	2 河水	51.
澆河故城	2 河水	53.
澆河西南黄沙	2 河水	25.
澆河故城北二城	2 河水	53.
澇	16 漨水	佚.
澇水	19 渭水	1.
澇谷	19 渭水	24.
澇陂	22 渠	10.
澇城	22 渠	53.
澇祠	16 漨水	佚.
澇灘	27 沔水	15.
澇水口	19 渭水	3.
澇水南山	19 渭水	18.
澉浦	29 沔水	8.

地名	卷次	類別
澉浦巨海	29 沔水	14.
潧	22 潧水	1. 佚.
潧水	22 洧水	1.
	22 潧水	
澨水	31 涢水	1.
澨西縣	31 涢水	50.
澅	24 瓠子河	1.
澅中	26 淄水	65.
澅水田	26 淄水	27.
澅水南山	26 淄水	18.
潐水	4 河水	1.
潤水	38 湘水	1.
	39 潤水	
熨湖	32 肥水	6.
熨斗陂	28 沔水	10.
熱水	13 灅水	1.
熱水亭	13 灅水	57.
獠	20 漾水	47.
	27 沔水	
	33 江水	
	36 温水	
獠中	20 漾水	65.
	33 江水	
獠子水	27 沔水	1.
獠子水田	27 沔水	27.
璅泉水	22 洧水	1. 11.
皛澤陂	9 清水	佚.
盤山	14 鮑丘水	18.
盤水	37 葉榆河	1.
盤石	39 贛水	21.
盤江	37 葉榆河	1.
盤羊	36 若水	18.
盤坂	36 桓水	18.
盤東	37 葉榆河	65.

地名	卷次	類别
盤泉	14 濡水	11.
盤蛇	36 若水	1.
盤山水	14 鮑丘水	1.
盤谷水	15 洛水	1.
盤谷塢	15 洛水	18.63.
盤泉水	14 濡水	1.
盤瓠石	37 沅水	21.
盤崤山	4 河水	18.
盤陽縣	24 瓠子河	50.
磁石門	19 渭水	41.
磊石山	38 湘水	18.
磊石戍	38 湘水	62.
磊砢溪水	12 巨馬水	1.
磐石山	29 比水	18.
磐石川	29 比水	1.
磐余口	27 沔水	3.
磐余水	27 沔水	1.
磐余水南山	27 沔水	18.
磈山	19 渭水	18.
碻磝津	5 河水	30.
碻磝城	5 河水	53.
稷	6 汾水	65.
稷下	26 淄水	65.
稷山	6 汾水	18.
稷里	25 泗水	58.
稷門	25 泗水	41.
	26 淄水	
稷亭	6 汾水	57.
稷祠	6 汾水	44.
	18 渭水	
稽留山	40 漸江水	18.
穀	15 瀍水	1.
	15 澗水	
	16 穀水	

地名	卷次	類别
	24 睢水	
穀山	16 穀水	18.
穀水	15 洛水	1.
	15 瀍水	
	15 澗水	
	16 穀水	
	23 獲水	
	24 睢水	
	30 淮水	
	40 漸江水	
	40 禹貢山水澤地所在	
穀丘	8 濟水	19.65.
穀林	24 瓠子河	42.
穀門	16 穀水	41.
穀城	8 濟水	53.
	10 濁漳水	53.
	15 澗水	
	16 穀水	
	28 沔水	
穀熟	30 淮水	65.
穀縣	23 汳水	50.
穀平鄉	22 渠	56.
穀武縣	13 灅水	50.
穀近縣	9 沁水	50.
穀城山	8 濟水	18.佚.
	28 沔水	
穀城亭	8 濟水	57.
穀城縣	8 濟水	50.
	15 瀍水	
	15 澗水	
	16 穀水	
穀庭城	25 泗水	53.
穀國城	28 沔水	佚.

地名	卷次	類別
穀陽山	24 汶水	18.
穀陽戍	30 淮水	62.
穀陽谷	16 穀水	24.
穀陽亭	11 滱水	57.
穀陽城	8 濟水	53.
	30 淮水	
穀陽縣	3 河水	50.
穀遠縣	6 汾水	50.
	9 沁水	
	10 濁漳水	
穀熟城	23 汳水	53.
	30 淮水	
穀熟縣	24 睢水	50.
穀水枝水	16 穀水	1.
穀水故溝	16 穀水	1.
穀水舊瀆	16 穀水	1.
穀洛遺堰	16 穀水	28.
穀城之山	10 濁漳水	18.
	16 穀水	
穀陽故城	30 淮水	53.
穀熟侯國	30 淮水	51.
穀山碧緑礦	16 穀水	33.
穀城東近山	8 濟水	18.
穀遠縣西山	6 汾水	18.
穀熟縣故城	24 睢水	53.
穀城山文石礦	8 濟水	33.
穀水華林園枝水	16 穀水	1.
窮	30 淮水	65.
窮水	30 淮水	1.
窮谷	3 河水	24.
	30 淮水	
窮陂	30 淮水	10.
窮桑	24 瓠子河	

地名	卷次	類別
窮河邑	9 淇水	53.
窮獨山	11 易水	18.
窮陂塘堰	30 淮水	27.
窮獨山南谷	11 易水	24.
窳渾澤	3 河水	6.
窳渾縣	3 河水	50.
窳渾縣北河	3 河水	1.
窳渾縣故城	3 河水	53.
窳渾縣出雞鹿塞道	3 河水	31.
箭谷水	19 渭水	1.
節度石	35 江水(2)	21.
節侯廟	38 湘水	45.
節碭縣	23 獲水	50.
篋山	9 淇水	18.
縣訾	22 渠	65.
緡	8 濟水	65.
緣城	30 淮水	53.
編山	38 灕水	18.
編縣	32 漳水	50.
編縣治	32 漳水	53.
編縣舊治	32 漳水	53.
緩虛水	14 濡水	1.
緱氏山	15 洛水	18.
緱氏原	15 洛水	26.
緱氏城	15 洛水	53.
緱氏縣	15 洛水	50.
緱氏縣故城	15 洛水	53.
練口	35 江水	3.
練洲	35 江水	16.
練浦	35 江水	8.
練塘	40 漸江水	28.
練溝	21 汝水	1.
	31 濦水	

地名	卷次	類別
練秋浦	22 渠	8.
練塘里	40 漸江水	58.
練口江浦	35 江水	8.
練塘里冶銅	40 漸江水	34.
練塘里冶錫	40 漸江水	34.
罷谷山	37 葉榆河	佚.
罷谷川	4 河水	1.26.
罷谷山泉	37 葉榆河	11.
羭次之山	16 溱水	18.
羯	22 渠	47.
膚施縣	3 河水	50.
膠	26 膠水	1.
膠山	26 膠水	18.
膠水	26 膠水	1.
膠城	26 膠水	53.
膠西國	26 濰水	49.
膠東縣	26 膠水	50.
膠陽亭	26 膠水	57.
膠西王國	24 瓠子河	49.
膠東王國	26 膠水	49.
膠西王國都	24 瓠子河	52.
膠東縣故城	26 膠水	53.
蓬臺	13 瀔水	36.
蓬洪陂	30 淮水	10.
蓬萊山	16 穀水	18.
蓬鶻之山	10 濁漳水	佚.
蓬萊山瀑布	16 穀水	5.
蓮堰	11 補滋水	28.
蓮湖	30 淮水	6.
蓮芍城	19 渭水	53.
蓮芍縣	9 沁水	50.
	16 沮水	
蓮湖水	30 淮水	1.
蓮芍縣故城	16 沮水	53.

地名	卷次	類別
菑閣	27 沔水	35.38.
菑閣山	27 沔水	18.
菑閣山上戍	27 沔水	62.
蓼	32 決水	65.
蓼水	4 河水	1.佚.
	10 濁漳水	
蓼谷	4 河水	24.
蓼洲	39 耒水	16.
蓼溝	9 淇水	1.
蓼縣	32 決水	50.
蓼子洲	39 贛水	16.
蓼侯國	32 決水	51.
蓼縣故城	32 決水	53.
蔑	25 泗水	65.
蔑默口	35 江水	3.
蔑默口江浦	35 江水	8.
蔓葛谷	20 漾水	24.
蔓渠之山	15 伊水	18.
蔡	21 汝水	1.18.47.
	23 汳水	
	30 淮水	
	31 淯水	
	36 桓水	
蔡水	28 沔水	1.
	29 比水	
蔡溝	9 沁水	1.
蔡岡	22 潁水	18.
蔡洲	28 沔水	16.
蔡塘	21 汝水	28.
蔡子池	39 耒水	9.
蔡伏溝	10 濁漳水	1.
蔡陽縣	28 沔水	50.
	31 淯水	
	31 涢水	

地名	卷次	類别
蔡溝水	9 清水	1.
蔡瑁居	28 沔水	40.
蔡瑁冢	28 沔水	43.
蔡澤陂	22 渠	10.
蔡洲東岸	28 沔水	17.
蔡倫故宅	39 耒水	40.
蔡陽侯國	28 沔水	51.
蔡澤陂水	22 渠	1.
蔡陽縣故城	28 沔水	53.
蔣谷	6 洞過水	24.
蔣國	30 淮水	47.
蔣溪	6 洞過水	1.
蔣谷水	6 洞過水	1.
蔣谷大道	6 洞過水	31.
蔥嶺	1 河水	18.
	2 河水	
蔥谷水	2 河水	1.
蔥嶺河	2 河水	1.
蔥嶺北河	2 河水	1.
蔥嶺伏流	2 河水	2.
蔥嶺南河	2 河水	1.
蔥嶺天竺道	1 河水	31.
蔥嶺東北山	2 河水	18.
蔥嶺東南山	2 河水	18.
蔥嶺北河温宿枝水	2 河水	1.
蓱沙王舊城	1 河水	53.
虢	4 河水	47. 佚.
	7 濟水	
	19 渭水	
	22 洧水	
	22 潧水	
	10 濁漳水	
虢山	4 河水	18.
虢水	15 洛水	1.
虢亭	7 濟水	57.
虢宫	18 渭水	37.
虢略	15 伊水	65.
虢都	4 河水	52.
虢縣	18 渭水	50.
虢公冢	7 濟水	43.
虢公臺	7 濟水	36.
虢叔之國	18 渭水	47.
虢亭北池	7 濟水	9.
虢亭北池水	7 濟水	1.
蝦蟆山	35 江水	18.
蝦蟆頧	27 沔水	15.
蝦蟆灘	27 沔水	15.
蝦蟆溪水	17 渭水	1.
蝮口	37 葉榆河	3.
談虜山	36 温水	18.
談藁縣	36 温水	50.
賜水	32 滲水	1.
賞都亭	22 渠	50. 57.
賢首山	30 淮水	18.
賨國	29 潛水	47.
賨城縣	29 潛水	50.
踐土	5 河水	65.
	23 陰溝水	
踐犢山	31 滍水	18.
輞谷水	19 渭水	1.
輪井	11 浦濾沱水	佚.
輪臺	2 河水	36. 65.
輪臺屯田	2 河水	27.
遮害亭	5 河水	57.
	9 淇水	
遮害縣	3 河水	50.
鄧	6 湛水	47. 65.

地名	卷次	類別
	21 汝水	
	31 淯水	
	33 江水	
鄧林	40 禹貢山水澤地所在	42.
鄧津	6 湛水	30.
鄧城	9 清水	53.
	21 汝水	
	31 淯水	
鄧塞	31 淯水	18.32.
鄧鄉	4 河水	56.
鄧縣	31 淯水	50.
鄧瀆	9 清水	1.
鄧公泉	18 渭水	11.
鄧氏陂	29 湍水	10.
鄧至城	20 漾水	53.
鄧艾祠	18 渭水	44.
	19 渭水	
鄧艾廟	5 河水	45.
鄧里渠	5 河水	1.
	24 瓠子河	
鄧林山	1 河水	佚.
鄧公泉水	18 渭水	1.
鄧禹故宅	29 湍水	40.
鄧晨故宅	29 湍水	40.
鄧隆故壘	14 鮑丘水	32.
鄧義山墓	31 淯水	43.
鄧縣故城	31 淯水	53.
鄩中	15 洛水	65.
鄩水	15 洛水	1.
鄩城	15 洛水	53.
鄩溪	15 洛水	1.
鄩谷水	15 洛水	1.
鄩水北山	15 洛水	18.

地名	卷次	類別
鄫	30 淮水	65.
鄫城	30 淮水	53.
鄭	4 河水	47.
	5 河水	
	6 涑水	
	7 濟水	
	8 濟水	
	9 清水	
	10 濁漳水	
	15 伊水	
	19 渭水	
	21 汝水	
	22 潁水	
	22 洧水	
	22 潩水	
	22 渠	
	23 陰溝水	
	23 汳水	
	24 睢水	
	25 泗水	
	25 沂水	
	26 沭水	
	27 沔水	
	28 沔水	
	30 淮水	
	31 溠水	
	32 夏水	
鄭北	5 河水	65.
鄭陂	24 睢水	10.
鄭圃	5 河水	42.
鄭城	19 渭水	53.
	22 潁水	
	22 洧水	
	22 潩水	

地名	卷次	類別
	22 瀡水	
鄭鹿	5 河水	65.
鄭渠	14 鮑丘水	1. 佚.
	16 沮水	
	19 渭水	
	19 補涇水	
鄭都	22 洧水	52.
	22 渠	
鄭鄉	28 沔水	56.
鄭縣	19 渭水	50.
鄭隰	22 渠	26.
鄭大都	22 洧水	52.
鄭公泉	40 漸江水	11. 12.
鄭公潭	28 沔水	7.
鄭公縣	21 汝水	50.
鄭之堰	22 渠	28.
鄭伯津	2 河水	1. 30.
鄭東郊	22 渠	54.
鄭袤廟	15 洛水	45.
鄭渠田	16 沮水	27. 佚.
	19 補涇水	
鄭馳道	5 河水	31.
鄭父之丘	19 渭水	19. 65.
	22 洧水	
鄭桓公都	19 渭水	52.
	22 洧水	
鄭康成冢	26 濰水	43.
鄭祭仲冢	22 潩水	43.
鄭渠故瀆	16 沮水	1.
鄭衛尉城	29 沔水	53.
鄭縣故城	19 渭水	53.
鄭城西石梁	19 渭水	29.
鄭城西石橋	19 渭水	29.
鄭城東石橋	19 渭水	29.
鄭城南城南門	22 洧水	41.
鄭莊公望母臺	22 洧水	36.
鄯善國	2 河水	47.
鄯善國治	2 河水	52.
鄰水	37 浪水	1.
鄱水	39 贛水	1.
鄱陽郡	39 贛水	49.
鄱陽縣	39 贛水	50.
	39 廬江水	
鄲縣	30 淮水	50.
鄲侯國	30 淮水	51.
鄲縣故城	30 淮水	53.
鋤亭	3 河水	57.
閬水	20 漾水	1.
閬風	1 河水	18.
閬中縣	20 漾水	50.
閬風巔	1 河水	18.
閬陽縣	20 漾水	50.
	28 沔水	
閭山	25 沂水	18.
閭丘	25 洙水	19. 65.
閭山水	25 沂水	1.
閭丘鄉	25 洙水	56.
閭里溪水	17 渭水	1.
閭山水枝水	25 沂水	1.
閱馬臺	10 濁漳水	36.
隤城	7 濟水	53.
	9 清水	
震澤	29 沔水	6.
鞏	15 洛水	65.
鞏水	31 㶏水	1.
鞏穴	4 河水	22.
	5 河水	
鞏西	15 洛水	65.

地名	卷次	類别
鞏東	15 洛水	65.
鞏縣	5 河水	50.
	15 洛水	
	16 穀水	
鞏闕	7 濟水	41.
鞏縣故城	15 洛水	53.
養口	38 湘水	3.
養水	21 汝水	1.
養女山	2 河水	18.
養女川	2 河水	26.
養女嶺	2 河水	18.
養信縣	26 濰水	50.
養陰里	21 汝水	58.
養女北山	2 河水	18.
駕部口	35 江水	3.
魯	5 河水	47.
	8 濟水	
	9 洹水	
	22 潁水	
	22 渠	
	23 獲水	
	24 瓠子河	
	24 汶水	
	25 泗水	
	25 沂水	
	26 淄水	
	27 沔水	
	31 淯水	
魯山	25 沂水	18.
	31 滍水	
	35 江水	
	38 灕水	
魯囿	24 汶水	42.
魯城	25 泗水	53.

地名	卷次	類别
	26 淄水	
魯國	9 沁水	49.
	9 淇水	
	23 陰溝水	
	24 汶水	
	25 泗水	
	26 淄水	
魯溝	22 渠	1.
魯道	24 汶水	31.
魯縣	25 泗水	50.
	25 沂水	
	31 滍水	
魯山縣	31 滍水	50.
魯公水	21 汝水	1.
魯公陂	21 汝水	10.
魯東門	17 渭水	41. 佚.
	25 泗水	
魯恭祠	22 渠	44.
魯班門	10 濁漳水	23.
魯般門	9 洹水	41.
魯般橋	6 汾水	29.
魯陽城	15 伊水	53.
	31 滍水	
魯陽郡	21 汝水	49.
魯陽縣	21 汝水	50.
	31 滍水	
	31 淯水	
魯陽關	31 滍水	32.
	31 淯水	
魯溝水	22 渠	1.
魯溝亭	22 渠	57.
魯公水口	21 汝水	3.
魯宗之壘	28 沔水	32.
魯城東門	25 泗水	41.

地名	卷次	類别
魯城南門	26 淄水	41.
魯陽北山	15 洛水	18.
魯陽縣泉	21 汝水	11.
魯陽關水	31 滍水	1.
	31 淯水	
魯縣故城	25 泗水	53.
魯山北峽谷	31 滍水	23.
魯城上東門	26 淄水	41.
魯陽縣故城	31 滍水	53.
魯陽關北水	31 淯水	1.
魯陽關南水	31 淯水	1.
魯陽關連山	31 淯水	18.
魯宗之壘大橋	28 沔水	29.
魯班門西雙闕	10 濁漳水	41.
魯陽縣分水嶺	31 淯水	18.
魯陽縣東北故城	25 洙水	53.
魯陽縣故城東門	25 泗水	41.
魯宗之壘南驛路	28 沔水	31.
鴈門	2 河水	41.
	13 㶟水	
鴈門水	13 㶟水	1.
鴈門郡	2 河水	49.
	3 河水	
	13 㶟水	
鴈門之山	13 㶟水	18.
黎	5 河水	47.65.
	28 沔水	
黎山	5 河水	18.
	9 淇水	
黎岸	35 江水	17.
黎亭	10 濁漳水	57.

地名	卷次	類别
黎國	10 濁漳水	47.
黎縣	24 瓠子河	50.
黎磯	35 江水	18.
黎治縣	24 瓠子河	50.
黎侯城	24 瓠子河	53.
黎陽縣	5 河水	50.
	9 淇水	
	24 瓠子河	
黎漿水	32 肥水	1.
黎漿亭	32 肥水	57.
黎蒸縣	5 河水	50.
黎山石堰	9 淇水	28.
黎漿水口	32 肥水	3.
黎縣故城	24 瓠子河	53.
黎陽縣故城	5 河水	53.

十六劃: 冀、勳、器、圜、壁、壇、嬴、學、導、嶧、巂、廩、徼、㠓、憲、操、擎、擔、曇、樹、橋、橐、橘、横、歙、歷、澠、澤、澧、澮、澳、澶、澹、澺、濁、濆、濊、澾、濄、澪、潞、濕、燉、燋、燒、燕、獨、獫、盧、磨、禦、積、篤、縣、興、舉、蕃、蕇、蕤、蕩、蕪、衞、衡、諸、謁、賴、豫、豬、赭、遷、選、遺、遼、鄳、鄴、鄶、鉼、錢、錦、錫、錯、闇、閻、闕、闅、隨、雕、霍、靜、頭、頻、餘、駱、鮑、鮒、鴛、鴨、黔、默、龍、龜

地名	卷次	類別
冀	40 禹貢山水澤地所在	65.
冀川	17 渭水	1.
冀水	17 渭水	1.
冀州	8 濟水	48. 佚.
	9 沁水	
	9 淇水	
	10 濁漳水	
	11 滱水	
	11 補滋水	
冀戎	17 渭水	47.
冀谷	17 渭水	24.
冀亭	4 河水	50. 57.
	6 汾水	
冀國	6 汾水	47.
冀野	6 汾水	26.
冀縣	17 渭水	50.
	20 漾水	
	40 禹貢山水澤地所在	
冀闕	19 渭水	41.
冀州治	17 渭水	53.
冀治縣	17 渭水	50.
冀南山	17 渭水	18.
冀國都	6 汾水	52.
冀縣城	17 渭水	53.
冀南山大石	17 渭水	21.
冀南山石鼓	17 渭水	21.
勳掌谷	7 濟水	24.
器難之水	7 濟水	1.
圜丘	15 伊水	19. 65.
	19 渭水	
	25 泗水	
壁陂	21 汝水	10.

地名	卷次	類別
壇山岡	7 濟水	18. 36.
壇陵亭	8 濟水	57.
壇臺岡	7 濟水	18. 36.
壇讌山	40 漸江水	18.
嬴	24 汶水	65.
嬴縣	24 汶水	50.
嬴縣故城	24 汶水	53.
學城	28 沔水	53.
導泉	14 濡水	11.
導公寺	32 肥水	46.
導江郡	33 江水	49.
導公寺五層剎	32 肥水	39.
嶧山	25 泗水	18.
嶧孔	25 泗水	22.
嶧山北絶巖	25 泗水	20.
嶲水	30 若水	1.
嶲唐縣	36 若水	50.
廩丘	24 瓠子河	19. 65.
廩丘城	24 瓠子河	53.
廩丘縣	24 瓠子河	50.
廩延邑	5 河水	53.
廩延南故城	5 河水	53.
徼外	32 涪水	65.
	33 江水	
	36 若水	
罴狐聚	21 汝水	59.
憲王陵	11 滱水	43.
操虜縣	2 河水	50.
擎洲	33 江水	16.
擔潭	20 漾水	7.
擔袂國	1 河水	47.
擔潭交	20 漾水	3.
曇蘭山	1 河水	18.
樹武縣	13 濕水	50.

地名	卷次	類別
樹亭川	18 渭水	1.26.
樹頹水	3 河水	1.
樹頹水東山	3 河水	18.
橋山	3 河水	18.
	13 灅水	
	36 温水	
橋水	17 渭水	1.
	31 滍水	
	36 温水	
橋門	3 河水	41.
橋亭	17 渭水	57.
橋頭	32 羌水	65.
橋玄墓	24 睢水	43.
橋載墓	23 汳水	43.
橋山温泉	13 灅水	12.
橋山温泉祭堂	13 灅水	40.
橐山	4 河水	18.
橐水	4 河水	1.
橐泉宫	18 渭水	37.
橘洲	38 湘水	16.
橘圃	33 江水	42.
橘子洲戍	38 湘水	62.
横	24 睢水	65.
横山	36 温水	18.
横水	14 沽水	1.
	17 渭水	
	18 渭水	
	20 漾水	
	40 禹貢山水澤地所在	
横谷	17 渭水	24.
横門	19 渭水	41.
横亭	24 睢水	57.
横城	24 睢水	53.
横桑	28 沔水	65.
横溪	18 渭水	1.
横縣	26 濰水	50.
横嶺	31 滍水	18.
横水壙	17 渭水	8.
横尾山	31 溳水	18
横房口	38 湘水	3.
横流溪	39 耒水	1.
横塘陂	21 汝水	10.
横溝水	26 沭水	1.
横溪水	4 河水	1.
横縣故山	26 濰水	18.
横嶺下夾谷	31 滍水	24.
横漳枝津故瀆	9 淇水	1.
歙城	17 渭水	53.
歙縣	40 漸江水	50.
歙縣故城	40 漸江水	53.
歷下	3 河水	65.
歷口	39 洣水	3.
歷山	4 河水(2)	18.
	8 濟水	
	13 灅水	
	24 瓠子河	
歷水	8 濟水	1.
	39 洣水	
歷城	3 河水	53.
	8 濟水	
	20 漾水	
歷鄉	10 濁漳水	56.
歷縣	9 淇水	50.
歷觀	4 河水	46.65.
歷口渡	9 淇水	30.
歷口縣	39 洣水	50.
歷泉水	17 渭水	1.11.

地名	卷次	類別
歷泉溪	17 渭水	1.
歷城亭	9 淇水	57.
歷城軍	20 漾水	49.
歷城縣	8 濟水	50.
歷陽縣	25 泗水	50.
	28 沔水	
歷寧縣	9 淇水	50.
歷澗水	30 淮水	1.
歷澗戍	30 淮水	62.
歷水枝津	8 濟水	1.
歷城北郭	8 濟水	54.
歷城西郭	8 濟水	54
歷城南山	8 濟水	18.
歷城軍山	20 漾水	18.
歷城縣泉	8 濟水	11.
歷山北小阜	24 瓠子河	19.
歷城縣故城	8 濟水	53.
歷城南山大穴	8 濟水	22.
澠水	26 淄水	1.
澠池	15 洛水	9.
澠泉	26 淄水	11.
澠池山	15 澗水	18.
澠陽城	26 淄水	53.
澤水	5 河水	1.
澤亭	10 濁漳水	50. 57
澤發水	10 濁漳水	1. 佚
澤蘭山	40 漸江水	18.
澧	31 溠水	1.
澧水	29 比水	1.
	31 潕水	
	35 江水	
	37 澧水	
	38 湘水	
澧泉	38 湘水	11.

地名	卷次	類別
澧江口	37 澧水	3.
澧陽縣	37 澧水	50
	37 沅水	
澧水南岸	37 澧水	17.
澮	6 澮水	1.
	32 決水	
澮口	32 決水	3.
澮山	6 澮水	18.
澮水	24 睢水	1.
澮交	6 澮水	3.
澳水	9 淇水	1.
	29 比水	
澶淵	5 河水	7.
澹口	37 澧水	3.
澹水	37 澧水	1.
	37 沅水	
澹臺子羽冢	22 渠	43
澹臺子羽祠	22 渠	44.
澺水	21 汝水	1.
濁水	15 洛水	1.
	16 沮水	
	20 漾水	
	26 淄水	
	31 淯水	
	39 贛水	
濁河	1 河水	1.
	8 濟水	
濁城	20 漾水	53.
	22 潩水	
濁鹿	11 滱水	65.
濁漳	10 濁漳水	1.
濁檢	27 沔水	1.
濁澤	22 潩水	6.
濁水城	20 漾水	53.

地名	卷次	類別
濁谷水	16 沮水	1.
	17 渭水	
濁鹿城	9 清水	53.
濁鹿邏	11 滱水	18.
濁須水	24 汶水	1.
濆	21 汝水	1.
濆水	21 汝水	1.
濊口	10 濁漳水	3.
濊水	9 淇水	1.
	10 濁漳水	
濊邑	10 濁漳水	53.
澾水	7 濟水	1.
澮	23 陰溝水	1.
澮水	30 淮水	1.
澮州	23 陰溝水	48.
澮郡	23 陰溝水	49.
澮州治	23 陰溝水	53.
澮陽城	23 陰溝水	53.
澮水石梁	23 陰溝水	29.
澮水枝水	23 陰溝水	1.
澪渠	38 湘水	佚
潞川	10 濁漳水	1. 26.
潞水	10 濁漳水	1.
	13 㶟水	
潞河	14 沽河	1.
	14 鮑丘水	
潞南	14 濕餘水	65.
潞城	14 鮑丘水	53.
潞縣	10 濁漳水	50.
	14 沽河	
	14 鮑丘水	
潞縣故城	14 鮑丘水	53.
澀澀水	7 濟水	1.
燉煌郡	19 渭水	49.

地名	卷次	類別
	40 禹貢山水澤地所在	
	40 補黑水	
燉煌縣	40 禹貢山水澤地所在	50.
燋陂	30 淮水	10.
燋陂水	30 淮水	1.
燒當	2 河水	47.
燒車水	21 汝水	1.
燕	5 河水	47. 佚
	11 易水	
	11 滱水	
	12 聖水	
	12 巨馬水	
	13 㶟水	
	14 濡水	
	14 大遼水	
	19 渭水	
	24 瓠子河	
	26 淄水	
燕山	14 鮑丘水	18.
燕州	13 㶟水	48.
燕城	8 濟水	53.
燕國	13 㶟水	47.
燕薊	11 補滹沱水	佚.
燕下都	11 易水	52.
燕王陵	13 㶟水	43.
燕尾洲	34 江水	16.
燕京山	6 汾水	18. 佚.
	13 㶟水	
	11 補滹沱水	
燕昌城	13 㶟水	53.
燕長城	11 易水	32.
燕室丘	39 深水	19.

地名	卷次	類別
燕室聚	39 深水	59.
燕泉山	21 汝水	18.
燕城湖	8 濟水	6.
燕無水	17 渭水	1.
燕山石梁	14 鮑丘水	21.29
燕山石鼓	14 鮑丘水	21.
燕王仙臺	11 易水	18.36.
燕長城門	11 易水	41.
燕王陵伏道	13 㶟水	31.
燕王陵浮圖	13 㶟水	39.
燕京山大池	13 㶟水	9.
燕京山石池	13 㶟水	9.
燕刺王丹陵	14 鮑丘水	43.
燕無水東山	17 渭水	18.
獨山	31 淯水	18.
	32 肥水	
獨石	35 江水	21.
獨谷	13 㶟水	24.
獨阜	2 河水	19.
獨母水	37 沅水	1.
獨母溪	37 沅水	1.
獨固門	14 沽河	32.43
獨樂水	14 鮑丘水	1.
獨樹水	14 鮑丘水	1.
獨頭山	4 河水	18.
獨山北嵒	11 補滱沱水	佚.
獨谷孤城	13 㶟水	53.
獨松故冢	40 漸江水	43.
獨阜故臺	2 河水	36.
獨谷孤城水	13 㶟水	1.
獨山兩手跡石	11 補滱沱水	佚.
獨山兩腳跡石	11 補滱沱水	佚.
獨山北嵒人坐跡	11 補滱沱水	佚.

地名	卷次	類別
獫夷	12 聖水	47.
盧	28 沔水	65.
盧山	26 濰水	18.
盧水	11 滱水	1.
	14 濡水	
	26 濰水	
盧門	24 睢水	41.
盧城	2 河水	53.
盧塘	39 耒水	9.28.
盧溪	39 深水	1.
盧聚	39 深水	59.
盧縣	8 濟水	50.
	25 沂水	
盧龍	11 補滱沱水	佚.
盧上里	25 沂水	58.
盧川水	25 沂水	1.
盧子城	8 濟水	53.
盧氏山	15 洛水	18.
盧氏川	15 洛水	1.
盧氏縣	15 洛水	50.
	20 丹水	
	21 汝水	
	29 均水	
	31 淯水	
盧奴城	11 滱水	53.
盧奴縣	11 補滱沱水	佚.
盧屈山	28 沔水	18.
盧門里	24 睢水	58.
盧門亭	24 睢水	57.
盧容水	36 温水	1.
盧容浦	36 温水	8.
盧容縣	36 温水	50.
盧惟水	36 温水	1.
盧植墓	12 巨馬水	43.

地名	卷次	類別
盧陽鄉	29 湍水	56.
盧溪水	2 河水	1.
	39 洭水	
盧龍山	14 濡水	18.
盧龍塞	14 濡水	32.
盧關津	5 河水	30.
盧氏川水	15 洛水	1.
盧奴三鄉	11 滱水	56.
盧奴之鄉	11 滱水	56.
盧容浦口	36 温水	3.
盧倉禁水	37 葉榆河	1.
盧達從薄	10 濁漳水	1.
盧縣故城	8 濟水	53.
盧龍故城	14 濡水	53.
盧龍塞道	14 濡水	31.
盧氏縣故城	15 洛水	53.
盧奴縣故城	11 滱水	53.
磨川	13 瀔水	26.
磨城	32 沮水	53.
磨笄山	13 瀔水	18.
禦兒	40 漸江水	65.
禦夷鎮	14 沽河	55.
	14 鮑丘水	
	14 濡水	
禦兒鄉	40 漸江水	56.
禦夷北塞	14 鮑丘水	32.
禦夷故城	14 濡水	53.
禦夷鎮城	14 沽河	53.
禦夷東南山	14 濡水	18.
積石	4 河水	18. 21. 26.
	19 渭水	
	31 滍水	
積布山	35 江水	18.
積布圻	35 江水	18.
積布磯	35 江水	18.
積石山	1 河水	18. 佚.
	40 禹貢山水澤地所在	
積石原	17 渭水	26.
積石圃	1 河水	18. 42.
積石溪	4 河水	1.
積書巖	2 河水	20.
積梨山	2 河水	18.
積粟臺	22 洧水	36.
積稻山	35 江水	佚.
積石之山	2 河水	18.
積布磯右岸	35 江水	17.
篤亭	24 睢水	50. 57.
篤馬河	5 河水	1.
縣圃	1 河水	18. 42.
興水	37 沅水	1.
興古郡	36 温水	49.
興安縣	36 温水	50.
興豆亭	11 滱水	57.
興武縣	2 河水	50.
興晉縣	27 沔水	50.
興勢戍	27 沔水	62.
興勢坂	27 沔水	18.
興古郡治	36 温水	53.
興安縣平石	36 温水	21.
興安縣石履	36 温水	21.
舉口	35 江水	3.
舉水	35 江水	1.
舉洲	35 江水	16.
舉符縣	14 沽河	50.
蕃	19 渭水	65.
蕃縣	25 泗水	50.
蕃縣泉	25 泗水	11.

地名	卷次	類別
蕃縣故城	25 泗水	53.
蕃縣東北平原	25 泗水	6.
蕈川	2 河水	26.
蕈塏川	2 河水	1.26.
蕈塏川水	2 河水	1.
蕤水	26 巨洋水	1.
蕩水	9 淇水	1.
	9 蕩水	
蕩陰里	26 淄水	58.
蕩陰縣	9 蕩水	50.
蕩陰西山	9 蕩水	18.
蕩陰縣故城	9 蕩水	53.
蕪湖縣	35 江水	佚.
衛	4 河水	1.47.
	5 河水	
	7 濟水	
	8 濟水	
	9 沁水 9 淇水	
	11 滱水	
	21 汝水	
	22 渠	
	23 汳水	
	24 睢水	
	24 瓠子河	
	30 淮水	
	8 濟水	
衛水	11 補滹沱水	佚.
衛都	9 沁水	52.
衛縣	5 河水	50.
衛公國	5 河水	49.
衛國縣	5 河水	50.
	26 巨洋水	
衛元君都	9 沁水	52.
衛文公都	5 河水	52.
衛國邑城	5 河水	53.
衛國縣故城	5 河水	53.
衛齊莘亭道	5 河水	31.
衛陽晉之道	24 瓠子河	31.
衡	21 汝水	18.
	34 江水	
衡山	21 汝水	18.
	31 淯水	
	34 江水	
	38 湘水	
	40 禹貢山水澤地所在	
衡水	10 濁漳水	1.
衡漳	10 濁漳水	1.
衡雝	23 陰溝水	65.
衡山郡	30 淮水	49.
衡山國	32 沘水	49.
衡山縣	38 湘水	50.
衡陽郡	38 漣水	49.
	38 湘水	
衡雍城	7 濟水	53.
衡山王都	35 江水	52.
衡山飛泉	38 湘水	5.
衡陽郡治	38 湘水	53.
衡漳九絳	10 濁漳水	4.
衡漳故瀆	10 濁漳水	1.
衡漳舊道	10 濁漳水	1.
衡漳縣印石	38 湘水	21.
諸	26 濰水	65.
諸川	19 渭水	26.
諸水	6 澮水	1.
	19 渭水	
諸城	26 濰水	53.

地名	卷次	類別
諸塢	40 漸江水	63.
諸縣	26 沭水	50.
	26 濰水	
諸次山	3 河水	18.
諸曲縣	26 濰水	50.
諸魚山	37 沅水	18.
諸葛泉	25 沂水	11.
諸暨縣	40 漸江水	50.
諸次之水	3 河水	1.
諸毗之山	2 河水	18.
諸袁舊墓	23 陰溝水	43.
諸魚溪水	37 沅水	1.
諸葛亮墓	27 沔水	43.
諸葛亮廟	27 沔水	45.
諸葛亮圖壘	33 江水	32.
諸暨縣射堂	40 漸江水	40.
諸葛亮烽火臺	27 沔水	36.
謁戾山	10 清漳水	18.
謁泉山	6 汶水	18.
謁戾之山	6 汾水	18.
謁泉山二刹	6 文水	46.
謁泉山石室	6 文水	40.
賴城	23 陰溝水	53.
賴國	32 漻水	47.
賴陵	23 陰溝水	43.
賴鄉	23 陰溝水	56.
	32 漻水	
賴鄉城	23 陰溝水	53.
豫州	7 濟水	49.
	21 汝水	
	23 潁水	
	22 洧水	
	22 渠	
	23 汳水	

地名	卷次	類別
	24 睢水	
	24 瓠子河	
	30 淮水	
	32 肥水	
	35 江水	
豫章	39 贛水	65.
豫州治	7 濟水	53.
	22 渠	
豫章口	32 夏水	3.
	34 江水	
豫章水	39 贛水	1.
豫章岡	34 江水	18.
豫章郡	2 河水	49.
	8 濟水	
	35 江水	
	38 湘水	
	39 贛水	
豫章臺	34 江水	36.
豫章縣	39 瀏水	50.
	39 贛水	
豫章大江	39 贛水	1.
豫章大陂	31 淯水	10.
豫章郡治	39 贛水	53.
豫章大陂田	31 淯水	27.
豬野	40 禹貢山水澤地所在	26.
豬野澤	40 禹貢山水澤地所在	6.
豬蘭橋	28 沔水	29.
赭山	29 沔水	18.
赭丘	22 洧水	19.
赭丘城	22 洧水	53.
赭要洲	35 江水	16.
遷陵縣	36 延江水	50.

地名	卷次	類别
	37 沅水	
遷陸縣	37 沅水	50.
遷陵縣故城	36 延江水	53.
	37 沅水	
選武縣	14 濡水	50.
遺谷	16 補洛水	佚.
遼山	14 小遼水	18.
遼水	14 大遼水	1. 佚.
遼海	3 河水	14.
	14 濡水	
遼塞	13 灅水	32.
遼山縣	10 清漳水	佚.
遼西郡	9 淇水	49.
	11 易水	
	14 濡水	
遼東郡	3 河水	49.
	14 鮑丘水	
	14 浿水	
	14 大遼水	
	14 小遼水	
	30 淮水	
遼陽縣	14 小遼水	50.
遼隊縣	14 大遼水	50. 佚.
	14 小遼水	
遼水東岸	14 大遼水	佚.
遼西郡治	14 濡水	53.
遼東故塞	14 浿水	32.
遼東郡治	14 大遼水	53.
遼隊縣故城	14 大遼水	53.
遼東屬國都尉治	14 大遼水	53.
鄳縣	30 淮水	50.
鄳侯國	30 淮水	51.
鄳縣故城	30 淮水	53.

地名	卷次	類别
鄴	10 濁漳水	65.
鄴田	10 濁漳水	27.
鄴城	4 河水	53.
	9 洹水	
	10 濁漳水	
	10 補洺水	
	13 灅水	
鄴宮	4 河水	37.
鄴縣	9 洹水	50. 佚.
	10 濁漳水	
	10 補滏水	
鄴西治	10 濁漳水	53.
鄴侯國	10 濁漳水	51.
鄴城東門	13 灅水	41.
鄴縣冰井	10 濁漳水	13.
鄴城東門石橋	13 灅水	29.
鄶	22 洧水	1.47.
	22 潧水	
鄶水	22 潧水	1. 佚.
鄶城	22 洧水	53.
	22 潧水	
鄶都	22 洧水	52.
鄶城潭	22 潧水	7.
鉼亭	24 睢水	57.
鉼鄉	24 睢水	56.
鉼鄉亭	23 汳水	57.
錢水	40 漸江水	1.
錢官	35 江水	34.
錢塘	40 漸江水	27.
錢唐縣	40 漸江水	50.
錢塘縣	40 漸江水	50.
錦里	33 江水	34.58.
錫口	38 湘水	3.
錫方	38 湘水	18.33.65

地名	卷次	類别
錫木	38 湘水	1.
錫浦	38 湘水	8.
錫縣	27 沔水	50.
錫口戍	38 湘水	62.
錫治縣	27 沔水	50.
錫城縣	32 沮水	50.
錫義山	27 沔水	18.
錫城縣城	32 沮水	53.
錫城故城	27 沔水	53.
錫縣錫礦	27 沔水	33.
錫義山四門	27 沔水	41.
錫縣錫穴地	27 沔水	34.
錫城西表重山	32 沮水	18.
錯水	20 漾水	1.
錯水戍	20 漾水	62.
閶闔門	16 穀水	41.
	19 渭水	
閶闔南街	16 穀水	31.
閶闔門石橋	16 穀水	29.
閻溪	30 淮水	1.
閻鄉	11 易水	56.
閻鄉城	11 易水	53.
閻漿水	32 肥水	1.
閻澗水	32 肥水	1.
閼	22 洧水	47.
閼與	10 清漳水	65.
閼與聚	10 清漳水	59.
閼與故城	10 清漳水	53.
閼與舊都	10 清漳水	52.
閿鄉	4 河水	56.
閿鄉水	4 河水	1.
閿鄉城	4 河水	53.
閿鄉侯國	4 河水	51.
閿鄉南谷	4 河水	24.
隨	28 沔水	65.
隨山	13 瀔水	18.
隨水	31 溳水	1.
	32 漻水	
隨城	31 溳水	53.
隨郡	24 睢水	49.
	31 溳水	
隨國	31 溳水	47.
隨縣	31 溳水	50.
	32 漻水	
隨城山	31 溳水	18.
隨城泉	31 溳水	
隨城義井	31 溳水	
隨縣故城	31 溳水	53.
雕題	37 葉榆河	47.
雕題國	36 温水	47.
霍	21 汝水	18. 65.
	40 禹貢山水澤地所在	
霍山	6 汾水	18.
	21 汝水	
	32 泄水	
	35 江水	
霍水	6 汾水	1. 佚.
	6 澮水	
	32 決水	
霍州	35 江水	48. 佚.
霍城	6 汾水	53.
霍國	6 汾水	47.
霍太山	6 汾水	18.
霍州治	35 江水	53.
霍陽山	21 汝水	18.
霍陽聚	21 汝水	59.
霍太山壇	6 汾水	36.

地名	卷次	類別
霍原隱居	12 巨馬水	40.
霍陽山水	21 汝水	1.
霍陽西川	31 滍水	1.26.
霍陽水南山	21 汝水	18.
靜樂縣	13 灅水	50.
靜輪宮	13 灅水	37.
靜輪宮水右三層浮圖	13 灅水	39.
頭蘭	36 温水	47.
頭蘭縣	36 温水	50.
頻山	16 沮水	18.
頻陽宮	16 沮水	37.
頻陽縣	16 沮水	50.
頻陽縣故城	16 沮水	53.
餘山	30 淮水	18.
餘水	39 贛水	1.
餘杭縣	29 沔水	50.
	40 漸江水	
餘姚縣	29 沔水	50.
餘衍縣	40 漸江水	50.
餘曹水	29 潛水	1.
餘發溪	40 漸江水	1.
餘發縣	37 葉榆河	50.
餘溪水	38 湘水	1.
餘暨縣	29 沔水	50.
	40 漸江水	
餘干大溪	40 漸江水	1.
餘杭大橋	40 漸江水	29.
餘杭西津	40 漸江水	30.
餘杭南城	40 漸江水	53.
餘杭縣鏤城	40 漸江水	53.
駱駝谷	9 淇水	24.
駱越	36 温水	47.
	37 葉榆河	

地名	卷次	類別
鮑丘	14 濕餘水	19.65.
鮑丘水	14 沽河	1.
	14 鮑丘水	
鮒鰅山	27 沔水	18.
鴛鴦水	10 濁漳水	佚.
鴨湖	28 沔水	6.
鴨橋	4 河水	29.
鴨子陂	22 洧水	10.
鴨蘭口	35 江水	3.
鴨蘭磯	35 江水	18.
鴨蘭口夏浦	35 江水	8.
黔中	33 江水	65.
黔中郡	37 沅水	49.
黔艾山	26 膠水	18.
黔陬縣	26 膠水	50.
黔中故治	37 沅水	53.
黔陬故城	26 膠水	53.
黔陬縣西城	26 膠水	53.
默城山	28 沔水	18.
龍下	27 沔水	65.
龍山	6 晉水	18.
	8 濟水	
	14 大遼水	
	21 汝水	
	24 汶水	
	35 江水	
	38 灕水	
龍穴	35 江水	22.
	38 湘水	
龍兑	11 易水	65.
龍沙	39 贛水	25.
龍岡	10 濁漳水	佚.
龍門	4 河水	23.41.
	5 河水	

地名	卷次	類别
龍堤池	33 江水	9.
龍翔祠	14 大遼水	44.
龍華寺	25 泗水	46.
龍陽縣	37 沅水	50.
龍頭口	7 濟水	3.
龍溪水	37 沅水	1.
龍臺水	26 濰水	佚.
龍臺城	26 濰水	53.
龍樓門	19 渭水	41.
龍編縣	37 葉榆河 37 沅水	50.
龍駒川	2 河水	26.
龍駒城	2 河水	
龍澤浦	22 渠	8.
龍頭山	40 漸江水	18.
龍鮮水	14 濡水	1.
龍譙固	23 獲水	18.
龍騰溪	10 濁漳水	佚.
龍竈灘	27 沔水	15.
龍驤水	35 江水	1.
龍驤城	15 洛水	53.
龍山二水	21 汝水	1.
龍亢侯國	23 陰溝水	51.
龍穴水口	35 江水	3.
龍尾水口	3 河水	3.
龍尾溪水	17 渭水	1.
龍沙故冢	39 贛水	43.
龍門上口	4 河水	3.
龍門下口	4 河水	3.
龍門土臺	23 汳水	36.
龍門北瀆	5 河水	1.
龍門故瀆	23 汳水	1.
龍門廟祠	4 河水	44.
龍陂港水	21 汝水	佚.
龍泉精舍	39 廬江水	40.
龍城西門	2 河水	41.
龍城東門	2 河水	41.
龍城鹽礦	2 河水	33.
龍芻之溪	14 濡水	1.
龍陽溪水	14 鮑丘水	1.
龍陽縣治	37 沅水	53.
龍鄉侯國	24 汶水	51.
龍鄉故城	24 汶水	53.
龍嶠之山	37 沅水	18.
龍駒川水	2 河水	1.
龍頭山泉	40 漸江水	11.
龍餘之水	15 洛水	1.
龍驤水口	35 江水	3.
龍亢縣故城	22 渠 23 陰溝水	53.
龍沙堆伏流	2 河水	2.
龍淵縣故城	37 葉榆河	53.
龍編縣北津	37 葉榆河	30.
龍編縣南津	37 葉榆河	30.
龍編縣高山	37 葉榆河	18.
龍頭山石井	40 漸江水	13.
龍驤水北山	35 江水	18.
龍穴水口江浦	35 江水	8.
龍尾溪水飛清	17 渭水	5.
龍門上口懸流	4 河水	5.
龍門下口懸流	4 河水	5.
龍駒城西南山	2 河水	18.
龜山	24 汶水 40 漸江水	18.
龜兹川	2 河水	26.
龜兹城	2 河水	53.
龜兹國	2 河水	47.
龜兹縣	3 河水	50.

地名	卷次	類別
龜頭山	35 江水	18.
龜山靈臺	40 漸江水	36.
龜茲川水	2 河水	1.
龜茲國城	3 河水	52.
龜茲鑄冶	2 河水	34.
龜陰之田	24 汶水	27.
龜茲川左枝水	2 河水	1.
龜茲國北山鐵礦	2 河水	33.
龜茲城南水間故城	2 河水	53.
龜茲國北山碳礦	2 河水	33.

十七劃：壑、嬰、巀、彌、應、戲、檀、檇、檜、檉、濕、濛、濜、濟、濠、濡、濩、濫、濮、濯、濰、濭、檕、營、燭、牆、獲、環、盩、磻、禪、縱、繁、罽、羲、翼、聯、聲、臨、薄、薊、薛、薩、螳、螺、褒、襄、謙、講、謝、貕、趨、蹋、蹏、輿、轅、邈、鄗、醜、鍾、隰、隱、韓、館、駿、鮦、鮪、鮮、鴻、麋、黚、齋

地名	卷次	類別
壑水	30 淮水	1.
壑市之國	40 禹貢山水澤地所在	47.
嬰侯之水	6 汾水	1.
巀薛山	16 沮水	18.
彌黎城	23 獲水	53.
應山	31 滍水	18.
應水	31 滍水 38 湘水	1.
應門	16 穀水	41.
應城	31 滍水	53.
應國	31 滍水	47.
應鄉	31 滍水	56.
應陽縣	38 湘水	50.
應侯之國	31 滍水	47.
應鄉侯國	31 滍水	51.
戲	19 渭水	65.
戲水	19 渭水	1.
戲邑	19 渭水	53.
戲亭	19 渭水	57.
戲陽	9 淇水	65.
戲鄉	19 渭水	56.
戲陽城	9 淇水	53.
檀山	11 易水 15 洛水 16 穀水	18.
檀水	11 易水	1.
檀山塢	15 洛水	63.
檀井水	33 江水	1.
檀井溪	33 江水	1.
檀公峴	32 決水	18.
檀溪水	28 沔水 33 江水	1.
檀臺川	16 沮水	26.
檀臺水	16 沮水	1.
檀溪水北渠	28 沔水	1.
檇李	29 沔水	65.
檇李城	29 沔水	53.
檜車水	12 巨馬水	1.

地名	卷次	類別
檐車峢	12 巨馬水	18.
檉小城	22 渠	53.
濕餘水	14 濕餘水	1.
	14 沽河	
濕餘潭	14 濕餘水	7.
濕餘水故瀆	14 濕餘水	1.
濕餘水下口伏流	14 濕餘水	2.
濛水	3 河水	1. 佚.
	17 渭水	
	33 江水	
濛淀	8 濟水	6.
濛溪	33 江水	1.
濜	31 滍水	1.
濜口	27 沔水	3.
濜水	27 沔水	1. 佚.
	28 沔水	
	31 滍水	
濜口域	27 沔水	53.
濟	1 河水	1.
	2 河水	
	7 濟水	
	8 濟水	
	16 穀水	
	22 洧水	
	22 潧水	
	22 渠	
	23 陰溝水	
	23 汳水	
	24 汶水	
	25 泗水	
	26 淄水	
濟水	5 河水	1.
	7 濟水	

地名	卷次	類別
	8 濟水	
	9 沁水	
	24 瓠子河	
	25 泗水	
濟州	5 河水	48.
濟西	8 濟水	65.
濟南	8 濟水	65.
濟城	8 濟水	53.
濟堤	7 濟水	28.
濟渠	8 濟水	1.
	9 沁水	
	24 瓠子河	
	25 泗水	
濟隧	7 濟水	1. 65.
	23 陰溝水	
濟瀆	8 濟水	1.
	24 瓠子河	
濟水川	2 河水	1. 26.
濟水祠	8 濟水	44.
濟北郡	5 河水	49.
	8 濟水	
	24 汶水	
濟平亭	7 濟水	50. 57.
濟州治	5 河水	53.
濟東國	24 汶水	49.
濟南亭	8 濟水	50. 57.
濟南郡	5 河水	49.
	8 濟水	
	24 汶水	
	26 淄水	
	28 沔水	
濟前縣	7 濟水	50.
濟原城	7 濟水	53.
濟陰郡	5 河水	49.

地名	卷次	類别
	7 濟水	
	8 濟水	
	24 瓠子河	
	25 泗水	
濟陰國	8 濟水	49.
濟陽城	7 濟水	53.
濟陽宫	7 濟水	37.
濟陽郡	23 汳水	49.
濟陽縣	7 濟水	50.
	8 濟水	
濟川王國	7 濟水	49.
濟水之門	8 濟水	41.
濟水枝渠	7 濟水	1.
濟水枝瀆	9 清水	1.
濟水南瀆	7 濟水	1.
濟水故渠	7 濟水	1.
濟水故道	5 河水	1.
濟水故瀆	7 濟水	1.
	8 濟水	
濟北郡治	8 濟水	53.
濟沇故瀆	5 河水	1.
濟河東岸	8 濟水	17.
濟河側岸	8 濟水	17.
濟南郡治	8 濟水	53.
濟濮枝渠	24 瓠子河	1.
濟陽縣故城	7 濟水	53.
濟水東岸石橋	8 濟水	29.
濟水軹縣伏流	7 濟水	2.
濠水	30 淮水	1.
濡	14 沽河	1.
	14 濡水	
濡上	11 滱水	65.
濡山	38 灕水	18.
濡水	11 易水	1.
	12 巨馬水	
	14 濡水	
	26 淄水	
	32 沘水	
	32 泄水	
	38 灕水	
濡河	14 濡水	1.
濡溪	34 泄水	1.
濡水堰	11 易水	28.
濡河峽	14 濡水	23.
濡須口	29 沔水	3.
	32 泄水	
濡水舊枝	11 易水	1.
濡河曲河	14 濡水	4.
濡水枝津故瀆	11 易水	1.
濩水	4 河水	1.
濩陂	22 洧水	10.
濩澤	9 沁水	6.
濩陂水	22 洧水	1.
濩溪水	20 漾水	1.
濩澤水	9 沁水	1.
濩澤城	9 沁水	53.
濩澤縣	9 沁水	50.
濩澤縣故城	9 沁水	53.
濫水	2 河水	1.
	10 濁漳水	
濫瀆	2 河水	1.
濫真水	14 大遼水	1.
濫真水東南重山	14 大遼水	18.
濮	8 濟水	1. 65.
	22 溴水	
濮水	5 河水	1.
	7 濟水	

地名	卷次	類別
	8 濟水	
	22 漯水	
	22 渠	
	24 瓠子河	
	30 淮水	
	37 葉榆河	
濮渠	8 濟水	1.
	24 瓠子河	
濮陽	9 沁水	65.
濮瀆	22 渠	1.
濮渠水	8 濟水	1.
濮陽津	5 河水	1.30.
濮陽城	5 河水	53.
	24 瓠子河	
濮陽郡	24 瓠子河	49.
濮陽縣	5 河水	50.
	8 濟水	
	9 沁水	
	24 瓠子河	
濮水枝津	24 瓠子河	1.
濮水枝渠	8 濟水	1.
濮水故道	24 瓠子河	1.
濮水故瀆	8 濟水	1.
濮陽郡治	24 瓠子河	53.
濮陽縣故城	8 濟水	53.
濯龍淵	30 淮水	7.
濰	26 濰水	1.
濰山	26 濰水	18.
濰水	26 濰水	1.
濰南	26 淄水	65.
濰水枝津	26 膠水	1.
濝水	4 河水	1.
濝關	4 河水	32.
鼎	19 渭水	1.

地名	卷次	類別
營水	39 深水	1.
營丘	26 淄水	19.65.
營州	5 河水	48.
	14 大遼水	
營城	26 淄水	53.
營丘城	14 大遼水	53.
營州治	14 大遼水	53.
營浦縣	38 湘水	50.
營陵城	26 淄水	53.
營陵縣	26 巨洋水	50.
營陽峽	38 湘水	23.
營陽郡	38 湘水	49.
營道縣	38 湘水	50.
營丘外郭	26 淄水	54.
營城侯國	26 淄水	51.
營陽郡治	38 湘水	53.
燭水	4 河水	1.
燭城	22 洧水	53.
燭水右水	4 河水	1.
燭水左水	4 河水	1.
牆陂	21 汝水	10.
獲	23 獲水	1.
獲水	8 濟水	1.
	15 洛水	
	23 獲水	
	25 泗水	
獲降鄉	3 河水	49.
獲嘉縣	9 清水	50.
獲輿山	15 洛水	18.
獲輿川	15 洛水	1.26.
獲嘉侯國	9 清水	51.
獲輿縣故城	9 清水	53.
環水	24 汶水	1.
盩厔縣	18 渭水	50.

地名	卷次	類別
	19 渭水	
盩厔縣故城	19 渭水	53.
磻溪	9 清水	1.
磻陽城	10 濁漳水	53.
磻溪水	17 渭水	1.
磻溪水南山	17 渭水	18.
禪善	2 河水	47.
禪渚	15 伊水	9.
禪渚水	15 伊水	1.
縱山	16 甘水	18.
繁水	5 河水	1.
繁田	33 江水	27.
繁淵	5 河水	7.
繁丘城	21 汝水	53.
繁昌縣	22 潁水	50.
繁昌臺	22 潁水	36.
繁峙縣	13 瀠水	50.
繁陽亭	22 潁水	57.
繁陽縣	5 河水	50.
繁臺城	22 渠	36. 53.
繁穰縣	6 涧過水	50.
繁陽縣故城	5 河水	53.
罽賓國	1 河水	47.
	2 河水	
罽賓道	1 河水	31.
罽賓國治	2 河水	52.
罽賓絙橋	1 河水	29.
羲城	22 渠	53.
翼	6 澮水	47. 65.
	6 涑水	
翼城	6 澮水	53.
翼廣	6 澮水	65.
翼平亭	26 巨洋水	50. 57.
翼成縣	5 河水	50.

地名	卷次	類別
翼望山	29 湍水	18.
翼際山	35 江水	18.
翼廣城	6 澮水	53.
翼際山城	35 江水	53.
聯	7 濟水	1.
聯水	7 濟水	1.
聯水共山伏流	7 濟水	2.
聲鄉	39 洣水	56.
聲鄉縣	39 洣水	50.
臨水	36 温水	1.
臨平	40 漸江水	65.
臨鄉	12 巨馬水	56.
	37 沅水	
臨允縣	36 温水	50.
臨水亭	19 渭水	57.
臨水縣	40 漸江水	50.
臨平岸	40 漸江水	17.
臨平亭	5 河水	57.
臨平湖	29 沔水	6.
	40 漸江水	
臨安縣	40 漸江水	50.
臨戎縣	3 河水	50.
臨池澤	37 淹水	6.
臨江郡	34 江水	49.
臨江縣	33 江水	50.
	37 沅水	
臨汾縣	6 汾水	50.
臨沂縣	25 沂水	50.
臨沃田	3 河水	27.
臨沃城	3 河水	53.
臨沃縣	3 河水	50.
臨沅縣	37 沅水	50.
臨邑縣	5 河水	50.
	7 濟水	

地名	卷次	類別
	8 濟水	
臨承縣	38 湘水	50.
	38 耒水	
臨武縣	38 溱水	50.
	39 洭水	
臨洵城	14 鮑丘水	53.
臨沮縣	28 沔水	50.
	32 沮水	
	32 漳水	
臨河縣	3 河水	50.
臨羌城	2 河水	53.
臨羌縣	2 河水	50.
臨津城	2 河水	53.
臨洺縣	10 補洺水	佚.
臨洮郡	2 河水	49.
	3 河水	
	4 河水	
臨洮縣	2 河水	50.
	4 河水	
臨朐山	26 巨洋水	18.
臨朐縣	26 巨洋水	50.
	26 淄水	
臨城縣	29 沔水	50.
臨晉縣	16 補洛水	佚
臨淄城	26 淄水	53.
臨淄郡	26 淄水	49.
臨淄縣	8 濟水	50.
	16 穀水	
	24 瓠子河	
	26 巨洋水	
	26 淄水	
臨清城	10 濁漳水	53.
臨清縣	9 淇水	50.
臨淮郡	8 濟水	49.
	24 睢水	
	25 泗水	
	30 淮水	
臨渝郡	14 濡水	49.
臨渝縣	14 大遼水	50.
臨湘縣	38 漣水	50.
	38 湘水	
	39 瀏水	
臨賀郡	36 温水	49.
	38 湘水	
	38 灕水	
臨賀縣	36 温水	50.
臨睢縣	24 睢水	50.
臨鄉城	12 巨馬水	53.
臨鄉縣	12 巨馬水	50.
臨塵縣	36 温水	
	40 漸江水	
	40 江以至日南郡二十水	
臨嶂縣	28 沔水	50.
臨漳宫	10 濁漳水	37.
臨齊城	5 河水	53.
臨樂山	25 沂水	18.
	25 洙水	
臨樂縣	9 淇水	50.
臨潁亭	31 滍水	57.
臨潁城	22 潁水	53.
臨潁縣	22 潁水	50.
	22 濮水	
	31 滍水	
臨潼戍	30 淮水	62.
臨澧縣	37 澧水	50.
臨洮聚	29 湍水	59.
臨濟亭	7 濟水	57.

地名	卷次	類别
薄姑氏之國	26 濰水	47.
薄姑城内高臺	8 濟水	36.
薊	13 灅水	65.
薊水	13 灅水	1.
薊丘	13 灅水	19.
薊城	13 灅水	
	14 濕餘水	
	14 鮑丘水	
薊郡	23 陰溝水	49.
薊縣	10 濁漳水	50.
	13 灅水	
	14 鮑丘水	
薊城東門	13 灅水	41.
薊城南門	13 灅水	41.
薊縣故城	13 灅水	53.
薊城東掖門	13 灅水	41.
薊城西北大陵	13 灅水	43.
薊城西北平地	13 灅水	26.
薛	25 泗水	65.
薛村	8 濟水	60.
薛城	25 泗水	53.
薛郡	25 泗水	49.
薛縣	25 泗水	50.
薛訓渚	8 濟水	9.
薛訓渚水	8 濟水	1.
薛縣故城	25 泗水	53.
薩罕水	1 河水	1.
螳螂水	25 沂水	1.
螺山	14 沽河	18.
螺山之水	14 沽河	1.
褒口	27 沔水	3.
褒水	27 沔水	1.
	36 桓水	
褒谷	27 沔水	24.

地名	卷次	類别
褒國	27 沔水	47.
褒斜	27 沔水	3.65.
褒漢	27 沔水	65.
褒縣	27 沔水	50.
褒中縣	27 沔水	50.
褒信田	2 河水	27.
褒信縣	21 汝水	50.
	30 淮水	
褒谷北口	27 沔水	3.
褒谷南口	27 沔水	3.
褒漢丙穴	33 江水	22.
褒縣故城	27 沔水	53.
褒信縣故城	21 汝水	53.
	30 淮水	
襄山	4 河水	18.
襄水	28 沔水	1.
襄牛	30 淮水	65.
襄丘	8 濟水	19.65.
襄戎	17 渭水	47.
襄邑	30 淮水	53.
襄城	21 汝水	53.
襄國	7 濟水	47.
襄陵	30 淮水	65.
襄鄉	23 汳水	56.
	28 沔水	
	29 比水	
襄丘亭	8 濟水	57.
襄平縣	14 大遼水	50.
	14 小遼水	
	30 淮水	
襄邑城	23 陰溝水	53.
襄武縣	2 河水	50.
	17 渭水	
襄垣縣	10 濁漳水	50.佚.

地名	卷次	類別
	17 渭水	
襄城郡	21 汝水	49.
襄城縣	5 河水	50.
	21 汝水	
襄國縣	10 濁漳水	佚.
襄荷水	22 洧水	1.
襄陵縣	6 汾水	50.
襄陽城	28 沔水	53.
襄陽郡	28 沔水	49.
襄陽湖	28 沔水	6.
襄陽縣	28 沔水	50.
襄賁縣	25 沂水	50.
	26 沭水	
襄鄉陂	29 比水	10.
襄鄉塢	23 汳水	63.
襄鄉縣	28 沔水	50. 佚.
	31 淯水	
襄樂縣	19 補涇水	佚.
襄平侯國	14 大遼水	51.
襄垣縣道	10 濁漳水	31.
襄城侯國	21 汝水	51.
襄城郡治	21 汝水	53.
襄陵侯國	30 淮水	51.
襄陽侯國	28 沔水	51.
襄陽湖水	28 沔水	1.
襄賁縣泉	26 沭水	11.
襄鄉浮圖	23 汳水	39.
襄平縣故城	14 大遼水	53.
襄邑縣故城	24 睢水	53.
	30 淮水	
襄武縣故城	17 渭水	53.
襄垣縣故城	10 濁漳水	53.
襄城縣故城	21 汝水	53.
襄荷水北山	22 洧水	18.

地名	卷次	類別
襄陵縣故城	6 汾水	53.
襄陽縣故城	28 沔水	53.
襄陽縣故城東門	28 沔水	41.
襄陽縣故城南門	28 沔水	41.
謙澤	14 鮑丘水	6.
講武臺	3 河水	36.
謝	29 比水	65.
謝水	15 洛水	1.
	29 比水	
謝城	29 比水	53.
謝沭縣	36 温水	50.
	38 湘水	
	38 灕水	
謝羅山	28 沔水	18.
謝沭溪水	38 灕水	1.
謝堂北亭	32 肥水	57.
謝陽侯國	29 比水	51.
貗道	20 漾水	50.
	24 睢水	
趨山	40 漸江水	18.
蹋頓	14 鮑丘水	47.
	14 濡水	
	14 大遼水	
蹏谷水	17 渭水	1.
蹏谷水南山	17 渭水	18.
輿縣	3 河水	50.
轅	5 河水	65.
邈城	23 陰溝水	53.
邈城西隙郭	23 陰溝水	54.
鄀江水	33 江水	1.
醜寅城	13 灅水	53.
醜塗之水	20 漾水	1.

地名	卷次	類别
鍾	39 廬江水	18.
鍾山	1 河水	18.
	3 河水	
	40 禹貢山水澤地所在	
鍾水	39 鍾水	1.
鍾存	2 河水	47.
鍾亭	22 潩水	57.
	39 鍾水	
鍾彭	39 廬江水	65.
鍾公壘	7 濟水	32.
鍾武縣	30 淮水	50.
	38 湘水	
鍾繇塢	7 濟水	18.63.
鍾離縣	30 淮水	50.
鍾離小城	30 淮水	53.
鍾離之國	30 淮水	47.
鍾離縣城	30 淮水	53.
鍾離縣故城	30 淮水	53.
	38 湘水	
隰城	6 湛水	53.
	9 沁水	
隰澗	6 湛水	1.
隰川縣	3 河水	佚.
隰城縣	3 河水	50.
隰城縣故城	3 河水	53.
隱口	35 江水	3.
隱泉	6 文水	11.
隱磯	35 江水	18.
隱口浦	38 江水	8.
隱室山	10 濁漳水	18.
隱室水	10 濁漳水	1.
隱泉口	6 文水	3.
隱泉水	6 文水	1.

地名	卷次	類别
隱口浦江岸	35 江水	17.
韓	6 汾水	47. 佚.
	6 澮水	
	6 涧過水	
	6 晉水	
	8 濟水	
	9 清水	
	9 沁水	
	10 濁漳水	
	12 聖水	
	15 洛水	
	16 沮水	
	22 潁水	
	22 潩水	
	23 陰溝水	
	24 瓠子河	
	25 洙水	
	26 汶水	
	29 比水	
	30 淮水	
韓江	30 淮水	1.
韓城	12 聖水	53.
韓國	22 潁水	49.
韓都	6 澮水	52.
	22 潁水	
韓王城	7 濟水	53.
韓附壁	9 蕩水	20.
韓侯城	12 聖水	53.
韓信臺	27 沔水	36.
韓綜山	29 沔水	18.
韓武子都	6 汾水	52.
韓信母冢	30 淮水	43.
韓康子都	6 汾水	52.
韓景侯都	22 潁水	52.

地名	卷次	類別
黚水	36 延江水	1.
黚陽縣	36 延江水	50.
齋堂	13 㶟水	40.

十八劃：叢、壘、戴、斷、檻、檯、歸、濼、瀆、瀍、瀏、瀑、爵、獵、獷、璧、盬、瞻、瞿、辟、禮、穢、簟、簡、糧、繕、繖、繚、聶、舊、蕭、薳、藁、藉、藍、藏、蕠、蟠、覆、謹、謻、豐、邃、邇、鄸、醬、釐、鎬、鎮、闕、雙、雝、雞、霣、顔、顓、騎、魏、鯉、鵜、鵠、黟

地名	卷次	類別
叢臺	10 濁漳水	36.
壘坻	33 江水	28.
戴國	23 汳水	47.
斷口	38 湘水	3.
斷神水	32 肥水	1.
斷梁城	10 濁漳水	53.
斷蛇丘	31 涢水	19.
斷梁城山	10 濁漳水	18.
檻城	9 淇水	53.
檯倫水	14 大遼水	1.
歸山	15 洛水	18.
歸鄉	34 江水	56.
歸縣	34 江水	50.
歸子國	34 江水	47.
歸思縣	30 淮水	50.
歸新郡	3 河水	49.
歸鄉縣	34 江水	50.
歸來望思臺	4 河水	36.
歸鄉縣故城	34 江水	53.
濼口	8 濟水	3.
濼水	8 濟水	1.
瀆山	33 江水	18.
	40 禹貢山水澤地所在	
瀆水	33 江水	1.
瀆谷水	4 河水	1.
瀆魁水	18 渭水	1.
瀍	15 洛水	1.
	16 穀水	
瀍水	1 河水	1.
	15 瀍水	
	16 穀水	
瀍澗	1 河水	1.
瀍水西原	15 瀍水	26.
瀍水故瀆	15 洛水	1.
瀏水	38 湘水	1.
	39 瀏水	
瀏口戍	38 湘水	62.
瀑口	33 江水	3.
爵洲	35 江水	16.
爵津谷	6 汾水	24.
爵離浮圖	16 穀水	39.
獵山	4 河水	18.
	8 濟水	
獷平城	14 鮑丘水	53.
獷平縣	14 鮑丘水	50.
獷平縣故城	14 鮑丘水	53.
璧門	19 渭水	41.
璧玉門	19 渭水	41.
璧王聿	33 江水	30.
盬	4 河水	65.

地名	卷次	類别
藉田倉	19 渭水	35.
藉水西山	17 渭水	18.
藍水	14 濡水	18.
藍川	2 河水	26.
藍田	19 渭水	27.
藍莫	1 河水	47.
藍川水	2 河水	1.
藍田山	19 渭水	佚.
藍田川	16 滻水	1. 26.
	19 渭水	
藍田谷	16 滻水	24.
	19 渭水	
藍田鄉	23 獲水	56.
藍田縣	19 渭水	50.
藍莫塔	1 河水	39.
藍豪山	38 溱水	18.
藍水北山	14 鮑丘水	18.
藍田鄉郭	23 汳水	54.
藍田山東谷	19 渭水	24.
藍田北金礦	19 渭水	33.
藍田南玉礦	19 渭水	33.
藍莫塔邊池	1 河水	9.
藏刀山	12 巨馬水	18.
蘘桑河	13 漯水	1.
蟠泉水	14 濡水	1. 11.
蟠龍谷	35 江水	佚.
覆釜	5 河水	1.
覆舟山	26 濰水	18.
	40 漸江水	
覆斧山	10 濁漳山	18.
覆盎門	19 渭水	41.
覆釜山	11 易水	18.
	40 漸江水	
覆釜堆	9 清水	19.

地名	卷次	類别
	15 洛水	
覆㪷山	40 漸江水	18.
覆甑山	10 濁漳水	18.
	26 巨洋水	
謹亭戍	30 淮水	62.
謻門	16 穀水	41.
謻臺	16 穀水	36.
豐水	19 渭水	1. 佚.
	19 補豐水	
	25 泗水	
豐城	25 泗水	53.
豐浦	35 江水	8.
豐浙	27 沔水	65.
豐溪	19 渭水	1. 佚.
	19 補豐水	
豐鄉	27 沔水	56.
豐縣	25 泗水	50.
豐民洲	33 江水	16.
豐西澤	25 泗水	6.
豐林水	3 河水	1.
豐樂水	28 沔水	1.
豐水枝津	19 渭水	1. 佚.
	19 補豐水	
豐西大堰	25 泗水	28.
豐鄉川水	27 沔水	1.
豐鄉東山	27 沔水	18.
豐鄉故城	25 泗水	53.
邃水	39 深水	1.
邏門	16 穀水	41.
酁城	31 淯水	53.
酁聚	31 淯水	59.
酁子國	31 淯水	47.
醬魁	22 渠	65.
醬魁城	22 渠	53.

地名	卷次	類別
	10 濁漳水	
	11 滱水	
	14 鮑丘水	
	15 洛水	
	17 渭水	
	19 渭水	
	21 汝水	
	22 洧水	
	22 潩水	
	22 渠	
	23 汳水	
	25 洙水	
	29 比水	
	30 淮水	
	32 肥水	
	35 江水	
	38 湘水	
	38 溱水	
	38 灕水	
魏城	10 濁漳水	53.
魏郡	5 河水	49. 佚.
	7 濟水	
	9 淇水	
	9 洹水	
	10 濁漳水	
	10 清漳水	
	16 穀水	
	24 瓠子河	
	25 泗水	
魏都	5 河水	52.
	6 澮水	
	6 涑水	
	10 濁漳水(2)	
	13 灅水	

地名	卷次	類別
	22 渠	
魏陽	25 泗水	65.
魏榆	6 澮水	65.
	6 洞過水	
魏縣	9 淇水	50.
魏冉冢	7 濟水	43.
魏行宫	2 河水	37.
魏昌城	11 補滹沱水	佚.
魏昌縣	11 補滹沱水	
	28 沔水	
魏城亭	9 淇水	50. 57.
魏城郡	10 濁漳水	49.
魏郡治	7 濟水	53.
魏將城	9 蕩水	53.
魏陽城	25 泗水	53.
魏寧縣	39 鍾水	50.
魏興郡	27 沔水	49.
	36 桓水	
魏武故城	29 湍水	53.
魏帝行宫	3 河水	37.
魏晉故廟	16 穀水	45.
魏桓子都	6 汾水	52.
魏惠王都	22 渠	52.
魏雲中宫	3 河水	37.
魏興郡治	27 沔水	53.
魏縣故城	9 淇水	53.
魏行宫故殿	2 河水	37.
魏武侯別都	9 淇水	52.
魏明帝高平陵	15 伊水	43.
鯉魚	4 河水	1.
鵜鶘山	15 洛水	18.
鵜鶘澗	15 洛水	1.
鵜鶘水口	15 洛水	3.
鵠嶺	39 贛水	18.

地名	卷次	類別
鴘奔亭	37 浪水	57.
黟山	40 漸江水	18.
黟縣	40 漸江水	50.
黟山縣	40 漸江水	50.
黟歙山	40 漸江水	18.

十九劃：壟、寵、廬、懷、櫱、曠、櫟、瀘、瀩、瀛、瀝、瀟、瀦、瀧、瀨、瀤、爆、犢、疆、禱、繩、繹、羅、羸、羹、臘、藕、藥、蟻、覈、譙、譚、贊、蹭、轑、邊、鏧、鏡、鏤、關、隴、離、難、霧、露、類、鯨、鵲、鶤、麒、麓、麗、麴、靡、龐

地名	卷次	類別
壟丘	26 淄水	19.65.
寵洲	34 江水	16.
廬山	39 廬江水	18.
廬水	39 贛水	1.
廬柳	6 涑水	65.
廬子國	30 淮水	47.
廬江水	39 廬江水	1.
廬江郡	16 穀水	49.
	30 淮水	
	32 沘水	
	35 江水	
	39 贛水	
廬江國	30 淮水	49.
廬江縣	25 泗水	50.
廬陵郡	39 贛水	49.
廬陵縣	39 贛水	50.
廬山巨井	39 廬江水	13.
廬山石門	39 廬江水	41.
廬戎之國	28 沔水	47.
廬江郡治	32 沘水	53.
廬陵郡治	39 贛水	53.
廬陵郡城	39 贛水	53.
懷	9 沁水	65.
懷州	9 沁水	48.
懷城	9 沁水	53.
懷縣	5 河水	50.
	7 濟水	
	9 沁水	
懷州治	9 沁水	53.
懷化縣	37 浪水	50.
懷朔鎮	3 河水	55.
懷德城	16 沮水	53.
懷德縣	16 沮水	50.
	19 渭水	
	32 沮水	
懷朔鎮城	3 河水	53.
懷德縣故城	19 渭水	53.
櫱亭	18 渭水	57.
	37 浪水	
櫱縣	18 渭水	50.
櫱縣故城	18 渭水	53.
曠野精舍	1 河水	40.
櫟	22 潁水	65.
櫟林	23 獲水	42.
櫟亭	21 汝水	57.
櫟陽	19 渭水	65.
櫟南門	18 渭水	41.
櫟陽城	19 渭水	53.
櫟陽宮	16 沮水	37.
櫟陽渠	16 沮水	1.

地名	卷次	類別
櫟陽縣	16 沮水	50.
	18 渭水	
櫟陽侯國	19 渭水	51.
瀘水	36 若水	1.
瀘江	36 若水	1.
瀘津	36 若水	30.
瀘峯	36 若水	18.
瀘津水	36 若水	1.
瀘溪水	39 贛水	佚.
瀘水左右馬步徑	36 若水	31.
瀙	31 瀙水	1.
瀙水	31 濯水	1.
	31 瀙水	
	31 潕水	
瀙縣	31 瀙水	50.
瀛汶	24 睢水	佚.
瀝滴泉	22 洧水	11.
瀝滴泉水	22 洧水	1.
瀝滴泉懸水	22 洧水	5.
瀟水	38 湘水	佚.
瀟湘	38 湘水	1.
瀟湘之浦	38 湘水	8.
瀦水	16 補洛水	佚.
瀦城	6 文水	53.
瀧	38 湘水	佚.
瀧口	38 溱水	3.
瀧中	38 溱水	65.
瀧水	38 溱水	1.
瀧口峽	38 溱水	23.
瀧中懸湍	38 溱水	5.
瀧水西岸	38 溱水	17.
瀧水東岸	38 溱水	17.
瀨水	38 灕水	1.

地名	卷次	類別
瀨溪	38 灕水	1.
瀤水	23 獲水	1.
爆山	25 沂水	18.
犢泉	22 潁水	11.
犢奴川	17 渭水	26.
犢奴水	17 渭水	1.
犢奴水口	17 渭水	3.
疆山	4 河水	18.
疆川	4 河水	26.
疆水	4 河水	1.
疆治鐵官	4 河水	34.
禱過之山	37 泿水	18.
繩	36 若水	1.
繩水	5 河水	1.
	36 若水	
繩若	36 若水	65.
繩水枝水	36 若水	1.
繹幕縣	5 河水	50.
	23 獲水	
羅	28 沔水	47.65.
	39 溳水	
羅口	39 溳水	3.
羅山	30 淮水	18.
	36 温水	
	38 湘水	
羅川	15 洛水	26.
羅中	15 洛水	65.
羅水	15 洛水	1.佚.
	19 補涇水	
	38 湘水	
	39 溳水	
羅汭	38 湘水	3.4.
羅亭	8 濟水	57.
	13 漯水	

地名	卷次	類別
羅洲	35 江水	16.
羅國	28 沔水	47.
	34 江水	
羅縣	34 江水	50.
	38 湘水	
羅子國	38 湘水	47.
羅山縣	19 補涇水	佚.
羅川縣	19 補涇水	佚.
羅州城	28 沔水	53.
羅侯城	39 潰水	53.
羅浮山	29 沔水	18.
羅勒城	9 淇水	53.
羅溪水	2 河水	1.
	8 濟水	
羅漢水	17 渭水	1.
羅城溪水	17 渭水	1.
羅逝西山	2 河水	18.
羅閱祇國	1 河水	47.
羅溪水西南山	2 河水	18.
羸縣	36 延江水	50.
羹亭	21 汝水	57.
臘谷	36 若水	24.
藕池	19 渭水	9.
藕原	19 渭水	26.
藥圃	13 灅水	42.
蟻塢	31 滍水	18. 63.
覈泉水	17 渭水	1. 11.
覈泉水南山	17 渭水	18.
譙	10 濁漳水	53.
	23 陰溝水	
	30 淮水	
譙郡	5 河水	49.
	23 陰溝水	
	30 淮水	
	35 江水	
譙國	9 清水	49.
	23 陰溝水	
譙縣	22 渠	50.
	23 陰溝水	
譙石山	16 沮水	18.
譙侯國	10 濁漳水	51.
譙縣故城	22 渠	53.
	23 陰溝水	
譙定王司馬士會冢	23 陰溝水	43.
譚城	8 濟水	53.
贊水	14 濡水	1.
贊溪	14 濡水	1.
贊皇山	7 濟水	18.
贊皇山廟	7 濟水	45.
贊皇山別阜	10 濁漳水	19.
蹹鼓川	32 泚水	26.
蹹鼓之水	32 泚水	1.
轑山	10 清漳水	18.
轑水	10 清漳水	1.
轑陽縣	10 清漳水	50.
轑陽縣故城	10 清漳水	53.
邊城郡	32 決水	49.
邊城郡治	32 決水	53.
鼈水	36 延江水	1.
鼈邑	36 延江水	53.
鼈縣	36 延江水	50.
鏡波水	3 河水	1.
鏤方縣	14 浿水	50.
關下	38 湘水	65.
關山	14 濕餘水	18.
關中	16 沮水	65.
	19 渭水	

地名	卷次	類别
關東	19 渭水	65.
關亭	4 河水	57.
	22 潩水	
關洲	30 淮水	16.
關城	4 河水	53.
	10 濁漳水	
	15 洛水(2)	
	20 漾水(2)	
	27 沔水	
關溪	37 沅水	1.
關縣	10 濁漳水	50.
關下山	37 沅水	18.
關羽瀨	38 資水	15.
關門城	11 易水	53.
關亭城	4 河水	53.
關侯灘	38 資水	15.
關城川	17 渭水	佚.
關祔水	27 沔水	1.
關盧水	8 濟水	1.
關中沃野	16 沮水	26.
關城川水	17 渭水	1.
關縣故城	10 濁漳水	53.
關津都尉治	5 河水	53.
關城都尉治	15 洛水	53.
隴	2 河水	18.
隴口	17 渭水	3.
隴山	2 河水	18.
	17 渭水	
隴水	2 河水	1.
	17 渭水	
隴石	2 河水	65. 佚.
	17 渭水	
	20 漾水	
	32 羌水	

地名	卷次	類别
隴坂	17 渭水	18.
隴坻	2 河水	18.
隴垂	17 渭水	65.
隴蜀	37 沅水	65.
隴西郡	1 河水	49. 佚.
	2 河水	
	16 補洛水	
	19 渭水	
	22 漾水	
	24 睢水	
	32 羌水	
隴坻山岸	2 河水	17.
離山	15 澗水	18.
離水	15 澗水	1.
離津	37 泿水	30.
離宫	24 睢水	37.
離胡	28 沔水	6.
離石水	3 河水	1.
離石縣	3 河水	50.
	6 原公水	
	6 文水	
離耳國	36 温水	47.
離狐縣	8 濟水	50.
離石水口	3 河水	3.
離石北山	3 河水	18.
離石諸胡	6 文水	47.
離石縣故城	3 河水	53.
離狐縣故城	8 濟水	53.
難河	14 濡水	1.
難江水	20 漾水	1.
難老泉	6 晉水	11.
難留城	37 夷水	53.
難兜國	2 河水	47.
難留城山	37 夷水	18.

地名	卷次	類别
難留城石穴	37 夷水	22.
難老善利二泉田	6 晉水	佚.
霧山	2 河水	18.
露跳水	3 河水	1.
類口	36 温水	3.
類水	36 若水	1.
鯨灘	27 沔水	15.
鵲山	10 濁漳水	18.
鵲城	5 河水	53.
鵲山穴	10 濁漳水	22.
鵲甫谷	30 淮水	24.
鵲甫亭	30 淮水	57.
鵲甫溪水	30 淮水	1.
鵲山雲母穴	10 濁漳水	33.
鵷鸞殿	19 渭水	37.
麒麟殿	19 渭水	37.
麓山	38 湘水	18.
麓山故城	38 湘水	53.
麓山西原隰	38 湘水	26.
麗山	16 漆水	18. 佚.
	19 渭水	
	25 泗水	
麗戎	19 渭水	47.
麗邑	19 渭水	53.
麗戎城	19 渭水	53.
麗山神井	19 渭水	13.
麗山魚池	19 渭水	9.
麗山温池	16 漆水	12.
麗山温泉	19 渭水	12.
麗戎之山	19 渭水	18.
麴谷水	17 渭水	1.
靡陂	22 潁水	10.
靡陂堰	22 潁水	28.

地名	卷次	類别
龐官陂	22 渠	10.

二十劃：嚴、壤、巉、廮、懸、瀵、瀷、犨、獻、礦、礫、竇、籠、蘄、蘆、蘇、譏、轘、酆、醴、鐔、闞、闟、闡、韠、騩、騰、鬐、鹹

地名	卷次	類别
嚴道	36 青衣水	50.
嚴陵山	40 漸江水	18.
嚴瀨	40 漸江水	15.
嚴道縣	33 江水	50.
嚴陵瀨石室	40 漸江水	40.
嚴陵山磐石	40 漸江水	21.
壤塗	33 江水	65.
巉石	30 淮水	21.
巉石山	30 淮水	18.
廮陶城	5 河水	53.
懸水	11 滱水	1.
懸城	38 湘水	53.
懸室坂	40 漸江水	18.
縣城口	38 湘水	3.
懸書崖	27 沔水	20.
懸鈞峯	31 湞水	18.
懸瓠城	21 汝水	53.
懸鏡峽	17 渭水	23.
懸水瀑布	11 滱水	5.
懸度之國	1 河水	47.
懸甕之山	6 晉水	18.
懸甕之沼	6 晉水	6.
瀵水	4 河水	1.
瀵魁	4 河水	11.

地名	卷次	類別
瀵水伏流	4 河水	2.
瀵強稻田	4 河水	27.
㶏	21 汝水	1.
㶏水	22 潁水	1.
	31 㶏水	
㶏陽	22 潁水	65.
㶏強城	22 潁水	53.
㶏強縣	22 潁水	50.
	31 㶏水	
㶏陰城	31 㶏水	53.
㶏陽城	22 潁水	53.
	31 㶏水	
㶏水故瀆	31 㶏水	1.
㶏強侯國	31 㶏水	51.
㶏強縣故城	31 㶏水	53.
犨水	31 滍水	1.
犨城	31 滍水	53.
犨縣	21 汝水	50.
	31 滍水	
	31 潕水	
犨氏鄉	6 汾水	56.
犨氏亭	6 汾水	57.
犨水右水	31 滍水	1.
犨縣故城	31 滍水	53.
獻水	27 沔水	1.
獻水口	27 沔水	3.
礦谷	4 河水	24.
礫溪	7 濟水	1.
礫石澗	7 濟水	1.
礫石溪水	7 濟水	1.
竇	24 瓠子河	65.
竇津	4 河水	30.
竇湖	29 沔水	6.
竇氏泉	19 渭水	11.

地名	卷次	類別
竇門川	4 河水	1. 26.
竇湖口	29 沔水	3.
竇湖水	29 沔水	1.
竇湖洲	29 沔水	16.
竇嬰陵	19 渭水	43.
竇少翁冢	10 濁漳水	43.
竇應明城	37 沅水	53.
籠口	22 洧水	3.
蘄口	32 蘄水	3.
蘄山	32 蘄水	18.
蘄水	24 睢水	1.
	30 淮水	
	32 蘄水	
	35 江水	
蘄柳	32 蘄水	18.
蘄城	30 淮水	53.
蘄縣	30 淮水	50.
蘄城縣	32 蘄水	50.
	35 江水	
蘄陽縣	30 淮水	50.
蘄陽洲	32 蘄水	16.
蘄陽縣	32 蘄水	50.
	35 江水	
蘄春侯國	35 江水	51.
蘄陽縣治	35 江水	53.
蘄陽石梁	30 淮水	29.
蘄縣故城	30 淮水	53.
蘄春縣故城	35 江水	53.
蘄縣舊都尉治	30 淮水	53.
蘆洲	35 江水	16.
蘆洲谷	35 江水	24.
蘇水	11 滱水	1.
蘇門山	15 洛水	18.
蘇姥布	40 漸江水	65.

地名	卷次	類别
蘇忿生之田	9 清水	27.
蘇姥布石牀	40 漸江水	21.
蘇姥布石牒	40 漸江水	21.
蘇姥布瀑布	40 漸江水	5.
譏睦縣	17 渭水	50.
轘轅	15 伊水	18.
轘轅關	15 洛水	32.
酃湖	39 耒水	6.
酃縣	38 湘水	50.
	39 耒水	
酃湖洲	39 耒水	16.
酃縣故城	39 耒水	53.
酃湖洲釀酒	39 耒水	34.
醴水	10 濁漳水	1.
	21 汝水	
	30 淮水	
醴渠	29 比水	1.
醴水口	21 汝水	3.
醴陵縣	38 湘水	50.
	39 漉水	
醴陵侯國	39 漉水	51.
醴陵縣大山	38 湘水	18.
鐔成縣	36 温水	50.
	37 浪水	
鐔封縣	36 温水	50.
闞	8 濟	65.
闞水	36 延江水	1.
闞亭	8 濟水	57.
闞冢	8 濟水	43.
闞鄉城	8 濟水	53.
闟谷	36 延江水	24.
闡	24 汶水	1. 65.
	25 洙水	
闡亭	24 汶水	57.
	25 洙水	
闡縣	24 汶水	50.
鞞鞮水	10 濁漳水	1.
魏	22 潧水	65.
魏山	4 河水	18.
騰沸水	31 淯水	1.
鬐水	24 汶水	佚.
鹹	24 瓠子河	65.
鹹水	3 河水	1.
鹹谷	3 河水	24.
鹹城	24 瓠子河	53.

二十一劃：囂、攝、灃、灄、灅、灘、灊、灌、瀷、虃、蘭、夔、蠡、護、酆、酅、鐵、霸、饒、

地名	卷次	類别
囂	7 濟水	65.
攝城	5 河水	53.
灃	16 滻水	1. 佚.
	25 泗水	
灃水	25 泗水	1.
灃祠	16 滻水	佚.
灃水枝水	25 泗水	1.
灄口	35 江水	3.
灄水	31 溳水	1.
灄口水	35 江水	1.
灄陽縣	33 江水	50.
	35 江水	
灅水	14 鮑丘水	1.
灘	3 河水	1.
灊	30 淮水	1.
	32 沘水	

地名	卷次	類别
灊山	32 沘水	18.
灊水	32 沘水	1.
灊縣	35 江水	50.
灊縣故城	35 江水	53.
灌	32 決水	1.
灌水	19 渭水	1.
	32 決水	
	38 湘水	
灌江	10 濁漳水	1.
	33 江水	
灌亭	26 巨洋水	57.
濯水	31 濯水	1.
濯陽縣	31 濯水	50.
濯陽侯國	31 濯水	51.
濯陽縣故城	31 濯水	53.
蘧亭	8 濟水	57.
蘧伯鄉	8 濟水	56.
蘧蒢水	27 沔水	1.
蘧蒢溪	27 沔水	1.
蘧伯玉岡	8 濟水	18.
蘧伯玉冢	8 濟水	43.
蘧伯玉祠	8 濟水	44.
蘧蒢溪口	27 沔水	3.
蘭丘	9 清水	19.
蘭池	19 渭水	9.
蘭亭	13 灅水	57.
	40 漸江水	
蘭上里	40 漸江水	58.
蘭池宫	19 渭水	37.
蘭坑水	20 漾水	1.
蘭坑城	20 漾水	53.
蘭風山	40 漸江水	18.
蘭倉水	36 若水	1.
蘭倉津	36 若水	30.

地名	卷次	類别
蘭倉城	20 漾水	53.
蘭馬臺	13 灅水	36.
蘭皋水	20 漾水	1.
蘭溪水	35 江水	1.
	40 漸江水	
蘭渠川水	17 渭水	1.
蘭渠溪水	20 漾水	1.
蘭溪水口	35 江水	3.
蘭風山驛路	40 漸江水	31.
蘭倉水金沙	36 若水	33.34.
蘭澤山深潭	40 漸江水	7.
蘭風山三石頭	40 漸江水	21.
蘭倉水珊瑚礦	36 若水	33.
蘭倉水琥珀礦	36 若水	33.
蘭渠川水北山	17 渭水	18.
夔城	34 江水	53.
夔國	34 江水	47.
夔道	34 江水	31.
夔鄉	34 江水	56.
夔縣	34 江水	50.
夔城阜	34 江水	19.
夔鄉縣	34 江水	50.
夔城石井	34 江水	13.
蠡川	2 河水	1.26.
蠡臺	24 睢水	36.
蠡吾縣	11 滱水	50.
蠡吾侯國	11 滱水	51.
蠡城北山	15 洛水	18.
蠡吾縣故城	11 滱水	53.
護口	35 江水	3.
護陂	12 巨馬水	10.
護羌城	2 河水	53.
護淀水	12 巨馬水	1.
護龍縣	36 沫水	50.

地名	卷次	類别
護口江浦	35 江水	8.
護羌校尉治	2 河水	53.
鄻亭	26 淄水	57.
酆	16 漆水	1.
酆水	19 補豐水	佚.
酆鄉	27 沔水	56.
酆雍	5 河水	65.
鐵山	2 河水	18.
鐵丘	5 河水	19. 65.
鐵城	27 沔水	53.
鐵谷水	20 漾水	1.
鐵柱門	16 穀水	41.
鐵關谷	2 河水	24.
霸	16 滻水 19 渭水	65. 佚.
霸上	19 渭	65.
霸川	19 渭水	26.
霸水	4 河水 16 滻水 19 渭水	1.
霸城	19 渭水	53.
霸祠	16 滻水	44.
霸陵	16 滻水 19 渭水	43.
霸橋	19 渭水	29.
霸縣	19 渭水	50.
霸曲亭	19 渭水	57.
霸城門	19 渭水	41.
霸城縣	19 渭水	50.
霸陵山	19 渭水	18.
霸陵岸	19 渭水	17.
霸陵縣	16 滻水 19 渭水	50.
霸都門	19 渭水	41.
霸水故渠	19 渭水	1.
霸城東山	19 渭水	18.
霸城南門	19 渭水	41.
霸縣温泉	19 渭水	12.
霸城縣故城	19 渭水	53.
饒夷城	1 河水	53.
饒安城	19 渭水	50.
饒陽縣	10 濁漳水 11 滱水	50.
饒陽下鄉	11 滱水	56.
鶴渡嶺	10 濁漳水	18.
鶴鳴山	27 沔水	18.

二十二劃:巒、巔、攢、權、灘、灤、穰、聽、襲、酇、酈、鑄、鑒、鰼、龔

地名	卷次	類别
巒城	19 渭水	53.
巒都城	19 渭水	53.
巔軨坂	4 河水	18.
巔軨坂道	4 河水	31.
攢茅	9 清水	19.
權口	28 沔水	3.
權水	28 沔水	1.
權城	28 沔水	53.
權國	28 沔水	47.
灘	38 湘水 38 灘水	1.
灘水	2 河水 36 温水 38 湘水 38 灘水	1.
灘水關	38 灘水	32.

地名	卷次	類別
瀷	31 滍水	1.
瀷水	29 比水	1.
穰	7 濟水	65.
穰縣	29 湍水	50.
	31 淯水	
穰西石堨	29 湍水	28.
穰縣故城	29 湍水	53.
	31 淯水	
聽山	27 沔水	18.
聽水	8 濟水	1.
聽瀆	8 濟水	1.
聽訟觀	16 穀水	46.
襲玄之墓	37 沅水	43.
鄺城	20 丹水	53.
鄺縣	5 河水	50.
	28 沔水	
	30 淮水	
鄺頭	28 沔水	65.
鄺治縣	30 淮水	50.
鄺侯國	28 沔水	51.
	30 淮水	
鄺縣治	28 沔水	53.
鄺縣故城	28 沔水	53.
	30 淮水	
酈	31 淯水	65.
酈亭	12 巨馬水	57.
酈城	31 淯水	53.
酈縣	29 湍水	50.
	31 淯水	
	31 潕水	
酈亭樓	12 巨馬水	38.
酈侯國	29 湍水	51.
酈陽水	10 濁漳水	1.
酈亭溝水	12 巨馬水	1.
酈食其廟	16 穀水	45.
酈食其南北山	16 穀水	18.
鑄	24 汶水	65.
鑄城	24 汶水	53.
鑄鄉	24 汶水	56.
鑄鄉城	24 汶水	53.
鑒洛城	16 甘水	53.
鰼部之水	33 江水	1.
龔勝宅	23 獲水	40.
龔勝墓	25 泗水	43.

二十三劃：灙、蘿、蠱、顯、驛

地名	卷次	類別
灙水	27 沔水	1.
灙水西溪	27 沔水	1.
蘿磨亭	6 洞過水	57.
蠱尾之山	15 洛水	18.
顯樂亭	19 渭水	57.
顯閱亭	25 洙水	57.
顯親峽	17 渭水	23.
顯親縣	17 渭水	50.
顯親侯國	17 渭水	51.
顯親縣故城	17 渭水	53.
驛城	22 渠	53.

二十四劃：㶟、灞、蠶、贛、靈、鬭、鱣、鹽

地名	卷次	類別
㶟水	12 聖水	1.
	13 㶟水	
	14 沽河	
	14 鮑丘水	
㶟水枝水	12 巨馬水	1.

地名	卷次	類別
鹽陽	37 夷水	65.
鹽溉	33 江水	15.
鹽澤	2 河水	6.
鹽井溪	33 江水	1.
鹽田縣	14 鮑丘水	50.
鹽官水	20 漾水	1.
鹽官縣	3 河水	50.
	29 沔水	
鹽臺陂	11 易水	10.
鹽關口	14 濡水	3.
鹽官故城	2 河水	53.
鹽販之澤	6 涑水	6. 33.
鹽田右丞治	14 鮑丘水	53.
鹽田縣故城	29 沔水	53.
鹽澤長丞治	3 河水	53.
鹽官縣馬阜城鹽場	29 沔水	33. 34.

二十五劃：蠻、觀、讙、鼈

地名	卷次	類別
蠻	3 河水	47.
蠻中	14 濡水	65.
	15 伊水	
	21 汝水	
	32 蕲水	
	35 江水	
蠻氏	21 汝水	47.
蠻水	15 伊水	1.
	28 沔水	
蠻谷	15 伊水	24.
蠻城	5 河水	53.
	28 沔水	
	31 淯水	
蠻子國	15 伊水	47.
蠻氏城	21 汝水	53.
蠻河口	20 漾水	佚.
觀	5 河水	65.
	9 淇水	
觀口	38 湘水	3.
觀土	26 巨洋水	65.
觀坂	33 江水	18.
觀岐	38 溱水	32.
觀阜	6 汾水	19.
觀城	28 沔水	53.
觀國	5 河水	47.
觀扈	5 河水	65.
觀津城	10 濁漳水	53.
觀津縣	10 濁漳水	50.
觀陽縣	38 湘水	50.
觀詳溠	35 江水	8. 16.
觀雞山	14 鮑丘水	18.
觀雞水	14 鮑丘水	1.
觀雞寺	14 鮑丘水	46.
觀岐神廟	38 溱水	45.
觀津縣故城	10 濁漳水	53.
觀陽縣大峽	38 湘水	23.
觀陽縣小峽	38 湘水	23.
觀津城北澤藪	10 濁漳水	6.
讙	24 汶水	65.
讙水	24 汶水	1.
讙舉之山	15 洛水	18.
鼈池	27 沔水	9.
鼈縣	33 江水	50.

二十六劃：矚、驢

地名	卷次	類別
矚累亘	20 漾水	18.
驢城	32 沮水	53.

二十七劃:鑿、鸕

地名	卷次	類别
鑿口	36 温水	3.
鑿臺	6 洞過水	36.
鸕鷀陂	9 洹水	10.

二十八劃:驩、鸚

地名	卷次	類别
驩水	36 温水	1.
驩成縣	36 温水	50.
鸚鵡洲	35 江水	16.

二十九劃:驪、鬱

地名	卷次	類别
驪山	19 渭水	18.
驪成縣	14 濡水	50.
驪成縣枕海石	14 濡水	21.
驪成縣山頂大石	14 濡水	21.
鬱	38 溱水	1.
	40 斤江水	
	40 禹貢山水澤地所在	
鬱水	36 温水	1.
	36 淚水	
鬱洲	30 淮水	16.
鬱海	37 葉榆河	14.
鬱溪	37 淚水	1.
鬱平郡	36 温水	49.
鬱林郡	36 存水	49.
	36 温水	
	37 淚水	
	40 江以南至日南郡二十水	

地名	卷次	類别
鬱水枝水	37 淚水	1.
鬱林郡治	36 温水	53.

三十劃:驫、鸞

地名	卷次	類别
驫驫水	9 沁水	1.
鸞水	15 伊水	1.
鸞岡	39 贛水	18.
鸞陂	39 贛水	10.
鸞川亭	15 伊水	57.
鸞洲淵潭	15 伊水	7.

三十一劃:灩

地名	卷次	類别
灩澦	33 江水	佚.

音序檢字表

本檢字表是爲便利讀者使用音序查檢索引而編制,它彙集了《水經注地名索引》中所收條目首字,依照漢語拼音音序排列,後面的數字是首字的筆劃數。

充	⑥	賜	⑮	當	⑬	弔	④	燉	⑯	防	⑦
冲	⑦	蔥	⑮	灉	㉓	釣	⑪	多	⑥	房	⑧
春	⑪	樅	⑮	宕	⑧	丁	②	墮	⑮	放	⑧
重	⑨	叢	⑱	碭	⑭	鼎	⑬	**E**		非	⑧
崇	⑪	從	⑪	蕩	⑯	定	⑧			飛	⑨
密	⑪	竇	⑮	刀	②	東	⑧	阿	⑧	棐	⑫
寵	⑲	藂	⑱	倒	⑩	董	⑬	娥	⑩	肥	⑧
犨	⑳	徂	⑧	導	⑲	洞	⑨	峩	⑨	肺	⑧
綢	⑭	酢	⑫	禱	⑫	涷	⑪	峨	⑪	費	⑫
醜	⑰	崔	⑪	到	⑪	棟	⑧	㟧	⑫	廢	⑮
臭	⑩	摧	⑭	悼	⑭	斗	⑪	崿	④	分	④
初	⑦	漼	⑭	盜	⑭	豆	⑫	鄂	⑦	芬	⑧
樗	⑮	淬	⑪	道	⑪	逗	⑬	堨	⑩	汾	⑦
芻	⑩	存	⑥	得	⑥	竇	⑪	肜	⑳	濆	⑯
除	⑩	鄭	㉒	德	㉒	鬬	⑮	洱	⑨	粉	⑩
滁	⑬	厝	⑩	登	⑩	都	⑫	二	②	瀵	⑳
蕏	⑭	鄌	⑮	鄧	⑭	督	⑮	**F**		封	⑨
廚	⑮	錯	⑯	氐	⑯	獨	⑤	發	⑱	風	⑨
鋤	⑮	**D**		滴	⑤	瀆	⑭	伐	⑥	烽	⑪
楚	⑬	達	⑬	狄	⑭	犢	⑦	番	⑫	蜂	⑬
楮	⑬	大	③	笛	⑦	堵	⑪	墦	⑯	豐	⑱
漵	⑯	代	⑤	荻	③	篤	⑪	蕃	⑦	灃	㉑
船	⑪	岱	⑧	滌	⑤	杜	⑬	凡	⑧	酆	㉑
傳	⑬	軑	⑩	翟	⑧	妒	⑭	樊	⑨	逢	⑪
吹	⑦	貸	⑫	邸	⑩	度	⑧	繁	⑭	馮	⑫
垂	⑧	戴	⑱	砥	⑫	端	⑨	返	⑫	奉	⑧
春	⑨	丹	④	地	⑱	短	⑥	汎	⑨	鳳	⑭
純	⑩	單	⑫	帝	④	段	⑨	范	⑱	佛	⑦
淳	⑪	儋	⑮	滇	⑫	斷	⑱	梵	⑨	缶	⑥
茈	⑨	鄲	⑮	巔	⑮	役	㉒	飯	⑭	夫	④
慈	⑭	擔	⑯	典	⑮	對	⑭	方	⑫	邦	⑦
磁	⑮	淡	⑪	墊	⑯	敦	⑱	坊	⑦	鄜	⑭
此	⑥	澹	⑯	簟	⑪	惇	⑪	枋	⑦	敷	⑮
次	⑥	噕	⑯	彫	⑯	沌	⑪	芳	⑬	膚	⑮
刺	⑧			雕	⑯	頓	⑬			弗	⑤

J

K

L

M

N

O

P

Q

Y

晝	⑪	瀦	⑲	柱	⑨	涿	⑪	子	③	檇	⑰
朱	⑥	竹	⑥	祝	⑩	斫	⑨	胏	⑨	左	⑤
洙	⑨	燭	⑰	筑	⑫	緒	⑭	秭	⑩	佐	⑦
邾	⑨	柤	⑨	著	⑬	濁	⑯	梓	⑪	作	⑦
珠	⑩	渚	⑫	鑄	㉒	濯	⑰	紫	⑪	岞(岝)	⑧
茱	⑩	煮	⑬	專	⑪	茲	⑩	自	⑥	阼	⑧
豬	⑫	矚	㉖	顓	⑱	淄	⑪	縱	⑰	柞	⑨
誅	⑬	紵	⑪	追	⑩	訾	⑫	鄒	⑬	胙	⑨
諸	⑯	杼	⑧	甀	⑭	滋	⑬	走	⑦	祚	⑩
豬	⑯	注	⑧	卓	⑧	資	⑬	祖	⑩	莋	⑪

後　記

《〈水經注〉地名滙編》終於出版了。這是一種爲了治酈而細心編輯,而我自己確實受益匪淺的工具書。問題是,此書是在一個不合法的時間裏,在我偶然獲得一種額外特權的時候,花了幾年功夫編成的。“我們的權力是誰給的”。這是我們在“牛棚”裏就牢記的“最高指示”。但是我所獲得的這種額外“特權”,絶不符合“指示”精神,而是得之於一種莫名其妙的偶然。雖然,從上世紀八十年代以後,我先後出版了五部治酈論文集,又點校了好幾部不同版本的酈注。而這部《滙編》(稿本)都是我的重要依靠。但直到不久以前,當我看到這部稿本時,總不免心有餘悸,甚至感到慚愧。所以對整部稿本(包括《前言》),都深感痛定思痛,一直不願出版。

現在既然即將付諸出版,我不得不寫一篇《後記》,目的是兩者:一是爲了説明《滙編》的來源,二是爲了敦促我出版此稿的各位朋友們,向這些先生女士們感謝。

提起《滙編》的來源,實在就是我感到慚愧和痛定思痛而長期擱置不願公開問世的原因,而且爲了交代這種原因,又使我不得不涉及我們在上世紀經歷的這場史無前例也是世無前例的“無産階級文化大革命”。我是這場“革命”的重災户,而這部稿本恰恰是在這場“革命”的夾縫裏的産品,所以在災難過去以後,我不願提及甚至回憶這些殘酷和恐怖的經歷,因爲這會使我不寒而慄,半夜從惡夢中號叫起來。《滙編》的確是部有用的稿本,但我實在對此感到痛心和慚愧。回憶“牛棚”裏的日子,地理系房子小,“牛棚”分成幾處,在我這個棚中關了七人,其中懸梁者一,跳樓者一,服毒者一。要自已丢命,這或是上頭人正中下懷的,而且在這“十年災難”期間,自己丢命的人也確實多得難以數計。但是發生在我身邊的事,我怎能忘得了。身邊的人懸梁跳樓,而我却出來寫成這部書稿。所以一九八〇年以後,我一面依靠這部稿本寫論文,一面常常熱泪盈眶。

我是在一九六六年“五一六”號令頒布以後就關入“牛棚”的。罪狀之一是我寫書出書。當時,地理系没有人寫書出書,整個學校裏也很少有人寫書出書。而我却已出版了十三本書,無非是《淮河流域》、《黄河》、《祖國的河流》之類。但這些都算“毒草”,每棵毒草都要批鬭一次,有時是彎腰屈膝地聽,有時還要讓你跪着聽。道理很明白,亂寫書就亂讀書,而這些亂寫的書,也會毒害許多别人。一九五〇年以後曾經擔任文藝界重要領導人的韋君宜,在她恍悟以後所寫的《思痛録》(北京十月文藝出版社一九九八年出版)一書中曾有這樣幾句:“以後我們什麽書也不念了,祇念一本……别的書都是反動。”(一〇四頁)

我關入“牛棚”還有一件更大的罪狀。因爲過去曾經寫過有關《水經注》的文章,引用過劉獻廷《廣陽雜記》中推崇酈書爲“宇宙未有之奇書”的話,也引用過丁謙《〈水經注〉正誤舉例》中推崇酈書爲“聖經賢傳”的話。雖然這些文章都是早年寫的,但是在災難時期這還得了。他們説這些話都是有“針對性”的,“針對”什麽?當然是韋君宜女士《思痛録》上提出的“一本”。於是我顯然是全系“牛鬼”中的特大號人物。

一九六九年春節前後,或許是系裏房子少,“牛棚”分散,也或許是一個牛鬼要幾個造反派輪流管轄,他們也感到不耐煩了。所以一大批“牛鬼”被宣佈“解放”。所謂“解放”,其實祇是晚上可以回家而已。剩下來不獲“解放”的就是我這個最罪大惡極者。原來的這個容七八人的“牛棚”,現在成了我一人的包廂。因爲還得間或來監視一番,訓斥幾句,對他們也是一種負擔。所以這年四月中,一個清早,工宣隊隊長拿給我一個條子,氣呼呼地説:今天晚上你挑了自己的鋪蓋回家,明天和他們(指已經“解放”的“牛鬼”)在一起。他給的條子是傍晚可以挑鋪蓋出校門的通行證。

晚上可以回家和家人團聚了,這當然是好事。但我心裏又想到,平白無故地關了幾年,最好能留個“牛棚”紀念吧。“牛鬼”一進“棚”,就得每天晚上在向毛主席請罪以後寫一篇“牛鬼日記”,本子掛在“牛棚”門口,讓造反派檢查,寫完一本再换一本。寫完的都堆在“牛棚”中的一個櫃子裏,没有哪一個“牛鬼”敢於在“解放”時帶走他的《日記》的。而現在,“棚”内祇有我一人了,監視我的幾位紅衛兵也又不到任了。因此,我計上心來,把存放在櫃子裏的我自己的好多本《牛鬼日記》,包括當天已掛在“棚”外的,一起收起來,打入我的被包,晚上挑出校門,回到家中,家裏人當然高興,因爲本來祇在借故“探監”時才能見一次面,現在每天都能回家了。而我特别慰藉的是,那麽多

“牛鬼”,恐怕衹有我帶回全套《牛鬼日記》。現在,一大包《日記》仍在我手上。雖然事過境遷,但畢竟是關了幾年的收獲。如我夫人當時所説:“將來給子孫看看也好。”

第二天一早,就到系裏和“他們”在一起了,大概有近二十人,身份當然都仍是“牛鬼”。是一間教研室的辦公室,每人都有座位。整個上午就讀章君宜女士書上的“一本”,特别是“一本”中最精華的被稱爲“老三篇”的部分。但按我的觀感,“牛鬼”們表面上一本正經,其實都是有口無心。厭倦了,到底算不上“聖經賢傳”,更算不上“宇宙未有之奇書”。“如此而已,豈有他哉”!下午就服勞役,打掃厠所,掘地種菜,還有其他一些臨時差使。當時還没有退休制度,何況是當了“牛鬼”的人,所以幾位年逾花甲的老人,也得照樣幹,衹是“牛鬼”之間自行照顧而已。

我的事終於在一天發生了。我記得這一天是由一位“牛鬼”領頭恭讀“老三篇”中的《愚公移山》。忽然聽到敲門,工宣隊長親自進來,“陳橋驛出來!”點名叫人是常事,大概都是當年稱爲“外調”的差使。即外面來人調查一個曾與被點名者有過某些關係的人,有的無非是同時在一個學校教過書,或是出現在同一本什麽通訊録上。因爲“外調”是公差,杭州是大家都想來玩玩的地方,所以“外調”的事很多。但這一次是工宣隊長自己來。我應聲而出,與他到一間專供“外調”的房間,即發現“外調”者由我們學校的革委會副主任陪坐在一張柳條椅上。“外調”要革委會副主任陪來,我當然立刻感到不是小事。一般“外調”,假使被提者是“牛鬼”,是要站着應對的。但這一次大有不同,與革委會副主任併坐着的那位,在我剛到門口時就擺出一副笑臉,並且説:“陳先生請坐。”我已經多少年没有聽到過“先生”這個稱呼了。我衹好進去,勉强地在一把木椅角上坐下。他一直向我微笑,打開皮包,取出一張文件:陳先生,這是我們重印(當時尚無複印)的國務院文件,請您好好看看。我實在心慌意亂,雖然接到手上,但是無心細讀。大意是:“文革”取得了重大成果,衹是對國外知識少了一些,經調查,國内的九個省市有翻譯力量,由此九個省市組織,翻譯一套外國地理書,由此九個省市的出版部門革委會負責審查出版。我因爲心慌意亂,衹涉獵了文件的大意。關於此事,商務印書館的陳江先生有一篇《“文革”中的地理書籍出版情況》(《中國地理學九十年發展回憶録》,學苑出版社一九九九年出版)詳述。

這位先生接着説:九個省市中有我們浙江,這是我們的光榮任務。出版部門革委會經過和四所高校(指浙大、杭大、醫大、農大)反復討論,又與你們學校(指杭大)仔細研究,最後決定請你陳先生承擔這個任務。聽了他的這番話,我真心驚肉跳,我是地理系指定的頭號“牛鬼”,進入這個後來被人稱爲“小牛棚”也是最後一個,怎能承擔國務院文件的這件大事。所以我立刻站起來,連聲説我的立場觀點遠未改造好,不敢承擔這樣重大的任務。我想把文件還給他,但他不接受。而在旁一直板着面孔的校革委會副主任,嚴肅地開腔了:這是命令,你遵辦就是了。

於是我衹好暫時離開杭大,到出版局報到。但他們絶不在意我的“牛鬼”身份,對我很客氣,上上下下都叫我“陳先生”。一位我叫不出姓名的頭頭,還和我説了一番訓勉和感謝的話。我要錢、要介紹信,他們都立刻照給。我夫人也説我居然時來運轉,但我實在憂心忡忡。

我編輯《〈水經注〉地名滙編》是從接受翻譯任務開始的。所以下面要感謝在以後幾年中幫助過我的朋友和老師。幫助過我的人很多,衹能寫幾位最重要的。

我面臨的困難首先是版本。系裏英文原版有的是,但都是五十年代甚至更早的,我總不能用“文革”以前的版本從事翻譯。我知道上海外文出版社革委會主任是周曄女士。這是離杭州最近也是規模很大的外文出版社,於是就跑去求她,這也是我應感謝的第一位。開始她一口回絶。但當她聽出了我的紹興口腔而且知道了我的老家是紹興後(她不能説紹興話,但懂得,因爲她是周建人先生的女兒),或許是鄉情引起了她對我的關懷。她告訴我,在這個時代,有哪一家圖書館還能引進外文書?衹有北京有一所特殊單位的圖書館(她稱此館爲“獨立王國”),他們照進不誤。於是我立即登上“伊爾62”(當時滬京民航就衹這種蘇聯飛機),因爲有國務院文件,又不知我是“牛鬼”身份。這所“獨立王國”對我很客氣,而且確實如周主任所説,引進了許多外文原版,否則確實是無處可得的。所以周曄女士應是我首先應該感謝的。

第二位必須感謝的是宗師季羡林先生。因爲不知誰説我念過梵文,全國分工中就把南亞這一片分給了我,是爲了這些國家的書中或許夾有梵文。我是在上世紀四十年代因某種特殊需要而念過一點的,非常膚淺。我怕這些國家的原版上所夾入的梵文我對付不了,而全國的梵文肯定以季先生爲首,所以去到北大拜見他,向他説明原委,請求在遇到困難時幫助我。季先生雖然是初見,但讓我印象最深的是,他真是一位飽學謙虚的學術宗師。季先生非常客氣地接待我,教導我有關梵文的許多問題,盛贊我用“天城體”寫梵文的恭正流利;但也諄諄教導我:梵文原來是用“天城體”書寫的,但國内的印刷廠没有這種字模。現在,即使在印度,也有用拉丁化代替“天城體”的。這對我真是一種很大的啟發。其實,我粗粗翻閲了幾本南亞原版,夾入梵文的實在極少。但正是由我對他的景仰,曾經兩次上北大晉見他,他工作很忙,但絶不考慮自己的時間,每次都與我長談,而且是梵文以外的不少話題。上世紀八十年代以後,我們二人都成爲第六届全國人大代表。年年見面,每當大會報告的休息時間,我們常在外面茶座中長談,他不僅告訴我戰時在德國留學時的種種情況,而且還教導我做學問的許多門徑和方法。畢生因梵文而幸遇這樣一位宗師,實在由衷地感謝他。

我第三位必須感謝的是香港的酈學家吴天任先生。我由於從事翻譯之便,曾在天津圖書館讀了被胡適先生高度贊賞的《全謝山五校鈔本〈水經注〉》,到上世紀七十年代末期言論稍有自由的時候,在《杭州大學學報》發表了一篇關於此書的小文章,爲他在香港所見。他立刻寫信給我,並且寄給我好幾部他的酈學著作。原來他是顧頡剛的高足、曾任香港中文大學副校長著名酈學家鄭德坤先生的好友。除了他自己的獨著以外,也有幾種是和鄭先生合著的。從此我們就通信不輟。他功底深厚,所撰《楊惺吾先生年譜》(臺北藝文印書館一九七四年出版),實在是我見過的記叙楊守敬的最詳細和富於學術性的著作。他不僅把他的全部酈學著作(包括與鄭先生合作的)寄贈給我,而且還把我應邀去臺灣講學時奔波多日都未曾購到的《胡適手稿》三十册寄贈給我。上世紀八十年代後期,他决心整理歷年搜集的資料,撰寫一部詳盡的《酈學研究史》,幾次與我函商研討,並且堅邀我爲此書作序。我雖愚拙,但關係不同尋常,衹好勉允。此書終於在一九九一年由臺北藝文印書館出版。書中對大陸、港、臺以及國際上的酈學研究史實,寫得細致深刻,而對我更花了許多篇幅,推崇備至,實在使我汗顔。此書至今仍是酈學界唯一的一部《酈學研究史》。此外,他知道我手上尚有幾種酈學著作,而且通過對山西省出版的一種普通期刊《地名知識》(主編是我熟友,曾爲此到杭州向我索稿)的閲讀,知道我必在從事酈書地名的整理,必有關於這方面的著述。他幾次來信,希望我把這類書稿交他,由他送到臺北出版。我不僅佩服他對大陸書刊閲讀面的寬廣,而且通過幾篇短文,就能推斷我必有這類著述。《滙編》確實早在我手上,但是由於前述原因,在大陸我尚不願出版,到臺灣出版形同逃避,更讓我内心受到譴責,所以當然支吾其詞,不曾給他知道我内心的創痛。而他在《酈學研究史》出版後不久就撒手仙逝。我們結果衹是多年神交。但對他關愛我的酈學研究,特别是獲悉了我在酈書地名上下了大工夫,實在應該衷心地感謝他。

第四位值得受我感謝者是我的大女婿周復來君。他雖然不久前從銀行行長職位上退休,但其實也出身於書香門第。他已故的父親是杭州大學圖書館古籍部負責人。杭大圖書館古籍浩瀚,多是此校前身浙江師範學院成立時(當時全省尚無文科高校)接收和兼併所得,所以成爲當時國内七所可以進行古籍互借的高校之一。他對古籍見多識廣,而且研究精深,復來當然受其薰陶。我是必須查閲古籍的人,所以相處甚好,受惠匪淺。“文革”開始,高校子弟,都屬於成份不好的劣等種姓,隨即被遣送到一個勞動“兵團”苦役。到上世紀八十年代事過境遷才得回城。雖然在苦役中仍手不釋卷,但畢竟受苦多年。由於他是杭大員工子弟,回城以後,杭大當然要爲他安排工作。

事情又得回到一九五〇年,當時,頭上人崇拜蘇聯,提出“蘇聯的今天,就是我們的明天”。在高校學科中,認爲亞當·斯密的經濟學是資產階級僞科學,所以各校經濟系多被取消,而獨尊列昂節夫的政治經濟學,則成爲各校均設的政治系中的一門必修課程。上世紀七十年代之末,成爲世界教育史上笑柄的“工農兵學員”制度取消,代之以“擇優録取”。於是各校經濟系又紛紛恢復,復來被杭大當局分配到新建的經濟系,並且任命擔任此系的辦公室主任。經濟系同時又建立了一所實習性的銀行,也由復來負責。當時,各類銀行在社會上也紛紛建立,復來在金融上的才能,立刻爲他們所賞識,經過與杭大的協商,杭州商業銀行延請他作爲一所分行的行長,直到不久以前退休。我的大女兒因回城較早,趕上了第一屆“擇優録取”,考入了浙江大學理工科。畢業後執教於杭州大學。而世紀之末,全國範圍内又進行了一次“院系調整”,杭州的四所大學(浙大、杭大、農大、醫大)合併成爲一所新的浙江大學,我長女從而又成爲浙江大學教師。新的浙大校區衆多,爲了讓這次院系調整後的教師得到安頓,隨即新建了一處規模甚大,條件優越的新宿舍。爲了對我們加以照顧,讓我女兒到正在興建中的宿舍進行選擇。於是我們就選擇了一座向陽的最高層,兩家毗鄰而居,其實就是一家。而學校又不讓陽臺隔絶,特製玻璃拉門,讓兩個陽臺也合二爲一。我們請了一位從農村來的保姆,生活就這樣安頓下來了。

現在又得回到《滙編》的事上來。我之所以應該感謝復來君,因爲他即使在銀行任上時,工作雖忙,由於兩家住處不遠,他對我的不少學術上的工作,是已經有所關心的。現在兩家實際上已經合在一起,加上我夫人(她是農大教師)在長期住院治療後於二〇〇九年去世,他對我的學術工作就關心得更多了。他是知道而且親見我的《滙編》稿本的,但並不清楚這部稿本是什麽時候編成的。前面已經提及這部書稿是在一個“不合法”的時間裏編輯的,這個“不合法”的時間就是我莫名其妙接受翻譯任務的那幾年。説實話,翻譯的任務實在簡單,當周曄女士指導我解决了版本問題以後,一本一二百頁的原版,依靠一本英文字典,我在旅館裏日夜運作,花不了二三個禮拜就譯出來了。於是就用更多的時間輯録《滙編》。有時在家裏,也用翻譯的稿紙打掩護,其實仍然是做的《滙編》工作。譯書是有國務院文件“保駕”的公務,而且是操作簡易的。但《滙編》是我的“私貨”,而且必須在各卷各篇中,一字不漏地把每個地名都查清摸透,得花費大量精力和時間。當然,不管是“公務”和“私貨”,在時間上都是“不合法”的。因爲在那個時代,國家的大法是“最高指示”,國務院文件也不過是小法而已。許多“牛鬼”都在讀“一本”、服勞役,而我卻偶然藉此“小法”,花幾年時間輯成了這個《滙編》稿本,並寫了《前言》和每一類地名的説明。所以這部稿本雖然確實頂用,但我畢竟是個有血有肉、有良心的人。在這部書稿面前,我怎能不想到,當我孜孜於此時,許多同仁還在蒙難受苦。這就是我内心的創傷,也是我不願將書稿公之於世的主要原因。雖然復來經常敦促我付諸出版,但我始終下不了這個决心。何況自從一九八〇年以後,我的外事工作驟然增加,除了在校内接受外國進修學者外,還經常由夫人陪同到國外講學,雖然在撰述酈學文字時常要用到《滙編》,但對這稿本,仍感不堪回首。

事情最後發生了没有料及的變化。因爲我出國講學多次,曾應聘擔任過日本三所著名大學的客座教授。客座教授與一般講學不同,與所在學校教授相似,開設一二門課程,每校都要講滿一個學期。各校都是聘請我講授大學院(即研究生院)課程,而且重視語言素質,事前都請求我用英語講課,以提高研究生們的英語水平。所以不少研究生,既向我學習專業,也有向我學習英語的。在東京及大阪時,該國收藏漢文資料最豐富的東洋文庫,也有若干好學的中青年學者前來旁聽,由於我夫人熟嫻日語,所以我們之間的關係非常融洽。二〇〇九年初,東洋文庫重要負責人之一太田幸男教授,專函向我要求,該庫正在開辦"中國古代地域史研究班",《水經注》是他們研究的重點之一。所以恭請我接受他們的專訪,要我爲他們解决不少疑難問題。我當然覆函同意。隨即約定日期,於這年四月某日,他們一行共十二位,爲首者當然是太田教授,其餘也均是教授或助教授(副教授)職稱,這天午後在杭州舍下研討。他們幾乎把該庫所有的拙著帶來,提出不少與我研討的問題。在許多需要我解釋的問題中,地名是很重要的内容。在這樣情况下,我不得不取出我的《滙編》稿本,因册數不少,攤滿了我的一個大圓桌臺面。由於滙編的分類細致,他們原來的問題,都藉此迎刃而解。爲首的太田、池田、多田幾位教授及其餘多位,都對此稿本交口薦譽。他們知道這部稿本尚未出版,由於時近傍晚,他們的賓館距舍下頗遠,所以不便啟齒借去複製。不過他們訊息靈通,已知我的家鄉紹興市府正在爲我興建一座"陳橋驛史料陳列館",所以已與賓館約定,明日即以同一面包車去紹興參觀,或亦寓有可與該館協商複製此稿本之意(其實該館雖早以大型卡車裝載我的全部著述及大量手稿等而去,但此稿本及《牛鬼日記》稿本等都留下未發)。我奉告太田先生,由於我的一再遜謝,以致此館構建較晚,眼下尚未建成,勸他們不必前去。但他們堅持此行,已請賓館與紹興聯繫,認爲即使尚未建成,看看館舍外貌也好。日本人的工作效率高,此後不到十天,即快遞寄來精印此番專訪的畫册數本,封面是我的半身照相,署:"敬贈陳橋驛教授　(財)東洋文庫　中國古代地域史研究班"。二十頁的精印彩色照片中,也包括他們在紹興參觀尚未構建完成的館舍在内。紹興方面對此也很重視,特由此館的直接領導人、紹興市城建檔案館館長屠劍虹教授親自接待,所以屠教授也在此册之中(此册現收藏於紹興市"陳橋驛史料陳列館")。

東洋文庫的一個研究班有這麽多成員(他們考慮到在中國的交通工具,尚未全部來華),《水經注》成爲研究班的重要文獻,求解的問題中涉及許多地名,而我又不得不取出《滙編》稿本,這些事都非我初料所及。這天來客多,討論的時間長,搬動的書册多,特别是外賓對《滙編》的贊賞,由於全過程都由復來動手,所以他完全瞭解。他們走後,復來就與我説理,對我進行曉諭。他認爲我絶不要再爲《滙編》引起創傷的回憶。事情無非是提前擺脱了"文革拘留"幾年。這正是因爲出版界知道我的英語功底。而自由以後,一面譯書,一面輯《滙編》,也是一舉兩得。我所謂的"不合法"時間,現在全國稱"文革"爲"十年災難",所以要説"不合法",這整個十年都是"不合法"的時間。何況我多次出國,國際上對這荒唐殘酷的"不合法"十年的揭露詛咒,我無非不在國内宣述。他去過歐洲,我長女也在美國一年,國外人士對這場"革命"的痛詆,實在不堪在國内重述。遺臭萬年,勢所必然。所以不必再耿耿於懷了。至於我認爲《水經注》是一部並不普及的古籍,研治者不多,所以《滙編》作用不大。但從東洋文庫的這些學者來看,治酈學者不僅國内不少,國外也大有其人。所以《滙編》是一部治酈的有用工具書,而且現在已經在國際學者中露面,應該是公開問世的時候了。他隨即把我的書稿拿去複印並放大,並且不久就發往出版社。我因爲他言之有理,未加阻攔,而他的動作迅速,幾天以後就告訴我,全稿已經發到中華書局。開始我有些愕然,但後來平心静氣地加以思考,我自己雖然不會這樣快速地處理此稿,但復來的作法,還是正確的,所以對於這部工具書能夠最後出版,他實在是厥功不小,是值得感謝的。

最後一位我必須感謝的,是此書的責任編輯,中華書局的王勖女士。我對她的感謝,當然與她欣然擔任這部規模不小的工具書責任編輯有一定關係。但我對這位女士的欽佩,實在始於幾年前她擔任拙著《水經注校證》責編之時。當年我們通過信,從她對拙稿提出的意見中,讓我頓時感到她的博學多才。當責任編輯,特别是學術著作的責任編輯,當然是要有學問的。承紹興市府和家鄉朋友們的錯愛,在市内爲我修建了一座"陳橋驛史料陳列館"(除週一外每天開放)。收藏在此館中的有我的專著、譯著約七十種,主編書及點校書約三十種。每一本書都和責任編輯打過交道。我的體會是,除了極個别學術不够和少數責任不够的以外,責任編輯多數都是既有學術又負責任的。不過我願意坦率地説,在我接觸過的許多責任編輯中,論學術與責任,王勖女士應該是名列前茅的。我虚齡已八十有九,因爲讀書不多,學術顯然不够,但責任還是有的。所以對於拙稿《滙編》的整理排校,我對王勖女士的感謝,不僅言出由衷,而且也是我的責任。

陳橋驛
二〇一一年春月
原著中華書局二〇一二年版分上中下三册,現爲上下兩編